大学语文

吉新宏　主编

中国矿业大学出版社

图书在版编目(CIP)数据

大学语文 / 吉新宏主编. —徐州：中国矿业大学出版社，2018.2(2019.1 重印)

ISBN 978-7-5646-3868-9

Ⅰ.①大… Ⅱ.①吉… Ⅲ.①大学语文课—高等学校—教材 Ⅳ.①H19

中国版本图书馆 CIP 数据核字(2017)第 330982 号

书　　名 大学语文

主　　编 吉新宏

责任编辑 夏　然　褚建萍

出版发行 中国矿业大学出版社有限责任公司

(江苏省徐州市解放南路　邮编 221008)

营销热线 (0516)83885307　83884995

出版服务 (0516)83885767　83884920

网　　址 http://www.cumtp.com　**E-mail**:cumtpvip@cumtp.com

印　　刷 江苏淮阴新华印刷厂

开　　本 787×1092　1/16　**印张** 34.25　**字数** 834 千字

版次印次 2018 年 2 月第 1 版　2019 年 1 月第 2 次印刷

定　　价 55.00 元

《大学语文》编委会

主　编：吉新宏

副主编：李秋菊　王　丽

编　委：杜丽萍　郭灵云　吉新宏　李秋菊

孙宗胜　王　丽　沃彦铧　吴海娟

吴亚娟　杨丽君　尹平平　张晓东

张艳丽　赵爱华　赵　蕾

前　言

首先要说的是，全国已经有那么多大学语文教材了，为什么我们还要编这样一本《大学语文》。我们这样做，首先是出于我校大学语文课程教学的实际需要，另外也是基于这些年我们对于大学语文课程改革的一些思考。

这些年来，我们在大学语文教学中所遇到的主要问题，汇总起来其实用一句话可以概括，那就是——“学习大学语文有什么用？”不仅学生这样问，有些老师也这样问。它的潜台词是：“学习大学语文没有用。”确实的，对于有些学生而言，大学语文是为了获得学分而不得不修的一门公共课，这门课与他的专业（尤其是理工类专业）没有关系，找工作也用不着。一些老师也很理解学生的心声，说：有些学生连基本的语言表达都没有学好，你让他们学习那么多“高大上”的诗词文章有什么用？

这个问题是引人深思的。我们认为：大学语文应该“有用”，也应该“无用”，它是既“有用”又“无用”的一门课，我们就是要编写这样一本既“有用”又“无用”的大学语文教材。

大学语文要“有用”，要有与现实生活相关的“有用之处”。现实生活中的语文是干什么用的呢？用来读、用来说、用来写。所以，一般的“文学史＋文选”模式显然是不够的，大学语文不能光有“文”而没有“语”，不能光有“读”而没有“写”，不能光有阳春白雪而没有生活日用。

但是，大学语文还有一个重要品质，它又是“无用”的。“语文”对于人的重要作用，在于文学、文化品位的提升，人格素质的完善，它的最终作用在于培养“全面发展的人”。这些作用不是一朝一夕的，更不是立竿见影的，这是它的“无用之用”。具体的语文知识、语文技能的掌握只是学习大学语文的第一步，在此基础上，它还是一种文化的熏陶，所谓“腹有诗书气自华”。在这个意义上，那些看似“无用”的诗词文章有其不可替代的作用。

基于此，这本大学语文教材的编写坚持以下四项原则：

一，“语”“文”兼顾。着眼于提升文学、文化修养和语言表达能力，从“语”和“文”这两个方面组织教材内容。从我们这些年的教学经验来看，大学生的语言表达能力尤其需要着力培养和提高。虽然有些专业也开设了专业写作课程，但是不少学生在选词炼句、语法修辞等基本知识与能力方面还比较薄弱，特别是职场中的表达和交流，缺乏对语言知识的正确有效运用。没有这些语言知识和能力支撑，专业写作也只是空中楼阁。所以，本教材着力提升大学生的文学、文化修养和语言表达能力。本教材立足于大学语文教学现状，以及社会对人才的需求，在“语”“文”兼顾的原则下编写教材，从语法到修辞、从文学到文化，着眼于大学生语文知识和语文能力的全面提高。

二,“知”“能”并重,“工具性”与“人文性”相统一。一方面要保证文学、语言知识的传习,另一方面注重审美欣赏、语言表达能力的提高,给学生提供“读”“说”“写”的实践情境,保证大学语文学来“有用”,学来“能用”;既不忽视工具性,又不丧失人文性,力求达到“工具性”与“人文性”的统一。我们希望,通过大学语文的学习,既可以为学生综合素质的培养奠定文学、文化基础,同时也为他们在未来职场中所必需的阅读、表达、交流等技能因素打开语言通道。

三,点面结合,梯度展开。淡化专业性,突出通识性。以感性直观的语言个案、文学名篇作为主要内容,同时配合文学、语言方面的普通常识作为“面”上的展开,在此基础上,辅以适当的实践训练,帮助学生把所学知识用到实处。同时,本书兼顾学生在知识储备、能力倾向上的差异,在内容安排上体现梯度性:始于普遍性的文学、语言常识,进而是重点个案的讲解分析,最后是略带专业性的拓展阅读作为知识延伸和能力挑战。我们希望,通过大学语文的学习,让基础差的学生有收获,让基础好的学生有提高,让有一定专业基础的学生有兴趣。

四,“大语文”的理念。把传统“语文”的外延适当扩展,比如诗歌部分加入流行歌曲。我们认识到大学语文课程对于弘扬母语文化的责任,特别引入“国学经典”,作为教材的重要组成部分。

在以上原则指导下,本书内容分为三大板块:

第一编　中华经典:选取儒家经典、诸子百家典籍的代表性篇目,普及基本的国学常识。“儒道互补”是中华民族的文化性格,国学经典是我们民族文化的根,本部分是对学生进行国学教育和文化传统教育的重要内容。

第二编　文学赏读:包括中国古典诗文和中外现代诗文两部分内容,总体上按照诗歌、散文、小说、戏剧的习惯分类来组织内容,对于中国古典诗文,按中国文学传统分成诗骚赋、唐诗、宋词、戏曲、古典散文和古典小说六章内容。从“大文学”观念出发,强化文学、文化经典教育,同时辅以必要的文学写作实践训练,包括作诗(旧诗和新诗)、填词、写散文、写小说等。

第三编　汉语应用:包括普通话、字词句、修辞演讲、常用应用文体写作等方面的语言基本知识,辅以必要的语言应用实践训练,包括普通话、文字校对、面试和文书写作等。

总之,通过以上内容的学习,我们希望大学生们真正地读起来,说起来,写起来!

本教材共分为十八章,根据老师们的专业特长,编写工作分工如下:

沃彦铧:第一章、第三章。

孙宗胜:第二章。

张晓东:第四章、第九章第三节。

杜丽萍:第五章,第八章第一节第一部分,第二节“西厢记·长亭送别”“桃花扇·却奁”。

李秋菊：第六章、第八章第一节第二、三部分，第二节“贵妃醉酒”“女驸马”，第三节。

赵爱华：第七章。

吉新宏：第九章第一、二、四节以及实践训练。

赵蕾：第十章第一节、第二节“人生”“受活”“蛙”“世界上所有的夜晚”，第三节和实践训练，第十一章第二节“脚印”“道士塔”“目送”。

张艳丽：第十章第二节“伤逝”“迟桂花”“三三”，以及第十一章第一节、第二节“苦雨”“儿女”“秋天的况味”“爱”，第三节和实践训练。

吴亚娟：第十二章。

杨丽君：第十三章、第十四章。

郭灵云：第十五章。

王丽：第十六章。

吴海娟：第十七章。

尹平平：第十八章。

全书校订工作由吉新宏、李秋菊和王丽负责，最后由吉新宏负责全书统稿协调。

本教材的编写过程比较艰苦。老师们牺牲了假期的休息时间，历经多个日月，不少老师数次易稿，反复增删。现在终告完成，舒了一口气，但心里又有些惴惴不安。我们第一次采用这种体例编写大学语文教材，可供借鉴的经验也不多；而且，我们自感水平有限，加上很多老师教学任务比较繁重，书中难免疏漏、不足甚至错误之处，还请各位专家、同行、同学们批评指正！

本教材得以顺利出版，与很多热心人的大力支持分不开。华北科技学院尤其是文法学院各级领导和老师们的关心和支持，是这本书得以顺利完成的重要动力。本教材在立项论证、大纲拟定等方面，得到了张美云教授的大力支持。中国矿业大学出版社的领导和编辑们为这本教材的出版付出了辛勤的汗水。在此，向所有关心、支持这本教材的人们，致以诚挚的谢意！

吉新宏

2017 年 10 月

目　录

第一编　中华经典

第二编　文学赏读

第三编　汉语应用

第一编

中华经典

第一章　儒家经典

儒家思想是中国思想体系的主轴。自2006年以来，我国在世界各地建立了几百所孔子学院，孔子作为中国文化的符号，已经为世界各国人民所认可。当前，我们正致力于建立一个“文化自觉、文化自信和文化自强”的现代强国，作为中流砥柱的儒家文化肩负着极其重大的使命，占有特别重要的地位。传统与现代并非是割裂的关系，传统其实就是现代的一部分。著名心理学家荣格说过：“一切文化最后都沉淀为人格。”中华民族的文化人格就在儒家思想中。

第一节　儒家文化与经典概述

弄清“儒”与“儒家”的确指与区别都非易事。古人写过大量的《原儒》文字，今人作过多次的《说儒》论辩，但迄今学界仍觉得有进一步辨析的必要。目前，最新形成的共识是：儒者本是一种专门化职业类型的人，后来逐渐转变为一种具有全面“德性”的知识分子。而儒家作为一个学派，是中国文化品格最核心的部分。冯友兰先生曾指出：“照我们现在的说法，儒家与儒两名，并不是同一的意义。儒指以教书相礼等为职业之一种人。儒家指先秦诸子中之一学派。儒为儒家所自出，儒家之人或亦仍操儒之职业，但二者并不是一回事。”①

一、儒学、儒家、儒教

“儒学”“儒家”“儒教”是我们首先要厘清的三个概念。儒家是孔子所创立、孟子所发展、荀子集其大成的一个学术流派，自出现之后一直在中国文化史上延绵不断，至今仍有一定生命力。儒学是儒家的思想体系。作为中国传统文化的主流，儒学是中国古代绝大多数历史朝代的主流意识形态。“作为哲学的儒学”不同于“作为文化的儒教”，前者是学术思想的存在，而后者则是社会化、制度化、世俗化的整合的文化形态。概言之，儒学是一种学说，儒家是一个阶层，儒教则是一种信仰，三者需要区分开来。

二、儒学的发展概况

自汉代董仲舒“罢黜百家，独尊儒术”后，儒学便成了中国历史上最有影响力的学派，成为华夏固有价值系统中的一种。这种至尊地位一直维系了两千多年的时间。因此，在整个中国封建社会，儒学贯穿始终。

---

①　冯友兰：《中国哲学史》(下)，商务印书馆2011年版，第496页。

近代起，儒学命运多舛，一些先进知识分子发愤于国之积弱，诟詈呼天，开始了大规模的反孔运动，以胡适、陈独秀为主的新文化运动主将，抱着“打倒孔家店”的决绝姿态，否定了作为两千多年中华文化主流的儒学。

中华人民共和国成立后，儒学曾一度低迷。

改革开放后，儒学开始复兴。在理论上，大陆新儒学在儒学新话语体系的建构上颇有创见与贡献。如汤一介的天人、知行、情景“三个合一”论，庞朴的“一分为三”说，张立文的“和合学”，蒙培元的“情感儒学”，牟钟鉴的“新仁学构想”，陈来的“仁学本体论”等，在国内外都产生了较为广泛的影响。针对新形势下开始出现的信仰危机、道德滑坡、生态失衡等等问题，许多新儒家提出要推动儒学融入现代社会，这得到了党和政府的大力支持。最明显的就是民族传统文化的内容作为口号越来越多地出现，这个变化被哲学史家陈来称之为“再中国化”。意思是说，更自觉地利用中国传统文化的资源作为正能量。现在，儒家思想是中华民族文化自信的重要内涵。

三、儒家重要学派及代表人物

历史上儒家的主要派别有：思孟学派，今文经学，古文经学，宋明理学，心学和气学。

传统儒学的代表人物是：孔子、孟子、荀子、董仲舒、程颐、朱熹、陆九渊、王守仁等。新儒家的代表人物有：熊十力、梁漱溟、马一浮（他们被称为“现代三圣”）、贺麟、钱穆、张君劢、唐君毅、牟宗三、方东美、徐复观、杜维明等。

四、儒家经典“十三经”

儒家最重要的经典是成书于宋代的“十三经”，如表 1-1 所示。

表 1-1　　儒家经典“十三经”

书名	传	注	疏
《周易正义》		王弼（魏）、韩康伯（晋）	孔颖达（唐）
《尚书正义》	孔安国（西汉）		孔颖达（唐）
《毛诗正义》	毛亨・毛苌（西汉）	郑玄（东汉）	孔颖达（唐）
《周礼注疏》		郑玄（东汉）	贾公彦（唐）
《仪礼注疏》		郑玄（东汉）	贾公彦（唐）
《礼记注疏（礼记正义）》		郑玄（东汉）	孔颖达（唐）
《春秋左传注疏（春秋正义）》		杜预（西晋）	孔颖达（唐）
《春秋公羊传注疏》		何休（东汉）	徐彦（唐）
《春秋谷梁传注疏》		范宁（西晋）	杨子勋（唐）
《论语注疏》		何晏（魏）	邢昺（北宋）
《孟子注疏》		赵岐（东汉）	孙奭（北宋）
《孝经注疏》		唐玄宗	邢昺（北宋）
《尔雅注疏》		郭璞（西晋）	邢昺（北宋）

“十三经”形成过程为：汉立《诗》《书》《易》《礼》《春秋》于学官，为五经；唐加《周礼》《仪礼》《公羊》《谷梁》为九经；至开成年间刻石国子学，又加《孝经》《论语》《尔雅》为十二经；宋代复增《孟子》，因有“十三经”之称。此后它便成为中国历代举子为科举考试而苦苦研读的典籍。

“十三经”是儒家文化的基本著作，就传统观念而言，《易》《诗》《书》《礼》《春秋》谓之“经”，《左传》《公羊传》《谷梁传》属于《春秋经》之“传”，《礼记》《孝经》《论语》《孟子》均为“记”。《诗经》是“十三经”中唯一的一部文学著作，《尔雅》则是“十三经”中唯一的一部词典。“十三经”作为儒家文化的经典，其地位之尊崇，影响之深广，是其他任何典籍所无法比拟的。其施于社会的影响无时不在、无处不在。要了解和研究中国封建社会的方方面面，就不能不阅读“十三经”。

清乾隆时期，阮元合刻《十三经注疏》，从此它成为解释“十三经”的权威文献。

五、儒藏

中国历史上，曾有佛教经典及其注疏汇编的《大藏经》，道教经典及其注疏汇编的《道藏》，唯独没有儒家典籍文献集大成之作《儒藏》，这不仅与儒家在中国传统文化中的主流地位极不相称，更不能满足传统文化整理与研究日益广泛深入的需要。清代编纂《四库全书》时，四库馆臣周永年作《儒藏说》，这是史上提出编《儒藏》的第一人。但碍于国力积弱，终成泡影。盛世修史，2002 年 10 月北京大学决定联合有关高校和学术机构，启动《儒藏》编纂与研究这一基础性的学术文化工程。《儒藏》将收录中国历史上重要的儒家典籍文献近 6000 部，约 15 亿字，计划于 2022 年完成。《儒藏》全本规模将超过《四库全书》，基本囊括中国及韩、日、越等国历史上比较有价值的儒学著作。

前人说：读孔得仁，读孟得义。本章选取了《论语》《孟子》中的部分文字。前人又云：经不如史。本章还选了既是儒家经典又是史学巨著的《左传》中的一节文字。作为入门读物，向大家推荐的是王宁、褚斌杰等《十三经说略》、孙钦善《论语本解》（三联书店版）、杨伯峻《孟子译注》（中华书局版）和杨伯峻《春秋左传注》（中华书局版）。

第二节　儒家经典选读

《论语》（选读）・孔子

孔子（前 551—前 479），名丘，字仲尼，春秋末期鲁国陬邑（今山东曲阜市东南）人。享有世界声誉的思想家、教育家、儒家学派创始人。孔子是中国文化中的核心学说儒学的首代宗师，并且被后世统治者尊为至圣。他提出了“仁”的学说，主张以德治民；兴办私学，主张“因材施教”。其儒家思想对中国和世界都有深远的影响，被列为“世界十大文化名人”之首。《论语》是一部记录孔子及其弟子言行、又以孔子之言为主的语录体著作。孔子所言，皆“循其理，得其宜”，深刻警辟，故称“论”；又多为辩难答问，故称

"语",因此书名《论语》。《论语》各篇章原出于众人之手,其中有孔子弟子,也有孔子的后学门人,而最后汇编成书的,极可能是曾参的弟子或再传弟子。从原始记录到最后成书,约始于春秋末年,终于战国初期。

里仁篇第四

4·1 子曰:"里仁为美①,择不处仁,焉得知②?"

4·2 子曰:"不仁者不可以久处约③,不可以长处乐。仁者安仁,知者利仁②。"

4·3 子曰:"唯仁者能好人,能恶人④。"

4·4 子曰:"苟志于仁矣,无恶也。"

4·5 子曰:"富与贵是人之所欲也,不以其道得之,不处也;贫与贱是人之所恶也,不以其道得之,不去也。君子去仁,恶乎成名?君子无终食之间违仁,造次必于是,颠沛必于是。"

4·6 子曰:"我未见好仁者,恶不仁者。好仁者,无以尚之⑤;恶不仁者,其为仁矣,不使不仁者加乎其身。有能一日用其力于仁矣乎?我未见力不足者。盖有之矣,我未之见也。"

4·7 子曰:"人之过也,各于其党。观过,斯知仁矣。"

4·8 子曰:"朝闻道,夕死可矣。"

4·9 子曰:"士志于道,而耻恶衣恶食者,未足与议也。"

4·10 子曰:"君子之于天下也,无适也⑥,无莫也⑦,义之与比。"

4·11 子曰:"君子怀德⑧,小人怀土;君子怀刑⑨,小人怀惠。"

4·12 子曰:"放于利而行⑩,多怨。"

4·13 子曰:"能以礼让为国乎,何有⑪?不能以礼让为国,如礼何?"

4·14 子曰:"不患无位,患所以立;不患莫己知,求为可知也。"

4·15 子曰:"参乎!吾道一以贯之⑫。"曾子曰:"唯。"子出,门人问曰:"何谓也?"曾子曰:"夫子之道,忠恕而已矣。"

---

① 此句应如此理解:里,仁为美。意谓住的地方,要有仁德才好。

② 知(zhì):同"智"。

③ 约:穷困、困窘。

④ 好(hào):喜爱,作动词。恶(wù):憎恶、讨厌,作动词。

⑤ 尚:超过。

⑥ 适(dí):匹敌(郑玄义)。

⑦ 莫:通"慕",钦慕义。这几句是说:君子活在天底下,没有永恒的朋友,也不盲目钦羡,一切都取决于是否符合道义。

⑧ 怀:思念。

⑨ 刑:古代的法律制度。

⑩ 放:同"仿",效法,引申为追求。

⑪ 何有:意为"何难之有",即不难的意思。

⑫ 贯:贯穿,统贯。

4·16 子曰："君子喻于义，小人喻于利。"

4·17 子曰："见贤思齐焉，见不贤而内自省也。"

4·18 子曰："事父母几谏①，见志不从，又敬不违，劳而不怨。"

4·19 子曰："父母在，不远游，游必有方②。"

4·20 子曰："三年无改于父之道，可谓孝矣。"

4·21 子曰："父母之年，不可不知也。一则以喜，一则以惧。"

4·22 子曰："古者言之不出，耻躬之不逮也③。"

4·23 子曰："以约失之者鲜矣④。"

4·24 子曰："君子欲讷于言而敏于行⑤。"

4·25 子曰："德不孤，必有邻。"

4·26 子游曰："事君数⑥，斯辱矣；朋友数，斯疏矣。"

（杨伯峻译注：《论语译注》，中华书局 1980 年第 2 版。）

赏析

本篇是《论语》的第四篇，共 26 章，主要内容是论述"仁"，其中涉及义与利的关系问题、个人的道德修养问题、孝敬父母的问题以及君子与小人的区别。这一篇包括了儒家的若干重要范畴、原则和理论，对后世都产生了较大影响。

春秋时期，礼崩乐坏，世衰道微，孔子发现"仁"，并且把礼乐文化植根于"仁"的基础上，这是他对中国文化最伟大的贡献。借助于"仁"，中国传统文化顺利地实现了由上古向中古的转折；借助于"仁"，孔子之前数千年和孔子之后数千年的文化血脉得以沟通连接，而没有中绝断裂。

"仁"是中国儒家学派道德规范的最高原则，是孔子思想体系的理论核心。"仁"的最初含义是指人与人的一种亲善关系。孔子把"仁"定义为"爱人"，并解释说："夫仁者，己欲立而立人，己欲达而达人""己所不欲，勿施于人。"孔子在回答子张问仁时还说，"能行五者于天下，为仁矣"，五者为恭、宽、信、敏、惠。孟子发挥了孔子的思想，把"仁"同"义"联系起来，把仁义看作道德行为的最高准则。

卫灵公第十五

15·1 卫灵公问陈于孔子⑦。孔子对曰："俎豆之事⑧，则尝闻之矣；军旅之事，未之学也。"明日遂行。

---

① 几(jī)：轻微、婉转的意思。

② 方：一定的方向、目的地。

③ 躬：自身。逮：赶上。

④ 约：简约。鲜：少的意思。

⑤ 讷(nè)：迟钝。这里指说话要谨慎。

⑥ 数(shuò)：烦琐，频频造访、请示。

⑦ 陈：同"阵"，军队作战时，布列的阵势。

⑧ 俎豆：俎(zǔ)，俎豆是古代盛食物的器皿，被用作祭祀时的礼器。

15·2 在陈绝粮，从者病，莫能兴。子路愠见曰①："君子亦有穷乎？"子曰："君子固穷②，小人穷，斯滥矣。"

15·3 子曰："赐也！女以予为多学而识之者与？"对曰："然，非与？"曰："非也。予一以贯之。"

15·4 子曰："由！知德者鲜矣。"

15·5 子曰："无为而治者其舜也与？夫何为哉？恭己正南面而已矣。"

15·6 子张问行③。子曰："言忠信，行笃敬，虽蛮貊之邦④，行矣。言不忠信，行不笃敬，虽州里⑤，行乎哉？立则见其参于前也⑥，在舆则见其倚于衡也，夫然后行。"子张书诸绅⑦。

15·7 子曰："直哉史鱼⑧！邦有道，如矢；邦无道，如矢。君子哉蘧伯玉！邦有道，则仕；邦无道，则可卷而怀之。"

15·8 子曰："可与言而不与之言，失人；不可与言而与之言，失言。知者不失人，亦不失言。"

15·9 子曰："志士仁人，无求生以害仁，有杀身以成仁。"

15·10 子贡问为仁。子曰："工欲善其事，必先利其器。居是邦也，事其大夫之贤者，友其士之仁者。"

15·11 颜渊问为邦。子曰："行夏之时⑨，乘殷之辂⑩，服周之冕⑪，乐则《韶》《舞》⑫。放郑声⑬，远佞人。郑声淫，佞人殆⑭。"

15·12 子曰："人无远虑，必有近忧。"

15·13 子曰："已矣乎！吾未见好德如好色者也。"

15·14 子曰："臧文仲其窃位者与⑮？知柳下惠之贤而不与立也⑯。"

15·15 子曰："躬自厚而薄责于人，则远怨矣。"

---

① 愠(yùn)，怒，怨恨。
② 固穷：固然有穷困潦倒的时候。
③ 行：行得通、通达的意思。
④ 蛮貊：古人对少数民族的贬称，蛮在南，貊(mò)，在北方。
⑤ 州里：五家为邻，五邻为里。五党为州，二千五百家。州里指近处。
⑥ 参：列，显现。
⑦ 绅：贵族系在腰间的大带。
⑧ 史鱼：卫国大夫，名鳍，字子鱼，他多次向卫灵公推荐蘧伯玉。
⑨ 夏之时：夏代的历法，便于农业生产。
⑩ 殷之辂：辂(lù)，天子所乘的车。殷代的车是木制成，比较朴实。
⑪ 周之冕：周代的帽子，周冕华美而又自然，说明孔子在礼服上尚文。
⑫ 韶舞：舜时的音乐，孔子认为它是尽善尽美的。
⑬ 放：禁绝、排斥、抛弃的意思。郑声：郑国的乐曲，孔子认为是淫声。
⑭ 佞人：小人。殆：危险。
⑮ 窃位：身居官位而不称职。
⑯ 柳下惠：春秋中期鲁国大夫，姓展名获，又名禽，他受封的地名是柳下，惠是他的私谥，所以，人称其为柳下惠。

15·16 子曰:“不曰‘如之何①,如之何’者,吾末如之何也已矣!”

15·17 子曰:“群居终日,言不及义,好行小慧,难矣哉!”

15·18 子曰:“君子义以为质,礼以行之,孙以出之②,信以成之。君子哉!”

15·19 子曰:“君子病无能焉,不病人之不己知也。”

15·20 子曰:“君子疾没世而名不称焉③。”

15·21 子曰:“君子求诸己,小人求诸人。”

15·22 子曰:“君子矜而不争④,群而不党。”

15·23 子曰:“君子不以言举人,不以人废言。”

15·24 子贡问曰:“有一言而可以终身行之者乎?”子曰:“其恕乎?己所不欲,勿施于人。”

15·25 子曰:“吾之于人也,谁毁谁誉?如有所誉者,其有所试矣。斯民也,三代之所以直道而行也。”

15·26 子曰:“吾犹及史之阙文也⑤,有马者借人乘之,今亡矣夫。”

15·27 子曰:“巧言乱德。小不忍则乱大谋。”

15·28 子曰:“众恶之,必察焉;众好之,必察焉。”

15·29 子曰:“人能弘道,非道弘人。”

15·30 子曰:“过而不改,是谓过矣。”

15·31 子曰:“吾尝终日不食,终夜不寝,以思,无益,不如学也。”

15·32 子曰:“君子谋道不谋食。耕也,馁在其中矣⑥;学也,禄在其中矣。君子忧道不忧贫。”

15·33 子曰:“知及之,仁不能守之,虽得之,必失之。知及之,仁能守之,不庄以莅之,则民不敬。知及之,仁能守之,庄以莅之,动之不以礼,未善也。”

15·34 子曰:“君子不可小知而可大受也⑦,小人不可大受而可小知也。”

15·35 子曰:“民之于仁也,甚于水火。水火,吾见蹈而死者矣,未见蹈仁而死者也。”

15·36 子曰:“当仁,不让于师。”

15·37 子曰:“君子贞而不谅⑧。”

---

① 如之何:怎么办。
② 孙:同“逊”,谦虚。
③ 没世:死亡之后。
④ 矜(jīn),庄重的意思。
⑤ 阙文:史官记史,遇到有疑问的地方便缺而不记。
⑥ 馁(něi),饥饿。
⑦ 小知:学习小技小道。大受:学习大道。
⑧ 贞:“信”的意思,谅:信,守信用。此句意谓:君子诚信,但不拘于小信。

15·38 子曰："事君，敬其事而后其食[①]。"

15·39 子曰："有教无类。"

15·40 子曰："道不同，不相为谋。"

15·41 子曰："辞达而已矣。"

15·42 "师冕见[②]，及阶，子曰："阶也。"及席，子曰："席也。"皆坐，子告之曰："某在斯，某在斯。"师冕出，子张问曰："与师言之道与？"子曰："然，固相师之道也[③]。"

（杨伯峻译注：《论语译注》，中华书局1980年第2版。）

赏析

《论语·卫灵公》篇包括42章，内容涉及孔子的"君子小人"观的若干方面、孔子的教育思想和政治思想以及孔子在其他方面的言行。

"君子"是孔子的理想化的人格。对"君子"一词的阐释，始于孔子。

孔子对于君子的论述，不仅仅限于"君子"一词，"士""仁者""贤者""大人""成人""圣人"等，都与"君子"相关。君子追求的目标是仁义。孔子曰："君子道者三，我无能焉：仁者不忧，知者不惑，勇者不惧。"（《论语·宪问》）

君子也需要勇敢。"子路曰：'君子尚勇乎'？子曰：'君子义以为上。君子有勇而无义为乱；小人有勇而无义为盗。'"（《论语·阳货》）"仁者必有勇，勇者不必有仁。"（《论语·宪问》）可见，孔子对于君子的勇敢品格有着清醒的认识。

君子还要做到中庸。"中庸之为德也，其至矣乎！民鲜久矣。"在孔子看来，君子是不能偏执的。

君子不是天生而成的，要成为君子，需要加强人格修养。"见贤思齐焉，见不贤而内自省也。"（《论语·里仁》）"三人行，必有我师焉。择其善者而从之，其不善者而改之。"（《论语·述而》）君子要善于学习，虚心向上。

君子担道行义，以张扬仁义为己任。孔子曰："君子义以为上。"（《论语·阳货》）"君子之于天下也，无适也，无莫也，义之与比。"（《论语·里仁》）

孔子不否认人有追求正当利益的权利，但孔子强调人对于利益的追求一定要符合正当性的要求。"不义而富且贵，于我如浮云。"（《论语·述而》）"富与贵，是人之所欲也，不以其道得之，不处也；贫与贱，是人之所恶也，不以其道得之，不去也。君子去仁，恶乎成名？君子无终食之间违仁，造次必于是，颠沛必于是。"（《论语·里仁》）追求富与贵，无可非议，但不能因为追求富贵而伤害仁义。所以，"志士仁人，无求生以害仁，有杀身以成仁"（《论语·卫灵公》）。

---

① 食：食禄，俸禄。

② 师冕：乐师，这位乐师的名字是冕。

③ 相：帮助。

现代社会,君子似乎成为稀缺品,唯其稀缺,才有大力提倡的必要。

《孟子》(选读)·孟子

孟子(前372—前289),名轲,字子舆(一说字子车或子居)。战国时期鲁国人,中国古代著名思想家、教育家,战国时期儒家代表人物,其学说出发点为性善论,提出"仁政""王道",主张德治。孟子继承并发扬了孔子的思想,成为仅次于孔子的一代儒家宗师,有"亚圣"之称,与孔子合称为"孔孟"。《孟子》是最后一部被列入到"十三经"的重要儒家典籍,书中记录了孟子的治国理念和政治策略、伦理思想和人性观念,对中国古代的思想文化产生了极其深远的影响。关于《孟子》一书的作者,众说分歧,最早给此书作注的是汉代赵岐,他在《孟子题辞》中说:"此书,孟子之所作也,故总谓之《孟子》。"认为是孟子自撰。但也有人考诸《孟子》,其所见国君如梁惠王、梁襄王、齐宣王、滕文公、鲁平公等,书中皆称其死后的谥号,似非孟子当时著述所为。由此推论,《孟子》一书最后的编订者,应是孟子的弟子,其成书时间大约在战国中期。

孟子见梁惠王

孟子见梁惠王①。王曰:"叟!不远千里而来,亦将有以利吾国乎?"

孟子对曰:"王!何必曰利?亦有仁义而已矣。王曰,'何以利吾国?'大夫曰,'何以利吾家?'士庶人曰,'何以利吾身?'上下交征利而国危矣②。万乘之国,弑其君者,必千乘之家;千乘之国,弑其君者,必百乘之家。万取千焉,千取百焉,不为不多矣。苟为后义而先利,不夺不餍③。未有仁而遗其亲者也,未有义而后其君者也。王亦曰仁义而已矣,何必曰利?"

孟子见梁惠王。王立于沼上,顾鸿雁麋鹿,曰:"贤者亦乐此乎?"

孟子对曰:"贤者而后乐此,不贤者虽有此,不乐也。《诗》云:'经始灵台④,经之营之。庶民攻之,不日成之。经始勿亟⑤,庶民子来。王在灵囿⑥,麀鹿攸伏⑦。麀鹿濯濯,白鸟鹤鹤⑧。王在灵沼,於牣鱼跃⑨。'文王以民力为台为沼,而民欢乐之,谓其台曰'灵台',谓其沼曰'灵沼',乐其有麋鹿鱼鳖。古之人与民偕乐,故能乐也。《汤誓》曰⑩:'时日害丧?予及女偕亡!'民欲与之偕亡,虽有台池鸟兽,岂能

① 梁惠王:就是魏惠王(前400—前319),惠是他的谥号。公元前370年继他父亲魏武侯即位,即位后九年由旧都安邑(今山西夏县北)迁都大梁(今河南开封西北),所以又叫梁惠王。

② 交征:互相争夺。征,取。

③ 餍(yàn):满足。

④ 经始:开始规划营造。灵台,台名,故址在今陕西西安西北。

⑤ 亟:急。

⑥ 囿:古代帝王畜养禽兽的园林。

⑦ 幽鹿:母鹿。攸:同"所"。

⑧ 濯(zhuó)濯:肥胖而光滑的样子。鹤鹤:羽毛洁白的样子。

⑨ 於(wū):赞叹词。牣(rèn),满。

⑩ 《汤誓》:《尚书》中的一篇,记载商汤王讨伐夏桀时的誓师词。

独乐哉?”

梁惠王曰:“寡人之于国也,尽心焉耳矣。河内凶①,则移其民于河东,移其粟于河内;河东凶亦然。察邻国之政,无如寡人之用心者。邻国之民不加少,寡人之民不加多,何也?

孟子对曰:“王好战,请以战喻。填然鼓之②,兵刃既接,弃甲曳兵而走。或百步而后止,或五十步而后止。以五十步笑百步,则何如?”曰:“不可,直不百步耳③,是亦走也。”曰:“王如知此,则无望民之多于邻国也”。

“不违农时,谷不可胜食也④;数罟不入洿池⑤,鱼鳖不可胜食也;斧斤以时入山林,材木不可胜用也。谷与鱼鳖不可胜食,材木不可胜用,是使民养生丧死无憾也。养生丧死无憾,王道之始也⑥。

“五亩之宅,树之以桑,五十者可以衣帛矣。鸡豚狗彘之畜,无失其时,七十者可以食肉矣。百亩之田,勿夺其时,数口之家可以无饥矣;谨庠序之教⑦,申之以孝悌之义,颁白者不负戴于道路矣⑧。七十者衣帛食肉,黎民不饥不寒,然而不王者,未之有也。

“狗彘食人食而不知检⑨,涂有饿莩而不知发⑩,人死,则曰:‘非我也,岁也。’是何异于刺人而杀之,曰‘非我也,兵也。’王无罪岁,斯天下之民至焉。”

梁惠王曰:“寡人愿安承教⑪。”

孟子对曰:“杀人以梃与刃⑫,有以异乎?”

曰:“无以异也。”

“以刃与政,有以异乎?”

曰:“无以异也。”

曰:“庖有肥肉,厩有肥马,民有饥色,野有饿莩。此率兽而食人也。兽相食,且人恶之;为民父母,行政,不免于率兽而食人,恶在其为民父母也?仲尼曰:‘始

---

① 河内:今河南境内黄河以北的地方。古人以中原地区为中心,所以黄河以北称河内,黄河以南称河外。凶:谷物收成不好,荒年。

② 填:拟声词,模拟鼓声。

③ 直:只是、不过。

④ 不可胜食:吃不完。胜,尽。

⑤ 数罟不入洿池:这是为了防止破坏鱼的生长和繁殖。数(shuò),密。罟(gǔ),网。洿(wū),深。

⑥ 王道:以仁义治天下,这是儒家的政治主张。与当时诸侯奉行的以武力统一天下的“霸道”相对。

⑦ 谨:谨慎,这里指认真从事。庠序:古代的乡学。《礼记·学记》:“古之教者,家有塾,党有庠,术有序,国有学。”家,这里指“闾”,二十五户人共住一巷称为闾。塾,闾中的学校。党,五百户为党。庠,设在党中的学校。术,同“遂”,一万二千五百家为遂。序,设在遂中的学校。国,京城。学,大学。庠(xiáng),学校。教:教化。

⑧ 颁白:头发花白。颁,通“斑”。负戴:负,背负着东西。戴,头顶着东西。

⑨ 食人食:前一个“食”,动词,吃;后一个“食”,名词,指食物。检:检点,制止、约束。

⑩ 涂:通“途”,道路。饿莩:饿死的人。莩(piǎo),同“殍”,饿死的人。发:指打开粮仓,赈济百姓。

⑪ 安:乐意。

⑫ 梃(tǐng):木棒。

作俑者[1],其无后乎!'为其象人而用之也[2]。如之何其使斯民饥而死也?"

梁惠王曰:"晋国,天下莫强焉[3],叟之所知也。及寡人之身,东败于齐,长子死焉;西丧地于秦七百里;南辱于楚。寡人耻之,愿比死者一洒之[4],如之何则可?"

孟子对曰:"地方百里而可以王。王如施仁政于民,省刑罚,薄税敛,深耕易耨[5];壮者以暇日修其孝悌忠信,入以事其父兄,出以事其长上。可使制梃以挞秦楚之坚甲利兵矣。

"彼夺其民时,使不得耕耨以养其父母。父母冻饿,兄弟妻子离散。彼陷溺其民,王往而征之,夫谁与王敌?故曰:'仁者无敌。'王请勿疑!"

孟子见梁襄王。出,语人曰:"望之不似人君,就之而不见所畏焉。卒然问曰[6]:'天下恶乎定?'

"吾对曰:'定于一。'

"'孰能一之?'

"对曰:'不嗜杀人者能一之。'

"'孰能与之[7]?'

"对曰:'天下莫不与也。王知夫苗乎?七八月之间旱,则苗槁矣。天油然作云,沛然下雨,则苗浡然兴之矣[8]。其如是,孰能御之?今夫天下之人牧,未有不嗜杀人者也。如有不嗜杀人者也。如有不嗜杀人者,则天下之民皆引领而望之矣。诚如是也,民归之,由水之就下[9],沛然谁能御之?'"

齐宣王问曰:"齐桓、晋文之事可得闻乎?[10]"

孟子对曰:"仲尼之徒无道桓、文之事者,是以后世无传焉。臣未之闻也。无以[11],则王乎?"

曰:"德何如则可以王矣?"

曰:"保民而王,莫之能御也。"

---

① 俑(yǒng):古代陪葬用的土偶、木偶。在用土偶、木偶陪葬之前,经历了一个用草人陪葬的阶段。草人只是略略像人形,而土偶、木偶却做得非常像活人。所以孔子深恶痛绝最初采用土偶、木偶陪葬的人。"始作俑者"就是指这最初采用土偶、木偶陪葬的人。后来这句话成为成语,指首开恶例的人。

② 象:同"像"。

③ 莫强:没有比它更强的。

④ 比:替,为。一:全,都。洒:洗刷。全句说,希望为全体死难者报仇雪恨。

⑤ 易耨:及时除草。易,疾,速,快;耨,除草。

⑥ 卒然:突然。卒同"猝"(cù)。

⑦ 与:从,跟。

⑧ 浡然:兴起的样子。渤然兴之即蓬勃地兴起。

⑨ 由:同"犹",好像,如同。

⑩ 齐宣王:姓田,名辟疆。齐威王的儿子,齐湣王的父亲,约公元前319年至公元前301年在位。齐桓、晋文:指齐桓公、晋文公,都是"春秋五霸"。齐桓公,春秋时齐国国君,姓姜,名小白。公元前685年至公元前643年在位。晋文公,春秋时晋国国君,姓姬,名重耳,公元前636至公元前628年在位。

⑪ 无以:不得已,以同"已"。

曰："若寡人者，可以保民乎哉？"

曰："可。"

曰："何由知吾可也？"

曰："臣闻之胡龁曰①，王坐于堂上，有牵牛而过堂下者，王见之，曰：'牛何之？对曰：'将以衅钟②。'王曰：'舍之！吾不忍其觳觫③，若无罪而就死地。'对曰：'然则废衅钟与？'曰：'何可废也？以羊易之！'不识有诸？"

曰："有之。"

曰："是心足以王矣。百姓皆以王为爱也④，臣固知王之不忍也。"

王曰："然。诚有百姓者。齐国虽褊小，吾何爱一牛？即不忍其觳觫，若无罪而就死地，故以羊易之也。"

曰："王无异于百姓之以王为爱也。以小易大，彼恶知之？王若隐其无罪而就死地⑤，则牛羊何择焉？"

王笑曰："是诚何心哉？我非爱其财而易之以羊也，宜乎百姓之谓我爱也。"

曰："无伤也⑥，是乃仁术也，见牛未见羊也。君子之于禽兽也，见其生，不忍见其死；闻其声，不忍食其肉。是以君子远庖厨也。"

王说曰⑦："《诗》云：'他人有心，予忖度之⑧。'夫子之谓也。夫我乃行之，反而求之，不得吾心。夫子言之，于我心有戚戚焉⑨。此心之所以合于王者，何也？"

曰："有复于王者曰：吾力足以举百钧，而不足以举一羽；明足以察秋毫之末，而不见舆薪⑩，则王许之乎⑪？"

曰："否。"

"今恩足以及禽兽，而功不至于百姓者，独何与？然则一羽之不举，为不用力焉；舆薪之不见，为不用明焉，百姓之不见保，为不用恩焉。故王之不王，不为也，非不能也。"

曰："不为者与不能者之形何以异⑫？"

---

① 胡龁：人名，齐宣王身边的近臣。

② 衅钟：新钟铸成，杀牲取血涂抹钟的孔隙，用来祭祀。按照古代礼仪，凡是国家某件新器物或宗庙开始使用时，都要杀牲取血加以祭祀。

③ 觳(hú)觫(sù)：因恐惧而战栗的样子。

④ 爱：吝啬。

⑤ 隐：哀痛，可怜。

⑥ 无伤：没有关系，不要紧。

⑦ 说：同"悦"。

⑧ 《诗》云：引自《诗经·小雅·巧言》。忖度：猜测，揣想。

⑨ 戚戚：心有所动的感觉。

⑩ 舆：车子。薪：木柴。

⑪ 许：赞许，同意。

⑫ 形：情况，状况。

曰："挟太山以超北海[①]，语人曰'我不能'，是诚不能也。为长者折枝[②]，语人曰'我不能'，是不为也，非不能也。故王之不王，非挟太山以超北海之类也；王之不王，是折枝之类也。"

"老吾老，以及人之老；幼吾幼，以及人之幼。天下可运于掌[③]。《诗》云：'刑于寡妻，至于兄弟，以御于家邦[④]。'言举斯心加诸彼而已。故推恩足以保四海，不推恩无以保妻子。古之人所以大过人者无他焉，善推其所为而已矣。今恩足以及禽兽，而功不至于百姓者，独何与？"

"权[⑤]，然后知轻重；度，然后知长短。物皆然，心为甚。王请度之！抑王兴甲兵，危士臣，构怨于诸侯，然后快于心与？"

王曰："否。吾何快于是？将以求吾所大欲也。"

曰："王之所大欲可得闻与？"

王笑而不言。

曰："为肥甘不足于口与？轻暖不足于体与？抑为采色不足视于目与[⑥]？声音不足听于耳与？便嬖不足使令于前与[⑦]？王之诸臣皆足以供之，而王岂为是哉？"

曰："否。吾不为是也。"

曰："然则王之所大欲可知已。欲辟土地，朝秦楚，莅中国而抚四夷也[⑧]。以若所为，求若所欲，犹缘木而求鱼也。"

王曰："若是其甚与？"

曰："殆有甚焉[⑨]。缘木求鱼，虽不得鱼，无后灾。以若所为，求若所欲，尽心力而为之，后必有灾。"

曰："可得闻与？"

曰："邹人与楚人战，则王以为孰胜？"

曰："楚人胜。"

曰："然则小固不可以敌大，寡固不可以敌众，弱固不可以敌强。海内之地方千里者九，齐集有其一。以一服八，何以异于邹敌楚哉？盍亦反其本矣[⑩]。

"今王发政施仁，使天下仕者皆欲立于王之朝，耕者皆欲耕于王之野，商贾皆

---

① 太山：泰山。北海：渤海。

② 折枝：按摩搔痒。

③ 运于掌：在手心里运转，比喻治理天下很容易。

④ 《诗》云：以下三句引自《诗经·大雅·思齐》。刑：同"型"，指树立榜样，做示范。寡妻：国君的正妻。御：治理。

⑤ 权：本指秤锤，这里用作动词，指称物。

⑥ 采色：即彩色。

⑦ 便(pián)嬖(bì)：君王左右被宠爱的人。

⑧ 莅(lì)：临。

⑨ 殆：副词，表示不肯定，有"大概""几乎""可能"等多种含义。

⑩ 盍："何不"的合音字，为什么不。

欲藏于王之市，行旅皆欲出于王之涂①，天下之欲疾其君者皆欲赴愬于王②。其若是，孰能御之？”

王曰：“吾惛③，不能进于是矣。愿夫子辅吾志，明以教我，我虽不敏，请尝试之。”

曰：“无恒产而有恒心者④，惟士为能。若民，则无恒产，因无恒心。苟无恒心，放辟邪侈，无不为已⑤。及陷于罪，然后从而刑之，是罔民也⑥。焉有仁人在位罔民而可为也？是故明君制民之产，必使仰足以事父母，俯足以畜妻子；乐岁终身饱，凶年免于死亡。然后驱而之善，故民之从之也轻⑦。

“今也制民之产，仰不足以事父母，俯不足以畜妻子；乐岁终身苦，凶年不免于死亡。此惟救死而恐不赡⑧，奚暇治礼义哉⑨？”

“王欲行之，则盍反其本矣？五亩之宅，树之以桑，五十者可以衣帛矣。鸡豚狗彘之畜，无失其时，七十者可以食肉矣。百亩之田，勿夺其时，八口之家可以无饥矣。谨庠序之教，申之以孝悌之义，颁白者不负戴于道路矣。老者衣帛食肉，黎民不饥不寒，然而不王者，未之有也。”

（杨伯峻译注：《孟子译注》，中华书局2005年版。）

赏析

作为儒家的亚圣，孟子毕生致力于宣扬“保民而王”“仁义为本”的思想。因此，他千里迢迢到梁国去见梁惠王父子，目的就是希望对方接受自己“仁政”“王道”的一贯思想。

作为一位有名的雄辩家，孟子具有高超的论辩技巧。首先，游说梁襄王时，梁襄王开门见山问“天下恶乎定？”孟子回答以“定于一”，襄王不知“孰能一之”，孟子对以“不嗜杀人者能一之”。孟子循着对方的思路，条分缕析，从容不迫，从不径直揭底，而是往往欲擒故纵，引君入瓮，展示了极佳的谈话艺术。其次，“孟子长于譬喻，辞不迫切，而意已独至”（赵岐《孟子题辞》）。如文中在形容天下百姓在渴望归附不嗜杀人者，说“犹水之就下”，言语令人无法抗拒，极其形象。再次，譬喻槁苗望雨“孰能御之”，民之归附，“沛然谁能御之”，反诘得让人毋庸置疑。最后，《孟子》的语言历来受人称道。清代刘熙载说：“孟子之文，至简至易，如舟师执舵；中流自在，而推移费力者不觉自屈。”（《艺概·文概》）孟子面对梁惠王时，慷慨陈词：“王无罪岁，斯天下之民至焉”“为民父母，行政，不免于率兽而食人，恶在其为民父母

---

① 涂：同“途”。

② 愬（sù）：通“诉”，控告。

③ 惛：同“昏”，昏乱，糊涂。

④ 恒产：可以赖以维持生活的固定财产。如土地、田园、林木、牧畜等。

⑤ 放：放荡。辟：同“僻”，与“邪”的意思相近，均指歪门邪道。侈：放纵挥霍。放辟邪侈指放纵邪欲违法乱纪。

⑥ 罔：同“网”，有“陷害”的意思。

⑦ 轻：轻松，容易。

⑧ 赡：足够，充足。

⑨ 奚暇：怎么顾得上。奚，疑问词，怎么，哪有。暇，余暇，空闲。

也”,申述了“仁者无敌”的道理;而在面对梁襄王时,劝之仍恐其愚,讥之不畏其恼,言言作声、语语中的,表现出十足的浩然之气,令人读之痛快淋漓。

《左传》(选读)·左丘明

左丘明(前556—前451),春秋时著名史学家、文学家。任朝廷史官,著有《左氏春秋》(《春秋三传》之一)。该书记录了西周、春秋的重要史事,具有很高的史学价值。在文学上,《左传》以“行人辞令”与战争描写享誉千古。史学界推尊左丘明为中国史学的开山鼻祖。

崤之战(节选)

杞子自郑使告于秦曰:“郑人使我掌其北门之管①,若潜师以来②,国可得也。”穆公访诸蹇叔③。蹇叔曰:“劳师以袭远④,非所闻也。师劳力竭,远主备之,无乃不可乎?师之所为,郑必知之,勤而无所⑤,必有悖心⑥。且行千里,其谁不知?”公辞焉。召孟明、西乞、白乙⑦,使出师于东门之外。蹇叔哭之,曰:“孟明,吾见师之出而不见其入也。”公使谓之曰:“尔何知?中寿⑧,尔墓之木拱矣。”

蹇叔之子与师,哭而送之,曰:“晋人御师必于崤。崤有二陵焉。其南陵,夏后皋之墓也⑨;其北陵,文王之所辟风雨也⑩。必死是间。余收尔骨焉。”秦师遂东。

三十三年春,秦师过周北门,左右免胄而下⑪,超乘者三百乘⑫。王孙满尚幼⑬,观之,言于王曰:“秦师轻而无礼⑭,必败。轻则寡谋,无礼则脱⑮。入险而脱,又不能谋,能无败乎?”

及滑,郑商人弦高将市于周⑯,遇之,以乘韦先牛十二犒师⑰,曰:“寡君闻吾子

---

① 管:钥匙。
② 潜师:秘密出兵。以:表修饰。
③ 访:咨询。蹇叔:秦国老臣。
④ 远:远方的郑国。
⑤ 勤:劳苦。所:处所。无所:没有着落,一无所得。
⑥ 悖心:怨恨之心。
⑦ 孟明:姓百里,名视,字孟明,秦国老臣百里奚之子。西乞:名术。白乙:名丙。三人都是秦国的将军。
⑧ 中(zhòng)寿:满寿,年寿满了。
⑨ 夏后皋:夏代的君主皋,夏桀的祖父。后,君。
⑩ 辟:同“避”,躲避。
⑪ 左右:战车的左右卫,左持弓,右持矛,中驾车。
⑫ 超乘:刚一下车又跳上车去,这是轻狂无礼的举动。
⑬ 王孙满:周共王之子圉的曾孙。
⑭ 轻:轻狂。
⑮ 脱:纪律松弛。
⑯ 市:做生意。
⑰ 乘:四张。韦:经过加工的熟牛皮。古人送礼,照常例先送轻的东西,再送重的东西,叫以某先某。

将步师出于敝邑[①]，敢犒从者，不腆敝邑，为从者之淹[②]，居则具一日之积[③]，行则备一夕之卫。”且使遽告于郑[④]。

郑穆公使视客馆，则束载、厉兵、秣马矣[⑤]。使皇武子辞焉，曰：“吾子淹久于敝邑，唯是脯资饩牵竭矣[⑥]。为吾子之将行也，郑之有原圃，犹秦之有具囿也[⑦]，吾子取其麋鹿，以闲敝邑，若何？”杞子奔齐，逢孙，杨孙奔宋。

孟明曰：“郑有备矣，不可冀也。攻之不克，围之不继，吾其还也。”灭滑而还。

晋原轸曰：“秦违蹇叔，而以贪勤民[⑧]，天奉我也[⑨]。奉不可失，敌不可纵。纵敌患生，违天不祥。必伐秦师。”栾枝曰：“未报秦施而伐其师[⑩]，其为死君乎[⑪]？”先轸曰：“秦不哀吾丧而伐吾同姓，秦则无礼[⑫]，何施之为？吾闻之，一日纵敌，数世之患也。谋及子孙，可谓死君乎？”遂发命，遽兴姜戎。子墨衰绖[⑬]，梁弘御戎，莱驹为右[⑭]。

夏四月辛巳，败秦师于崤，获百里孟明视、西乞术、白乙丙以归。遂墨以葬文公，晋于是始墨[⑮]。

文嬴请三帅[⑯]，曰：“彼实构吾二君[⑰]，寡君若得而食之[⑱]，不厌，君何辱讨焉[⑲]？使归就戮于秦，以逞寡君之志[⑳]，若何？”公许之。

先轸朝，问秦囚。公曰：“夫人请之，吾舍之矣。”先轸怒曰：“武夫力而拘诸原[㉑]，妇人暂而免诸国[㉒]，堕军实而长寇仇[㉓]，亡无日矣。”不顾而唾。

---

① 步师：行军。
② 腆：富裕。淹：久留。
③ 具：供给。积：食粮。
④ 遽：立即。
⑤ 束载：收拾兵车。厉：同“砺”，磨刀石，引申为磨砺。秣：喂养。
⑥ 脯：干肉。资：同“粢”，粮食。饩（xì）：鲜肉。牵：尚未宰杀的牲口。
⑦ 原圃、具囿：分别是郑国、秦国的猎场名。
⑧ 勤：劳苦不堪。
⑨ 奉：奉送、赐予。
⑩ 秦施：秦国的恩惠。
⑪ 死君：此时晋文公已死，但还未安葬，故称死君。晋文公曾在外流亡十九年，后得秦穆公的帮助，才回国即君位。
⑫ 则：就是。
⑬ 子：晋襄公。墨：名词活用为动词，染黑。衰绖（cuīdié）：丧服。本应为白色，现因军事需要染黑。
⑭ 右：副将，居右持戈盾保卫君王。
⑮ 墨：穿着黑色的丧服。
⑯ 文嬴：晋文公的夫人，秦穆公的女儿。
⑰ 构：使结怨，挑拨离间。
⑱ 寡君：自称其父秦穆公。
⑲ 辱：敬辞，辱没，劳驾，屈尊。
⑳ 逞：满足。
㉑ 拘：擒，捉拿。诸：“之于”合音。原：原野，指战场。
㉒ 暂：仓促，轻易，一下子。免：赦免、放走。
㉓ 堕（huī）：同“隳”，毁坏。军实：战果。

公使阳处父追之[①]，及诸河，则在舟中矣。释左骖[②]，以公命赠孟明。孟明稽首曰："君之惠，不以累臣衅鼓[③]，使归就戮于秦，寡君之以为戮，死且不朽。若从君惠而免之，三年将拜君赐。"

秦伯素服郊次[④]，乡师而哭[⑤]，曰："孤违蹇叔，以辱二三子，孤之罪也。"不替孟明[⑥]。"孤之过也，大夫何罪？且吾不以一眚掩大德[⑦]。"

（杨伯峻著：《春秋左传注》，中华书局1990年第2版。）

赏析

《左传》是一部儒家著作，最鲜明的特点体现在民本思想方面。书中很多描写战争的文字都揭示出民心向背、得民与否才是战争胜败的决定因素。此外，有关"保民""爱民""得民""恤民""成民""抚民"和"利民"的论述非常之多，这都说明民本思想越来越为统治者和进步思想家所重视，成为人们普遍的价值观念。

《左传》还有很多反映儒家价值观的表述，如"大上有立德，其次有立功，其次有立言"，即所谓的"三不朽"说（襄公二十四年）。"民生在勤，勤则不匮"（宣公十二年）、"多行不义必自毙"（隐公元年）、"居安思危。思则有备，有备无患"（襄十一年）、"人谁无过，过而能改，善莫大焉"（宣公二年）、"骄奢淫逸，所自邪也"（隐公三年）、"俭，德之共也；侈，恶之大也"（庄公二十四年）、"为政者不赏私劳，不罚私怨"（昭公五年）、"兄弟虽有小忿，不废懿亲"（僖公二十四年）等等，无不体现出中华民族生生不息的精神追求与崇高的精神原动力。

朱自清在《经典常谈》中说："《左传》不但是史学的权威，也是文学的权威。"它的崇高文学成就体现在出神入化的人物形象刻画方面，对于战争前后所作的令人叹为观止的分析与评价方面，也有史学著作必须具备的高超叙事技巧，更有堪称鹤立鸡群的语言上的凝练典雅、意蕴丰厚。比如本篇《崤之战》中，蹇叔等人是中心人物，至于杞子这种小人物只算是一笔带过，他在文中一共只说了三句话，但可谓言简意赅。第一句"郑人使我掌其北门之管"，说明形势对秦十分有利，但这对下文却起到了反讽的作用。第二句"若潜师以来"，写杞子的主张，作者语含讽刺，说明此人并无军事才能，是个笨伯。因为"师"根本无"潜"。秦到郑，中间要经过晋国、周王朝，其他小国还不算，根本无法隐蔽。第三句"国可得也"最有吸引力，秦穆公所以被野心所驱使，一定要出兵，正由这句话而起。短短三句话，把秦、郑的关系和客观形势，把杞子本人的愚蠢，以及促使秦国这一次走向失败道路的主因，都说出来了。我们不能不叹服《左传》语言的浓缩精练。蹇叔苦苦劝阻无效，作者只写了四个字："秦师遂东。"这实在是所谓的"春秋笔法"，把做事的人不顾任何前因后果而一意孤行胆大妄为

---

① 阳处父（fǔ）：晋大夫。

② 左骖：左面的马。

③ 累臣：累（léi），绳索，这里指俘虏；衅鼓，杀人把血涂在鼓。

④ 郊次：等候在郊外。次，停驻。

⑤ 乡：同"向"。

⑥ 替：废弃，撤职。

⑦ 眚（shěng）：眼睛上长的膜，引申指小的过失。

的一切都写出来了。

第三节 拓展阅读

《横渠四句教》· 马一浮

马一浮(1883—1967),幼名福田,字一浮,号湛翁,晚署蠲(juān)叟、蠲戏老人。浙江会稽(今浙江绍兴)人,中国现代著名的思想家、教育家、书法家。马一浮与梁漱溟、熊十力合称为"现代三圣"(或"新儒家三圣"),是现代新儒家中最具原创思想体系的学者,被称为"一代儒宗"。曾创办复性书院,亦是《浙江大学校歌》的词作者。其崇高学术成就主要体现于"义理名相论"及"国学乃六艺之学"这两个观点。所著被后人辑为《马一浮全集》。

1938年,马一浮先生应浙江大学竺可桢校长之聘,在江西泰和为流离中的浙大师生举办国学讲座,开篇首讲的内容就是下文张载的这四句话。马一浮在抗战流离之际对此四句极为推崇,不但为现代中国指出了动心忍性,多难兴邦,继承儒家王道,期待天下太平的愿景,而且从新儒学的视域对其作了精妙的诠释。中国知识分子的责任感、勇于担当的精神、成己成物的博大气象,都淋漓极致地体现于此篇文字。

昔张横渠先生[①]有四句话,今教诸生立志,特为拈出,希望竖起脊梁,猛著精采,依此立志,方能堂堂的做一个人。须知人人有此责任、人人具此力量、切莫自己诿卸,自己菲薄。此便是"仁以为己任"的榜样,亦即是今日讲学的宗旨,慎勿以为空言而忽视之。

为天地立心

《易大传》曰:"复,其见天地之心乎。"《剥》《复》是反对卦,《剥》穷于上,是君子道消;《复》反于下,是君子道长。伊川《易传》以为动而后见天地之心。天地之心于何见之？于人心一念之善见之。故《礼运》曰:"人者,天地之心也。"《程氏遗书》云:"一日之运,即一岁之运;一人之心,即天地之心。"盖人心之善端,即是天地之正理。善端既复,则刚浸而长,可止于至善,以立人极,便与天地合德。故"仁民爱物",便是"为天地立心"。天地以生物为心,人心以恻隐为本。孟子言四端,收举恻隐,若无恻隐,便是麻木不仁,漫无感觉,以下羞恶、辞让、是非,俱无从发出来。故"天地之大德曰生",人心之全德曰仁。学者之事,莫要于识仁求仁,好仁恶不仁,能如此,乃是"为天地立心"。

为生民立命

① 张载(1020—1077),字子厚,北宋大儒,理学支脉"关学"创始人,学者称横渠先生。认为世界的"本源"是"气",而非"理"。通过"气"的概念,张载构建起了一个独特的"一元论"哲学体系。其学术思想在中国思想文化发展史上占有重要地位,对以后的思想界产生了较大的影响。

儒者立志，须是令天下无一物不得其所，方为圆成。孟子称伊尹“一夫不获，若己推而纳诸沟中”。横渠《西铭》云：“凡天下之疲癃、残疾、茕独、鳏寡，皆吾兄弟之颠连而无告者也。”此皆明万物一体之义。圣人吉凶与民同患，未有众人皆忧而己能独乐，众人皆危而己能独安者。万物一体，即是万物同一生命。若人自扼其吭，自残其肢，自刳其腹，而曰吾将以求生，决无是理。孟子曰：“夭寿不贰，修身以俟之，所以立命也。”又曰：“尽其道而死者，正命也。桎梏死者，非正命也。”今人心陷溺，以人为害天赋，不得全其正命者，有甚于桎梏者矣。仁人视此，若疮痏之在身，疾痛之切肤，不可一日安也。故必思所以出水火而登衽席之道，使得全其正命。孔子曰：“老者安之，朋友信之，少者怀之。”学者立志，合下便当有如此气象，此乃是“为生民立命”也。

为往圣继绝学

此理不为尧存，不为桀亡，在圣不增，在凡不减。但因人为气习所拘蔽，不肯理会，便成衰绝。其实“人皆可以为尧舜”。颜子曰：“舜何人哉！予何人哉！有为者亦若是。”学者只是狃于习俗，不知圣贤分上事即吾性分内事，不肯承当。故有终身读书，只为见闻所囿，滞在知识边，便谓已足，不知更有向上事，汩没自性，空过一生。孔子曰：“不曰‘如之何、如之何’者，吾末如之何也已矣。”“苟能一日用其力于仁矣乎，吾未见力不足者。”圣人之言剀切如此。道之不明不行，只由于人之自暴自弃。故学者立志，必当确信圣人可学而至，吾人所禀之性与圣人元无两般。孟子曰：“圣人先得我心之所同然者耳。”“心之所同然者何也？曰理也，义也。”濂、洛、关、闽诸儒，深明义理之学，真是直接孔孟，远过汉唐。“为往圣继绝学”，在横渠绝非夸词。今当人心晦盲否塞、人欲横流之时，必须研究义理，乃可以自拔于流俗，不致戕贼其天性。学者当知圣学者即是义理之学，切勿以心性为空谈，而自安于卑陋也。

为万世开太平

太平不是幻想的乌托邦，乃是实有是理。如尧之“光被四表，格于上下”，文王之“自西自东，自南自北，无思不服”，都是事实。干羽格有苗之顽，不劳兵革；礼让息虞芮之讼，安用制裁。是故不赏而劝，不怒而威，不言而信，无为而成。《中庸》曰：“君子笃恭而天下平”“声色之于以化民末也。”圣人至德渊微，自然之效，斯乃政治之极轨。自帝降而王，王降而霸，霸降而夷狄，天下治日少而乱日多。秦并六国，二世而亡，晋失其驭，五胡交乱，力其可恃乎？中外历史，诸生闻之熟矣，非无一时强大之国，只如飘风骤雨，不可久长。程子曰：“王者以道治天下，后世只是以法把持天下。”又曰：“三代而下，只是架漏牵补，过了时日。”孟子曰：“以力假仁者霸，以德行仁者王。以力服人者，非心服也，力不赡也。以德服人者，中心悦而诚服也。”从来辨王霸莫如此言之深切著明。学者须知孔孟之言政治，其要只在贵德而不贵力。然孔孟有德无位，其道不行于当时，而其言则可垂法于万世。故横渠不曰“致”而曰“开”者，致是实现之称，开则期待之谓。苟非其人，道不虚行，果能率由斯道，亦必有实现之一日也。从前论治，犹知以汉唐为卑，今日论治，乃惟以欧美为极。从前犹以管、商、申、韩为浅陋，今日乃以孟索里尼、希特勒为豪杰，以马格斯、列宁为圣人。今亦不暇加以评判，诸生但取六经所陈之治道，与今之政论比而观之，则知碔（石民）不可以为玉，蝘蜓不可以为龙，其相去何啻霄壤也。中国今方遭夷狄侵陵，举国之人动心忍性，乃是多难兴邦之会。若曰图存之道，期跂及于现代国家而止，则亦是自己菲薄。今举横渠此言，欲为青年更进一解，养成刚大之资，乃可以济蹇难。须信实存是理，非是姑为鼓舞之言也。

（节选自《泰和宜山会语》，载《马一浮全集》第一册，浙江古籍出版社2013版。）

实践训练：教你读经典

中华典籍概况

我国历史上典籍的概况，可以清乾隆时所编集的《四库全书》为例，它收书3461部（一说3474种），共79309卷；存目6793部，93551卷。20世纪80年代有学者统计：现存古典文献总数不少于八万种（包括单刻本、丛书、地方志、小说、戏剧等）。

古代经典需要同学们了解的，有以下重要书目：

1. 十三经

儒家奉为经典的十三部古籍：《易》《诗》《书》、三礼、三传、《孔》《孟》《孝经》和《尔雅》。

2. 二十四史

《史记》《汉书》《后汉书》《三国志》《晋书》《宋书》《南齐书》《梁书》《陈书》《魏书》《北齐书》《周书》《南史》《北史》《隋书》《旧唐书》《新唐书》《旧五代史》《新五代史》《宋史》《辽史》《金史》《元史》和《明史》。

1921年徐世昌下令把柯劭忞的《新元史》列入正史，是为“二十五史”；后来又有人把《清史稿》列入，合称为“二十六史”。

3. 诸子集成

“诸子”指先秦各学派，到汉初有“诸子百家”之称。民国时国学整理社编辑《诸子集成》，主要是旧注，后中华书局编辑出版《新编诸子集成》，多数为新注，至今已出版了四十种。

4. 集部

所谓“集”主要指诗文集，集众篇为一书。分总集和别集。

推荐大家特别关注按朝代收录某种体裁的所有作品的这类总集。

诗歌：

(1)《先秦汉魏晋南北朝诗》（逯钦立辑校，中华书局1983年版）；

(2)《全唐诗》（清彭定求等奉敕编，中华书局1960年版）；

(3)《全宋诗》（编委会编，北京大学出版社1992年版）；

(4)《全明诗》(编委会编,上海古籍出版社 1990 年起陆续出版)。

词:

(1)《全唐五代词》(张璋等编,上海古籍出版社 1986 年版);

(2)《全宋词》(唐圭璋辑,中华书局 1965 年版);

(3)《全金元词》(唐圭璋辑,中华书局 1979 年版)。

文:

(1)《全上古三代秦汉三国六朝文》(清严可均辑,中华书局 1965 年版);

(2)《全唐文》(清董诰等奉敕编,中华书局 1983 年版);

(3)《全宋文》(曾枣庄主编,巴蜀书社 1988 年起陆续出版)。

阅读古代典籍门径简介

阅读典籍的方法因人而异,没有一个适合所有人的固定不变的方法。阅读典籍,首先要有基本的文言文阅读能力,或者说,借助注释和辞典能够读懂古文。其次,不主张大家读翻译成白话文的典籍,坚持一段时间阅读文言文,就会大大提高文言文的阅读能力。

下面是五种有关国学典籍的读书方法:

1. 通过书目提要,有计划地读书

张之洞在《輶轩语》中指出:"今为诸生指一良师,将《四库全书总目提要》读一过,即略知学问门径矣。"很多著名的国学大师都认为治学要从目录始。

有两本目录书,对于阅读中国传统文化典籍很有帮助。一本是永瑢的《四库全书总目提要》,另一本是张之洞的《书目答问补正》。按照上面指示的版本、内容介绍选择自己应读之书。

2. 精读"元典",要么不读,要么全读

在中华文化系统中,堪称"元典"的首推"五经":《易》《诗》《书》《礼》和《春秋》(《乐》亡佚)。

此外,一些专科创始之作,也被该学科视为经典,如《孙子兵法》是军事学经典;《黄帝内经》是中医学经典;《茶经》是茶学经典。此类典籍因其原创性而赢得不朽,其精义至今为相关专业所尊崇,成为取之不尽的灵感源泉。

精读元典,应该成为我们阅读典籍最重要的环节。需要注意的是,阅读元典,一定要从头精读到尾,不能跳读、选读。鲁迅先生建议青年人多读全集,少读选集;诗人余光中规劝年轻学生对于经典要么全读,要么不读。

3. 广收精取

毛泽东给人们树立了一个读史典范,他一方面通读"二十四史",另一方面又精读《资治通鉴》,据说这本书他一生先后读了 18 遍。他还要求许世友等将军读《红楼梦》,一遍不行,要读七遍、八遍才行。所以,我们一方面要博览群书,另一方面要精研一书。

4. 八面受敌法

苏东坡总结他少年时的读书经验是,一部书分作数次读,每次只侧重一个方面的问题,

如第一次只注意“兴亡治乱”“勿生余念”；第二次只注意“事迹故实典章文物”，其他类推。苏东坡认为，之所以采用这种方法，是因为“书富如入海，百货皆有之。人之精力，不能兼收尽取，但得其所欲求者尔。故愿学者每次作一意求之。”这种读书法对于做学问、写文章特别有效，它要求读者必须有做笔记的习惯，或者写批语的习惯。

5. 朱子读书法

朱子读书法是中国古代最有影响、最系统的读书法，是宋代理学家宋熹的学生汇集他的训导概括归纳出来的，集古代读书法之大成，共六条：循序渐进、熟读精思、虚心涵泳、切己体察、着紧用力、居敬持志。

循序渐进包含三个意思：第一，读书要按一定的次序，不要颠倒。第二，应根据自己的实际情况和能力安排读书计划并切实遵守，即量力性原则。第三，读书要扎扎实实打好基础，不可囫囵吞枣，急于求成。

熟读精思，朱熹主张读书要能成诵，强调读书必要读足一定的遍数，“读书千遍，其义自见”。

虚心涵泳包含有读书的客观性原则。读书时要虚怀若谷、精心思虑，仔细体会书中的意思，不要先入为主、牵强附会。所谓“涵泳”，是指读书时要反复咀嚼、细心玩味。宋熹说：“读书之法无他，惟是笃志虚心，反复详玩为有功耳。”

切己体察包含有读书的结合实际原则。朱熹强调读书不能仅仅停留在书本上、口头上，而必须见之于自己的实际行动，要身体力行。

着紧用力包含有读书的积极性原则。包括两方面的含义：其一，必须抓紧实践，发愤忘食，反对悠悠然；其二，必须抖擞精神，勇猛奋发，反对松松垮垮。

居敬持志包含有读书的目的性原则。其既是朱熹道德修养的重要方法，也是他最重要的读书方法。所谓“居敬”，就是读书时态度端正、精神专一、注意力集中；所谓“持志”，就是要树立远大的志向、高尚的目标，并要以顽强的毅力长期坚持。

思考与练习

1. 孔子说“女为君子儒，勿为小人儒”，请结合你对“君子”“小人”的理解谈谈自己的看法。

2.《论语》属于语录体的散文著作，但许多古人认为它与诗歌的关系非常密切，请谈谈你的理解。

3. 如果孟子上《奇葩说》节目参加辩论，你对他的辩论技巧方面有何建议？

4. 在治国理政方面，孟子有哪些与孔子不一致的地方？

5.《左传》的“行人辞令”被认为是巅峰之笔，请结合《崤之战》谈谈哪里表现出与众不同之处。

6.《左传》对于战争的描写是古代散文中的一绝，对后来的《三国演义》影响至深，请说一说都体现在哪些方面。

本章推荐书目

1. 杨逢彬:《论语新注新译》,北京大学出版社 2016 版。

2. 孙钦善:《论语本解》,生活·读书·新知三联书店 2013 版。

3. 李零:《丧家狗》,山西人民出版社 2007 版。

4. 李零:《去圣乃得真孔子》,生活·读书·新知三联书店 2008 版。

5. 杨伯峻:《孟子译注》,中华书局 2005 版。

6. 杨伯峻:《春秋左传注》,中华书局 2016 版。

7. 李炳英:《孟子选注》,人民文学出版社 2003 版。

8. 沈玉成:《左传译文》,中华书局 2006 版。

9. 徐中舒:《左传选》,中华书局 2008 版。

10. 李梦生:《左传译注》,上海古籍出版社 2004 版。

第二章 诸子百家

诸子百家，指春秋、战国乃至汉初学术思想人物和派别的总称。据《汉书·艺文志》载，当时数得上名字的一共有189家，后来《隋书·经籍志》《四库全书总目》等载则有上千家，而流传较广、影响较大、最为著名的不过几十家罢了，发展成学派者甚至只归纳为10家。他们的文章，是我们国学经典的重要组成部分。

第一节 诸子概述

“子”，是对人的尊称，称全心全意的著作也叫“子”。当时，诸子蜂起，百家争鸣，于是有识者归为“九家十流”①。在中国历史上，“周室东迁，天子失权，诸子称霸，及至春秋、战国，天下大乱，而民间讲学之风炽；且士之于政事，复各怀异志，要皆欲有济于世，于是彼此论辩，即所谓‘百家争鸣’”②。西周以前学在官府，东周以后，学逐步走向民间。《〈文心雕龙·诸子〉义疏》说：“诸子者，入道见志之书。太上立德，其次立言。百姓之群居，苦纷杂而莫显；君子之处世，疾名德之不章。唯英才特达，则炳曜垂文，腾其姓氏，悬诸日月焉……”③

一、原始文化向理性文化的嬗变

最早的散文可追溯到殷商甲骨卜辞，而以儒、道为主（儒家注重社会功能，道家注重审美价值）的文学思潮也孕育于上古期。“先秦文学的形态，一方面是文史哲不分，另一方面是诗乐舞结合，这种混沌的状态成为先秦的一大景观。所谓文史哲不分，是就散文这个领域而言，在讲先秦散文时我们无法排除《尚书》《左传》《国语》《战国策》等历史著作，也无法排除《周易》《老子》《论语》《孟子》《庄子》等哲学著作，那时还没有纯文学的散文。”④可见，先秦文学的特征与其特殊的文化形态确有着极为密切的关系。

众所周知，先秦经由原始文化向理性文化的嬗变，文化主要承担者的身份、地位有巫、

---

① “九家”，指儒、道、墨、法、名、阴阳家、纵横家、杂家与农家；“十流”，据《汉书·艺文志》载：一曰儒家流，二曰道家流，三曰墨家流，四曰法家流，五曰名家流，六曰阴阳家流，七曰纵横家流，八曰杂家流，九曰农家流，再加上小说家，则称为“十流”。

② 吴林伯：《〈文心雕龙〉义疏》，武汉大学出版社2002年版，第196页。

③ 句意为：《诸子》是对道有很多认识、又表现自己志趣的书。古人认为，人第一位的是树立德行，其次是著书立说。老百姓群集居住，在纷杂的人群中难以显露出名；有教养的君子立身处世，所怕的是声名德行不能彰明昭著。只有才华出众之人，方能才华照耀，文章留世，使其声名传布，如同日月高悬。

④ 袁行霈主编：《中国文学史》（第一卷），高等教育出版社1998年版，第14页。

史不分家的现象，而史的职务最初也是宗教性的。随着“人事”（与“神事”相对，指人世间的事）受到重视，史官从原始宗教中脱离出来，逐渐成为新兴文化的代表。到了西周时期，学在官府，文化为贵族所垄断。“春秋战国之际，分封制度的解体，导致了上层贵族地位的下降和下层庶民地位的上升。于是，在贵族和庶人之间兴起了一个士阶层，士的人数迅速增加，他们的社会作用也日益重要。随着贵族阶级的衰落，官学或私家传授出现了危机，于是民间聚众讲学之风应运而起，文化知识也由贵族转移到士的手里。……士的地位空前提高，推动了学术文化的发展。当时诸子并起，代表不同阶级、集团的利益，他们议论时政，阐述哲理，形成了‘百家争鸣’的盛况。”①这样，由巫觋到史官，到贵族再到士，其演变过程之大，与学术的繁荣恰恰是一致的。

二、诸子蜂起，百家争鸣

不同于夏商文化以巫文化等原始宗教为代表，周代重礼、德的理性精神，使人类社会和人本身的地位得到了充分的肯定。到了春秋时期，文化巨匠们将目光直接投向社会现实，诞生了韵、散结合的《老子》与《墨子》。《老子》的出现，直接导致了道家学派的成立，在文化史上产生了十分巨大的影响。

战国时期是我国历史上又一次重大变革的时代，随着周天子的衰微，各个学派的代表人物，始“著书立说，批评时弊，阐述政见，互相论辩，形成了‘百家争鸣’的局面。西汉初，司马谈曾把‘诸子百家’总括为阴阳、儒、墨、名、法、道德六家；西汉末，刘歆于六家之外，又增加了农、纵横、杂、小说四家。这些学派各自从不同的出发点，分别探讨了自然、社会、人生、政治、学理等问题。就其各方面的影响而言，以道家的庄周、儒家的孟轲与荀卿、法家的韩非以及纵横家最为重要，他们虽主张各异，但都秉有战国时代特有的文化气质”。包括“他们立足于现实，着眼于现实，很少提及春秋时流行的‘天命’等思想”；“由于士人成为文化甚至政治的中心，所以他们不再盲目认同某种既定的秩序，他们的自由创作精神大为增强。”②简言之，“《尚书》中的记言文字，已初具说理文的论说因素。我国古代说理文体制的逐步形成，跟百家争鸣以及诸子散文的出现和发展相一致。《论语》创立的语录体，在《墨子》中得到发展，进而形成了《孟子》的对话式论辩文。《庄子》丰富的寓言和奇崛的想象，成为先秦说理文的瑰宝。《荀子》《韩非子》中的专题论文，则标志着我国古代说理文体制的完全成熟。”③

仅就本章所选的诸子散文而言，具体流派（“三家四子”）有：

（一）道家

与儒家起源于周文化不同的是，道家流派多出自宋、楚、齐、秦等国，寓示着道家思想与夏及殷商文化有着密切联系。据《汉书·艺文志》载，从史籍上看，道家与伏羲、女娲、神农、

① 袁行霈主编：《中国文学史》（第一卷），高等教育出版社1998年版，第31、32页。

② 袁行霈主编：《中国文学史》（第一卷），高等教育出版社1998年版，第32、33页。

③ 袁行霈主编：《中国文学史》（第一卷），高等教育出版社1998年版，第108页。

黄帝、伊尹、许由、鬻子及管子等人的治世思想息息相关。至春秋晚期，以老子《道德经》的问世为标志，道家思想已完全成型。战国时期，因侧重点不同而分化为不同派别，有六大派较为著名：老庄学派，杨朱学派，黄老学派，彭蒙、田骈、慎到学派，老子学派和宋尹学派，其中以黄老学派最盛，以至于在战国末期形成了所谓"黄老独盛，压倒百家"的局面。道家以"道"为核心，主张"天道无为""道法自然"，提出"道生法""知其雄，守其雌"及刚柔并济等政治、军事策略。到后来，道家与道教混合，声名渐渐退却，再也不是百家争鸣时的道家。道家经典有《道德经》《道家易学》《文子》《庄子》《列子》《六韬》等。限于篇幅，本章以老子、庄子为代表。

1. 老子

老子，传说他活了160多岁，后人因之称其为"老子"或"老聃"。其作品的精华是朴素的辩证法，主张"无为而治"。其思想结构是：道是德的"体"，德是道的"用"。他的学说对中国哲学的发展影响极深，这既与《老子》中有诗一样的语言相关，更与老子关于"道"的种种哲思相关，这便是诸子百家皆言道，唯独老子开创的学派被人称为"道家"的根本原因。

《老子》，在战国时韩非子称之为《周书》，在秦时《吕氏春秋》称之为《上至经》，在汉时则直称为《老子》，《史记》始称"老子著书上下篇，言道德之意"。

版本问题也是《道德经》独有的现象。据统计，清代以前，《道德经》版本有103种，校订本也有3000多种。目前，学界较为重视的版本，是（魏）王弼的《老子道德经注》。陈鼓应的《老子今注今译》选用的校订版本较客观，涉及历代版本和注家，偏重于哲学研究。长沙马王堆出土的两个抄本（帛书甲、乙本），早王弼本400余年，但甲本缺1400字，乙本缺600字。今天所能见到的较早的《道德经》版本，是湖北荆门郭店楚墓中出土的战国竹简本。

2. 庄子

先秦道家，创始于老子，而集大成于庄子。《史记》说庄子"其要本归于老子之言"，即是说庄子是继承老子思想而来，但又大大发展了老子的思想，成为道家中的一大高峰。庄子主张"天人合一""清静无为"。如果说"仁义"二字被当作儒家思想的标志，那么"道德"一词则被视为道家思想的精华。简单点说，庄子之"道"是天道，是效法自然之"道"；而顺从"天道"，并且与天地相通的，就是庄子所提倡的"德"。同时，《庄子》具有很高的文学价值。他的想象力极为丰富，语言运用自如且灵活多变，能把一些微妙难言的哲理说得头头是道，特别引人入胜。唯有如此，它才有"仁者见之谓之仁，知者见之谓之知，百姓日用而不知"的气概。

历来为《庄子》作注的人颇多，通行的有（晋）郭象的《庄子注》、（清）王先谦的《庄子集解》和（清）郭庆藩的《庄子集释》，今人陈鼓应的《庄子今注今译》亦可参看。

英国著名的科学史家李约瑟曾说："中国人性格中有许多最吸引人的因素都来源于道家思想。中国如果没有道家思想，就像是一棵某些深根已经烂掉的大树。这些树根今天仍然生机勃勃。"

（二）墨家

墨家约产生于战国时期，其创始人为墨子（姓墨，名翟）。墨家在先秦时期影响很大，与儒家并称“显学”，时人称之为“孔墨”或“非儒即墨”。儒、墨两家曾分庭抗礼，至战国后期，墨学的声望一度在孔学之上。墨家是一个有领袖（“巨子”或“钜子”）、有学说（“兼爱”“非攻”“尚贤”“尚同”等）、有组织（纪律严明，墨家成员都自称为“墨者”）的学派。晚期曾汇而成两支：一支注重于认识论、逻辑学、几何学等，时人称之为“墨家后学”（亦称“后期墨家”）；一支则转化为秦汉时期的社会游侠（称“墨侠”），如在认识论方面提出“三表”作为检验认识正确与否的方法。（三表，“上本之于古者圣王之事”，即以古代圣王的历史经验为依据；“下原察百姓耳目之实”，即以百姓的感觉经验为依据；“观其中国家百姓人民之利”，即以看它是否切合人民的利益为依据。这三表或三法是判断事物是非、辨别知识真伪的标准。）它以“壹同天下之义”为法律起源，以立足于“利民”为立法原则，以“兼相爱，交相利”为法律观，做到“不党父兄，不偏富贵”“赏当贤，罚当暴”及“杀人者死，伤人者刑”等等，在当时社会刮起了一股清风。

墨家的代表人物是墨子。墨子“背周道而用夏政”，提出了“兼爱”“非攻”“尚贤”“尚同”“天志”“明鬼”“非命”“非乐”“节葬”“节用”等观点。以兼爱为核心，以节用、尚贤为支点。此外，其科学造诣之深，在古代科学家中堪称佼佼者。令人遗憾的是，墨子在科技领域中的理性灵光，随着墨学衰微，亦几近熄灭。后世人只注重实用，忽视理性探索，确为科技史上的莫大损失。墨子死后，墨家分为三个学派：相里氏之墨、相夫氏之墨与邓陵氏之墨。今存《尚贤》《尚同》《兼爱》《非攻》《节用》《节葬》《天志》《明鬼》《非乐》《非命》等诸篇最足以代表墨家的主张，其内容既有记载墨子言行的资料，也有包含了丰富的认识论、逻辑学思想以及科学知识的专论《墨辩》，墨辩和古印度的因明学、古希腊的逻辑学并称“世界三大逻辑学”。《墨子》既非一人一时之作，思想、文字也深浅不一。秦代以后，墨学渐衰，《墨子》亦少有人问津，即便有一些要传述研习，脱文阙字者所在多有。其中以清代孙诒让的《墨子閒诂》收罗最丰富，裁断最精审，因此成为《墨子》通行的读本。

（三）法家

法家，是战国时期以法治为核心的重要学派。其先驱可追溯到春秋时的管仲、子产，他们既强调法制，又重视道德教化。真正发扬光大的是战国前期的李悝、吴起、商鞅、慎到、申不害等。商鞅重“法”，申不害重“术”（权术），慎到则重“势”（权势）。战国末期的韩非子集法家思想之大成，将“法”“术”“势”三者糅合为一，将法治理论完整化、系统化。法家反对保守的复古倒退、因循守旧思想。商鞅主张“不法古，不循今”，韩非子则提出“时移而治不易者乱”，对朴素唯物主义的发展具有重要意义。综上，作为集大成者的韩非子无疑是法家的代表人物。

韩非子是真正实行“变法”的政治改革家和思想家，他提倡以“法治”代替“礼治”“儒以文乱法，侠以武犯禁，而人主兼礼之”是造成祸乱的重大原因。儒家作为“贫国之教”“亡国之言”，是致使兵弱国贫乃至亡国的一大根源。他鼓励“耕战”，力求“富国强兵”。

韩非子早已声名远播。据《史记》载:秦王见《孤愤》《五蠹》之书,曰:"嗟乎!寡人得见此人与之游,死不恨矣!"以此发兵攻韩,可知当时秦王的用人之切!至秦,虽受秦王嬴政赏识,但遭到李斯等人的嫉妒,最终被下狱服毒而死。他"归其本于黄、老",其理论与黄老之法极似,都不尚繁华、清简无为、君臣自正。与诸子相比,《论语》《孟子》为语录体,非专题论文;《墨子》《荀子》结构绵密却失于呆板;《庄子》行文自由无忌,鲜受结局束缚。唯韩非子文,谈古论今、旁征博引、跌宕起伏、纵横开阖,以一条红线贯穿始终,充分显示出结构的谨严、形式的整饬。

《汉书·艺文志》著录有55篇,《隋书·经籍志》著录20卷,张守节的《史记正义》中引阮孝绪的《七录》(一说为刘向《七录》)说"《韩非子》二十卷",篇数及卷数都与今本一致。清代以来,卢文弨、顾广圻、王念孙、俞樾、孙诒让等都整理过此书,清末王先慎著《韩非子集解》总结了清代成果,陈启天著《韩非子校释》、梁启雄有《韩非浅解》、陈奇猷有《韩非子集释》等均可参读。

第二节　诸子选读

《老子》(选读)·老子

老子,姓李名耳,字聃(音dān,下垂意,旧有"耳垂长者寿高"之意,后引申为老貌),楚国苦县(今河南鹿邑地区)人。他和孔子生活在同一时代而稍长于孔子,孔子向他问过礼,后老子弃官归隐。他是我国古代伟大的哲学家和思想家,是道家学派的创始人。《老子》又名《道德经》,分《道经》《德经》两部分,原文上篇《德经》、下篇《道经》,不分章,后改为《道经》(37章)在前,《德经》(44章)在后,计81章,5000余言。它记录了春秋晚期思想家老子的学说,是中国古代先秦诸子分家前的一部著作,也是中国历史上首部完整的哲学著作,为其时诸子所共仰。

天下皆知美之为美①

天下皆知美之为美,斯恶已②;皆知善之为善,斯不善已。

故有无相生③,难易相成,长短相形④,高下相倾⑤,音声相和⑥,前后相随⑦。

① 《天下皆知美之为美》属《老子》第二章,题目后加。

② 天下都知道美之所以为美,丑的认识便产生了。

③ 有和无相互依存。这里的"有""无"指具体事物的存在或不存在,而不是老子哲学本体论中的"有""无"概念。生:依存或产生,发生。

④ 长和短相互体现。形:体现,对照。

⑤ 高和低相互倾斜而依靠。

⑥ 音和声相互调和。音指音调有高低的乐音,声指简单的和声,音与声的相互调和,才有和谐的音乐。和:应和,调和。

⑦ 前和后相互跟随。前与后是通过前后关系体现出来的,失去前也就没了后,失去后也就不见了前。以上是说事物总是相比较而存在,相依靠而生成的,矛盾对立双方是相反相成的。

是以圣人处无为之事，行不言之教①。万物作而不辞②，生而不有③，为而不恃，成功不居④。夫唯不居，是以不去⑤。

（朱谦之撰：《老子校释》，中华书局1984年版。）

赏析

《老子》一书含有丰富的古代辩证法思想，这是学界公认的。此章的主旨，就在于讲“道”的辩证内涵。在本章中，老子认为任何事物都有自己的对立面，而失去其中的一方，另一方随之也消逝。他罗列出如下一些相互对立的事物：“美丑”“善恶”“有无”“难易”“长短”“高下”“音声”“前后”等等，以此来说明相互对立是一切事物存在的普遍形式，对立又依存，这就是古典哲学中所谓的“相反相成”的道理。任何事物，或善或美、或恶或丑，都具有可变性和两重性。“正复为奇，善复为妖”（正常的可变成奇特的，善良的又可变成妖孽的），正说明相互对立的两个方面是互相转化的。譬如西施颦美，东施爱而效之，其丑益甚。美，一定条件下会转化为不美；善，一定条件下也会转化为不善，此乃是大道运化之必然，也是事物发展之规律。永恒的美？绝对的善？那必然事与愿违！这就是表征下的深层含义。正是在这个意义上说，“美是难的”。

无逻辑链条的突破，就不是真正的智慧。这其实也是在减弱人们一根筋式的偏执性思维。到处充满矛盾对立的客观世界，我们应如何对待呢？老子提出“无为”的观点，“无为”就是“不折腾”。“无为”不是无所作为，而是要以辩证法的思想帮助人们顺应自然、遵循事物客观发展的规律。有人说，《老子》的前两章是全书的“引言”，那么全书的宗旨就在其中了。

善行，无辙迹⑥

善行，无辙迹⑦；善言，无瑕谪⑧；善计，不用筹策⑨；善闭，无关键不可开⑩；善结，无绳约不可解⑪。

---

① 因此圣人以无为的态度处理事情，实行不用言辞的教育。圣人：指道家的理想人物，即能够体认自然，拓展内在的生命，扬弃一切影响身心自由活动的人。无为：顺其自然，不妄为。不言之教：指不通过言辞表达的潜移默化的教化引导。

② 万物兴起而不加以评论。这一句的主语是道。

③ 生养万物，而不占为己有。

④ 有所作为而不依靠它，成就了功业不会居功自傲。这一句的主语是圣人。

⑤ 正因为不居功，所以功绩不会离开。意思是不居功，也就无所谓失去功。

⑥ 《善行，无辙迹》属《老子》二十七章。题目后加。

⑦ 善于行走的，不留痕迹。辙：车轮压出的痕迹。迹：足迹。

⑧ 善于言谈的，没有缺点过失。瑕：本指玉上的斑点，此喻缺点。谪：原是谴责之意，这里指失误，过失。

⑨ 善于计算的，不用计数器具。筹策：古代计算时所使用的器具，用竹制成，其功能相当于今天的珠算。

⑩ 善于关门的，不用门闩把门关紧，就能使人无法开启。关、键：均是门闩，是关锁门户所用的栓销，用木或金属制成。

⑪ 善于捆绑的，不用绳索把东西捆紧，就能使人无法解开。约：绳索。

是以圣人常善救人，而无弃人①；常善救物，而无弃物②。是谓袭明③。

善人，不善人之师；不善人，善人之资④。不贵其师，不爱其资，虽知大迷⑤，此谓要妙⑥。

（朱谦之撰：《老子校释》，中华书局1984年版。）

赏析

本章的主题是“善”。何谓“善”？《易经》云：“继之者善。”继什么？就是顺道，就是合道。也就是说，凡顺乎自然的东西都合道，并会有自我的“善”的条件与“善”的妙用，达到“无为而无不为”的境界。“道”的特性是“无”，因无而妙，因妙而神，因神而奇，所以，“善行”无迹可寻，“善言”无瑕可责，“善计”不用筹策，“善闭”不依靠“关键”，“善结”不用绳索，此皆“无为”之功用。这里的“五善”（“善行”“善言”“善计”“善闭”“善结”）都是体“道”之行，是体“道”之行的具体层面。“善行，无辙迹”不只蕴涵着道家之旨，更进一步阐释了“道”的本质特征。

此外，这也说明有道者无弃人、无弃物的胸怀。人无弃人、物无弃物，善人不善人、善物不善物，一切都有用处，万物不多余。善，为师；恶，为资。一切的一切都加以善待，这就是内藏着的智慧。表面上看，去普救世人，世上就没有不可救之人；去救物，也就没有不可救之物。其实，不救人，则人自救，这才是最好的办法与效果，这就叫“循道”。圣人的“善行，无辙迹”就是在“行不言之教”，或曰“行鸟道”。

“不贵其师”，则无所不师，则师于大道。因而，上上乘的行为无一不是依据自然、因循自然的，依自然而生，自然就是“道”的本质，就是“道”的核心，只有符合“道”，才是真正的“善”。老子的“大智若愚”有如婴儿状，说的就是“善行”的最高境界。究其实，老子不是表面上去赞美这五种行为的神妙奇功，因为老子本来就与机心、机巧无关，“五善”，就是一个字：无。

实相无相。中国画中的“留白”、书法中的“布白”，其手法、其境界，大抵如此。

天下柔弱莫过于水⑦

天下柔弱莫过于水，而攻坚⑧；强莫之能先⑨。其无以易之⑩。

故弱胜强，柔胜刚，天下莫能知，莫能行⑪。

---

① 因此圣人总是善于做到人尽其才，所以没有被遗弃的人。弃人：被遗弃的人。
② 弃物：被遗弃不用的物。
③ 这就叫作保持明智。袭：承袭，含藏，保持。明：明智，指了解“道”的智慧。
④ 所以善人是不善人的老师，不善的人是善人的借鉴。资：取资，借鉴。
⑤ 不尊重他的老师，不爱惜他的借鉴，虽然看起来聪明，其实非常糊涂。迷：迷乱，分辨不清。
⑥ 要妙：幽妙，指精要玄妙的道理。
⑦ 《天下柔弱莫过于水》属《老子》七十八章。题目后加。
⑧ 并且冲击坚固物体。朱谦之云：“水能怀山襄陵，磨铁销铜，故曰攻坚也。”
⑨ 强大到没有什么东西比它更先进（强）。
⑩ 没有东西可以替代它。
⑪ 弱胜强，柔胜刚，天下没有谁能知道，没有谁能实行。

故圣人云："受国之垢，是谓社稷主①；受国不祥，是谓天下王②。"正言若反③。

（朱谦之撰：《老子校释》，中华书局 1984 年版。）

赏析

本章内容包括两点："水"；"正言若反"。真正懂老子的人将其哲学称为"水德"，《老子》的第 8 章、第 66 章、第 78 章就集中体现了老子的"水德"哲学。如果说《孟子》《庄子》等书中也均有"尚水"思想在，但唯独老子给了水至尊无上的地位。在老子看来，"水"是一个中心意象之一。水是柔弱的、流动的、接受性的、被动的、不争的，这是老子所推崇的水的表面特点之一。故而他认为，个体在整个世界中首先要用一种被动的、接受性的态度面对世界。老子认为，水表面上是柔弱卑下的，但它却能"怀山襄陵，磨铁销铜"，所有坚强的事物都难阻止它、战胜它。因此，老子坚信柔弱的事物必能胜过刚强的事物。这里要特别强调的是，老子所说的"柔弱"，是柔中带刚的、是弱中趋强的、是坚韧无比的。因此，"柔弱似水"，要特别理解，不能只停留于表面上。由此推之，体道的圣人就像水一样，甘愿处于卑下柔弱的位置，随坡就势，"无为而治"。

另一方面，老子在论述"无为"时采取了"正言若反""以反彰正"的方法，这是《老子》中的一大特色。如果说把"正"称之为常规的现象、世俗的价值及标准或方法，那么"反"就是指与常规相反的一切情况，包括与世俗观念相反的价值、标准或方法等。老子善于发掘事物两个对立面之间的相互联系，一般人看事物往往强调"正"而贬低"反"，然而老子恰恰能看到"反"的意义与价值，而正是事物的"反"面，才是其真正价值所在！这种独特的思维方式，即使到了今天也是人们所不常具备的。"正言若反"是老子对那些相反相成事物的高度概括，就像他的辩证法思想，十分丰富而深刻。同时，在同一判断中包含了对立概念的灵活性，而这种灵活性是有条件的，它只有在一定条件下才有意义。

《墨子》(选读)·墨子

墨子(约前 468—约前 376)，姓墨，名翟，战国初年著名的思想家、教育家、科学家和军事家，墨家学派的创始人。墨子曾习儒术，后因不满"礼"之繁缛琐细，起而立新说，聚门徒讲学，遂成为儒家儒术的主要反对派。墨子是历史上唯一一个农民出身的哲学家。有《墨子》一书(墨子弟子或再传弟子对墨子言行记录的汇集)传世，该书是研究墨子思想的直接材料。《汉书·艺文志》著录其有 71 篇，在宋代，尚余 61 篇，今仅存 53 篇。墨子上说下教，言行很多，但亲笔著述者少。《墨子》分两大部分：一部分是记载墨

---

① 承担国家的屈辱，这才称得上国家的君主。垢：本指污秽、尘土一类脏东西，这里喻耻辱，屈辱。社稷：指国家。社本指土地神，稷是谷神，古代帝王都要祭祀社稷，故社稷后来便成为国家的代称。

② 承担国家的灾难，这才能做天下的君王。

③ 正面的话(听起来)却像反面的话一样。这是老子从现象世界所存在的矛盾统一的事物中总结出的一个普遍原则，"大成若缺""大盈若冲""大直若屈""大巧若拙""大辩若讷""明道若昧""大白若辱""上德若谷""大方无隅""大象无形""建德若偷"及本章之"弱胜强""柔胜刚"等话语，都是对这一原则的具体阐释，在《老子》中，随处可见，俯拾皆是，这充分体现了老子思想的普遍原则及其辩证法与深刻性。

子言行，主要反映前期墨家思想；另一部分包括《经上》《经下》《经说上》《经说下》《大取》《小取》等六篇，一般称作墨辩或墨经，着重阐述墨家的认识论和逻辑思想，反映了后期墨家的思想。

非攻(上)①

今有一人，入人园圃②，窃其桃李，众闻则非之，上为政者得则罚之③。此何也？以亏人自利也。至攘人犬豕鸡豚者④，其不义又甚入人园圃窃桃李。是何故也？以亏人愈多。苟亏人愈多，其不仁兹甚⑤，罪益厚⑥。至入人栏厩⑦，取人马牛者，其不义又甚攘人犬豕鸡豚。此何故也？以其亏人愈多。苟亏人愈多，其不仁兹甚，罪益厚。至杀不辜人也⑧，扡其衣裘，取戈剑者⑨，其不义又甚入人栏厩取人马牛。此何故也？以其亏人愈多。苟亏人愈多，其不仁兹甚矣，罪益厚。当此，天下之君子皆知而非之，谓之不义。今至大为攻国，则弗知非，从而誉之，谓之义。此可谓知义与不义之别乎？

杀一人谓之不义，必有一死罪矣，若以此说往⑩，杀十人十重不义，必有十死罪矣；杀百人百重不义，必有百死罪矣。当此，天下之君子皆知而非之，谓之不义。今至大为不义攻国，则弗知非，从而誉之，谓之义，情不知其不义也⑪，故书其言以遗后世⑫。若知其不义也，夫奚说书其不义以遗后世哉？

今有人于此，少见黑曰黑，多见黑曰白，则必以此人为不知白黑之辩矣⑬；少尝苦曰苦，多尝苦曰甘，则必以此人为不知甘苦之辩矣。今小为非，则知而非之。大为非攻国，则不知非，从而誉之，谓之义。此可谓知义与不义之辩乎？是以知天下之君子也，辩义与不义之乱也⑭。

（孙诒让撰：《墨子閒诂》，中华书局 1986 年版。）

赏析

清人汪中治墨学，孔子、墨子平视，而见解不一。“自墨者言之，则孔子鲁之大夫也，而墨子宋之大夫也，其位相埒，……是故墨子之诬孔子，犹老子之绌儒学也，归于不相为谋而

---

① 本文选自《墨子》之《非攻》上篇。非：责难，反对。攻：攻伐，此处指侵略性的攻伐战争。
② 园圃：此处是偏义复词，专指果园。
③ 上：在上位的。为政者：执政者。得：获得，此指捕获。
④ 攘(rǎng)：窃取。豕(shǐ)：猪。豚(tún)：小猪。
⑤ 兹：同“滋”，更加。
⑥ 厚：重。
⑦ 栏：养家畜的圈，此处指牛栏。厩(jiù)：马棚。
⑧ 辜：罪。不辜人：无罪的人。
⑨ 扡(tuō)：同“拖”，曳引，此指夺取。
⑩ 往：到……去，这里是往下类推的意思。
⑪ 情：诚，确实。
⑫ 书：记载。
⑬ 辩：同“辨”，区别。
⑭ 乱：指标准混乱，是非颠倒。

已矣。”[①]比如，孔子主张久丧(“三年之丧”)且厚葬(建坟)，对祭祀“食不厌精，脍不厌细”可为明证。而墨子一生简朴，主张短丧薄葬，“量腹而食，度身而衣”“节葬”“节用”“非乐”是其主张，其弟子更是“短褐之衣，藜藿之羹，朝得之，则夕弗得”。(孔子讲“厚葬”，庄子讲“裸葬”，墨子取其中：薄葬。)墨子死后，墨家分裂为三派。他们虽传习《墨子》，但又互相攻击对方是“别墨”。在今存的《墨子》中，各篇都有上、中、下三篇，大约就是墨家分而为三的证据。按梁启超的分类，《墨子》可分为五大类，第二类代表墨家的主要政治思想。除了《非攻》上篇、《非儒》下篇之外，各篇皆有“子墨子曰”四字，是墨子子弟所记的墨子之言无疑，故选《非攻》上篇。墨子讲“兼爱”，不仅仅是平等了亲疏、贵贱的普遍之爱，更是平等了种族、国别之爱。于是，墨子要直面的，就是如何对待战争；于是，“非攻”成了“兼爱”的必然归宿。就像“兼爱”与“非攻”是一个问题的两个方面，一方从正面说应提倡的，一方从反面说应反对的。

墨子的论辩特别有逻辑性。《非攻》(上)分五个层次：先由“窃其桃李”“攘人犬豕鸡豚”“取人牛马”和“杀不辜人”四个层次，运用比喻和推论层层推出“苟亏人愈多，其不仁兹甚，罪益厚。当此，天下之君子皆知而非之，谓之不义”的结论。然后最后一层分析“今至大为不义攻国，则弗知非，从而誉之，谓之义”，论证了“损人愈甚愈不义而罪愈大”的道理，从而得出掠夺是战争的最大不义行为的结论。他以事实为根据，运用类比法，把类比的问题提到公理公德上来，环环相扣、步步提升，从而使“不义攻国”的论点颠扑不破，足见其推论的缜密。

前文提到，墨子也是古代逻辑思想的重要开拓者之一。他在逻辑史上第一次提出了“辩”“类”“故”等概念，要求将“辩”作为一项专门知识来学习应用。墨子的“辩”虽是技术辩论，但他建立在“知类”(事物之类)、“明故”(根据、理由)的基础上，属于逻辑类推或论证的范畴。具体地说，他建立了一系列的思维方法，“摹略万物之然，论求群言之比。以名举实，以辞抒意，以说出故。以类取，以类予”(“小取”)。思维的目的就是要探求大千世界客观事物间的必然联系，及探求反映这种必然联系的一定形式，继而用“名”(概念)、“辞”(判断)和“说”(推理)表示出来。“以类取，以类予”，大约相当于现代逻辑学的类比，当然是一种重要的推理方法。墨子还总结出一套多种假言、直言、选言、演绎、归纳等推理方法，从而使其辩学成为系统分明的体系。受墨子的启蒙和倡导，墨家逐步养成了重逻辑的传统，并由墨家后人建立了第一个中国式的古代逻辑学的体系。

《庄子》(选读)·庄子

庄子(约前369—前286)，名周，字子休(一作子沐)，宋国蒙城(今河南商丘)人，是战国时期伟大的思想家、哲学家和文学家。他与道家始祖老子并称为“老庄”，他们的哲学思想体系，被学界尊为“老庄哲学”，然文采更胜于老子。其文汪洋恣肆、气势壮阔、瑰丽诡谲、意出尘外，乃先秦诸子文章的典范，后人因而称之为“文学的哲学，哲学

① 汪中：《墨子序》。

的文学"。《庄子》一书约成于先秦时期。《汉书·艺文志》录52篇，今本33篇，其中内篇七篇，外篇15篇，杂篇11篇。后经(晋)郭象整理，篇目章节与汉代多有不同。一般认为，它的表现形式以"寓言""重言"和"卮言"为主，内篇为庄子所著，而外篇与杂篇是弟子所作。

颜阖将傅卫灵公太子①

颜阖将傅卫灵公太子②，而问于蘧伯玉曰③："有人于此，其德天杀④。与之为无方⑤，则危吾国；与之为有方，则危吾身。其知适足以知人之过⑥，而不知其所以过⑦。若然者，吾奈之何？"

蘧伯玉曰："善哉问乎！戒之，慎之，正汝身也哉！形莫若就，心莫若和⑧。虽然，之二者有患⑨。就不欲入，和不欲出⑩。形就而入，且为颠为灭，为崩为蹶⑪。心和而出，且为声为名，为妖为孽⑫。彼且为婴儿⑬，亦与之为婴儿；彼且为无町畦⑭，亦与之为无町畦；彼且为无崖⑮，亦与之为无崖。达之入于无疵⑯。

"汝不知夫螳螂乎？怒其臂以当车辙⑰，不知其不胜任也，是其才之美者也⑱。戒之，慎之！积伐而美者以犯之，几矣⑲。

"汝不知夫养虎者乎？不敢以生物与之，为其杀之之怒也⑳；不敢以全物与之，

---

① 本文节选自《庄子》内篇《人间世》。题目后加。

② 颜阖(hé)：鲁国的贤人。傅：教导，辅佐帝王或王子的人，这里作谓语，做……的傅。

③ 蘧(qú)伯玉：名瑗，字伯玉，卫国的贤大夫。

④ 其德天杀：言天性刻薄，天资劣薄。杀：音衰。一说，指生就的凶残嗜杀。

⑤ 与之：朝夕与共之意。方：法度，规范。

⑥ 知(zhì)：智慧。适：恰好。

⑦ 认为公子自身无道，致使百姓有过，却不知道为什么出现过错。

⑧ 形莫若就，心莫若和：外貌不如表现亲近之态，内心不如存着诱导之意。形：外表，外貌，与"心"相对。和：顺，含有顺其本性的意思，近似于疏导、诱导之意。

⑨ 之二者：指"形莫若就，心莫若和"。之：这。

⑩ 就不欲入，和不欲出：亲近他不要太过度，诱导他不要太显露。入：关系太深。出：超出，过于显露，与上句"入"字对文。

⑪ 外貌亲附太深，就要颠败毁灭。颠：仆倒，坠落。崩：毁坏。蹶：失败，挫折。联系上句，"颠""灭""崩""蹶"均指"形就而入"可能造成的恶果。

⑫ 心和而出：内心诱惑太显露。为(wèi)：为了。两个"为"字("为声为名")跟上下三句的另六个"为"字("为颠为灭，为崩为蹶"及"为妖为孽")含意不同，其他六个"为"字均是造成、招致的意思，读 wéi。妖：指凶险。孽(niè)：灾祸。

⑬ 婴儿：喻天真无知。

⑭ 町(tǐng)畦(qí)：田间的界路，喻指分界，限制，约束。町是天界，畦是田园中划分的小区域。

⑮ 无崖：喻指无边，没有约束。

⑯ 达：通达，指通过疏导与卫太子思想相通，逐步地使他走上正途。疵：疵病，缺点，这里指行动上的过失。

⑰ 怒：奋起。当：阻挡；这个意义后代写作"挡"。辙：车轮行过的印记。"车辙"犹言"车轮"。

⑱ 是其才之美：即"以其才之美为是"，即自恃才能太高。美：得意之处，长处。

⑲ 积：长期不断地。伐：夸耀。而：你。几：差不多了，指非常危险。

⑳ 生物：活的动物。为其杀之之怒也：唯恐它扑杀活物时而诱发残杀生物的怒气。

为其决之之怒也①;时其饥饱,达其怒心②。虎之与人异类而媚养己者,顺也③;故其杀之者,逆也④。

“夫爱马者,以筐盛矢,以蜃盛溺⑤。适有蚉虻仆缘,而拊之不时,则缺衔毁首碎胸⑥。意有所至而爱有所亡⑦,可不慎邪!”

(陈鼓应注译:《庄子今注今译》,中华书局1988年版。)

赏析

《人间世》的核心是处世之道,即在人命危浅的社会中如何处世。陈鼓应先生云:“主旨在描述人类关系的纷争纠纷,以及处人与自处之道。……庄子揭露了人间世的险恶面,而他所提供的处世与自处之道却是无奈的。”⑧这一看法,可为公允。什么样的时代,应产生什么样的哲学。

《颜阖将傅卫灵公太子》是讲颜阖被请去做卫太子的师傅,可“有方”(危吾身)和“无方”(危吾国)难以决断,于是向蘧伯玉讨教,以此来表明处世之难,须戒之慎之。

首先,提出要“正汝身”。“正”,就是“形莫若就,心莫若和”(形象上表现亲近之态,内心里存着诱导之意)。己身不正,不可教人,也就是“先存诸己,而后存诸人”。其次,光有这还不够,还需要在“就不欲入,和不欲出”(亲近他不要太过度,诱导他不要太明显)上下功夫,做到和光同尘,和而不同。再次,就其反面再提升——就“形就而入”(外貌亲附太深)和“心和而出”(内心诱惑太显露)进行细说,从而论说了“彼且为婴儿……达之入于无疵”的境界。

你本要去“向善”,可是对别人来说就是“暴恶”。怎样像古人似的,“垂衣裳而天下治”?而庄子的言说、文风恰恰就是如此。他给你说了一段道理后,就给你打一个恰切的比喻,或讲一个迷人的寓言故事,让你的逻辑思维与形象思维交替运行,从而使行文的节奏富于变化。逻辑思维“上完”了,形象思维该“上场”了。先讲一个螳臂挡车的寓言,继而打了两个比喻:饲养老虎与精心养马,以此来说明“顺”的地位。从存在论的意义上讲,“顺”就是“道”,它是理想的存在规定,具有形而上的意义;从人生的境界意义上讲,“顺”乃是境界,它是“道”或“体道”的状态,“顺”贯穿于人生实践的起始、过程与归宿。最为重要的是,庄子在这里“提出了引达(‘达之’)顺道(‘顺’)的教育方法”⑨,特别值得三思。文章从教育的角度(而非处世)进行审视,顺应物情,因势利导也就成为其行之有效的教育方法。“达之入于无疵”与“虎之与人异类而媚养己者,顺也”,一正一反,此即和光同尘之道:戒之、慎之,进而达

---

① 全物:完整的食物。决:裂,撕开。

② 时:通“伺”,窥探,等候。达:通晓,了解。

③ 异类:不同类。媚:喜爱。顺:指养虎者顺着虎的性子。

④ 逆:反,触犯。

⑤ 矢:通“屎”,粪便。蜃(shèn):大蛤,这里指蛤壳。溺:尿。以上“以筐盛矢,以蜃盛溺”形容对马十分爱惜。

⑥ 蚉虻:“蚊”“虻”两字之异体,即牛虻。仆缘:附着,指叮在马身上。仆:这里指“附着”。缘:攀。拊(fǔ):拍击。不时:不合时。缺衔:咬断了勒口。衔:马勒口。毁首:挣断了辔头。首:辔头。碎胸:弄坏了络饰。胸:胸饰。

⑦ 意有所至:是说本意在于爱马。爱有所亡:是说失其所爱,适得其反。

⑧ 陈鼓应注译:《庄子今注今译》,中华书局1988年版,第106页。

⑨ 陈鼓应注译:《庄子今注今译》,中华书局1988年版,第107页。

之、顺之。

具体来说，达，引达，以“为婴儿”“为无町畦”“为无崖”为喻，如养虎者之“时其饥饱，达其怒心”直至“达之入于无疵”，此是正说；顺，顺道，就是不可逆，逆则犹如螳臂挡车，犹如养虎爱马者一样，不自量力，功亏一篑，此是反说；由此，达社会之顺，至“至德之世”，顺世而能游刃有余于人世间，就能“同乎大顺”，此是和说。

这则寓言，以颜阖为卫太子傅比喻入世之难。体道者入世，正似“颜阖傅卫”，因为人间世的熙来攘往，名色利诱及存亡得失，对一个“乘物以游心，托不得已以养中”之修道者来说，正如“傅卫”一样危险。唯有和光同尘：戒之、慎之、达之、顺之，才能不为物累，逍遥自适。

总之，在老庄的哲学中，最根本的原则就是“弃圣绝智”。简单来讲，弃圣，就是不用圣人的仁义礼智信；绝智，聪明智慧也不要用。用聪明智慧，就要起机心，而大道是没有机心的，是自然的。其实，归结到一点这依然是“无已”。

“知其不可奈何而安之若命，德之盛矣！”

子桑户、孟子反、子琴张三人相与语①

子桑户、孟子反、子琴张三人相与语曰：“孰能相与于无相与，相为于无相为②？孰能登天游雾，挠挑无极③；相忘以生，无所终穷④？”三人相视而笑，莫逆于心⑤，遂相与为友。

莫然有间⑥而子桑户死，未葬。孔子闻之，使子贡往侍事焉⑦。或编曲，或鼓琴⑧，相和而歌曰⑨：“嗟来桑户乎⑩！嗟来桑户乎！而已反其真⑪，而我犹为人猗⑫！”子贡趋而进曰⑬：“敢问临尸而歌，礼乎⑭？”二人相视而笑曰：“是恶知礼意！”

子贡反，以告孔子，曰：“彼何人者邪？修行无有⑮，而外其形骸⑯，临尸而歌，

---

① 本文节选自《庄子》内篇《大宗师》。题目后加。子桑户、孟子反、子琴张：三人属方外之士，寓言人物。

② 相与于无相与，相为于无相为：相交于无所谓相交的关系中，相助于无所谓的相助之中。意即相交而出于自然，相助而不着痕迹。

③ 形容精神超然物外，跳跃于无极。挠挑：循环升登。无极：这里指没有穷尽的太空。

④ 终穷：指死。

⑤ 逆：抵触。

⑥ 莫然有间（jiàn）：莫然，即漠然，指相交淡漠。有间：不久。

⑦ 侍事：帮助办理丧事。

⑧ 或：有人。编曲：编挽歌。鼓：弹奏。

⑨ 相和：互相唱和。

⑩ 嗟来桑户乎：哎呀桑户呀！嗟来：相当于“嗟乎”“来”是语助词。

⑪ 而已反其真：你已返归自然。而：你。反：返归，今作“返”。真：指道或自然。

⑫ 猗：犹“兮”。

⑬ 趋：急步走。

⑭ 临尸：对着已经去世的子桑户的躯体。礼乎：合理吗？

⑮ 修行无有：言不修饰礼文。

⑯ 外其形骸：以其形骸为外，把自身的形骸置之度外，意思是不把死亡当作一件大事。

颜色不变[①],无以命之[②],彼何人者邪?”

孔子曰:“彼,游方之外者也[③];而丘,游方之内者也。外内不相及,而丘使女往吊之,丘则陋矣。彼方且与造物者为人[④],而游乎天地之一气[⑤]。彼以生为附赘县疣[⑥],以死为决疣溃痈[⑦],夫若然者,又恶知死生先后之所在!假于异物,托于同体[⑧];忘其肝胆,遗其耳目;反复终始,不知端倪[⑨];芒然彷徨乎尘垢之外[⑩],逍遥乎无为之业[⑪]。彼又恶能愦愦然为世俗之礼[⑫],以观众人之耳目哉[⑬]!”

子贡曰:“然则夫子何方之依[⑭]?”孔子曰:“丘,天之戮民也[⑮]。虽然,吾与汝共之。”子贡曰:“敢问其方。”孔子曰:“鱼相造乎水,人相造乎道[⑯]。相造乎水者,穿池而养给[⑰];相造乎道者,无事而生定[⑱]。故曰,鱼相忘乎江湖,人相忘乎道术[⑲]。”子贡曰:“敢问畸人[⑳]。”曰:“畸人者,畸于人而侔于天[㉑]。故曰,天之小人,人之君子[㉒];天之君子,人之小人也。”

(陈鼓应注译:《庄子今注今译》,中华书局 1988 年版。)

赏析

清胡文英云:“庄子眼极冷,心肠极热。眼冷故是非不管,心肠热故感慨无端。虽知无用而未能忘情,到底是热肠挂住。虽不能忘情而終不下手,到底是冷眼看穿。”又云:“庄子最是深情。人第知三闾之哀怨,而不知漆园之哀怨有甚于三闾也。盖三闾之哀怨在一国,而漆园之哀怨在天下;三闾之哀怨在一时,而漆园之哀怨在万世。昧其指者,笑如苍蝇。”[㉓]真可谓是菩萨心肠,金刚手段。钟泰先生说:“所谓大宗师,何也?曰道也。明道也,真人

① 颜色不变:面色不改。指没有悲伤的神情。颜色:面色。
② 无以命之:意思是无法形容。命:名。
③ 方之外:方域之外。指超脱于礼教之外,不受礼教的束缚。
④ 为人:这里是“为偶”的意思,即作友伴。
⑤ 一气:元气。
⑥ 附赘县疣:喻指多余的东西。赘:多余的肉块,赘瘤。县(xuán):悬挂,后来写作“悬”。疣(yóu):一种毒疮。
⑦ 决疣溃痈:指毒疮化浓而破溃。决、溃:破耳流脓。疣(huàn)、痈:痈疽一类红肿出脓的疮。
⑧ 假于异物,托于同体:借着不同的原质,聚合而成一个形体。假:凭藉。托:寄托。
⑨ 端:开端。倪:边际。
⑩ 芒然:同“茫然”,没有牵挂的样子。彷徨:神游。尘垢:指尘世。
⑪ 无为之业:无所作为的境界。业:繁体字作“業”,本指版,大版,象形,这里特指一个人的所作所为,引申为境界。
⑫ 愦愦然:烦乱的样子。
⑬ 观:示,给人看或炫耀。
⑭ 何方之依:即依何方。方:方术,准则。
⑮ 天之戮民:即受到自然惩罚的人,也就是摆脱不了方内束缚的人。戮:刑戮。
⑯ 鱼相造乎水,人相造乎道:即鱼的乐事是到水里去,人的乐事是趋向大道。造:到……去。
⑰ 穿池而养给:挖个池子而资养供给。
⑱ 无事而生定:泰然无事而性分自足。生:通“性”。生足:性分自足。定:“足”字之误。
⑲ 鱼相忘乎江湖,人相忘乎道术:鱼在江湖而一切忘掉就悠闲自得,人在大道就忘掉一切而逍遥自在。
⑳ 畸人:同“异人”,指不合于世俗的方外之人。
㉑ 侔(móu):齐同。
㉒ 天之小人,人之君子:从自然(道)的观点看来是小人的,却成为人间的君子。
㉓ 胡文英:《庄子独见》,华中师范大学出版社 2011 年版,第 6 页。

也，大宗师也，名虽有三，而所指则一也。特以其本体言之，则谓之道。以其在人言之，则谓之真人，谓之大宗师耳。”并说：“庄子真实学问在大宗师一篇。”李泽厚深以为许。如果说内篇中《齐物论》是各篇的枢纽，那么《大宗师》则是庄子人生哲学之集大成，舍去《大宗师》，庄子的思想将失去归宿。陈鼓应先生写道：“《大宗师篇》，主旨在于写真人体道的境界。‘大宗师’——即宗大道为师。宇宙为一生生不息的大生命；宇宙整体就是道；道亦即是宇宙大生命所散发的万物之生命。‘天人合一’的自然观，‘死生一如’的人生观，‘安化’的人生态度，‘相忘’的生活境界，是本篇的主题思想。”①

具体到本文，“子桑户、孟子反、子琴张三人相与为友，‘相忘以生，无所终穷’，不为死生之情所悬缚。生来死归，为自然变化的必然现象，能安于所化，精神才能获得大解放。这里，对于生之无系感与死之无惧感作了许多的描述。子桑户死，二友‘临尸而歌’的泰然神态，拘于礼教的儒家人物见了大为惊异。儒家‘愦愦然为世俗之礼’，以饰众人的视听而已，故二友笑儒者‘恶知礼意’！”②可见，子贡所执的儒家之“礼”与庄子所持的道家之“道”，真是思想迥异，因此二者产生误解与碰撞，也就在情理之中了。儒家与道家的矛盾就这样被庄子提出来了，这个矛盾是决然对立的，而在道家看来，“天之小人，人之君子；天之君子，人之小人也。”③“天”“人”就是不一样。胡文英《庄子独见·内篇大宗师第六》云：“《大宗师》是以大道为师。……‘南伯子葵’一段是知人之所为者，‘子祀、子舆’一段是知天之所为者，‘子桑户’一段是知人而达于天者，‘孟孙才’一段是知天而浑于人者，‘意而’一段是亏于天而补以人者，‘颜回’一段是阶于人而入于天者，‘子舆与子桑友’一段是知人知天之尽而为真知者。”④可见，天人合一之难。从本源的意义上，儒道两家是水火不容的，一个讲入世，一个讲出世。⑤ 只是到了后来，随着佛学东渐，专门讲出世，故人们讲以出世的态度做入世的事业，儒道释三者又“融合”了。

相濡以沫，不如相忘于江湖。

《韩非子》(选读)·韩非子

韩非(约前280—前233)，战国末期韩国人(今河南省新郑)，是古代著名的哲学家、思想家、政论家与散文家，后世称“韩子”或“韩非子”。作为韩国公子(即国君之子)，曾与李斯俱为荀子的学生。韩非虽师从荀子，但观念却与荀子大不相同。他没有承袭儒家的思想，却“喜刑名法术之学”。虽口吃，但与庄周一样，他被誉为得老子精髓最多的二人之一。他是议论文章的圣手，其文格高气盛，题旨轩昂，且谈锋犀利，语言峭拔，既表明其深刻的理论思想，又富有浓郁的文学色彩，足可称为议论散文的典范。韩非的著作是后人辑集而成。《汉书·艺文志》著录55篇。

---

① 陈鼓应注译：《庄子今注今译》，中华书局1988年版，第167页。

② 陈鼓应注译：《庄子今注今译》，中华书局1988年版，第167、168页。

③ 句意为：从自然的观点看来是小人的，却成为人间的君子；从自然的观点看来是君子的，却成为人间的小人。

④ 胡文英：《庄子独见》，华中师范大学出版社2011年版，第50、51页。

⑤ 胡文英云：“庄子本是个要出世底人，缘是藏诸用者远，不肯屑屑于口头耳。”(《庄子独见·庄子论略》)

说难①

凡说之难：非吾知之，有以说之之难也②；又非吾辩之，能明吾意之难也③；又非吾敢横失，而能尽之难也④。凡说之难，在知所说之心，可以吾说当之⑤。所说出于为名高者也，而说之以厚利，则见下节而遇卑贱，必弃远矣⑥。所说出于厚利者也，而说之以名高，则见无心而远事情，必不收矣⑦。所说阴为厚利而显为名高者也，而说之以名高⑧，则阳收其身而实疏之，说之以厚利，则阴用其言显弃其身矣。此不可不察也。

夫事以密成，语以泄败⑨，未必其身泄之也，而语及所匿之事，如此者身危⑩。彼显有所出事，而乃以成他故，说者不徒知所出而已矣，又知其所以为，如此者身危⑪。规异事而当，知者揣之外而得之，事泄于外，必以为己也，如此者身危⑫。周泽未渥也，而语极知，说行而有功则德忘，说不行而有败则见疑，如此者身危⑬。贵人有过端，而说者明言礼义以挑其恶，如此者身危⑭。贵人或得计而欲自以为功，说者与知焉，如此者身危。彊以其所不能为，止以其所不能已，如此者身危⑮。故与之论大人则以为閒己矣，与之论细人则以为卖重，论其所爱则以为藉资，论其所憎则以为尝己也⑯。径省其说则以为不智而拙之，米盐博辩则以为多而交之⑰。略事陈意则曰怯懦而不尽，虑事广肆则曰草野而倨侮⑱。此说之难，不可不知也。

---

① 《说难》选自《韩非子》，是《韩非子》55 篇中最重要的作品之一。说（shuì）：游说，这里特指向国君进言。难（nán）：困难。说难：即游说的困难。

② 句意为进言之难，不在于有无可供进言的才学。知：同“智”，才智。有以说之：有用来进言的思想，学说之类。

③ 辩：辩才，口才。

④ 句意为进言之难，也不在于是否敢毫无顾忌地把话说完。失：通“佚”，无拘束。横佚：无所顾忌地发表意见。

⑤ 句意为进言之难，在于洞明对方的心理并用自己的说法去适应他。所说：所进言的人（君主）。当：适应。

⑥ 下节：低下的节操。遇卑贱：“遇”恐为“迩”之误，谓迹近卑贱，与下文“远事情”为对文。

⑦ 无心：没有心计。远事情：远离事物的情理。收：采纳。

⑧ 阴：暗中。显：公开。阳：表面上。身：指进言者本人。

⑨ 语以泄败：陈奇猷《韩非子集释》：“‘语以泄败’，义殊难通，‘语’当从《史记》作‘而’，作‘语’者蒙下‘语’字而误耳。”

⑩ 未必……身危：人主隐匿之事，未必是说者本人有意泄露出来的，只是不经意地谈及，这样也会招致人身危险。

⑪ 句意为：人主表面上做此事，而心里却要做成另一件事，说者不仅知道此事，而且知道人主的真实意图在于做成另一件事，这样也会招致人身危险。

⑫ 规异事而当：人主规划一件奇异的事成功了。当：对，恰当，此知合乎目的，即成功。知者揣之外而得之：明智者从旁猜出内情。知：同“智”。陈奇猷《韩非子集释》谓“知者”当作“说者”，上下文皆作“说者”可证。

⑬ 周泽未渥也，而语极知：人主的恩泽未到深厚的程度，而说者尽其所知来讲话。说行：意见被采用。德忘：忘其赏赐。《韩非子·二柄》：“杀戮之谓刑，庆赏之谓德。”

⑭ 过端：过失。挑其恶：指责其缺点。

⑮ 句意为：勉强贵人做办不到的事，劝止贵人不肯罢休的事，都会招致自身危险。彊：通“强”，勉强。

⑯ 大人：指大臣。閒（jiàn）：同“间”，离间。细人：指君主的近侍。卖重：卖弄身价，露才扬己。藉资：借君之所爱以为己助。藉：同“借”。资：助。尝己：试自己。

⑰ 径省：径直而省约。拙之：认为他愚拙。米盐博辩：指论说繁琐细碎。交：弃之，不用他。陈奇猷《韩非子集释》谓“交”“久”皆无义，“交”当为“弃”字之误，作“交”者乃因篆文“交”与“弃”形近而讹，此谓米盐博辩则以为繁杂而弃之。

⑱ 不尽：没说出全部意见，有所保留。肆：放纵无忌。草野：粗野，鄙俗。倨侮：傲慢不敬。

凡说之务，在知饰所说之所矜而灭其所耻①。彼有私急也，必以公义示而强之②。其意有下也，然而不能已，说者因为之饰其美而少其不为也③。其心有高也，而实不能及，说者为之举其过而见其恶而多其不行也④。有欲矜以智能，则为之举异事之同类者，多为之地，使之资说于我，而佯不知也以资其智⑤。欲内相存之言，则必以美名明之，而微见其合于私利也⑥。欲陈危害之事，则显其毁诽而微见其合于私患也⑦。誉异人与同行者，规异事与同计者⑧。有与同汙者，则必以大饰其无伤也；有与同败者，则必以明饰其无失也⑨。彼自多其力，则毋以其难概之也⑩；自勇其断，则无以其谪怒之⑪；自智其计，则毋以其败穷之⑫。大意无所拂悟，辞言无所繋縻，然后极骋智辩焉，此道所得亲近不疑而得尽辞也⑬。伊尹为宰，百里奚为虏，皆所以干其上也⑭，此二人者，皆圣人也，然犹不能无役身以进，如此其汙也⑮！今以吾言为宰虏，而可以听用而振世，此非能仕之所耻也⑯。夫旷日离久，而周泽既渥，深计而不疑，引争而不罪，则明割利害以致其功，直指是非以饰其身，以此相持，此说之成也⑰。

昔者郑武公欲伐胡，故先以其女妻胡君以娱其意⑱。因问于群臣："吾欲用兵，谁可伐者？"大夫关其思对曰："胡可伐。"武公怒而戮之，曰："胡，兄弟之国也，子言伐之，何也？⑲"胡君闻之，以郑为亲己，遂不备郑，郑人袭胡，取之。宋有富人，天雨

---

① 凡说之务：大凡游说君主时的要务。饰：美化。所矜：所夸耀的事。矜：自夸其贤。灭其所耻：掩盖他认为不光彩的事。

② 私急：私人的急事。以公义示而强之：指出（私急）合乎公义并劝他去做。示：指给看。强（qiǎng）：劝勉，鼓励。

③ 下：卑下。已：停止，罢休。少其不为：嫌他不做。少：嫌，抱怨。

④ 多其不行：称赞他不做这种事。高：羡慕。

⑤ 句意为：言人主以智能自夸，就多举他事之同类者，多替他扩大取材范围，使他无形中采取自己的说法；而自己佯作不知，这样让智慧就成为他的，这就是"以资其智"。

⑥ 内：同"纳"，进献。相存：相容，相安，与下"危害"对举。

⑦ 毁诽：毁谤非难，指不好的名声。

⑧ 句意为：称誉与国君有同一行为的另外的人，规划与国君同一计划的其他事情。（这样做的好处是可隐藏阿谀之迹，避扬己之嫌。）两"与"字后省略指国君的代词"之"。

⑨ 汙：同"污"，卑贱，卑污。同汙：同样卑污。无伤：无害。无失：没有过失。

⑩ 自多其力：即自夸其力，自以为力量强大。概：量米时刮平斗斛之器，引申为"平抑"之意。概之：指压平君主"自多"的心理。

⑪ 自勇其断：自以其所决断为勇敢的。谪：过失。

⑫ 自智其计：自以为其计明智。穷：窘迫。

⑬ 拂悟：违逆。悟：通"啎"，抵触。繋縻：一作"擊摩"，摩擦，冲突。繋乃繫的讹字，简体字作"系"。縻，摩，古通用。

⑭ 伊尹：商汤时相臣，名挚。《史记·殷本纪》云：伊尹欲干汤而无由，乃为有莘氏媵臣，负鼎俎，以滋味说汤，致于王道。宰：庖人，厨夫。百里奚：春秋时虞大夫，后沦落为奴。秦穆公闻其贤，以五张羊皮把他赎出，任命为秦大夫。虏：奴隶。干：求。

⑮ 役身：使自己成为贱役。

⑯ 宰虏：指卑贱。振世：救世。能仕：即智能之士。

⑰ 旷日离久：费时经久。离：经历。割：剖析。饰：通"饬"，端正。相持：相须，相待。谓君信其臣，臣忠于君。

⑱ 郑武公：春秋初年郑国国君。胡：诸侯国名。妻（qì）：嫁，用如动词。

⑲ 兄弟之国：有嫁娶关系之国。《史记·张仪列传》："秦楚娶妇嫁女，长为兄弟之国。"

墙坏。其子曰："不筑，必将有盗。"其邻人之父亦云①。暮而果大亡其财，其家甚智其子，而疑邻人之父。此二人说者皆当矣，厚者为戮，薄者见疑，则非知之难也，处知则难也②。故绕朝之言当矣，其为圣人于晋，而为戮于秦也③。此不可不察。

昔者弥子瑕有宠于卫君④。卫国之法，窃驾君车者罪刖⑤。弥子瑕母病，人閒往夜告弥子，弥子矫驾君车以出，君闻而贤之曰⑥："孝哉，为母之故，亡其刖罪。"异日，与君游于果园，食桃而甘，不尽，以其半啖君⑦，君曰："爱我哉，忘其口味，以啖寡人⑧。"及弥子色衰爱弛，得罪于君，君曰："是固尝矫驾吾车，又尝啖我以余桃。"故弥子之行未变于初也，而以前之所以见贤，而后获罪者，爱憎之变也。故有爱于主则智当而加亲，有憎于主则智不当见罪而加疏⑨。故谏说谈论之士，不可不察爱憎之主而后说焉。

夫龙之为虫也，柔可狎而骑也，然其喉下有逆鳞径尺，若人有婴之者则必杀人⑩。人主亦有逆鳞，说者能无婴人主之逆鳞则几矣⑪。

（陈奇猷校注：《韩非子集释》，中华书局 1958 年版。）

赏析

春秋以降，诸子蜂起，百家争鸣，各派游说之说盛行，唯韩非子的游说之道，不仅深入广泛，且自成体系，《说难》就是他后期的代表作之一：分析透辟，锋芒锐利，解剖不留情面却又形象生动，峭拔挺峻，气吞山河。正因此，对《说难》一文，《史记·老庄申韩列传》照录全文，此种待遇，《史记》罕有。《说难》是从剖析游说的对象，即"所说之心"（人主的心理反应）入手，而备言游说之危难（游说失败与成功的原因），进而细言说成（相应的游说方法）⑫。具体而言，一般将全文分三部分。

第一部分：从"凡说之难"至"此不可不察也"。开首用"凡说之难"，以总挈全篇。"难"，

---

① 父（fǔ）：对老年男子的尊称。

② 厚：重。薄：轻。处知：处置所知。

③ 绕朝：春秋时秦大夫。晋大夫士会，以事得罪于晋，逃奔秦国，秦康公用为谋士。晋人患士会在秦常为晋乱，乃使魏邑大夫魏寿余诈叛入秦，得见士会，设计与之归晋。临行，秦大夫绕朝赠之以策，曰："子无谓秦无人，吾谋适不用也。"盖绕朝识破晋人之计，阻止士会之行，而秦康公不用之。所以说"言当矣"。为圣人于晋：在晋人眼中是个圣人。为戮于秦：《左传》《史记》皆不载。马王堆三号墓出土帛书《春秋事语》所载大体同于《左传》，后文云："二子（指士会与魏寿余）畏其后事，必谋危之，士会果使谍谗之曰：'是知余事，将因我于晋。'秦大夫信之，君杀晓（绕）朝。"则此篇所说"为戮于秦"亦非无据。或云韩非据秦史而言。绕朝赠策之"策"有二义，一为策书，一为马鞭。《文心雕龙·书记》云："春秋聘繁，书介弥盛。绕朝赠士会以策，子家与赵宣以书。"则用前一义。

④ 弥子瑕：春秋时卫灵公嬖（bì，宠幸）臣。

⑤ 刖（yuè）：古代砍脚之刑。

⑥ 閒（jiàn）：同"间"，抄近路。矫：假托（君命）。

⑦ 啖（dàn）：给人吃。

⑧ 口味：爱吃的东西。

⑨ 当：相合。

⑩ 虫：泛称动物。狎（xiá）：接近。径尺：直径一尺。婴：通"撄"，触动。

⑪ 几：庶几，差不多。

⑫ 对古人来说，主要是对上（人主）的游说，这是古代与现代的一大区别，故用"谏说"；谏说，也就是对上的游说。

不在游说者一边而在人主一边："难"，难于知人主之心；"难"，人主的所欲不同，表里不一。一句话，游说之难，难就难在不了解人主的真正心理需求，并强调"在知所说之心，可以吾说当之"。更确切点说，真正了解人主的心理需求，以及设法用自己的话，去迎合人主。针对上述"说之难"，他提出了把握人主心理需求的方法："为名高者""出于厚利者""阴为厚利而显为名高者"，做到"外亲而内疏者说内，内亲而外疏者说外。故因其疑以变之，因其见以然之，因其说以要之，因其势以成之，因其恶以权之，因其患以斥之"。①（《鬼谷子·谋》）

第二部分：从"夫事以密成"至"不可不察爱憎之主而后说焉"。这是全文的主体，从不同方面具体论述了"难"之所在。而第二部分又分三层进行了周密论证：

第一层从反面论述游说之难。先用七个"身危"，②又用了六个"则以为"、③两个"则曰"，④即"八难"（六个"则以为"、两个"则曰"），"四难"来自于游说涉及的人事不妥，"四难"由于方法与辞语的不当。这些旨在说明：人主无端怀疑，随意诬陷，只要一不高兴，游说者就身临险境。韩非子对人主心理的分析可谓深刻细致。同时，"七危""八难"全部用排比句段，条分缕析而切中肌理。郭沫若先生曾把这些（类似的）排比语段，比做顽强冲击海岸的排浪，好像必欲吞纳一切阻碍而后息，可谓切中要害。

第二层从正面论述游说之术，细言说成。"凡说之务，在知饰所说之所矜而灭其所耻"，总括全段，并按着"大意无所拂悟，辞言无所系縻"的策略，借以达到和人主"亲近不疑""周泽既握"，驰骋辩说而得尽游说之辞，"此说之成也"。接着，就详细列举了 12 种游说之术（"彼有私急也""其意有下也""其心有高也""有欲矜以智能""欲内相存之言""欲陈危害之事""誉异人与同行者，规异事与同计者""有与同汙者""有与同败者""彼自多其力""自勇其断"和"自智其计"）。这种游说的策略，固然是有感于法家的用世心切，又难遇人主采用其法术的战国末期时势而提出的，但若说其曲直是非，则不免使人怀疑有鬼谷子⑤及纵横家⑥的影子。

第三层举出历史或寓言故事进一步论证游说之难。郑武公伐胡、邻人之父被疑以及绕朝的故事，都说明由于亲疏各异，处境不同，贤者见疑，忠者遭谤；而弥子瑕的故事则指出人主的爱憎无常，人臣的是非荣辱立变。

第三部分：最后一段——结论。以龙作喻，指出断不可撄人主的"逆鳞"，这既突出中

① 句意为：对那些外表亲善而内心疏远的要从内心入手进行游说，对那些内心亲善而外表疏远的要从表面入手进行游说。因此，要根据对方的疑问所在来改变自己游说的内容；要根据对方的表现来判断游说是否得法；要根据对方的言辞来归纳出游说的要点；要根据情势的变化适时征服对方；要根据对方可能造成的危害来权衡利弊；要根据对方可能造成的祸患来设法防范。

② 七个"身危"："语及所匿之事""知其所以为""事泄于外""语极知""明言礼义以挑其恶""与知其事""强以其不能为，止以其不能已"。

③ 六个"则以为"："论大人则以为閒己""论细人则以为卖重""论其所爱则以为藉资""论其所憎则以为尝己""径省其说则以为不智而拙之""米盐博辩则以为多而交之"。

④ 两个"则曰"："略事陈意则曰怯懦而不尽""虑事广肆则曰草野而倨侮"。

⑤ 如《鬼谷子》上卷的《捭阖》《反应》，中卷的《飞箝》《谋》等。

⑥ 其祖乃鬼谷子，本名王诩，又名王禅，曾授苏（秦）、张（仪）、孙（膑）、庞（涓）四大弟子。

心，又生动形象。

有论者认为：韩非子是站在如何说服人主，而非站在如何说辩他人的角度，来分析游说对象的心理所需。这里的"说服"与"说辩"虽只一字之差，但两个概念却有着极大的差异。前者说必须按照游说对象的需求才能说服对方，而依据自己的想法和要求，是不可能说服对方的；只有按照游说对象的所思所想说服对方，才能称之为"说服"。而后者说，按照自己的想法和要求去辩驳对方，只要辩倒对方，就能称之为"说辩"。由此可见，前者"说服"比后者"说辩"更难。因为，说服对方的前提条件是：必须揣测出对方的心理需求，并对症下药。令人遗憾的是，韩非子并未说明，用什么方法来揣测人主的心理，而是针对人主所表现出来的不同心理需求，给出应采用的对应方法。这也和其时人主一人在上万人在下的状况息息相关。韩非子是先秦"法、术、势"思想的集大成者，而法家是顺应时势而产生、发展的学派，它离开游说人主便一无所长。当然，今天的人们对韩非子的看法不一、褒贬各异，而真正要深入其中，肯定会得到与常人不一样的感受。还是《鬼谷子·飞箝》说得好，"心意之虑怀，审其意，知其所好恶，乃就说其所重；以飞箝之辞，钩其所好，以箝求之。"①

第三节 拓展阅读

《美的历程》(节选)·李泽厚

李泽厚(1930—)，湖南长沙人，著名哲学家，为中国社会科学院哲学研究所研究员、巴黎国际哲学院院士、美国科罗拉多学院荣誉人文学博士。20世纪50年代以重实践、尚"人化"的"客观性与社会性相统一"的美学观卓然成家。此后在哲学、美学和思想史方面均有所建树。出版了《批判哲学的批判》《美的历程》《华夏美学》《中国古代、近代、现代思想史论》等作品，影响巨大。他宣称：不写50年前可写的书，不写50年后可写的书。这种治学态度引起较大反响。此外还主编了"美学译文丛书"和《中国美学史》等。

"儒道互补"一直是中国思想文化演进的主要内容。孔子的艺术精神是与道德的当然之则和谐统一所获得的一种道德境界的自由，体现了"为人生而艺术"的典型；庄子的艺术精神则是与自然和谐统一而获得的一种精神上的大解放、大自由，体现了"为艺术而艺术"的纯粹的中国艺术精神。这种体现了先秦理性精神的"儒道互补"，对中国数千年的艺术和文学作了概括描述和美学把握，而这段美的历程，仍在进行中。

儒道互补

所谓"先秦"，一般均指春秋战国而言。它以氏族公社基本结构解体为基础，是中国古代社会最大的激剧变革时期。在意识形态领域，也是最为活跃的开拓、创造时期，百家蜂起，诸子争鸣。其中所贯穿的一个总思潮、总倾向，便是理性主

① 句意为：看其军事、经济实力如何，看形势是否有利，看这个人主胸怀如何，关心什么、喜欢什么、厌恶什么，然后再远远传出诱导赞扬的话语，从而抓住他的心理，牢牢控制住他。

义。正是它承先启后，一方面摆脱原始巫术宗教的种种观念传统，另方面开始奠定汉民族的文化—心理结构。就思想、文艺领域说，这主要表现为以孔子为代表的儒家学说，以庄子为代表的道家，则作了它的对立和补充。儒道互补是两千多年来中国思想一条基本线索。

汉文化所以不同于其他民族的文化，中国人所以不同于外国人，中华艺术所以不同于其他艺术，其思想来由仍应追溯到先秦孔学。不管是好是坏，是批判还是继承，孔子在塑造中国民族性格和文化—心理结构上的历史地位，已是一种难以否认的客观事实①。孔学在世界上成为中国文化的代名词，并非偶然。

孔子所以取得这种历史地位是与他用理性主义精神来重新解释古代原始文化——“礼乐”分不开的。他把原始文化纳入实践理性的统辖之下。所谓“实践理性”，是说把理性引导和贯彻在日常现实世间生活、伦常感情和政治观念中，而不作抽象的玄思。继孔子之后，孟、荀完成了儒学的这条路线。

这条路线的基本特征是：怀疑论或无神论的世界观和对现实生活积极进取的人生观。它以心理学和伦理学的结合统一为核心和基础。孔子答宰我“三年之丧”，把这一点表现得非常明朗：

> 宰我问：“三年之丧，期已久矣。君子三年不为礼，礼必坏；三年不为乐，乐必崩。旧谷既没，新谷既升，钻燧改火，期可已矣。”子曰：“食夫稻，衣夫锦，于女安乎？”曰：“安。”“女安则为之。夫君子之居丧，食旨不甘，闻乐不乐，居处不安，故不为也。今女安则为之。宰我出。”子曰：“予之不仁也。子生三年，然后免于父母之怀。夫三年之丧，天下之通丧也。予也有三年之爱于其父母乎？”（《论语·阳货》）

且不管三年丧制是否儒家杜撰，这里重要的，是把传统礼制归结和建立在亲子之爱这种普遍而又日常的心理基础和原则之上。把一种本来没有多少道理可讲的礼仪制度予以实践理性的心理学的解释，从而也就把原来是外在的强制性的规范，改变而为主动性的内在欲求，把礼乐服务和服从于神，变而为服务和服从于人。孔子不是把人的情感、观念、仪式（宗教三要素②）引向外在的崇拜对象或神秘境界，相反，而是把这三者引导和消融在以亲子血缘为基础的世间关系和现实生活之中，使情感不导向异化了的神学大厦和偶像符号，而将其抒发和满足在日常心理—伦理的社会人生中。这也正是中国艺术和审美的重要特征。《乐论》（荀子）与《诗学》（亚里士多德）的中西差异（一个强调艺术对于情感的构建和塑造作用，一个重视艺术的认识模拟功能和接近宗教情绪的净化作用），也由此而来。中

① （原注）参看拙作《孔子再评价》，载于《中国社会科学》1980年第2期。

② （原注）参看普列汉诺夫：“可以给宗教下一个这样的定义：宗教是观念、情绪和活动的相当严整的体系。观念是宗教的神话因素，情绪属于宗教感情领域，而活动则属于宗教礼拜方面，换句话说，属于宗教仪式方面。”（《论俄国的宗教探寻》，《普列汉诺夫哲学选集》第三卷363页。）

国重视的是情、理结合，以理节情的平衡，是社会性、伦理性的心理感受和满足，而不是禁欲性的官能压抑，也不是理智性的认识愉快，更不是具有神秘性的情感迷狂（柏拉图）或心灵净化（亚里士多德）。

与“礼”被重新解释为“仁”（孔子）、为“仁政’、为“人皆有不忍人之心”（孟子）一样，“乐”也被重新作了一系列实践理性的规定和解释，使它从原始巫术歌舞中解放出来：“礼云礼云，玉帛云乎哉？乐云乐云，钟鼓云乎哉？”（《论语·阳货》）“乐则生矣，生则恶可已也？恶可已，则不知足之蹈之，手之舞之。”（《孟子·离娄上》）“口之于味也，有同嗜焉；耳之于声也，有同听焉；目之于色也，有同美焉。”（《孟子·告子上》）在这里，艺术已不是外在的仪节形式，而是（一）它必须诉之于感官愉快并具有普遍性；（二）与伦理性的社会感情相联系，从而与现实政治有关。这种由孔子开始的对礼乐的理性主义新解释，到荀子学派手里，便达到了最高峰。而《乐记》一书也就成了中国古代最早最专门的美学文献。

> 夫乐者，乐也。人情之所必不免也。故人不能无乐。……使其声足以乐而不流，使其文足以辨而不諰，使其曲直、繁省、廉肉、节奏，足以感动人之善心，使夫邪污之气无由得接焉。（《荀子·乐伦》）
>
> 凡音者，生人心者也。情动于中，故形于声。声成文，谓之音。是故治世之音安，以乐其政和。乱世之音怨，以怒其政乖。亡国之音哀，以思其民困。声音之道，与政通矣。（《礼记·乐记》）

郭沫若说，“中国旧时的所谓‘乐’，它的内容包含得很广。音乐、诗歌、舞蹈，本是三位一体可不用说，绘画、雕镂、建筑等造型美术也被包含着，甚至于连仪仗、田猎、肴馔等都可以涵盖。所谓乐者，乐也。凡是使人快乐，使人的感官可以得到享受的东西，都可以广泛地称之为乐，但它以音乐为其代表，是毫无问题的。”①可见《乐记》所总结提出的便不只是音乐理论而已，而是以音乐为代表、关于整个艺术领域的美学思想，把音乐以及各种艺术与官能（“目欲綦色，耳欲綦声，口欲綦味……”）和情感（“乐从中出”“夫民有好恶之情而无喜怒之应，则乱”）紧相联系，认为“乐近于仁，义近于理”“乐统同，礼辨异”，清楚指明了艺术—审美不同于理智制度等外在规范的内在情感特性，但这种情感感染和陶冶又是与现实社会生活和政治状态紧相关联的，“其善民心，其移风易俗易”。

正因为重视的不是认识模拟，而是情感感受，于是，与中国哲学思想相一致，中国美学的着眼点更多不是对象、实体，而是功能、关系、韵律。从“阴阳”（以及后代的有无、形神、虚实等）、“和同”到气势、韵味，中国古典美学的范畴、规律和原则大都是功能性的。它们作为矛盾结构，强调得更多的是对立面之间的渗透与协调，而不是对立面的排斥与冲突。作为反映，强调得更多的是内在生命意兴的表

① （原注）郭沫若：《青铜时代·公孙尼子与其音乐理论》。

达，而不在模拟的忠实、再现的可信。作为效果，强调得更多的是情理结合、情感中潜藏着智慧以得到现实人生的和谐和满足，而不是非理性的迷狂或超世间的信念。作为形象，强调得更多的是情感性的优美（“阴柔”）和壮美（“阳刚”），而不是宿命的恐惧或悲剧性的崇高。所有这些中国古典美学的“中和”原则和艺术特征，都无不可以追溯到先秦理性精神。

理性精神是先秦各派的共同倾向。名家搞逻辑，法家倡刑名，都表现出这一点。其中，与美学—艺术领域关系更大和影响深远的，除儒学外，要推以庄子为代表的道家。道家作为儒家的补充和对立面，相反相成地在塑造中国人的世界观、人生观、文化心理结构和艺术理想、审美兴趣上，与儒家一道，起了决定性的作用。

还要从孔子开始。孔子世界观中的怀疑论因素和积极的人生态度（“敬鬼神而远之，可谓知矣”“知其不可而为之”等等），一方面终于发展为荀子、《易传》的乐观进取的无神论（“制天命而用之”“天行健，君子以自强不息”），另方面则演化为庄周的泛神论。孔子对氏族成员个体人格的尊重（“三军可夺帅也，匹夫不可夺志也”），一方面发展为孟子的伟大人格理想（“富贵不能淫，贫贱不能移，威武不能屈”），另方面也演化为庄子的遗世绝俗的独立人格理想（“彷徨乎尘垢之外，逍遥乎无为之业”）。表面看来，儒、道是离异而对立的，一个入世，一个出世；一个乐观进取，一个消极退避；但实际上它们刚好相互补充而协调。不但“兼济天下”与“独善其身”经常是后世士大夫的互补人生路途，而且悲歌慷慨与愤世嫉俗，“身在江湖”而“心存魏阙”，也成为中国历代知识分子的常规心理及其艺术意念。但是，儒、道又毕竟是离异的。如果说荀子强调的是“性无伪则不能自美”；那么庄子强调的却是“天地有大美而不言”。前者强调艺术的人工制作和外在功利，后者突出的是自然，即美和艺术的独立。如果前者由于以其狭隘实用的功利框架，经常造成对艺术和审美的束缚、损害和破坏；那么，后者则恰恰给予这种框架和束缚以强有力的冲击、解脱和否定。浪漫不羁的形象想象，热烈奔放的情感抒发，独特个性的追求表达，它们从内容到形式不断给中国艺术发展提供新鲜的动力。庄子尽管避弃现世，却并不否定生命，而无宁对自然生命抱着珍贵爱惜的态度，这使他的泛神论的哲学思想和对待人生的审美态度充满了感情的光辉，恰恰可以补充、加深儒家而与儒家一致。所以说，老庄道家是孔学儒家的对立和补充者。

“可以言论者，物之粗也。可以意致者，物之精也。言之所不能论，意之所不能察致者，不期精粗焉。”（《庄子·秋水》）“世之所贵道者，书也；书不过语，语有贵也。语之所贵者，意也；意有所随，意之所随者，不可言传也。而世因贵言传书。世虽贵之，我犹不足贵也，为其贵非其贵也。”（《庄子·天道》）这些似乎神秘的说法，却比儒家以及其他任何派别更抓住了艺术、审美和创作的基本特征：形象大于思想；想象重于概念；大巧若拙，言不尽意；用志不纷，乃凝于神。儒家强调的是官能、情感的正常满足和抒发（审美与情感、官能有关），是艺术为社会政治服务的实用功利；道家强调的是人与外界对象的超功利的无为关系亦即审美关系，是内在的、精神的、实质的美，是艺术创造的非认识性的规律。如果说，前者（儒家）对后世文艺的影响主要在主题内容方面；那么，后者则更多在创作规律方面，亦即审美方面。而艺术作为独特的意识形态，重要性恰恰是其审美规律。

（李泽厚著：《美的历程》插图珍藏本，广西师范大学出版社2000年版。）

思考与练习

1. 如何从老子的“无为”观悟出“夫唯不居，是以不去”的真谛？

2. 你是如何理解人无弃人、物无弃物的道理的？

3. 请以“水的遐思”为题，写一篇小作文。

4. 鲁迅先生曾以《非攻》为题写成著名的历史小说，赞扬墨子为中国的脊梁和传奇式的伟大英雄。那么，运用古代史实，用层层推论的形式，是否可以得出“兼爱可以止攻、非攻可以去乱”的结论？

5. 庄子云：“人皆知有用之用，而莫知无用之用。”试举例说明何谓无用之用。

6. 司马迁曾云：“余独悲韩子为《说难》而不能自脱耳。”试谈谈你的看法。

7. 就下列材料，谈谈你是如何看《庄子·秋水》中的“濠梁（濠水上的桥）之辩”的。

附：

① 庄子与惠子游于濠梁之上。庄子曰：“鯈鱼出游从容，是鱼之乐也。”惠子曰：“子非鱼，安知鱼之乐？”庄子曰：“子非我，安知我不知鱼之乐？”惠子曰：“我非子，固不知子矣；子固非鱼也，子之不知鱼之乐，全矣。”庄子曰：“请循其本。子曰‘汝安知鱼乐’云者，既已知吾知之而问我，我知之濠上也。”（陈鼓应《庄子今注今译》）

注释：鯈（tiáo）鱼，白鲦鱼。鯈，古同“鲦”。

译文：庄子和惠子在濠水的桥上游玩。庄子说：“白鱼悠悠哉哉地游出来，这是鱼的快乐啊！”惠子说：“你不是鱼，怎么知道鱼是快乐的？”庄子回答说：“你不是我，怎么知道我不晓得鱼的快乐呢？”惠子说：“我不是你，固然不知道你；你也不是鱼，那么你不知道鱼的快乐，这不是很明显的吗？”庄子回答说：“请把话题从头说起吧！你问我‘你怎么知道鱼是快乐的’这句话时，就说明你已经知道了我知道鱼的快乐才问我的啊。现在我告诉你吧，我是站在濠水的桥上知道鱼的快乐的啊。”

② 陈鼓应说：“庄子与惠子游于濠梁之上辩论鱼乐一节，写出了庄子观赏事物的艺术心态与惠子分析事物的认知心态。”（《庄子今注今译》）

③ 李泽厚说：“在这个著名的论辩中，惠子是逻辑的胜利者，庄子却是美学的胜利者。”（《华夏美学》）

本章推荐书目

1. 袁行霈：《中国文学史》（一），高等教育出版社1998年版。

2. 郭预衡：《中国散文史》（上），上海古籍出版社2000年版。

3. 朱谦之:《老子校释》,中华书局 1984 年版。

4. 孙诒让:《墨子閒诂》,中华书局 1986 年版。

5. 陈鼓应:《庄子今注今译》,中华书局 1988 年版。

6. 陈奇猷:《韩非子集释》,中华书局 1958 年版。

第二编

文学赏读

第三章 诗 骚 赋

中国文学的天空，一直被诗歌所笼罩。孔子说：“不学《诗》，无以言。”由此可知国人反对语言的粗鄙化由来已久。诗歌给予读者的，岂止是语言的熏陶？中国人的心灵，从未拒绝过诗歌的慷慨馈赠。对于中国诗史，启功有句精辟的概括：“唐以前诗是长出来的，唐诗是嚷出来的，宋诗是想出来的，宋以后诗是仿出来的。”大致说出了唐前诗歌的可贵之处在于天机自然。百川归海、万物朝宗，《诗经》《楚辞》不但是中国文学的源头，也是中国诗史的制高点。

第一节 诗、骚、赋概述

《诗经》与《楚辞》分别是中国诗歌的源头，两者经常被并称为“诗骚”。而诗赋并称也由来已久。

一、《诗经》的基本概况

《诗经》是中国第一部诗歌总集，它共收入西周初年（公元前 11 世纪）至春秋中叶（公元前 6 世纪）大约 500 年间的诗歌 305 篇。《诗经》分“风”“雅”“颂”三部分，“风”包括十五国风，“雅”分大、小雅，“颂”分周、鲁、商三颂。

风、雅、颂的区分是由于音乐的不同，宋代学者郑樵在《通志序》中提出：“风土之音曰‘风’，朝廷之音曰‘雅’，宗庙之音曰‘颂’。”这个说法比较符合事实。“风”是带有地方色彩的音乐，十五国风就是十五个地区的土风歌谣，“雅”是周王朝直接统治地区的音乐，“颂”是用于祭祀的歌舞曲。

前人论《诗》又有赋、比、兴之说，并把赋、比、兴与风、雅、颂合称为“六义”。《毛诗序》曰：“诗有六义焉：一曰风，二曰赋，三曰比，四曰兴，五曰雅，六曰颂。”《周礼・春官・大师》则称为“六诗”，次序相同。孔颖达《毛诗正义》中解释说：然则风雅颂者，诗篇之异体；赋比兴者，诗文之异辞耳。大小不同而得并为六义者，赋比兴是诗之所用，风雅颂是诗之成形，用彼三事，成此三事，是故同称为“义”，非别有篇卷也。

大体说来，赋、比、兴是三种表现方法。“赋”是“敷陈其事而直言之者也”。“比者，比方于物也；兴者，托事于物。”

《诗经》的艺术造诣很高。除了前面提到的“赋、比、兴”之外，《诗经》崇高的艺术成就还体现在如下三个方面：

首先，《诗经》表现出强烈的现实主义精神。《诗经》中的300多篇作品从各个方面描绘了我国2000多年前的社会现实生活，内容真实深刻、描写广泛传神，尤其是其中的民歌，“饥者歌其食，劳者歌其事”，直接真实地反映了下层人民的劳动和生活、各种喜怒哀乐悲欢离合，为后世文学提供了取之不尽的“风雅精神”。

其次，复沓的章法和以四言为主的句式。《诗经》中的作品，各章字句基本相同，有时只是更换中间的几个字，反复吟唱。其作用在于深化主题、渲染气氛、加深情感，增强音乐性和节奏感。同时，整齐中又有变化，如二言、三言、五言、六言、七言、八言等。

第三，《诗经》语汇丰富、简练传神的语言魅力。据杨公骥先生统计，《诗经》仅表示手的动作的动词就有50多个，表示动植物的名词竟达373种，读之确实可使人“多识鸟兽草木之名”。此外，《诗经》中还用了大量双声字、叠韵字，写景状物、拟形传声、细致传神，使诗歌富于形象美和音韵美，增强了诗歌语言的艺术表现魅力。

《诗经》对后世的影响主要在于被孔门和汉儒们借了它所阐发的那一系列关于诗的解释和理论，这就是“诗言志”“美刺”“比兴”以及“温柔敦厚”的诗教。这套解释和理论被后世文学家奉为诗歌创作的指南。

二、《楚辞》的基本概况

中国诗歌的另一个源头是《楚辞》。《诗经》之后诗坛沉寂了300年之久，到公元前3世纪，即战国后期，在南方的楚国才又出现了一种具有浓厚地方色彩的新诗体，这就是“楚辞”。“楚辞”的奠基人和代表作家就是楚国的伟大诗人屈原。

屈原作品的真伪问题，众说纷纭，可以肯定无疑而又比较重要的作品有：《离骚》《天问》《九歌》以及《九章》中的大部分作品。

《离骚》是《楚辞》中乃至中国文学史上成就最高的抒情诗。它围绕着楚国的出路何在、自己的出路何在这两个重大问题来写。字里行间希望与失望回旋反复，交织成一张无法挣脱的网，一个不可测其深浅的感情的旋涡，使人读后回肠荡气。

《九歌》的“九”代表多数，《九歌》就是由许多乐章组成的歌曲。屈原《九歌》共11篇，分别祭祀天之尊神、云神、山鬼等。作品很好地借鉴了楚地固有的巫风神话资源，营造出无与伦比的优美意境。

《九章》被人称作“小离骚”，里面有屈原人生中的第一首诗《橘颂》和生平最后一首诗《怀沙》，基本上可以看作作者一生的自传。

《诗经》和《楚辞》是两个时代、两个地域的作品，分别代表了两种不同类型的美。《诗经》之美，带有浓郁的生活气息和泥土气息，质朴淳厚、亲切感人。《楚辞》之美带有强烈的传奇色彩和英雄色彩，瑰奇浪漫、惊心动魄。《楚辞》的艺术成就主要有以下四个方面：

（一）开创了文人个性化创作的传统

在《楚辞》之前，中国诗歌还基本上属于民间文学性质的创作，带有集体性，作品内容比较单纯，句式和篇幅也比较短，缺少鲜明的诗人性格特征。屈原出现以后，中国文学史上才第一次出现了伟大诗人的名字，比如《离骚》塑造了一个高大纯洁的抒情主人公形象，通过这篇富有个性的诗作，我们看到了一个充满理想主义色彩，但又孤独痛苦的灵魂。

（二）开创了新型的创作风格

《诗经》创作遵循现实主义的原则，主要写日常的生活体验，而《楚辞》则另辟蹊径，它不是完全按照现实的本来样子去描写，而是更多地把笔触进入精神世界和心灵世界。如《离骚》的后半部分，诗人完全采用幻想的形式、虚构的意境，用上天入地的描写、不羁的想象为读者展现了光怪陆离的画面：曦和、望舒、飞廉、丰隆以及凤凰、虬龙都供诗人自由驱使；县圃、崦嵫、咸池、天津、不周山，都是屈原所到的地方，极好地表现了作者所做的艰苦卓绝的求索探寻。后世诗人从这里得到了极大的艺术启发。

（三）发展了《诗经》的比兴手法

王逸在《离骚经序》中曾论道："《离骚》之文，依《诗》取兴，引类譬喻。故善鸟香草，以配忠贞；恶禽臭物，以比谗佞；灵修美人，以媲于君；宓妃佚女，以譬贤臣；虬龙鸾凰，以托君子；飘风云霓，以为小人。"在这里，王逸不但提及《离骚》继承了《诗经》开创的"比兴"传统，而且还指出《离骚》中的比兴超越了《诗经》中比兴手法，不再只是个别事物的简单类比，而是把比兴手法提高到一个全新的境界，完成了从比兴到象征，即从现实的艺术联想到超现实的艺术想象的转变和飞跃。《楚辞》中的本体与喻体之间形成了较为稳定的联系，《楚辞》把《诗经》中的比与兴有机地结合起来，用比之法、取兴之用，使之具有了象征的功能。还有，楚辞开创的"香草美人"意象系统对后来中国诗歌创作所起的影响作用尤其深远。

（四）形成了独具特色的诗歌形式和语言

《离骚》的形式乃吸收和借鉴了南方楚地的民歌而成，同时它又吸收了当时先秦散文的笔法，把诗句加长、结构扩大，既增加了内容含量，又增强了表现力。采用了大量的口语方言入诗，用得最普遍的"兮"成为了《楚辞》的标志性虚词，功能强大，几乎具备一切古汉语虚词的功能，又有韵读上的美感。

三、辞赋的基本概况

到汉代，《诗经》和《楚辞》促成了另一种文体"赋"的形成。"赋"这个词本是"诗"之六义（风、雅、颂、赋、比、兴）的一种，因此，班固在《两都赋序》中说："或曰：'赋者，古诗之流也'。"同时，它又受《楚辞》的影响，《文心雕龙·诠赋》中说："然赋也者，受命于诗人，拓宇于《楚辞》也。"精辟地指出赋与《诗经》《楚辞》的关系，是中肯之论。

赋成为汉代最流行的文学体裁，以致后世有"汉赋"之称，与唐诗、宋词、元曲并列。赋介于诗和散文之间，类似于后世的散文诗。它讲求文采、韵律，兼具诗歌和散文的性质。其特点是"铺采摛文，体物写志"，侧重于写景，借景抒情。最早出现于诸子散文中，叫"短赋"；以屈原为代表的"骚体"是诗向赋的过渡，叫"骚赋"；汉代正式确立了赋的体例，称为"辞赋"；魏晋以后，日益向骈对方向发展，叫作"骈赋"；唐代又由骈体转入律体叫"律赋"；宋代以散文形式写赋，称为"文赋"。

骚赋是从《楚辞》中发展而成的，形式上属于骚体，所以也称为骚体赋。骚体赋大都是抒发怀才不遇的不平，抒发一种不得帮闲的牢骚，代表作是贾谊的《吊屈原赋》《鹏鸟赋》，司马相如的《长门赋》，司马迁的《悲士不遇赋》等。骚体赋的首倡者是西汉初年的贾谊。骚体赋主要有以下三个特征：

一是句式上以六言为主，掺进了五言、七言的长句句式，大体整齐而又参差灵活；二是章法上或陈述、或悲吟、或呼告，有发端、有展开，也有回环照应，脉络极其分明；三是体制上大大扩展了作品的篇幅，同时保留了屈原时代辞赋带有“兮”字的痕迹。

汉赋的主体是汉大赋。大赋在形式上篇幅较长、结构宏大，多采用主客问答的结构形式，一般由小序、正文、结尾三部分组成，韵文与散文相间，而以散文的成分居多；在内容上以写物为主，以“润色鸿业”为目的，结尾部分有“劝百讽一”的套路。汉大赋在艺术上最突出的特点就是采用铺张扬厉的手法和夸饰绚丽的辞藻，对事物作穷形极貌的描写，显示了绵密细致、富丽堂皇的风格特征。枚乘的《七发》标志汉大赋的正式形成，司马相如的《子虚赋》和《上林赋》则是登峰造极的作品。

抒情小赋兴起于汉代，盛行于魏晋南北朝，唐宋以降一直绵延不息。小赋在内容上侧重于抒写个人的心志，或托物言志、或咏物抒情，也有针砭现实之作。在艺术上继承着大赋的铺排手法，但语言清丽自然，感情真挚，手法精巧灵活。汉末的抒情小赋还有诗意化的倾向。张衡的《归田赋》、赵壹的《刺世疾邪赋》、蔡邕的《述行赋》和祢衡的《鹦鹉赋》都是较有名的作品。概言之，抒情小赋的特点主要有：抒情性强、篇制短小、题材广泛、形式灵活多样。

刘勰在《文心雕龙·诠赋》中列举了秦汉时期的十大赋家，称他们为“辞赋之英杰”，分别是：荀况、宋玉、枚乘、司马相如、贾谊、王褒、班固、张衡、扬雄和王延寿。其中司马相如、班固、扬雄和张衡被称为“汉赋四家”。

第二节　诗、骚、赋选读

《诗经·豳风·七月》

七月流火①，九月授衣②。一之日觱发③，二之日栗烈④。无衣无褐⑤，何以卒岁。三之日于耜⑥，四之日举趾⑦。同我妇子，馌彼南亩⑧，田畯至喜⑨。

---

① 七月流火：火，星座名，又名心宿，或称大火星。流，向下移动。每年夏历六月心宿居于天空正中最高的位置。过了七月就偏西下移，天气转凉。

② 授衣：将裁制冬衣的工作交给妇女们。九月丝麻等事结束，所以在这时开始做冬衣。

③ 一之日：十月以后第一个月的日子。以下二之日、三之日等仿此。为豳历纪日法。觱(bì)发(bō)：寒风撼物声。

④ 栗烈：或作“凛烈”，形容天气寒冷。

⑤ 褐：粗布衣。

⑥ 于：犹“为”。为耜即修理农具。

⑦ 趾：足。“举趾”是说下到田地去耕田。

⑧ 馌(yè)：送食物。田垄南北向的叫作“南亩”。这两句是说妇人童子往田里送饭给耕者。

⑨ 田畯(jùn)：农官名，又称农正或田大夫。

七月流火，九月授衣。春日载阳①，有鸣仓庚②。女执懿筐③，遵彼微行④，爰求柔桑⑤。春日迟迟⑥，采蘩祁祁⑦。女心伤悲，殆及公子同归。

七月流火，八月萑苇⑧。蚕月条桑⑨，取彼斧斨，以伐远扬⑩，猗彼女桑⑪。七月鸣䴗⑫，八月载绩。载玄载黄，我朱孔阳⑬，为公子裳。

四月秀葽，五月鸣蜩⑭。八月其获，十月陨箨⑮。一之日于貉⑯，取彼狐狸，为公子裘。二之日其同⑰，载缵武功⑱。言私其豵，献豜于公⑲。

五月斯螽动股，六月莎鸡振羽⑳。七月在野，八月在宇，九月在户，十月蟋蟀入我床下。穹窒熏鼠，塞向墐户㉑。嗟我妇子，曰为改岁㉒，入此室处。

六月食郁及薁，七月亨葵及菽㉓。八月剥枣㉔，十月获稻。为此春酒，以介眉寿㉕。七月食瓜，八月断壶㉖，九月叔苴。采荼薪樗㉗，食我农夫。

九月筑场圃，十月纳禾稼㉘。黍稷重穋，禾麻菽麦㉙。嗟我农夫，我稼既同，上

---

① 春日：指农历二月。载：始。阳：温暖。

② 仓庚：鸟名，就是黄鹂。

③ 懿(yì)：深。

④ 微行：小径，桑间小路。

⑤ 爰(yuán)：发语词，犹"曰"。柔桑：嫩桑叶。

⑥ 迟迟：天开始变长的意思。

⑦ 蘩(fán)：菊科植物，即白蒿。据说可以煮水洒在蚕卵上，促使蚕早出。祁祁：众多(指采蘩者)。

⑧ 萑(huán)苇：芦苇。八月萑苇长成，收割下来，可以做箔。

⑨ 蚕月：指农历三月。条桑：修剪桑树。

⑩ 斨(qiāng)：方孔的斧头。远扬：指长得太长而高扬的桑枝。

⑪ 猗(yǐ)：《说文》《广雅》作"掎"，牵引。"掎桑"是用手拉着桑枝来采叶。女桑：嫩弱的桑枝。

⑫ 䴗(jué)：鸟名，即伯劳。

⑬ 玄：黑色。玄、黄指丝织品与麻织品的染色。朱：红色。阳：鲜明。

⑭ 葽(yāo)：植物名，今名远志。秀葽：言远志结实。蜩(tiáo)：蝉。

⑮ 陨萚(tuò)：落叶。

⑯ 貉：田猎者演习武事的礼叫祃祭或貉祭。于貉：言举行貉祭。《郑笺》："于貉，往博貉以自为裘也。"

⑰ 同：聚合，言狩猎之前聚合众人。

⑱ 缵(zuǎn)：继续。武功：指狩猎。

⑲ 豵(zōng)：一岁小猪，这里用来代表比较小的兽。私其豵：言小兽归猎者私有。豜(jiān)：三岁的猪，代表大兽。大兽献给公家。

⑳ 斯螽(zhōng)：虫名，蝗类，即蚱蜢、蚂蚱。旧说斯螽以两股相切发声，"动股"言其发出鸣声。莎鸡：虫名，今名纺织娘。振羽：言鼓翅发声。

㉑ 穹：空隙。窒：堵塞，此指鼠洞。穹窒：言将室内满塞的角落搬空，搬空了才便于熏鼠。向：朝北的窗户。墐：用泥涂抹。贫家门扇用柴竹编成，涂泥使它不通风。

㉒ 曰：《汉书》引作"聿"，语助词。改岁：是说旧年将尽，新年快到。

㉓ 郁：植物名，李子，赤色。薁(yù)：植物名，野葡萄。菽(shū)：豆类的总名。

㉔ 剥(pū)：读为"扑"，打。

㉕ 春酒：冬酿春熟之酒。介：祈求。眉寿：长寿，人老眉间有长毛，叫秀眉，所以长寿称眉寿。

㉖ 壶：同"瓠"，葫芦。

㉗ 叔：拾。苴(jū)：麻子，可以吃。樗(chū)：木名，臭椿。薪樗：言采樗木为薪。

㉘ 场：是打谷的场地。圃：是菜园。纳：收进谷仓。禾稼：谷类通称。

㉙ 重：即"种"，是先种后熟的谷。穋(lù)：即稑(lù)，稑是后种先熟的谷。禾麻菽麦：这句的"禾"是专指一种谷，即今之小米。

入执宫功[①]。昼尔于茅，宵尔索绹[②]。亟其乘屋[③]，其始播百谷。

二之日凿冰冲冲[④]，三之日纳于凌阴[⑤]。四之日其蚤[⑥]，献羔祭韭[⑦]。九月肃霜，十月涤场[⑧]。朋酒斯飨[⑨]，曰杀羔羊。跻彼公堂，称彼兕觥[⑩]，万寿无疆。

（程俊英，蒋见元著：《诗经注析》，中华书局 1991 年版。）

赏析

《国风·豳风·七月》共 8 章 88 句，是《诗经·国风》中最长的一首诗。

全诗写了农夫们一年四季的劳动生活，涉及衣食住行各个方面，凡春耕、秋收、冬藏、采桑、染绩、缝衣、狩猎、建房、酿酒、劳役、宴飨，无所不写。

清人姚际恒《诗经通论》说《七月》："鸟语虫鸣，草荣木实，似《月令》；妇子入室，茅绹升屋，似《风俗书》；流火寒风，似《五行志》；养老慈幼，跻堂称觥，似庠序礼；田官染职，狩猎藏冰，祭献执宫，似国家典制书。其中又有似《采桑图》《田家乐图》《食谱》《谷谱》《酒经》：一诗之中，无不具备，洵天下之至文也！"

在艺术上，本诗最大的特色是纯用赋法，这在整部《诗经》是不多见的。整首诗从头至尾，都是平铺直叙，但能赢得后人的赞不绝口，原因大概有二：一是在结构安排上相当严谨。诗歌从"七月"写起，因为它是一年之中，然后再依次往前、往后写去。开篇点出"衣之始""食之始"，实际上是说出了农业社会中耕与织两大主要事项，以之贯穿全篇，颇具匠心。二是"正笔""闲笔"交织，写农业生产是"正笔"，写蟋蟀由田野而室内是"闲笔"，让人不能不惊叹作者下笔的从容不迫。方玉润说此诗："今玩其辞，有朴拙处，有疏落处，有风华处，有典核处，有萧散处，有精致处，有凄婉处，有山野处，有真诚处，有华贵处，有悠扬处，有庄重处。无体不备，有美必臻。晋、唐后，陶、谢、王、孟、韦、柳田家诸诗，从未见臻此境界。"可谓知音。

《诗经·小雅·宾之初筵》

宾之初筵，左右秩秩[⑪]，笾豆有楚，肴核维旅[⑫]。酒既和旨，饮酒孔偕[⑬]，钟鼓既

---

① 功：事。宫功：指建筑宫室，或指室内的事。

② 索：动词，指制绳。绹(táo)：绳。索绹：是说打草绳。上两句言白天取茅草，夜晚打草绳。

③ 亟：急。乘屋：盖屋。茅和绳都是盖屋需用的东西。以上三句言宫功完毕后，急忙修理自己的屋子。因为播谷的工作又要开始了，不得不急。

④ 冲冲：凿冰之声。

⑤ 凌：是聚集的水。阴：指藏冰之处。

⑥ 蚤：同"早"。

⑦ 献羔祭韭(jiǔ)：这句是说用羔羊和韭菜祭祖。《礼记·月令》说仲春献羔开冰，四之日正是仲春。

⑧ 肃霜：犹"肃爽"，双声连语。这句是说九月天高气爽。涤场：清扫场地。这句是说十月农事完全结束，将场地打扫干净。一说"涤场"即"涤荡""十月涤荡"是说到了十月草木摇落无余。

⑨ 朋酒：双樽酒。这句连下句是说年终燕乐。

⑩ 跻(jī)：登。公堂：或指公共场所，不一定是国君的朝堂。称：举。兕(sì)觥(gōng)：角爵。用犀牛角做的酒器。

⑪ 初筵：宾客初入席就座。筵，铺在地上的竹席。左右：席位东西，主人在东，客人在西。秩秩：有序之貌。

⑫ 笾(biān)豆：笾，一种竹制食具，盛瓜果干脯等；豆，木制或陶制，也有铜制的，盛鱼肉齑酱等，供宴会祭祀用。有楚：即"楚楚"，陈列整齐之貌。肴核：肴为豆中所装的食品，核为笾中所装的食品。旅：陈放。

⑬ 和旨：醇和甜美。孔：很。偕：通"皆"，遍。

设，举酬逸逸[1]。大侯既抗，弓矢斯张[2]，射夫既同，献尔发功[3]。发彼有的，以祈尔爵[4]。

籥舞笙鼓[5]，乐既和奏，烝衎烈祖[6]，以洽百礼[7]。百礼既至，有壬有林[8]，锡尔纯嘏[9]，子孙其湛[10]。其湛曰乐，各奏尔能[11]，宾载手仇，室人入又[12]。酌彼康爵，以奏尔时[13]。

宾之初筵，温温其恭，其未醉止，威仪反反[14]。曰既醉止，威仪幡幡[15]，舍其坐迁，屡舞僊僊[16]。其未醉止，威仪抑抑，曰醉既止，威仪怭怭[17]。是曰既醉，不知其秩[18]。

宾既醉止，载号载呶[19]，乱我笾豆，屡舞僛僛[20]。是曰既醉，不知其邮[21]，侧弁其俄，屡舞傞傞[22]。既醉而出，并受其福，醉而不出，是谓伐德[23]。饮酒孔嘉，维其令仪[24]。

凡此饮酒，或醉或否，既立之监，或佐之史[25]。彼醉不臧[26]，不醉反耻。式勿从

---

① 举酬，举杯敬酒。逸逸：义同“绎绎”，从容有序的样子。

② 大侯：射箭用的大靶子，用虎、熊、豹三种皮制成。一般的侯也有用布制的。抗：举起。

③ 射夫：射手。发功：发箭射击的功夫。

④ 有：语助词。的：侯的中心，即靶心，也常指靶子。祈：求。尔爵：爵，饮酒尽也；尔爵，据郑玄笺“我以此求爵女（汝）”，则经文“以祈尔爵”为倒文，“盖但言求爵女，则己之求不饮自可于言外得之”（马瑞辰《毛诗传笺通释》），也就是求射中而让别人饮罚酒之意。

⑤ 籥（yuè）舞：执籥而舞。籥是一种竹制管乐器，据考形如排箫。

⑥ 烝：进献。衎（kàn）：娱乐。

⑦ 洽：使和洽，指配合。

⑧ 有壬：礼大之貌，指礼仪的规模、场面宏大。有林：礼多之貌。

⑨ 锡：赐。纯嘏（gǔ）：大福。

⑩ 湛（dān）：和乐。

⑪ 奏：进献。

⑫ 载：则，便。手：取，择。仇：匹，指对手。室人：主人。入又：又入，指主人亦随宾客入射以耦宾，即耦射。

⑬ 康爵：大杯。时：射中的宾客。

⑭ 止：语气助词。反反：谨慎凝重。

⑮ 曰：语助词。幡幡：轻浮无威仪之貌。

⑯ 舍：放弃。坐：同“座”，座位。僊僊（qiānqiān）：同“蹮蹮”，舞态轻浮的样子。

⑰ 抑抑：意思与前文“反反”大致相同而有所递进。怭（bì）怭：意思与前文“幡幡”大致相同而有所递进。

⑱ 秩：秩序，规矩。

⑲ 号：大声乱叫。呶（náo）：喧哗不止。

⑳ 僛（qī）僛：身体歪斜倾倒之貌。

㉑ 邮：通“尤”，过失。

㉒ 弁（biàn）：皮帽。俄：倾斜不正。傞（suō）傞：醉舞不止貌。

㉓ 伐德：败坏美德。

㉔ 令仪：美好的仪表礼节。

㉕ 监：酒监，宴会上监督礼仪的官。史：酒史，记录饮酒时言行的官员。燕饮之礼必设监，不一定设史。

㉖ 臧：好。

谓，无俾大怠[①]。匪言勿言，匪由勿语[②]。由醉之言，俾出童羖[③]。三爵不识，矧敢多又[④]？

（程俊英，蒋见元著：《诗经注析》，中华书局1991年版。）

赏析

关于此诗的主旨，方玉润《诗经原始》认为幽王时国政荒废，君臣沉湎于酒，卿士未敢直谏，“只好作悔过用以自警，使王闻之，或以稍正其失”，大体中的。

《宾之初筵》主要讽刺的是酒宴中饮酒无度而失礼败德的行为。作者着重用对比的方法，描写了士大夫们酒醉前后的不同情态：一开始“宾之初筵，左右秩秩”，后来则“是曰既醉，不知其秩”，初筵是“温温其恭”，醉后则是“侧弁之俄，屡舞仙仙”。诗中的描写，客观真实，并没有过分渲染和夸张，我们现在仍能时时见到各种酒醉之后的不雅举止。

这首诗章法结构非常严谨。全部五章，每章均14句，而且都是标准的四字句；章节之间内在组织精妙严整。诗的内容大致可分三大部分。第一部分两章写合乎礼制的酒宴，第二部分两章写违背礼制的酒宴，两者同以“宾之初筵”一句起头，而所描述的喝酒场面却大相径庭，暴露出理想状态与现实境况的尖锐矛盾；第三部分为末章，是总结性的言辞，连用“不”“勿”“无”“匪”“矧敢”等表示否定义的词集中凸现否定意蕴。各部分之间起承转合脉络极其分明。

诗人的写作技巧非常高明。诗人之意实在“刺”，前两章却用“美”为“刺”作映衬，使丑恶的事物在与美好的事物的对比中更显出其丑恶，欲抑先扬，跌宕有致。而诗人的“刺”即使是在最重要的第三、第四两章中，并不剑拔弩张，疾言厉色，只是反复直陈醉酒之态以为警诫，除了烂醉后手舞足蹈的姿态不惜重言以外，“载号载呶”“乱我笾豆”“侧弁之俄”写醉汉吵吵嚷嚷、弄乱东西、衣冠不整，也都抓住了特征。并且，诗人还善于通过“既醉而出，并受其福”之类的委婉语，“由醉之言，俾出童羖”之类的戏谑语，来作“绵里藏针”式的点染。借形象说话，实招就是高招。诗的末章主要是说理，但使读者对酗酒的害处深感悚惕的还是那些描写醉态的句子。

在具体的修辞上，“左右秩秩”“举酬逸逸”“温温其恭”“威仪反反”“威仪幡幡”“屡舞仙仙”“威仪抑抑”“威仪怭怭”和“屡舞傞傞”，这是叠字修辞格的运用，频度之高，在整部《诗经》中也不多见，那种奇佳的摹态效果，令读者叹服。“笾豆有楚，肴核维旅”“既立之监，又佐之史”，则是非常标准的对偶修辞格。“宾之初筵”“其未醉止”“曰既醉止”“是曰既醉”等句都同章或隔章、邻章重复一次，是重复修辞格，而由其重复所产生的效应则不同，意在引

---

① 式：发语词。勿从谓：切勿听从他们的酒后昏话。马瑞辰《毛诗传笺通释》：“《尔雅·释诂》：‘谓，勤也。’勤为勤劳之勤，亦为相劝勉之勤。‘勿从谓’者，勿从而劝勤之，使更饮也。”俾：使。大怠：太轻慢失礼。

② 匪言：指不该说的话就不要说。匪由：指没来由的话本不该讲。

③ 童羖（gǔ）：没角的公山羊。公羊本有角，醉酒后使他说出秃头无角公羊的事，以此比喻醉酒人一派胡言妄语。

④ 三爵：三杯。《礼记·玉藻》：“君子之饮酒也，受一爵而色洒如也，二爵而言言斯，礼已三爵而油油，以退。”孔颖达疏引《春秋传》：“臣侍君宴，过三爵，非礼也。”矧（shěn）：何况。又：“侑”之假借，劝酒。

出对比。还有一种《诗经》中经常出现的修辞格——顶针，此诗也有两例，即“以洽百礼”之后接以“百礼即至”“子孙其湛”之后接以“其湛曰乐”。这两个顶针修辞在同章中仅隔两句，相距很近，也是诗人为加重语气而做的刻意安排。另外，“钟鼓既设，举醻逸逸；大侯既抗，弓矢斯张；射夫既同，献尔发功”，这一段又是排比句，且两句一换韵，有很强的节奏感。

中国灿烂的饮食文化中，酒文化和茶文化大约是最引人注目的，其悠久的历史、丰富的内涵几乎是华夏文明的一个具体而微的缩影。酒文化如此发达，酒文学在中国的开始自然也很早。陈子展《诗经直解》说：“关于酒文学，《周书·酒诰》之笔，《宾之初筵》之诗，自是古典杰作。厥后扬雄《酒箴》、刘伶《酒德颂》、杜甫《饮中八仙歌》，虽是小品短篇，亦皆名作。但论艺术性与思想性兼而有之，仍推《宾之初筵》为首创杰作。”这是很准确的评价。

《诗经·大雅·生民》

厥初生民，时维姜嫄①。生民如何？克禋克祀②，以弗无子③，履帝武敏歆。攸介攸止④。载震载夙，载生载育。时维后稷⑤。

诞弥厥月，先生如达⑥。不坼不副，无菑无害⑦，以赫厥灵⑧。上帝不宁，不康禋祀？居然生子⑨！

诞寘之隘巷，牛羊腓字之⑩。诞寘之平林，会伐平林⑪。诞寘之寒冰，鸟覆翼之。鸟乃去矣，后稷呱矣⑫。实覃实訏，厥声载路⑬。

---

① 本篇选自《诗经·大雅》，是周民族的史诗之一。这首带有神话色彩的古老史诗，叙述了周始祖后稷的诞生和发明农业的历史，反映了周人是一个较早从事农业生产的民族。诗中写后稷的灵异，写他的丰功伟绩，实际上是对自己民族勤劳、智慧的歌颂。厥：其，指示代词。这两句是说那当初生育周民的，就是姜嫄。民：人，指周人。时：是。姜嫄(yuán)：传说中远古帝王高辛氏(帝喾)之妃，周始祖后稷之母。姜是姓。“嫄”亦作“原”，是谥号，取本原之义。以上二句说姜嫄始生周人，就是指生后稷。

② 禋(yīn)祀：一种野祭。祭时用火烧牲，使烟气上升。这里指祀天帝。一说指祀郊禖(méi)。禖是求子之神，祭于郊外。

③ 弗：“祓(fú)”的借字。祓是除不祥，祓无子就是除去无子的不祥，也就是求有子。

④ 履：践，踩。帝：天帝。武：指足迹。敏：脚拇指，“武敏”就是足迹的脚拇指。歆：欣喜。姜嫄践巨人脚印而感生后稷的故事是周民族的传说。(一说履迹是祭祀仪式的一部分，即一种象征的舞蹈。所谓帝就是代表上帝的神尸。神尸舞于前，姜嫄尾随其后，践神尸之迹而舞。)介：同“愒(qì)”，息。这句是说祭毕休息。

⑤ 震：娠，就是怀孕。夙：肃，意思是谨守胎教。时维后稷：即是为后稷。后稷又名弃。

⑥ 诞：发语词，有叹美的意思。弥：满。弥厥月：意思是满了怀孕应有的月数。先生：第一次分娩。如：同“而”。达：滑利。这句是说头生子很顺利地出生。

⑦ 坼(chè)：裂。副(pì)：裂开，剖开。这句是说生得滑利不致破裂产门。菑(zāi)：“灾”的异体字。

⑧ 赫：显。这句是说因上述的情况而显得灵异。

⑨ 宁、康：都训“安”，意思是：“上帝莫非不安享我的禋祀吗？”这是写姜嫄的惴惧。践大人迹而生子是大怪异的事，姜嫄疑为不祥，所以下文又说“居然生子”。居然：惊遽之词。

⑩ 寘(zhì)：即“置”，搁。隘：狭。这句是说将婴儿弃置在狭巷。腓(féi)：隐蔽。字：乳育。

⑪ 平林：平原上的树林。会：适逢。这句是说适逢有人来伐木，不便弃置。

⑫ 呱(gū)：啼哭。

⑬ 实：与“寔”同，作“是”解。覃(tán)：长。訏(xū)：大。载：满。以上二句言婴儿哭声壮大。

诞实匍匐，克岐克嶷[①]，以就口食[②]。蓺之荏菽，荏菽旆旆[③]。禾役穟穟[④]，麻麦幪幪，瓜瓞唪唪[⑤]。

诞后稷之穑，有相之道[⑥]。茀厥丰草，种之黄茂[⑦]。实方实苞，实种实褎[⑧]，实发实秀，实坚实好[⑨]，实颖实栗[⑩]。即有邰家室[⑪]。

诞降嘉种：维秬维秠，维穈维芑[⑫]。恒之秬秠，是获是亩[⑬]；恒之穈芑，是任是负[⑭]。以归肇祀[⑮]。

诞我祀如何？或舂或揄，或簸或蹂[⑯]。释之叟叟，烝之浮浮[⑰]。载谋载惟，取萧祭脂[⑱]。取羝以軷[⑲]，载燔载烈，以兴嗣岁[⑳]。

卬盛于豆[㉑]，于豆于登[㉒]，其香始升。上帝居歆，胡臭亶时[㉓]。后稷肇祀，庶无罪悔，以迄于今[㉔]。

（程俊英，蒋见元著：《诗经注析》，中华书局 1991 年版。）

---

① 匍匐：伏地爬行。岐：知意。嶷：古音"逆"，认识。克岐克嶷：是说能有所识别。

② 以：同"已"。就：求。以上三句是说后稷当才能匍匐的时候就很聪颖，能自求口食。

③ 蓺(yì)：种植。荏(rèn)菽：大豆。旆旆(pèi)：即"芾芾(fèi)"，茂盛。

④ 役：《说文》引作"颖"，禾尖。穟穟(suì)：美好。

⑤ 幪(měng)幪：茂盛覆地。唪(běng)唪：《说文》引作"菶菶(běng)"，多果实貌。以上五句是说后稷知道游戏时候就爱好种植，所种瓜谷无不良好。

⑥ 相：助。以上二句是说后稷的收获有助成之道，即指下文茀草等事。

⑦ 茀(fú)：拔除。黄茂：指嘉谷。

⑧ 方：整齐。苞：丰茂。种：同"肿"，肥盛。褎(yòu)：禾苗渐长貌。引申为出众。《汉书·董仲舒传》："今子大夫褎然为举首。"后以"褎然举首"指人的才能超出同辈。

⑨ 发：舒发。秀：初长穗。坚好：言谷粒充实。

⑩ 颖：垂穗。栗：即"栗栗"，众。以上五句依禾生长成熟的次第描写禾的美好，表现出耕种人的勤劳。

⑪ 邰(tái)：地名。邰故城在今陕西省武功县西南。这句是说后稷到邰地定居。相传后稷在虞舜时代辅佐禹有功，始封于邰。

⑫ 降：天赐。秬(jù)：黑黍。秠(pī)：一种黑黍。《尔雅·释草》："秠，一稃二米。"穈(mén)：赤苗嘉谷(初生时叶纯色)。芑(qǐ)：白苗嘉谷(初生时色微白)。

⑬ 恒(gèn)：遍；满。"恒之秬秠"言遍种秬秠。是获是亩：收割而分亩计数。

⑭ 任：抱。

⑮ 肇：始。以上五句是说遍种四种谷，成熟后收获抱负而归，始祭上帝。

⑯ 揄(yóu)：《说文》引作"舀"，取出。蹂(róu)：通"揉"，揉搓。

⑰ 释：淘米。叟叟：亦作"溲(sōu)溲"，释米之声。烝：同"蒸"。浮浮：《说文》引作"烰(fú)烰"，热气上升貌。以上四句写准备用于祭祀的米和酒。

⑱ 惟：思。言思念于祭祀的事。萧：香蒿。祭脂：即牛肠脂。祭祀用香蒿和牛肠脂合烧，取其香气。

⑲ 羝(dī)：牡羊。軷(bá)：祭道路之神。因为将要郊祀上帝，先祭道神，就是《说文》所说"将有事于道，必先告其神。"这句是说取牡羊为牲以用軷祭。

⑳ 燔(fán)、烈：烧烤。这句是说将肉放在火里烧，放在火上烤。嗣岁：来年。这句是说祭祀是为了兴旺来年，意思就是祈求来岁的丰年。

㉑ 卬(áng)：我。豆：盛肉食器，木制。

㉒ 登：瓦豆。

㉓ 居：安。歆：享。胡：何。臭：气息。即指上文"其香始升"的香。亶：诚。时：得其时。这句是说："为什么那馨香之气这样地真正得其时呢？"这是赞美的话。

㉔ 迄：到。以上三句是说后稷始创周人的祭祀制度，直到后来，庶几乎没有获罪于天，遗恨于心的事了。

赏析

《生民》是一首周人叙述其民族始祖后稷事迹以祭祀的长诗，带有浓重的传说成分。

第三章中描述的是民间文学作品中习见的“弃子”故事。但《生民》的弃子除了叙事神奇外，笔法亦可圈可点，清人孙鑛说：“不说人收，却只说鸟去，固蕴藉有致。”[①]俞樾说：“初不言其弃之由，而卒曰‘后稷呱矣’，盖设其文于前，而著其义于后，此正古人文字之奇。”[②]作者笔下的后稷一出生就带有神秘的色彩，这为他日后成为农业大神做了很好的铺垫。

诗的第四至第六章写后稷有开发农业生产技术的特殊禀赋，他自幼就表现出超卓不凡的辨识农作物的特殊才能，后来因有功于农业而受封于邰。后稷种的农作物品种多、产量高、质量好，丰收之后便创立祀典。这几章包含了丰富的上古农业生产史料，其中讲到的农作物有荏菽、麻、麦子、瓜、秬、秠、穈、芑等。对植物生长周期的观察也很细致，发芽、出苗、抽穗、结实，一一都有描述。而对除杂草和播良种的重视，尤其引人注意。这说明周民族已经开始成为以农耕为主要生产方式的民族。这几章修辞手法的多样化，使本来容易显得枯燥乏味的内容也变得跌宕有致，不流于率易。修辞格有叠字、排比等，以高密度的使用率表现其特色，尤以“实……实……”格式的五句连用，最富表现力。

这首史诗不但记录了周部族发展史上重要的部族大事，再现了周部族发展史，并且这首诗歌中也蕴涵了周部族所特有的部族文化，具有独特的文学艺术成就，对后世文学产生了深远的影响，具有非凡的艺术魅力。

全诗共分八章，每章或十句或八句，按十字句章与八字句章前后交替的方式构成全篇，除首尾两章外，各章皆以“诞”字领起，格式严谨。

从表现手法上看，它纯用赋法，不假比兴，叙述生动详明，纪实性很强。然而从它的内容看，尽管后面几章写后稷从事农业生产富有浓郁的生活气息，却仍不能脱去前面几章写后稷的身世所显出的神奇荒幻气氛，这无形中也使其艺术魅力大大增强。

《湘君》[③] · 屈原

屈原（前340—前278），名平，字原；又名正则，字灵均。战国末期楚国丹阳（湖北秭归）人，中国最伟大的诗人之一。其作品洋溢着对楚地楚风的眷恋和为民报国的热情。文字华丽，想象奇特，比喻新奇，内涵深刻，是中国文学的起源之一。1953年世界和平理事会通过决议确定屈原为当年纪念的世界四位文化名人之一。

君不行兮夷犹[④]，蹇谁留兮中洲[⑤]？

① 均引自陈子展：《诗经直解》，复旦大学出版社1983年版。

② 均引自陈子展：《诗经直解》，复旦大学出版社1983年版。

③ 选自《楚辞·九歌》。湘君：湘水之神，男性。一说即巡视南方时死于苍梧的舜。

④ 君：指湘君。夷犹：迟疑不决。

⑤ 蹇（jiǎn）：发语词。洲：水中陆地。

美要眇兮宜修①，沛吾乘兮桂舟②。
令沅湘兮无波③，使江水兮安流④！
望夫君兮未来，吹参差兮谁思⑤！
驾飞龙兮北征⑥，邅吾道兮洞庭⑦。
薜荔柏兮蕙绸⑧，荪桡兮兰旌⑨。
望涔阳兮极浦⑩，横大江兮扬灵⑪。
扬灵兮未极⑫，女婵媛兮为余太息⑬。
横流涕兮潺湲⑭，隐思君兮陫侧⑮。
桂櫂兮兰枻⑯，斲冰兮积雪⑰。
采薜荔兮水中⑱，搴芙蓉兮木末⑲。
心不同兮媒劳⑳，恩不甚兮轻绝㉑。
石濑兮浅浅㉒，飞龙兮翩翩㉓。
交不忠兮怨长，期不信兮告余以不闲㉔。
鼂骋骛兮江皋㉕，夕弭节兮北渚㉖。
鸟次兮屋上㉗，水周兮堂下㉘。

---

① 要(yāo)眇(miǎo)：美好的样子。宜修：恰到好处的修饰。
② 沛：水大而急的样子。桂舟：桂木制成的船。
③ 沅湘：沅水和湘水，都在湖南。无波：不起波浪。
④ 江水：长江。下文“大江”“江”，与此同。
⑤ 参差：高低错落不齐，此指排箫，相传为舜所造。
⑥ 飞龙：雕有龙形的船只。北征：向北而行。
⑦ 邅(zhān)：转变。洞庭：洞庭湖。
⑧ 薜荔：蔓生香草。柏(bó)：通“箔”，帘子。蕙：香草名。绸：帷帐。
⑨ 荪：香草，即石菖蒲。桡(ráo)：短桨。兰：兰草：旌：旗杆顶上的饰物。
⑩ 涔(cén)阳：在涔水北岸，洞庭湖西北。极浦：遥远的水边。
⑪ 横：横渡。扬灵：显扬精诚。一说即扬舲，扬帆前进。
⑫ 极：至，到达。
⑬ 女：侍女。婵媛：眷念多情的样子。
⑭ 横：横溢。潺湲(yuán)：水缓慢流动的样子。
⑮ 陫(fěi)侧：即“悱恻”，内心悲痛的样子。
⑯ 櫂(zhào)：同“棹”，长桨。枻(yì)：短桨。
⑰ 斲(zhuó)：破开。
⑱ 采薜荔：在水中采摘陆生的薜荔。
⑲ 搴(qiān)：拔取。芙蓉：荷花。木末：树梢。
⑳ 媒：媒人。劳：徒劳。
㉑ 甚：深厚。轻绝：轻易断绝。
㉒ 石濑：石上急流。浅(jiān)浅：水流湍急的样子。
㉓ 翩翩：轻盈快疾的样子。
㉔ 期：相约。不闲：没有空闲。
㉕ 鼂(zhāo)：同“朝”，早晨。骋骛(wù)：急行。皋：水旁高地。
㉖ 弭(mǐ)：停止。节：策，马鞭。渚：水边。
㉗ 次：止息。
㉘ 周：周流。

捐余玦兮江中[①]，遗余佩兮醴浦[②]。
采芳洲兮杜若[③]，将以遗兮下女[④]。
时不可兮再得[⑤]，聊逍遥兮容与[⑥]。

湘夫人

帝子降兮北渚[⑦]，目眇眇兮愁予[⑧]。
袅袅兮秋风[⑨]，洞庭波兮木叶下[⑩]。
登白薠兮骋望[⑪]，与佳期兮夕张[⑫]。
鸟何萃兮苹中[⑬]？罾何为兮木上[⑭]？
沅有芷兮澧有兰[⑮]，思公子兮未敢言[⑯]。
荒忽兮远望[⑰]，观流水兮潺湲[⑱]。
麋何食兮庭中[⑲]，蛟何为兮水裔[⑳]？
朝驰余马兮江皋[㉑]，夕济兮西澨[㉒]。
闻佳人兮召予，将腾驾兮偕逝[㉓]。
筑室兮水中，葺之兮荷盖[㉔]。
荪壁兮紫坛[㉕]，播芳椒兮成堂[㉖]。

---

① 捐：抛弃。玦(jué)：环形玉佩。
② 遗(yí)：留下。佩：佩饰。醴(lǐ)：澧水，在湖南，流入洞庭湖。
③ 芳洲：水中的芳草地。杜若：香草名。
④ 遗(wèi)：赠予。下女：指身边侍女。
⑤ 再：一作"骤"，屡次、多次的意思。
⑥ 聊：暂且。逍遥：自由自在的样子，容与：舒缓放松的样子。
⑦ 帝子：指湘夫人。舜妃为帝尧之女，故称帝子。
⑧ 眇眇(miǎo)：望而不见的样子。愁予：使我忧愁。
⑨ 袅袅(niǎo)：绵长不绝的样子。
⑩ 波：生波。下：落。
⑪ 薠(fán)：一种近水生的秋草。骋望：纵目而望。
⑫ 佳：佳人，指湘君。期：期约。张：陈设。
⑬ 萃：集。鸟本当集在木上，反说在水草中。
⑭ 罾(zēng)：捕鱼的网。罾原当在水中，反说在木上，比喻所愿不得，失其应处之所。
⑮ 沅：即沅水，在今湖南省。澧(lǐ)：即澧水，在今湖南省，流入洞庭湖。芷(zhǐ)：即白芷，一种香草。
⑯ 公子：指湘君。
⑰ 荒忽：不分明的样子。
⑱ 潺湲：水流的样子。
⑲ 麋：兽名，似鹿。
⑳ 水裔：水边。此句意谓蛟本当在深渊而在水边，比喻所处失常。
㉑ 皋：水边高地。
㉒ 澨(shì)：水边。
㉓ 腾驾：驾着马车奔腾飞驰。偕逝：同往。
㉔ 葺：编草盖房子。盖：指屋顶。
㉕ 荪壁：用荪草饰壁。荪(sūn)：一种香草。紫：紫贝。坛：中庭。
㉖ 椒：一种科香木。

桂栋兮兰橑①，辛夷楣兮药房②。
罔薜荔兮为帷③，擗蕙櫋兮既张④。
白玉兮为镇⑤，疏石兰兮为芳⑥。
芷葺兮荷屋，缭之兮杜衡⑦。
合百草兮实庭⑧，建芳馨兮庑门⑨。
九嶷缤兮并迎⑩，灵之来兮如云⑪。
捐余袂兮江中⑫，遗余褋兮澧浦⑬。
搴汀洲兮杜若⑭，将以遗兮远者⑮。
时不可兮骤得⑯，聊逍遥兮容与⑰！

（金开诚等校注：《屈原集校注》，中华书局1996年版。）

赏析

按照林庚先生的讲法，《湘君》《湘夫人》并非两首诗，而是一诗二章，是一个前后相连的有机整体。理由是：(1) 如果两首诗都是约会，同一时间同一地点，然后两人都说自己到达另一人未至，在逻辑上不通；(2) 两篇作品都以"北渚"相同的地点暗中衔接，应该不只是巧合；(3) 两首诗的末段，内容和语意几乎完全相同，很像民歌的两段最后部分的重章叠唱。所以，最合理的解释是：湘夫人赶到了约会地点，湘君始终没有出现，湘夫人上下四方寻找不获，陷入失望。

诗中塑造了一个多情而刚毅的湘夫人形象。湘夫人约湘君相会，但久候不至，焦急万分。为了能尽快见到湘君，她不愿再被动等待，而去主动迎接，于是她刻意装饰、亲驾桂舟，前往湘江。虽几经波折，终不得相会。但她并不绝望，而是捐玦袂、遗佩褋、赠杜若，表达了不相弃、长相知之心。诗中主人公对美好爱情的追求，正是诗人对美政理想上下求索的写

① 栋：屋栋，屋脊柱。橑(lǎo)：屋椽(chuán)。
② 辛夷：木名，初春开花。楣：门上横梁。药：白芷。
③ 罔：通"网"，作结解。薜荔：一种香草，缘木而生。帷：帷帐。
④ 擗(pì)：掰开。蕙：一种香草。櫋(mián)：隔扇。
⑤ 镇：镇压坐席之物。
⑥ 疏：分疏，分陈。石兰：一种香草。
⑦ 缭：缠绕。杜衡：一种香草。
⑧ 合：合聚。百草：指众芳草。实：充实。
⑨ 馨：能够远闻的香。庑(wǔ)：走廊。
⑩ 九嶷(yí)：山名，传说中舜的葬地，在湘水南。这里指九嶷山神。缤：盛多的样子。
⑪ 灵：神。如云：形容众多。
⑫ 袂(mèi)：衣袖。
⑬ 褋(dié)：《方言》：禅衣，江淮南楚之间谓之"褋"。禅衣即女子内衣，是湘夫人送给湘君的信物。这是古时女子爱情生活的习惯。
⑭ 汀：水中或水边的平地。杜若：一种香草。
⑮ 远者：指湘夫人。
⑯ 骤得：数得，屡得。
⑰ 逍遥：游玩。容与：悠闲的样子。

照;主人公对爱情始终不渝的坚贞态度,正是诗人为理想九死未悔、体解不变的精神体现。湘夫人素喜披香戴芳、含英咀华,通身洋溢着沁人心脾的清新芬芳之气。气氛的幽雅,容饰的修洁,应该是与主人公内心的纯美、志节的高尚和谐统一的。最后,陷入绝望中的湘夫人出现了幻觉:和湘君一起步入婚礼盛典,她"筑室兮水中,葺之兮荷盖。荪壁兮紫坛,播芳椒兮成堂。桂栋兮兰撩,辛夷楣兮药房。罔薜荔兮为帷,擗蕙榜兮既张。白玉兮为镇,疏石兰兮为芳。芷葺兮荷屋,缭之兮杜衡"。俨然把自己装饰成一个"花房姑娘",而实际的艺术效果确实令人唏嘘不已。

《湘夫人》还善于把周围的景物、环境气氛和人物的思想感情融合起来写,因而构成情景交融的意境,开头的几句即是代表。林云铭《楚辞灯》中说:"开篇'袅袅秋风'二句,是写景之妙;'沅有芷'二句,是写情之妙。其中皆有情景相生、意中会得、口中说不得之妙。……'无边落木萧萧下,不尽长江滚滚来',实以'袅袅秋风'二句作蓝本也。《楚辞》开后人无数奇句,岂可轻易读过!"

另外,全诗的语言,具有鲜明的楚国地方特色。诸如沅水、湘水、澧水、洞庭湖、白芷、白蘋、薜荔、杜蘅、辛夷、桂、蕙、荷、麋、鸟、白玉等自然界的山水、动物、植物和矿物,更有那楚地的民情风俗、神话传说、特有的浪漫色彩、宗教气氛等,无不具有楚地的鲜明特色。诗中使用了大量的方言俗语,如"搴"(动词)、"袂""褋"(名词)等。最突出的是"兮"字的大量运用,它不但调整音节,而且加大语意、语气的转折、跳跃,增强语言的表现力。

《九歌·山鬼》

屈原

若有人兮山之阿①,被薜荔兮带女萝②。
既含睇兮又宜笑③,子慕予兮善窈窕④。
乘赤豹兮从文狸⑤,辛夷车兮结桂旗⑥。
被石兰兮带杜衡⑦,折芳馨兮遗所思⑧。
余处幽篁兮终不见天⑨,路险难兮独后来。
表独立兮山之上⑩,云容容兮而在下⑪。

---

① 山之阿(ē):山限,山的转弯处。
② 被:通假字,通"披"。薜荔、女萝:皆蔓生植物。
③ 含睇:含情而视。睇(dì),微视。宜笑:笑得很美。
④ 子:山鬼对所爱慕男子的称呼。窈窕:娴雅美好貌。
⑤ 赤豹:皮毛呈褐的豹。从:跟从。文:花纹。狸:狐一类的兽。文狸:毛色有花纹的狸。
⑥ 辛夷车:以辛夷木为车。结:编结。桂旗,以桂为旗。
⑦ 石兰、杜蘅:皆香草名。
⑧ 遗(wèi):赠。
⑨ 余:我。篁:竹。
⑩ 表:独立突出之貌。
⑪ 容容:即"溶溶",水或烟气流动之貌。

杳冥冥兮羌昼晦[1]，东风飘兮神灵雨[2]。
留灵修兮憺忘归[3]，岁既晏兮孰华予[4]？
采三秀兮於山间[5]，石磊磊兮葛蔓蔓。
怨公子兮怅忘归[6]，君思我兮不得闲。
山中人兮芳杜若[7]，饮石泉兮荫松柏，
君思我兮然疑作[8]。
雷填填兮雨冥冥[9]，猨啾啾兮狖夜鸣[10]。
风飒飒兮木萧萧，思公子兮徒离忧[11]。

（金开诚等校注：《屈原集校注》，中华书局1996年版。）

赏析

关于本诗主人公的身份一直存在争议：是神是鬼？是男是女？郭沫若根据诗中“於”字古音读“巫”，推断於山即巫山，认为山鬼就是巫山神女。楚国神话中有巫山神女的传说，所以我们断定此诗所描写的可能是早期流传的神女形象。

诗歌开头，即描写一位身披薜荔、腰缠女萝的女郎，兴冲冲走在山间茂林中，她对自己的美貌无比自信，“子慕予兮善窈窕”——“我这样美好，可要把你羡慕死了！”这种口吻是恋爱中女子的精妙描述。然而意想不到的是满怀喜悦的女巫，只因山高路险耽误了时间，竟没能见到约会的对象，她懊恼、哀愁，同时又怀着一线希冀，开始在山林间寻找。诗人还特别巧妙地刻画了巫山神女的心理变化：“君思我兮不得闲”“君思我兮然疑作”“思公子兮徒离忧”。这些诗句所展示的主人公心理变化，均表现得复杂而又微妙。最后“雷填填兮雨冥冥”三句，将雷鸣猿啼、风声雨声交织在一起，展现了一幅极为凄凉的山中夜景。情景交融，带读者进入到无比怅惘的意境之中。

这首诗在艺术上的特色主要有：作者以丰富的想象在楚地流传的神话传说基础上虚构出一个美丽多情的少女形象，她为了爱情不顾一切地追寻，执着的精神令人叹赏。除此，作者还以生动传神的笔触进入人物的内心世界，描绘出人物内心变化的几个层次，真实细微，令人信服。在刻画人物形象时，笔法细腻、委婉而曲折，从外貌到神情到心理，面面俱到，出神入化。文辞的运用上，则绚丽多姿，华美哀婉，都能极佳地营造出一种悲剧氛围。

---

① 杳冥冥：又幽深又昏暗。羌：语助词。
② 神灵雨：神灵降下雨水。
③ 灵修：指山鬼所约对象。憺（dàn）：安乐。
④ 晏：晚。华予：让我像花一样美丽。华：花。
⑤ 三秀：灵芝草，一年开三次花，传说服食了能延年益寿。
⑥ 公子：山鬼所约之人。
⑦ 杜若：香草。
⑧ 然疑作：信疑交加。然：相信；作：起。
⑨ 靁：同“雷”。填填：雷声。
⑩ 猨：同“猿”。狖（yòu）：长尾猿。
⑪ 离：通“罹”，忧愁。

《闲情赋(并序)》· 陶渊明

陶渊明(约 376—427),字元亮,自号“五柳先生”,卒后友人私谥“靖节征士”,浔阳柴桑(今江西省九江市)人。在诗界开创“田园诗派”,风格平淡自然,影响深远,在中国诗人群体中享有很崇高的地位,钟嵘称之为“古今隐逸诗人之宗”,朱光潜先生认为陶渊明可以和屈原、杜甫鼎足而三。

初张衡作《定情赋》①,蔡邕作《静情赋》②,检逸辞而宗澹泊③,始则荡以思虑④,而终归闲正⑤。将以抑流宕之邪心⑥,谅有助于讽谏⑦。缀文之士⑧,奕代继作⑨,并因触类⑩。广其辞义⑪。余园闾多暇⑫,复染翰为之⑬。虽文妙不足⑭。庶不谬作者之意乎⑮?

夫何瑰逸之令姿,独旷世以秀群⑯。表倾城之艳色,期有德以传闻⑰。佩鸣玉以比洁,齐幽兰以争芬⑱。淡柔情于俗内,负雅志于高云⑲。悲晨曦之易夕,感人生之长勤⑳。同一尽于百年,何欢寡而愁殷㉑。褰朱帏而正坐,泛清瑟以自欣㉒。

---

① 张衡:字平子,东汉文学家、科学家。所作《定情赋》残文见于《艺文类聚》卷十八。

② 蔡邕(yōng):字伯喈。东汉文学家、书法家。所作《静情赋》已失传。

③ 检:约束,限制。逸辞:放逸之文辞。这里指放荡之语。宗:本,以……为宗。澹泊:恬淡寡欲。

④ 荡:放纵。思虑:指构思、

⑤ 闲正:犹“闲雅”,从容大方。

⑥ 抑:遏止,压制。流宕(dàng):放荡。

⑦ 谅:料想。讽谏:委婉劝谏。

⑧ 缀(zhuì)文:作文。缀,连缀。

⑨ 奕(yì)代:累世,屡代。继作:何孟春注:“赋情始楚宋玉,汉司马相如、平子、伯喈继之为《定》《静》之辞。而魏则陈琳、阮璃作《止欲赋》,王粲作《闲邪赋》,应玚作《正情赋》,曹植作《静思赋》,晋张华作《永怀赋》,此靖节所谓‘奕世继作,并因触类,广其辞义’者也。”(《陶靖节集》卷五)

⑩ 触类:触及同类事情而有感动。

⑪ 广其辞义:在文辞和内容上都加以扩展和发挥。

⑫ 园闾:指田舍。闾,里巷的大门。

⑬ 染翰:用毛笔蘸墨。为之:写这篇赋。

⑭ 文妙:文采,才华。

⑮ 庶:庶凡,即大概、希望之意。谬:违背。

⑯ 夫:发语词,无意义。瓌(guī)逸:仙姿出众的样子。瑰:奇伟、珍贵。逸:超迈。令:美好,美妙。旷世:世所未有。秀群:超群出众。

⑰ 表:外表,外貌。倾城:一城之人皆为之倾倒。形容女子容貌极美。《汉书·外戚传》:“北方有佳人,绝世而独立。一顾倾人城,再顾倾人国。”期:希望,追求。有德于传闻:将美好的品德传扬。

⑱ 佩:佩戴。鸣玉:古人佩戴在身上的玉饰,行走时相击发出清脆悦耳的声音,故谓之“鸣玉”。齐:并列,等量(与前文“佩”互文)。

⑲ 淡:轻视,看不起。俗内:世俗之内。负:怀抱,具有。雅志:高雅脱俗之志。

⑳ 晨曦:早晨的阳光。易夕:容易迟暮。长勤:长期愁苦,充满忧劳。《楚辞·远游》:“惟天地之无穷兮,哀人生之长勤。”

㉑ 同一:同样,相同。尽:生命终止。百年:指一生。殷:多。

㉒ 褰(qiān):撩起。朱帷:红色的幔帐。泛:这里是弹奏的意思。清瑟:清越的瑟声。瑟,拨弦乐器、形似古琴、通常有二十五弦。

送纤指之余好，攘皓袖之缤纷[①]。瞬美目以流眄，含言笑而不分[②]。

曲调将半，景落西轩[③]。悲商叩林，白云依山[④]。仰睇天路，俯促鸣弦[⑤]。神仪妩媚，举止详妍[⑥]。激清音以感余，愿接膝以交言[⑦]。欲自往以结誓，惧冒礼之为諐[⑧]，待凤鸟以致辞，恐他人之我先[⑨]。意惶惑而靡宁，魂须臾而九迁[⑩]。

愿在衣而为领，承华首之余芳[⑪]；悲罗襟之宵离，怨秋夜之未央[⑫]。愿在裳而为带，束窈窕之纤身[⑬]；嗟温凉之异气，或脱故而服新[⑭]。愿在发而为泽，刷玄鬓于颓肩[⑮]；悲佳人之屡沐，从白水以枯煎[⑯]。愿在眉而为黛，随瞻视以闲扬[⑰]；悲脂粉之尚鲜，或取毁于华妆[⑱]。愿在莞而为席，安弱体于三秋[⑲]；悲文茵之代御，方经年而见求[⑳]。愿在丝而为履，附素足以周旋[㉑]；悲行止之有节，空委弃于床前[㉒]。愿在昼而为影，常依形而西东；悲高树之多荫，慨有时而不同[㉓]。愿在夜而为烛，照玉容

---

① 送：舒放。纤指：柔细的手指。余好：美妙不尽。指瑟声袅袅不绝。攘（ráng）：将。曹植《美女篇》："攘袖见素手，皓腕约金环。"缤纷：指衣袖飘动的样子，美态纷呈。

② 瞬（shùn）：目光转动。流眄（miǎn）：转动眼睛；斜视的样子。含言笑而不分：似笑非笑，难以分辨清。意谓总是面带微笑。宋玉《神女赋》："含然若其不分兮。"

③ 景：日光。张载《七哀》诗："朱光驰北陆，浮景忽西沈。"轩：窗。

④ 悲商：悲凉的秋风之声。商，为五音之一。古人以徵、角、商、羽配四季。《礼记·月令》："孟秋之月，其音商。"叩林：吹动林木。

⑤ 睇（dì）：斜视，流盼。天路：天空。《三国志·魏志·陈思王植传》注："植常为瑟调歌辞曰：'自谓终天路，忽焉下沈渊。'"《晋书·束晰传》："徒屈蟠于坎井，眄天路而不游。"俯促：低头急弹。

⑥ 神仪：神情仪态。妩媚：姿态美好可爱。详妍：安详美妙。

⑦ 激：激发，指弹奏。接膝：促膝，挨近而坐。交言：交谈。

⑧ 结誓：订立相爱的誓约。冒礼：冒犯礼法。諐（qiān）：同"愆"，过错。

⑨ 致辞：说媒。我先：先于我。传说帝喾高辛氏用凤凰为媒，传送礼物，娶得简狄。屈原《离骚》："凤凰既受诒兮，恐高辛之先我。"

⑩ 惶惑：疑惧。《汉书·王嘉传》："道路讙（喧）哗，群臣惶惑。"靡（mǐ）宁：不宁，不安。须臾：片刻，顷刻之间。九迁：屡变，九表示多。

⑪ 华首：美丽的头面。余芳：散发出的芳香。

⑫ 罗襟：罗衣，丝绸制的衣服。宵离：是说夜间脱掉罗衣。未央：未尽，指秋夜长。

⑬ 裳（cháng）：下身的衣服，即裙。《诗经·邶风·绿衣》："绿衣黄裳。"毛传："上曰衣，下曰裳。"带：裙带。窈（yǎo）窕（tiǎo）：美好的样子。纤身：苗条的身材，这里指细腰。

⑭ 嗟：感叹。温凉：冷暖。异气：不同的气节、气候。脱故：脱去旧衣。服新：换上新衣。服，穿。

⑮ 泽：膏泽，指发膏。玄鬓：黑发。颓肩：垂削的双肩，古代女子双肩以削为美，曹植《洛神赋》："肩若削成，腰如约素。"

⑯ 屡沐：经常洗发。枯煎：枯干。

⑰ 黛（dài）：青黑色的颜料，古代女子用以画眉。闲扬：安闲地扬起。

⑱ 尚鲜：讲究鲜艳。取毁：被毁，指被遮掩或抹掉。华妆：华艳的梳妆。

⑲ 莞（guǎn）：植物名，俗名水葱、席子草，亦指芜草编的席。《诗经·小雅·斯干》："下芜上簟，乃安斯寝。"弱：柔弱。三秋：秋季，秋季三个月，故称。

⑳ 文茵（yīn）：原指车里的虎皮坐垫。《诗经·秦风·小戎》："文茵畅毂。"这里是指有花纹的皮褥。代御：代用，取代。御：用。经年：经过一年。见求：被需求，即被用。

㉑ 履（lǚ）：鞋。附：依附。素足：白脚。周旋：转动，移动。

㉒ 行止：行走与停息。有节：有一定的节度限制。委弃：抛弃，弃置。

㉓ 不同：不同在，不在一起，即分开。

于两楹[1];悲扶桑之舒光,奄灭景而藏明[2]。愿在竹而为扇,含凄飙于柔握[3];悲白露之晨零,顾襟袖以缅邈[4]。愿在木而为桐,作膝上之鸣琴[5];悲乐极以哀来,终推我而辍音[6]。考所愿而必违,徒契契以苦心[7]。拥劳情而罔诉,步容与于南林[8]。栖木兰之遗露,翳青松之余阴[9]。傥行行之有觌,交欣惧于中襟[10]。竟寂寞而无见,独悁想以空寻[11]。

敛轻裾以复路,瞻夕阳而流叹[12]。步徙倚以忘趣,色惨凄而矜颜[13]。叶燮燮以去条,气凄凄而就寒[14]。日负影以偕没,月媚景于云端[15]。鸟凄声以孤归,兽索偶而不还[16]。悼当年之晚暮,恨兹岁之欲殚[17]。思宵梦以从之,神飘飖而不安[18]。若凭舟之失棹,譬缘崖而无攀[19]。

于时毕昴盈轩,北风凄凄[20]。耿耿不寐,众念徘徊[21]。起摄带以伺晨,繁霜粲于素阶[22]。鸡敛翅而未鸣,笛流远以清哀[23]。始妙密以闲和,终寥亮而藏摧[24]。意夫人之在兹,托行云以送怀[25]。行云逝而无语,时奄冉而就过[26]。徒勤思以自悲,

---

① 玉容:如玉的容颜,形容貌美。楹(yíng):厅堂前部的柱子,这里指放灯烛之处。

② 扶桑:传说是太阳升起的地方,这里指太阳。舒光:舒展光辉,放出光芒。奄:忽然。景:同“影”,指烛影。藏明:指烛光被熄灭。

③ 凄飙(biāo):凉风。柔握:握于柔手之中。

④ 晨零:早晨降落。顾:顾念,想。缅邈:遥远。

⑤ 桐:落叶乔木,本质轻疏,老则纹理细密,古时做琴瑟多取此木。

⑥ 辍(chuò):中断,停止。

⑦ 考:考虑,思量。违:违背心愿。契契:愁苦的样子。

⑧ 拥:怀抱,充满。劳:忧愁。《诗经·邶风·燕燕》:“实劳我心。”罔诉:无处诉说。罔:无。容与:徘徊的样子。

⑨ 栖:居住,停留。木兰:植物名。屈原《离骚》:“朝饮木兰之坠露兮,夕餐秋菊之落英。”遗露:垂露,残露。翳(yì):障蔽,遮盖。

⑩ 傥(tǎng):同“倘”,推测之间,倘若。行行:徘徊的样子。觌(dí):见,相见。交:交互,交织。欣惧:欣喜和惧怕。中襟:内心。

⑪ 悁(yuān):忧愁。《诗经·陈风·泽陂》:“寤寐无为,中心悁悁。”

⑫ 敛:收敛,提起。裾(jū):衣服的前襟。复路:按原路往回走。流叹:叹息不止。

⑬ 徙倚:犹徘徊,流连不去。《楚辞·哀时命》:“然隐悯而不达兮。独徙倚而彷徉。”趣:同“趋”,前行。惨悽:暗淡无光的样子。表示心中忧虑。《诗经·小雅·正月》:“忧心惨惨,念国之为虐。”矜(jīn)颜:脸色寒冷庄重。

⑭ 燮(xiè)燮:落叶声。去条:离开枝条。凄凄:寒凉的样子。《诗经·郑风·风雨》:“风雨凄凄。”就:接近,靠近。

⑮ 日负影:太阳带着它的光影。偕没:一同隐没、消失。媚景:明媚可爱的光影。

⑯ 凄声:哀伤的鸣叫声。索偶:寻找伴侣。

⑰ 悼:哀伤。当年:正当年,指壮年。晚暮:迟暮。屈原《离骚》:“惟草木之零落兮,恐美人之迟暮。”殚(dān):尽。

⑱ 宵梦:夜梦。之:指美女。飘飖(yáo):飘荡恍惚的样子。

⑲ 凭舟:乘船。棹(zhào):划船用具。缘:攀缘。无攀:没有可供抓、登之物向上爬。

⑳ 毕、昴(mǎo):二星宿名,这里代指群星。盈:满。轩:窗户。

㉑ 耿耿:形容心中不能宁静。众念徘徊:谓各种念头萦绕心中。

㉒ 摄带:束带,指穿衣。伺晨:等待天亮。素阶:白色的台阶。

㉓ 笛流远:笛声悠扬,传得很远。清哀:清扬哀婉。

㉔ 妙密:美妙而细腻。闲和:闲雅平和。寥亮:同“嘹亮”,形容声音清越高远。向秀《思旧赋序》:“邻人有吹笛者,发声寥亮。”藏摧:同“摧藏”,极度悲伤。《古诗为焦仲卿妻作》:“未至二三里,摧藏马悲哀。”

㉕ 意:料想,猜度之词。夫(fú)人:那个人,指所思慕的女子。在兹:在此。托行云以送怀:寄托行云以传送思慕的情怀。《楚辞·九章·思美人》:“愿寄言于浮云兮,遇丰隆而不将。”

㉖ 奄冉:犹在苒。形容时光逐渐推移。就:随即。

终阻山而带河①。迎清风以祛累,寄弱志于归波②。尤《蔓草》之为会,诵《邵南》之余歌③。坦万虑以存诚,憩遥情于八遐④。

(袁行霈撰:《陶渊明集笺注》,中华书局 2003 年版。)

赏析

在陶渊明为数不多的几篇文章中,《闲情赋》是最为奇特的一篇,从问世至今一直多有争议。争议的焦点主要集中在这篇赋的主旨上。有人认为是"爱情说",该文并无寄托,纯为爱情描写。有人认为是"比兴说",认为有寄托,继承了楚骚"香草美人"的传统。

我们认为这篇小赋确是为爱情而作。理由有二:

其一,陶渊明本人在序中说:"初,张衡作《定情赋》,蔡邕作《静情赋》,检逸辞而宗澹泊,始则荡以思虑,而终归闲正。将以抑流宕之邪心,谅有助天讽谏。缀文之士,奕代继作,并因触类。广其辞义。"可见,他是继张衡、蔡邕之作而作,是抒情之作。

其二,俞文豹《吹剑四录》、张宗祥《吹剑录全编》也这样论述:"张衡作《定情赋》,蔡邕作《静情赋》,渊明作《闲情赋》,盖尤物能移人,情荡则难反,故防闲之。"

《闲情赋》正文共六节。第一节极尽夸饰之能事描写美人之容貌与品行;第二节写诗人对美人欲亲近又顾虑重重的复杂心情;第三节连设十愿,十番转折,十种物事,寄托同一个美好心愿,衬出心愿的强烈;第四节写作者空怀十愿,不敢付诸行动,只能枉自嗟怨;第五节诗人开始比较直接地表现自己不知路在何方的迷惘,一事无成而时光易逝的惆怅;赋之末节,诗人经过一夜辗转苦思,终于要摒除各种杂念,保持一片纯心。

这篇赋结构新颖,想象丰富,辞句清丽,灵活地运用了比兴手法,其中的十愿表现出极大的创造性,荡除了汉赋那种着意铺排,堆砌辞藻,典故、用语生涩的积弊,清新自然,因此被人们久诵不衰。

第三节 拓展阅读

《中国文脉》(节选)·余秋雨

余秋雨(1946—),中国浙江余姚人,当代著名散文家,文化学者,曾任上海戏剧学院院长,后辞去公职专事写作。主要著作有《文化苦旅》《千年一叹》《戏剧理论史稿》

---

① 勤思:苦思。勤,愁苦。《楚辞·七谏·自悲》:"居愁勤其谁告兮!"阻山:为山所阻隔。带河:河如长带,挡住去路。

② 祛(qū)累:消除忧累。奇弱志于归波:把杂念会之东流。弱志:懦弱之情,指杂念。归波:归向东海的水流。

③ 尤:责怪,埋怨。《蔓草》:指《诗经·郑风》中的《野有蔓草》篇。《诗序》说,此诗写"男女失时,思不期而会焉",男女偶遇田野而私下相会。在封建社会,这种行为被看成是不合礼仪的。《召南》:指《诗经》中《召南》一组诗,为十五国风之一。《诗大序》说:"《周南》《召南》,正始之道,王化之基。"其中对男女爱情的描写,被认为是符合封建礼教的。余歌:即遗侍。

④ 坦万虑:表露复杂多端的情思。存诚:保持真诚之心。憩(qì):休息,停止。遥情:指驰骋放荡的思绪。八遐:犹八荒,八方极远之地。

《中国戏剧文化史述》《戏剧审美心理学》等。余秋雨是当代文学中"文化散文"的开创者，其作品曾获诸多全球华语写作的重要奖项。

一

终于听到声音了，那是《诗经》。

《诗经》使中国文学从一开始就充满了稻麦香和虫鸟声。这种香气和声音，将散布久远，至今还闻到、听到。

十余年前在巴格达的巴比伦遗址，我读到了从楔形文字破译的古代诗歌。那些诗歌是悲哀的，慌张的，绝望的，好像强敌刚刚离去，很快就会回来。因此，歌唱者只能抬头盼望神祇，苦苦哀求。这种神情，与那片土地有关。血腥的侵略一次次横扫，人们除了奔逃还是奔逃，因此诗句中有一些生命边缘的吟咏，弥足珍贵。但是，那些吟咏过于匆忙和粗糙，尚未进入成熟的文学形态，又因为楔形文字的很早中断，没有构成下传之脉。

同样古老的埃及文明，至今没见过古代留下的诗歌和其他文学样式。卢克索太阳神庙大柱上的象形文字，已有部分破译，却并无文学意义。过于封闭、过于保守的一个个王朝，曾经留下了帝脉，而不是文脉。即便有气脉，也不是诗脉。

印度在古代是有灿烂的文学、诗歌、梵剧、理论，但大多是围绕着"大梵天"的超验世界。同样是农耕文明，却缺少土地的气息和世俗的表情。

《诗经》的吟唱者们当然不知道有这种对比，但我们一对比，它也就找到了自己。其实，它找到的，也是后代的中国。

《诗经》中，有祭祀，有抱怨，有牢骚，但最主要、最拿手的，是在世俗生活中抒情。其中抒得最出色的，是爱情。这种爱情那么"无邪"，既大胆又羞怯，既温柔又敦厚，足以陶冶风尚。

在艺术上，那些充满力度又不失典雅的四字句，一句句排下来，成了中国文学起跑点的砖砌路基。那些叠章反复，让人立即想到，这不仅仅是文学，还是音乐，还是舞蹈。一切动作感涨满其间，却又毫不鲁莽，优雅地引发乡间村乐，咏之于江边白露，舞之于月下乔木。终于由时间定格，凝为经典。

没有巴比伦的残忍，没有卢克索的神威，没有恒河畔的玄幻。《诗经》展示了黄河流域的平和、安详、寻常、世俗，以及有节制的谴责和愉悦。

但是，写到这里必须赶快说明，在《诗经》的这种平实风格后面，又有着一系列宏大的传说背景。传说分两种：第一种是"祖王传说"，有关黄帝、炎帝和蚩尤；第二种是"神话传说"，有关补天、填海、追日、奔月。

按照文化人类学的观念，传说和神话虽然虚无缥缈，却对一个民族非常重要，甚至可以成为一种历久不衰的"文化基因"。这在中华民族身上尤其明显，谁都知道，有关黄帝、炎帝、蚩尤的传说，决定了我们的身份；有关补天、填海、追日、奔月的传说，则决定了我们的气质。这两种传说，就文化而言，更重要的是后一种神话传说，因为它们为一个庞大的人种提供了鸿蒙的诗意。即便是离得最近的《诗经》，也在平实的麦香气中熔铸着伟大和奇丽。

于是，我们看到了，背靠着一大批神话传说，刻写着一行行甲骨文、金文，吟唱着一首首《诗经》，中国文化隆重上路。

二

我把庄子说成是“先秦诸子中的文学冠军”，但请注意，这只是在“诸子”中的比较。如果把范围扩大，那么，他在那个时代就不能夺冠了。因为在南方，出现了一位比他小三十岁左右的年轻人，那就是屈原。

屈原，是整个先秦时期的文学冠军。

不仅如此，作为中国第一个大诗人，他以《离骚》和其他作品，为中国文脉输入了强健的诗魂。对于这种输入，连李白、杜甫也顶礼膜拜。因此，戴在他头上的，已不应该仅仅是先秦的桂冠。

前面说到，中国文脉是从《诗经》开始的，所以对诗已不陌生。然而，对诗人还深感陌生，何况是这么伟岸的诗人。

《诗经》中也署了一些作者的名字，但那些诗大多是朝野礼仪风俗中的集体创作，那些名字很可能只是采集者、整理者。从内容看，《诗经》还不具备强烈而孤独的主体性。按照我给北京大学学生讲述中国文化史时的说法，《诗经》是“平原小合唱”，《离骚》是“悬崖独吟曲”。

这个悬崖独吟者，出身贵族，但在文化姿态上，比庄子还要“傻”。诸子百家都在大声地宣讲各种问题，连庄子也用寓言在启迪世人，屈原却不。他不回答，不宣讲，也不启迪他人，只是提问，没完没了地提问，而且似乎永远无解。

从宣讲到提问，从解答到无解，这就是诸子与屈原的区别。说大了，也是学者和诗人的区别、教师和诗人的区别、谋士与诗人的区别。划出了这么多区别，也就有了诗人。

从此，中国文脉出现了重大变化。不再合唱，不再聚众，不再宣讲。在主脉的地位，出现了行吟在江风草泽边那个衣饰奇特的身影，孤傲而天真，凄楚而高贵，离群而悯人。他不太像执掌文脉的人，但他执掌了；他被官场放逐，却被文学请回；他似乎无处可去，却终于无处不在。

屈原自己没有想到，他给两千多年的中国历史开了一个大玩笑。玩笑的项目有这样两个方面——

一、大家都习惯于称他“爱国诗人”，但他明明把“离”国作为他的主题。他曾经为楚抗秦，但正是这个秦国，在他身后统一了中国，成了后世“爱国主义”概念中真正的“国”。

二、他写的楚辞，艰深而华赡，民众几乎都不能读懂，但他却具备了最高的普及性，每年端午节出现的全民欢庆，不分秦楚，不分雅俗。

这两大玩笑也可以说是两大误会，却对文脉意义重大。第一个误会说明，中国官场的政治权脉试图拉拢文脉，为自己加持；第二个误会说明，世俗的神祇崇拜也试图借文脉，来自我提升。总之，到了屈原，文脉已经健壮，被“政脉”和“世脉”深深觊觎，并频频拉扯。说“绑架”太重，就说“强邀”吧。

雅静的文脉，从此经常会被“政脉”“世脉”频频强邀，衍生出一个个庞大的政治仪式和世俗仪式。这种“静脉扩张”，对文脉而言有利有弊，弊大利小；但在屈原身上发生的事，对文脉尚无大害，因为再扩大、再热闹，屈原的作品并无损伤。在围绕着他的繁多“政脉”“世脉”中间，文脉仍然能够清晰找到，并保持着主干地位。

记得几年前有台湾大学学生问我，大陆民众在端午节划龙舟、吃粽子的游戏，是否肢解了屈原？我回答：没有。屈原本人就重视民俗巫风中的祭祀仪式，后来，民众也把他当做了祭祀对象。屈原已经不仅仅是你们书房里的那个屈原。但是如果你们要找书房里的屈原也不难，《离骚》《九章》《九歌》《招魂》《天问》自可细细去读。一动一静，一祭一读，都是屈原。

如此文脉，出入于文字内外，游弋于山河之间，已经很成气象。

三

很快就到汉代了。

历来对中国文脉有一种最表面、最通俗的文体概括，叫做：楚辞、汉赋、唐诗、宋词、元曲、明清小说。在这个概括中，最弱的是汉赋，原因是缺少第一流的人物和作品。

是枚乘？是司马相如？还是早一点的贾谊？是《七发》《子虚》《上林》？这无论如何有点拿不出手，因为前前后后一看，远远站着的，是屈原、李白、杜甫、苏东坡、关汉卿、曹雪芹啊。

就我本人而言，对汉赋，整体上不喜欢。不喜欢它的铺张，不喜欢它的富丽，不喜欢它的雕琢，不喜欢它的堆砌，不喜欢它的奇僻，当然，更不喜欢它的歌颂阿谀、不见风骨。我的不喜欢，还有一个长久的心结，那就是从汉代以后二千年间，中国社会时时泛起的奉承文学，都以它为范本。

汉赋的产生是有原因的。一个强大而富裕的王朝建立起来了，确实处处让人惊叹，而“罢黜百家，独尊儒术”的思想文化统治使很多文人渐渐都成了“润色鸿业”的驯臣。再加上汉武帝自己的爱好，那些辞赋也就成了朝廷的主流文本，可称为“盛世宏文”。几重因素加在一起，那么，汉赋也就志满意得、恣肆挥洒。文句间那层层渲染的排比、对偶、连词，就怎么也挡不住了。这是文学史上的一种奇观，如此抑扬顿挫、涌金叠银、流光溢彩，确实也使汉语增添了不少词藻功能和节奏功能。

说实话，我在研究汉代艺术史的时候曾从不少赋作中感受过当时当地的气象，颇有收获；但从文学的角度来看，这些赋，毕竟那么缺少思想、缺少个性、缺少真切、缺少诚恳，实在很难在中国文脉中占据太多正面地位。这就像我们见过的有些名流，在重要时段置身重要职位，服饰考究，器宇轩昂，但一看内涵，却是空泛呆滞、言不由衷，那就怎么也不会真正入心入情，留于记忆。这，也正是我在做过文学史、艺术史的各种系统阐述之后，特别要跳开来用挑剔的目光来检索文脉的原因。如果仍然在写文学史，那就不应该表达那么鲜明的取舍褒贬。

汉赋在我心中黯然失色，还有一个尴尬的因素，那就是，离它不远，出现了司马迁的《史记》。

（余秋雨著：《中国文脉》，长江文艺出版社 2013 年版。）

思考与练习

1. 鲁迅在《汉文学史纲要》中评价“楚辞”“较之于《诗》，则其言甚长，其思甚幻，其文甚丽，其旨甚明，凭心而言，不遵矩度。故后儒之服膺诗教者，或訾而绌之，然其影响于后来之文章，乃甚或在三百篇以上。”请结合《诗经》、“楚辞”的具体作品阐述。

2. 请搜集关于“酒文学”的经典描写，并做艺术品鉴。

3.《九歌》中作品多被理解成爱情之作，你是否认为《九歌》中的文字都是写的男女之情？

4.《山鬼》中的主人公一直存在男女的性别之争，请谈谈你的理解。

5. 萧统在《陶渊明集序》中说《闲情赋》“白璧微瑕，唯在《闲情》一赋”。陈沆在《诗比兴笺》中评价《闲情赋》：“晋无文，唯渊明《闲情》一赋而已。”请结合作品讨论他们的说法正确与否。

6.“辞赋”与“赋”是两个概念还是一体二名，请你谈谈自己的看法。

本章推荐书目

1. 褚斌杰：《诗经全注》，人民文学出版社 1999 年版。
2. 余冠英：《诗经选》，人民文学出版社 1979 年版。
3. 程俊英：《诗经注析》，中华书局 1991 年版。
4. 方玉润：《诗经原始》，中华书局 1986 年版。
5. 向熹：《诗经词典》，商务印书馆 2014 年版。
6. 黄灵庚：《楚辞补注》，上海古籍出版社 2007 年版。
7. 马茂元：《楚辞选》，人民文学出版社 1998 年版。
8. 金开诚：《屈原集校注》，中华书局 1996 年版。
9. 瞿蜕园：《汉魏六朝赋选》，上海古籍出版社 1984 年版。
10. 尹赛夫等：《中国历代赋选选编》，山西人民出版社 1989 年版。

第四章　唐　　诗

都说中国是“诗歌的国度”。如果问起大家对哪个时代的诗人、诗作最为熟悉，恐怕多数人会回答是唐代、唐诗。为什么是这样？鲁迅先生说：“我以为一切好诗，到唐已被做完，此后倘非能翻出如来掌心之‘齐天大圣’，大可不必动手。”①那么唐诗到底有多美？有多完善？为什么那么美？那么完善？让我们从作家、作品、题材、体裁、风格等方面对唐代诗歌进行一番简单的梳理，并以几位唐代大诗人及其作品为参照来领略唐诗之美吧。

第一节　唐诗概述

一、唐朝的诗人群体

作为国人最为熟悉、最为骄傲的一个历史时期，唐朝(618—907)其实享国时间并不是最长的，只不过 289 年而已。但就是在这短短的 289 年时间里，却诞生了灿若星辰的诗人和浩如烟海的诗作！我们以清代康熙时期编集的《全唐诗》为参照进行检索，统计出唐代诗人有 2300 余家。我们今天耳熟能详的诗人，除了李白、杜甫这两颗诗坛巨星外，其他如王维、孟浩然、高适、岑参、王之涣、王昌龄、元稹、白居易、韩愈、柳宗元、杜牧、李商隐等等，无不出生在唐代！

唐朝不仅诗歌的数量多、作家多，而且诗人队伍的构成也很广泛，胡应麟说：“其人，则帝王、将相、朝士、布衣、童子、妇人、缁流、羽客，靡弗预矣。”②以帝王而言，唐代的帝王大多能诗，著名的如太宗李世民、中宗李显、睿宗李旦、玄宗李隆基、文宗李昂、德宗李适、宣宗李忱、昭宗李晔等。其中存诗一卷就有四帝。后妃则有武则天、徐贤妃、杨贵妃等。以童子而言，唐代早慧能诗者颇多，如骆宾王、杨炯、杜甫、徐惠、缪氏子、刘晏、林杰等。缁流羽客中有寒山、舍得、皎然、贯休、吴筠、陆羽等。妇人则有鱼玄机、薛涛等。正是唐朝这些来自各个阶层的广大诗人群体，创造出了光辉灿烂而又色彩纷呈的诗歌作品！

二、唐诗的数量与质量

《全唐诗》一共收录了 48900 余首诗歌。如果单独看这一数字，好像并不能引起我们多大的兴趣，甚至在一番简单的数字运算之后让我们嗤之以鼻——2300 多人，289 年，一共才

① 鲁迅：《鲁迅全集 编年版 第 8 卷 1934》，人民文学出版社 2014 年版，第 681 页。

② 胡应麟：《诗薮》，中华书局 1958 年版，第 163 页。

写了48900余首诗歌！要知道宋代的大诗人陆游“六十年间万首诗”，今天传世的就有9300余首。而清代的“十全老人”乾隆皇帝更是一个人留下了惊世骇俗的《御制诗集》五集434卷，多达41863首诗！但是，我们还需要从另一个角度进行对比：从中国第一部诗歌总集《诗经》诞生的先秦时期（公元前六七世纪）到唐朝建国（公元618年）约1300多年的历史里，一共才留存了15000多首诗歌！《全唐诗》的作品数量已经超出以前各代遗诗总和的三倍以上！而这还远远不是唐代诗歌的全部！诗仙李白现存诗歌900余首，但为他整理诗歌的李阳冰在《草堂集序》中说“自中原有事，公避地八年，当时著述十丧其九”。作为中国历史上最有名的大诗人，李白传世的诗歌只不过是其全部作品的十分之一而已！其他诗人能够流传下来的作品，应该更是少得可怜了。以此推论，唐朝时期，诗歌的创作该有多么的繁盛啊！

从另一角度看，诗歌创作的数量多，未必就可以证明诗歌的创作质量好。贵为天子的乾隆爷，创造了中国古典诗歌创作的历史记录，然而，我们知道哪一首呢？反之如张若虚，平生只留下了两首诗作，但仅凭一首《春江花月夜》就足以名垂青史！《春江花月夜》被闻一多先生称赞为“诗中的诗，顶峰上的顶峰”，“在这种诗面前，一切的赞叹是饶舌，几乎是渎亵”。[①] 可以毫不夸张地说，我们今天能够想到的十个古代诗人里，至少有六七位是唐代诗人。我们今天能够背诵出来的十首古代诗歌里，至少有七八首是唐诗。

三、唐诗的诗歌体式

唐诗的完备，还体现在诗歌体式上。明代胡应麟在《诗薮》外编卷三中说：“甚矣，诗之盛于唐也！其体，则三、四、五言，六、七、杂言，乐府，歌行，近体，绝句，靡弗备矣。”如果说中国古典诗歌也有“七十二般变化”的话，那么这些“变化”在唐朝都已经达到完善的地步了。无论是汉魏兴起的五七言古诗，还是七言歌行诗；无论是借旧题写新意的古题乐府，还是“即事名篇，无复依傍”的新题乐府，都有大量的诗人进行创作，并且留下了诸多脍炙人口的篇章。而在这些诗体中，最能代表唐诗乃至中国古典诗歌风貌的当属近体律诗了。《新唐书·宋之问传》记载：“魏建安后迄江左，诗律屡变。至沈约、庾信，以音韵相婉附，属对精密。及之问、沈佺期，又加靡丽，回忌声病，约句成篇，如锦绣成文。学者宗之，号为‘沈宋’。”[②]而中唐诗人元稹则在为已故半个世纪的大诗人杜甫写的《唐故工部员外郎杜君墓系铭序》中说：“唐兴，官学大振，历世之文，能者互出。而又沈、宋之疏，研练精切，稳顺声势，谓之为律诗。”这是我国文学史上最早的有关“律诗”定名的记载，而沈宋之称，也就成为律诗定型的标志。如果说西方诗歌有十四行诗、日本诗歌有俳句作为各自的诗歌代表的话，那么这种四联八句、讲求平仄对仗等形式要求的律诗应该最能代表中国古典诗歌的艺术风貌了。我们从一开始接触到的若干首诗歌作品中，多是律诗或由律诗衍生出来的绝句。

---

① 闻一多：《唐诗杂论》，万卷出版公司2015年版，第48页，第46页。

② 周勋初：《唐诗大辞典》，凤凰出版社2003年版，第454页。

四、唐诗的风格

如果说体式是诗歌的骨架的话，那么风格就是诗歌的灵魂了。鲜明独特的风格是一个诗人创作成熟的标志。现在的年轻人喜欢讲 style，比如江南 style、freestyle 等等，而唐诗中各种各样的 style（艺术风格）可谓无奇不有、争奇斗艳。以诗歌流派而言，既有“尚奇警，务言人所不敢言”的韩孟诗派；也有与之相对的“尚坦易，务言人所共欲言”的元白诗派①。以诗人个体而言，则有“李翰林之飘逸，杜工部之沉郁，孟襄阳之清雅，王右丞之精致，储光羲之真率，王昌龄之声俊，高适、岑参之悲壮，李颀、常建之超凡，此盛唐之盛也”②。

诚然，独特的艺术个性造就了盛唐诗歌乃至于整个中国古典诗歌的最终繁荣。希望同学们在阅读唐诗的过程中能够感受到诗人们各自独特的性格，聆听诗人们的心声，聆听自己的心声，做一个风格独特的人，一个独一无二的“我”。

第二节 唐诗选读

《梁甫吟》· 李白

李白（701—762），字太白，号青莲居士。隋末其先人流寓西域碎叶。幼时随父迁居绵州昌隆（今四川江油）青莲乡。25 岁离川，长期在各地漫游。公元 742 年（天宝元年）被召至长安，供奉翰林，文章风采，名动一时，颇得唐玄宗赏识，但在政治上不受重视，又遭权贵谗毁，仅一年余即离开长安。安史之乱爆发后，李白参加了永王李璘的幕府，受永王争夺帝位失败牵累，流放夜郎（今贵州境内），途中遇赦东还。晚年漂泊东南一带，卒于当涂。其诗以抒情为主，表现出蔑视权贵的傲岸精神，又善于描绘自然景色，诗风雄奇豪放，想象丰富，语言流转自然。李白是屈原之后最具个性特色、最伟大的浪漫主义诗人，有“诗仙”之美誉，与杜甫并称“李杜”。

长啸《梁甫吟》③，何时见阳春？君不见，朝歌屠叟辞棘津，八十西来钓渭滨④。宁羞白发照渌水，逢时壮气思经纶⑤。广张三千六百钓，风期暗与文王亲⑥。大贤虎变愚不测，当年颇似寻常人⑦。君不见，高阳酒徒起草中，长揖山东隆准公。入

---

① 赵翼：《瓯北诗话》卷四，凤凰出版社 2009 年版。

② 高棅：《唐诗品汇》总序，上海古籍出版社 1982 年版。

③ 长啸：吟唱。《梁甫吟》：亦作《梁父吟》，乐府相和歌辞楚调曲有诸葛亮《梁父吟》。《三国志·蜀志·诸葛亮传》云：“亮好为《梁父吟》，自比管、乐，时人未之许。”然李勉《琴说》曰：“《梁甫吟》，曾子撰。”蔡邕《琴颂》：“梁甫悲吟，周公越裳。”梁甫：又名梁父，山名，在泰山下。

④ 朝歌屠叟：指吕尚（即吕望、姜太公）。《战国策·秦策三》：“臣（范雎）闻始时吕尚之遇文王也，身为渔父而钓于渭阳之滨耳。”又《秦策五》：“太公望，齐之逐夫，朝歌之废屠。”《韩诗外传》卷七：“吕望行年五十，卖食棘津，年七十屠于朝歌，九十乃为天子师，则遇文王也。”又《韩诗外传》：“太公望……屠牛朝歌，赁于棘津，钓于磻溪，文王举而用之，封于齐。”

⑤ 经纶：《易经·屯卦》：“君子以经纶。”经纶：喻治理国家。

⑥ 三千六百钓：指吕尚在渭河边垂钓十年，共三千六百日。风期：风度和谋略。

⑦ 大贤：指吕尚。虎变：《易经·革卦》九五：“大人虎变。”喻大人物行为变化莫测，骤然得志，非常人所能料。

门不拜骋雄辩，两女辍洗来趋风①。东下齐城七十二，指挥楚汉如旋蓬②。狂客落拓尚如此③，何况壮士当群雄！我欲攀龙见明主④，雷公砰訇震天鼓⑤。帝旁投壶多玉女，三时大笑开电光，倏烁晦冥起风雨⑥。阊阖九门不可通，以额叩关阍者怒⑦。白日不照吾精诚，杞国无事忧天倾⑧。猰貐磨牙竞人肉，驺虞不折生草茎⑨。手接飞猱搏雕虎，侧足焦原未言苦⑩。智者可卷愚者豪，世人见我轻鸿毛⑪。力排南山三壮士，齐相杀之费二桃⑫。吴楚弄兵无剧孟，亚夫咍尔为徒劳⑬。梁甫吟，声正悲。张公两龙剑，神物合有时⑭。风云感会起屠钓，大人岘屼当安之⑮。

（彭定求等编：《全唐诗》，上海古籍出版社 1986 年版。）

赏析

《梁甫吟》本是古代用作葬歌的一支民间曲调，音调悲切凄苦。古辞今已不传，宋郭茂倩《乐府诗集》收有诸葛亮所作一首，写春秋时齐相晏子“二桃杀三士”事，通过对死者的伤悼，谴责谗言害贤的阴谋。李白这首诗也有“力排南山三壮士，齐相杀之费二桃”之句，显然

---

① 高阳酒徒：西汉人郦食其。《史记·郦生陆贾列传》：“郦生食其者，陈留高阳人也。好读书，家贫落魄，无以为衣食业，为里监门吏。然县中贤豪不敢役，县中皆谓之狂生。……沛公至高阳传舍，使人召郦生。郦生至，入谒，沛公方倨床使两女子洗足，而见郦生。郦生入，则长揖不拜。”郦生尝自称高阳酒徒。隆准：高鼻子。隆准公：指刘邦。《史记·高祖本纪》：“高祖为人，隆准而龙颜。”趋风：疾行如风前来迎接。《史记·郦生陆贾列传》载：楚、汉在荥阳、成皋一带相持，郦生建议刘邦联齐孤立项羽。他受命到齐国游说，齐王田广表示愿以所辖七十余城归汉。

② 旋蓬：在空中飘旋的蓬草。

③ 狂客：指郦食其。

④ 攀龙：《后汉书·光武帝纪》记载耿纯对刘秀说：“天下士大夫所以跟随大王南征北战，本来是希望攀龙鳞，附凤翼，以成就功名。”后人因以攀龙附凤比喻依附帝王建立功业。

⑤ 雷公：传说中的雷神。砰訇：形容声音宏大。

⑥ 帝旁投壶多玉女：《神异经·东荒经》载：东王公常与一玉女玩投壶的游戏，每次投一千二百支，不中则天为之笑。天笑时，流火闪耀，即为闪电。

⑦ 阊阖：神话中的天门。阍者：看守天门的人。《离骚》：“吾令帝阍开关兮，倚阊阖而望予。”

⑧ 杞国无事忧天倾：《列子·天瑞》：“杞国有人忧天地崩坠，身亡所寄，废寝食者。”二句意谓皇帝不理解我，还以为我是杞人忧天。此自嘲之意。

⑨ 猰貐：古代神话中一种吃人的野兽，这里比喻阴险凶恶的人物。竞人肉：争吃人肉。驺虞：古代神话中一种仁兽，白质黑纹，不伤人畜，不践踏生草。这里李白以驺虞自比，表示不与奸人同流合污。

⑩ 接：搏斗。飞猱、雕虎：比喻凶险之人。焦原：传说春秋时莒国有一块约五十步方圆的大石，名叫焦原，下有百丈深渊，只有无畏的人才敢站上去。

⑪ 智者二句：智者可忍一时之屈，而愚者只知一味骄横。世俗人看不起我。

⑫ 力排二句：《晏子春秋》内篇卷二《谏》下载：齐景公手下有公孙接、田开疆、古冶子三勇士，皆力能搏虎，却不知礼义。相国晏婴便向齐景公建议除掉他们。他建议景公用两只桃子赏给有功之人。于是三勇士争功，然后又各自羞愧自杀。诸葛亮《梁父吟》：“步出齐城门，遥望荡阴里。里中有三坟，累累正相似。问是谁家坟？田疆古冶子。力能排南山，文能绝地纪。一朝被谗言，二桃杀三士。谁能为此谋？国相齐晏子。”李白用此典意在讽刺当时权相李林甫陷害韦坚、李邕、裴敦复等大臣。

⑬ 吴楚句：汉景帝时，吴楚等七国诸侯王起兵反汉。景帝派大将周亚夫领兵讨伐。周到河南见到剧孟（著名侠士），高兴地说：吴楚叛汉，却不用剧孟，注定要失败。咍尔：讥笑。

⑭ 张公：指西晋张华。据《晋书·张华传》载：西晋时丰城（今江西省丰城）县令雷焕掘地得双剑，即古代名剑干将和镆铘。雷把干将送给张华，自己留下镆铘。后来张华被杀，干将失落。雷焕死后，他的儿子雷华有一天佩带着镆铘经过延平律（今福建南平），突然，剑从腰间跳进水中，与早已在水中的干将会合，化作两条蛟龙。

⑮ 风云感会：即风云际会。古人认为云从龙，风从虎，常以风云际会形容君臣相得，成就大业。大人：有才干的人。岘屼：不安，此指暂遇坎坷。

是袭用了诸葛亮那首诗的立意。以此推断，这首诗很可能是天宝三载(744年)李白被“赐金放还”、离开长安时的作品。诗人通过吕尚、郦食其等的故事和一些神话传说，表达自己遭受挫折的愤懑以及期盼明君知己的愿望。

全诗纵横跌宕、淋漓悲壮，是李白的代表作之一，颇受古人好评。葛立方《韵语阳秋》卷十一：“首言钓叟遇文王，又言酒徒遇高祖，卒自叹己之不遇。”曾国藩《求阙斋读书录》：“太白此诗则抱才而专俟际会之时。”吴生《古今诗范》卷九：“雄奇俊伟，韩公所谓光焰万丈者也。通体设喻，所以错落而雄深。”但也有批评家认为这首诗“篇法不甚稳密”“辞意错乱而无序”。清方东树《昭昧詹言》卷十二则说：“此是大诗，意脉明白而段落迷离莫辨。”

《饮中八仙歌》·杜甫

杜甫(712—770)，字子美，自号少陵野老。我国古代伟大的现实主义诗人，一生写诗1400多首。代表作“三吏”(《新安吏》《石壕吏》和《潼关吏》)；“三别”(《新婚别》《垂老别》和《无家别》)。原籍湖北襄阳，生于河南巩县。远祖为晋代功名显赫的杜预，其祖父为初唐诗人杜审言。唐肃宗时，官左拾遗。后入蜀，友人严武推荐他做剑南节度府参谋，加检校工部员外郎。故后世又称他杜拾遗、杜工部。晚年举家东迁，途中留滞夔州二年，出峡。漂泊鄂、湘一带，贫病而卒。杜甫生活在唐朝由盛转衰的历史时期，其诗多涉笔社会动荡、政治黑暗、人民疾苦，被誉为“诗史”。其人忧国忧民，人格高尚，诗艺精湛，被奉为“诗圣”。

知章骑马似乘船，眼花落井水底眠①。汝阳三斗始朝天，道逢麴车口流涎，恨不移封向酒泉②。左相日兴费万钱，饮如长鲸吸百川，衔杯乐圣称避贤③。宗之潇洒美少年，举觞白眼望青天，皎如玉树临风前④。苏晋长斋绣佛前，醉中往往爱逃禅⑤。李白一斗诗百篇，长安市上酒家眠，天子呼来不上船，自称臣是酒中仙⑥。

---

① 知章：即贺知章，越州永兴(今浙江萧山)人，官至秘书监。性旷放纵诞，自号“四明狂客”，又称“秘书外监”。这两句写贺知章醉后骑马，摇摇晃晃，像乘船一样。醉眼昏花，跌落井中犹不自知，索性醉眠井底。这是夸张地形容其醉态。

② 汝阳：汝阳王李琎，唐玄宗的侄子。朝天：朝见天子。此谓李痛饮后才入朝。麴车：酒车。移封：改换封地。酒泉：郡名，在今甘肃酒泉市。传说郡城下有泉，味如酒，故名酒泉。

③ 左相：指左丞相李适之，天宝元年(742年)八月为左丞相，五年(746年)四月，为李林甫排挤罢相。长鲸：鲸鱼。古人以为鲸鱼能吸百川之水，故用来形容李适之的酒量之大。衔杯：贪酒。圣：酒的代称。《三国志·魏志·徐邈传》：尚书郎徐邈酒醉，校事赵达来问事，邈言“中圣人”。达复告曹操，操怒，鲜于辅解释说：“平日醉客，谓酒清者为圣人，酒浊者为贤人。”李适之罢相后，尝作诗云：“避贤初罢相，乐圣且衔杯。为问门前客，今朝几个来？”

④ 宗之：崔宗之，吏部尚书崔日用之子，袭父封为齐国公，官至侍御史，也是李白的朋友。觞：大酒杯。白眼：晋阮籍能作青白眼，青眼看朋友，白眼视俗人。玉树临风：崔宗之风姿秀美，故以玉树为喻。

⑤ 苏晋：开元间进士，曾为户部和吏部侍郎，长斋：长期斋戒。绣佛：画的佛像。逃禅：这里指不守佛门戒律。佛教戒饮酒。苏晋长斋信佛，却嗜酒，故曰“逃禅”。

⑥ 李白四句：李白以豪饮闻名，而且文思敏捷，常以酒助诗兴。《新唐书·李白传》载：李白应诏至长安，唐玄宗在金銮殿召见他，并赐食，亲为调羹，诏为供奉翰林。有一次，玄宗在沉香亭召他写配乐的诗，而他却在长安酒肆喝得大醉。范传正《李白新墓碑》载：玄宗泛舟白莲地，召李白来写文章，而这时李白已在翰林院喝醉了，玄宗就命高力士扶他上船来见。

张旭三杯草圣传，脱帽露顶王公前，挥毫落纸如云烟①。焦遂五斗方卓然，高谈雄辩惊四筵②。

（彭定求等编：《全唐诗》，上海古籍出版社1986年版。）

赏析

这首诗大约是746年（天宝五年）杜甫初到长安时所作，是杜甫早期诗歌中别具一格的作品。史称李白与贺知章、李适之、李琎、崔宗之、苏晋、张旭、焦遂八人俱善饮，称为“酒中八仙人”。他们虽都在长安呆过，但并不是同时都在长安，杜甫从“饮酒”这个角度把他们联系在一起，全是追叙，诗人以洗练的语言，人物速写的笔法，将他们写进一首诗里，构成一幅栩栩如生的群像图。

这首诗在体裁上也是一个创格。句句押韵，一韵到底；前不用起，后不用收，是一首严密完整的歌行；并列地分写八人，句数多少不齐，但首、尾、中腰，各用两句，前后或三或四，变化中仍有条理。在结构上，每个人物自成一章，又主次分明：八人中，贺知章资格最老（比李白大41岁），所以放在第一位。其他按官爵，从王公宰相一直说到布衣。写八人醉态各有特点，纯用漫画素描的手法，写他们的平生醉趣，充分表现了他们嗜酒如命、放浪不羁的性格，生动地再现了盛唐时代文人士大夫乐观、放达的精神风貌。正如王嗣奭所说：“此创格，前无所因。”在古典诗歌中确是别开生面之作。《唐宋诗醇》引李因笃语曰：“无首无尾，章法突兀妙是，叙述不涉议论，而八人身份自现，风雅中司马太史也。”《杜诗镜铨》引李子德语：“似颂似赞，只一二语，可得其人生平。”

《长恨歌》·白居易

白居易（772—846），字乐天，号香山居士，又号醉吟先生，祖籍太原，到其曾祖父时迁居下邽，生于河南新郑。元和时曾任翰林学士、左赞善大夫，因得罪权贵，贬为江州司马。晚年官至太子少傅。公元846年，白居易在洛阳逝世，葬于香山，谥号“文”，世称白傅、白文公。白居易是唐代伟大的现实主义诗人，因与元稹共同倡导新乐府运动，故世称“元白”；又与刘禹锡并称“刘白”。白居易的诗歌题材广泛，形式多样，语言平易通俗，有“老妪能解”之称。又因为勤于创作，有“诗魔”之称。有《白氏长庆集》传世，代表诗作有《长恨歌》《卖炭翁》《琵琶行》等。

汉皇重色思倾国，御宇多年求不得③。杨家有女初长成，养在深闺人未识④。

---

① 张旭：吴人，唐代著名书法家，善草书，时人称为“草圣”。脱帽露顶：写张旭狂放不羁的醉态。据说张旭每当大醉，常呼叫奔走，索笔挥洒，甚至以头发濡墨而书。醒后自视手迹，以为神异，不可复得。世称“张颠”。

② 焦遂：布衣之士，事迹不详。卓然：神采焕发的样子。

③ 汉皇：汉家天子。此指唐玄宗李隆基。唐人文学创作常以汉称唐。御宇：驾驭天下。

④ 杨家：蜀州司户杨玄琰，有女杨玉环，自幼由叔父杨玄珪抚养，17岁被册封为玄宗之子寿王李瑁之妃。22岁时，玄宗命其出宫为道士，道号太真。27岁被玄宗册封为贵妃。所谓“养在深闺人未识”，是作者有意为帝王避讳的说法。

天生丽质难自弃，一朝选在君王侧。回眸一笑百媚生，六宫粉黛无颜色①。春寒赐浴华清池②，温泉水滑洗凝脂。侍儿扶起娇无力，始是新承恩泽时。云鬓花颜金步摇，芙蓉帐暖度春宵③。春宵苦短④日高起，从此君王不早朝。承欢侍宴无闲暇，春从春游夜专夜⑤。后宫佳丽三千人⑥，三千宠爱在一身。金屋妆成娇侍夜，玉楼宴罢醉和春⑦。姊妹弟兄皆列土，可怜光彩生门户⑧。遂令天下父母心，不重生男重生女⑨。骊宫⑩高处入青云，仙乐风飘处处闻。缓歌慢舞凝丝竹⑪，尽日君王看不足。渔阳鼙鼓动地来，惊破霓裳羽衣曲⑫。九重城阙烟尘生，千乘万骑西南行⑬。翠华摇摇行复止，西出都门百余里⑭。六军不发无奈何，宛转蛾眉马前死⑮。花钿委地无人收，翠翘金雀玉搔头⑯。君王掩面救不得，回看血泪相和流。黄埃散漫风萧索，云栈萦纡登剑阁⑰。峨嵋山下少人行，旌旗无光日色薄。蜀江水碧蜀山青，圣主朝朝暮暮情。行宫见月伤心色⑱，夜雨闻铃肠断声。天旋地转回龙驭⑲，到此踌躇不能去。马嵬坡下泥土中，不见玉颜空死处。君臣相顾尽沾衣，东望都

---

① 六宫粉黛：六宫：古代皇帝设六宫，正寝（日常处理政务之地）一，燕寝（休息之地）五，合称六宫。粉黛：本为女性化妆用品。此代指六宫中的女性。

② 华清池：即华清池温泉，在今陕西省临潼县南的骊山下。唐贞观十八年（644年）建汤泉宫，咸亨二年（671年）改名温泉宫，天宝六年（747年）扩建后改名华清宫。唐玄宗每年冬、春季都到此居住。

③ 云鬓：形容美发如云。金步摇：一种金首饰，上面缀着垂珠之类，走路时摇曳生姿。芙蓉帐：绣着莲花的帐子。

④ 春宵苦短：嫌春宵太短。

⑤ 专夜：皇帝只和她同宿。

⑥ 后宫佳丽三千人：汉武帝、元帝时后宫嫔妃有“三千人”。唐太宗时多余的宫女有“数万”“精简”一次就放出三千名。唐玄宗时宫女有四万。

⑦ 金屋：指杨贵妃的住所。据《汉武故事》载：汉武帝年幼时曾说，如果能娶表妹阿娇做妻子，就给她造一座金房子住。妆成：打扮好。醉和春：醉态中含着春情。

⑧ 列土：分封土地。此指杨家人都受了特殊的封赏。杨玉环受封贵妃后，其父追封太尉、齐国公，叔擢升光禄卿，母封凉国夫人，大姐、三姐、八姐分封为韩国夫人、虢国夫人、秦国夫人。宗兄铦、锜、钊（国忠）分封鸿胪犹卿、御史、右丞相。可怜：可爱，值得羡慕。

⑨ 重生女：陈鸿《长恨歌传》云，当时民谣有“生女勿悲酸，生男勿喜欢”“男不封侯女作妃，看女却为门上楣”等。

⑩ 骊宫：即华清宫，因在骊山下，故称。

⑪ 丝竹：弦乐器和管乐器。

⑫ 渔阳：郡名，辖今北京市平谷区和河北省的蓟县等地，当时属于平卢、范阳、河东三镇节度使安禄山的辖区。天宝十四年（755年）冬，安禄山在范阳起兵叛乱。鼙鼓：古代骑兵用的小鼓，此借指战争。霓裳羽衣曲：舞曲名，据说为唐开元年间西凉节度使杨敬述所献，经唐玄宗润色并制作歌辞，改用此名。乐曲着意表现虚无缥缈的仙境和仙女形象，天宝后曲调失传。

⑬ 九重城阙：九重门的京城，此指长安。烟尘生：指发生战事。千乘万骑西南行：天宝十五年（756年）六月，安禄山破潼关，逼近长安。玄宗带领杨贵妃等出延秋门向西南方向逃走。当时随行护卫并不多，“千乘万骑”是夸大之辞。

⑭ 翠华：用翠鸟羽毛装饰的旗帜，皇帝仪仗队用。百余里：指到了距长安一百多里的马嵬坡。

⑮ 六军：泛指禁卫军。当护送唐玄宗的禁卫军行至马嵬坡时，不肯再走，先以谋反为由杀杨国忠，继而请求处死杨贵妃。宛转：形容美人临死前哀怨缠绵的样子。蛾眉：古代美女的代称，此指杨贵妃。

⑯ 花钿：用金翠珠宝等制成的花朵形首饰。委地：丢弃在地上。翠翘：像翠鸟长尾一样的头饰。金雀：雀形金钗。玉搔头：玉簪。

⑰ 黄埃：黄尘。云栈：高入云霄的栈道。萦纡：萦回盘绕。剑阁：又称剑门关，在今四川剑阁县北，是由秦入蜀的要道。此地群山如剑，峭壁中断处，两山对峙如门。诸葛亮相蜀时，凿石驾凌空栈道以通行。

⑱ 行宫：皇帝外出时的临时住所。

⑲ 天旋日转：指时局好转。肃宗至德二年（757年），郭子仪军收复长安。龙驭：皇帝的车驾。

门信马归。归来池苑皆依旧，太液芙蓉未央柳①。芙蓉如面柳如眉，对此如何不泪垂。春风桃李花开日，秋雨梧桐叶落时。西宫南内多秋草，落叶满阶红不扫②。梨园弟子白发新，椒房阿监青娥老③。夕殿萤飞思悄然，孤灯挑尽未成眠。迟迟钟鼓初长夜，耿耿星河欲曙天④。鸳鸯瓦冷霜华重，翡翠衾寒谁与共⑤。悠悠生死别经年⑥，魂魄不曾来入梦。临邛道士鸿都客，能以精诚致魂魄⑦。为感君王辗转思，遂教方士殷勤觅。排空驭气⑧奔如电，升天入地求之遍。上穷碧落下黄泉⑨，两处茫茫皆不见。忽闻海上有仙山，山在虚无缥缈间。楼阁玲珑五云起，其中绰约多仙子⑩。中有一人字太真，雪肤花貌参差是⑪。金阙西厢叩玉扃，转教小玉报双成⑫。闻道汉家天子使，九华帐里梦魂惊⑬。揽衣推枕起徘徊，珠箔银屏迤逦开⑭。云髻半偏新睡觉，花冠不整下堂来。风吹仙袂⑮飘飘举，犹似霓裳羽衣舞。玉容寂寞泪阑干⑯，梨花一枝春带雨。含情凝睇⑰谢君王，一别音容两渺茫。昭阳殿里恩爱绝，蓬莱宫中日月长⑱。回头下望人寰⑲处，不见长安见尘雾。唯将旧物表深情，钿合金钗寄将去⑳。钗留一股合一扇，钗擘黄金合分钿㉑。但教心似金钿坚，天上人间会相见。临别殷勤重寄词，词中有誓两心知。七月七日长生殿，夜半无

---

① 太液：汉宫中有太液池。未央：汉有未央宫。此皆借指唐长安皇宫。

② 西宫南内：皇宫之内称为大内。西宫即西内太极宫，南内为兴庆宫。玄宗返京后，初居南内。上元元年（760年），权宦李辅国假借肃宗名义，胁迫玄宗迁往西内，并流贬玄宗亲信高力士、陈玄礼等人。

③ 梨园弟子：指玄宗当年训练的乐工舞女。梨园：唐玄宗时宫中教习音乐的机构，曾选“坐部伎”三百人教练歌舞，随时应诏表演，号称“皇帝梨园弟子”。椒房：后妃居住之所，因以椒和泥抹墙，故称。阿监：宫中的侍从女官。青娥：年轻的宫女。

④ 耿耿：明亮。

⑤ 鸳鸯瓦：屋顶上俯仰相对合在一起的瓦。翡翠衾：布面绣有翡翠鸟的被子。

⑥ 经年：年复一年。

⑦ 临邛：今四川邛崃市。鸿都：东汉都城洛阳的宫门名，这里借指长安。精诚：至诚。致：招来。

⑧ 排空驭气：即腾云驾雾。

⑨ 穷：穷尽。碧落：即天空。黄泉：指地下。

⑩ 绰约：体态轻盈柔美。

⑪ 太真：杨玉环为道士时的道号。参差：仿佛，差不多。

⑫ 金阙：黄金装饰的宫殿门楼。玉扃：玉石做的门环。小玉：吴王夫差女。双成：传说中西王母的侍女。这里皆借指杨贵妃在仙山的侍女。

⑬ 九华帐：绣饰华美的帐子。

⑭ 珠箔：珠帘。银屏：饰银的屏风。迤逦：接连不断地。

⑮ 袂：衣袖。

⑯ 寂寞：此指神色黯淡凄楚。阑干：纵横。

⑰ 凝睇：凝视。

⑱ 昭阳殿：汉成帝宠妃赵飞燕的寝宫，此借指杨贵妃住过的宫殿。蓬莱：传说中的海上仙山，这里指贵妃在仙山的居所。

⑲ 人寰：人间。

⑳ 寄将去：托道士带回。

㉑ 钗留二句：把金钗、钿盒分成两半，自留一半。

人私语时。在天愿作比翼鸟，在地愿为连理枝。天长地久有时尽，此恨绵绵无绝期①。

（彭定求等编：《全唐诗》，上海古籍出版社 1986 年版。）

赏析

唐宪宗元和元年（806 年）冬，35 岁的白居易在盩厔县（今陕西周至）任县尉。当时，他与好友陈鸿、王质夫同游仙游寺，听到当地民间流传唐玄宗李隆基与杨贵妃的故事，深有感触，于是创作了千古传诵的长篇叙事诗《长恨歌》。陈鸿为此诗撰写了一篇《长恨歌传》。白居易以“长恨”为中心，生动地描绘了唐玄宗、杨贵妃缠绵悱恻的爱情故事及悲剧结局。全诗共分四段：先写热恋情景，突出杨氏之美和玄宗对她的迷恋，对玄宗因贪恋女色而误国事有所讥讽；次写兵变妃死，悲剧铸成，玄宗肠断。这是悲欢荣辱极端对比的写法；再写物是人非及刻骨铭心的无望思念；最后写天人永隔之长恨。如此由乐而悲而思而恨，构成全诗的感情脉络，其间因果关系密切而分明。

《长恨歌》以其标格卓异的风姿赢得了古今无数读者之心，甚至当时长安妓女以“我诵得白学士《长恨歌》”而自夸，并因此身价倍增。“一篇《长恨》有风情，十首《秦吟》近正声”，不仅是作者的自我肯定，也道出了众多读者的心声。

关于《长恨歌》的主题，历来有争论。或曰批判“汉皇重色”误国并以此讽喻宫中多宠的唐宪宗；或云纯粹歌咏李杨爱情；或云二者兼有之即双重主题说。从白居易自言“一篇《长恨》有风情”（《编集拙诗成一十五卷因题末戏赠元九李十二》）来看，也许可以说明作者是为歌“风情”而作此诗的。

《秋词二首》· 刘禹锡

刘禹锡（772—842），字梦得，彭城（今徐州）人，祖先为匈奴族，七世祖随魏孝文帝迁洛阳，改汉姓。自称是汉中山靖王后裔。贞元九年（793 年），与柳宗元同榜进士及第，是王叔文派政治革新活动的中心人物之一，曾任监察御史。永贞元年（805 年），唐顺宗“永贞革新”失败，参与改革的刘禹锡、柳宗元等分别被贬为远州司马，直到元和九年（814 年），他才与柳宗元等奉诏还京，但不久又被远谪。敬宗宝历二年（826 年）奉调回洛阳，于会昌二年（842 年）病逝。刘禹锡是中唐时期著名诗人，好友白居易曾这样盛赞他：“彭城刘梦得，诗豪者也，其锋森然，少敢当者。”故其有“诗豪”之称。刘禹锡的感遇抒情诗、怀古咏史诗、民歌体诗各有特色，都不乏佳作。

自古逢秋悲寂寥，我言秋日胜春朝。
晴空一鹤排云上，便引诗情到碧霄。

① 长生殿：在骊山华清宫内，天宝元年造。按“七月”以下六句为作者虚拟之词。所谓长生殿者，亦非华清宫之长生殿，而是长安皇宫寝殿之习称。比翼鸟：传说中的鸟名，据说只有一目一翼，雌雄并在一起才能飞。连理枝：两棵树的枝干连在一起，叫连理。古人常用此二物比喻情侣相爱、永不分离。

山明水净夜来霜，数树深红出浅黄。

试上高楼清入骨，岂知春色嗾人狂。

（彭定求等编：《全唐诗》，上海古籍出版社 1986 年版。）

赏析

《秋词二首》是诗人被贬朗州司马时所作。公元 805 年（永贞元年），顺宗即位，任用王叔文改革朝政，刘禹锡也参加了这场革新运动。但革新遭到宦官、藩镇、官僚势力的强烈反对，以失败而告终。顺宗被迫退位，王叔文赐死，刘禹锡被贬。可贵的是，诗人在遭受严重打击后，并没有消沉下去。刘禹锡贬到朗州（湖南常德）时，是 34 岁，风华正茂，却被赶出了朝廷，其苦闷是可想而知的，但他这个人求异心理很强，做事都想与众不同，不肯人云亦云。《秋词二首》就是在这种心情下写的。

自从战国时期楚国文人宋玉在《九辩》中写下"悲哉，秋之为气也"之后，"悲秋"就成了萦绕在中国古代文人脑海中的一个永恒主题。悲，就成了秋的一种情调，一种心绪。但在刘禹锡的笔下，开篇就以议论起笔，"自古逢秋悲寂寥"，断然否定了前人悲秋的观念，表现出一种激越向上的诗情和无与伦比的自信。

这两首《秋词》主题相同，但各写一面，既可独立成章，又是互为补充。其一赞秋气，其二咏秋色。这两首诗的可贵，在于诗人对秋天和秋色的感受与众不同，一反过去文人悲秋的传统，唱出了昂扬的励志高歌，既有哲理意蕴，也有艺术魅力。

《无题》(来是空言去绝踪)・李商隐

李商隐（约 812—约 858），字义山，号玉谿生，又号樊南生。原籍怀州河内（今河南沁阳），祖辈迁荥阳（今属河南）。初学古文，受牛党令狐楚赏识，入其幕府，并从学骈文。开成二年（837 年），以令狐绹之力中进士。次年入属李党的泾原节度使王茂元幕府，王爱其才，以女妻之。因此受牛党排挤，辗转于各藩镇幕府，终身不得志，46 岁时死在荥阳。

李商隐的诗歌、散文成就都很高。诗歌方面，他和杜牧合称"小李杜"，与温庭筠合称为"温李"；骈文方面，与段成式、温庭筠并称为"三十六体"。李诗抒情，较少直抒胸臆，而特别致力于婉曲见意，其诗往往寄兴深微，余味无穷。但刻意求曲有时也带来晦涩难懂的弊病。

来是空言去绝踪，月斜楼上五更钟。

梦为远别啼难唤，书被催成墨未浓。

蜡照半笼[①]金翡翠[②]，麝[③]熏微度[④]绣芙蓉[⑤]。

刘郎[⑥]已恨蓬山远，更隔蓬山[⑦]一万重。

（彭定求等编：《全唐诗》，上海古籍出版社 1986 年版。）

赏析

这首无题诗写的迷离恍惚，历来有不同的解读。有人解读为女性视角：是女主人思念远别的情郎，有好景不常在之恨。这里我们解读为男性视角，写一个天涯游子的相思情怀。

首句写梦幻之虚无飘渺；次句言梦醒之际的孤独；第三句写梦中因远别而悲啼；第四句写急于写信，不待墨浓；第五、六句言孤灯独宿的情景，独自一人面对绣着金色翡翠鸟和芙蓉花的帷帐锦被，思念意中之人。《楚辞·招魂》："翡翠珠被。"鲍照《拟行路难》："七彩芙蓉之羽帐"；第七句用汉武帝求仙故事以喻所求之难得。汉武帝信神仙方士之说，东出海访蓬莱仙山，终未得；末句写自己与所思之阻隔难通，远甚于武帝之于蓬山。此诗以倒叙起，先写梦醒、次述梦中、复写梦后，虚虚实实、如真如幻，层层揭示理想与现实、虚幻的完美与真切的残缺之间巨大的反差。

全篇围绕"梦"来写离别之恨。但它并没有按远别——思念——入梦——梦醒的顺序来写，而是先从梦醒时情景写起，然后将梦中与梦后、实境与幻觉来糅合在一起，创造出疑梦疑真、亦梦亦真的艺术境界，最后才点明蓬山万重的阻隔之恨，与首句遥相呼应。这样的艺术构思，曲折宕荡，有力地突出爱情阻隔的主题和梦幻式的心理氛围，使全诗充满迷离恍惚的情怀。

第三节　拓展阅读

《李杜诗学》（节选）·杨义

杨义，男，汉族，1970 年毕业于中国人民大学新闻系，现为中国社会科学院文学研究所研究员、教授、博士生导师。主要著作有《中国现代小说史》《中国比较文学批评史纲》《中国叙事学》以及《杨义文存》等。下面这篇文章节选自 2000 年出版的《李杜诗学》，主要向大家介绍的是李白和杜甫诗歌的巨大艺术魅力。李白、杜甫这两颗诗坛双子星何以能够代表"盛唐魄力和盛唐气象"？请慢慢欣赏吧。

---

① 半笼：半映。指烛光隐约，不能全照床上被褥。

② 金翡翠：指饰以金翠的被子。《长恨歌》："悲翠衾寒谁与共。"

③ 麝：本动物名，即香獐，其体内的分泌物可作香料，这里指香气。

④ 度：透过。

⑤ 绣芙蓉：指绣花的帐子。

⑥ 刘郎：相传东汉时刘晨、阮肇一同入山采药，遇二女子，邀至家，留半年乃还乡，子孙已传七世。后也以此典喻艳遇。

⑦ 蓬山：蓬莱山，指仙境。

李杜诗学:原理与方法论(之一)

唐诗高峰或奇峰绵延迭起,造成了诗性思维和诗学趣味在中国古代精神文化占有一个崇高的、渗透于情感体验的重要位置,它使得写诗吟诗的风气在一种经典化的水平上变得社会化了。应该说这是中国诗学发展史的一个划时代的成就,也是中国人精神素质的一种新局面。唐朝薛用弱《集异记》卷二记载唐玄宗开元年间,王之涣、王昌龄和高适于雪天上旗亭小饮,因歌妓按乐唱他们的诗歌而演出了"旗亭画壁"的一幕。明朝杨慎《升庵诗话》卷十三说:"唐人乐府多唱诗人绝句,王少伯(昌龄)、李太白为多。杜子美七言绝近百,锦城妓女独唱其《赠花卿》一首,所谓'锦城丝管日纷纷,半入江风半入云。此曲只应天上有,人间能得几回闻'也。"①民间传唱和文人以此相竞,造成了一种新的社会风气和成名方式,宋朝葛立方《韵语阳秋》卷四记载李杜前后的士人风习:"唐朝人士,以诗名者甚众。往往因一篇之善,一句之工,名公先达为之游谈延誉,遂至声闻四驰。'曲终人不见,江上数峰青',钱起以是得名。'故国三千里,深宫二十年',张祜以是得名。'微云淡河汉,疏雨滴梧桐',孟浩然以是得名。'兵卫森画戟,宴寝凝清香',韦应物以是得名。'野火烧不尽,春风吹又生',白居易以是得名。'敲门风动竹,疑上故人来',李益以是得名。'鸟宿池边树,僧敲月下门',贾岛以是得名。'画栋朝飞南浦云,珠帘暮卷西山雨',王勃以是得名。'华裾织翠青如葱,入门下马气如虹',李贺以是得名。然观各人诗集,平平处甚多,岂皆如此句哉?古人所谓尝鼎一脔,可以尽知其味,恐未必然尔。杜子美云:'为人性癖耽佳句,语不惊人死不休。'则是凡子美胸中流出者,无非惊人之语矣。"②诸如此类的记载带有掌故性质,某些也许经不起严格的历史学意义上考证,但是不少掌故包含着掌故创造者和掌故传播者的文化心理和民间智慧,久为流传,具有特殊的精神文化学的价值,这是不应低估和忽视的。尽废掌故而谈诗,是会对某些深刻的精神现象失诸交臂的。唐以后,此类掌故依然甚多,虽然已有变易。究其实,中国人自古就有崇尚诗歌的传统。孔子把"不学诗,无以言"和"不学礼,无以立"相并列,古所谓"登高能赋,可以为大夫",主要也是指用赋诗的方式,达到在政治外交场合的文雅委婉的交流。由此,风雅情趣,诗骚传统,浸润中国文化和中国人的心灵数千年。因此,当人们听到李白诗集卷首第一诗,即《古风》第一首发出"大雅久不作,吾衰竟谁陈"的伟大的质疑和呼吁的时候,感受到的应该是这里"吾衰"的"吾"指的诗歌,它以主体意识代表一部漫长而曲折的精神文化史在作庄严而沉痛的发言。这里把《诗经》中"关雎麟趾王者之风"作为诗歌精神文化的原点,把楚辞、汉赋和建安风骨作为自身精神文化的主干,而反对那些把诗歌作为宫廷玩乐工具,缺失自身独立的自由刚健的生命

① 杨慎:《升庵诗话》,载于《历代诗话续编》,中华书局1983年版,第903页。

② 葛立方:《韵语阳秋》,载于《历代诗话》,中华书局1981年版,第516—517页。

的“绮丽不足珍”的诗歌堕落。李白这种傲视千古的姿态，实际上是想学习孔子开拓中国传统文化主流的巨大魄力，以忧患意识呼吁开拓中国诗学的崭新局面。

不言而喻，唐诗作为一部精神文化史的结果，以及借助强盛的国力和众多的人才而崛起的高峰，使得我们对它的研究，实际上是一种“高峰分析”。李白、杜甫作为高峰中的高峰，对他们的研究，因而也就成了“双重高峰分析”，其间的极端重要性也就不能不辨。高峰时代是某种精神文化发育得最充分、丰富、完整和精深的时代，作为时代标志的高峰之高峰，则是该时代中最有才华内涵和形式创新能力的样本。双峰在盛唐，这是中国文化史一大奇观。从漫长的时间维度着眼，往前，它意味着对以往一部诗史和文化史极其丰富深刻的接受；往后，它意味着对以后一部诗史和文化史的极其丰富深刻的被接受。即古人之所谓“枕藉骚选，死生李杜”。这就有必要尽可能广泛地搜集各种历史文化和文学艺术的原始资料，看他们是如何体验和想象社会、历史和人的，又是如何点化诗史、文化史的形式材料来吸附和折射那些体验和想象的。进而言之，诗人又是如何以自己强大的创造性的心为熔炉，对前述的种种进行加温、熔化、分解、化合、造型并赋予生命于一个永恒的瞬间的。由此而探讨的李杜诗学，自然应该具有综合的品格，它应该是多维度的、立体的、以生命体验为内核的诗学。

杜甫有两句广为人知的诗，一句是自称“读书破万卷，下笔如有神”；一句是称李白“笔落惊风雨，诗成泣鬼神”。两句都有“神”字，并非西方之所谓存在于彼岸世界的神，清人贺贻孙《诗筏》认为“神者，吾身之生气也”，它是内在于人的心灵的特殊生命体验，标志着这种诗学带有浓郁的对生命世界的体验沟通的意味。前一句诗讲的是对诗史和文化史的广泛吸收，以及把这些吸收转化为诗的生命的情景，但它省略了转化的心理过程。《诗筏》进一步解释：“神者，灵变惝恍，妙万物而为言。读破万卷而胸无一字，则神来矣，一落滓秽，神已索然。”①这里强调了学而能化，消化众书众长而达到某种虚静的精神状态，脱离遮蔽，还精神创造以充分自由。学而不化，以人役己，没有自由；不学无术，己无可役，也谈不上自由之充分。因而这“破”字，既是“读破”，又是“破蔽”，如清人乔亿《剑溪说诗》所说：“何谓‘破’？涣然冰释也。如此则陈言之务去，精气入而粗秽除，是以‘有神’。”②破蔽还真，使诗人在充沛的元气中滋养出旺盛的主体创造欲望，对现实有真见，对人生有透视，对历史有深知，对宇宙有参悟，纵笔所之，自有一种使茫茫风雨为之惊动，冥冥鬼神为之哭泣的力度。

这种充盈着生命、充溢着力度的诗学，体现了盛唐魄力和盛唐气象。或者说，李杜以盛唐气象和魄力改写了或新创了中国诗学。不仅如清人宋征璧《抱真堂诗

① 贺贻孙：《诗筏》，载于《清诗话续编》，上海古籍出版社1983年版，第136页。
② 乔亿：《剑溪说诗》，载于《清诗话续编》，上海古籍出版社1983年版，第1069页。

话》引舒章的话所说,"'大'字是(杜)工部的家畜"①,而且雄奇是李太白的绝招。太白写黄河,黄河的大小缓急竟然是那么随心所欲,可以是"黄河西来决昆仑,咆哮万里触龙门"(《公无渡河》),可以是"黄河之水天上来,奔流到海不复回"(《将进酒》);也可以是"黄河如丝天际来"(《西岳云台歌送丘丹子》),可以是"黄河捧土尚可塞"(《北风行》)——总之,"黄河落天走东海,万里写入胸怀间"(《赠裴十四》),在一种心理时空中任其擒纵伸缩,显示出创造主体的非凡魄力和气象。杜甫比李白更加脚踏实地,但他也经常用天地、宇宙、乾坤、古今、万里百年等词语来包容自己的诗学魄力。或如清人施补华《岘佣说诗》所云:"'百年'、'万里'、'日月'、'乾坤',少陵惯用之字。"②自称"腐儒"也就罢了,偏要来一个"江汉思归客,乾坤一腐儒"(《江汉》)。他要用乾坤来囊括万象,说是登上岳阳楼所看到的洞庭湖,使得"吴楚东南坼,乾坤日夜浮"(《登岳阳楼》)。他以乾坤来描写天下纷乱,有道是"往年胡作逆,乾坤沸嗷嗷"(《送重表侄王殊评事使南海》);又以此来体验漂泊的身世,有道是"无家问消息,作客信乾坤"(《刘稻了咏怀》),"弟妹悲歌里,乾坤醉酒中"(《九日登梓州城》),"身世双蓬鬓,乾坤一草亭"(《暮春题瀼西草屋》)。有时他的想象奇特得不可思议,竟把乾坤和眼睛、和浮萍联系起来:"乾坤万里眼,时序百年心"(《春日江村五首》),"日月笼中鸟,乾坤水上萍"(《衡州送李大夫七丈赴广州》)。这里的乾坤已经把外在的世界加以内在化了,从另一角度看,它也显示了心理时空的无限舒展和具有巨大的内涵。这也是一个时代的精神文化探索元气充沛的体现。

汉、唐两代,乃是中国历史上具有世界一流国力和魄力的时代。汉人的魄力转化为司马迁的《史记》百三十篇,"以究天人之际,通古今之变,成一家之言";转化为司马相如的大赋,就有《西京杂记》卷二的如下传说:"司马相如为《上林》《子虚》赋,意思萧散,不复与外事相关,控引天地,错综古今,忽然如睡,焕然而兴,几百日而后成。……相如曰:'合綦组以成文,列锦绣而为质,一经一纬,一宫一商,此赋之迹也。赋家之心,苞括宇宙,总览人物,斯乃得之于内,不可得而传。"汉人的宏大视境和魄力与唐人相通,也是把天地、天人、古今、宇宙等大时空境界容纳于心中而舒展自如。李白有一则传闻见于《唐语林》卷五,也以"乾坤"二字可资印证:

李白开元中谒宰相,封一板,上题曰:"海上钓鳌客李白。"宰相问曰:"先生临沧海,钓巨鳌,以何物为钩线?"白曰:"风波逸其情,乾坤纵其志。以虹霓为线,明月为钩。"又曰:"何物为饵?"白曰:"以天下无义气之丈夫为饵。"宰相竦然。③

尽管大时代能够赋予杰出的诗人以宏大的魄力,但是真正的诗人不会脱离真

① 宋征璧:《抱真堂诗话》,载于《清诗话续编》,上海古籍出版社1983年版,第122页。

② 施补华:《岘佣诗话》,载于《清诗话》,上海古籍出版社1978年新1版,第993页。

③ 王谠:《唐语林》卷五,上海文明书局1915年《说库》本,第15页。

实的生命体验，扯高调门，徒作大言。心里乾坤，必须与其人的心性感受相搏斗、相激荡、相交融，才能获得真实的生命和感人的魅力。这种搏斗、激荡、交融，是要付出有时往往是非常沉重的生命代价的，包括生存境遇的代价和精神失落的代价。所谓“诗穷而后工”这种浮面的说法，究其本质，意味着追求和挫折可以换得深刻的聪明，人生和精神历程在经过痛苦的失落之后可以拥有刻骨铭心的内在富有。只有以刻骨铭心的内在富有作为时代魄力的精神内核，这种魄力才是动人心弦和历久难磨的。在那个富有青春气息和少年梦想的盛唐，李白曾经梦想“申管晏之谈，谋帝王之术，奋其智能，愿为辅弼”(《代寿山答孟少府移文书》)，这里的“愿”字值得注意，好像别人求他似的，可见感觉良好，心高气傲。杜甫则“窃比稷与契”(《自京赴奉先咏怀五百字》)，要“致君尧舜上，再使风俗淳”。这里的“窃比”二字比较内敛，但本来也是没有疑惑的。盛唐人喜欢旅游，大概历览名山大川，有益于涵养精神气魄。苏辙主张文章须有浩然之气，认为“太史公(司马迁)行天下，周览四海名山大川，与燕赵间豪俊交游，故其文疏荡，颇有奇气。”(《上枢密韩太尉书》)这种由游览和交游来涵养诗文内在的“奇气”的做法，是汉唐相通的。李白“一生好入名山游”(《庐山谣》)，据说“凡江、汉、荆、襄、吴、楚、巴、蜀，与夫秦、晋、齐、鲁山水名胜之区，亦何所不登眺”(刘楚登《太白楼记》)。杜甫青年时代也漫游吴越，其后“放荡齐赵间，裘马颇清狂”(《壮游》)，与诗人李白、高适同游梁宋，客居洛阳、长安。他的《望岳》诗写到“会当凌绝顶，一览众山小”，被称为尾句“只五字，雄盖一世”，可见名山之游滋养了他的眼界和魄力。

然而这类志向、抱负和胸襟，一方面受到青春梦和官场手腕不足的困扰，另一方面受到盛世阴影或盛极致乱的压制和打击，使李杜二人在晚年都漂泊穷愁，面临着愈来愈严重的生存危机和精神失落。他们晚年都从历史人物身上寻找寄托，调适精神，维持某种残破的梦。择其大端而言，李白晚年加重了“谢东山情结”，杜甫晚年缠绕着“诸葛亮情结”。东晋的谢安辞官隐居东山，朝廷屡诏不仕，时人因言：“安石不出，将如苍生何！”后来出山，官至宰辅，这就是“东山再起”的佳话。李白从翰林供奉的位置被“赐金放还”，实为人生一大挫折，但他在《梁园吟》中还维持着如此充沛的幻想：“东山高卧时起来，欲济苍生未应晚！”后来加入永王李璘幕府，又在《永王东巡歌》中来了一番虚幻的激情：“但用东山谢安石，为君谈笑静胡沙。”充沛的幻想也好，虚幻的激情也好，都可以看作一种强大的生命力在骚动不安、在磅礴激荡的体现。杜甫的“诸葛亮情结”，既赞赏着“三顾频烦天下计，两朝开济老臣心”(《蜀相》)的君臣际遇，又推崇着“诸葛大名垂宇宙”“万古云霄一羽毛”(《咏怀古迹五首》)的贤相风采，还渲染着“出师未捷身先死，长使英雄泪满襟”的悲剧情调。其间包含着景仰、失落和对历史人生的充满感慨的探寻，也是历尽沧桑之后对生命意义的吟味和确认。正是由于有如此丰沛的生命激情，李白才在人生受挫时，发出“屈平词赋悬日月，楚王台榭空山丘。兴酣落笔摇五岳，诗成笑傲凌沧洲”（《江上吟》）这一类的生命狂笑，发出“大道如青天，我独不得出”（《行路难》）这一类的生命绝叫。也正是由于有如此深刻的对生命意义的体悟，杜甫在战火纷飞的岁月，高呼“安得壮士挽天河，尽洗甲兵长不用”（《洗兵马》）；在自己屋漏难眠的秋夜，祈祷“安得广厦千万间，大庇天下寒士俱欢颜，风雨不动安如山”（《茅屋为秋风所破歌》）。杜甫用“安得……”句式的地方还有一些，但这两处称得上他的“一生二安得”，一者是和平的争取，一者是安居的普及，都涉及人民大众安身立命的根本，其中包含着何等博大的仁者之心。

西方一位哲人说过，生命力就是紧迫感。生命力愈强大，它受到压迫时产生的反抗力和爆发力也愈巨大。李杜诗学既在反映盛唐气象中，表现出大魄力；又在反抗盛唐阴影和盛唐衰变中，表现出大魄力。它们正是在正正反反的多重作用力的综合效应中，使“乾坤”一类词语为标志的宏大的心理时空得到充实，从而变得宏伟浑厚的。《沧浪诗话》说：“论诗以李杜为准，挟天子以令诸侯也。”还是换用现代语言来说更好——对李杜诗学的探讨，既以这两位诗人及其作品为关注的焦点，但其讨论的过程和结果，往往超越了具体的诗人诗作，透视了一系列的精神文化现象和中国诗学的深层思维方式。双重高峰研究，由于获得经典作家和经典作品的权威性的支持，它往往力图追求超越个别性而探讨普遍性——这也是笔者多次强调进行“深度的经典重读”的用意所在。

（杨义著：《李杜诗学》，北京出版社2001年版。）

实践训练：教你作诗（一）

旧体诗词创作的“金字塔原理”

关于旧体诗词创作，杨逸明老师有一个“金字塔原理”，很有借鉴意义，我们在这里推介给大家。

由于种种历史的原因，中华传统诗词的创作，在经历了一个较漫长时期的沉寂之后，于上个世纪的80年代后期至新世纪初叶，又在一个较广泛的群体中兴盛起来。虽然目前尚未发现有多少“惊天地、泣鬼神”的传世之作产生，但是据说全国创作旧体诗词的人群已经超过百万，而且有几千个诗词组织和团体继续做着旧体诗词的普及工作。这不能不引起当代社会特别是文学界的注意和重视。为了让从事诗词创作的人们，在诗词普及的基础上同时也注重创作水平的提高，笔者根据自己的创作实践，提出格律诗词创作的“金字塔”原理，供诗词创作者参考和批评。

我们可先画出一个金字塔形的三角，以此来理解诗词创作的三个层面。即最底部是技术层面，包括四声、平仄、押韵、拗救、对仗等。中间部分是艺术层面，包括意象、意境、语言、章法、布局等。最高顶尖部分是哲理层面，包括作品的立意。当然，三个层面包括的内容不仅是这些，这里是举出最重要的一些内容。下面两个层面是做诗，上面一个层面是做人，合起来才算是诗人。诗词入门可以自下而上，创作诗词却须从上而下。

三个层面如果各用一个字来概括，那就是：上、中、下分别是“意”“象”“音”。清人李重华《贞一斋诗说》：“意立象，与音随之。”“发窍于音，征色于象，运神于意。”三者缺一不可。无意有象、音，是猜谜语诗。如“千条线，万条线，落进水里看不见。”无象有意、音，是歌诀或口诀，如《百家姓》《汤头歌诀》等。无音有意、象，是散文、杂文，读来不能抑扬顿挫、合辙押韵、节奏分明。

一、技术层面

这个层面包括四声、平仄、句式、粘对、拗救、押韵、对仗等内容。从前人的《学诗百法》《学词百法》，到近人的《诗词格律》《唐宋词格律》等，诗词格律的入门书不下几十种，在此不必赘述。但是，所有诗词入门书，大多只讲“其然”，却不讲“其所以然”。

学习诗词，常常把人吓倒的第一关口即在于此。实际上这个层面的内容，都是熟练工的本领。《论语》里孔子在谈论人生的几个境界时把七十作为人生的最高境界是：“从心所欲，不逾矩。”这似乎是矛盾的。实际上大到人生，小到游戏，都有规则，都有约束，但是在约束下不违反规则，照样能随心所欲，玩得快乐。人们的审美情趣原则上有一个基本的要求，就是要有变化，避免单调的重复。“变化在产生美上具有极为重要的意义。”（英·荷迦磁《美的分析》）“虎变文炳，豹变文蔚。”（《易经》）“文贵变……一集之中篇篇变，一篇之中段段变，一段之中句句变，一句之中字字变，神变，气变，境变，音节变，字句变”。（刘大櫆《论文偶记》）

既然是格律诗词，自有一定的标准格式和变化规律。汉字一字一形，一字一音，字分四声，读来抑扬顿挫分成两大类：平和仄。平仄声的交替是诗词中最基本的一种变化，而音韵之美就产生于平仄声的变化之中。《易经》中分成阴和阳两大类的爻，分别组合，变化无穷，代表天地间的万物。“道生一，一生二，二生三，三生万物。”周易用阴爻阳爻变化出丰富多彩的卦象，交谊舞用左脚右脚变化出蓬蓬嚓嚓优美的舞步。

汉语词汇大多是由一个字或两个字组成，进而组成更多字的词组。所以由五个字和七个字形成一句较为适宜，更适合偶奇音节的变化，这是六言诗不易流传的原因。为了求得变化，避免单调的重复，两字一变化，由于词语的重音多落在第二字上，故有“一三五不论，二四六分明”的说法。格律诗中七言的基本句式只有四种：(1) 平平仄仄平平仄；(2) 仄仄平平仄仄平；(3) 仄仄平平平仄仄；(4) 平平仄仄仄平平。每个音节重音，即带杠“—”的字，形成“平仄平”和“仄平仄”有节奏感变化的句式。有点像跳“华尔兹”，显得不单调。去掉七言句式的第一个音节，即为五言的句式。

有了平仄的正格，又可以在此基础上采用拗救的办法，包括句中自救和下句补救，便产生许多变格的平仄句式来。有人破解诗词格律之谜，根据四种基本句式，利用“律句种子衍生法”，变化出128种七言句式来。这也是遵循“有变化，避免单调的重复”的原则产生的结果。

拗救给予了诗人更多变化的余地，使之遣字造句有了更多的自由。

诗的格律中，四种基本句式，再根据“对”“粘”和偶句末字押平声韵（首句可押可不押）、不押韵的句末用仄声字的原则，分别组合成完整的一首绝句（四句）或律诗（八句）。第一句和第二句为对句，即两句平仄相反，如果不对则两句完全重复；第二句和第三句的第二个字需要粘，如果不粘，则上一联和下一联完全重复；收尾处“三平”和“三仄”，等等，这些都违反了“有变化，避免单调的重复”的审美原则。

押韵须避重字，避同音字，例如：“诗”“师”“施”等等。避同义词，如：“花”与“葩”“艰”与“难”等等。

除此之外，诗词格律中还有很多的变化：对仗的两句有远近虚实的变化，律诗两联有一写景一说理的变化，词的上下阕有一写景一抒情的变化，整首诗在章法布局上有正反纵横的变化……通过变化的手法，可以写出千姿百态的优美句子和篇章来。

律诗中有两联对仗的句子，结构不要相同，要有变化。可以自对（本句对、句中自对）和互对兼用；可以一实一虚，一写景一抒情，一工整对一流水对；句式上一联用二二二一结构，下一联就用二二一二结构，甚至可以用一三二一、一三一二、三一二一、三一一二等结构；两联四句，每一句在同一部位不要全用同一类词语；对联忌合掌，例如：“别”对“离”“室”对“房”“懒”对“慵”“看”对“见”“闻”对“听”“神州”对“赤县”等等。对仗使诗句在韵律、句子结构、词语义类等方面都会呈现出对称美。但是另一方面，过分追求对仗的工整有时候有可能以辞害义，显得呆板。对仗不要字字求工，主要部分对得工整了，其他就不要太工整。有经验的诗人往往宽中求工，即在诗句中重点锤炼几个关键的字或词，这几处对得工整妥贴了，其他的部分即使不十分严谨，整个诗句的对仗看起来也显得很工整。这些关键的词语有：数目词、颜色词、方位词、连绵词、叠音词、反义词等等。这也都是为了遵循以上“有变化，避免单调的重复”的审美原则。

二、艺术层面

有了技术层面的功夫，不要以为就已经学会了写诗，其实写诗真正难的地方到此才刚刚开始。“律诗止论平仄，终身不得入门。”（李重华《贞一斋诗说》）“格律声调，字法句法，固不可不讲，而诗却在字句之外。”（薛雪《一瓢诗话》）“杨诚斋曰：‘从来天分低拙之人好谈格律而不解风趣，何也？格调是空架子，有腔口易描；风趣专写性灵，非天才不办。’讲韵学者，多不工诗。”（袁枚《随园诗话》）

目前诗词界的刊物，多反复就格律和押韵等技术层面上的问题议论纷纷，大谈创新，而对于艺术层面上的问题，却较少进行深入系统的讨论。对于思想和哲学层面的问题更是极少研究。诗词作品在艺术层面上要有审美的感染力，在哲学层面上要有理性的说服力，这样才能使作品有强大的生命力。有人宣称“严守格律”，又有人宣称“冲破格律”，但都未见他们写出什么好的诗词来。因为他们还没有进入第二个层面——艺术层面中来。

诗词创作中，意象塑造最为重要。所谓形象思维，就是要求诗人有了立意，不直接说出，先得找到一个“形象大使”代替自己发言。《周易·系辞》：“圣人立象以尽意。”这是意象最早的记载。刘勰《文心雕龙》：“窥意象而运斤。”意象，是意和象的合成词。意，立意；象，结象。意指作者主观方面的思想、观念、意识、情感、志趣等。象指客观物象，包括景象、事象、物象、现象、幻象等。《离骚》即以美人香草作为“象”来抒发热爱国家的“意”。

新诗中的意象最为新颖奇特，值得写旧体诗词的作者学习。新诗在意象的塑造、语言的错位等方面显得大胆新颖，实际上新诗的这些创作手法，本来就是从传统诗词学习去的，例如“草枯鹰眼疾，雪尽马蹄轻”“孤灯燃客梦”“岭上晴云披絮帽，树头落日挂铜钲”“山抹微云，天黏衰草”“人比黄花瘦”等。可是目前旧体诗词倒大多不注重形象思维，几乎放弃了新意象的塑造和语言的推敲，只知道信手拈来一些已经被使用得很滥了的典故和词语，立意平庸，语言陈旧，思维的惯性和惰性影响诗词创作的水平。

诗人创造一个意象，就像天文学家发现一个星座一样。诗词创作成功与否，此为最要！别林斯基说：“哲学家用三段论法，诗人则用形象和图画说话。”诗的意境，是想象的领空、感情的疆域和形象的世界。它蕴涵着思想、感情和形象，来源于生活又高于生活，较之现实中的事物更新更美。雨果说：“诗人可以有翅膀飞上天，可是他也有一双脚留在地上。”意境到达最高的境界，就是“诗中有画，画中有诗”。以实景代替说明，以直觉表现来传达“只可意会，不可言传”的玄远哲理和微妙感受。音乐境界融进绘画境界之中，从而化实为虚，使意象渗入心灵，向深远的心灵世界拓展。

有了意象，就要有语言跟上，写到位。《随园诗话》：“‘诗用意要精深，下语要平淡。’……求其精深，是一半工夫；求其平淡，又是一半工夫。非精深不能超超独先，非平淡不能人人领解。”要成为一个诗人，必须要具备驾驭语言文字的能力。

意象有点像梦，做诗有点像“痴人说梦”。要通过语言艺术地把梦表达出来。要使用意象语言。千万避免用演绎性、分析性、说明性的语言。袁枚在《随园诗话》中引用有一段话，“凡人作诗，一题到手，必有一种供给应付之语；老生常谈，不召自来。若作家，必如谢绝泛交，尽行麾去，然后心精独运，自出新裁。及其成后，又必浑成精当，无斧凿痕，方称合作。”这段话讲得非常有道理。当代写诗常常一题到手，把不召自来的成语、俗语、政治术语，一概选用，以为合平仄、能对仗，都是诗的语言。于是千人一口，平庸之作泛滥。

清人陈仪《诗句四种》:“平字得奇,俗字得雅,朴字得工,熟字得生,常字得险,哑字得响,此炼字之新也。”沈德潜在《说诗晬语》:“实事贵用之使活,熟语贵用之使新,语如己出,无斧凿痕,斯不受古人束缚。”薛雪《一瓢诗话》:“昌黎先生云:‘陈言务去。’可知不去陈言,终无新意。能以陈言而发新意,才是大雅。”语言要有自己的个性和特色,写出一种“熟悉的陌生感”来,这确实是要下大功夫的。

写诗草率不得,“大凡人具敏捷之才,断不可有敏捷之作”(薛雪《一瓢诗话》)。袁枚说:“作诗能速不能迟,亦是才人一病。”“诗到能迟转是才。”能自己改诗,慢慢推敲,也是一种需要下决心才能慢慢养成的良好习惯。

诗的句式、用典、章法,都是需要不断变化才能创新的。语序的变化是一种修辞的技巧,不是语法规则。有许多种变化:主谓语交换位置,宾语置于动词或介词之前等。

诗歌语言精练,宜以最少的字句表达最丰富的思想感情。典故能使得诗词显得典雅、婉转、深沉和庄重。但是,当代诗词忌用僻典,已经是诗词界形成的共识。袁枚在《随园诗话》中关于用典云:“用典如水中着盐,但知盐味,不见盐质。用僻典如请生客入座,必须问名探姓,令人生厌。”

不要用太现成的成语。有绝句、律诗好几句都用成语。缺少个性化的语言。用成语要少,在次序上作调整。四字成语不要安放在第一到第四字的位置上,可安放在第三字到第六字的位置上,会显得陌生些。例如,“人如天马行空惯,笔似蜻蜓点水轻。”(袁枚)

章法一般讲究起承转合,也要讲究变化,不能停留在一个平面上唠叨。起和承的文章不可做足,否则后面两句就没有文章好做了。开头精彩,后面要更精彩。如果做不到这一步,就只好开头平淡一些,后面才精彩一些。最精彩的句子要安排到最后出现,否则像相声中太早抖出了包袱,自己大笑,听众却不笑,这就是拙劣的相声演员,演出就算失败了。“起要平直,戒陡顿;承要从容,戒迫促;转要变化,戒落魄;合要渊永,戒断送。起处必欲突兀,承处必不优柔;转处不致窘束,合处必不致匮竭。(薛雪《一瓢诗话》)”这些论述对我们安排章法有一定启发。

心里有美好的感情,就像有了一泓清澈的源泉。有这种美好感情的人都可以写诗。但是你如果把这泓泉水随便地打开,就像打开一个自来水龙头一样,水是哗哗地流出来了,可是一点也不美。你必须让这泓泉水流入石头或草木构成的景致之中,使之忽隐忽现,有时曲折,有时跌宕,有时闻其声不见其水,这样便成了一道靓丽的风景。

三、哲学层面

掌握了技术层面和艺术层面的手法就像是学会了酿酒术。不要以为无论什么水都能酿出美酒来,关键的问题是有没有“好水”。只有优质的泉水加上精湛的酿酒技术,才能有美酒诞生。诗人的“心泉”在某种意义上说是来源于天赋,所以

古人说:“诗有别材,非关书也。”(严羽《沧浪诗话》)

就技术层面而言,诗词创作很像是一种游戏。就艺术层面而言,诗词创作又像是一种高级的游戏。按照游戏规则玩就是了。但是就诗词创作的哲学层面而言,所有游戏都没有诗词创作这样的深度和广度。这就是诗词创作的深层意蕴,也就是审美意象的哲理性。有了哲学层面上的内容,所有的艺术,包括音乐、雕塑、绘画、舞蹈、书法等,甚至自然科学,都可以进行对话和互相交流。哲学需要象征和形象的手段来艺术地表现和阐释。庄子提出的“判天地之美,析万物之理”。周敦颐提出的“文以载道”。仍然应该是我们创作的崇高的原则。文学创作就是要从零乱的现实生活中整理出秩序。有了这个层面上的内容,诗词作品给予人们的东西,可以比生活给予人们的更多。

如果诗词创作不能上升到哲学层面,就没有了较高的立意,那么以上所说的技术层面的打造和艺术层面的雕琢,都成了空忙,至少是只能够打造出平庸的诗词作品来。文如其人,诗也如其人。诗人的世界观自然会在自己的作品中有所体现和流露。诗人的襟抱、思想、见识,必定影响诗词作品的立意。“有第一等襟抱,第一等学识,斯有第一等真诗。”(沈德潜《说诗晬语》)古人对此有精彩的论述:“意犹帅也。无帅之兵,谓之乌合。……烟云泉石,花鸟苔林,金铺锦帐,寓意则灵。”(王夫之《姜斋诗话》)

古人创作的优秀作品,都有一定的哲学层面的高度和深度。或老庄,或儒释,或禅理禅境,或达变达观,或妙言妙理。屈原的《天问》,已经把哲学家没有讲清楚的问题,用诗的形式表现出来了。诗人表现的思想是积极的,抒发的感情是健康的,说理的逻辑是严密的。诗人要感情丰富,思维敏锐,见识不凡,头脑清醒。诗人当然也可以用新鲜形象的语言,来表现第一流哲学家和思想家的观点,但是千万不要去重复三、四流哲学家和思想家的论调。“取法乎上,仅得乎中也。”(李重华《贞一斋诗说》)往往哲学难以说清楚的地方,还正是诗创作大显身手的地方。作家赵鑫珊说过:“诗的最高境界是哲学,哲学的极玄之域是诗”“哲学的蒸发,必定是诗;诗的凝固,必定是哲学。”“判断一首诗的好坏,标准之一,是看它的篇终是否接近哲学的境界,即有韵外之致,象外之象,景外之景。与此相仿佛,判断一篇哲学论文的好坏,标准之一,则是看它在终篇之际,是否弥漫缕缕诗意,使人执卷流连,馀味萦回。”(《哲学与当代世界》)有了哲学层面的认识,诗人才会有天人合一的精神,悲天悯人的情怀,地球是人类和万物的共同家园的思想境界,诗人会充满忧患意识。忧患意识也常常是诗词创作的动机之一。纪昀评论陆游的《书愤》两首诗时说:“此种诗是放翁不可磨处。集中有此,如屋有柱,如人有骨。如全集皆‘石砚不容留宿墨,瓦瓶随意插鲜花’句,则放翁不足重矣!”诗人不是不能写风花雪月,但是全写雕栏玉砌,就像只有砖瓦,而无梁柱,总造不成像样的房屋来。陆游说:“位卑未敢忘忧国”。当今社会堪忧者正多:国堪忧,民堪忧,市场堪忧,官场堪忧，环境堪忧，生态堪忧，地球堪忧。诗人的忧患意识似乎应该比世人稍稍拔高一些，超前一些。如果当今诗人，只忧晓风残月，甚或饱食终日，无忧无患，则诗人不足重矣！要达到哲理层面的高度，诗人们有各自的人生经历和感悟方式。

（杨逸明：《诗词创作的“金字塔原理”》，载《中华诗词》2006年第2期，第37—41页。略删减。）

学生写作点评

下面我们看一下同学们自己创作的旧体诗：

雪

江　玥

冰清一盏倾玉霄，化作散霰随风来。
俄而宛转凝皓脂，最是无骨轻自在。
看似无情最动人，琼瑞撒遍处处苔。
盈盈回身迟迟走，衣裙仍旧恋尘埃。

点评：一些喜爱古典诗词的同学认为古体诗甚至律诗很好写，四联八句，五言或七言就可以了。可是，即便是格律要求很少的古体诗，也有一个最基本的要求：押韵。这个押韵不是说韵脚相同就行了，还得区分平仄。如果压平声韵（普通话的一声或二声——这里以普通话的音韵为基准进行说明，下同），那么全诗都要压平声韵；如果压仄声韵（普通话的三声或四声），则全诗都要压仄声韵。这首诗的四个韵脚中，“来、苔、埃”都是平声韵，而“在”则是仄声韵，是不符合古体诗韵脚规范的。因此，即便是四联八句，每句七个字，也不是一首规范的古体诗，更不是一首律诗。

咏雪

白雨璐

苍茫声色事，上下换澄尘。
矮松梅泥落，繁梨柳絮纷。
揖礼程门客，洗练窦娥魂。
鬓钗全潦倒，白衣重几分？

点评：这首诗韵脚没有问题，而且描摹得比较细致，还用了两个跟题目相关的典故：程门立雪，六月飞雪。个别地方对仗也比较工稳，比如“梅泥”对“柳絮”，“程门”对“窦娥”。不过有些地方不是很顺畅，有点晦涩，比如第一句和最后一联。“揖礼”与“洗练”对的不是很贴合；“矮松”对“繁梨”，字面上没问题了，但是音韵上却没有对得上（“松”和“梨”都是平声）。因此，这首诗作为古体诗来看是没问题的，但是如果以律诗的标准来衡量的话，则有很多瑕疵乃至硬伤了。

中秋组诗

张　三

七律·月下独酌

壬辰中秋，因诸事烦闷，故郁郁终日。时近酉末，数邀好友而不得，胸中闷闷无处可泻，烦闷更甚。遂置酒，对月独酌于幽僻之所。未几，大醉。乃为诗数篇，狂图于纸上。及醒，具为摘录，略施润色。然仍有数篇模糊难辨，几无一字可识，何其悲哉。

花醉星眠静夜禽，暗风拂影动寒林。
心烦不作朱颜曲，意乱难为皓首吟。
浊酒无情思绪旧，金樽有意旅愁新。
九州同望今秋月，谁道凄凉是客心。

叹无涯

叹相逢易，相离难。再见易，再会难。又远别不愿别，近识未尽识，故人间离合悲欢，相思有尽，相叹无涯，故作《叹无涯》。

漠漠银辉夜未央，乾坤万里漫清霜。
谁言会聚皆欢喜，我道相逢亦离殇。
素篆乘风千里梦，彩笺映月一屏墙。
此中遥寄相思去，未若长醉梦沧桑。

点评：关于这两首诗的写作背景，张三同学在小序里面都写得很清楚了。作为一名当时的大二学生，酒后之作，能写出如此情真意切、情景交融、对仗工整的规范律诗，当属难能可贵了。如果硬要鸡蛋里挑骨头的话，没有典故算是一个吧。不过，七律大师杜甫的《闻官军收河南河北》《春望》《登高》都没有用典故，不也都是流传千古的名作嘛，他所谓“略施润色”的诗句，绝非“略施润色”那么简单，而是“久经磨炼”而成的！

实践训练题目

1. 仿照李白《梁甫吟》，写一篇富有现代气息的古体诗，看看能否用古体诗宣泄你们内心的“愤懑”。

2. 阅读王力先生的《诗词格律》，学习律诗创作的基本规则，仿照李商隐的《无题·来是空言去绝踪》，写一首七言律诗，感受一下什么叫“律”。

3. 仿照刘禹锡的《秋词》，写一首七言绝句，看看能否写出新意？

思考与练习

1. 李白的《梁甫吟》写得纵横跌宕、变幻惝恍、淋漓悲壮。但是对于其诗的主旨，却有着很多不同的理解。葛立方《韵语阳秋》卷十一说：“首言钓叟遇文王，又言酒徒遇高祖，卒自叹己之不遇。”曾国藩《求阙斋读书录》认为：“太白此诗则抱才而专俟际会之时。”而方东树《昭昧詹言》卷十二则认为：“此是大诗，意脉明白而段落迷离莫辨。”你是怎么理解这首诗的？此外，对于这首诗的评价，也是褒贬不一。吴生《古今诗范》卷九说：“雄奇俊伟，韩公所谓光焰万丈者也。通体设喻，所以错落而雄深。”但也有批评家认为“篇法不甚稳密”“辞意错乱而无序”。你是怎么评价这首《梁甫吟》的？

2. 唐代很多著名诗人都有一个“别称”，比如诗仙李白、诗圣杜甫、诗佛王维，你还知道哪些诗人的“别称”？你喜欢哪个？为什么？

3. 李商隐的《无题》诗，你喜欢哪一首？为什么？

4.《长恨歌》的主题众说纷纭，你比较倾向于哪一个？或者你有什么新的见解？谈一谈。

5. 除了教材介绍的几位诗人外，你还熟悉哪些？请用你们最熟悉、最喜欢的方式为我们介绍一下。

本章推荐书目

1. 裴斐等:《李白资料汇编》，中华书局 1994 年版。
2. 仇兆鳌:《杜诗详注》，中华书局 1979 年版。
3. 朱金城:《白居易集笺校》，上海古籍出版社 1989 年版。
4. 冀勤:《元稹集》，中华书局 1982 年版。
5. 马其昶:《韩昌黎文集校注》，上海古籍出版社 1986 年版。
6. 王安国:《柳宗元集笺释》，上海古籍出版社 1993 年版。
7. 瞿蜕园:《刘禹锡集笺证》，上海古籍出版社 1989 年版。
8. 蒋凡等:《李贺诗歌集注》，上海古籍出版社 1977 年版。
9. 刘学锴等:《李商隐诗歌集解》，中华书局 1988 年版。

第五章　宋　　词

作为有宋一代最有代表性的文学样式，词这种配乐演唱的新诗体取得了辉煌的成就。词最初起源于民间，唐代已有文人填词的记载。相传李白作《菩萨蛮》与《忆秦娥》两词，为“百代词曲之祖”（宋人黄昇语）。中唐后，白居易、刘禹锡、戴叔伦等均有词传世，至晚唐出现以温庭筠、韦庄为代表的西蜀词（亦称“花间词”）与以李璟、李煜为代表的南唐词。延五代遗风，经晏殊、柳永、苏轼、周邦彦、李清照、辛弃疾、姜夔等人，宋词以其独特的魅力在文坛上大放异彩。

第一节　宋词概述

宋词的发展，大致可分为北宋词和南宋词两个阶段。北宋前期的词人，如晏殊、欧阳修、晏几道等人，主要继承了唐五代遗风，以小令为主，写一些男女情爱、离怀别绪之类的作品，创新性明显不足。

一、专业词人柳永与慢词的发展

第一位给宋词的发展带来新变的词人是柳永。柳永是中国词史上第一个专业词人。他的贡献主要体现在以下两个方面：

第一，在形式上，他自创新调，大力创作慢词，使词调由短变长。相比小令而言，慢词容量更大，便于铺叙，能够描写景物，铺叙感情。当然，柳永词中的结构还是比较单一的，一般上阕写景，下阕抒情。此后，宋词逐渐进入到一个以慢词为主的新阶段。

第二，在内容上，柳永不仅擅长写男欢女爱的题材，又开拓了新的内容。他开始用词写都市风光和风土人情，如《望海潮·东南形胜》就描写杭州美景。据说金主完颜亮听“三秋桂子，十里荷花”以后，遂起“投鞭渡江”之意，萌生吞并南宋的野心。尤为值得称道的就是柳永创作了大量羁旅行役之词。柳永仕途坎坷，功名难成，这类词充满真情实感，其中的去国怀乡之叹真挚动人。如《雨霖铃》：“多情自古伤离别，更那堪、冷落清秋节！今宵酒醒何处？杨柳岸、晓风残月。”由己及人，写出客居他乡之人酒醒之后的孤寂。柳永词音乐性较强，但有些词作格调不高，如“针线闲拈伴伊坐”就曾为晏殊批评。

二、苏轼与词品的提升

真正提升词品、给北宋词坛带来革命性变化的则是苏轼。苏轼所处的时代，是政治上急剧变革的时代，也是文学观念上不断革新的时代。他的词别开生面，“指出向上一路，新天下耳目”（王灼《碧鸡漫志》），对后来的词人影响深远。其新变主要体现在以下三个方面：

第一，以诗入词。打破了“诗庄词媚”的传统，把词也转变为文人抒情言志的工具，用来表现自我的情怀与志趣。

第二，扩大词境。在传统男女情爱、离别相思之外，苏轼还创作了一些抒写爱国豪情、思亲怀友等题材的词作，提高了词的表现范围。

第三，词与音乐分离。苏轼以诗入词，使词朝着独立抒情诗体的方向发展。李清照在《词论》中批评苏轼的创作为“句读不葺之诗耳，又往往不协律”。苏轼以诗为词的方式，扩大了词境，提升了词品，将词从“小道”上升为和诗并列的抒情文体。

三、集大成者周邦彦

在宋词发展史上，周邦彦是一位具有承先启后意义的集大成者。经过周邦彦，宋词的创作方法和艺术风格发生了很大的变化，对南宋以后的词影响深远。周邦彦的词作，在思想内容上并没有太大的突破，主要是抒写爱情相思以及个人的身世之感，体现出向传统题材的回归。周邦彦的贡献主要体现在艺术技巧方面：

第一，重视音律。周邦彦精通音律，能自度曲，曾因为精通音乐被任命为大晟府提举官。周邦彦填词，不仅严守平仄，而且对平、上、去、入四声的运用也十分严格。后人填词，不通乐理者，皆以周邦彦词为范式。王国维在《清真先生遗事》中高度评价了周邦彦词的音律之美：“今其声虽亡，读其词者犹觉拗怒之中自饶和婉，曼声促节，繁会相宣，清浊抑扬，辘轳交往。”

第二，重视法度。不同于柳永、苏轼等词人重视自然感发的创作风格，周邦彦侧重借助自身的才学思力来安排词作结构。正如周济《介存斋论词杂著》所说：“美成思力，独绝千古。”周邦彦的词作，在一篇之中，一唱三叹，回环往复，形成一种多变的、曲线型结构，使宋词走向一条新的发展道路。正如陈廷焯在《白雨斋词话》中写道：“词至美成，乃有大宗。前收苏秦之终，复开姜史之始。自有词人以来，不得不推为巨擘。后之为词者，亦难出其范围。”直到清代，许多词家仍把周邦彦的词作视为创作的最终归途。

四、南渡词坛

在周邦彦去世五年之后，金兵入侵汴京，北宋灭亡。次年，南宋政权建立。南渡词坛人数众多，特别是叶梦得、朱敦儒、岳飞等爱国词人的创作，慷慨悲壮，代表着当时词坛的主流，但并没有产生开宗立派的大词人。

南渡期间，女词人李清照成就显著。以建炎南渡（1127 年）为界，李清照的词作从内容到风格都发生了很大的变化。前期题材较为单一，主要是爱情相思等内容，如《凤凰台上忆吹箫・香冷金猊》《醉花阴・薄雾浓云愁永昼》《一剪梅・红藕香残玉簟秋》等；后期词作多蕴含国破家亡之痛，词风极为哀苦，如《声声慢・寻寻觅觅》《永遇乐・落日熔金》等。尤为值得注意的是，她提出“别是一家”的词学理论，对词的表现内容、表现方法，以及音乐性等方面都提出了自己的主张，在词学批评史上占有很高的地位。

五、豪放词人辛弃疾

辛弃疾沿着南渡词人的创作方向，将豪放词发展到巅峰。辛弃疾本是行伍出身，一生渴望统一，个性极为鲜明。他一生作词620多首，是两宋存词最多的词人。其主要特征体现在以下三个方面：

第一，形式上诗词散文合流。辛弃疾词，不仅借鉴了苏轼以诗为词的传统，还吸取了散文创作的方法，以文为词。如《西江月·潜兴》：“昨夜松边醉倒，问松‘我醉何如’。只疑松动要来扶，以手推松曰去！”出现了大量散文化的句子和词语。

第二，内容上“无事不可入”。苏轼在词的题材上已经有较大开拓，但到了辛弃疾这里，登临怀古、酬唱赠别、谈禅说理、农村生活等都有描写。即使是时事政治题材，辛弃疾也并不回避，而是大写特写，毫无顾忌。

第三，风格上刚柔相济。辛弃疾不乏以豪放见长的词作，如《破阵子·为陈同甫赋壮词以寄之》中的“醉里挑灯看剑，梦回吹角连营”。还有大量寓豪放于温柔中的词作，如《念奴娇·题梅》中的“雪里温柔，水边明秀，不借春工力”，借用梅花意象，表达了自己的凛凛风骨。

六、姜夔与词的雅化

南宋另一位对当时及后世词坛均影响深远的词人则是姜夔。姜夔少以词名，但因生在南宋中后期，一生未能出仕，过着寄人篱下的清客生活，最后贫病以卒。姜夔师法周邦彦，题材比较狭窄，以情词和咏物词为主。他的情词，往往省略掉大量的细节描写，侧重在心灵上的追忆与思念；他的咏物词，则往往将恋情和咏物打并到一起，如姜夔最出名的自度曲《暗香》《疏影》，均为咏梅之作，但前者主要写身世之感，后者主要渗透了兴亡之悲。姜夔诗歌风格独特，在婉约、豪放之外，卓立一家。直到清代前期，以朱彝尊为代表的浙派词人，依然对姜夔推崇备至。

在姜夔之后，南宋词坛创作依然繁盛，出现了大量“专业”词人。他们主要沿着两个方向发展：一个是继承辛弃疾的风格，抒写自我情志，豪壮狂傲，但不如辛词刚健深沉，如戴复古、刘克庄等人；另一类则继承周邦彦、姜夔的传统，退守书斋，注重炼字炼句，风格典雅，如吴文英、张炎、王沂孙、周密等。这两派词人在内容和形式上都没有更多的开拓，艺术成就也不如前代大家，意味着宋词巅峰的完结。

第二节 宋词选读

《八声甘州》① · 柳永

柳永(约987—1053),初名三变,字景庄,后改名永,字耆卿,族兄弟中排行第七,故又称"柳七",崇安(今福建武夷山)人。仁宗景祐元年(1034)进士,长期沉沦下僚,官至屯田员外郎。柳永长期混迹于歌楼妓馆,精通音律,是北宋第一个专力写词的作家,有《乐章集》传世。

对潇潇暮雨洒江天②,一番洗清秋。渐霜风凄紧③,关河冷落④,残照当楼。是处红衰翠减⑤,苒苒物华休⑥。唯有长江水,无语东流。

不忍登高临远,望故乡渺邈⑦,归思难收⑧。叹年来踪迹,何事苦淹留⑨?想佳人妆楼颙望⑩,误几回、天际识归舟⑪。争知我⑫,倚阑杆处,正恁凝愁⑬!

(薛瑞生校注:《乐章集校注》,中华书局2015年版。)

赏析

梁启超在《饮冰室评词》中曾评价这首词:"飞卿词'照花前后镜,花面交相映',此词境颇似之。"全词上阕写景,下阕抒情,景中含情,交相辉映。上阕从大处落笔,着力描写眼前冷落的秋景,造成气象阔大萧索的悲秋气氛。深秋暮雨,登高临远,游子客居他乡之苦已经跃然纸上。其后"渐霜风凄紧,关河冷落,残照当楼"句,颇有唐诗气象,苏轼甚至以为"唐人佳处,不过如此"。而"是处红衰翠减,苒苒物华休",颇有杜甫《秋兴》"玉露凋伤枫树林,巫山巫峡气萧森"的意境,既有恢宏气象,又有深沉的情感。下阕从铺叙入手,重在抒发思归之情。"不忍"与"望故乡"两句,自为呼应,写出诗人既不忍登高望远,怕引起思乡之情,又忍不住思念故乡,怀念佳人。"想佳人妆楼颙望,误几回、天际识归舟"在艺术构思上借鉴了杜甫《月夜》"今夜鄜州月,闺中只独看"的写法,明明是自己思念对方,却从对方入笔,写对

---

① 八声甘州:词牌名。亦简称"甘州"。全词共八韵,前后片各四平韵,所以称为"八声甘州"。

② 潇潇:下雨声。

③ 霜风:秋风。凄紧:凄凉紧迫。

④ 关河:关塞与河流。

⑤ 是处:到处,处处。红衰翠减:红花和绿叶都凋零了。

⑥ 苒苒:渐渐地,(时间)悄然流逝。物华:美好的自然景物。休:此处指衰残或消逝。

⑦ 渺邈:久远,广远,渺茫。

⑧ 归思:归乡之思。

⑨ 淹留:羁留,逗留。

⑩ 佳人:古时常指怀念中的女子,理想中的女子以及有才情的女子。颙望:仰望,凝望,盼望。

⑪ "误几回"句:此处引用南朝谢朓《之宣城出新林浦向板桥》中"天际识归舟,云中辨江树"句,并化用晚唐温庭筠小令《望江南》"梳洗罢,独倚望江楼。过尽千帆皆不是,斜晖脉脉水悠悠。肠断白苹洲"的意境。

⑫ 争知:怎知。

⑬ 恁:如此,这样。凝愁:凝聚愁情,愁苦不已。

方对自己的思念。“争知我”句又为对方设想自己，化实为虚，生动地表现了思乡怀人之苦。

全词特别善用领字，如“对”“渐”“望”“叹”“想”等，大开大合，层层推进。陈廷焯在《词则·大雅集》中称其“情景兼到，骨韵俱高”，乃“古今杰构，耆卿集中仅见之作”，是宋词中的佳作。

《临江仙·夜归临皋》[①]·苏轼

苏轼（1037—1101），字子瞻，号东坡居士，眉州眉山（今四川眉山）人。宋仁宗嘉祐二年（1057年）进士，得到欧阳修赏识。嘉祐六年举“贤良方正能直言极谏”科制策，苏轼入三等，除大理平事凤翔府签判。神宗年间复入京，因政见不合，出为杭州通判，后知密州、徐州、湖州。元丰二年（1079年）因诬陷遭“乌台诗案”，贬为黄州团练副使。元祐年间，先后任翰林学士、礼部尚书，并知杭、扬州、定州等地。绍圣年间，遭遇党祸，贬至惠州（今属广东）、儋州（今属海南）。徽宗即位后北还，病卒于途中。追谥文忠公。有《东坡集》《东坡乐府》。

夜饮东坡醒复醉，归来仿佛三更。家童鼻息已雷鸣[②]。敲门都不应，倚杖听江声。

长恨此身非我有[③]，何时忘却营营[④]。夜阑风静縠纹平。小舟从此逝，江海寄余生。

（龙榆生笺：《东坡乐府笺》，上海古籍出版社2009年版。）

赏析

这首词写于乌台诗案之后。乌台诗案是历史上有名的一起文字狱。元丰二年，苏轼因诗文语涉讪谤被囚于御史台百余日，出狱后流放至黄州。在黄州期间，苏轼先是寓居定惠院，后迁居临皋亭。为解决生计问题，苏轼亲自在黄州东坡开荒种田，“东坡居士”之号正源于此。“夜归临皋”就是东坡半夜醉归临皋亭之作。

全词分为两阕，上阕“夜饮”句，交代了这首词的写作背景，在三更时分，醉酒的东坡归来家中。此时家僮已然酣睡，“敲门都不应”。无人开门，词人却并没有发怒，而是顺其自然地“倚杖听江声”，这也反映出词人放松自如的心态。下阕则是面对大江生发的感慨，“长恨”二句借用老庄思想，渴望摆脱名缰利锁，拥有自由的生活。“夜阑”三句化用范蠡泛舟五湖的典故，表达了对自由的向往。叶梦得《避暑录话》记载：“翌日喧传，子瞻夜作此词，挂冠服江边，拿舟长啸去矣。郡守徐君猷闻之，惊且惧，以为州失罪人，急命驾往谒则子瞻鼻鼾如雷，犹未醒也。”此说固不足为信，但也可见苏词影响之大。

---

① 临皋：湖北黄冈市南、长江北岸，苏轼贬黄州，居于此间。

② 童：同“僮”，封建时代受奴役的未成年人。

③ 此身非我有：意为身不由己。《庄子·知北游》：“舜问乎丞曰：‘道何得而有乎？’曰：‘汝身非汝有也，汝何得有夫道？’舜曰：‘吾身非吾有也，孰有之哉？’曰：‘是天地之委形也。’”

④ 营营：形容纷扰劳神。《庄子·庚桑楚》：“无使汝思虑营营。”

《兰陵王》①·周邦彦

周邦彦(1056—1121),字美成,号清真居士,钱塘(今浙江杭州)人。北宋神宗时,身为太学生的周邦彦作《汴都赋》七千言,歌颂新法,奇文绮错,受神宗赏识被擢升为太学正。后十余年,多在各地任地方官。宋徽宗时,周邦彦被提举大晟府,负责谱制词曲。周邦彦精通音律,能自度曲,词风浑厚和雅,富艳精工,为北宋婉约词集大成者,对后世影响深远。词集名《清真词》,又名《片玉集》。

柳阴直,烟里丝丝弄碧②。隋堤上③、曾见几番,拂水飘绵送行色。登临望故国④,谁识京华倦客⑤?长亭路,年去岁来,应折柔条过千尺⑥。

闲寻旧踪迹,又酒趁哀弦⑦,灯照离席。梨花榆火催寒食⑧。愁一箭风快⑨,半篙波暖⑩,回头迢递便数驿⑪,望人在天北。

凄恻,恨堆积!渐别浦萦回⑫,津堠岑寂⑬,斜阳冉冉春无极。念月榭携手⑭,露桥闻笛。沉思前事,似梦里,泪暗滴。

(孙虹校注,薛瑞生订补:《清真集校注》,中华书局2007年版。)

赏析

这是一首著名的咏物词。咏物词是一种比较难写的题材。南宋末年词人张炎在《词源》中曾分析咏物词的写作:"诗难于咏物,词尤为难。体认稍真,则拘而不畅;模写差远,则晦而不明。"说的就是写咏物词容易出现两种错误倾向:若是特别详尽认真地描写物象,就容易受到局限,无法畅快地表达自己的思想感情;若是对物象描写得特别不像,也无法明确地传达自己的思想感情。所以好的咏物词,就是要在描写物象时,不仅要描写出物象的外部形态,还要关注到物象的内在精神,做到形神兼备。当然,如果在形神兼备的基础上还有所寄托,体现出作者高尚的感情和高雅的审美能力,则是更好的咏物词了。

---

① 兰陵王:词牌名,周邦彦自度曲,分三阕,计130字。

② 烟:薄雾。

③ 隋堤:隋炀帝大业元年(605年)开凿,故称为"隋堤"。后蜀何光远《鉴戒录·亡国音》:"炀帝将幸江都,开汴河,种柳,至今号曰'隋堤'。"现河道淤没,故址位于商丘市至永城市之间的汴河故道。

④ 故国:此处指故乡。

⑤ 京华倦客:此处指作者本人。京华即京城,因久客京城,仕途不顺,有厌倦之情,故称为倦客。

⑥ "应折"句:古人有"折柳送别"的习俗,含有"惜别怀远"之意。柔条:即柳枝。过千尺:极言送别之频繁,折柳之多。

⑦ 酒趁哀弦:饮酒送别时,弹奏着哀伤的乐曲。趁:伴随,追逐。

⑧ "梨花"句:送别时正赶上梨花盛开、榆火新燃的寒食节。寒食:古代在清明节前二日,禁烟火,只吃冷食,后与清明节并为一日。榆火:旧俗寒食禁火,节后另取榆、柳之火以赐近臣,后以"榆火"为典,表示春景。

⑨ 一箭风快:此处指顺风行船,快似飞箭。

⑩ 半篙波暖:暮春时节,江水回暖,撑船的竹篙半入水中。

⑪ 迢递:遥远。

⑫ 别浦:河流入江海之处称为浦,或称别浦。萦回:水波回旋环绕。

⑬ 津堠岑寂:津堠是渡口上供瞭望用的土堡。堠:古代记里程的土堆,五里一堠。岑寂:泛指寂寞。

⑭ 月榭:月光下的亭榭。榭:建在高台上的木屋,供人休憩或娱乐之地。

周邦彦这首词，题为咏柳，实则伤别，为“客中送客”之词，即词人客居他乡，又送友人远行，更多了一份伤感之情。全词分为三阕：第一阕从“咏柳”入手，借柳阴、柳丝、柳絮、柳条渲染一种别离的气氛。中间插入“京华倦客”数句感慨，表达了客居京城的惆怅和忧思。第二阕从追忆送别往事写到眼前的送别，令人百感交集。“愁”风快、人远，这是代行人设想，不愿如此快地分手。第三阕则写分别后的心情。行人远去，已不见踪影，一切都安静下来，但词人的心情却百转千回，伤感不已。全词以“沉思前事，似梦里，泪暗滴”作结，将吐不尽的心思按下不表，耐人寻味。

《永遇乐》[①]·李清照

李清照(1084—1155?)，自号易安居士，济南章丘人。出身于书香门第，父亲李格非是北宋著名学者，母亲王氏为仁宗朝状元王拱臣的孙女。建中靖国元年(1101年)，18岁的李清照与宰相赵挺之之子赵明诚结为夫妇。靖康之乱后夫妇南渡，建炎元年(1127年)赵明诚病死于金陵。李清照孤身继续颠沛流离的生活，晚年寓居临安。有词集《漱玉词》五卷，原本已佚。

落日熔金[②]，暮云合璧[③]，人在何处？染柳烟浓，吹梅笛怨[④]，春意知几许？元宵佳节，融和天气，次第岂无风雨[⑤]？来相召，香车宝马，谢他酒朋诗侣。

中州盛日[⑥]，闺门多暇，记得偏重三五[⑦]，铺翠冠儿[⑧]，捻金雪柳[⑨]，簇带争济楚[⑩]，如今憔悴，云鬟雪鬓[⑪]，怕见夜间出去。不如向，帘儿底下，听人笑语。

(王学初校注：《李清照集校注》，人民文学出版社1979年版。)

赏析

李清照是宋代最著名的女词人。她出身于书香门第，父亲李格非是“苏门后四学士”之一。李清照少女时代即颇有文名，与赵明诚结婚后，夫妇诗词酬唱，共同搜集金石书画。因此李清照前期的词作，大多数都是描写以相思离别为主题的日常生活。靖康之变后，赵明诚在金陵病逝，经历了国破夫亡之痛，李清照后期的词作多抒写自己的身世遭遇，词风也转向沉郁悲凉。

这首词就是写于李清照晚年寓居临安时期。上阕写当前的景物与心情，起句“落日熔

---

① 永遇乐：词牌名，上下两阕，本调104字。
② 落日熔金：夕阳落日如熔化的黄金般发出金黄的颜色。
③ 暮云合璧：南朝梁江淹《休上人怨别》：“日暮碧云合，佳人殊未归。”
④ “染柳”二句：“烟染柳浓，笛吹梅怨”的倒文。梅，指《梅花落》。
⑤ 次第：接着，转眼。
⑥ 中州：河南为古豫州之地，居九州之中。此处指北宋首都东京(开封)。
⑦ 三五：旧历正月十五，为元宵节。
⑧ 铺翠冠儿：镶嵌翡翠珠子的帽子。
⑨ 捻金雪柳：用金线捻成的饰品，用丝绸或纸扎成的。
⑩ 簇带：插戴满头，把自己打扮漂亮。济楚：整齐，漂亮。
⑪ 风鬟霜鬓：形容头发散乱。

金，暮云合璧”境界阔大，而“人在何处”则写出了自己的流离失所。眼前的新柳与笛声，都提醒人们春天即将到来。在这个天气融和的元宵佳节，本应非常开心，词人却担心“次第岂无风雨”，于是她谢绝了酒朋诗侣的邀约。下阕则采取了今昔对比的手法，写出了自己的伤感之情。“中州”六句，极力描写汴京元宵节的繁华，可与辛弃疾《青玉案·元夕》对读。“如今”五句则回到现实，写出自己的孤独憔悴，不愿见人，而是“帘儿底下，听人笑语”。南宋末刘辰翁曾和此小词，词下小序写道：“余自乙亥上元诵李易安《永遇乐》，为之涕下。今三年矣，每闻此词，辄不自堪，遂依其声，又托之易安自喻，虽辞情不及，而悲苦过之。”两相呼应，家国之悲自不待言。

李清照以女性特有的细腻情感，表达了战乱给人们带来的伤害，特别在刻画复杂的心理活动历程上极见功底。难得的是，李清照作词又长于白描，多用口语入词，在平常的语言中展现出独特的情思。

《摸鱼儿》① · 辛弃疾

辛弃疾(1140—1207)，字幼安，号稼轩，山东历城(今山东济南)人。绍兴三十一年(1161年)，辛弃疾以2000人起兵抗金，加入耿京部下，为掌书记。26岁向孝宗上《美芹十论》，31岁献《九议》，41岁在湖南创立飞虎军。42岁被弹劾罢官，闲居江西上饶带湖十年。52岁起复为福建提刑，三年后落职再度赋闲，两年后再度出山，但未受重用。66岁归隐铅山故居，两年后去世。辛弃疾有《稼轩集》四卷传世，另有元刊《稼轩长短句》12卷。

淳熙己亥②，自湖北漕移湖南③，同官王正之置酒小山亭④，为赋。

更能消、几番风雨⑤，匆匆春又归去。惜春长怕花开早，何况落红无数⑥。春且住，见说道、天涯芳草无归路。怨春不语。算只有、殷勤画檐蛛网，尽日惹飞絮⑦。

长门事⑧，准拟佳期又误。蛾眉曾有人妒⑨。千金纵买相如赋，脉脉此情谁

---

① 摸鱼儿：词牌名。原唐教坊曲。分上下阕，本调116字。

② 淳熙己亥：即宋孝宗淳熙六年(1179年)。己亥：干支之一，顺序为第36个。

③ 湖北：荆湖北路。漕：漕司，此处指转运使。湖南：荆湖南路。这一年三月，辛弃疾接到朝廷任命，由荆湖北路转运使改为荆湖南路转运使。宋朝转运使被称为漕司，掌管财赋事务。

④ 王正之，名正己，字正之。与辛弃疾为旧交。辛弃疾调离后，由王正之接任原来的职务，故称为“同官”。小山亭：在湖北转运副使官署内。

⑤ 消：经受得住。风雨：此处既指自然界的风雨，也指政治上的风雨。

⑥ 落红：落花。

⑦ “算只有”两句：想来只有檐下蛛网，整天在那里沾惹飞絮，似乎想留住春天。

⑧ 长门事：长门，汉代宫殿名，汉武帝皇后陈阿娇失宠后幽居之所。司马相如《长门赋序》：“孝武皇帝陈皇后，时得幸，颇妒。别在长门宫，愁闷悲思，闻蜀郡成都司马相如天下工为文，奉黄金百万，为相如，文君取酒，因于解悲愁之辞，而相如为文以悟主上，陈皇后复得幸。”据史传所载，陈皇后并未再得皇帝宠幸。

⑨ 蛾眉：代指美人。形容女子容貌美丽。屈原《离骚》：“众女嫉余之蛾眉兮，谣诼谓余以善淫。”

诉？君莫舞，君不见、玉环飞燕皆尘土[①]！闲愁最苦[②]！休去倚危栏，斜阳正在[③]，烟柳断肠处。

（邓广铭笺注：《稼轩词编年笺注》，上海古籍出版社 2007 年版。）

赏析

全词分为两阕，采用了上阕写景、下阕抒情的结构方式。上阕写一个女子惜春又怨春的矛盾心情，“更能消”句，写暮春时节已到，还能经得起几番风雨来袭？陈廷焯《词则》中评此句“只一‘又’字，含多少眼泪。”常人惜春，怕的是春归无觅，词人惜春却是“长怕花开早”，早在春未到来时即已惜春，面对此时落红无数的情景，心情自然更加伤感。然而，春去难留，这是大自然的规则，纵然“怨春”也只能“无语”，只有檐下的蜘蛛，徒劳地用蛛网粘着飞絮，似乎证明这里曾经有过春天的痕迹。这种徒劳无功的举动，隐喻着南宋的残败政局，也经不起几番风雨了。下阕则大量用典，借以表现词人对自身遭遇的不平和对奸臣宵小的不满。“长门事”五句，借用陈皇后失宠的典故。陈皇后靠千金买到了司马相如的《长门赋》，重新得到了汉武帝的宠幸，而词人却“准拟佳期又误”。对于这种现实，词人极为愤慨，也发出警告：君莫舞！以史为鉴，杨玉环、赵飞燕都曾得宠一时，但最后都落得凄惨的下场。那些主和派、投降派们，现在虽然得意忘形，但结局也会和杨玉环、赵飞燕一样被人们唾弃。全词结尾以景作结，用“夕阳”隐喻南宋的政治也江河日下。

全词继承了屈原《离骚》开创的“香草美人”传统，通篇使用比兴的手法。通过一个宫女的苦闷，象征自己坚持理想又孤立无援的状态。从字面上看，通篇都是伤春宫怨之词，凄婉缠绵。但内中蕴含的豪放与叹惋，却深刻强烈。正如陈廷焯在《白雨斋词话》中所评，“词意殊怨，然姿态飞动，极沉郁顿挫之致。”

《扬州慢》[④]·姜夔

姜夔（1155？—1221?），字尧章，号白石道人。饶州鄱阳（今江西鄱阳）人。幼年随父宦居，青年起北游淮楚、南历潇湘，后客居合肥、湖州和杭州。为人耿介孤高，终生未仕，寄食于江湖。有元抄本《白石道人歌曲》传世，其中 17 首有旁谱。

淳熙丙申至日[⑤]，予过维扬[⑥]。夜雪初霁，荠麦弥望[⑦]。入其城，则四顾萧条，寒水自碧，暮色渐起，戍角悲吟[⑧]。予怀怆然，感慨今昔，因自度此曲。千岩老人以

① 玉环、飞燕：玉环指杨玉环，唐玄宗宠妃，安禄山起兵，玄宗幸蜀途中，被赐死于马嵬坡。赵飞燕指汉成帝宠妃，后被废为庶人，自杀。二人皆貌美而善妒。

② 闲愁：精神上的苦闷，这里主要是报国无门的压抑之情。

③ 斜阳：比喻无能的帝王或衰落的王朝。《汉书》卷七五《眭两夏侯京翼李传》：“夫日者，众阳之长，辉光所烛，万里同晷，人君之表也。故日将旦，清风发，群阴伏，君以临朝，不牵于色。”

④ 扬州慢：词牌名，分上下阕，98 字。姜夔自度曲，多抒发怀古之思。

⑤ 淳熙丙申至日：即宋孝宗三年（1176 年），至日为冬至日。

⑥ 维扬：即扬州。

⑦ 荠麦：荠菜和麦子。弥望：满眼都是。

⑧ 戍角：军营中吹的号角。

为有“黍离”之悲也[1]。

淮左名都[2]，竹西佳处[3]，解鞍少驻初程[4]。过春风十里，尽荠麦青青[5]。自胡马窥江去后[6]，废池乔木，犹厌言兵。渐黄昏，清角吹寒[7]，都在空城。

杜郎俊赏[8]，算而今、重到须惊。纵豆蔻词工[9]，青楼梦好[10]，难赋深情。二十四桥仍在[11]，波心荡、冷月无声。念桥边红药[12]，年年知为谁生。

（夏承焘笺校：《姜白石词编年笺校》，上海古籍出版社 1981 年版。）

赏析

姜夔最善作词序。所谓词序，就是在词前用一段比较长的文字，介绍写词的经过、目的等，便于读者理解。最初词人往往只写词题，从北宋苏轼开始较多写作词序。到了姜夔这里，他不但着力撰写词序，而且具有较高的审美价值。如同这首《扬州慢》的词序，交代了写作的时间、地点、背景、缘由、主旨，还写出了萧德藻的评语，宛如一篇短小精致、清峻高远的散文。

全词分为上下两阕。上阕纪行，从昔日扬州的盛况写起，对照当下“荠麦青青”的现实，黍离之悲呼之欲出。“自胡马窥江”三句则直接点明了导致今昔巨变的原因，就在于金兵南侵，南宋偏安一隅，使扬州变成一座空城。正如陈廷焯《白雨斋词话》所评：“‘犹厌言兵’四字，包括无限伤乱语，他人累千百言，亦无此韵味。”下阕则以抒写“怆然之怀”为主，引入“十年一觉扬州梦”的杜牧，大量檃栝了他的诗句入词，猜想他重临扬州，也必定会感慨这沧海桑田的变化，“难赋深情”。唯有二十四桥的明月，见证了繁华与衰落。而桥边的芍药，本闻名天下，只是如今无人来赏，令人无限感慨。

在这首词中，也反映出姜夔词清空骚雅的特色。这种风格的形成，与词人的个性密不可分。据陈郁《藏一话腴》记载，“白石道人气貌若不胜衣，而笔力足以扛百斛之鼎；家无立锥，而一饭未尝无食客。图书翰墨之藏汗牛充栋。襟期洒落，如晋宋间人。”这种高旷的性格特征，注入到词中，更为这首怀古词笼罩了一层清幽感伤的意境。

---

① 千岩老人：指南宋词人萧德藻，字东夫，自号千岩老人。姜夔曾跟他学诗，又是他的侄女婿。黍离：《诗经·王风》中有《黍离》篇，写东周大夫途径西周首都镐京，看到宗庙荒芜，尽为禾黍，内心伤感，故作此诗。后多用“黍离之悲”表示故国之思。

② 淮左名都：此处指扬州。宋朝设置淮南路，分为东西两路。淮南东路称淮左，以扬州为首府。

③ 竹西佳处：扬州城东有竹西亭。

④ 少驻：稍稍停留。初程：此处指初次到扬州。

⑤ “春风十里”句：语出杜牧《赠别》诗：“春风十里扬州路，卷上珠帘总不如。”此处将杜牧诗歌中扬州的繁华与当下“尽荠麦青青”的景色相对比，写出扬州的荒凉。

⑥ 胡马窥江：此处指宋高宗在位期间，金兵第二次南下，曾洗劫扬州。

⑦ 清角：声调凄凉的号角。

⑧ 杜郎：此处指杜牧。唐文宗大和七年到九年，杜牧在扬州任淮南节度使掌书记。

⑨ 豆蔻词工：语出杜牧《赠别》：“娉娉袅袅十三余，豆蔻梢头二月初。”

⑩ 青楼梦好：语出杜牧《遣怀》：“十年一觉扬州梦，赢得青楼薄幸名。”

⑪ 二十四桥：语出杜牧《寄扬州韩绰判官》：“二十四桥明月夜，玉人何处教吹箫。”

⑫ 红药：红芍药花。

第三节 拓展阅读

《从中国词学之传统看词之特质》· 叶嘉莹

叶嘉莹(1924—),中国古典诗词研究专家,加拿大皇家学会院士,中央文史研究馆馆员,现为南开大学中华古典文化研究所所长,博士生导师。主要著作有《迦陵论词丛稿》《迦陵论诗丛稿》《中国古典诗歌评论集》《唐宋词十七讲》等。如何理解宋词的发展历程,请听叶先生为我们徐徐道来。

所谓"词"者,原来本只是在隋唐间所兴起的一种伴随着当时流行之乐曲以供歌唱的歌辞。因此当士大夫们开始着手为这些流行的曲调填写歌词时,在其意识中原来并没有要藉之以抒写自己之情志的用心。这对于诗学传统而言,当然已经是一种重大的突破。而且根据《花间集·序》的记载,这些所谓"诗客曲子词",原只是一些"绮筵公子"在"叶叶花笺"上写下来,交给那些"绣幌佳人"们"举纤纤之玉手拍按香檀"去演唱的歌辞而已。因此其内容所写乃大多以美女与爱情为主,可以说是完全脱除了伦理政教之约束的一种作品。这对于诗学传统而言,当然更是另一种重大的突破。然而值得注意的则是,这些本无言志抒情之用意,也并无伦理政教之观念的歌辞之词,一般而言,虽不免浅俗淫靡之病,但其佳者则往往能具有一种诗所不能及的深情和远韵。而且在其发展中,更使某些作品形成了一种既可以显示作者心灵中深隐之本质,且足以引发读者意识中丰富之联想的微妙的作用。这可以说是五代及北宋初期之小词的一种最值得注意的特质。

这种特质之形成,我以为大约有以下几点原因,其一是由于词在形式方面本来就有一种伴随音乐节奏而变化的长短错综的特美,因此遂特别宜于表达一种深隐幽微的情思;其二则是由于词在内容方面既以叙写美女及爱情为主,因此遂自然形成了一种婉约纤柔的女性化品质;其三则是由于在中国文学中本来就有一种以美女及爱情为托喻的悠久的传统,因此凡是叙写美女及爱情的辞语,遂往往易于引起读者一种意蕴深微的托喻的联想;其四则是由于词之写作既已落入了士大夫的手中,因此他们在以游戏笔墨填写歌词时,当其遣辞用字之际,遂于无意中也流露了自己的性情学养所融聚的一种心灵之本质。

以上所言,可以说是歌辞之词在流入诗人文士手中以后之第一阶段的一种特美。不过这些诗人文士们既早已经习惯了诗学传统中的言志抒情的写作方式,于是他们对词之写作遂也逐渐由游戏笔墨的歌辞而转入了言志抒情的诗化的阶段。苏轼自然是使得词之写作"一洗绮罗香泽之态",脱离了歌筵酒席之艳曲的性质,而进入了诗化之高峰的一位重要的作者。只是苏氏的诗化之演进,在当时却并未被一般其他作者所接受,而一直要等到南宋时张孝祥、陆游、辛弃疾、刘克庄、刘过等人的出现，这种“一洗绮罗香泽之态”“于翦红刻翠之外，屹然别立一宗”的超迈豪健的抒写怀抱志意的作品才开始增多起来。不过值得注意的则是，这一派作品实在又可分为成功与失败两种类型。关于此一类词的递变之迹象，及其成功与失败之因素，我在《论苏轼词》《论陆游词》及《论辛弃疾词》诸文稿中，也都已曾分别有所论述（均见《唐宋词名家论集》）。约而言之，则此一派中凡属成功之作大多须在超迈豪健之中仍具一种曲折含蕴之美。因此近人夏敬观评苏词，即曾云：“东坡词如春花散空，不着迹象，使柳枝歌之，正如天风海涛之曲，中多幽咽怨断之音，此其上乘也。”陈廷焯论辛词，亦曾云：“辛稼轩，词中之龙也，气魄极雄大，意境却极沉郁。”凡在内容本质及表现手法上都能达到此种虽在超迈豪健中也仍有曲折含蕴之致的，自然是此一派中的成功之作。我在《论苏轼词》中所举的《八声甘州》（有情风万里卷潮来），在《论辛弃疾词》中所举的《水龙吟》（举头西北浮云）及《沁园春》（叠嶂西驰），这些作品自然都可做为此一类成功之词的例证。至于属于失败一类的作品，则大多正由于缺少此一种曲折含蕴之美，过伤于粗浅率直。因此谢章铤在其《赌棋山庄词话》中就曾说：“学稼轩要于豪迈中见精致。近人学稼轩只学得莽字、粗字，无怪阑入打油恶道。”可见词虽在诗化以后，纵使已发展出苏、辛一派超迈豪健之作，而其佳者也仍贵在有一种曲折含蕴之美，这正是词在第二阶段诗化以后而仍然保有的一种属于词之特质的美。

其后又有周邦彦之出现，乃开始使用赋笔为词，以铺陈勾勒的思力安排取胜，遂使词进入了发展的第三阶段，而对南宋之词产生了重大的影响。当时的一些重要词人，如史达祖、姜夔、吴文英、周密、王沂孙、张炎诸作者，可以说无一不在周氏影响的笼罩之下。这一派作品不仅与前二阶段的风格有了极大的不同，而且更对中国诗歌之传统造成了另一种极大的突破。如果说第一阶段的歌辞之词，是对诗学传统中言志抒情之内容及伦理教化之观念等意识方面的突破，那么此第三阶段的赋化之词，则可以说主要是对于诗学传统中表达及写作之方式的一种突破。早在《论周邦彦词》一文中，我对于这一种突破也已曾有过相当详细的讨论（见《唐宋词名家论集》），约而言之，则中国诗歌之传统原是以自然直接的感发之力量为诗歌中之主要质素的。刘勰《文心雕龙·明诗》就曾明白提出说：“人禀七情，应物斯感，感物吟志，莫非自然。”钟嵘《诗品·序》也曾明白提出说：“观古今胜语，多非补假，皆由直寻。”可见无论就创作时情意之引发或创作时表达之方式而言，中国传统乃是一向都以具含一种直接的感发力量为主要质素的。其后至唐五代歌辞之词的出现，在内容观念上虽然突破了诗歌之言志抒情与伦理教化之传统，然而在写作方式上则反而正因其仅为歌酒筵席间即兴而为的游戏笔墨，因此遂更有了一种不须经意而为的自然之致；而也就正因其不须经意的缘故，于是遂于无意中反而表露了作者心灵中一种最真诚之本质，而其充满了直接的感发的力量。然而周邦彦所写的以赋笔为之的长调，却突破了这种直接感发的传统，而开拓出了另一种重视以思力来安排勾勒的写作方式，而这也就正是何以有一些习惯于从直接感发的传统来欣赏诗词的读者们，对这一类词一直不大能欣赏的主要缘故。而且这一类赋化的词也正如第二类诗化的词一样，在发展中也形成了成功与失败两种类型。其失败者大多堆砌隔膜，而且内容空洞，自然绝非佳作。至其成功者则往往可以在思力安排之中蕴含一种深隐之情意。只要读者能觅得欣赏此一类词的途径，不从直接感发入手，而也是从思力入手去追寻作者用思力所安排的蹊径，则自然也可以获致其曲蕴于内的一种深思隐意。这可以说是词之发展在进入第三阶段赋化以后而仍然保留的一种属于词之曲折含蕴的特美。我在《论周邦彦词》一文中所举出的《兰陵王》(柳阴直)、《渡江云》(晴岚低楚甸)，及在《论吴文英词》和《谈梦窗词之现代观》二文中所举出的《齐天乐》(三千年事)、《八声甘州》(渺空烟)、《宴清都》(绣幄鸳鸯柱)，以及在《论王沂孙咏物词》和《碧山词论析》二文中所举出的《天香》(孤峤蟠烟)、《齐天乐》(一襟余恨宫魂断)诸词(请参看《迦陵论词丛稿》及《唐宋词名家论集》)，可以说就都是属于这一派以思力安排为之的赋化之词中的成功之作。

而在以上所述及的由歌辞之词变而为诗化之词，再变而为赋化之词的演进中，有一位我们尚未曾述及的重要作者，那就是与以上三类词都有着渊源影响之关系而正处于演变之枢纽的人物——柳永。柳词就其性质言，固应仍是属于交付乐工歌女去演唱的歌辞之词，这自然是柳词与第一类词的渊源之所在，只不过柳词在表达之内容与表现之手法两方面，却与第一类词已经有了很大的不同。先就内容言，柳词之一部分羁旅行役之作，就已经改变了唐五代词以闺阁中女性口吻为主所写的春女善怀之情意，而转变为代之以出于游子之口吻的秋士易感的情意。并且在写相思羁旅之情中，表现了一份登山临水的极富于兴发感动之力量的高远的气象。这可以说是柳词在内容方面的主要开拓；再就表现之手法而言，则柳词既开始大量使用长调的慢词，因此在叙写时自然就不得不重视一种次第安排的铺陈的手法。王灼《碧鸡漫志》即曾称柳词“序事闲暇，有首有尾”，周济《介存斋论词杂著》以曾称柳词“铺叙委婉”，这种重视安排铺叙的写作方式，自然可以说是柳词在表现手法方面的一种重要开拓。而这两方面的开拓，遂影响了苏轼与周邦彦这两位在词之演进中开创了两派新风的重要作者。关于此种影响及演变，我在《论柳永词》《论苏轼词》《论周邦彦词》诸文稿中，也都已曾有所讨论(均见《唐宋词名家论集》)。约而言之，则苏轼乃是汲取了柳词中“于诗句不灭唐人高处”之富于感发之力的高远的兴象，而去除了柳词的浅俗柔靡的一面，遂带领词之演进走向了超旷高远而富于感发之途，使之达到了诗化之高峰。至于周邦彦则是汲取了柳词之安排铺叙的手法，但却改变了柳词之委婉平直的叙写，而增加了种种细致的勾勒和错综的跳接，遂使词走向了重思力之安排，以勾勒铺陈为美的赋化之途，并且对南宋一些词人产生了极大之影响。

(叶嘉莹著：《中国词学的现代观》，岳麓书社 1990 年版。)

思考与练习

1. 试分析柳永《八声甘州》一词中游子登高怀人的细腻心理。

2. 结合《临江仙·夜归临皋》分析苏轼的词风。

3. 说说周邦彦在词史上的地位。

4. 结合你所了解的李清照,代晚年李清照写一篇回忆录,大约600字。

5. 试分析辛弃疾《摸鱼儿》在表达上的特点。

6. 姜夔《扬州慢》是一首优秀的咏史怀古词,试分析我们还学过哪些咏史怀古题材的诗词作品。

本章推荐书目

1. 王国维:《人间词话》,中华书局2009年版。

2. 王力:《诗词格律》,中华书局2000年版。

3. 夏承焘、吴熊和:《读词常识》,中华书局2016年版。

4. 龙榆生:《词学十讲》,北京出版社2011年版。

5. 吴熊和:《唐宋词通论》,上海古籍出版社2010年版。

6. 刘扬忠:《唐宋词流派史》,福建人民出版社2007年版。

7. 唐圭璋:《宋词三百首笺注》,人民文学出版社2005年版。

8. 唐圭璋:《唐宋词简释》,人民文学出版社2010年版。

9. 夏承焘等:《宋词鉴赏辞典》(新一版),上海辞书出版社2013年版。

10. 叶嘉莹:《唐宋词十七讲》,北京大学出版社2007年版。

第六章　古典小说

大家都应听闻过"四大名著"的说法吧？"四大名著"指的是哪四部作品？答案是:《红楼梦》《三国演义》《水浒传》和《西游记》。"四大名著"是中国文学领域广为人知的四部经典之作，是历久弥新的四座精神丰碑。在中国，只要具备一定的文字阅读能力，就算没有从头到尾仔细阅读过"四大名著"，至少也翻上过几页。这四部作品在文体上有一个共同的特点，那就是皆为古典小说。由此可见，小说是中国古代一种非常重要的文体。那么，中国古典小说的发展脉络如何？包括哪些形态？具备哪些特质？究竟有何独特的审美价值呢？下面让我们一起来寻找答案。

第一节　古典小说概述

中国古典小说形式灵活多样，篇幅可长可短，题材丰富多元，语言雅俗共赏，是灿烂辉煌的传统文化的重要组成部分。在古典小说的艺术长廊中，佳作林立，精品迭出，《三国演义》《水浒传》《西游记》《红楼梦》《儒林外史》《聊斋志异》《镜花缘》《搜神记》《世说新语》等艺术珍品，不仅在国内妇孺皆知，而且早已成为国外读者的精神养料。作为21世纪的新时代读者，回过头去重新品读古典小说，不仅能真切认识古代的社会生活、人文历史，还能找到一面反思自我的镜子。

一、源远流长的古典小说

在中国古代文学的艺术园地，小说虽是晚熟的艺术，但其历史同样源远流长。远古的神话和传说、先秦诸子著作中的寓言故事、先秦以来发达的史传文学，皆对小说的发展产生了积极、深远的影响。

1. 古典小说的萌芽与生长

"小说"一词，最早出现于战国思想家庄周的笔下。《庄子・外物篇》说:"饰小说以干县令，其于大达亦远矣。"庄子对以浅薄琐屑的言词(即"小说")来寻求高名美誉的行为嗤之以鼻，认为其与通达的大道理(即"大达")背道而驰。虽然庄子所谓"小说"，与后来作为艺术样式的"小说"尚不能画等号，但也与后世小说的某些特质相通。至迟在东汉，小说已经成为一种独立的文体。班固在《汉书・艺文志》中说:"小说家者流，盖出于稗官，街谈巷语，道听途说者之所造也。"《汉书・艺文志》著录了十五种小说的书名(今已失传)。班固所谓"小说"，指职位较低的小官搜集街谈巷议、道听途说的材料，加工创造出来的文字。

魏晋南北朝时期，虽然小说的创作尚未进入自觉状态，艺术上也显得粗糙，但小说的数量众多，内容丰富，异彩纷呈。谈鬼说怪、称奇述异的志怪小说纷纷出笼，保存至今的有《搜神记》《博物志》《列异传》《搜神后记》《神仙传》《异苑》《幽明录》《续齐谐记》《拾遗记》等多种，其中成就最高的是《搜神记》。以记载人物遗闻轶事为主的志人小说也大量出现，如《语林》《西京杂记》《世说新语》等，其中成就最高、影响最大的是《世说新语》。

2. 古典小说的新变

唐人撰写的小说，主要传述奇闻逸事，事奇文也奇，故后世泛称传奇。正如鲁迅《中国小说史略》所说："小说亦如诗，至唐代而一变，虽尚不离于搜奇记逸，然叙述宛转，文辞华艳，与六朝之粗陈梗概者较，演进之迹甚明，而尤显者乃在是时则始有意为小说。"①唐传奇的出现，标志着中国古典小说的发展进入到文体自觉的时代，是古典小说史上的重大变迁。唐传奇想象奇特、描写细腻、情节曲折、结构严谨、人物生动、文辞华美，在艺术上取得了很高的成就，因而成为唐代文苑中的奇葩异卉。

3. 古典小说的繁荣

明清是古典小说创作的黄金时期，小说成为明清的标志性文体。《三国演义》《水浒传》《西游记》、"三言二拍"、《聊斋志异》《儒林外史》《红楼梦》《镜花缘》等广为人知的小说佳作，都诞生于明清时期。

清代前期的蒲松龄被誉为名副其实的"世界短篇小说之王"。他创作的《聊斋志异》收录近500篇作品，谈鬼道神、说狐说妖，触时感事、曲尽世态，内容丰富、风格独特，在古典文言小说史上书写了浓墨重彩的一笔。郭沫若先生曾赞叹蒲松龄"写鬼写妖高人一等，刺贪刺虐入骨三分"。《聊斋志异》的出现，将中国古典短篇小说推向当时世界短篇小说艺术的最高峰。

《儒林外史》和《红楼梦》都诞生于乾隆时期，作者都历经了"生于繁华，终于沦落"的人生大转折，历尽沧桑，于是都以自己最擅长的白话长篇小说的形式描尽世态人情。《儒林外史》和《红楼梦》的出现，将中国古典长篇小说推向当时世界长篇小说艺术的最高峰。

二、古典小说的两大系统

中国古典小说可以分为两大系统：文言小说和白话小说。两者好比两棵大树，根基不同、姿态各异，但偶尔也有枝条交错在一起。文言小说的产生，早于白话小说。白话小说后来居上，在明清时大放异彩，成为古典小说的主流。文言小说多记述奇闻奇事，语言典雅，在写法上分为笔记体与传奇体两种，在内容上分为志怪小说与志人小说两类。白话小说多写现实题材，语言通俗。在篇幅上有长篇与短篇之别，在内容上有历史演义、英雄传奇、神魔小说、人情小说、讽刺小说、侠义小说、谴责小说等众多类型。

1. 形态多样的文言小说

魏晋六朝的志怪小说与志人小说是最早的文言小说，其特点是语言简洁，情节简单，篇

① 鲁迅：《中国小说史略》，中华书局2010年版，第39页。

幅通常较短。其中的优秀作品，如《吴王小女》《相思树》《干将莫邪》《李寄斩蛇》《宋定伯捉鬼》《董永妻》《河间郡男女》等，情节生动，影响深远。

唐传奇的出现，标志着文言小说的成熟。唐传奇的题材丰富多样，全面反映了当时的社会生活，其中数量最多、最具盛名的是描写爱情婚姻的作品，如陈玄祐的《离魂记》、蒋防的《霍小玉传》、沈既济的《任氏传》、李朝威的《柳毅传》、元稹的《莺莺传》、白行简的《李娃传》等，皆脍炙人口。其他如沈既济的《枕中记》、李公佐的《南柯太守传》以文人仕途为题材，借梦境写现实，描绘了封建官吏尔虞我诈、钩心斗角的诸般丑态，颇具讽世意味；陈鸿的《长恨歌传》，将唐明皇李隆基和杨贵妃的爱情故事与安史之乱前后的政治相结合，亦具特色；杜光庭的《虬髯客传》、裴铏的《聂隐娘》、袁郊的《红线传》以侠客为主人公，对后世的武侠小说产生较大影响。

唐代之后，仍出现不少文言小说，如宋代乐史的《绿珠传》和《杨太真外传》、秦醇的《赵飞燕传》和《谭意哥传》、张实的《流红记》、无名氏的《梅妃传》、无名氏的《李师师外传》，明代瞿佑的《剪灯新话》、李昌祺的《剪灯余话》、邵景詹的《觅灯因话》等，但其地位与影响皆不能望唐传奇之项背。直到清代蒲松龄《聊斋志异》的出现，才改变这一局面。《聊斋志异》收录近500篇作品，从形式与内容两个方面创新了文言小说，成为文言小说领域的艺术顶峰。在《聊斋志异》的影响下，清代出现了文言小说中兴的局面：一方面仿作大量涌现，如沈起凤的《谐铎》、和邦额的《夜谈随录》、长白浩歌子的《萤窗异草》、宣鼎的《夜雨秋灯录》、王韬的《淞隐漫录》等；另一方面出现了与之相抗衡的作品，其中最为著名的是纪昀的《阅微草堂笔记》。《阅微草堂笔记》包括《滦阳消夏录》《如是我闻》《槐西杂志》《姑妄听之》《滦阳续录》五种，共24卷，文笔流畅，说理透彻，虽不足以与《聊斋志异》相提并论，但也算得上独树一帜的作品。

2. 多姿多彩的白话小说

白话小说的篇幅有长短之别。无论是白话短篇小说，还是白话长篇小说，其源头都是宋元流行的说话艺术。白话小说之所以会在明清熠熠生辉，与宋元时代说话艺术的繁荣密不可分。当时城市的“勾栏”“瓦肆”等娱乐场所，每天上演着许多说话节目，这为明清白话小说的生长储存了丰富的艺术养料。

说书艺人的底本，称为“话本”。鲁迅在《中国小说的历史的变迁》中说：“这类作品，不但体裁不同，文章上也起了改革，用的是白话，所以实在是小说史上的一大变迁。”[①]宋元说话主要有小说（又名银字儿）、讲史、说铁骑儿和说经四家。白话短篇小说由宋元的小说话本演变而来。讲史话本、说铁骑儿话本、说经话本则分别滋生了白话长篇小说领域中的讲史小说、英雄传奇和神魔小说三大类型。

讲史小说，也称历史演义，是用通俗的语言来描绘历史题材，借以反映作者的政治理念、历史观念和美学理想的一类小说。这种独特的小说类型，恰巧迎合了广大读者对历史

① 鲁迅：《中国小说史略》，中华书局2010年版，第205页。

的好奇心态，因而倍受欢迎。罗贯中的《三国演义》是以陈寿的《三国志》和裴松之的注为蓝本，同时汲取民间传说、民间艺术和历代文学作品中的有益养料，再辅以作者的艺术才华而创作的一部小说，既是第一部亦是成就最高的讲史小说，树立了历史演义的写作范本。《三国演义》的问世，刺激了文人和书商编写这类小说的热情，各种讲史小说大量涌现。

英雄传奇是以塑造一个或一系列的传奇英雄为重点的长篇小说。施耐庵的《水浒传》是英雄传奇的典范之作，详细描绘了以宋江为首的一百零八条英雄好汉的事迹，成功塑造了一系列活灵活现、精彩绝伦的英雄形象。继《水浒传》之后，影响较大的英雄传奇小说有《杨家府演义》《大宋中兴通俗演义》《英烈传》等。

神魔小说是以神魔鬼怪为主要题材，以奇幻的艺术夸张间接反映现实社会的小说类型。明代后期吴承恩的《西游记》，以唐僧西天取经为题材，成功塑造了孙悟空、唐僧、猪八戒、沙僧等艺术形象，是最负盛名的神魔小说。《西游记》问世之后，神魔小说大量涌现。其中较有影响的有《西游补》《封神演义》《三宝太监西洋记》《三遂平妖传》《绿野仙踪》等。

此外，白话长篇小说领域还有一种至关重要的小说类型——世情小说。世情小说是以摹写世态人情为主的一类小说，或主要写爱情婚姻、或主要写家庭纠纷、或广阔地描绘社会生活，不一而足。万历年间兰陵笑笑生的《金瓶梅》是世情小说的开山之作，奠定了世情小说发展的基础。清代中叶吴敬梓的《儒林外史》是一部专注于讥刺儒林、官场的世情小说，这类小说也称讽刺小说。清代中叶曹雪芹的《红楼梦》是艺术成就最高的世情小说。《红楼梦》以大观园为主要舞台，以贾宝玉、林黛玉、薛宝钗的爱情婚姻为描写重点，由小及大，进而写到封建末世贾、史、王、薛四大望族的衰落，揭露出封建末世的种种负面问题。《红楼梦》改变了以往小说中类型化、简单化的写法，塑造了一系列真实鲜活、性格立体的“圆形人物”。

明代后期，冯梦龙的“三言”和凌濛初的“二拍”的相继问世，标志着白话短篇小说的成熟。“三言”是《喻世明言》《警世通言》和《醒世恒言》的合称，“二拍”指《初刻拍案惊奇》与《二刻拍案惊奇》，每书各40卷，每卷一篇。“三言”“二拍”涉及的题材非常广泛，但主要以市井细民为主角，展示了明代后期市民生活的画卷，很具现实意义。在“三言”“二拍”的影响下，明末清初的白话短篇小说集，如天然痴叟（席浪仙）的《石点头》、周清源的《西湖二集》、陆人龙的《型世言》、西湖渔隐主人的《欢喜冤家》、东鲁古狂生的《醉醒石》等纷纷问世，盛极一时。

中国古典白话长篇小说的基本体制是章回体，其特点是将全书内容分为若干个相对独立又前后勾连的章节，称为“回”或“节”，每回前用单句或者双句对偶的文字作标题，称为“回目”，这是中国古典小说独特的艺术形式。大概越是成熟的章回体小说，越讲究回目的精美。《三国演义》《水浒传》《西游记》《金瓶梅》《儒林外史》和《红楼梦》，无一例外皆是章回体。其中《三国演义》是第一部长篇章回体小说，《红楼梦》的问世则矗立起长篇章回小说领域中一座难以逾越的艺术高峰。

总之，古典小说形式不拘一格，内容丰富多彩，或言简意赅、或洋洋洒洒，是古代社会政治、经济、社会生活、民俗风情、文化等的重要载体。阅读古典小说，除了能让读者消闲破闷，还能起到反思自我、弃恶从善的教育规劝作用。古代作家早就认识到小说的教化劝戒价值。明末通俗文学家冯梦龙将他编撰的三部白话短篇小说集，分别命名为《喻世明言》《警世通言》和《醒世恒言》，就是煞费苦心地张扬小说的教育劝戒作用的举措。陆人龙编撰《型世言》，将书中的正面人物作为后人效仿的榜样来加以塑造，“以为世型”，同样强调了小说的教育作用。

第二节　古典小说选读

《搜神记·相思树》·干宝

干宝（？—336），字令升，新蔡（今河南新蔡县）人，学识渊博，喜好并相信鬼神之事，广泛搜集古今神鬼怪异的故事，撰成《搜神记》，当时人称他为“鬼之董狐”。《搜神记》原书已经散佚，现在通行的《搜神记》共20卷，400多则，是明代胡应麟重新辑录整理的本子。《搜神记》以记述神鬼精怪的故事为主，同时保存了一些有价值的神话故事和民间传说，以幻想的艺术形式曲折地反映了社会现实，表达人们的美好理想和愿望，给后世留下了一系列脍炙人口的优秀作品。

宋康王①舍人②韩凭娶妻何氏，美，康王夺之。凭怨，王囚之，论为城旦③。妻密遗凭书，缪其辞④曰：“其雨淫淫，河大水深，日出当心⑤。”既而王得其书，以示左右，左右莫解其意。臣苏贺对曰：“其雨淫淫，言愁且思也。河大水深，不得往来也。日出当心，心有死志也。”俄而凭乃自杀。其妻乃阴腐其衣⑥。王与之登台，妻遂自投台，左右揽之，衣不中手⑦而死。遗书于带曰：“王利其生，妾利其死。愿以尸骨，赐凭合葬。”王怒，弗听。使里人⑧埋之，冢相望也。王曰：“尔夫妇相爱不已，若能使冢合，则吾弗阻也。”宿昔之间，便有大梓木，生于二冢之端，旬日而大盈抱，屈体相就，根交于下，枝错于上。又有鸳鸯，雌雄各一，恒栖树上，晨夕不去，交颈悲鸣，音声感人。宋人哀之，遂号其木曰“相思树”。“相思”之名，起于此也。南人

---

① 宋康王：战国时宋国的末代国君，名偃，公元前318—前286年在位。他的事迹在文献中有不同记载：或说他行仁政而导致亡国，或说他是个暴君，被诸侯称为“桀宋”。

② 舍人：官职名称，相当于门客。

③ 论：定罪。城旦：古代的一种刑罚。受刑者剃光头发，白天防备敌人，夜晚修筑长城，刑期为四年。

④ 缪（miù）其辞：指把话说得很隐晦，违背常规，即曲折地表达心意。

⑤ 日出当心：指对天发誓。

⑥ 阴腐其衣：暗地里使衣服腐烂。

⑦ 不中（zhòng）手：经不住手拉。

⑧ 里人：同里之人，古时居民聚居的地方，二十五家为一里。

谓此禽即韩凭夫妇之精魂。今睢阳[①]有韩凭城，其歌谣至今犹存。[②]

（马银琴译注：《搜神记》，中华书局 2012 年版。）

赏析

《相思树》，或名《韩凭妻》《韩凭夫妇》，收入干宝《搜神记》卷十一。写的是一个哀婉动人的民间爱情故事：韩凭（或作韩朋、韩冯）与妻子何氏本是一对恩爱夫妻，宋康王为了霸占貌美的何氏而想方设法拆散两人，最后韩凭夫妇被迫自杀殉情。二人死后，各自的坟上长出一棵大梓树，枝干交错，人们称之为相思树。树上栖有一对鸳鸯鸟。作者借相思树与鸳鸯鸟的虚幻情节，曲折表达了人们的美好愿望。《韩凭妻》的故事既鞭挞了宋康王之流的统治者的荒淫无耻，也歌颂了韩凭夫妇对爱情的忠贞不渝，是一出生死相许、可歌可泣的爱情悲歌。

汉末乐府诗《孔雀东南飞》，写汉末建安年间庐江府小吏焦仲卿与妻子刘兰芝被封建礼教摧残的婚姻悲剧，篇末虚构了一个颇具浪漫色彩的美好结局，“两家求合葬，合葬华山旁。东西植松柏，左右种梧桐。枝枝相覆盖，叶叶相交通。中有双飞鸟，自名为鸳鸯。仰头相向鸣，夜夜达五更”。《韩凭妻》中韩凭夫妇化作鸳鸯鸟，与汉末乐府诗《孔雀东南飞》中焦仲卿夫妇的结局，可谓异曲同工。

关于韩凭夫妇的爱情故事，最早见于《列异传》，但该书已经失传。由于《列异传》多记汉代的事，可见这一传说至迟从东汉开始就已经流传于民间。晋代干宝的《搜神记》对这一故事的记载较为完整，流传广泛。唐代有《韩朋赋》，亦写这一故事。后世文人亦经常化用青陵台的典故，如李白《白头吟》的“古来得意不相负，只今惟见青陵台”，李商隐《青陵台》的“青陵台畔日光斜，万古贞魂倚暮霞”等，可见其深远的影响力。

《霍小玉传》· 蒋防

蒋防（约 792—约 835），字如城、子徵（一作子微）。义兴（今江苏宜兴）人。少年时才华横溢，18 岁作《秋河赋》，知名于时。曾任右拾遗、右补阙、翰林学士、司封员外郎、中书舍人等官职。作品今存诗 13 篇，文 26 篇，文言小说 3 篇（《霍小玉传》《戏幻志》和《马自然传》）。其中《霍小玉传》是他的代表作。

大历[③]中，陇西[④]李生名益，年二十，以进士擢第。其明年，拔萃[⑤]，俟试于天官。夏六月，至长安，舍于新昌里。生门族清华，少有才思，丽词嘉句，时谓无双。

---

① 睢阳：战国时期宋国的国都，在今河南商丘市。

② 据《彤管集》记载：韩凭是宋康王的舍人，韩妻何氏貌美，宋康王想霸占何氏，拘捕韩凭修筑青陵台。何氏作《乌鹊歌》：“南山有乌，北山张罗。乌自高飞，罗当奈何！”“乌鹊双飞，不乐凤凰。妾是庶人，不乐宋王。”这里所指大概就是这些歌谣。

③ 大历：唐代宗年号，公元 766—779 年。

④ 陇西：陇山以西地区。

⑤ 拔萃：在唐代，新中进士需要经过吏部复试判词三条，这种复试叫作拔萃，拔萃合格者才能做官。

先达丈人①，翕然推伏。每自矜风调，思得佳偶，博求名妓，久而未谐。长安有媒鲍十一娘者，故薛驸马家青衣②也；折券从良，十余年矣。性便辟③，巧言语，豪家戚里，无不经过，追风挟策，推为渠帅④。尝受生诚托厚赂，意颇德之。经数月，李方闲居舍之南亭。申未间⑤，忽闻扣门甚急，云是鲍十一娘至。摄衣从之，迎问曰："鲍卿，今日何故忽然而来？"鲍笑曰："苏姑子作好梦也未？有一仙人，谪在下界，不邀财货，但慕风流。如此色目，共十郎相当矣。"生闻之惊跃，神飞体轻，引鲍手且拜且谢曰："一生作奴，死亦不惮。"因问其名居。鲍具说曰："故霍王⑥小女，字小玉，王甚爱之。母曰净持。——净持，即王之宠婢也。王之初薨，诸弟兄以其出自贱庶，不甚收录。因分与资财，遣居于外，易姓为郑氏，人亦不知其王女。资质秾艳，一生未见；高情逸态，事事过人；音乐诗书，无不通解。昨遣某求一好儿郎格调相称者。某具说十郎。他亦知有李十郎名字，非常欢惬。住在胜业坊古寺曲，甫上车门宅是也。已与他作期约，明日午时，但至曲头觅桂子，即得矣。"

鲍既去，生便备行计。遂令家僮秋鸿，于从兄⑦京兆参军尚公处假青骊驹，黄金勒⑧。其夕，生浣衣沐浴，修饰容仪，喜跃交并，通夕不寐。迟明⑨，巾帻，引镜自照，惟惧不谐也。徘徊之间，至于亭午⑩。遂命驾疾驱，直抵胜业。至约之所，果见青衣立候，迎问曰："莫是李十郎否？"即下马，令牵入屋底，急急锁门。见鲍果从内出来，遥笑曰："何等儿郎，造次入此？"生调诮未毕，引入中门。庭间有四樱桃树；西北悬一鹦鹉笼，见生入来，即语曰："有人入来，急下帘者！"生本性雅淡，心犹疑惧，忽见鸟语，愕然不敢进。逡巡，鲍引净持下阶相迎，延入对坐。年可四十余，绰约多姿，谈笑甚媚。因谓生曰："素闻十郎才调风流，今又见仪容雅秀，名下固无虚士。某有一女子，虽拙教训，颜色不至丑陋，得配君子，颇为相宜。频见鲍十一娘说意旨，今亦便令永奉箕帚⑪。"生谢曰："鄙拙庸愚，不意顾盼，倘垂采录，生死为荣。"遂命酒馔，即命小玉自堂东阁子中而出。生即拜迎。但觉一室之中，若琼林玉树，互相照曜，转盼精彩射人。既而遂坐母侧。母谓曰："汝尝爱念'开帘风动竹，疑是故人来'，即此十郎诗也。尔终日念想，何如一见。"玉乃低鬟微笑，细语曰："见面不如闻名。才子岂能无貌？"生遂连起拜曰："小娘子爱才，鄙夫重色。两

① 先达：指前辈。丈人：指年长有威望的人。
② 青衣：指丫环。
③ 便(pián)辟：指曲意博取别人的欢心。
④ 渠帅：指鲍十一娘为替男女牵线说媒的最有本领的人。
⑤ 申时：下午三时至五时。未时：下午一时至三时。申未间：指下午三时左右。
⑥ 霍王：指唐高祖的儿子李元轨。
⑦ 从(zòng)兄：堂兄。
⑧ 黄金勒：用黄金做的马笼头。
⑨ 迟(zhì)明：黎明。
⑩ 亭午：正中午。
⑪ 奉箕帚：供事洒扫，指充当妻妾。

好相映，才貌相兼。”母女相顾而笑，遂举酒数巡。生起，请玉唱歌。初不肯，母固强之。发声清亮，曲度精奇。

酒阑，及暝，鲍引生就西院憩息。闲庭邃宇，帘幕甚华。鲍令侍儿桂子、浣纱与生脱靴解带。须臾，玉至，言叙温和，辞气宛媚。解罗衣之际，态有余妍，低帏昵枕，极其欢爱。生自以为巫山、洛浦①不过也。中宵之夜，玉忽流涕视生曰：“妾本倡家，自知非匹。今以色爱，托其仁贤。但虑一旦色衰，恩移情替，使女萝无托，秋扇见捐。极欢之际，不觉悲至。”生闻之，不胜感叹。乃引臂替枕，徐谓玉曰：“平生志愿，今日获从，粉骨碎身，誓不相舍。夫人何发此言？请以素缣，着之盟约。”玉因收泪，命侍儿樱桃褰幄执烛，受生笔砚。玉管弦之暇，雅好诗书，筐箱笔砚，皆王家之旧物。遂取绣囊，出越姬乌丝栏素缣三尺以授生。生素多才思，援笔成章，引谕山河，指诚日月，句句恳切，闻之动人。染毕，命藏于宝箧之内。自尔婉娈相得，若翡翠之在云路也。如此二岁，日夜相从。

其后年春，生以书判拔萃登科，授郑县主簿。至四月，将之官，便拜庆于东洛。长安亲戚，多就筵饯。时春物尚馀，夏景初丽，酒阑宾散，离思萦怀。玉谓生曰：“以君才地名声，人多景慕，愿结婚媾，固亦众矣。况堂有严亲，室无冢妇，君之此去，必就佳姻。盟约之言，徒虚语耳。然妾有短愿，欲辄指陈。永委君心，复能听否？”生惊怪曰：“有何罪过，忽发此辞？试说所言，必当敬奉。”玉曰：“妾年始十八，君才二十有二，迨君壮室之秋，犹有八岁。一生欢爱，愿毕此期。然后妙选高门，以谐秦晋，亦未为晚。妾便舍弃人事，剪发披缁，夙昔之愿，于此足矣。”生且愧且感，不觉流涕。因谓玉曰：“皎日之誓，死生以之。与卿偕老，犹恐未惬素志，岂敢辄有二三？固请不疑，但端居相待。至八月，必当却到华州，寻使奉迎，相见非远。”更数日，生遂诀别东去。

到任旬日，求假往东都觐亲。未至家日，太夫人已与商量表妹卢氏，言约已定。太夫人素严毅，生逡巡不敢辞让，遂就礼谢，便有迎期。卢亦甲族也，嫁女于他门，聘财必以百万为约，不满此数，义在不行。生家素贫，事须求贷，便托假故，远投亲知，涉历江、淮，自秋及夏。生自以孤负盟约，大愆回期，寂不知闻，欲断其望，遥托亲故，不遣漏言。

玉自生逾期，数访音信。虚词诡说，日日不同。博求师巫，遍询卜筮，怀优抱恨，周岁有余。羸卧空闺，遂成沉疾。虽生之书题竟绝，而玉之想望不移，赂遗亲知，使通消息。寻求既切，资用屡空，往往私令侍婢潜卖箧中服玩之物，多托于西市寄附铺侯景先家货卖。曾令侍婢浣纱将紫玉钗一只，诣景先家货之。路逢内作老玉工，见浣纱所执，前来认之曰：“此钗，吾所作也。昔岁霍王小女将欲上鬟，令

① 巫山、洛浦：古代关于恋爱的神话故事。楚襄王曾在巫山梦见前来与他欢会的神女。曹植经过洛水时，梦见洛神，各自叙说爱慕之情事。

我作此，酬我万钱。我尝不忘。汝是何人，从何而得？”浣纱曰：“我小娘子，即霍王女也。家事破散，失身于人。夫婿昨向东都，更无消息。悒怏成疾，今欲二年。令我卖此，赂遗于人，使求音信。”玉工凄然下泣曰：“贵人男女，失机落节，一至于此！我残年向尽，见此盛衰，不胜伤感。”遂引至延光公主宅，具言前事，公主亦为之悲叹良久，给钱十二万焉。

时生所定卢氏女在长安，生即毕于聘财，还归郑县。其年腊月，又请假入城就亲。潜卜静居，不令人知。有明经崔允明者，生之中表弟也。性甚长厚，昔岁常与生同欢于郑氏之室，杯盘笑语，曾不相间。每得生信，必诚告于玉。玉常以薪刍衣服，资给于崔。崔颇感之。生既至，崔具以诚告玉。玉恨叹曰：“天下岂有是事乎！”遍请亲朋，多方召致。生自以愆期负约，又知玉疾候沉绵，惭耻忍割，终不肯往。晨出暮归，欲以回避。玉日夜涕泣，都忘寝食，期一相见，竟无因由。冤愤益深，委顿床枕。自是长安中稍有知者。风流之士，共感玉之多情；豪侠之伦，皆怒生之薄行。

时已三月，人多春游。生与同辈五六人诣崇敬寺玩牡丹花，步于西廊，递吟诗句。有京兆韦夏卿者，生之密友，时亦同行。谓生曰：“风光甚丽，草木荣华。伤哉郑卿，衔冤空室！足下终能弃置，实是忍人。丈夫之心，不宜如此。足下宜为思之！”叹让之际，忽有一豪士，衣轻黄纻衫，挟弓弹，丰神隽美，衣服轻华，唯有一剪头胡雏从后，潜行而听之。俄而前揖生曰：“公非李十郎者乎？某族本山东，姻连外戚。虽乏文藻，心尝乐贤。仰公声华，常思觏止。今日幸会，得睹清扬。某之敝居，去此不远，亦有声乐，足以娱情。妖姬八九人，骏马十数匹，唯公所欲。但愿一过。”生之侪辈，共聆斯语，更相叹美。因与豪士策马同行，疾转数坊，遂至胜业。生以近郑之所止，意不欲过，便托事故，欲回马首。豪士曰：“敝居咫尺，忍相弃乎？”乃挽挟其马，牵引而行。迁延之间，已及郑曲。生神情恍惚，鞭马欲回。豪士遽命奴仆数人，抱持而进。疾走推入车门，便令锁却，报云：“李十郎至也！”一家惊喜，声闻于外。

先此一夕，玉梦黄衫丈夫抱生来，至席，使玉脱鞋。惊寤而告母。因自解曰：“‘鞋’者，‘谐’也。夫妇再合。‘脱’者，‘解’也。既合而解，亦当永诀。由此征之，必遂相见，相见之后，当死矣。”凌晨，请母妆梳。母以其久病，心意惑乱，不甚信之。黾勉之间，强为妆梳。妆梳才必，而生果至。玉沉绵日久，转侧须人。忽闻生来，欻然自起，更衣而出，恍若有神。遂与生相见，含怒凝视，不复有言。羸质娇姿，如不胜致，时复掩袂，返顾李生。感物伤人，坐皆欷嘘。顷之，有酒肴数十盘，自外而来。一坐惊视，遽问其故，悉是豪士之所致也。因遂陈设，相就而坐。玉乃侧身转面，斜视生良久，遂举杯酒酬地曰：“我为女子，薄命如斯！君是丈夫，负心若此！韶颜稚齿，饮恨而终。慈母在堂，不能供养。绮罗弦管，从此永休。征痛黄泉，皆君所致。李君李君，今当永诀！我死之后，必为厉鬼，使君妻妾，终日不安！”

乃引左手握生臂，掷杯于地，长恸号哭数声而绝。母乃举尸，置于生怀，令唤之，遂不复苏矣。生为之缟素，旦夕哭泣甚哀。

将葬之夕。生忽见玉繐帷之中，容貌妍丽，宛若平生。著石榴裙，紫裆，红绿帔子。斜身倚帷，手引绣带，顾谓生曰："愧君相送，尚有余情。幽冥之中，能不感叹。"言毕，遂不复见。明日，葬于长安御宿原。生至墓所，尽哀而返。

后月余，就礼于卢氏。伤情感物，郁郁不乐。夏五月，与卢氏偕行，归于郑县。至县旬日，生方与卢氏寝，忽帐外叱叱作声。生惊视之，则见一男子，年可二十余，姿状温美，藏身映幔，连招卢氏。生惶遽走起，绕幔数匝，倏然不见。生自此心怀疑恶，猜忌万端，夫妻之间，无聊生矣。或有亲情，曲相劝喻。生意稍解。后旬日，生复自外归，卢氏方鼓琴于床，忽见自门抛一斑犀钿花合子，方圆一寸余，中有轻绢，作同心结，坠于卢氏怀中。生开而视之，见相思子二，叩头虫一，发杀觜一，驴驹媚少许。生当时愤怒叫吼，声如豺虎，引琴撞击其妻，诘令实告。卢氏亦终不自明。尔后往往暴加捶楚，备诸毒虐，竟讼于公庭而遣之。卢氏既出，生或侍婢媵妾属之，暂同枕席，便加妒忌。或有因而杀之者。生尝游广陵，得名姬曰营十一娘者，容态润媚，生甚悦之。每相对坐，尝谓营曰："我尝于某处得某姬，犯某事，我以某法杀之。"日日陈说，欲令惧己，以肃清闺门。出则以浴斛覆营于床，周回封署，归必详视，然后乃开。又畜一短剑，甚利，顾谓侍婢曰："此信州葛溪铁，唯断作罪过头!"大凡生所见妇人，辄加猜忌，至于三娶，率皆如初焉。

（李新宇，周海婴:《唐宋传奇集》，载《鲁迅大全集》第 30 卷，长江文艺出版社 2011 年版。）

赏析

《霍小玉传》是唐传奇中爱情小说的优秀之作，通过书生李益对歌妓霍小玉始乱终弃的爱情故事，成功塑造了善良多情的霍小玉的悲剧形象，反映了唐代门阀婚姻观念对美好爱情的摧残。霍小玉虽然出身贵族，是霍王爷的爱女，但在霍王爷去世后因母亲身份卑微(她的母亲原是婢女)而被逐出王府，从此过着隐姓埋名的生活，为了生计，沦落风尘。但霍小玉不是一般的歌妓，她很有气节，懂得洁身自爱。她倾慕书生李益的才华，在媒婆鲍十一娘的介绍下，与李益相识、相知、相爱，过了两年余如胶似漆的幸福生活。

当李益得到郑县主簿的官职要去走马上任时，霍小玉自知身份低贱，不能与所爱之人白头偕老，因此从克己的立场提出相守八年的期望，"妾年始十八，君才二十有二，迨君壮室之秋，犹有八岁。一生欢爱，愿毕此期。然后妙选高门，以谐秦晋，亦未为晚。妾便舍弃人事，剪发披缁，夙昔之愿，于此足矣。"但这一卑微的期望竟被负心忘义的李益无情粉碎。离别时李益也曾海誓山盟，也曾给霍小玉以希望，表示决不变心，很快派人来迎接她，但后来却背信弃义，出尔反尔。为了迎娶出身于名门望族的表妹卢氏，李益狠心断绝与霍小玉的一切联系，且嘱咐亲朋好友别泄露信息，致使霍小玉怀忧抱恨，相思成疾。后来在满身正气的黄衣侠士的帮助下，霍小玉终于再次见到了日思夜想的李益，但她已经病得奄奄一息。临终前，霍小玉当面斥责李益薄情寡义，死后对他进行报复。李益终生不得安宁，为负心付出惨重代价。

造成霍李爱情悲剧的主要原因是唐代的门阀婚姻观念。唐代是一个很特殊的多元化的朝代：一方面，经济繁荣、政治开明、文化自信、国力强大、相对平等。特别是唐代的科举制度，给下层文人提供了"鲤鱼跳龙门"的机会，这是历史的巨大进步。但另一方面，唐代社会依然重视门第出身。魏晋六朝时根深蒂固的门阀制度虽然逐渐解体，但门第观念依然左右着唐朝人的政治生活、婚姻爱情生活。陈寅恪《读莺莺传》指出："舍弃寒女，而别婚高门，当日社会所公认之正当行为也。"为了娶一个富贵人家的女儿，而遗弃曾经相爱的贫寒人家的女儿，这种寡廉鲜耻的行为，在宋代会遭到斥责，在今天同样会遭到斥责，但在唐代却被认为是理所当然的正当行为。

在中唐文人元稹的文言小说《莺莺传》中，张生为了别婚高门，残忍抛弃了自己主动追求而来的崔莺莺，还厚颜无耻地诋毁崔莺莺为"尤物"。与《莺莺传》中张生抛弃崔莺莺的行为相类似，李益也为别婚高门而狠心抛弃了霍小玉。李益的家族是陇西赫赫有名的名门望族，虽然家道没落，但他是新科进士，又得到郑县主簿的官职，前途无量。他的母亲已经给他聘定名门望族之女卢氏。小说中如此介绍卢氏的家族背景："卢亦甲族也，嫁女于他门，聘财必以百万为约，不满此数，义在不行。"看中的无非是财富权势。小说又写道："生家素贫，事须求贷。"可见，李益与卢氏的婚姻完全是权势（新科进士与郑县主簿）与金钱（卢家的丰厚嫁妆）的结合。不难看出，霍李爱情、张崔爱情，皆是唐代门阀婚姻的牺牲品。

《霍小玉传》"前半对两人相恋经过，曲曲写来，情致委婉；后半叙小玉遭到遗弃，又辛酸凄恻，扣人心弦。在唐人传奇中，这是一篇出色的作品。"① 明代剧作家汤显祖曾以《霍小玉传》为蓝本，撰写传奇《紫箫记》《紫钗记》，赋予霍李爱情以新的艺术内涵。

《喻世明言·金玉奴棒打薄情郎》·冯梦龙

冯梦龙（1574—1646），字犹龙，号龙子犹、墨憨斋主人、顾曲散人等，长洲（今苏州）人。博学多识，但屡试不中。一生致力于通俗文学的搜集、整理和创作，作品数量较多。他编著的《喻世明言》《警世通言》和《醒世恒言》，是中国古典白话短篇小说的艺术高峰。

枝在墙东花在西，自从落地任风吹。

枝无花时还再发，花若离枝难上枝。

这四句，乃昔人所作《弃妇词》，言妇人之随夫，如花之附于枝；枝若无花，逢春再发；花若离枝，不可复合。劝世上妇人，事夫尽道，同甘同苦，从一而终；休得慕富嫌贫，两意三心，自贻后悔。

且说汉朝一个名臣，当初未遇时节，其妻有眼不识泰山，弃之而去，到后来，悔之无及。你说那名臣何方人氏？姓甚名谁？那名臣姓朱，名买臣，表字翁子，会稽

① 张友鹤：《唐宋传奇选》，人民文学出版社 1964 年版，第 68 页。

郡人氏。家贫未遇，夫妻二口，住于陋巷蓬门。每日买臣向山中砍柴，挑至市中，卖钱度日。性好读书，手不释卷，肩上虽挑却①柴担，手里兀自擒着书本，朗诵咀嚼，且歌且行。市人听惯了，但闻读书之声，便知买臣挑柴担来了，可怜他是个儒生，都与他买。更兼买臣不争价钱，凭人估值，所以他的柴比别人容易出脱。一般②也有轻薄少年，及儿童之辈，见他又挑柴，又读书，三五成群，把他嘲笑戏侮，买臣全不为意。一日，其妻出门汲水，见群儿随着买臣柴担，拍手共笑，深以为耻。买臣卖柴回来，其妻劝道："你要读书，便休卖柴；要卖柴，便休读书。许大年纪，不痴不颠，却做出恁般行径，被儿童笑话，岂不羞死！"买臣答道："我卖柴以救贫贱，读书以取富贵，各不相妨，由他笑话便了。"其妻笑道："你若取得富贵时，不去卖柴了。自古及今，那见卖柴的人做了官？却说这没把鼻的话！"买臣道："富贵贫贱，各有其时。有人算我八字，到五十岁上，必然发迹。常言'海水不可斗量'，你休料我。"其妻道："那算命先生，见你痴颠模样，故意耍笑你，你休听信。到五十岁时，连柴担也挑不动，饿死是有分的，还想做官！除是阎罗王殿上，少个判官，等你去做！"买臣道："姜太公八十岁，尚在渭水钓鱼，遇了周文王，以后车载之，拜为尚父。本朝公孙弘丞相，五十九岁上还在东海牧豕，整整六十岁，方才际遇今上，拜将封侯。③ 我五十岁上发迹，比甘罗④虽迟，比那两个还早，你须耐心等去。"其妻道："你休得攀今吊古，那钓鱼牧豕的，胸中都有才学；你如今读这几句死书，便读到一百岁，只是这个嘴脸，有甚出息？晦气做了你老婆！你被儿童耻笑，连累我也没脸皮。你不听我言抛却书本，我决不跟你终身，各人自去走路，休得两相担误了。"买臣道："我今年四十三岁了，再七年，便是五十。前长后短，你就等耐，也不多时。直恁薄情，舍我而去，后来须要懊悔！"其妻道："世上少甚挑柴担的汉子，懊悔甚么来？我若再守你七年，连我这骨头不知饿死于何地了。你倒放我出门，做个方便，活了我这条性命。"买臣见其妻决意要去，留他不住，叹口气道："罢，罢，只愿你嫁得丈夫，强似⑤朱买臣的便好。"其妻道："好歹强似一分儿。"说罢，拜了两拜，欣然出门而去，头也不回。买臣感慨不已，题诗四句于壁上云：

"嫁犬逐犬，嫁鸡逐鸡。妻自弃我，我不弃妻。"

买臣到五十岁时，值汉武帝下诏求贤，买臣到西京上书，待诏公车⑥。同邑人严助荐买臣之才，天子知买臣是会稽人，必知本土民情利弊，即拜为会稽太守，驰驿赴任。会稽长吏闻新太守将到，大发人夫，修治道路。买臣妻的后夫亦在役中，

① 挑却：挑着。

② 一般：照例。

③ 公孙弘（前 200—前 121）：西汉淄川薛县（今山东滕州）人。幼时放猪为生，四十多岁发愤读书，六十岁时被汉武帝征为博士，官至丞相。

④ 甘罗：战国时期秦国人，十二岁封为上卿。

⑤ 强似：胜过，胜于。

⑥ 公车：汉代官署名称，掌管官车。凡应征的人，都由官府用车接引，居此署中，等待诏命。

其妻蓬头跣足，随伴送饭，见太守前呼后拥而来，从旁窥之，乃故夫朱买臣也。买臣在车中，一眼瞧见，还认得是故妻，遂使人招之，载于后车。到府第中，故妻羞惭无地，叩头谢罪。买臣教请他后夫相见。不多时，后夫唤到，拜伏于地，不敢仰视。买臣大笑，对其妻道："似此人，未见得强似我朱买臣也。"其妻再三叩谢，自悔有眼无珠，愿降为婢妾，伏事终身。买臣命取水一桶，泼于阶下，向其妻说道："若泼水可复收，则汝亦可复合。念你少年结发之情，判后园隙地，与汝夫妇耕种自食。"其妻随后夫走出府第，路人都指着说道："此即新太守夫人也。"于是羞极无颜，到于后园，遂投河而死。有诗为证：

漂母尚知怜饿士，亲妻忍得弃贫儒。
早知覆水难收取，悔不当初任读书。

又有一诗，说欺贫重富，世情皆然，不止一买臣之妻也。诗曰：

尽看成败说高低，谁识蛟龙在污泥？
莫怪妇人无法眼，普天几个负羁妻①？

这个故事，是妻弃夫的。如今再说一个夫弃妻的，一般是欺贫重富，背义忘恩，后来徒落得个薄幸之名，被人讲论。

话说故宋绍兴年间，临安虽然是个建都之地，富庶之乡，其中乞丐的依然不少。那丐户中有个为头的，名曰"团头"，管着众丐。众丐叫化得东西来时，团头要收他日头钱。若是雨雪时，没处叫化，团头却熬些稀粥，养活这伙丐户，破衣破袄，也是团头照管。所以这伙丐户，小心低气，服着团头，如奴一般，不敢触犯。那团头见成收些常例钱，一般在众丐户中放债盘利，若不嫖不赌，依然做起大家事来。他靠此为生，一时也不想改业。只是一件："团头"的名儿不好。随你挣得有田有地，几代发迹，终是个叫化头儿，比不得平等百姓人家②。出外没人恭敬，只好闭着门，自屋里做大。虽然如此，若数着"良贱"二字，只说娼、优、隶、卒，四般为贱流，到数不着那乞丐。看来乞丐只是没钱，身上却无疤瘢。假如③春秋时伍子胥逃难，也曾吹箫于吴市中乞食；唐时郑元和做歌郎，唱《莲花落》；后来富贵发达，一床锦被遮盖④，这都是叫化中出色的。可见此辈虽然被人轻贱，到不比娼、优、隶、卒。

闲话休题，如今且说杭州城中一个团头，姓金，名老大。祖上到他，做了七代团头了，挣得个完完全全的家事。住的有好房子，种的有好田园，穿的有好衣，吃的有好食；真个廒多积粟，囊有馀钱，放债使婢。虽不是顶富，也是数得着的富家了。那金老大有志气，把这团头让与族人金癞子做了，自己见成受用，不与这伙丐

① 负羁妻：春秋时曹国大夫僖负羁的妻子。晋公子重耳出逃，经过曹国，僖负羁的妻子预知重耳将来必然回国得志，劝僖负羁结纳他。重耳立为晋文公后，侵入曹国，僖负羁一族得以免死。

② 平等百姓：良民。平等百姓人家：良民之家。

③ 假如：例如，譬如。

④ 郑元和的故事见于唐代白行简的文言小说《李娃传》。郑元和落难时，曾沦为唱挽歌的歌郎和唱《莲花落》的乞丐。

户歪缠。然虽如此，里中口顺，还只叫他是团头家，其名不改。金老大年五十馀，丧妻无子，止存一女名唤玉奴。那玉奴生得十分美貌，怎见得？有诗为证：

无瑕堪比玉，有态欲羞花。

只少宫妆扮，分明张丽华①。

金老大爱此女如同珍宝，从小教他读书识字。到十五六岁时，诗赋俱通，一写一作，信手而成。更兼女工精巧，亦能调筝弄管，事事伶俐。金老大倚着女儿才貌，立心要将他嫁个士人。论来就名门旧族中，急切要这一个女子也是少的，可恨生于团头之家，没人相求。若是平常经纪人家，没前程的，金老大又不肯扳他了。因此高低不就，把女儿直捱到一十八岁，尚未许人。

偶然有个邻翁来说："太平桥下有个书生，姓莫名稽，年二十岁，一表人才，读书饱学。只为父母双亡，家穷未娶。近日考中，补上太学生，情愿入赘人家。此人正与令爱相宜，何不招之为婿？"金老大道："就烦老翁作伐何如？"邻翁领命，径到太平桥下，寻那莫秀才，对他说了："实不相瞒，祖宗曾做个团头的，如今久不做了。只贪他好个女儿，又且家道富足。秀才若不弃嫌，老汉即当玉成其事。"莫稽口虽不语，心下想道："我今衣食不周，无力婚娶，何不俯就他家，一举两得？也顾不得耻笑。"乃对邻翁说道："大伯所言虽妙，但我家贫乏聘，如何是好？"邻翁道："秀才但是允从，纸也不费一张，都在老汉身上。"邻翁回覆了金老大，择个吉日，金家到送一套新衣穿着，莫秀才过门成亲。莫稽见玉奴才貌，喜出望外，不费一钱，白白的得了个美妻，又且丰衣足食，事事称怀。就是朋友辈中，晓得莫稽贫苦，无不相谅，到也没人去笑他。

到了满月，金老大备下盛席，教女婿请他同学会友饮酒，荣耀自家门户，一连吃了六七日酒，何期恼了族人金癞子。那癞子也是一班正理，他道："你也是团头，我也是团头，只你多做了几代，挣得钱钞在手，论起祖宗一脉，彼此无二。侄女玉奴招婿，也该请我吃杯喜酒。如今请人做满月，开宴六七日，并无三寸长一寸阔的请帖儿到我。你女婿做秀才，难道就做尚书、宰相，我就不是亲叔公？坐不起凳头？直恁②不觑人在眼里！我且去蒿恼他一场，教他大家没趣！"叫起五六十个丐户，一齐奔到金老大家里来。但见：

开花帽子，打结衫儿。旧席片对着破毡条，短竹根配着缺糙碗。叫爹叫娘叫财主，门前只见喧哗；弄蛇弄狗弄猢狲，口内各呈伎俩。敲板唱杨花，恶声聒耳；打砖搽粉脸，丑态逼人。一班泼鬼聚成群，便是钟馗收不得。

金老大听得闹吵，开门看时，那金癞子领着众丐户，一拥而入，嚷做一堂。癞子径奔席上，拣好酒好食只顾吃，口里叫道："快教侄婿夫妻来拜见叔公！"唬得众

① 张丽华：南朝陈后主的宠妃，容貌很美。

② 直恁：竟然如此。

秀才站脚不住，都逃席去了，连莫稽也随着众朋友躲避。金老大无可奈何，只得再三央告道："今日是我女婿请客，不干我事。改日专治一杯，与你陪话。"又将许多钱钞分赏众丐户，又抬出两瓮好酒和些活鸡、活鹅之类，教众丐户送去癞子家，当个折席。直乱到黑夜，方才散去。玉奴在房中气得两泪交流。这一夜，莫稽在朋友家借宿，次早方回。金老大见了女婿，自觉出丑，满面含羞，莫稽心中未免也有三分不乐，只是大家不说出来。正是：

哑子尝黄柏，苦味自家知。

却说金玉奴只恨自己门风不好，要挣个出头，乃劝丈夫刻苦读书。凡古今书籍，不惜价钱，买来与丈夫看；又不吝供给之费，请人会文会讲；又出资财，教丈夫结交延誉。莫稽由此才学日进，名誉日起，二十三岁发解连科及第。这日琼林宴罢，乌帽宫袍，马上迎归。将到丈人家里，只见街坊上一群小儿争先来看，指道："金团头家女婿做了官也。"莫稽在马上听得此言，又不好揽事，只得忍耐。见了丈人，虽然外面尽礼，却包着一肚气忿气，想道："早知有今日富贵，怕没王侯贵戚招赘成婚？却拜个团头做岳丈，可不是终身之玷！养出儿女来，还是团头的外孙，被人传作话柄。如今事已如此，妻又贤慧，不犯七出之条，不好决绝得。正是事不三思，终有后悔。"为此心中怏怏，只是不乐。玉奴几遍问而不答，正不知甚么意故。好笑那莫稽，只想着今日富贵，却忘了贫贱的时节，把老婆资助成名一段功劳，化为春水，这是他心术不端处。

不一日，莫稽谒选①，得授无为军司户②，丈人治酒送行。此时众丐户，料也不敢登门闹吵了。喜得临安到无为军，是一水之地，莫稽领了妻子，登舟赴任。行了数日，到了采石江边，维舟北岸。其夜月明如昼，莫稽睡不能寐，穿衣而起，坐于船头玩月。四顾无人，又想起团头之事，闷闷不悦。忽然动一个恶念，除非此妇身死，另娶一人，方免得终身之耻。心生一计，走进船舱，哄玉奴起来看月华。玉奴已睡了，莫稽再三逼他起身。玉奴难逆丈夫之意，只得披衣，走至马门口③，舒头④望月，被莫稽出其不意，牵出船头，推堕江中。悄悄唤起舟人，分付快开船前去，重重有赏，不可迟慢。舟子不知明白，慌忙撑篙荡浆，移舟于十里之外，住泊⑤停当，方才说："适间奶奶因玩月坠水，捞救不及了。"却将三两银子赏与舟人为酒钱。舟人会意，谁敢开口？船中虽跟得有几个蠢婢子，只道主母真个坠水，悲泣了一场，丢开了手，不在话下。有诗为证：

只为"团头"号不香，忍因得意弃糟糠。

---

① 谒选：官吏到吏部听候选派。

② 军：宋代行政区划名称，相当于后来的州、府。宋太宗太平兴国三年(978年)，以庐州巢县无为镇(今安徽省无为县)建为军，号无为军。司户：掌管户籍账册的地方官。

③ 马门口：船舱门口。

④ 舒头：探头、伸头。

⑤ 住泊：停泊。

天缘结发终难解，赢得人呼薄幸郎。

你说事有凑巧，莫稽移船去后，刚刚有个淮西转运使许德厚，也是新上任的，泊舟于采石北岸，正是莫稽先前推妻坠水处。许德厚和夫人推窗看月，开怀饮酒，尚未曾睡。忽闻岸上啼哭，乃是妇人声音，其声哀怨，好生不忍。忙呼水手打看，果然是个单身妇人，坐于江岸。便教唤上船来，审其来历。原来此妇正是无为军司户之妻金玉奴。初坠水时，魂飞魄荡，已拚着必死。忽觉水中有物，托起两足，随波而行，近于江岸。玉奴挣扎上岸，举目看时，江水茫茫，已不见了司户之船，才悟道丈夫贵而忘贱，故意欲溺死故妻，别图良配。如今虽得了性命，无处依栖，转思苦楚，以此痛哭。见许公盘问，不免从头至尾，细说一遍。说罢，哭之不已。连许公夫妇都感伤堕泪，劝道："汝休得悲啼，肯为我义女，再作道理。"玉奴拜谢。许公分付夫人取干衣替他通身换了，安排他后舱独宿。教手下男女都称他小姐，又分付舟人，不许泄漏其事。

不一日，到淮西上任。那无为军正是他所属地方，许公是莫司户的上司，未免随班参谒。许公见了莫司户，心中想道："可惜一表人才，干恁般薄幸之事。"约过数月，许公对僚属说道："下官有一女，颇有才貌，年已及笄，欲择一佳婿赘之。诸君意中，有其人否？"众僚属都闻得莫司户青年丧偶，齐声荐他才品非凡，堪作东床之选。许公道："此子吾亦属意久矣，但少年登第，心高望厚，未必肯赘吾家。"众僚属道："彼出身寒门，得公收拔，如蒹葭倚玉树，何幸如之，岂以入赘为嫌乎？"许公道："诸君既酌量可行，可与莫司户言之。但云出自诸君之意，以探其情，莫说下官，恐有妨碍。"众人领命，遂与莫稽说知此事，要替他做媒。莫稽正要攀高，况且联姻上司，求之不得，便欣然应道："此事全仗玉成，当效衔结之报。"众人道："当得，当得。"随即将言回复许公。许公道："虽承司户不弃，但下官夫妇，钟爱此女，娇养成性，所以不舍得出嫁。只怕司户少年气概，不相饶让，或致小有嫌隙，有伤下官夫妇之心。须是预先讲过，凡事容耐些，方敢赘入。"众人领命，又到司户处传话，司户无不依允。此时司户不比做秀才时节，一般用金花彩币为纳聘之仪，选了吉期，皮松骨痒，整备①做转运使的女婿。

却说许公先教夫人与玉奴说，老相公怜你寡居，欲重赘一少年进士，你不可推阻。玉奴答道："奴家虽出寒门，颇知礼数。既与莫郎结发，从一而终。虽然莫郎嫌贫弃贱，忍心害理，奴家各尽其道，岂肯改嫁，以伤妇节？"言毕，泪如雨下。夫人察他志诚，乃实说道："老相公所说少年进士，就是莫郎。老相公恨其薄幸，务要你夫妻再合，只说有个亲生女儿，要招赘一婿，却教众僚属与莫郎议亲，莫郎欣然听命，只今晚入赘吾家。等他进房之时，须是……"如此如此，"与你出这口呕气。"玉奴方才收泪，重匀粉面，再整新妆，打点结亲之事。

① 整备：准备。

到晚，莫司户冠带齐整，帽插金花，身披红锦，跨着雕鞍骏马，两班鼓乐前导，众僚属都来送亲。一路行来，谁不喝采！正是：

鼓乐喧阗白马来，风流佳婿实奇哉。

团头喜换高门眷，采石江边未足哀。

是夜，转运司铺毡结彩，大吹大擂，等候新女婿上门。莫司户到门下马，许公冠带出迎，众官僚都别去。莫司户直入私宅，新人用红帕覆首，两个养娘扶将出来。掌礼人在槛外喝礼，双双拜了天地，又拜了丈人、丈母，然后交拜礼毕，送归洞房做花烛筵席。莫司户此时心中，如登九霄云里，欢喜不可形容，仰着脸，昂然而入。才跨进房门，忽然两边门侧里走出七八个老妪、丫鬟，一个个手执篱竹细棒，劈头劈脑打将下来，把纱帽都打脱了，肩背上棒如雨下，打得叫喊不迭，正没想一头处。莫司户被打，慌做一堆蹭倒，只得叫声："丈人，丈母，救命!"只听房中娇声宛转分付道："休打杀薄情郎，且唤来相见。"众人方才住手，七八个老妪、丫鬟，扯耳朵，拽胳膊，好似六贼戏弥陀[1]一般，脚不点地，拥到新人面前。司户口中还说道："下官何罪?"开眼看时，画烛辉煌，照见上边端端正正坐着个新人，不是别人，正是故妻金玉奴。莫稽此时魂不附体，乱嚷道："有鬼！有鬼!"众人都笑起来。只见许公自外而入，叫道："贤婿休疑，此乃吾采石江头所认之义女，非鬼也。"莫稽心头方才住了跳，慌忙跪下，拱手道："我莫稽知罪了，望大人包容之。"许公道："此事与下官无干，只吾女没说话就罢了。"玉奴唾其面，骂道："薄幸贼！你不记宋弘有言：'贫贱之交不可忘，糟糠之妻不下堂。'当初你空手赘入吾门，亏得我家资财，读书延誉，以致成名，侥幸今日。奴家亦望夫荣妻贵，何期你忘恩负本，就不念结发之情，恩将仇报，将奴推堕江心。幸然天〔老〕天可怜，得遇恩爹提救，收为义女。倘然葬江鱼之腹，你别娶新人，于心何忍？今日有何颜面，再与你完聚?"说罢，放声而哭，千薄幸，万薄幸，骂不住口。莫稽满面羞惭，闭口无言，只顾磕头求恕。

许公见骂得够了，方才把莫稽扶起，劝玉奴道："我儿息怒，如今贤婿悔罪，料然不敢轻慢你了。你两个虽然旧日夫妻，在我家只算新婚花烛。凡事看我之面，闲言闲语，一笔都勾罢。"又对莫稽说道："贤婿，你自家不是，休怪别人。今宵只索忍耐，我教你丈母来解劝。"说罢，出房去。少刻夫人来到，又调停了许多说话，两个方才和睦。

次日许公设宴，管待新女婿，将前日所下金花彩币，依旧送还，道："一女不受二聘，贤婿前番在金家已费过了，今番下官不敢重叠收受。"莫稽低头无语，许公又道："贤婿常恨令岳翁卑贱，以致夫妇失爱，几乎不终。今下官备员如何？只怕爵位不高，尚未满贤婿之意。"莫稽涨得面皮红紫，只是离席谢罪。有诗为证：

痴心指望缔高姻，谁料新人是旧人？

---

① 六贼戏弥陀：佛经称色、声、香、味、触、法为"六贼"。

打骂一场羞满面，问他何取岳翁新？

自此莫稽与玉奴夫妇和好，比前加倍。许公共夫人待玉奴如真女，待莫稽如真婿，玉奴待许公夫妇，亦与真爹妈无异。连莫稽都感动了，迎接团头金老大在任所，奉养送终。后来许公夫妇之死，金玉奴皆制重服，以报其恩。莫氏与许氏世世为通家兄弟，往来不绝。诗云：

宋弘守义称高节，黄允休妻骂薄情。

试看莫生婚再合，姻缘前定枉劳争。

（冯梦龙编，许政扬校注：《喻世明言》，人民文学出版社 1958 年版。）

赏析

《金玉奴棒打薄情郎》是冯梦龙在民间传说基础上加工创作的一篇白话短篇小说，收入《喻世明言》第 27 卷。小说叙述宋朝时杭州乞丐团头（叫花子的头头）金老大有一个女儿，名叫金玉奴，生得花容月貌，招赘父母双亡的贫穷书生莫稽为婿。莫稽入赘金家后，在贤妻的督促和帮助下考中进士，得授无为军司户之职。莫稽显贵后，不但不念及娇妻往日对她的资助，反而嫌弃她出身微贱，心生嫌隙，甚至欲置她于死地，其衣冠禽兽的面目暴露无遗。在登舟赴任途中，莫稽设计将金玉奴推入江中，毫无情意，扬长而去。金玉奴得到恰巧路过的新上任的淮西转运使许德厚的相救，被许公夫妇认为义女。许德厚到淮西上任，恰巧是莫稽的上司。许公欲借为义女招婿的机会，帮助金玉奴与丈夫破镜重圆。新婚之夜，许府的仆妇丫鬟痛打薄情郎。莫稽悔过自新，夫妻言归于好。

《金玉奴棒打薄情郎》是一部写负心汉题材的作品。痴情女子负心汉的题材在古典小说中颇为常见。通常情况下，这类作品都以悲剧结局。在《霍小玉传》中，薄幸负心的李益被霍小玉的鬼魂搅得夫妻不睦，家宅不宁。在《杜十娘怒沉百宝箱》（收入《警世通言》）中，杜十娘遭遇李甲的背叛（李甲将杜十娘转卖给孙富），怒斥孙富和李甲后抱箱投江自尽，负心薄幸的李甲落得个人财两空，后来“郁成狂疾，终身不痊”。孙富也得到报应，小说中写道：“孙富自那日受惊，得病卧床月余，终日见杜十娘在傍诟骂，奄奄而逝。”在《王娇鸾百年长恨》（收入《警世通言》）中，苏州吴江县书生周廷章背叛河南南阳卫千户女儿王娇鸾后，得到被吴江县大尹乱棍打死的下场。但在《金玉奴棒打薄情郎》中，作者通过玉奴遇救的巧合性情节，给作品安排了一个大团圆的结局，莫稽的负心薄幸仅仅得到一顿喜剧性的“棒打”惩罚，惩罚过后不仅重获娇妻，还得到一位高官岳父，可谓家庭事业双丰收。当然，这样的大团圆结局也受到不少学者的批判，认为其削弱了作品的思想性。但与其像一些学者所认为的“这样的大团圆结局是一个败笔”，毋宁说作者如此安排，恰恰寄托了他人道主义的善良愿望。

“三言”涉及的题材非常广泛，但主要以普通市民为主角，展示了明代后期市民生活的方方面面，这在古典小说史上具有划时代的意义。《金玉奴棒打薄情郎》就是一出市民婚姻的悲喜剧，从这个先悲后喜的婚姻故事中，可见窥见明末市民婚恋生活中的喜怒哀乐与悲欢离合。

《金玉奴棒打薄情郎》还是一曲对社会低贱者的赞歌。女主角金玉奴出身团头之家，处于社会的最底层，"被人轻贱"。但值得我们注意的是，金玉奴虽然出身低贱，但表现得很有骨气，见识不凡。小说写她"只恨自己门风不好，要挣个出头，乃劝丈夫刻苦读书。凡古今书籍，不惜价钱，买来与丈夫看""又出资财，教丈夫结交延誉"。后来，金玉奴被许公夫妇所救，成为许公夫妇的义女。"许公共夫人待玉奴如真女，待莫稽如真婿，玉奴待许公夫妇，亦与真爹妈无异。连莫稽都感动了，迎接团头金老大在任所，奉养送终。后来许公夫妇之死，金玉奴皆制重服，以报其恩。"可见，金玉奴是一个知恩图报、心灵很美的人。相比之下，她的丈夫莫稽就显得人品低下。莫稽是个士人，无父无母，一贫如洗，他之所以入赘金家，娶乞丐之女金玉奴为妻，完全是为了衣食。在妻子的尽力帮助下考中进士后，竟然心想："早知有今日富贵，怕没王侯贵戚招赘成婚？却拜个团头做岳丈，可不是终身之玷！养出儿女来，还是团头的外孙，被人传作话柄。"可见，这是一个贵而忘贱、见利忘义、过河拆桥的卑鄙小人。在赴任的途中，他更是想出了置结发妻子于死地的阴谋诡计，可见其狼心狗肺！他欣然答应入赘上司许公之家，完全不顾停妻再娶的丑行，毫无廉耻。小说中莫稽的卑鄙和丑陋，恰恰衬托出金玉奴的"善良"与"美"，这样就使得善者更善、美者更美。总之，《金玉奴棒打薄情郎》通过对社会低贱者金玉奴的成功塑造，彰显了冯梦龙关注社会底层人物、关注社会边缘群体的人道主义情怀。

《红楼梦》· 曹雪芹

曹雪芹(1715？—1763?)，本名霑，字梦阮，号雪芹、芹溪居士、芹圃。祖籍辽阳，先祖原为汉人，后为满洲正白旗"包衣"(奴仆)，随清兵入关，凭借军功得官。到康熙朝，曹家已是显赫一时的名门世家。雍正上台后，曹雪芹之父曹頫被罢官抄家，于雍正六年(1728 年)迁居北京，曹家彻底破败。曹家是有深厚文化素养的书香之家。祖父曹寅风雅博学，擅长戏曲、诗词创作，又是著名藏书家。正是这种文学气息浓郁的家庭环境，孕育了中国古代杰出的小说家曹雪芹。《红楼梦》是曹雪芹"披阅十载，增删五次"的呕心沥血之作，作者去世时小说只写到第八十回。各种抄本(只有前八十回)均题为《石头记》。乾隆四十九年(1784 年)梦觉主人序本题为《红楼梦》;乾隆五十六年(1791 年)，程伟元、高鹗合作的一百二十回本《红楼梦》问世。从此之后，《红楼梦》遂成为这部小说最通行的名字。

第三十九回　村姥姥是信口开河　情哥哥偏寻根究底

话说众人见平儿来了，都说："你们奶奶作什么呢？怎么不来了?"平儿笑道："他那里得空儿来！因为说没有好生吃得，又不得来，所以叫我来问还有没有，叫我要几个拿了家去吃罢。"湘云道："有，多着呢。"忙命人拿了十个极大的。平儿道："多拿几个团脐的。"众人又拉平儿坐，平儿不肯。李纨拉着笑道："偏要你坐。"拉着他身旁坐下，端了一杯酒，送到他嘴边。平儿忙喝了一口，就要走。李纨道："偏不许你去。显见得只有凤丫头，就不听我的话了。"说着，又命嬷嬷们先送了盒子去,“就说我留下平儿了。”那婆子一时拿了盒子回来,说:“二奶奶叫奶奶和姑娘们别笑话要嘴吃。这个盒子里是方才舅太太那里送来的菱粉糕和鸡油卷儿,给奶奶姑娘们吃的。”又向平儿道:“说使唤你来,你就贪住玩不去了,劝你少喝一杯儿罢。”平儿笑道:“多喝了,又把我怎么样!”一面说,一面只管喝,又吃螃蟹。李纨揽着他笑道:“可惜这么个好体面模样儿,命却平常,只落得屋里使唤。不知道的人,谁不拿你当作奶奶太太看。”平儿一面和宝钗湘云等吃喝,一面回头笑道:“奶奶,别只摸的我怪痒的。”李氏道:“嗳哟,这硬的是什么?”平儿道:“钥匙。”李氏道:“什么钥匙?要紧梯己[①]东西怕人偷了去,却带在身上。我成日家和人说笑,有个唐僧取经,就有个白马来驮他[②];刘智远打天下,就有个瓜精来送盔甲[③];有个凤丫头,就有个你。你就是你奶奶的一把总钥匙,还要这钥匙做什么!”平儿笑道:“奶奶吃了酒,又拿了我来打趣着取笑儿了。”宝钗笑道:“这倒是真话。我没事评论起人来,你们这几个,都是百个里头挑不出一个来的。妙在各人有各人的好处。”李纨道:“大小都有个天理。譬如老太太屋里,要没那个鸳鸯,如何使得。从太太起,那一个敢驳老太太的回,他现敢驳回。偏老太太只听他一个人的话。老太太的那些穿带的,别人不记得,他都记得,要不是他经管着,不知叫人诓骗了多少去呢。那孩子心也公道,虽然这样,倒常替人说好话儿,还倒不倚势欺人的。”惜春笑道:“老太太昨儿还说呢,他比我们还强呢。”平儿道:“那原是个好的,我们那里比的上他。”宝玉道:“太太屋里的彩霞,是个老实人。”探春道:“可不是,外头老实,心里有数儿。太太是那么佛爷似的,事情上不留心,他都知道。凡百[④]一应事,他提着太太行。连老爷在家出外去的一应大小事他都知道,太太忘了,他背地里告诉太太。”李纨道:“那也罢了。”指着宝玉道:“这一个小爷屋里,要不是袭人,你们度量到个什么田地!凤丫头就是楚霸王,也得这两只膀子好举千斤鼎[⑤]。他不是这丫头,就得这么周到了!”平儿笑道:“先时赔了四个丫头,死的死,去的去,只剩下我一个孤鬼了。”李纨道:“你倒是有造化的。凤丫头也是有造化的。想当初你珠大爷在日,何曾也没两个人。你们看我还是那容不下人的,天天只见他两个不自在。所以你珠大爷一没了,趁年轻,我都打发了。若有一个守得住,我倒有个膀臂。”说着,滴下泪来。众人都道:“又何必伤心。不如散了倒好。”说着,便都洗了手,大家约往贾母王夫人处问安。众婆子丫头打扫亭子,收拾杯盘。

---

① 梯己:也写作“体己”,这里指私人积蓄的。

② 明代吴承恩《西游记》第十五回记载:唐僧玄奘去天竺(今印度)取经,龙王三太子化作白马,驮着唐僧去西天取经。

③ 刘智远,即五代十国时期后汉的开国皇帝刘知远(895—948)。“瓜精送盔甲”的故事见于南戏作品《白兔记》第十五出《看瓜》。

④ 凡百:众多、所有、全部的意思。

⑤ 楚霸王,即项羽(前232—前202),名籍,楚国下相(今江苏宿迁)人,参加了秦末农民起义,秦亡后自立为西楚霸王,后与刘邦争天下,失败后自刎乌江。

袭人和平儿同往前去，让平儿到房里坐坐，便问道："这个月的月钱为什么还不放？"平儿见问，忙悄悄说道："迟两天就放了。这个月的月钱我们奶奶早已支了，放给人使了；等利钱收齐了才放呢。——你可不许告诉一个人去。"袭人笑道："难道他还短钱使！何苦还操这心？"平儿笑道："这几年拿着这一项银子，他的公费月例，放出去利钱，一年不到上千的银子呢。"袭人笑道："拿着我们的钱，你们主子奴才赚利钱，哄的我们呆等。"平儿道："你又说没良心的话。你难道还少钱使？"袭人道："我虽不少，——只是我也没地方使去，——就只预备我们那一个。"平儿道："你倘若有要紧事，用银钱使时，我那里还有几两银子，你先拿来使，明日我扣下你的就是了。"袭人道："此时也用不着。怕一时要用起来不够了，我打发人去取就是了。"平儿答应着，一径出了园门，来到家内。只见凤姐儿不在房里。忽见上回来打抽丰①的那刘姥姥和板儿又来了，坐在那边屋里，还有张材家的周瑞家的陪着；又有两三个丫头在地下倒口袋里的枣子倭瓜并些野菜。众人见他进来，都忙站起来了。刘姥姥因上次来过，知道平儿的身分，忙跳下地来，问："姑娘好？"又说："家里都问好。早要来请姑奶奶的安，看姑娘来的，因为庄家忙。好容易今年多打了两石粮食，瓜果菜蔬也丰盛。这是头一起摘下来的，并没敢卖呢，留的尖儿②，孝敬姑奶奶姑娘们尝尝。姑娘们天天山珍海味的也吃腻了，这个吃个野意儿，也算是我们的穷心。"平儿忙道多谢费心。又让坐，自己也坐了。又让"张婶子周大娘坐"。又命小丫头子倒茶去。周瑞张材两家的因笑道："姑娘今日脸上有些春色，眼圈儿都红了。"平儿笑道："可不是。我原是不吃的，大奶奶和姑娘们只是拉着死灌，不得已，喝了两盅，脸就红了。"张材家的笑道："我倒想着要吃呢，又没人让我。明儿再有人请姑娘，可带了我去罢。"说着，大家都笑了。周瑞家的道："早起我就看见那螃蟹了，一斤只好秤了两个三个。这么三大篓，想是有七八十斤呢。"周瑞家的又道："若是上上下下，只怕还不够。"平儿道："那里够，不过都是有名儿的吃两个子。那些散众的，也有摸的着的，也有摸不着的。"刘姥姥道："这样螃蟹，今年就值五分一斤。十斤五钱。五五二两五，三五一十五，再搭上酒菜，一共倒有二十多两银子。阿弥陀佛！这一顿的钱，够我们庄家人过一年的了。"平儿因问："想是见过奶奶了？"刘姥姥道："见过了，叫我们等着呢。"说着，又往窗外看天色，说道："天好早晚了，我们也去罢。别出不去城，才是饥荒呢。"周瑞家的道："这话倒是，我替你瞧瞧去。"说着，一径去了。半日方来，笑道："可是你老的福来了，竟投了这两个人的缘了。"平儿等问："怎么样？"周瑞家的笑道："二奶奶在老太太跟前呢。我原是悄悄的告诉二奶奶：'刘姥姥要家去呢，怕晚了赶不出城去。'二奶奶说：'大远的，难为他扛了些沉东西来。晚了，就住一夜，明儿去罢。'这可不投

① 打抽丰：字面意思是从丰富之中抽取，即利用各种关系向有钱人讨点财物，"分肥"。亦写作"打秋风"。

② 尖儿：上好的、上品的、优等的。

上二奶奶的缘了。这也罢了。偏生老太太又听见了，问刘姥姥是谁。二奶奶便回明白了。老太太说：'我正想个积古的[1]老人家说话儿，请了来我见一见。'这可不是想不到天〔投〕上缘分了。"说着，催刘姥姥下来前去。刘姥姥道："我这生像儿，怎好见的。好嫂子，你就说我去了罢。"平儿忙道："你快去罢，不相干的。我们老太太最是惜老怜贫的，比不得那个狂三诈四的那些人。想是你怯上，我和周大娘送你去。"说着，同周瑞家的引了刘姥姥往贾母这边来。二门口该班的小厮们见了平儿出来，都站了起来，有两个又跑上来，赶着平儿叫"姑娘"。平儿问："又说什么？"那小厮笑道："这会子也好早晚了，我妈病了，等着我去请大夫。好姑娘，我讨半日假可使得？"平儿道："你们倒好，都商议定了，一天一个告假。又不回奶奶，只和我胡缠。前儿住儿去了，二爷偏生叫他叫不着，我应[2]起来了，还说我作了情。你今儿又来了。"周瑞家的道："当真的他妈病了，姑娘也替他应着，放了他罢。"平儿道："明儿一早来。听着，我还要使你呢。再睡的日头晒着屁股才来。你这一去，带个信儿给旺儿，就说奶奶的话，问着他那剩的利钱，明日若不交了来，奶奶也不要了，就越性送他使罢。"那小厮欢天喜地，答应去了。平儿等来至贾母房中，彼时大观园中姊妹们都在贾母前承奉。刘姥姥进去，只见满屋里珠围翠绕，花枝招展，并不知都系何人。只见一张榻上歪着一位老婆婆，身后坐着一个纱罗裹的美人一般的丫鬟，在那里捶腿。凤姐儿站着正说笑。刘姥姥便知是贾母了，忙上来陪着笑，福了几福，口里说："请老寿星安。"贾母亦欠身问好，又命周瑞家的端过椅子来让坐着。那板儿仍是怯人，不知问候。贾母道："老亲家，你今年多大年纪了？"刘姥姥忙立身答道："我今年七十五了。"贾母向众人道："这么大年纪了，还这么健朗。比我大好几岁呢。我要到这么大年纪，还不知怎么动不得呢。"刘姥姥笑道："我们生来是受苦的人，老太太生来是享福的。若我们也这样，那些庄家活也没人作了。"贾母道："眼睛牙齿都还好？"刘姥姥道："都还好，就是今年左边的槽牙活动了。"贾母道："我老了，都不中用了，眼也花，耳也聋，记性也没了。你们这些老亲戚我都不记得了。亲戚们来了，我怕人笑我，我都不会。不过嚼的动的吃两口，睡一觉，闷了时，和这些孙子孙女儿玩笑一回就完了。"刘姥姥笑道："这正是老太太的福了。我们想这么着也不能。"贾母道："什么福，不过是个老废物罢了。"说的大家都笑了。贾母又笑道："我才听见凤哥儿说，你带了好些瓜菜来。叫他快收拾去。我正想个地里现摘的瓜儿菜儿吃。外头买的不像你们田地里的好吃。"刘姥姥笑道："这是野意儿，不过吃个新鲜。依我们想鱼肉吃，只是吃不起。"贾母又道："今儿既认着了亲，别空空儿的就去，不嫌我这里，就住一两天再去。我们也有个园子，园子里头也有果子，你明日也尝尝，带些家去，你也算看亲戚一趟。"凤姐

---

① 积古的：指知道很多古老事情的，即阅历丰富的。

② 应：承当。

儿见贾母喜欢，也忙留道："我们这里虽不比你们的场院大，空屋子还有两间。你住两天，把你们那里的新闻故事儿说些与我们老太太听听。"贾母笑道："凤丫头，别和他取笑儿。他是乡屯里的人，老实，那里搁的住你打趣他。"说着，又命人去先抓果子与板儿吃。板儿见人多了，又不敢吃。贾母又命拿些钱给他，叫小么儿们带他外头玩去。刘姥姥吃了茶，便把些乡村中所见所闻的事情，说与贾母，贾母一发得了趣味。正说着，凤姐儿便命人来请刘姥姥吃晚饭。贾母又将自己的菜拣了几样，命人送过去与刘姥姥吃。凤姐知道合了贾母的心，吃了饭，便又打发过来。鸳鸯忙命老婆子带了刘姥姥去洗了澡，自己挑了两件随常的衣服，命给刘姥姥换上。那刘姥姥那里见过这般行事，忙换了衣裳出来，坐在贾母榻前，又搜寻些话出来说。彼时宝玉姊妹们也都在这里坐着。他们何曾听见过这些话，自觉比那些瞽目先生们说的书还好听。那刘姥姥虽是个村野人，却生来的有些见识；况且年纪老了，世情上经历过的。见头一个贾母高兴，第二见这些哥儿姐儿们都爱听，便没了话也编出些话来讲。因说道："我们村庄上种地种菜，每年每日，春夏秋冬，风里雨里，那里有个坐着的空儿，天天都是在那地头子上作歇马凉亭①，什么奇奇怪怪的事不见呢。就像去年冬天，接连下了几天雪，地下压了三四尺深。我那日起的早，还没出房门，只听外头柴草响。我想着必定是有人偷柴草来了。我爬着窗眼儿一瞧，却不是我们村庄上的人。"贾母道："必定是过路的客人们，冷了，见现成的柴，抽些烤火去，也是有的。"刘姥姥笑道："也并不是客人，所以说来奇怪。老寿星当个什么人？原来是一个十七八岁的极标致的一个小姑娘，梳着溜油光的头，穿着大红袄儿，白绫裙儿。——"才说到这里，忽听外面人吵嚷起来，又说："不相干的，别吓着老太太。"贾母等听了，忙问："怎么了？"丫鬟回说："南院马棚里走了水②。不相干，已经救下去了。"贾母最胆小的，听了这话，忙起身扶了人，出至廊上来瞧，只见东南上火光犹亮。吓的口内念佛，忙命人去火神跟前烧香。王夫人等也忙过来请安，又回说："已经下去了，老太太请进房去罢。"贾母足的③看着火光熄了，方领众人进来。宝玉且忙着问刘姥姥："那女孩儿大雪地里作什么抽柴草？倘或冻出病来呢？"贾母道："都是才说抽柴草，惹出火来了，你还问呢。别说这个了，再说别的罢。"宝玉听说，心里虽不乐，也只得罢了。刘姥姥便又想了一篇话，说道："我们庄子东边庄上有个老奶奶子，今年九十多岁了。他天天吃斋念佛，谁知就感动了观音菩萨，夜里来托梦，说：'你这样虔心，原本你该绝后的，如今奏了玉皇，给你个孙子。'原来这老奶奶只有一个儿子，这儿子也只一个儿子，好容易养到十七八岁上死了，哭的什么似的。后来果然又养了一个，今年才十三四岁，长的雪团儿一般，聪明伶俐非常。可见这些神佛是有的。"这一席话暗合了贾母王夫人的

① 歇马凉亭：本意是指旧时驿路上供行人歇马休息的亭子，这里是指农民把地头当作"歇马凉亭"来休息。

② 走了水：失火。旧时忌讳说"失火"，因此用"走了水"来代替，取水能灭火的意思。

③ 足的：足足的，到底的。

心事，连王夫人也都听住了。

宝玉心中只记挂着抽柴的故事，因闷的心中筹画。探春因问他：“昨日扰了史大妹妹，咱们回去商议着邀一社，又还了席，也请老太太赏菊花，何如?”宝玉道：“老太太说了，还要摆酒还史妹妹的席，叫咱们作陪呢。等吃了老太太的，咱们再请不迟。”探春道：“越往前去越冷了，老太太未必高兴。”宝玉道：“老太太又喜欢下雨下雪的。不如咱们等下头场雪，请老太太赏雪，岂不好？咱们雪下吟诗，也更有趣了。”林黛玉忙笑道：“咱们雪下吟诗？依我说，还不如弄一捆柴火，雪下抽柴，还更有趣儿呢。”说着，宝钗等都笑了。宝玉瞅了他一眼，也不答话。一时散了，背地里宝玉足的拉了刘姥姥，细问那女孩儿是谁。刘姥姥只得编了告诉他道：“那原是我们庄北沿地埂子上有一个小祠堂里供的，不是神佛，当先有个什么老爷——”说着，又想名姓。宝玉道：“不拘什么名姓，你不必想了，只说原故就是了。”刘姥姥道：“这老爷没有儿子，只有一位小姐，名叫茗玉。小姐知书识字，老爷太太爱如珍宝。可惜这茗玉小姐生到十七岁，一病死了。”宝玉听了，跌足叹息，又问后来怎么样。刘姥姥道：“因为老爷太太思念不尽，便盖了这祠堂，塑了这茗玉小姐的像，派了人烧香拨火。如今日久年深的，人也没了，庙也烂了，那像就成了精。”宝玉忙道：“不是成精，规矩这样人是虽死不死的。”刘姥姥道：“阿弥陀佛！原来如此。不是哥儿说，我们都当他成精。他时常变了人出来各村庄店道上闲逛。我才说这抽柴火的就是他了。我们村庄上的人还商议着，要打了这塑像，平了庙呢。”宝玉忙道：“快别如此。若平了庙，罪过不小。”刘姥姥道：“幸亏哥儿告诉我。我明儿回去，拦住他们就是了。”宝玉道：“我们老太太太太都是善人，合家大小也都好善喜舍，最爱修庙塑神的。我明儿做一个疏头①，替你化些布施，你就做香头②，攒了钱，把这庙修盖，再装潢了泥像，每月给你香火钱烧香，岂不好?”刘姥姥道：“若这样，我托那小姐的福，也有几个钱使了。”宝玉又问他地名庄名，来往远近，坐落何方。刘姥姥便顺口胡诌了出来。宝玉信以为真，回至房中，盘算了一夜。次日一早，便出来给了茗烟几百钱，按着刘姥姥说的方向地名，着茗烟去先踏看明白，回来再做主意。那茗烟去后，宝玉左等也不来，右等也不来，急的热锅上的蚂蚁一般。好容易等到日落，方见茗烟兴兴头头的回来。宝玉忙问：“可有庙了?”茗烟笑道：“爷听的不明白，叫我好找。那地名坐落，不似爷说的一样，所以找了一日，找到东北上田埂子上才有一个破庙。”宝玉听说，喜的眉开眼笑，忙说道：“刘姥姥有年纪的人，一时错记了，也是有的。你且说你见的。”茗烟道：“那庙门却倒是朝南开，也是稀破的。我找的正没好气，一见这个，我说‘可好了’，连忙进去。一看泥胎，吓的我跑出来了，活似真的一般。”宝玉喜的笑道：“他能变化人了，自然有些生

① 疏头：这里指为修庙募捐的启事文章。

② 香头：寺庙中主管香火的头目。

气。”茗烟拍手道：“那里有什么女孩儿，竟是一位青脸红发的瘟神爷。”宝玉听了，啐了一口，骂道：“真是一个无用的杀材！这点子事也干不来。”茗烟道：“二爷又不知看了什么书，或者听了谁的混话，信真了，把这件没头脑的事派我去碰头，怎么说我没用呢。”宝玉见他急了，忙抚慰他道：“你别急。改日闲了，你再找去。若是他哄我们呢，自然没了；若竟是有的，你岂不也积了阴骘。我必重重的赏你。”正说着，只见二门上的小厮来说：“老太太房里的姑娘们，站在二门口，找二爷呢。”且听下回分解。

（曹雪芹、高鹗著，俞平伯校，启功注：《红楼梦》，人民文学出版社2000年版。）

赏析

《红楼梦》是中国古典小说的艺术高峰，是一部人物鲜活生动，内容极其丰富，思想极其深刻的伟大杰作。《红楼梦》所写的表层故事，是身处社会上层的公子哥贾宝玉与青春少女林黛玉、薛宝钗之间的爱情（木石前盟）与婚姻（金玉良缘）悲剧，深层意蕴是揭示以贾、史、王、薛四大家族为典型代表的封建势力走向衰败的主要原因，从而揭露封建末世的种种矛盾、黑暗与罪恶。《红楼梦》全书共一百二十回，我们从中选取的是第三十九回。像《红楼梦》这类优秀成熟的章回小说，在回目上特别讲究对偶与文采，第三十九回的回目“村姥姥是信口开河　情哥哥偏寻根究底”，对仗就非常工整。

曹雪芹在《红楼梦》第五回中说：“世事洞明皆学问，人情练达即文章。”从这第三十九回中，足以见出作者“世事洞明”“人情练达”。这一回中主要讲刘姥姥二进荣国府后的见闻与经历，成功塑造了一位阅历丰富、乐观幽默、能说会道、善良朴质的刘姥姥的形象。刘姥姥第一次进荣国府，是来打抽丰的（穷困之极来寻求经济救济），这一次则带来了许多庄稼地里的东西，如枣子、倭瓜、野菜。刘姥姥对平儿说：“早要来请姑奶奶的安，看姑娘来的，因为庄家忙。好容易今年多打了两石粮食，瓜果菜蔬也丰盛。这是头一起摘下来的，并没敢卖呢，留的尖儿，孝敬姑奶奶姑娘们尝尝。姑娘们天天山珍海味的也吃腻了，这个吃个野意儿，也算是我们的穷心。”一方面可以见出刘姥姥懂得报恩，善良质朴；另一方面也可看出刘姥姥精通人情世故。刘姥姥虽然生活在乡村，但见多识广，她在贾母房中，绘声绘色地说些乡野见闻给贾母、宝玉及大观园中姊妹逗乐。虽然她在瞎编故事时表现出会察言观色，投人所好的世故，但也足以说明刘姥姥是个天生的会讲故事、编故事的能手。她能根据听众的审美品位，即兴编讲讨喜的故事，效果极好。她所编的雪地里抽柴草的故事，引起了贾宝玉的极大兴趣，以至于宝玉念念不忘，背地里拉了刘姥姥追问根底，又派茗烟按照刘姥姥说的方向地名去打探情形；她所编的观音菩萨托梦送孙的故事，“暗合了贾母王夫人的心事，连王夫人也都听住了”。

《红楼梦》之所以是一部杰出的世情小说，与它描绘世态人情的真切、自然、细腻密不可分。这一回中，没有惊天动地的大事，没有可歌可泣的英雄，只有贾府的一群儿女、丫鬟、仆妇和一个来自乡村的老太太，但作者驾轻就熟，娓娓道来。贾母笑着对刘姥姥说：“我才听见凤哥儿说，你带了好些瓜菜来。叫他快收拾去。我正想个地里现摘的瓜儿菜儿吃。外头买的不像你们田地里的好吃。”刘姥姥回答道：“这是野意儿，不过吃个新鲜。依我们想鱼肉吃，只是吃不起。”这样的“话家常”何其真实、自然、亲切！仿佛就在描写我们自己身边的事情。

这一回又提到王熙凤挪用丫鬟的月钱在外放高利贷，反映王熙凤之类的贵族阶层的贪得无厌。又提到贾府三大篓的螃蟹宴。刘姥姥听见后说：“这样螃蟹，今年就值五分一斤。十斤五钱。五五二两五，三五一十五，再搭上酒菜，一共倒有二十多两银子。阿弥陀佛！这一顿的钱，够我们庄家人过一年的了。”这样一个不经意的细节，恰恰反映了当时贫富差距的悬殊，这也正是贾府衰败及封建制度没落的主要原因之一。

第三节　拓展阅读

《中国小说的历史的变迁》（节选）·鲁迅

《中国小说的历史的变迁》本是1924年7月鲁迅在西安讲述中国小说史时的讲义，共包括六讲，标题依次为：“从神话到神仙传”“六朝时之志怪与志人”“唐之传奇文”“宋人之‘说话’及其影响”“明小说之两大主潮”“清小说之四派及其末流”。经鲁迅本人修订后，收入西北大学出版部1925年3月印行的《国立西北大学、陕西教育厅合办暑期学校讲演集》（二）。后来以“附录”的形式，编入《中国小说史略》。在《中国小说的历史的变迁》中，作者高屋建瓴，系统、简要地介绍了我国古典小说的发展脉络。对于试图游览古典小说园地的游客来说，《中国小说的历史的变迁》确是一个有价值的向导。

第六讲　清小说之四派及其末流

清代底小说之种类及其变化，比明朝比较的多，但因为时间关系，我现在只可分作四派来说一个大概。这四派便是：一、拟古派；二、讽刺派；三、人情派；四、侠义派。

一、拟古派　所谓拟古者，是指拟六朝之志怪，或拟唐朝之传奇者而言。唐人底小说单本，到明时什九散亡了，偶有看见模仿的，世间就觉得新异。元末明初，先有钱唐瞿佑仿了唐人传奇，作《剪灯新话》，文章虽没有力，而用些艳语来描画闺情，所以特为时流所喜，仿效者很多，直到被朝廷禁止，这风气才渐渐的衰歇。但到了嘉靖间，唐人底传奇小说盛行起来了，从此模仿者又在在皆是，文人大抵喜欢做几篇传奇体的文章；其专做小说，合为一集的，则《聊斋志异》最有名。《聊斋志异》是山东淄川人蒲松龄做的。有人说他作书以前，天天在门口设备茗烟，请过路底人讲说故事，作为著作的材料；但是多由他的朋友那里听来的，有许多是从古书尤其是从唐人传奇变化而来的——如《凤阳士人》，《续黄粱》等就是——所以列他于拟古。书中所叙，多是神仙，狐鬼，精魅等故事，和当时所出同类的书差不多，但其优点在：（一）描写详细而委曲，用笔变幻而熟达。（二）说妖鬼多具人情，通世故，使人觉得可亲，并不觉得很可怕。不过用古典太多，使一般人不容易看下去。

《聊斋志异》出来之后，风行约一百年，这其间模仿和赞颂它的非常之多。但到了乾隆末年，有直隶献县人纪昀出来和他反对了，纪昀说《聊斋志异》之缺点有二：(一)体例太杂。就是说一个人的一个作品中，不当有两代的文章的体例，这是因为《聊斋志异》中有长的文章是仿唐人传奇的，而又有些短的文章却象六朝的志怪。(二)描写太详。这是说他的作品是述他人的事迹的，而每每过于曲尽细微，非自己不能知道，其中有许多事，本人未必肯说，作者何从知之？纪昀为避此两缺点起见，所以他所做的《阅微草堂笔记》就完全模仿六朝，尚质黜华，叙述简古，力避唐人的做法。其材料大抵自造，多借狐鬼的话，以攻击社会。据我看来，他自己是不信狐鬼的，不过他以为对于一般愚民，却不得不以神道设教。但他很有可以佩服的地方：他生在乾隆间法纪最严的时代，竟敢借文章以攻击社会上不通的礼法，荒谬的习俗，以当时的眼光看去，真算得很有魄力的一个人。可是到了末流，不能了解他攻击社会的精神，而只是学他的以神道设教一面的意思，于是这派小说差不多又变成劝善书了。

拟古派的作品，自从以上二书出来以后，大家都学它们；一直到了现在，即如上海就还有一群所谓文人在那里模仿它。可是并没有什么好成绩，学到的大抵是糟粕，所以拟古派也已经被踏死在它的信徒的脚下了。

二、讽刺派　小说中寓讥讽者，晋唐已有，而在明之人情小说为尤多。在清朝，讽刺小说反少有，有名而几乎是唯一的作品，就是《儒林外史》。《儒林外史》是安徽全椒人吴敬梓做的。敬梓多所见闻，又工于表现，故凡所有叙述，皆能在纸上见其声态；而写儒者之奇形怪状，为独多而独详。当时距明亡没有百年，明季底遗风，尚留存于士流中，八股而外，一无所知，也一无所事。敬梓身为士人，熟悉其中情形，故其暴露丑态，就能格外详细。其书虽是断片的叙述，没有线索，但其变化多而趣味浓，在中国历来作讽刺小说者，再没有比他更好的了。一直到了清末，外交失败，社会上的人们觉得自己的国势不振了，极想知其所以然，小说家也想寻出原因的所在；于是就有李宝嘉归罪于官场，用了南亭亭长的假名字，做了一部《官场现形记》。这部书在清末很盛行，但文章比《儒林外史》差得多了；而且作者对于官场的情形也并不很透彻，所以往往有失实的地方。嗣后又有广东南海人吴沃尧归罪于社会上旧道德的消灭，也用了我佛山人的假名字，做了一部《二十年目睹之怪现状》。这部书也很盛行，但他描写社会的黑暗面，常常张大其词，又不能穿入隐微，但照例的慷慨激昂，正和南亭亭长有同样的缺点。这两种书都用断片凑成，没有什么线索和主角，是同《儒林外史》差不多的，但艺术的手段，却差得远了；最容易看出来的就是《儒林外史》是讽刺，而那两种都近于谩骂。

讽刺小说是贵在旨微而语婉的，假如过甚其辞，就失了文艺上底价值，而它的末流都没有顾到这一点，所以讽刺小说从《儒林外史》而后，就可以谓之绝响。

三、人情派　此派小说，即可以著名的《红楼梦》做代表。《红楼梦》其初名《石头记》，共有八十回，在乾隆中年忽出现于北京。最初皆抄本，至乾隆五十七年，才有程伟元刻本，加多四十回，共一百二十回，改名叫《红楼梦》。据伟元说：乃是从旧家及鼓担上收集而成全部的。至其原本，则现在已少见，惟现有一石印本，也不知究是原本与否。《红楼梦》所叙为石头城中——未必是今之南京——贾府的事情。其主要者为荣国府的贾政生子宝玉，聪明过人，而绝爱异性；贾府中实亦多好女子，主从之外，亲戚也多，如黛玉，宝钗等，皆来寄寓，史湘云亦常来。而宝玉与黛玉爱最深；后来政为宝玉娶妇，却迎了宝钗，黛玉知道以后，吐血死了。宝玉亦郁郁不乐，悲叹成病。其后宁国府的贾赦革职查抄，累及荣府，于是家庭衰落，宝玉竟发了疯，后又忽而改行，中了举人。但不多时，忽又不知所往了。后贾政因葬母路过毗陵，见一人光头赤脚，向他下拜，细看就是宝玉；正欲问话，忽来一僧一道，拉之而去。追之无有，但见白茫茫一片荒野而已。

《红楼梦》的作者，大家都知道是曹雪芹，因为这是书上写着的。至于曹雪芹是何等样人，却少有人提起过；现经胡适之先生的考证，我们可以知道大概了。雪芹名霑，一字芹圃，是汉军旗人。他的祖父名寅，康熙中为江宁织造。清世祖南巡时，即以织造局为行宫。其父頫，亦为江宁织造。我们由此就知道作者在幼时实在是一个大世家的公子。他生在南京。十岁时，随父到了北京。此后中间不知因何变故，家道忽落。雪芹中年，竟至穷居北京之西郊，有时还不得饱食。可是他还纵酒赋诗，而《红楼梦》的创作，也就在这时候。可惜后来他因为儿子夭殇，悲恸过度，也竟死掉了——年四十余——《红楼梦》也未得做完，只有八十回。后来程伟元所刻的，增至一百二十回，虽说是从各处搜集的，但实则其友高鹗所续成，并不是原本。

对于书中所叙的意思，推测之说也很多。举其较为重要者而言：（一）是说记纳兰性德的家事，所谓金钗十二，就是性德所奉为上客的人们。这是因为性德是词人，是少年中举，他家后来也被查抄，和宝玉的情形相仿佛，所以猜想出来的。但是查抄一事，宝玉在生前，而性德则在死后，其他不同之点也很多，所以其实并不很相像。（二）是说记顺治与董鄂妃的故事，而又以鄂妃为秦淮旧妓董小宛。清兵南下时，掠小宛到北京，因此有宠于清世祖，封为贵纪；后来小宛夭逝，清世祖非常哀痛，就出家到五台山做了和尚。《红楼梦》中宝玉也做和尚，就是分明影射这一段故事。但是董鄂妃是满洲人，并非就是董小宛，清兵下江南的时候，小宛已经二十八岁了；而顺治方十四岁，决不会有把小宛做妃的道理。所以这一说也不通的。（三）是说叙康熙朝政治底状态的；就是以为石头记是政治小说，书中本事，在吊明之亡，而揭清之失。如以"红"影"朱"字，以"石头"指"金陵"，以"贾"斥伪朝——即斥"清"，以金陵十二钗讥降清之名士。然此说未免近于穿凿，况且现在既知道作者既是汉军旗人，似乎不至于代汉人来抱亡国之痛的。（四）是说自叙；

此说出来最早，而信者最少，现在可是多起来了。因为我们已知道雪芹自己的境遇，很和书中所叙相合。雪芹的祖父，父亲，都做过江宁织造，其家庭之豪华，实和贾府略同；雪芹幼时又是一个佳公子，有似于宝玉；而其后突然穷困，假定是被抄家或近于这一类事故所致，情理也可通——由此可知《红楼梦》一书，说是大部分为作者自叙，实是最为可信的一说。

至于说到《红楼梦》的价值，可是在中国底小说中实在是不可多得的。其要点在敢于如实描写，并无讳饰，和从前的小说叙好人完全是好，坏人完全是坏的，大不相同，所以其中所叙的人物，都是真的人物。总之自有《红楼梦》出来以后，传统的思想和写法都打破了。——它那文章的旖旎和缠绵，倒是还在其次的事。但是反对者却很多，以为将给青年以不好的影响。这就因为中国人看小说，不能用赏鉴的态度去欣赏它，却自己钻入书中，硬去充一个其中的脚色。所以青年看《红楼梦》，便以宝玉，黛玉自居；而年老人看去，又多占据了贾政管束宝玉的身分，满心是利害的打算，别的什么也看不见了。

《红楼梦》而后，续作极多：有《后红楼梦》，《续红楼梦》，《红楼后梦》，《红楼复梦》，《红楼补梦》，《红楼重梦》，《红楼幻梦》，《红楼圆梦》……大概是补其缺陷，结以团圆。……

四、侠义派　侠义派底小说，可以用《三侠五义》做代表。这书的起源，本是茶馆中的说书，后来能文的人，把它写出来，就通行于社会了。当时底小说，有《红楼梦》等专讲柔情，《西游记》一派，又专讲妖怪，人们大概也很觉得厌气了，而《三侠五义》则别开生面，很是新奇，所以流行也就特别快，特别盛。当潘祖荫由北京回吴的时候，以此书示俞曲园，曲园很赞许，但嫌其太背于历史，乃为之改正第一回；又因书中的北侠，南侠，双侠，实已四人，三不能包，遂加上艾虎和沈仲元；索性改名为《七侠五义》。这一种改本，现在盛行于江浙方面。但《三侠五义》，也并非一时创作的书，宋包拯立朝刚正，《宋史》有传；而民间传说，则行事多怪异；元朝就传为故事，明代又渐演为小说，就是《龙图公案》。后来这书的组织再加密些，又成为大部的《龙图公案》，也就是《三侠五义》的蓝本了。因为社会上很欢迎，所以又有《小五义》，《续小五义》，《英雄大八义》，《英雄小八义》，《七剑十三侠》，《七剑十八义》等等都跟着出现。——这等小说，大概是叙侠义之士，除盗平叛的事情，而中间每以名臣大官，总领一切。其先又有《施公案》，同时则有《彭公案》一类的小说，也盛行一时。其中所叙的侠客，大半粗豪，很像《水浒》中底人物，故其事实虽然来自《龙图公案》，而源流则仍出于《水浒》。不过《水浒》中人物在反抗政府；而这一类书中底人物，则帮助政府，这是作者思想的大不同处，大概也因为社会背景不同之故罢。这些书大抵出于光绪初年，其先曾经有过几回国内的战争，如平长毛，平捻匪，平教匪等，许多市井中人，粗人无赖之流，因为从军立功，多得顶戴，人民非常羡慕，愿听“为王前驱”的故事，所以茶馆中发生的小说，自然也受了影响了。现在《七侠五义》已出到二十四集，《施公案》出到十集，《彭公案》十七集，而大抵千篇一律，语多不通，我们对此，无多批评，只是很觉得作者和看者，都能够如此之不惮烦，也算是一件奇迹罢了。

上边所讲的四派小说，到现在还很通行。此外零碎小派的作品也还有，只好都略去了它们。至于民国以来所发生的新派的小说，还很年幼——正在发达创造之中，没有很大的著作，所以也姑且不提起它们了。

(鲁迅著：《中国小说史略》，中华书局 2010 年版。)

思考与练习

1. 简述中国文言小说的发展历程。
2. 古典文言小说与白话小说有何区别？
3. 《霍小玉传》中霍小玉与李益的爱情为什么会以悲剧收场？
4. 如果你是金玉奴，你会原谅薄情郎莫稽吗？
5. 学术界普遍认为《红楼梦》是中国古典小说的顶峰之作，请谈谈你的看法。

本章推荐书目

1. 鲁迅：《中国小说史略》，中华书局 2010 年版。
2. 张友鹤：《唐宋传奇选》，人民文学出版社 1964 年版。
3. 李宗为：《唐人传奇》，中华书局 2003 年版。
4. 卞孝萱：《唐传奇新探》，江苏教育出版社 2001 年版。
5. 宁稼雨：《中国志人小说史》，辽宁人民出版社 1991 年版。
6. 程毅中：《宋元小说研究》，凤凰出版社 1999 年版。
7. 韩南：《中国白话小说史》，浙江古籍出版社 1989 年版。
8. 苗壮：《中国历代小说》，辽海出版社 2011 年版。
9. 刘叶秋：《历代笔记概述》，北京出版社 2016 年版。
10. 马瑞芳：《马瑞芳说聊斋》，作家出版社 2007 年版。

第七章　古代散文

散文是一种重要的文学体裁，它可以叙事、可以抒情、也可以说理；它没有经书的庄严，也没有史诗的凝重，历史掌故、名人轶事、山川河流、风景名胜、玄思冥想、饮茶观花，都可以用散文记述和表达。散文之美，美在情思，或激昂、或平淡、或低沉、或哀婉，写的人淋漓尽致，读的人心驰神往；散文之美，美在辞章，或古奥典雅、或清新秀丽、或幽默风趣、或质朴自然，写的人字斟句酌，读的人余香满口；散文之美，美在自由，陈年旧事、社会新生、上古遗闻、当代传说，无论雅俗、不分古今，均可信手拈来，或针砭、或褒扬，一切随顺自然。

第一节　古代散文概述

在中国文学的历史长河中，散文的创作一直是文坛的主流。无论是战火纷飞的乱世，还是岁月静好的盛世，散文，都以它独特的面貌，优雅地存在于各个朝代。

一、姹紫嫣红的先秦散文

先秦时期，正逢乱世，但散文的创作却产量颇丰，归结起来，可以分成两大类：一类是叙事散文，一类是说理散文。

1. 生动严谨的叙事散文

叙事散文，又称历史散文，以记录历史事件和政治言论为主，如《尚书》《春秋》《左传》《国语》《战国策》等。

《尚书》是我国第一部散文集，被尊为记言文之祖，主要记载古代帝王或大臣的讲话、誓词和文诰等，因其形成较早，文字有些艰深晦涩，古奥难懂。《春秋》是我国最早的一部编年体史书，它以鲁国十二公为记事线索，简要记载了周王朝、鲁国和其他各国的历史事件，其文字简洁严谨，善于在一字之中寄寓作者的褒贬之意，这种方法为后世的史书作者所继承，被称为“春秋笔法”“微言大义”。《左传》又名《左氏春秋》，是《春秋左氏传》的简称，它是继《春秋》之后我国又一部编年体史书，原为《春秋》三传（《左传》《公羊传》和《谷梁传》）之一，实际上是一部独立撰写的编年体史书。《左传》内容丰富，善于剪裁，写人叙事都很生动精彩，尤其擅长描写战争，是后世散文家学习的典范。《国语》是我国第一部国别体史书，它主要记载周王朝和其他诸侯各国的史事，是当时各国的史料汇编。《国语》以记言为主，整体成就不如《左传》，但思维缜密，文字有通俗化、口语化的特点，语言生动活泼而富于形象性。

《战国策》也是一部国别体史书，主要记述战国时期谋臣策士游说诸侯或进行论辩时的政治主张和斗争策略。其人物塑造个性鲜明，故事情节生动曲折，文字铺张扬厉，喜欢夸张渲染，善用譬喻、排偶等修辞手法，具有纵横家的雄辩色彩。

2. 析理透辟的说理散文

说理散文，又称诸子散文，以记录各派学说为主，如《论语》《老子》《庄子》《孟子》《荀子》《韩非子》《吕氏春秋》等。

《论语》《孟子》《荀子》都是儒家学派的经典著作。《论语》由孔子弟子及再传弟子编订而成，是一部语录体散文，或是记录孔子的只言片语，或是记录孔子与弟子及时人的对话，因而大都篇幅不长，但是语言质朴精炼，言简意赅，善用比喻，富有哲理。《孟子》主要记录孟子的言论和活动，由孟子和他的弟子共同编订完成。《孟子》一书以犀利雄辩著称，其文气势充沛、感情强烈，长于辩论、善设机巧，善用比喻、排比等修辞手法，以增强文章的说服力。《荀子》主要宣扬荀子的性恶论和礼法兼治等政治主张，主要由荀子本人所著。《荀子》长于说理，分析透辟，句式多用排偶，修辞善用比喻，文章整体结构严谨，词汇丰富，形成一种浑厚之美。

《老子》又名《道德经》，是道家学派的经典著作，由老子自撰，它集中反映了老子的哲学思想，主要探讨的是世界的本源及人与自然、社会的关系问题。《老子》行文洗练，文字玄妙深奥，句式以韵文为主，韵散结合，兼用比喻和排偶说理，其深刻的哲学思想对后世影响极为深远。

《庄子》也是一部道家的经典著作，主要阐述庄子对自然、社会、人生的理解，由庄子及其后学编著而成。《庄子》一书是先秦散文中文学成就最高的作品，其文汪洋恣肆，辞藻瑰丽、想象丰富、构思奇特，多用寓言说理，讽刺辛辣、幽默机智，抒情色彩较浓。

《韩非子》是法家的经典著作，主要记录韩非以法为上的政治主张，由韩非本人所著。《韩非子》立论新颖、析理透彻、设喻生动，行文严谨周密，文风犀利峻峭，是先秦时期最为出色的议论文。

《吕氏春秋》是我国古代第一部在结构上有组织、有系统的著作，由秦国丞相吕不韦命其门客编写而成，因其杂糅了儒、墨、道、法、名、阴阳等各派学说，所以被认为是杂家的代表作。《吕氏春秋》整体文风平易晓畅，结构严谨，尤其善于运用寓言故事说理。

总之，先秦是中国散文史上的黄金时代，其叙事生动，说理透辟，语言精练简洁的特点，为后世散文的发展奠定了很好的基础。

二、独具特色的秦汉散文

秦汉时期的散文主要包括两种类型：一种是以记录历史人物和事件为主，兼有史学和文学色彩的史传文学；一种是以议论政事，阐发哲理为主的政论哲理散文。

1. 彪炳千秋的史传文学

秦汉时期，史传文学的发展达到巅峰，西汉著名的史官司马迁历时 14 年，创作了中国历史上第一部纪传体通史《史记》。作为古代散文的典范，《史记》语言清新活泼，词句通俗晓畅，句式参差错落；人物塑造生动逼真，场面描写惊心动魄；情感抒发深沉厚重，悲慨豪壮。《史记》文学、史学价值之高，被鲁迅先生誉为“史家之绝唱，无韵之离骚”。东汉著名学者班固，前后历时20余年，创作了中国第一部纪传体断代史《汉书》。《汉书》观念正统，笔法精细，文字偏艰深，语言趋向骈偶，虽缺乏《史记》的深刻见识和大胆批判精神，但对史实的记载详尽严谨，尤其在文章收录方面对后世影响巨大。从史学角度看，这两部巨作开中国史书体例先河，其纪、表、志、传的结构体例，成为后世史书的基本体式，其考信求实的写作态度，成为后世史学家最基本的创作要求；从文学角度看，其生动形象的人物塑造，简洁明快的语言风格，深沉厚重的情感蕴涵，为后世的小说创作提供了很好的借鉴。

2. 成熟务实的政论散文

除史传文学以外，秦汉时期的政论哲理散文也是后世散文学习的典范。这类散文在内容上的突出特点是服从现实政治的需要，反映并研究现实，艺术上的整体特点是篇章结构完整、逻辑推理严密、语言日趋骈偶化，是完全成熟的议论文，但具体到每个作家的作品，风格又各具特色，如李斯的《谏逐客书》辞采华美、气势奔放、排比铺张、音节流畅，被称为“骈体初祖”；贾谊的《过秦论》《论积贮疏》等行文畅达、语言犀利、铺张渲染、气势充沛，具有战国纵横家的风采；桓宽的《盐铁论》则文字简洁锋利、浑朴质实；王充的《论衡》话题广泛、论证全面、征引广博、说理透辟，语言浅近通俗，具有强烈的批判精神。

秦汉散文对后世影响最大的是史传文学，不仅开中国纪传体史书创作先河，而且其生动精彩的写人叙事技巧，成为后世小说家模仿的对象；其中保存的重要史料，更是为后世的戏曲创作提供了很多素材。

三、异彩纷呈的魏晋南北朝散文

魏晋南北朝时期骈文盛行，散文在继承先秦两汉传统的基础上，更加注重情感的抒发、思理的辨析，同时也受到当时骈文和辞赋的影响，语言更加华美、声韵更加和谐，但不同作家风格也各不相同。

1. 各显其志的魏晋散文

魏晋时期，建安文学独领风骚，“三曹”虽为父子，但其散文却各具特色：曹操的《让县自明本志令》等政令散文清峻通脱，恳切坦率，不愧为“改造文章的祖师”；曹丕的《与吴质书》等书信体散文清丽流畅，细腻婉约；曹植的《与杨德祖书》等书表类散文则情文并茂，文采焕然，凸显出才高八斗的才情。“建安七子”中孔融的散文情词恳切，陈琳和阮瑀的章表书记类散文引证古今，慷慨激昂；诸葛亮的前、后《出师表》叙事周详、说理透彻，字里行间，感情充溢；阮籍的《大人先生传》语言华丽，音调铿锵；嵇康的《与山巨源绝交书》论点鲜明，析理绵密，语言骈散相兼，句式灵活多变；陶渊明的《桃花源记》《五柳先生传》等散文语言质朴自然，感情真挚，在玄风盛行的东晋文坛实为一股难得的清流。

2. 文笔分途的南北朝散文

南北朝时期，文坛上有了“文”“笔”之分，以无韵者为笔（应用文体），以有韵者为文（文学文体），文人重“文”轻“笔”，散文更趋骈丽。文人们也各有所长，有“沈（沈约）诗任

(任昉)笔”之说。南北朝散文风格迥异,南朝文风绮丽婉约,北朝文风质朴刚健,其中,以被称为“北朝三书”的《水经注》《洛阳伽蓝记》《颜氏家训》三部散文集最为著名。郦道元的《水经注》本是一部水利、地理学著作,但因其对自然景物和风土人情的出色描摹,这部书也被视为我国重要的山水游记散文经典。杨衒之的《洛阳伽蓝记》名为佛教著作,但在描绘佛教建筑宏伟壮丽的同时,对当时社会现实也有翔实而生动的记述。颜之推的《颜氏家训》内容广泛,涵盖文学、历史、哲学等诸多方面,是儒家思想在教育子弟方面的代表性著作。

另外,魏晋南北朝时期还出现了两部著名的史传文学作品,一部是西晋陈寿的《三国志》,一部是南朝范晔的《后汉书》。《三国志》文风简明朴实,属对自然;《后汉书》立论客观,见解精辟。此二书与《史记》《汉书》并称为我国史学“二十四史”中的“前四史”,可见其史学地位之重。

四、交相辉映的唐宋散文

唐宋时期,是古代散文的又一个巅峰时期,以“唐宋八大家”(韩愈、柳宗元、苏轼、苏洵、苏辙、欧阳修、王安石、曾巩)为首,开启了散文创作的新纪元。

1. 锐意变革的唐代散文

唐代的韩愈,继承先秦两汉的散文传统,以弘扬儒家思想为己任,反对六朝以来的骈俪文风,与柳宗元一起,倡导古文运动,开辟了唐宋以后古文发展的新路径。韩愈作为古文运动的发起者,首先提出“文以明道”的思想主张,强调散文的社会教化作用,继而提出“不平则鸣”的创作口号,肯定散文的抒情和批判功能。在散文创作上,韩愈也以身作则,不但恢复了先秦两汉的古文传统,而且扩大了散文的应用范围,举凡赠序、杂感、奏议、哀诔、记传等,都用散文表达。他的散文形式自由、构思巧妙、感情充沛、逻辑严谨、词汇丰富而描写简洁生动,韩愈在唐代散文领域的突出贡献被苏轼誉为“文起八代之衰”。柳宗元的散文创作具有更鲜明的文学特征,他的杂文立意新颖、见解深刻,善于借题发挥、小中见大;他的寓言描写生动传神,讽刺辛辣深刻;他的山水游记文笔凝练、语言清新、写景细腻精湛,尤善于将自身情感寄寓在山水之中,创作出情景交融的艺术境界。

2. 名家辈出的宋代散文

宋代散文,在欧阳修和苏轼、王安石等人的手上,继往开来,发扬光大,一步一步走向辉煌。欧阳修作为北宋文坛的一代盟主,继承韩柳古文的未竟之业,不仅自己身体力行,而且大力奖掖后进、培养人才,宋代文坛多受他的影响。欧阳修的散文内容充实、形式多样:政论文义正词严、感情激越;史论文见解深刻、低回感慨;记叙文则婉转流畅、平易自然、语言朴素清新,开有宋一代文风。苏轼作为欧阳修的继任者,凭借自己雄大的才力,将宋代散文创作推向巅峰。他的散文兼有纵横家的雄放气势、庄子的丰富联想和恣意挥洒的个人气质。他的议论文视野开阔、哲理深刻,文笔汪洋恣肆、议论纵横驰骋;他的记叙文夹叙夹议、情景交融,真正做到了叙事、抒情、说理三者的完美结合,充分体现了一代文豪的风采。王安石作为“唐宋八大家”之一,其散文成就以议论文为最高,他的散文带有强烈的经世色彩，针砭时弊、文笔犀利、析理精微，简洁峻切而又逻辑严密，具有很强的说服力。

唐宋时期的散文不仅名家辈出，而且异彩纷呈。正是这些人的不懈努力，使唐宋散文在中国散文史上留下了浓墨重彩的一笔；也正是他们的努力，才真正确立了散体古文的正宗地位，使自六朝以来统治文坛六百多年的骈文就此终结。

五、古今杂糅的明清散文

明清时期，在前人巨大的成就面前，文人对散文的认知出现了很大的分歧，相应的散文领域也出现了复古与创新的不同特色。

1. 以古为新的明代散文

明代文坛出现了复古与反复古的论争。以归有光等为代表的“唐宋派”，大力提倡学习唐宋散文的法度，推崇韩、柳、欧、苏等唐宋大家，以反对前后七子所谓的“文必秦汉，诗必盛唐”的拟古主张，而后起的李贽和“公安派”则主张文学创作应该“独抒性灵，不拘格套”，这其中，以归有光和袁宏道的散文创作成就为最高。归有光长于即事抒情，善用自然清新、朴实细腻的笔调记叙生活琐事，文笔平淡纡徐、感情真挚，不事雕琢而韵味悠长。袁宏道是“公安派”的代表人物，他的散文张扬个性、挥洒自如、真情畅达、自然清新。

2. 文风各异的清代散文

清初散文分为“学人之文”和“文人之文”。以顾炎武、黄宗羲、王夫之为代表的“学人之文”强调民族气节，抨击黑暗时弊，文风朴实；以侯方域、魏禧、汪琬为代表的“文人之文”继承传统散文特点，写人叙事，生动形象，更具史传文学的色彩。清代最大的散文流派是以安徽人方苞、刘大櫆和姚鼐为代表的“桐城派”，这一派别有较为完整的散文理论体系，提倡“义理”“考据”“辞章”三者的统一，强调以严整之文，明封建纲常之道。他们在思想上尊崇程朱理学，散文上近接唐宋派，远宗“唐宋八大家”，是清代人数最多、时间最长、影响最大的散文流派。

3. 活泼灵巧的明清小品文

明清时期，散文的发展还出现了一个新动向：小品文因其体式自由，短小灵活，简练隽永，兼具议论、抒情、叙事等多重功能而备受青睐，尤其是晚明，小品文大盛，名家名篇迭出。明清两代涌现出了许多小品文大家，诸如明代的李贽、袁宏道、陈继儒、王思任、冯梦龙，清代的郑燮、袁枚、沈复等。其中，袁宏道的散文写人生动鲜活，情绪饱满；写景细腻悠远，情致盎然。沈复的散文记述居家琐事却文笔清新，哀婉缠绵。小品文的集大成者，非晚明张岱莫属。张岱的散文，汲取唐宋散文的精华，兼有魏晋笔记的谐趣和隽永，寄寓悠远而情味悠长。

明清小品文的影响之深远，经过现代的林语堂、梁实秋、周作人，直至当代的余光中、余秋雨等。

第二节 古代散文选读

《史记·项羽本纪》(节选)·司马迁

司马迁(前145—?),字子长,陕西韩城人,西汉著名史学家、文学家。他出生于史官家庭,少年时期受过良好的文化熏陶,青年时期曾多次漫游,足迹遍布大江南北,这些经历为后来撰写《史记》打下了坚实的基础。公元前108年,他继父职任太史令,四年后开始编写《史记》。公元前98年,他因替投降匈奴的李陵辩护,被处以宫刑。出狱后,他含垢忍辱,继续编写《史记》,终于在公元前91年前后,完成了《史记》的创作。《史记》是我国纪传体史书的开山之作,也是我国传记文学的开端。《史记》全书共一百三十篇,五十二万多字,包括十表、八书、十二本纪、三十世家、七十列传。它记叙了上自黄帝、下至汉武帝时期三千多年的历史,是我第一部纪传体通史。《史记》叙事详略得当,写人栩栩如生,抒情深沉悲慨,对后世小说创作影响很大。

项王军壁垓下①,兵少食尽,汉军及诸侯兵围之数重。夜闻汉军四面皆楚歌,项王乃大惊曰:"汉皆已得楚乎?是何楚人之多也!"项王则夜起,饮帐中。有美人名虞,常幸从②;骏马名骓③,常骑之。于是项王乃悲歌慷慨,自为诗曰:"力拔山兮气盖世,时不利兮骓不逝④。骓不逝兮可奈何,虞兮虞兮奈若何!"歌数阕,美人和之。项王泣数行下,左右皆泣,莫能仰视。

于是项王乃上马骑,麾下壮士骑从者八百余人,直夜⑤溃围南出,驰走。平明,汉军乃觉之,令骑将灌婴以五千骑追之。项王渡淮,骑能属⑥者百余人耳。项王至阴陵⑦,迷失道,问一田父,田父绐⑧曰:"左。"左,乃陷大泽中,以故汉追及之。项王乃复引兵而东,至东城,乃有二十八骑。汉骑追者数千人。项王自度不得脱,谓其骑曰:"吾起兵至今八岁矣,身七十余战,所当者破⑨,所击者服,未尝败北,遂霸有天下。然今卒困于此,此天之亡我,非战之罪也。今日固决死⑩,愿为诸君快

① 垓下:古地名,今安徽灵璧东南。
② 幸从:受到项羽宠幸而随时跟从。
③ 骓:青白杂色的马。
④ 逝:奔驰向前。
⑤ 直夜:当夜。
⑥ 属(zhǔ):跟随。
⑦ 阴陵:秦时地名,在今安徽定远县西北。
⑧ 绐(dài):欺骗。
⑨ 所当者破:凡遇到的敌人都被打败。
⑩ 固决死:一定必死无疑。

战[①]，必三胜之，为诸君溃围，斩将，刈[②]旗，令诸君知天亡我，非战之罪也。”乃分其骑以为四队，四向。汉军围之数重。项王谓其骑曰：“吾为公取彼一将。”令四面骑驰下，期山东为三处。于是项王大呼驰下，汉军皆披靡[③]，遂斩汉一将。是时，赤泉侯[④]为骑将，追项王，项王嗔目而叱之[⑤]，赤泉侯人马俱惊，辟易[⑥]数里。与其骑会为三处。汉军不知项王所在，乃分军为三，复围之。项王乃驰，复斩汉一都尉，杀数十百人，复聚其骑，亡其两骑耳。乃谓其骑曰：“何如?”骑皆伏曰：“如大王言!”

于是项王乃欲东渡乌江[⑦]。乌江亭长舣[⑧]船待，谓项王曰：“江东虽小，地方千里，众数十万人，亦足王也。愿大王急渡。今独臣有船，汉军至，无以渡。”项王笑曰：“天之亡我，我何渡为！且籍与江东子弟八千人渡江而西，今无一人还，纵江东父兄怜而王[⑨]我，我何面目见之？纵彼不言，籍独不愧于心乎?”乃谓亭长曰：“吾知公长者。吾骑此马五岁，所当无敌，尝一日行千里，不忍杀之，以赐公。”乃令骑皆下马步行，持短兵接战。独籍所杀汉军数百人。项王身亦被十余创[⑩]，顾见汉骑司马[⑪]吕马童，曰：“若非吾故人乎?”马童面之[⑫]，指王翳[⑬]曰：“此项王也。”项王乃曰：“吾闻汉购我头千金，邑万户，吾为若德[⑭]。”乃自刎而死。王翳取其头，余骑相蹂践争项王，相杀者数十人。最其后，郎中骑杨喜、骑司马吕马童、郎中吕胜、杨武，各得其一体。五人共会其体，皆是。故分其地为五：封吕马童为中水侯，封王翳为杜衍侯，封杨喜为赤泉侯，封杨武为吴防侯，封吕胜为涅阳侯[⑮]。

项王已死。楚地皆降汉，独鲁[⑯]不下[⑰]。汉乃引天下兵欲屠之，为其守礼义，为主死节，乃持项王头示鲁，鲁父兄乃降。始，楚怀王初封项籍为鲁公，及其死，鲁最后下，故以鲁公礼葬项王谷城。汉王为发哀[⑱]，泣之而去。

---

① 快战：痛痛快快打一仗。

② 刈：砍，割。

③ 披靡：如草随风而倒，形容汉军溃散而逃的样子。

④ 赤泉侯：汉将杨喜，因破项羽有功，封赤泉侯。

⑤ 嗔目而叱之：瞪大眼睛，大声呵斥。

⑥ 辟易：后退。

⑦ 乌江：即今安徽和县东北乌江镇。

⑧ 舣(yǐ)：停船靠岸。

⑨ 王(wàng)：动词，尊我为王。

⑩ 被十余创：受了十多处伤。

⑪ 骑司马：骑兵军队中的官名。

⑫ 面之：面对着项王。

⑬ 指王翳：把项王指给王翳看。

⑭ 吾为若德：我给你个好处。

⑮ “封吕马童为中水侯”句：中水侯、杜衍侯、赤泉侯、吴防侯、涅阳侯，都是封号。中水，在今河北献县西北。杜衍，在今河南南阳西南。赤泉，在今河南鲁山县。吴防，在今河南遂平。涅阳，在今河南镇平南。

⑯ 鲁：今山东曲阜一带，战国时曾为项氏封地。

⑰ 下：屈服，投降。

⑱ 发哀：举行哀悼仪式。

诸项氏枝属①,汉王皆不诛,乃封项伯为射阳②侯。桃侯、平皋侯、玄武侯皆项氏,赐姓刘。

太史公曰:吾闻之周生③曰“舜目盖④重瞳子”⑤,又闻项羽亦重瞳子。羽岂其苗裔⑥邪?何兴之暴⑦也!夫秦失其政,陈涉首难,豪杰蜂起,相与并争,不可胜数。然羽非有尺寸⑧,乘势起陇亩之中,三年,遂将⑨五诸侯⑩灭秦,分裂天下,而封王侯,政由羽出,号为“霸王”,位虽不终,近古以来未尝有也。及羽背关怀楚⑪,放逐义帝而自立⑫,怨王侯叛己,难矣⑬。自矜功伐⑭,奋其私智而不师古⑮。谓霸王之业,欲以力征经营天下⑯。五年卒亡其国,身死东城,尚不觉寤而不自责,过矣⑰。乃引⑱“天亡我,非用兵之罪也”,岂不谬哉!

(司马迁著,顾颉刚点校:《史记》,中华书局2006年版。)

赏析

《项羽本纪》是《史记》中最优秀的人物传记之一,按照《史记》的体例,“本纪”应该是记录历代帝王事迹的,但是司马迁认为,在推翻强秦的过程中,项羽功不可没,而且在楚汉战争中,政令皆由羽出,所以,他把项羽的传记列入“本纪”。

“垓下之围”是《项羽本纪》的结尾部分,写的是项羽人生中最后的一段时光,一个曾经叱咤风云、勇冠三军、顶天立地的盖世英豪,在面临生死抉择时流露出他怎样的侠骨柔情,怎样的临危不惧,又怎样的知耻重义。作为《项羽本纪》中的精彩片段,它集中体现了《史记》高超的文学艺术技巧。

首先是选材典型。“垓下之围”一共写了项羽临终之前的三件事:霸王别姬、东城快战和乌江自刎。这三件事,分别从不同侧面和不同角度刻画了项羽这一有血有肉的英雄形象。

---

① 枝属:同宗族的人。
② 射阳:今江苏淮安东南。
③ 周生:汉时儒者,名不详。
④ 盖:表推测,“或许是”“可能是”之意。
⑤ 重瞳子:指一只眼睛里有两个眸子。
⑥ 苗裔:后代子孙。
⑦ 暴:骤然,突然。
⑧ 尺寸:尺寸之地,指极少的封地。
⑨ 将:率领。
⑩ 五诸侯:齐、赵、汉、魏、燕五国。此处泛指楚以外的各路义军。
⑪ 背关怀楚:指项羽灭秦后,放弃关中,思归楚而都彭城。
⑫ 放逐义帝而自立:项羽灭秦后尊怀王为义帝,后项羽自立为西楚霸王,徙义帝往长沙郴县,并密令于途中杀之。
⑬ 难矣:意思是说,项羽在这种情况下还想成大事,那就太困难了。
⑭ 自矜功伐:自己夸耀自己的功劳。
⑮ 奋其私智而不师古:逞一己的浅见而不效法古人。
⑯ 以力征经营天下:以武力征讨治理天下。
⑰ 过矣:实在是大错特错了。
⑱ 引:援引,以……为理由。

霸王别姬是项羽感到造化弄人、回天乏力时，生发出的英雄末路的悲哀。此一节情感蕴涵最为丰富，一曲《垓下歌》，短短四句，让人既感受到了这位喑呜叱咤的西楚霸王铁汉柔情的一面，又感受到了一个盖世英雄走投无路、无可奈何的悲哀。清人吴见思《史记论文》评曰："一腔愤怒，万种低回，地厚天高，脱身无所，写英雄失路之悲，至此极也。"

东城快战是"垓下之围"中最紧张激烈的战斗场面，这一部分突出表现项羽的自信自负和勇猛善战。面对敌众我寡、孤立无援的严峻形势，项羽处乱不惊、指挥若定、临危不惧的大将风度跃然纸上。溃围、斩将、刈旗，一系列的行为一气呵成，所向披靡，看得人目瞪口呆，可以想象，这是何等的神勇无敌。快意东城，是项羽生命价值的最后体现，也是他人格尊严的最后一次绚丽绽放，经由此战，作为一个盖世英豪，项羽虽死无憾。

乌江自刎是项羽在人生最后一刻焕发出的人性光彩。兵退乌江，项羽本来可以东渡自保，但是他拒绝了，一个理由是认命，"天之亡我，我何渡为?"这是一种愿赌服输的人生哲学，体现了项羽光明磊落、率真直爽的性格。另一个更重要的理由是无颜见江东父老，这一点充分体现了他的一种人生态度：宁可无愧而死，不肯抱愧而生。除此以外的赠马亭长、赐头故人，则充分展现了他心地仁厚、豪爽重义的性格特征。

其次是细节描写。"垓下之围"中，有多处语言、动作等细节描写，为人物形象的塑造增添了不少光彩，例如霸王别姬时，"项王泣数行下，左右皆泣，莫能仰视"。一个骁勇善战、力能扛鼎的大将，被逼的穷途末路，危难之时连自己的爱妃都不能保护，其中的悲愤和无奈岂止一个"泣"字了得？而"左右皆泣"，则更加重了这种悲情，两个"泣"字，将悲壮的氛围渲染的淋漓尽致，而"莫能仰视"则写出了将士们对项羽同情、崇拜、无奈、悲愤的情态。再如决战东城时，"项王嗔目而叱之，赤泉侯人马俱惊，辟易数里"，一个眼神，一声断喝，就足以震慑住强劲的对手，夸张的写法令人不禁想起千百年后《三国演义》中张飞长坂坡一声怒吼，吓退曹操百万大军的场面。西楚霸王的威名远震，甚至可以抵得上百万雄师！再如面临生死抉择时，项羽先后三次说出"天之亡我，非战之罪"，"天之亡我，我何渡为"的话，钱钟书先生的点评最为精到："认输而不服气，故言之不足，再三言之"。一句"天之亡我，非战之罪"，将自信自负、至死不悟的项羽形象刻画到极致。

再次是强烈的抒情色彩。作为一部史书，本应客观冷静地记述历史事实，尽可能地隐藏作者的主观情感，而司马迁却把自己的一腔愤懑之情通过史书的形式抒发出来，尽显自己对历史人物的褒贬。项羽虽有诸多的缺点，却难掩其顶天立地的英雄形象。司马迁正是看到了这一点，才在叙事过程中处处流露出对项羽的赞美、同情和惋惜：霸王别姬时的情深无奈，东城突围时的雄姿英发，自刎乌江时的知耻重义，三件事情，三种情感，读者对项羽的感情已然深受作者影响。然而司马迁又是冷静、客观的，对待历史人物，他真正做到了"爱而知其丑"，"不虚美，不隐恶"，尤其是篇末的"太史公曰"，在热情歌颂项羽在灭秦过程中的丰功伟绩的同时，也批评了他自矜武力、至死不悟的错误，对他的失败也给予了惋惜与同情。正是作者的公允评价，使项羽这个悲剧人物形象具备了浓厚的抒情色彩，正是这强烈的抒情性，才使得《史记》成为一部闪烁着文学魅力的名著，也正是因为这种强烈的抒情性，鲁迅先生把它誉为“无韵之离骚”。

总之，通过垓下之围的描写，司马迁塑造了一个叱咤风云、勇冠三军、豪放率真、光明磊落，而又柔情万种、知耻重义、视死如归的项羽形象，这一形象充满人格之美、崇高之美、悲剧之美，读之令人荡气回肠。

《汉书·朱买臣传》·班固

班固(32—92)，字孟坚，陕西咸阳人，东汉著名史学家、文学家。班固出身儒学世家，自幼博学能文，长大后在其父班彪《史记后传》的基础上，重修汉史，先被人告发私改国史，后得到皇帝任命，奉诏撰写《汉书》，晚年因陷大将军窦宪案，牵连被捕，死于狱中。《汉书》由其妹班昭及弟子马续续写，前后历时20余年乃成。《汉书》共80万字，包括纪12篇，表8篇，志10篇，传70篇，共100篇。《汉书》继承史家“实录”精神，叙写西汉230年的历史，是我国第一部纪传体断代史，也是一部文采斐然的史传文学作品。《汉书》观念正统，笔法精密严谨，善于在叙事中寄寓褒贬，材料安排取舍有度。

朱买臣，字翁子，吴人也。家贫，好读书，不治产业，常艾①薪樵②，卖以给食，担束薪，行且诵书。其妻亦负戴③相随，数止买臣毋歌呕④道中。买臣愈益疾歌，妻羞之，求去。买臣笑曰：“我年五十当富贵，今已四十余矣。女⑤苦日久，待我富贵报女功。”妻恚⑥怒曰：“如公等，终饿死沟中耳，何能富贵！”买臣不能留，即听⑦去。其后，买臣独行歌道中，负薪墓间。故妻与夫家俱上冢，见买臣饥寒，呼饭饮⑧之。

后数岁，买臣随上计吏⑨为卒，将重车⑩至长安，诣⑪阙⑫上书，书久不报⑬。待诏公车⑭，粮用乏，上计吏卒更乞丐⑮之。会邑子⑯严助贵幸⑰，荐买臣，召见，说

① 艾：同“刈”割，砍。
② 薪樵：木柴。
③ 戴：同“载”，挑。
④ 呕：同“讴”，唱。
⑤ 女：同“汝”，你。下同。
⑥ 恚：愤怒。
⑦ 听：听凭。
⑧ 饭饮：给他吃喝。
⑨ 上计吏：秦、汉时称地方官年终向国家汇报情况为“上计”。入京上计者称“上计吏”。
⑩ 重车：装载衣食用具的车子。
⑪ 诣：前往，去到。
⑫ 阙：皇帝居处，借指朝廷。
⑬ 不报：没有回复。
⑭ 公车：指公车府。
⑮ 乞丐：乞讨。
⑯ 邑子：同乡。
⑰ 贵幸：受宠幸。

《春秋》，言《楚词》，帝甚说之，拜买臣为中大夫，与严助俱侍中。是时，方筑朔方[①]，公孙弘[②]谏，以为罢敝[③]中国。上使买臣难[④]诎[⑤]弘，语在《弘传》。后买臣坐[⑥]事免，久之，召待诏。

是时，东越[⑦]数反复[⑧]，买臣因言："故东越王居保泉山，一人守险，千人不得上。今闻东越王更徙处南行，去泉山五百里，居大泽中。今发兵浮海，直指泉山，陈舟列兵，席卷南行，可破灭也。"上拜买臣会稽太守。上谓买臣曰："富贵不归故乡，如衣绣夜行，今子何如？"买臣顿首辞谢。诏买臣到郡，治楼船，备粮食、水战具，须诏书到，军与俱进。

初，买臣免，待诏，常从会稽守邸者寄居饭食。拜为太守，买臣衣故衣，怀其印绶，步归郡邸。直[⑨]上计时，会稽吏方相与群饮，不视[⑩]买臣。买臣入室中，守邸与共食，食且饱，少见[⑪]其绶，守邸怪之，前引其绶，视其印，会稽太守章也。守邸惊，出语上计掾吏[⑫]。皆醉，大呼曰："妄诞耳！"守邸曰："试来视之。"其故人素轻买臣者入内视之，还走，疾呼曰："实然！"坐中惊骇，白守丞，相推排陈列中庭拜谒。买臣徐出户。有顷，长安厩吏乘驷马车来迎，买臣遂乘传去。会稽闻太守且[⑬]至，发民除道，县长吏并送迎，车百余乘。拜为太守，入吴界，见其故妻、妻夫治道[⑭]。买臣驻车，呼令后车载其夫妻，到太守舍，置园中，给食[⑮]之。居一月，妻自经[⑯]死，买臣乞[⑰]其夫钱，令葬。悉召见故人与饮食诸尝有恩者，皆报复[⑱]焉。

居岁余，买臣受诏将兵，与横海将军韩说等俱击破东越，有功。征入为主爵都尉，列于九卿。

数年，坐法免官，复为丞相长史。张汤为御史大夫。始，买臣与严助俱侍中，贵用事[⑲]，汤尚为小吏，趋走买臣等前。后汤以廷尉治淮南狱，排陷严助，买臣怨

---

① 朔方：朔方郡，是汉代的北方边郡之一。
② 公孙弘：西汉名臣。
③ 罢敝：罢，通"疲"，敝，凋敝。
④ 难(nàn)：诘责，质问。
⑤ 诎(qū)：屈服，折服。
⑥ 坐：因。
⑦ 东越：古族名，古代越人的一支。
⑧ 反复：翻悔，变化无常。
⑨ 直：正值。
⑩ 不视：不屑看。
⑪ 少见：见通"现"，稍稍露出。
⑫ 掾吏：分曹治事的属吏，官府里的办事员。
⑬ 且：将。
⑭ 治道：整修道路。
⑮ 食：通"饲"。
⑯ 自经：上吊。
⑰ 乞：给予。
⑱ 报复：报答。
⑲ 贵用事：地位显贵主管政事。

汤。及买臣为长史，汤数行丞相事，知买臣素贵①，故陵折②之。买臣见汤，坐床上弗为礼。买臣深怨，常欲死之。后遂告汤阴事③，汤自杀，上亦诛买臣。买臣子山拊官至郡守，右扶风。

（班固著：《汉书》，中华书局2007年版。）

赏析

《汉书》是我国第一部纪传体断代史，作者班固是东汉著名的历史学家、文学家。《汉书》是继《史记》之后出现的又一部史传文学的典范之作，后世经常把二者相提并论，称《史记》《汉书》为“史汉”，称司马迁和班固为“班马”。

《汉书》在中国文学史上的地位也很突出，它最精彩的篇章是对西汉盛世各类人物的生动记述，例如《霍光传》《苏武传》《张汤传》等。班固写作态度严谨，写社会各阶层人物都秉承“实录”精神，平实中见生动，堪称后世传记文学的典范。在叙事方面，《汉书》笔法精细，注重史事的系统、完备，凡事力求有始有终，记述明白。在抒情方面，《汉书》多在平铺直叙中寓含褒贬，预示吉凶，分寸把握得非常准确。

《朱买臣传》是《汉书》中的名篇，它记述的是西汉名臣朱买臣发迹前后的所作所为，以及周围人的前倨后恭，展示了当时社会的世态人情，也生动地再现了西汉时期官场人士的宦海沉浮。

《朱买臣传》写的最精彩的两件事，分别是他发迹前后自己和周围人的表现。发迹之前，他穷困潦倒，以砍柴卖柴为生，但他“穷且益坚，不坠青云之志”，坚信自己终有出头之日，于是背着柴，走在路上还大声地读书，他的妻子觉得一个穷砍柴的还那么高调地吟诵诗书很难堪，于是就屡次制止他，但是朱买臣不听，吟诵声音越发的大，他的妻子觉得很丢人，要求跟他离婚，朱买臣苦劝无效，只能答应离婚，其后，朱买臣依旧我行我素，一个人背柴走在路上仍然边走边大声读书。这一段描写主要通过朱买臣与妻子的言行对比来塑造人物形象，朱买臣的“行且诵书”“愈益疾歌”“笑”等动作，与他妻子的“羞之，求去”“恚怒”形成鲜明的对比，妻子的所作所为再加上二人的对话，更加衬托了朱买臣的乐观自信。

发迹之后，朱买臣故意身穿旧衣服，把官印藏在衣服里，步行回到他落魄时寄居蹭饭的官衙，想看看昔日轻贱他的人会有怎样的反应。果然不出所料，官衙的人对他连看都不看，哪怕有人看见他的绶带，引出官印，人们还不肯相信，甚至还大呼“妄诞”，直到大家都来审视，确认他的官印，才最终相信。这一段描写的精彩之处在于通过语言、动作、神态，写活了会稽郡小吏们前倨后恭的嘴脸。从前面不知道他已经升官的“不视买臣”，到看见官印时的“惊”，再到质疑地大呼“妄诞耳”，再到看清之后的“还走，疾呼‘实然’”，再到后来的“惊骇”，再到后来的“相推排陈列中庭拜谒”，一连串的动作，惟妙惟肖地再现了官场上的世态炎凉。

---

① 素贵：一向自恃高贵。

② 陵折：侮辱。

③ 阴事：谋反。

而朱买臣故意隐瞒真相、假作矜持，在这场闹剧中也显得非常滑稽可笑。

西汉盛世时很多人的遭遇很传奇，他们有的出身低微，但是通过一些途径可能平步青云；有的人一时穷困潦倒，却可能因某事而立抵卿相。这其中就有很多逸闻趣事，写出来就非常富有戏剧性。《汉书》中有关这方面的人物传记比较多，《朱买臣传》即是其中最典型的一例。

另外，《汉书》的句式简洁、语言精练的特点，在本文中体现得也很充分。一句“行且诵书”，一句“愈益疾歌”，就把朱买臣特立独行，不同于流俗，甚至有点癫狂的形象活画了出来；与之相对应的写妻子的“羞之，求去”，简短的四个字，就将妻子的庸常，对他的不理解乃至以此为耻的心理刻画得非常真实可信。而朱买臣在遭遇了会稽郡小吏们前倨后恭的表现之后，文中仅用一个“徐出户”的“徐”字，就将朱买臣志得意满而又故作矜持的神态刻画得活灵活现。

最后值得一提的是，《汉书》写人叙事非常注重完整性，《朱买臣传》篇幅虽不长，但却完整记录了朱买臣宦海沉浮的全过程，由他未遇时的穷困潦倒，到得到皇帝青睐时的时来运转，再到后来的犯法免官，再到后来与张汤的明争暗斗，乃至他死后他儿子的情况，文中都有所交待。不仅如此，对文中涉及的次要人物朱买臣妻子的描写，也是有始有终。这个女人由一开始对朱买臣的不理解，到离婚后对他的饭食接济，再到后来受到发达后的朱买臣的报答，不堪羞愧而自杀，虽然着笔不多，但也交代清楚完整。

《进学解》·韩愈

韩愈(768—824)，字退之，河南孟州人，郡望昌黎，世称“韩昌黎”，唐代杰出的文学家。曾任监察御史、刑部侍郎，因谏迎佛骨被贬潮州刺史，官终吏部侍郎。卒谥“文”，又世称“韩文公”。韩愈是唐代最优秀的散文作家，也是唐代古文运动的倡导者，他的散文理论内容上提倡明道抒愤，形式上讲究学古创新；他的散文创作情感充沛，逻辑严谨，简练生动，词汇丰富，句式多变。因其宏大的才力和对散文的贡献，他被誉为“文章巨公”“百代文宗”，被后人尊为“唐宋八大家”之首，与柳宗元并称“韩柳”，后人将其与柳宗元、欧阳修和苏轼合称“千古文章四大家”。另外，他还是韩孟诗派的领袖人物，其诗风雄健奔放、奇绝险怪，对当时及后世影响都很大。

国子先生①晨入太学，招诸生立馆下，诲之曰：“业精于勤，荒于嬉；行成于思，毁于随。方今圣贤相逢，治具毕张②。拔去凶邪，登崇③畯④良。占小善者率以

① 国子先生：韩愈自称，当时他任国子学博士。国子学是为高级官员子弟而设的。

② 治具毕张：法令全部得以实施。

③ 登崇：提拔。

④ 畯：通“俊”。

录[1]，名一艺者[2]无不庸[3]。爬罗剔抉[4]，刮垢磨光[5]。盖有幸而获选，孰云多而不扬[6]？诸生业患不能精，无患有司[7]之不明；行患不能成，无患有司之不公。”

言未既，有笑于列者曰：“先生欺余哉！弟子事先生，于兹有年矣。先生口不绝吟于六艺[8]之文，手不停披[9]于百家[10]之编。纪事者[11]必提其要，纂言者[12]必钩[13]其玄[14]。贪多务得，细大不捐。焚膏油以继晷[15]，恒兀兀以穷年[16]。先生之业，可谓勤矣。抵排异端，攘斥[17]佛老。补苴罅漏[18]，张皇幽眇[19]。寻坠绪[20]之茫茫，独旁搜而远绍[21]。障百川而东之，回狂澜于既倒。先生之于儒，可谓有劳矣。沉浸浓郁[22]，含英咀华[23]，作为[24]文章，其书满家。上规[25]姚、姒[26]，浑浑[27]无涯；周诰、殷《盘》[28]，佶屈聱牙[29]；《春秋》谨严，《左氏》浮夸[30]；《易》奇而法[31]，《诗》正而葩[32]；下

---

① 录：使用。
② 名一艺者：有一技之长的人。
③ 庸：用。
④ 爬罗剔抉：指选拔人才。
⑤ 刮垢磨光：指培养训练人才。
⑥ 扬：提举。
⑦ 有司：负有专责的部门及其官吏。
⑧ 六艺：指儒家六经，即《诗》《书》《礼》《乐》《易》《春秋》六部儒家经典。
⑨ 披：翻阅。
⑩ 百家：指诸子百家。
⑪ 纪事者：指历史书籍之类。
⑫ 纂言者：指学术著作。
⑬ 钩：求取。
⑭ 玄：深奥的道理。
⑮ 焚膏油以继晷：膏油指烛灯。晷：日影，此指日光。这句是说夜以继日。
⑯ 恒兀兀以穷年：兀兀指劳苦貌。穷年：终年。
⑰ 攘斥：排斥。
⑱ 补苴罅漏：苴指鞋里垫的草，引申为填补。谓弥补儒术的缺漏之处。
⑲ 张皇幽眇：谓发扬光大儒学的精深微妙之处。
⑳ 坠绪：指断绝了的儒家道统。
㉑ 旁搜而远绍：广泛搜求圣人的遗绪，远承孔孟的事业。
㉒ 沉浸浓郁：沉潜其中，用心体会其精粹。
㉓ 含英咀华：仔细体会文章的精华。
㉔ 作为：写作。
㉕ 规：取法。
㉖ 姚、姒：相传虞舜姓姚，夏禹姓姒。此处指代虞夏时代的作品。
㉗ 浑浑：深大貌，此指学问博大精深。
㉘ 周诰、殷《盘》：指上古时期的文书。
㉙ 佶屈聱牙：指文辞艰涩难懂。
㉚ 浮夸：指文辞富艳夸张。
㉛ 奇而法：变化奇妙而有法则。
㉜ 正而葩：思想端正而辞采华美。

逮[1]《庄》《骚》，太史所录[2]；子云、相如[3]，同工异曲[4]。先生之于文，可谓闳其中而肆其外矣[5]。少始知学，勇于敢为；长通于方[6]，左右具宜[7]。先生之于为人，可谓成[8]矣。然而公不见信于人，私不见助于友[9]。跋前踬后[10]，动辄得咎[11]。暂为御史，遂窜[12]南夷。三年[13]博士，冗不见治[14]。命与仇谋[15]，取败几时[16]。冬暖而儿号寒，年丰而妻啼饥。头童[17]齿豁，竟[18]死何裨[19]。不知虑此，而反教人为[20]？”

先生曰：“吁[21]，子来前！夫大木为宗[22]，细木为桷，欂栌、侏儒，椳、闑、扂、楔[23]，各得其宜，施以成室者，匠氏之工也。玉札、丹砂，赤箭、青芝，牛溲、马勃，败鼓之皮[24]，俱收并蓄，待用无遗者，医师之良也。登明选公[25]，杂进巧拙[26]，纡馀为妍[27]，卓荦为杰[28]，校短量长，惟器是适[29]者，宰相之方也。昔者孟轲好辩，孔道以明[30]，

① 逮：及、到。

② 太史所录：指司马迁所著《史记》。

③ 子云、相如：杨雄和司马相如，都是汉代著名辞赋家。

④ 同工异曲：喻文章风格不同而各尽其妙。

⑤ 闳其中而肆其外：内容博大精深而文辞随心所欲。闳，大。

⑥ 长通于方：长大之后精通礼法。

⑦ 左右具宜：举止行为都合适得体。

⑧ 成：成熟。

⑨ 见信、见助：被信任、被帮助。

⑩ 跋前踬后：跋：踩。踬：绊。形容进退都有困难。

⑪ 动辄得咎，动不动就会获罪或受到责难。

⑫ 窜：窜逐，贬谪。

⑬ 三年：当作“三为”。

⑭ 冗不见治：冗：闲散。见：通“现”。表现，显露。治：政绩。

⑮ 命与仇谋：指命运故意作对。

⑯ 几时：不一定什么时候，随时。

⑰ 头童：头秃。

⑱ 竟：终。

⑲ 裨：补益。

⑳ 为：语助词，表示疑问、反诘。

㉑ 吁(xū)：叹词。

㉒ 宗(máng)：屋梁。

㉓ 桷，欂栌、侏儒，椳、闑、扂、楔：桷(jué)：屋椽。欂栌(bó lú)：斗栱，柱顶上承托栋梁的方木。侏儒：梁上短柱。椳(wēi)：门枢臼。闑(niè)：门中央所竖的短木，在两扇门相交处。扂(diàn)：门闩之类。楔(xiē)：门两旁的木柱。

㉔ 玉札、丹砂，赤箭、青芝，牛溲、马勃，败鼓之皮：玉札：地榆。丹砂：朱砂。赤箭：天麻。青兰：龙兰。以上四种都是名贵药材。牛溲：牛尿，一说为车前草。马勃：马屁菌。以上两种及“败鼓之皮”都是贱价药材。

㉕ 登明选公：选拔人才做到公平合理。

㉖ 杂进巧拙：材质不同的人都能得到不同的录用。

㉗ 纡馀为妍：(有的人)因为谦和周全而成就美好。纡馀：委婉从容的样子。妍：美。

㉘ 卓荦为杰：(有的人)因为豪放而成为杰出之士。卓荦：突出，超群出众。

㉙ 惟器是适：根据各人的材质来合理使用。器，才能。适：适用。

㉚ 孔道以明：孔子之道得以阐明。

辙[1]环天下，卒老于行。荀卿守正[2]，大论[3]是弘[4]，逃谗于楚，废死兰陵[5]。是二儒者，吐辞为经[6]，举足为法[7]，绝类离伦[8]，优入圣域[9]，其遇[10]于世何如也？今先生学虽勤而不繇[11]其统[12]，言虽多而不要其中[13]，文虽奇而不济于用，行虽修而不显于众。犹且月费俸钱，岁靡[14]廪粟；子不知耕，妇不知织；乘马从徒，安坐而食。踵常途之促促[15]，窥陈编以盗窃[16]。然而圣主不加诛，宰臣不见斥，兹非其幸欤？动而得谤，名亦随之[17]。投闲置散[18]，乃分[19]之宜。若夫商[20]财贿[21]之有亡，计班资[22]之崇庳[23]，忘己量之所称[24]，指前人之瑕疵[25]，是所谓诘匠氏之不以杙[26]为楹[27]，而訾[28]医师以昌阳[29]引年[30]，欲进其豨苓[31]也。

（吴楚材、吴调侯编选：《古文观止》，中华书局 2014 年版。）

赏析

《进学解》是元和八年（812 年）韩愈任国子博士时所作。作者以老师的身份勉励学生在学业、德行方面取得进步，学生提出疑问，他再进行解释，故名“进学解”。文章假托向学生

---

① 辙：车轮的痕迹。
② 守正：遵循正道。
③ 大论：指儒家的学说。
④ 弘：弘扬。
⑤ 逃谗于楚，废死兰陵：指荀子逃避谗言到了楚国，被废黜而死在兰陵。
⑥ 吐辞为经：说出话来成为经典。
⑦ 举足为法：一举一动成为法则。
⑧ 绝类离伦：超越一般儒者。
⑨ 优入圣域：已进入圣人的境界。优：有余，足够。
⑩ 遇，遭遇。
⑪ 繇：通“由”。
⑫ 统：道统。
⑬ 不要其中：不得要领。要（yāo）：约束，归结。中：中庸之道。
⑭ 靡：浪费，消耗。
⑮ 踵：脚后跟，这里是跟随的意思。促促：拘谨局促的样子。
⑯ 陈编：古旧的书籍。盗窃：指抄袭。
⑰ 名亦随之：名声也因此而大起来。
⑱ 投闲置散：被放到闲散的位置。
⑲ 分：本分。
⑳ 商：计较。
㉑ 财贿：财物，这里指俸禄。
㉒ 班资：等级、资格。
㉓ 庳：通“卑”，低。
㉔ 称（chèn）：相当，适合。
㉕ 瑕疵，比喻人的缺点。如上文所说“不公”“不明”。
㉖ 杙（yì）：小木桩。
㉗ 楹：柱子。
㉘ 訾（zǐ）：毁谤非议。
㉙ 昌阳：菖蒲。药材名，相传久服可以长寿。
㉚ 引年：延年。
㉛ 豨（xī）苓：又名猪苓，利尿药。这句意思说：自己小材不宜大用，不应计较待遇的多少、高低，更不该埋怨主管官员的任使有什么问题。

训话,借以抒发自己怀才不遇、仕途蹭蹬的牢骚。文章以反语的形式表现了封建时代正直而有才华、有抱负的知识分子的苦闷,批判了不合理的社会现象,具有一定的典型意义。

《进学解》作为唐代著名散文家韩愈的代表作,历来为人称道,其艺术特点如下:

首先是构思新颖独特。文章整体上采用正话反说的结构方式。先借先生之口说出“业患不能精,无患有司之不明;行患不能成,无患有司乏不公”的正面道理,接着由学生之口从业勤、儒劳、文闳、人成四个方面罗列大量的论据,来证明先生就是一个德业都很成熟完美的人,但是却并未受到公正的对待,乃至连生活都很困顿潦倒。这些论据因为都来自学生多年对先生的观察,件件属实,无可辩驳,这就使得先生前面所讲的大道理不攻自破了。这实际上正是作者想要表达的真实想法,是他对有司既“不明”又“不公”的牢骚和怨恨。最后作者以生活常例为喻,以古人自比,表面上是自嘲自慰,实际上是借题发挥,更深层的发泄牢骚和不平。

其次是讽刺手法辛辣。文章表面上都是站在官府、“有司”的立场上立论,讲道理,一副道貌岸然的嘴脸,看似义正辞严,冠冕堂皇,实则在诸多的事实面前一戳就破,不堪一击。为达到讽刺的目的,文中很多正面的语言都可以作反面的解读,如称赞“方今圣贤相逢,治具毕张”,实际是指责当时社会黑暗腐朽;“拔去凶邪,登崇俊良”,实际是说奸邪当道,贤良受气;“占小善者率以录,名一艺者无不庸”,实际是说德才兼备的人不被重用,无从施展才华。这样的表达方式委婉含蓄,使文章的讽刺意味更加深长。

再次是语言凝练精美。文章大量运用排偶句式,如学生列举先生的德业时,从段落整体上看,使用的是排比句式;从内部结构来看,采用的却都是对偶的句子。排比的句式增加了文章的气势,使文章更具有说服力;对偶的句式使文章整齐和谐,具有一种严谨整饬之美。为避免全用排偶句式的呆板,文章间或插入散句,如上述列举先生德业时,每一小节末尾都用散体句式,这样就使文章于整齐之中又富有变化,显得活泼生动。再加上文章时有押韵而又韵脚多变,这样奇偶相成,骈散相兼,朗朗上口,使原本枯燥的论说文章显得文采斐然,摇曳多姿。

另外,借由本文,产生了大量的成语和格言警句,如“刮垢磨光”“含英咀华”“细大不捐”“佶屈聱牙”“动辄得咎”“投闲置散”“业精于勤,荒于嬉;行成于思,毁于随”等。

《陶庵梦忆·西湖七月半》·张岱

张岱(1597—1679?),字宗子,又字石公,号陶庵,浙江绍兴人。出生于仕宦之家,青年时代生活豪奢,个性落拓不羁,不求仕进,专喜游山玩水,兴趣爱好广泛。明亡后以气节自重,隐居著述,著有散文集《陶庵梦忆》《西湖梦寻》《琅嬛文集》等。张岱是晚明著名的小品文作家,他的散文题材广泛,涉及社会生活的各个方面,文笔清丽优美,简洁形象,无论写景抒情还是写人,都写得清新空灵,神韵飘逸,生动活泼,尤其善于以清新峭拔之语,抒写国破家亡的忧思。小品文代表作有《西湖七月半》《湖心亭看雪》《柳敬亭说书》等。

西湖七月半[1]，一无可看，止[2]可看看七月半之人。看七月半之人，以五类看之。其一，楼船箫鼓[3]，峨冠[4]盛筵，灯火优傒[5]，声光相乱，名为看月而实不见月者，看之。其一，亦船亦楼，名娃[6]闺秀，携及童娈[7]，笑啼杂之，环坐露台[8]，左右盼望[9]，身在月下而实不看月者，看之。其一，亦船亦声歌，名妓闲僧，浅斟低唱[10]，弱管轻丝[11]，竹肉[12]相发，亦在月下，亦看月而欲人看其看月者，看之。其一，不舟不车，不衫不帻[13]，酒醉饭饱，呼群三五，跻[14]入人丛，昭庆[15]、断桥，嚣[16]呼嘈杂，装假醉，唱无腔曲，月亦看，看月者亦看，不看月者亦看，而实无一看者，看之。其一，小船轻幌[17]，净几暖炉，茶铛[18]旋[19]煮，素瓷静递，好友佳人，邀月同坐，或匿影[20]树下，或逃嚣里湖[21]，看月而人不见其看月之态，亦不作意[22]看月者，看之。

杭人游湖，巳[23]出酉[24]归，避月如仇。是夕好名[25]，逐队争出，多犒门军酒钱[26]。轿夫擎燎[27]，列俟[28]岸上。一入舟，速[29]舟子急放[30]断桥，赶入胜会。以故二鼓[31]以

① 七月半：农历七月十五，又称中元节。
② 止，同“只”。
③ 楼船箫鼓：配有声乐的考究的大船。
④ 峨冠：头戴高冠，指高官。
⑤ 优傒(xī)：优伶和仆役。
⑥ 娃：美女。
⑦ 童娈：漂亮的家僮。
⑧ 露台：船上露天的平台。
⑨ 盼望：盼、望都是看的意思。
⑩ 浅斟低唱：慢慢地喝酒，轻声地吟哦。
⑪ 弱管轻丝：谓轻柔的管弦音乐。
⑫ 竹肉：指管乐和歌喉。
⑬ 帻(zé)：头巾。
⑭ 跻：通“挤”。
⑮ 昭庆：寺名。
⑯ 嚣：大声喧哗。
⑰ 轻幌：轻薄的帷幔。
⑱ 茶铛(chēng)：温茶、酒的器具。
⑲ 旋(xuàn)：频繁地。
⑳ 匿影：藏身。
㉑ 里湖：西湖苏堤以北的部分。
㉒ 作意：故意，做出某种姿态。
㉓ 巳：巳时，约为上午九时至十一时。
㉔ 酉：酉时，约为下午五时至七时。
㉕ 好名：喜欢这个名目。“名”，指“中元节”的名目，等于说“名堂”。
㉖ 犒门军酒钱：犒赏守城门的军士酒钱。
㉗ 擎燎：举着火把。
㉘ 列俟(sì)：排着队等候。
㉙ 速：催促。
㉚ 放：开船。
㉛ 二鼓：二更，约为夜里九点到十一点左右。

前，人声鼓吹①，如沸如撼②，如魇如呓③，如聋如哑④。大船小船一齐凑岸，一无所见，止见篙击篙，舟触舟，肩摩⑤肩，面看面而已。少刻兴尽，官府席散，皂隶⑥喝道⑦去。轿夫叫船上人，怖以关门⑧，灯笼火把如列星，一一簇拥而去。岸上人亦逐队赶门，渐稀渐薄，顷刻散尽矣。

吾辈始舣⑨舟近岸，断桥石磴⑩始凉，席其上⑪，呼客纵饮⑫。此时月如镜新磨，山复整妆，湖复靧面⑬，向⑭之浅斟低唱者出，匿影树下者亦出。吾辈往通声气⑮，拉与同坐。韵友⑯来，名妓至，杯箸安⑰，竹肉发。月色苍凉，东方将白，客方散去。吾辈纵舟⑱，酣睡于十里荷花之中，香气拍⑲人，清梦甚惬⑳。

（张岱著：《陶庵梦忆》，中华书局2008年版。）

赏析

张岱是公认的成就最高的明代小品文作家，有“小品圣手”之誉。张岱的小品文多写山水景物、日常琐事，不少作品表现其对明亡后的怀旧感伤情绪，文笔清新，时杂诙谐。《西湖七月半》《湖心亭看雪》是他的代表作。

农历七月十五是鬼节，也是佛道两家重要的宗教节日，杭州市民有游西湖赏月的习俗。赏月本是一件雅事，但在作者的眼中笔下，却是另一番景象。

文章开头即从根本上颠覆了人们对赏月观景的传统认知，语出惊人：“西湖七月半，一无可看”。接着笔锋一转，又说“止可看看七月半之人”，这样一个看似无意的起笔方式，就已经见出作者的视角独特，不落俗套。

接着分别列举了五类赏月之人：

第一类是官僚权贵。他们坐楼船、享盛宴，灯火通明、觥筹交错，名义上是赏月，实际上

① 鼓吹：指鼓、箫、笳等打击乐器、管弦乐器奏出的乐曲。
② 如沸如撼：像水沸腾，像物体震撼，形容喧嚷。
③ 如魇如呓：好像人在梦中的惊叫、说梦话。魇（yǎn）：梦中惊叫。呓：说梦话。
④ 如聋如哑：指喧闹中震耳欲聋，自己说话别人听不见。
⑤ 摩：碰，触。
⑥ 皂隶：衙门的差役。因穿黑衣，称皂隶。
⑦ 喝道：官员出行，衙役在前边吆喝开道。
⑧ 怖以关门：用关城门来吓唬游人。
⑨ 舣（yǐ）：通“移”，移船停靠岸边。
⑩ 石磴：石头台阶。
⑪ 席其上：在石磴上摆设酒筵。
⑫ 纵饮：尽情喝。
⑬ 靧（huì）面：洗脸。
⑭ 向：方才，先前。
⑮ 往通声气：过去打招呼。
⑯ 韵友：风雅的朋友，诗友。
⑰ 安：放好。
⑱ 纵舟：放开船。
⑲ 拍：扑。
⑳ 惬（qiè）：快意，满足。

就是有意炫耀自己的身份地位和生活的奢侈豪华，他们根本无心赏月，只是假充风雅而已，因而作者说他们是“名为看月而实不见月者”。

第二类是豪富之家。女眷仆童，济济一堂，笑语喧哗、左顾右盼，虽然明月高悬，但是这些人只是趁机玩乐，原本也不想看月，因此也不故作风雅，作者说他们是“身在月下而实不看月者”。

第三类是所谓的“风雅之士”。他们有名妓闲僧随侍，浅斟低唱、轻歌曼舞，同时赏月，看似颇有韵致，实际上重点却在于“欲人看其看月”，目的是显示自己的风雅，这让人觉得有些做作，因而作者说他们是“亦看月而欲人看其看月者”。

第四类是市井俗人。他们衣冠不整、三五成群，酒足饭饱后挤入人群，专往人多的地方钻，还不时大呼小叫，有的还假装醉酒，荒腔走板地唱些小曲。这些人也看月亮，也看周围赏月和不赏月的人，貌似什么都看，实际上什么也不看，主要是凑热闹兼哗众取宠，所以作者说他们是“月亦看，看月者亦看，不看月者亦看，而实无一看者”。

第五类是真正的清雅之士。他们小楫轻舟、暖炉素盏、好友佳人、品茗月下，他们无意炫耀，也不故作清高。为了逃避喧嚣，他们有的隐在树荫之下，有的划去里湖深处，尽管在看月，但人们却看不到他们看月的样子，他们自己也不刻意看月，这才是真正的赏月之人，因而作者说他们是“看月而人不见其看月之态，亦不作意看月者”。

作者通过对日常生活的细致观察和生动描摹，将七月半的西湖各色人等描绘得栩栩如生，宛如一幅世俗风情画。达官显贵的排场，豪门大族的奢华，假名流的做作，市井中人的庸俗，真文人的清雅，作者看似不动声色，冷眼旁观，实则褒贬之情自然流露。对前四种人的嘲讽，对第五种人的欣赏，字里行间处处流露出作者的主观倾向。

中间一段杭人游湖的插叙，一方面是回应开头“西湖七月半，一无可看”的论断，同时又为下文作了铺垫和反衬。

最后一段写作者和友人游湖，与前面众人游湖来去匆匆形成鲜明对照。“吾辈”是真正的文人雅士，避开众人的喧嚣，与志趣相投者宴饮清歌，然后悄然“酣睡于十里荷花之中”，只觉“香气拍人，清梦甚惬”，这才是真正的懂月、赏月。从这个结尾可以看出，作者的审美情趣是真正高雅脱俗的，但也不免流露出传统文人孤高自赏的况味。

本文写人物场景，纷繁复杂，而又极有条理。其观察之细致、笔墨之精练、感情之自然流露，令人叹为观止，不愧是晚明小品文中的精品。

《浮生六记·闲情记趣》(节选)·沈复

沈复(1763—?)，字三白，号梅逸，江苏苏州人。少年随父游宦读书，成年后曾辗转多地做幕僚，平时好游山水，工诗善画，长于散文，代表作《浮生六记》。《浮生六记》是沈复所写的一部回忆录，“浮生”取一生浮荡不定之意，源自李白《春夜宴从弟桃李园序》中“浮生若梦，为欢几何”的感慨。文章以作者的成长经历和夫妇生活为主线，记录了夫妻二人平凡而又充满情趣的居家生活和浪游各地的所见所闻。作者文笔细腻，感情深沉，日常生活中的一粥一饭、布衣蔬食，人情冷暖、喜怒哀乐，都被他写的情趣盎然，自有一种感人的魅力。

苏城有南园、北园三处，菜花黄时，苦无酒家小饮。携盒而往，对花冷饮，殊[①]无意味。或议就近觅饮者，或议看花归饮者，终不如对花热饮为快。众议未定。芸[②]笑曰："明日但各出杖头钱[③]，我自担炉火来。"众笑曰："诺。"

众去，余问曰："卿果自往乎？"芸曰："非也，妾见市中卖馄饨者，其担锅、灶无不备，盍[④]雇之而往？妾先烹调端整，到彼处再一下锅，茶酒两便。"余曰："酒菜固便矣，茶乏烹具。"芸曰："携一砂罐去，以铁叉串罐柄，去其锅，悬于行灶中，加柴火煎茶，不亦便乎？"余鼓掌称善。

街头有鲍姓者，卖馄饨为业，以百钱雇其担，约以明日午后，鲍欣然允议。明日看花者至，余告以故，众咸[⑤]叹服。饭后同往，并带席垫，至南园，择柳阴下团坐。先烹茗，饮毕，然后暖酒烹肴。是时风和日丽，遍地黄金，青衫红袖，越阡度陌，蝶蜂乱飞，令人不饮自醉。既而[⑥]酒肴俱熟，坐地大嚼，担者颇不俗，拉与同饮。游人见之莫不羡为奇想。杯盘狼籍，各已陶然[⑦]，或坐或卧，或歌或啸。红日将颓[⑧]，余思粥，担者即为买米煮之，果腹而归。芸曰："今日之游乐乎？"众曰："非夫人之力不及此。"大笑而散。

（沈复著：《浮生六记》，中州古籍出版社2010年版。）

赏析

《浮生六记》是清代文学家沈复的一部自传体散文，共六卷，每卷皆有小标题，依次是《闺房记乐》《闲情记趣》《坎坷记愁》《浪游记快》《中山记历》和《养生记道》，流传至今只剩四卷，据考证，最后两卷系伪作。作者在《浮生六记》中记叙了夫妻间平凡的家居生活和自己大半生的经历，苦乐哀愁，间杂其中，文词朴素、情感真挚。

《浮生六记》在清代笔记体文学中占有相当重要的位置，该书最大的特点在于取材普通，都是日常生活中夫妻相处的琐事，柴米油盐、喜怒哀乐，旧时文人知识分子的生活处境、夫妻二人的伉俪情深等，文字清新真率，无雕琢藻饰痕迹。

本文节选自《浮生六记》第二卷《闲情记趣》，记述的是一次别出心裁的郊游活动。踏青赏花，饮酒品茗是文人雅士的最爱，如何将二者有机地结合在一起是作者遇到的一个难题，而他贤淑又聪慧的妻子芸，利用自己的智慧，不仅巧妙地为他化解了这一难题，而且使一次

① 殊：特别，很。
② 芸：陈芸，又称芸娘，是作者沈复的妻子。
③ 杖头钱：指买酒钱。
④ 盍(hé)：何不。
⑤ 咸：都。
⑥ 既而：不久，一会儿。
⑦ 陶然：指陶醉其中快乐的样子。
⑧ 红日将颓：太阳快要落山了。

平淡无奇的郊游变得活色生香。说起来非常简单，就是雇一个馄饨摊，将自家准备好的食材带到郊外去，用馄饨摊的火炉将其烹熟再进食，而饮茶则是将砂罐用铁叉叉起来，放到柴火上煎煮。这在今天看来非常平常的一次野炊，放在数百年前的文人生活中，便觉得非常别致风雅，情趣盎然。

本文之所以为人称道，一是文中芸形象的塑造栩栩如生。芸，又称芸娘，是一个娴淑文静而又情趣高雅的女子，她非常聪明伶俐，对很多事情都有自己独到的看法和见识，在寻常的日子里，芸总能想出很多不寻常的点子来使平淡无奇的日常生活变得有声有色，情趣盎然。比如文中提到的这次野炊，从立意到构思再到实施，都是芸娘一手策划和操办，不仅心思缜密，还时露俏皮，本来对活动已了然于心，但在众人面前还故意卖关子，以勾起人的好奇心。一个"笑"字，一句"明日但各出杖头钱，我自担炉火来"，芸娘的伶俐俏皮即刻跃然纸上，难怪林语堂称其为"中国文学史上最可爱的女人"。

本文的第二个成功之处在于语言的质朴自然、清新雅致。文章记述文人雅趣，通篇用浅近的文言，但多为短句，言简意明，如"对花冷饮，殊无意味"。人物对话也使用文言，典雅而不失生动活泼，如"余问曰：'卿果自往乎？'芸曰："非也，……盍雇之而往"？再如，简练生动的动作描写"先烹茗，饮毕，然后暖酒烹肴"，以及文采斐然的环境描写，"是时风和日丽，遍地黄金，青衫红袖，越阡度陌，蝶蜂乱飞"，无不为文章增色。

本文的第三个成功之处是流淌在字里行间的浪漫生活情趣。在现实生活中，作者夫妇不见容于父母、兄弟，物质上也资用匮乏，但是清苦的生活被妻子芸娘的一双巧手打理的不仅井井有条，而且还充满闲情逸致。文章完整地记述了一次野炊踏青赏花的全过程，文笔细腻，笔调轻盈，从开始时遇到难题，到贤妻别出心裁地化解难题，再到众人于明媚春光中尽享佳肴、细品清茗，以致"或歌或啸"，尽兴而归，江南文士的高情逸态，闲情逸致尽在其中，令人心生向往。

第三节 拓展阅读

《赫逊河畔谈中国历史》(节选)·黄仁宇

黄仁宇(1918—2000)，生于湖南长沙，美籍华人，当代著名历史学家，明史专家。早年从军，后赴美求学，获密歇根大学历史学博士学位，以大历史观的倡导者而为世人所知。著有《万历十五年》《中国大历史》等畅销书。

《赫逊河畔谈中国历史》是黄仁宇的力作，书中列举了从春秋战国到元顺帝北撤约两千年历史中的几十个重要人物，以人物为中心，探究中国历史和文化的特点，并以今天的立场加以分析。此书较好地体现了作者深厚的知识底蕴及其对中国历史的深刻领悟，也深刻表现了作者的"大历史观"。

司马迁和班固

司马迁作《史记》，完成于汉武帝末年。班固作《汉书》，书未成而作者因过去与外戚窦宪的关系，死于狱中，事在和帝永元四年。一属西汉，一属东汉，相去公元前及公元后各约90年。我们今日看来，这两部书好像联袂而出。其实它们间隔了180年的距离，等于我们之去前清嘉庆年代。

《史记》和《汉书》一为私人著作，另一书稿则经皇帝看过，有国史的色彩。司马迁自称“成一家之言”和“藏之名山”，已经和班固作书的宗旨不同。况且《史记》是通史，《汉史》是断代史。两位作家的个性癖好不同，也使他们取材行文之间，有相当的出入。然则公元前90年和公元后90年，中国的作家和思想家所处的环境已有大幅度的变化。其中一个重要的关键，在于汉武帝用董仲舒之建议，罢斥百家，独尊儒术。其实汉朝立国行杂霸之制，有法家思想，文景之际，施政又有道家精神，董仲舒自己的著作，还参和着阴阳五行的成分，涉及灾异。总之整个汉代思想，是一种有选择性的大综合，早经中外学者阐释。我们在这里要特别强调指出的，董仲舒之尊儒，并不是以尊儒为目的，而是树立一种统一帝国的正规思想，这有他自己的言辞为证。他曾对汉武帝说：

“《春秋》大一统者，天地之常经，古今之通谊也。今师异道，人异论，百家殊方，指异不同，是以上亡以持一统，法制数变，下不知所守。臣愚以为诸不在六艺之科孔子之术者，皆绝其道，勿使并进。邪辟之说灭息，然后纪统可一而法度可明，民知所从矣。”

这段话否定学术的独立性，坦白的承认提倡学术，旨在支持当今政权。武帝之置五经博士，立学校之官，策贤良，都根据这宗旨着眼，从此中国庞大的文官集团，有了他们施政的正统逻辑。司马迁和董仲舒同时，他读书不受这政策的影响。而班固年轻时“正规的”儒家思想，已有一百多年的基础。况且后汉创业之主光武帝刘秀自己就曾为大学生。第二个皇帝明帝刘庄更以学者自居，曾在辟雍(大礼堂)讲尚书。第三个皇帝章帝刘坦亲自在白虎观制定五经异同，班固也在列。在这种政权领导下的环境里著书，就难脱离国家所定标准的束缚了。

司马迁和班固一样，自称是周公和孔子的信徒。可是今日我们一打开《史记》，随意翻阅三五处，即可以体会到作者带着一种浪漫主义和个人主义的作风，爽快淋漓，不拘形迹，无腐儒气息。他自称“少负不羁之才，长无乡曲之誉”，应当是一种真实的写照。他所崇奉的“士为知己用，女为悦己容”也可以说是归源于儒家道德，可是这立场就已经和经过正统限制的所谓儒家不同了。

《史记》里写荆轲和高渐离饮酒击筑，又歌又泣，旁若无人，已近于董仲舒所说的“邪辟”。并且项羽是汉高祖刘邦的死对头，而《史记》里的《项羽本纪》排列在《高祖本纪》之前(若在后代必称“项酋”“伪楚”，而“本纪”只能降格为“载记”)。文中又把项羽写成一个虽暴躁却又浑憨可爱的角色，其英雄末路，令人怜惜。与之相较，刘邦反像一个伪君子。而司马迁形容吕后残虐戚夫人，以致她亲生的儿子孝惠帝指斥她“此非人所为”。班固作“汉书”时，有关刘邦的一段，还大致采取司马迁的材料。但是他的《高后记》则隐恶扬善，对戚夫人事一字不提，而只在书末《外戚传》内叙及。

《史记》除了《刺客列传》之外，还有《滑稽列传》，《日者列传》和《龟策列传》，可谓涉及九流三教，有呈现整个社会之剖面的样子。班固书里虽有《东方朔传》，却不再缕列非正派或下流的文化资料。

司马迁借着《货殖列传》发挥他个人的私利观。“夫千乘之王，万家之侯，百室之君，尚犹患贫，而况匹夫编户之民乎！”他又说：“富者人之情性，所不学而俱欲者也。”而且从他看来，贫穷是耻。“若至家贫亲老，妻子软弱，岁时无以祭祀进食，饮食被服不足以自通，如此不惭耻，则无所比矣！”迟至今日两千多年之后，很多受过教育的中国人或敢心里如此想，恐怕不会有很多人嘴里能如此说。

也因其如此，司马迁就受到班固的指责。《汉书》里就有《司马迁传》，内中批评他“又其是非颇缪于圣人，论大道则先黄老而后六经，序游侠则退处士而进奸雄，述货殖则崇势利而羞贱贫，此其所蔽也。”

这些地方还不足十分的表现班固的正统思想，最使我们看出他的作品在历史上是属于“罢斥百家独尊儒术”之后的产物者，乃是《汉书》里的卷二十《古今人表》。这表里列有古人1931人，包括传奇式的人物如女娲氏有巢氏，《论语》中有名的孔门弟子，《春秋》中的国君等，至于秦亡为止。而由作史者“显善昭恶”的按上上至下下区分为三等九则。内中得“上上圣人”者十四人，包括三皇五帝；而以周公孔子殿后。仲尼之外即再无圣人，虽孟子只与颜渊，管仲同属“上中仁人”。老子与商鞅，申子，墨翟，韩非都属“中上”，与孙膑白起一流。刺客荆轲则为中中和孟尝君吕不韦同品。而“下下愚人”里既有蚩尤，共工，三苗，也有倾国倾城的褒姒和妲己。秦始皇虽焚书坑儒，班固只贬之为中下，因为他下面还有二世胡亥列入“下中”，宦官赵高列入“下下”。

从我个人的眼光看来，除非作者束发受教以来，就先培养了一段“常经”和“异道”的观念，决难如此只凭古书里一句一段的叙述即能将这么多的人物列表区分其品格，有如衡量其材之长短。

因此我们也可以推想世俗观念中的儒家的拘泥，并不一定是孔子和他门徒的真性格。多方面那些呆板的型式，还是后人之所造作，其目的在维持文官集团的紧凑。总算还是中国读书人的运气好，得有太史公司马迁在兰台令班固之前写作，否则没有《史记》，径由《汉书》开二十三史之端，中国史学的传统，必更趋向“文以载道”的方针，更缺乏“百家殊方”的真实性和生动活泼了。

（黄仁宇著：《赫逊河畔谈中国历史》，生活·读书·新知三联书店2015年版。）

思考与练习

1. 你最欣赏哪个场景中的项羽？为什么？

2. 如何看待和理解文末太史公的点评？

3. 为什么后世的文人都同情朱买臣，而贬斥其妻？

4.《进学解》虽为论说文，但也非常生动形象，试分析其原因所在。

5. 小品文的精神内核是什么？

6. 古代文人的小品文对你有哪些启发？

本章推荐书目

1. 韩兆琦：《〈史记〉与传记文学二十讲》，商务印书馆 2016 版。

2. 张大可：《司马迁评传》，商务印书馆 2013 版。

3. 康震：《康震评说唐宋八大家》，中华书局 2010 版。

4. 张岱：《陶庵梦忆 · 西湖梦寻》（明清小品丛刊），上海古籍出版社 2001 版。

5. 沈复：《浮生六记》，长江文艺出版社 2015 版。

6. 张岱等：《明清小品文选》，山西古籍出版社 2010 版。

第八章 中国戏曲

元代杂剧《西厢记》问世后，迅速赢得观众的心，成为“天下夺魁”的佳作，掀起一股“西厢热”。明朝开国皇帝朱元璋盛赞高明的南戏《琵琶记》像山珍海味，富贵家不可无。明代后期才女冯小青读了汤显祖的《牡丹亭》剧本后动情地题诗一首，表达觅到知音的感慨与共鸣：“冷雨敲窗不可听，挑灯闲看《牡丹亭》。人间亦有痴于我，岂独伤心是小青？”白先勇先生改编的青春版昆曲《牡丹亭》在北京大学掀起一阵又一阵“昆曲热”。有的学生观看演出后说：“美得让人窒息，恨不得死在戏里不出来了。”有的学生在网上说：“现在北大只有两种人，一种是看过《牡丹亭》的，一种是没有看过《牡丹亭》的。”这就是中国戏曲的艺术魅力！下面让我们一起来领略中国戏曲之美吧。

第一节 中国戏曲概述

戏曲是中华传统文化的重要代表。中国戏曲将歌唱、舞蹈、念白等表演方式融为一体，以代言体演绎一个完整的故事，特色独具。中国戏曲还包含了民间习俗、宗教信仰、道德观念、审美意识等丰富的文化意蕴，具有鲜明的民族特色。学习传统戏曲艺术、重视戏曲教育，有助于我们弘扬传统文化，传递民族精神。让戏曲艺术走进大学校园，与当代大学生亲密接触，是在文化领域实践中国梦的重要方式之一。

一、中国戏曲的历史

中国戏曲与古希腊戏剧、印度梵剧并称为世界上最古老的三大戏剧，历史悠久，源远流长。迄今为止，传统戏曲仍具有很高的审美价值，是一些民众喜闻乐见的艺术欣赏对象。

1. 戏曲的萌芽与生长

中国戏曲的起源，可以上溯到原始时代的巫觋歌舞。这些歌舞往往带有浓厚的宗教色彩和仪式性，是最初的表演艺术。西周末年，出现了专供帝王贵族娱乐的“优”。他们通过表演歌舞或者模仿他人，可以达到娱乐与讽谏的双重目的，算是最早的职业演员。

汉代以后，从民间流行起来的角抵百戏，逐渐传入宫廷。《东海黄公》的角抵戏，主要内容是人虎搏斗，有一定的故事情节，演员亦有特定的装扮。南北朝以后，陆续出现《踏摇娘》《兰陵王》等以角抵、歌舞为主的表演，这些表演中也会融汇一个故事，这直接影响到后世戏曲的形成。

唐代出现了参军戏。在参军戏中，已经有“参军”和“苍鹘”的固定角色。他们继承先秦

"优"的传统，通过戏剧化的滑稽表演，承担着讽谏君王的责任，最终总以"苍鹘"斥骂扑打"参军"结束。安史之乱后，许多宫廷中的"优"流落民间，开始面向市民、商人表演。

宋代的杂剧，与唐代参军戏一脉相承。但不同的是，参军戏主要是滑稽表演，而宋杂剧则以曲子演唱来叙述一个相对完整的故事。宋杂剧的剧目有《目连救母》《裴少俊伊州》《相如文君》《裴航相遇乐》等。宋金南北分治之后，在宋杂剧的基础上，在北方金朝统治地区形成了"院本"，有了上下场的连场形式，有了角色行当，增强了故事性，为元杂剧的形成奠定了基础。金院本的代表剧目有《范蠡》《刘盼盼》《月夜闻筝》《芙蓉亭》《襄阳会》《鸳鸯简墙头马》等。

2. 戏曲的成熟与繁盛

到了元代，戏曲艺术发展成熟。北方出现杂剧盛极一时的壮观局面。元杂剧的结构通常是四折一楔子。每折用同一宫调的数支曲牌组成一套曲子，一韵到底，演出时由正末或正旦一个角色来唱。一折可以写一个场景，也可以写两个或多个场景。楔子的篇幅较短，可以放在第一折之前交代剧情，也可以放在折与折之间推动故事进程。根据题材的不同，元杂剧可分为爱情婚姻剧、社会剧、历史剧、神仙道化剧等多种类型。元杂剧的著名作家有关汉卿、王实甫、白朴、马致远、郑光祖等，著名作品有《西厢记》《窦娥冤》《单刀会》《梧桐雨》《墙头马上》《汉宫秋》《倩女离魂》《赵氏孤儿》《陈州粜米》等。元杂剧的艺术魅力在于真实自然，王国维说元代戏曲"写情则沁人心脾，写景则在人耳目，述事则如其口出"①。

南戏是以南方曲调演唱的一种戏剧形式，宋代已有演出的记载，元代南戏吸取杂剧的成果，不断发展，成就最高的作品是元末明初高明的《琵琶记》。该戏的主旨是宣扬子孝妻贤的封建伦理道德，艺术成就很高，被视为"南曲之祖"。

明代以后，南戏复兴，格律谨严，文辞典雅，发展为"传奇"。相比元杂剧而言，传奇篇幅较长，多者达四五十出，任何角色都可以演唱，每出也不限宫调，可以换韵。就题材而言，明代传奇主要以历史剧、风情剧、社会剧为主，并能积极与时代精神相碰撞。李开先《宝剑记》、梁辰鱼《浣纱记》、无名氏《鸣凤记》均关注现实政治，体现出强烈的斗争精神和深刻的忧患意识。明代最伟大的戏剧家是万历年间的汤显祖，代表作是"临川四梦"——《紫钗记》《牡丹亭》《南柯记》和《邯郸记》。《牡丹亭》通过杜丽娘因情而死又因情复生的故事，歌颂了"至情"的巨大力量，抨击了传统的封建意识，公开向理学挑战，在社会上反响巨大。

明代嘉靖以前，南戏已经形成海盐腔、余姚腔、弋阳腔和昆山腔四大声腔。海盐腔形成于浙江海盐，是南戏流传到海盐后，结合当地的民歌小调、方言土语而产生的新剧种；余姚腔形成于浙江余姚，传到安徽后蜕变为青阳腔；弋阳腔形成于江西弋阳，嘉靖年间已经流传到全国各地，影响很大；昆山腔，又称昆腔、昆调、昆曲、昆剧，形成于江苏昆山。嘉靖以前昆山腔的影响不如其他三大声腔；嘉靖年间，经过著名音乐家魏良辅的改造，昆山腔的面貌焕

① 王国维：《宋元戏曲史》，中华书局2010年版，第116页。

然一新，迅速称霸剧坛。梁辰鱼的《浣纱记》是第一部用“新声”昆山腔演出的剧本，由于声腔优美动听，故事引人入胜，演出后反响极好。

明代杂剧沿着元杂剧的传统继续发展，但具有较强的文人情调。明代影响最大的杂剧作家是徐渭，代表作是《四声猿》，由《狂鼓史渔阳三弄》《雌木兰替父从军》《女状元辞凤得凰》和《玉禅师翠乡一梦》四部短剧构成，体制上不拘一格，曲调则南北曲并用或全用南曲，呈现出独特面貌。

清代戏剧文学成就最高的仍然是传奇，代表作是洪昇的《长生殿》和孔尚任的《桃花扇》。《长生殿》写唐明皇和杨贵妃的爱情故事，辅以安史之乱的政治背景和社会问题；《桃花扇》写明末四公子之一的侯方域和江南名妓李香君的爱情故事，借以展现南明王朝覆灭的历程。两剧演出之后，均大获成功。

3. 地方戏的争奇斗艳

乾隆中叶，以昆山腔为主要唱腔的传奇（“雅部”）走向衰落，各地的民间小戏（“花部”）带着拙朴、土俗、清新的气息迅速成长，征服观众，清代戏剧界于是进入到以花部地方戏为主的“乱弹”时期，诸如京腔、秦腔、罗罗腔、梆子腔、楚腔、吹腔、柳子腔、唢呐腔、山东弦子戏、花鼓戏、花灯戏、采茶戏、秧歌戏、滩簧等，名目繁多。最终由徽调、汉调合流而产生的新剧种——京剧脱颖而出，风行全国，成为剧坛新霸主。

昆曲受到了“花部”的巨大冲击，但并没有完全走向灭亡。“分布于各地的昆剧，顽强坚毅地与命运抗争。它们吸收所在地区的艺术营养，走世俗化、地方化的艺术道路，逐渐形成了各自的特色。人们便以地域来划分，称为浙昆、徽昆、赣昆、湘昆、川昆和苏昆等。”①到了21世纪，又有酷爱昆曲的文化名人白先勇先生致力于昆曲的复兴工作。白先勇先生带领他的制作团队将汤显祖的《牡丹亭》，撷取精华，删减成“梦中情”“人鬼情”和“人间情”三本，名为《青春版昆曲〈牡丹亭〉》，于2004年4月开始在世界巡演，引起轰动。

目前全国共有京剧、越剧、黄梅戏、评剧、豫剧、昆曲、锡剧、淮剧、扬剧、庐剧、沪剧、湖南花鼓戏、楚剧、湘剧、祁剧、赣剧、川剧、桂剧、滇剧、粤剧、歌仔戏、莆仙戏、闽剧、高甲戏、潮剧、秦腔、晋剧等数百种戏曲剧种。

二、中国戏曲的综合性

西方的戏剧通常偏重于某一种表现手段，如歌剧偏重于唱，舞剧偏重于舞，话剧偏重于对话。中国戏曲则将唱、念、做、打等多种表演手段熔为一炉，体现出高度的综合性。

1. 唱

“唱”，即歌唱，是中国戏曲的音乐元素，主要用于表现人物的思想感情，特别是心理活动。海震在《戏曲音乐史》中指出：“在传统戏曲中，在需要表现人物比较复杂的心理活动时，一般都要运用唱腔作为表现手段。而且一段由恰当的唱词和动听的曲调构成的唱腔，常常会在充分揭示人物内心活动的同时，使观众也得到听觉上的享受。传统戏曲中的一些

---

① 朱恒夫：《中国戏曲美学》，南京大学出版社2008年版，第61页。

剧目之所以能长期流传下来，与剧中那些曾经十分流行的唱腔对观众的吸引力是分不开的。"①

中国戏曲特别重视"唱"，都有独具特色的演唱艺术。元杂剧所用的是北方人爱听的北曲曲调，高亢激越，字多腔少；宋元南戏用的是南方人爱听的南曲曲调，柔婉细腻，字少腔多。现代戏曲也是如此，任何一种剧种，都有自己独特的唱腔。湖南花鼓戏的唱腔活泼、明快、尖新，富于乡土气息。黄梅戏、越剧的唱腔优美柔婉，以抒情见长，但又有显而易见的区别。大致说来，黄梅戏的唱腔偏于清新、自然、柔美，越剧的唱腔偏于文雅、细腻、深沉。即使是同一剧种内部，又因唱腔的差别而形成许多流派。例如京剧中的老生就有程（长庚）派、余（三胜）派、谭（鑫培）派、汪（桂芬）派、孙（菊仙）派等众多流派。好的戏曲演员正是凭借有韵味的唱功打动观众。

由于歌唱在戏曲中占有重要的地位，"听戏"便成了"看戏"的代名词，"听唱"便成为传统戏曲观众"看戏"行为的主要目的。

2. 念

"念"，即念白、话白、宾白，主要用于叙事。"唱"重要，"念"亦重要。在某些场景"念"的重要性凸显出来，甚至显得比"唱"更为重要，故有"千斤话白四两唱"的俗语。

念白又分韵白与本白（散白）两种。韵白是用于念诵的文字，要求押韵。京剧的韵白是以湖广中州韵（湖北语音）为基础的念白，具有自己的特征，比如吐字讲究"喷口"，分清"尖团"。本白不押韵，通常是各剧种发生地的方言。京剧的本白是京白，用北京语音；黄梅戏的本白是安庆官话；河北梆子、评剧的念白艺术，与京剧大致一样。戏曲念白是"戏曲化"了的念白，具有"性格化＋音乐化"的审美特征，这使其区别于话剧、歌剧、电影艺术等的念白。

3. 做

"做"，即舞蹈，是戏曲的形体动作。戏曲演员一上场就进入舞蹈的状态，"无动不舞"。戏曲演员的舞台动作，具有集中、洗练、夸张、富于象征性、程式化的特征。

各种舞蹈化的形体动作，总称为"身段"。"身段"通常具有程式化的特征，如"兰花指""双飞燕""旋风步""云步""抖袖""走边""拨云""探月"等。不少"身段"极美，譬如"兰花指"，用拇指搭住中指指根，食指用劲，软而有力，形似兰花，再加上动作，非常漂亮；又如"云步"，根据微风吹动浮云逐渐移动的形状设计而成，演员表演时上身不动，两脚并齐，向左方移动时，脚掌向左方挪动半步，接着脚跟也向左方移动半步，如此反复进行，向右方移动时，动作相同。京剧《贵妃醉酒》中杨贵妃唱"长空雁儿飞"时，走的就是"云步"。

4. 打

"打"，即戏曲表演中的武打，也是戏曲的形体动作。中国戏曲中有许多战争的题材，离不开打斗的场面，因此出现了武生、武旦、武净、武丑、刺杀旦等行当。"打"是生活中打斗场面的艺术展现，是塑造草莽英雄、武将的重要手段。"打"通常分为"筋斗功"（腾空翻越）、

① 海震著：《戏曲音乐史》，文化艺术出版社 2003 年版，第 9 页。

“把子功”(用刀枪剑戟等武器对打或独舞)、“毯子功”(在毯子上翻扑跌滚)三大类。常见的“打”的动作有“翻斤斗”“摔抢背”“窜扑虎”“吊毛”“椅子功”“硬跷”“软跷”“变脸”“喷火”“托盘”等。戏曲表演中的“打”,并不等同于武术表演,而是融入剧情之中,为展开剧情、塑造人物服务。

总之,中国戏曲是一种高度综合性的艺术,观众从中可以欣赏到音乐、舞蹈、文学、武术等各种多元的艺术元素。唱、念、做、打并非单独运用,而是有机融合,共同为表现剧情、塑造人物服务。

三、中国戏曲的行当

元杂剧的角色行当包括末、旦、净、杂四类;明清传奇的角色行当包括生、旦、净、末、丑、外、贴;现代剧种的角色行当,则通常划分为生、旦、净、丑四大类。

1. 生

生是戏曲表演行当的重要类型,除净、丑以外的男性角色,都归入生行。“生”的名称最早见于宋元南戏,明清传奇沿用。元杂剧中则称“末”,其中男主角称“正末”,如《单刀会》中的关公、《倩女离魂》中的王文举。

随着表演艺术的提高,生行逐渐分化。京剧中的生包括老生、小生、武生、娃娃生等。老生主要扮演中年以上的男性,多是舞台上的正面人物,如诸葛亮、关羽、刘备、蔺相如等。老生因挂胡须,因此又叫“须生”。老生又分唱工老生(以唱为主)、做工老生(以做为主)、靠把老生。小生通常扮演青少年男子,扮相俊美清秀,又分扇子生、雉尾生、穷生、武小生等。武生扮演擅长武艺的青壮年男子,又分长靠武生、短打武生、箭衣武生和勾脸武生。娃娃生专门扮演儿童,如京剧《汾河湾》中的薛丁山、《劈山救母》中的沉香。

2. 旦

旦是女性角色的统称。唐代歌舞戏中有“弄假妇人”,宋金杂剧中有“妆旦色”,这是后世戏曲中旦类脚色的来源。宋元南戏和元杂剧中已有旦的名称。元杂剧中旦类脚色的名称异常繁多,诸如正旦、外旦、旦儿、贴旦、副旦、老旦、小旦、花旦、搽旦、色旦、魂旦(扮女鬼)、禾旦(扮乡村农妇)等。清代昆曲形成正旦、小旦、贴旦和老旦四个分支,后来各剧种又繁衍出众多分支。现代戏曲的旦行大致分为正旦、花旦、贴旦、闺门旦、武旦、老旦和彩旦七类,表演上各具特点。

正旦的角色最早见于北杂剧,特指剧中的女主角,如《窦娥冤》中的窦娥、《墙头马上》中的李千金、《救风尘》中的赵盼儿等。元杂剧中的正旦,可简称为旦,如《西厢记》中的崔莺莺。现代戏曲中的正旦,因常穿青色褶子,又称“青衣”,主要扮演性格端庄文静的大家闺秀、贤妻良母或宫廷贵妇。以唱工为主,唱腔以质朴淳厚、情真意切而取胜。念白常用韵白,表演严肃端庄。

花旦主要扮演性格泼辣放荡或活泼明快的中青年女性,重做工、重神采,多念散白,表演常带有喜剧色彩。在梆子系统的剧种中,这一角色称为小旦。

贴旦是旦中的副角,意思是帮贴旦脚、补贴一旦。南戏、元杂剧、明清传奇以及许多地方剧种中都有贴旦，如《西厢记》中的红娘、《牡丹亭》中的春香等。在昆曲中贴旦兼扮儿童和门子。

闺门旦扮演少女。早期京剧中的闺门旦主要扮演小家碧玉，如《棒打薄情郎》中的金玉奴，后来也扮演大家闺秀，如《凤还巢》中的程雪娥。

武旦扮演擅长武艺的女性，分为刀马旦和武旦两种类型。刀马旦多扎靠，骑马，持长兵器，表演重身段、工架、念白，如京剧《杨门女将》中的穆桂英。武旦穿短衣裳，重跌打翻扑，常扮演神怪，多表演“打出手”特技，如京剧《十字坡》（又名《武松打店》）中的孙二娘等。武旦的表演风格是“美、媚、稳、锐”。

老旦扮演老年妇女，唱念用本嗓，多重唱功，如京剧《岳母刺字》中的岳母、《杨门女将》中的佘太君。老旦的表演风格是“清淳、明畅、质朴、稳重”。

彩旦在元杂剧中称“搽旦”，因脸上搽抹成丑怪形象而得名。俗称丑婆子，扮演女性中的丑角，即闹剧或喜剧性人物，常常面涂白粉，浓妆艳抹，以显示其不同寻常的品性，如京剧《朱痕记》中的婶娘等。在川剧中，这一角色称为摇旦。

3．净

净，或名花脸，这一角色源于唐代参军戏中的“参军”。宋杂剧中有副净的角色。在元杂剧中，“净”角搽灰勾脸，表演特色是滑稽调笑，有净、外净、副净、大净、二净等多种称谓，既可以扮演男性人物，也可以扮演女性人物。

京剧的净，包括铜锤花脸、架子花脸和武花脸（摔打花脸）。铜锤花脸主要扮演正直、刚强、坦率、见义勇为的朝廷重臣或老将，重唱功，如京剧《二进宫》中的徐延昭、《草桥关》中的姚期、《御果园》中的尉迟恭等。架子花脸主要扮演勇猛豪爽的正面人物，如《盗御马》中的窦尔墩。武花脸以跌打摔打的武功为主，不重唱念，如京剧《挑滑车》中的金兀术等。

4．丑

丑为滑稽诙谐的喜剧角色，善于插科打诨，又叫小花脸。通过夸张的化妆和表演给观众提供一种滑稽的审美趣味。丑的表演重念白，要求口齿清楚、清脆流利、语言俏皮，又要表情丰富、动作灵活。

不同剧种的丑各有特点。京剧中的丑包括文丑和武丑两类。文丑分为袍带丑、方巾丑、褶子丑、茶衣丑、武丑等类型。袍带丑穿蟒袍、腰围玉带，扮演帝王将相、公卿大夫中的喜剧人物，如《九赐宫》中的程咬金。方巾丑常戴方巾，多扮演儒生、谋士或书吏中的喜剧人物，如《群英会》中的蒋干。褶子丑常扮演纨绔子弟、花花公子。茶衣丑常穿茶衣腰包，多扮演普通的劳动人民，如《问樵闹府》中的樵夫。武丑，又叫开口跳，扮演机警幽默、武艺高超的人物，擅长翻跳扑跌等武功，如《三岔口》中的刘利华等。

总之，中国戏曲有严格的行当，某一剧目的某一人物应该由哪个行当的演员扮演，都有严格的规定。当然也有“反串”等特殊情形。

第二节 中国戏曲选读

《西厢记·长亭送别》·王实甫

王实甫(? —1324),名德信,字实甫,大都(今北京)人。生平事迹不详,大概是一个类似于关汉卿的书会才人。元末明初人贾仲明为王实甫所写的《凌波仙》吊曲为:"风月营密匝匝列旌旗,莺花寨明飚飚排剑戟,翠红乡雄纠纠施谋智。作词章,风韵美,士林中等辈伏低。新杂剧,旧传奇,《西厢记》天下夺魁。"[①]王实甫一生共创作杂剧14种,完整保存至今有《西厢记》《丽春堂》《破窑记》三种。其中《西厢记》享有盛名,影响深远。

(夫人长老上云)今日送张生赴京,十里长亭,安排下筵席。我和长老先行,不见张生小姐来到。(旦、末、红同上)(旦云)今日送张生上朝取应,早是离人伤感,况值那暮秋天气,好烦恼人也呵!悲欢聚散一杯酒,南北东西万里程。

【正宫·端正好】碧云天,黄花地[②],西风紧,北雁南飞。晓来谁染霜林醉[③]?总是离人泪。

【滚绣球】恨相见得迟,怨归去得疾。柳丝长玉骢难系[④],恨不倩疏林挂住斜晖[⑤]。马儿迍迍的行,车儿快快的随[⑥],却告了相思回避,破题儿又早别离[⑦]。听得道一声去也,松了金钏[⑧];遥望见十里长亭,减了玉肌:此恨谁知?

(红云)姐姐今日怎么不打扮?(旦云)你那知我的心里呵?

【叨叨令】见安排着车儿、马儿,不由人熬熬煎煎的气;有甚么心情花儿、靥儿[⑨],打扮得娇娇滴滴的媚;准备着被儿、枕儿,则索昏昏沉沉的睡;从今后衫儿、袖儿,都揾做重重叠叠的泪。兀的不闷杀人也么哥!兀的不闷杀人也么哥!久已后书儿、信儿,索与我凄凄惶惶的寄。

(做到)(见夫人科)(夫人云)张生和长老坐,小姐这壁坐,红娘将酒来。张生,

---

① 钟嗣成、贾仲明著,浦汉明校:《新校录鬼簿正续编》,巴蜀书社1996年版,第71页。

② "碧云天,黄花地":从北宋范仲淹《苏幕遮》中词句"碧云天,黄叶地,秋色连波,波上寒烟翠"化用而来。黄花:菊花,深秋开放。

③ 霜林醉:深秋的枫叶经霜变红,就像人喝醉酒脸红一样。"晓来"二句:意思是指离人带血的眼泪,把深秋早晨的枫树林都染红了,反映了崔莺莺与张生的难舍难分。

④ 玉骢(cōng):马名,一种青白相间的骏马。柳丝长玉骢难系:柳丝虽长却系不住玉骢马,形容纵使情长也留不住张生。古代有折柳送别的风俗。北宋晏殊《踏莎行》:"垂杨只解惹春风,何曾系得行人住?"

⑤ 倩:请人代己做事。

⑥ 迍迍(zhūnzhūn):行动缓慢,迟迟不前。"马儿迍迍的行"二句:张生骑马,走在前面,莺莺乘车,跟在后面,必然是马儿走慢些,车儿赶快些,这样才能前后相随,亦是描写崔、张二人难舍难分的心情。

⑦ 破题:古代科举考试文章起始要释题,称为"破题",后引申为"开始"。

⑧ 金钏:金手镯。松了金钏:是说人的手腕瘦了,与下文"减了玉肌"对举。

⑨ 靥(yè)儿:本意指酒窝,这里指靥钿,即妇女装扮面部的一种饰物。

你向前来，是自家亲眷，不要回避。俺今日将莺莺与你，到京师休辱没了俺孩儿，挣揣一个状元回来者①。（末云）小生托夫人余荫，凭着胸中之才，视官如拾芥耳②。（洁云③）夫人主见不差，张生不是落后的人。（把酒了，坐）（旦长吁科）

【脱布衫】下西风黄叶纷飞，染寒烟衰草凄迷。酒席上斜签着坐的④，蹙愁眉死临侵地⑤。

【小梁州】我见他阁泪汪汪不敢垂⑥，恐怕人知；猛然见了把头低，长吁气，推整素罗衣。

【幺篇】虽然久后成佳配，奈时间怎不悲啼。意似痴，心如醉，昨宵今日，清减了小腰围。

（夫人云）小姐把盏者！（红递酒，旦把盏长吁科，云）请吃酒！

【上小楼】合欢未已，离愁相继。想着俺前暮私情，昨夜成亲，今日别离。我谂知这几日相思滋味⑦，却原来比别离情更增十倍。

【幺篇】年少呵轻远别，情薄呵易弃掷。全不想腿儿相挨，脸儿相偎，手儿相携。你与俺崔相国做女婿，妻荣夫贵⑧，但得一个并头莲，煞强如状元及第。

（夫人云）红娘把盏者！（红把酒科）（旦唱）

【满庭芳】供食太急，须臾对面，顷刻别离。若不是酒席间子母每当回避，有心待与他举案齐眉。虽然是厮守得一时半刻，也合着俺夫妻每共桌而食。眼底空留意，寻思起就里，险化做望夫石。

（红云）姐姐不曾吃早饭，饮一口儿汤水。（旦云）红娘，甚么汤水咽得下！

【快活三】将来的酒共食，尝着似土和泥。假若便是土和泥，也有些土气息，泥滋味。

【朝天子】暖溶溶玉醅⑨，白泠泠似水，多半是相思泪。眼面前茶饭怕不待要吃，恨塞满愁肠胃。“蜗角虚名，蝇头微利”⑩，拆鸳鸯在两下里。一个这壁，一个那壁，一递一声长吁气。

（夫人云）辆起车儿，俺先回去，小姐随后和红娘来。（下）（末辞洁科）（洁云）

---

① 挣揣（zhèngchuài）：努力争取。

② 拾芥：比喻得官轻而易举，如同拾取地上的草芥那样容易。芥：小草。

③ 洁：元代民间称和尚为“洁郎”，元杂剧中便将扮演和尚的角色称作“洁”，此处指普救寺的法本长老。

④ 斜签著坐的：此处指张生，封建时代晚辈在长辈面前只能侧身斜坐。

⑤ 死临侵地：无精打采的样子。“死”作程度副词。

⑥ 阁泪汪汪不敢垂：莺莺看到张生沮丧的神情，心里非常难过，但因母亲和长老在场，强忍着泪水，不敢哭出来。

⑦ 谂（shěn）知：怎知。

⑧ 妻荣夫贵：俗语中有“夫荣妻贵”的说法，这里反其意而用之，意思是你做俺崔相国家的女婿，本已因妻而贵，大可不必上京求取功名了。

⑨ 玉醅（pēi）：美酒。

⑩ 蜗角虚名：比喻微不足道的声名。蝇头微利：比喻微小的利益。莺莺看重爱情，轻视功名，因此将张生上京赶考视为追求“蜗角虚名，蝇头微利”。

此一行别无话儿，贫僧准备买登科录①看，做亲的茶饭少不得贫僧的。先生在意，鞍马上保重者！从今经忏无心礼，专听春雷第一声②。（下）（旦唱）

【四边静】霎时间杯盘狼籍，车儿投东，马儿向西，两意徘徊，落日山横翠。知他今宵宿在那里？有梦也难寻觅。

张生，此一行得官不得官，疾便回来。（末云）小生这一去白夺一个状元，正是“青霄有路终须到，金榜无名誓不归”。（旦云）君行别无所赠，口占一绝③，为君送行：“弃掷今何在，当时且自亲。还将旧来意，怜取眼前人。”（末云）小姐之意差矣，张珙更敢怜谁？谨赓④一绝，以剖寸心：“人生长远别，孰与最关亲？不遇知音者，谁怜长叹人？”（旦唱）

【耍孩儿】淋漓襟袖啼红泪⑤，比司马青衫更湿⑥。伯劳东去燕西飞⑦，未登程先问归期。虽然眼底人千里，且尽生前酒一杯。未饮心先醉，眼中流血，心内成灰。

【五煞】到京师服水土，趁程途节饮食，顺时自保揣身体⑧。荒村雨露宜眠早，野店风霜要起迟！鞍马秋风里，最难调护，最要扶持。

【四煞】这忧愁诉与谁？相思只自知，老天不管人憔悴。泪添九曲黄河溢，恨压三峰华岳低⑨。到晚来闷把西楼倚，见了些夕阳古道，衰柳长堤。

【三煞】笑吟吟一处来，哭啼啼独自归。归家若到罗帏里，昨宵个绣衾香暖留春住，今夜个翠被生寒有梦知。留恋你别无意，见据鞍上马，阁不住泪眼愁眉。

（末云）有甚言语嘱咐小生咱？（旦唱）

【二煞】你休忧“文齐福不齐”⑩，我则怕你“停妻再娶妻”⑪。休要“一春鱼雁无消息”！我这里青鸾有信频须寄，你却休“金榜无名誓不归”。此一节君须记，若见了那异乡花草，再休似此处栖迟⑫。

（末云）再谁似小姐？小生又生此念。（旦唱）

---

① 登科录：科举考试的录取名录。

② 经忏：佛教经文。春雷第一声：此指考中状元。古代进士考试的会试在春天举行，因此把录取的消息比作“春雷第一声”。

③ 口占一绝：不打草稿，随口吟出一首绝句诗。

④ 赓（gēng）：续作，这里指和作一首绝句的意思。

⑤ 王嘉《拾遗记》记载：薛灵芸被选入宫时，告别父母，泪流不止，用玉壶盛泪，玉壶即呈红色。到了京城，玉壶中的泪水凝成血状。故后来常常将美人的泪水称作红泪。

⑥ 比司马青衫更湿：化用唐代白居易《琵琶行》诗句“座中泣下谁最多？江州司马青衫湿”。

⑦ 伯劳东去燕西飞：从乐府诗句“东飞伯劳西飞燕”化用而来，指莺莺和张生分别后各奔东西。伯劳：鸟名。

⑧ 顺时自保揣身体：意思是要估量自己的身体状况，适应季节的变化，自我保重。

⑨ 泪添九曲黄河溢：以水比喻离愁之多。恨压三峰华岳低：以山比喻离愁之重。

⑩ 文齐福不齐：当时谚语，指文章写得好，足以登第，但时运不济，因此科考不中。

⑪ 停妻再娶妻：封建社会读书人金榜题名后，为了攀附权贵，常常不认前妻而另行娶妻，莺莺担心张生考中状元后停妻再娶，因此深表忧虑。

⑫ 栖迟：停留，逗留，流连。

【一煞】青山隔送行，疏林不做美[①]，淡烟暮霭相遮蔽。夕阳古道无人语，禾黍秋风听马嘶。我为甚么懒上车儿内，来时甚急，去后何迟？

（红云）夫人去好一会，姐姐，咱家去！（旦唱）

【收尾】四围山色中，一鞭残照里。遍人间烦恼填胸臆，量这些大小车儿如何载得起[②]？

（旦、红下）（末云）仆童赶早行一程儿，早寻个宿处。泪随流水急，愁逐野云飞。（下）

（王季思主编：《全元戏曲》第二卷，人民文学出版社1990年版。）

赏析

王实甫的《西厢记》，俗称"王西厢"，取材于唐代元稹的传奇小说《莺莺传》。《莺莺传》叙述张生寄居普救寺，主动追求崔莺莺，与之相恋，最终又抛弃莺莺，写的是一个始乱终弃的爱情悲剧。《莺莺传》为"王西厢"的创作提供了最初的蓝本。金代董解元的《西厢记诸宫调》（俗称"董西厢"）则直接影响到"王西厢"的创作。"董西厢"将《莺莺传》中的轻薄文人张生改写成一个忠于爱情的至诚人物，将无辜被弃的崔莺莺改写成一个敢于冲破封建礼教的少女，并给了崔张爱情一个美满幸福的大团圆结局。"王西厢"突出了"董西厢"的反礼教色彩，鲜明提出"愿普天下有情的都成了眷属"的美好愿望，散发出人道主义的耀眼光芒，因而倍受观众青睐，最终成为元杂剧中最受欢迎的爱情剧。直到今日，《西厢记》的故事仍然倍受欢迎，被京剧、越剧、黄梅戏等多种剧种移植，演出于舞台，又被屡次改编成电影、电视剧，搬上荧屏。

"长亭送别"即"王西厢"的第四本第三折，金圣叹批本作"哭宴"。"拷红"之后，老夫人顾及崔家脸面，虽默认了张生和莺莺的爱情，但以"俺三辈儿不招白衣女婿"为借口，逼迫张生进京赶考。正值暮秋时节，莺莺在长亭之上，为张生践行，百感交集，难舍难分。全折从莺莺清早赶赴长亭路上的愁绪写起，到傍晚张生上马离开长亭后的愁绪为止，深入细腻地刻画了莺莺的内心世界。莺莺珍视爱情，鄙弃功名为"蜗角虚名，蝇头微利"，认为"但得个并头莲，煞强如状元及第"，可见其叛逆精神。莺莺也有对未来的担忧，害怕张生金榜题名后变心负义，一再告诫张生莫留恋异乡花草，不管是否金榜题名，及早归来。待张生走后，崔莺莺极目远望，涌起无限愁思，"量这些大小车儿如何载得起"。

朱权在《太和正音谱》中说"王实甫之词，如花间美人。铺叙委婉，深得骚人之趣，极有佳句，若玉环之出浴华清，绿珠之采莲洛浦。"[③]确实，王实甫文采斐然，又是驾驭语言的高手。这一折的曲词就极为优美典雅，对白质朴流畅，叙事、写景、抒情融为一体，堪称古代戏曲的典范之笔。【端正好】一曲，选取富有特征的暮秋景物——碧云、黄花、西风、归雁、霜

---

① 疏林不做美：与上文"恨不倩疏林挂住斜晖"相照应。

② 大小：偏义复词，此处指小。量这些大小车儿如何载得起：意思是这小小车儿如何载得下？比喻张生走后，莺莺烦恼之多。

③ 钟嗣成等：《录鬼簿（外四种）》，上海古籍出版社1978年版，第125页。

林，来表现莺莺的离愁与别泪，写景与抒情浑然一体，堪称千古绝唱。【滚绣球】、【叨叨令】二曲，宛如两首叙事诗，在抒情中叙事，在叙事中抒情，将莺莺难舍难分、缠绵宛转的离情生动表现出来，极富艺术感染力。

《桃花扇·却奁》·孔尚任

孔尚任(1648—1718)，字聘之、季重，号东塘、岸堂、云亭山人，山东曲阜人，孔子第64代孙。康熙南巡途径曲阜时，召37岁的孔尚任御前讲经，受到嘉奖，并被破格任命为国子监博士，累迁户部主事、工部员外郎。康熙三十八年(1699年)，孔尚任创作的《桃花扇》一经问世，因深沉的亡国之痛引起巨大的反响，不久被罢职回家。十余年后，于曲阜石门山中病逝。

(杂扮保儿掇马桶上①)龟尿龟尿，撒出小龟；鳖血鳖血，变成小鳖。龟尿鳖血，看不分别；鳖血龟尿，说不清白。看不分别，混了亲爹，说不清白，混了亲伯②。(笑介)胡闹，胡闹！昨日香姐上头③，乱了半夜；今日早起，又要刷马桶，倒溺壶，忙个不了。那些孤老、表子④还不知搂到几时哩。(刷马桶介)

【夜行船】(末)人宿平康深柳巷⑤，惊好梦门外花郎。绣户未开，帘钩才响，春阻十层纱帐。

下官杨文骢⑥，早来与侯兄道喜⑦。你看院门深闭，侍婢无声，想是高眠未起。(唤介)保儿，你到新人窗外，说我早来道喜。(杂)昨夜睡迟了，今日未必起来哩。老爷请回，明日再来罢。(末笑介)胡说！快快去问。(小旦内问介⑧)保儿！来的是那一个？(杂)是杨老爷道喜来了。(小旦忙上)倚枕春宵短，敲门好事多。(见介)多谢老爷，成了孩儿一世姻缘。(末)好说。(问介)新人起来不曾？(小旦)昨晚睡迟，都还未起哩。(让坐介)老爷请坐，待我去催他。(末)不必，不必。(小旦下)

【步步娇】(末)儿女浓情如花酿，美满无他想，黑甜共一乡⑨。可也亏了俺帮衬，珠翠辉煌，罗绮飘荡，件件助新妆，悬出风流榜。

---

① 杂：杂角，除旦、末、净三类之外的其他角色。保儿：即鸨儿。

② “龟尿龟尿”十二句：这是一段喜剧性的科诨，嘲笑嫖客是王八。

③ 上头：旧时婚俗，女子未出嫁时梳辫子，婚礼前把头发拢上去，梳成发髻，叫作上头。这里指妓女第一次接客。

④ 孤老：妓院中长期固定的嫖客。表子：表同婊，此处指妓女。

⑤ 平康深柳巷：泛指妓院。平康，唐代长安里名，是妓女聚居的地方。柳巷，花街柳巷的简称，是妓馆聚集的地方。

⑥ 杨文骢(1597－1645)：字龙友，贵阳人。崇祯时官江宁知县。南明弘光朝任常、镇二府巡抚。清兵南下后，从明宗室唐王起兵，兵败被杀。为人豪侠，有文才，善书画。

⑦ 侯兄：侯方域(1618－1654)，字朝宗，河南商丘人，明末清初著名作家，与冒辟疆、陈贞慧、吴应箕并称为晚明复社“四公子”。

⑧ 小旦：戏曲角色名，旦角一种，扮李香君假母李贞丽。李贞丽亦为秦淮名妓，与复社名人陈贞慧交情颇深。

⑨ 黑甜共一乡：指侯方域与李香君正在一起熟睡。

（小旦上）好笑，好笑！两个在那里交扣丁香[①]，并照菱花[②]，梳洗才完，穿戴未毕。请老爷同到洞房，唤他出来，好饮扶头卯酒[③]。（末）惊却好梦，得罪不浅。（同下）（生、旦艳妆上）

【沈醉东风】（生、旦）这云情接着雨况，刚搔了心窝奇痒，谁搅起睡鸳鸯。被翻红浪，喜匆匆满怀欢畅。枕上余香，帕上余香，消魂滋味，才从梦里尝。

（末、小旦上）（末）果然起来了，恭喜，恭喜！（一揖，坐介）（末）昨晚催妆拙句[④]，可还说的入情么。（生揖介）多谢！（笑介）妙是妙极了，只有一件。（末）那一件？（生）香君虽小，还该藏之金屋。（看袖介）小生衫袖，如何着得下？（俱笑介）（末）夜来定情，必有佳作。（生）草草塞责，不敢请教。（末）诗在那里？（旦）诗在扇头[⑤]。（旦向袖中取出扇介）（末接看介）是一柄白纱宫扇。（嗅介）香的有趣。（吟诗介）妙，妙！只有香君不愧此诗。（付旦介）还收好了。（旦收扇介）

【园林好】（末）正芬芳桃香李香，都题在宫纱扇上；怕遇着狂风吹荡，须紧紧袖中藏，须紧紧袖中藏。

（末看旦介）你看香君上头之后，更觉艳丽了。（向生介）世兄有福，消此尤物[⑥]。（生）香君天姿国色，今日插了几朵珠翠，穿了一套绮罗，十分花貌，又添二分，果然可爱。（小旦）这都亏了杨老爷帮衬哩。

【江儿水】送到缠头锦[⑦]，百宝箱，珠围翠绕流苏帐，银烛笼纱通宵亮，金杯劝酒合席唱。今日又早早来看，恰似亲生自养，赔了妆奁，又早敲门来望。

（旦）俺看杨老爷，虽是马督抚至亲[⑧]，却也拮据作客，为何轻掷金钱，来填烟花之窟？在奴家受之有愧，在老爷施之无名；今日问个明白，以便图报。（生）香君问得有理，小弟与杨兄萍水相交，昨日承情太厚，也觉不安。（末）既蒙问及，小弟只得实告了。这些妆奁酒席，约费二百余金，皆出怀宁之手[⑨]。（生）那个怀宁？（末）曾做过光禄的阮圆海。（生）是那皖人阮大铖么？（末）正是。（生）他为何这样周旋？（末）不过欲纳交足下之意。

---

① 丁香：本为花名，此处指丁香形的纽扣。

② 菱花：此处指镜子。古时镜子背后多镂刻图案，以菱花居多。

③ 扶头：语出唐代白居易《早饮湖州酒寄崔使君》："一榼扶头酒，泓澄泻玉壶。"指易醉之酒。卯酒：卯时前后饮的酒。卯时为早上五点到七点。

④ 昨晚催妆拙句：指第六出《眠香》中杨龙友赠给侯、李二人的催妆诗："生小倾城是李香，怀中婀娜袖中藏。缘何十二巫峰雨，梦里偏来见楚王。"

⑤ 诗在扇头：事见第六出，指侯方域题于扇上定情诗："夹到朱楼一径斜，王孙初御富平车。春溪尽是莘夷树，不及东风桃李花。"

⑥ 尤物：语出《左传》："夫有尤物，足以移人。"指美貌的女子。

⑦ 缠头：此处指赠送给妓女的财物。

⑧ 马督抚：指马士英，字瑶草，贵阳人，当时官凤阳督抚。南明王朝时，因拥立福王有功，升为大学士，陷害忠良，权倾一时。顺治三年(1646年)为清兵所杀。

⑨ 怀宁：即阮大铖，字集之，号圆海、石巢，别署百子山樵，安徽怀宁人。崇祯元年(1628年)任光禄卿，因依附魏忠贤而获罪，削职为民。南明时任兵部尚书，后投降清兵，从攻仙霞岭，触石而死。

【五供养】(末)羡你风流雅望,东洛才名[①],西汉文章。逢迎随处有,争看坐车郎[②]。秦淮妙处,暂寻个佳人相傍,也要些鸳鸯被、芙蓉妆;你道是谁的,是那南邻大阮,嫁衣全忙。

(生)阮圆老原是敝年伯,小弟鄙其为人,绝之已久。他今日无故用情,令人不解。(末)圆老有一段苦衷,欲见白于足下。(生)请教。(末)圆老当日曾游赵梦白之门[③],原是吾辈。后来结交魏党[④],只为救护东林[⑤],不料魏党一败,东林反与之水火。近日复社诸生[⑥],倡论攻击,大肆殴辱,岂非操同室之戈乎?圆老故交虽多,因其形迹可疑,亦无人代为分辩。每日向天大哭,说道:"同类相残,伤心惨目,非河南侯君,不能救我。"所以今日谆谆纳交。(生)原来如此,俺看圆海情辞迫切,亦觉可怜。就便真是魏党,悔过来归,亦不可绝之太甚,况罪有可原乎。定生、次尾[⑦],皆我至交,明日相见,即为分解。(末)果然如此,吾党之幸也。(旦怒介)官人是何说话,阮大铖趋附权奸,廉耻丧尽;妇人女子,无不唾骂。他人攻之,官人救之,官人自处于何等也?

【川拨棹】不思想,把话儿轻易讲。要与他消释灾殃,要与他消释灾殃,也提防旁人短长。官人之意,不过因他助俺妆奁,便要徇私废公;那知道这几件钗钏衣裙,原放不到我香君眼里。(拔簪脱衣介)脱裙衫,穷不妨;布荆人[⑧],名自香。

(末)阿呀!香君气性,忒也刚烈。(小旦)把好好东西,都丢一地,可惜,可惜!(拾介)(生)好,好,好!这等见识,我倒不如,真乃侯生畏友也[⑨]。(向末介)老兄休怪,弟非不领教,但恐为女子所笑耳。

【前腔】(生)平康巷,他能将名节讲;偏是咱学校朝堂,偏是咱学校朝堂,混奸贤不问青黄。那些社友平日重俺侯生者,也只为这点义气;我若依附奸邪,那时群起来攻,自救不暇,焉能救人乎?节和名,非泛常;重和轻,须审详。

(末)圆老一段好意,也还不可激烈。(生)我虽至愚,亦不肯从井救人[⑩]。(末)既然如此,小弟告辞了。(生)这些箱笼,原是阮家之物,香君不用,留之无益,还求

---

① 东洛才名:暗用西晋左思作《三都赋》以致洛阳纸贵的典故,形容侯方域文章学识好。

② 争看坐车郎:暗用潘安的典故,此处形容侯方域的风流美貌。据《裴子语林》记载,潘安才高貌美,每次坐车出游,妇女争相观看,以果掷之盈车。

③ 赵梦白:即赵南星,明末高邑人。明熹宗时官至吏部尚书,正直无私,扶正抑邪,后为魏忠贤陷害,贬戍山西代州,死于代州。

④ 魏党:指以明末魏忠贤为首的阉党。魏忠贤,河间肃宁人,宦官,掌管东厂,大肆迫害忠良。崇祯即位后,畏罪自缢而死。

⑤ 东林:指东林党。以顾宪成为首,在东林书院讲学,备受士大夫支持。

⑥ 复社:明末政治集团,以张溥为首,反对阉党。

⑦ 定声:即陈贞慧,字定声,宜兴人。次尾:即吴应箕,字次尾,贵池人。二者均为复社名士。

⑧ 布荆:即布裙、荆钗,普通妇女的打扮。

⑨ 畏友:方正刚直,为人敬畏的朋友。

⑩ 从井救人:比喻做好事不顾后果。语出《论语·雍也》:"仁者,虽告之曰:'井有仁焉。'其从之也?"

取去罢。(末)正是"多情反被无情恼[1],乘兴而来兴尽还[2]。"(下)(旦恼介)(生看旦介)俺看香君天姿国色,摘了几朵珠翠,脱去一套绮罗,十分容貌,又添十分,更觉可爱。(小旦)虽如此说,舍了许多东西,倒底可惜。

【尾声】金珠到手轻轻放,惯成了娇痴模样,辜负俺辛勤做老娘。

(生)些须东西,何足挂念,小生照样赔来。(小旦)这等才好。

(小旦)花钱粉钞费商量,(旦)裙布钗荆也不妨;

(生)只有湘君能解佩[3],(旦)风标不学世时妆[4]。

(王起主编:《中国戏曲选》,人民文学出版社 1985 年版。)

赏析

《桃花扇》得名于一把染血的扇子。这把扇子本是复社文人侯方域送给秦淮名妓李香君的定情信物。在与权奸的斗争中,李香君不惜以死抗争,血溅扇面。后由友人杨文骢就扇上血迹点染为"折枝桃花图",这便是"桃花扇"的由来。侯李爱情,不仅是乱世儿女的悲欢离合,更与当时复社文人反对奸臣阮大铖的斗争相关。这部"借离合之情,写兴亡之感"的作品,正如孔尚任在《桃花扇·小引》中所说,要写出明朝"三百年基业,隳于何人,败于何事,消于何年,歇于何地"。故事的结局也有别于一般才子佳人的大团圆收场,而是安排侯方域和李香君在南明灭亡之后不期而遇。当侯方域拿出桃花扇,欲再续前缘时,却被张道士喝破:"两个痴虫,你看国在哪里?家在哪里?君在哪里?父在哪里?偏是这点花月情根,割他不断么?"于是两人撕破了桃花扇,分别拜师,各自修道。

《却奁》是《桃花扇》的第七出,根据侯方域《李姬传》中的相关情节改编而成。《李姬传》记载魏党余孽阮大铖欲借侯方域拉拢复社文人,于是委托王将军每日载酒与侯方域游玩,以便借机游说,却被李姬识破计谋。孔尚任以其生花妙笔,将此情节改写为阮大铖暗中赠送妆奁促使侯方域与李香君的结合,试图通过拉拢侯方域来解决他与复社矛盾,这样就将侯李爱情与明末的政治斗争巧妙结合起来。

从结构上看,《却奁》是一部重头戏,也是侯李命运的转折点。由于"却奁",侯方域被诬陷勾结左良玉,被迫出逃,先后见证了迎立福王、史可法被排挤、四镇内讧等南明的重大事件。通过李香君"拒媒""媚座""选优"等抗争的经历,写出了南明政权的腐朽不堪。尤其值得称道的是,《桃花扇》中刻画的李香君形象,虽然出身低微,却具有强烈的正义感和反抗精神。在《却奁》这一出中,李香君思路最清晰,态度最坚决,而侯方域却缺少斗争经验,看到阮大铖送来礼物,就要为他"消释灾殃",显然政治上不够成熟。李香君则明辨是非,认破了阮大铖的阴谋,在已经接受了妆奁的情况下,毅然却奁,表现了她的远见卓识和高贵品质。

---

① 多情反被无情恼:语出苏轼《蝶恋花》:"多情却被无情恼。"

② 乘兴而来兴尽归:语出《世说新语·任诞》,王子猷雪夜乘船看望老友戴安道,"经宿方至,造门不前而返。人问其故,王曰:'吾本乘兴而行,兴尽而返,何必见戴?'"

③ 湘君能解佩:语出《九歌·湘夫人》:"遗余佩兮澧浦。"此处代指李香君却奁。

④ 时世妆:指流行的装扮。

在语言方面,《桃花扇》也能做到情趣横溢,雅俗共赏,有着很高的艺术成就。青木正儿在《中国近代戏曲史》中写道:“论其文辞,比之《长生殿》仅典丽而乏生动者,《桃花扇》当出一头地。”

《贵妃醉酒》(节选)·京剧介绍

《贵妃醉酒》是京剧的经典剧目。京剧,原名皮簧腔,清末始称京调、京剧,其源头可以上溯到乾隆五十五年(1790年)进京给乾隆皇帝庆祝八十大寿的四大徽班(三庆班、四喜班、春台班、和春班)。道光十年(1830年)左右,汉调进京,京剧开始形成。京剧虽然脱胎于徽班,但在形成过程中又吸收了汉调(楚调)、秦腔、昆曲、京腔等艺术样式的精华,逐渐形成自己兼容并包又极具特色的审美品格,因而受到全国观众的欢迎而成为流行最广、影响最大的戏曲剧种,被推崇为“国剧”。京剧的发展经历了“老生三鼎甲”“老生后三杰”“四大名旦”等重要时期。“老生三鼎甲”是指程长庚、余三胜和张二奎,他们在改革皮簧戏的过程中都作出了重大贡献。其中程长庚被誉为“京剧鼻祖”。“老生后三杰”是指谭鑫培、汪桂芬和孙菊仙,他们各有师承,风格各异。光绪年间,“伶界大王”谭鑫培在继承程长庚、余三胜、张二奎等艺术前辈的基础上,又从京剧青衣、老旦、花脸等行当及梆子、昆曲、大鼓等兄弟剧种中吸收营养,创造出风格独特的“谭派”。在“谭派”的基础上,又形成了“余派”(以余叔岩为代表)、“高派”(以高庆奎为代表)、“言派”(以言菊朋为代表)、“马派”(以马连良为代表)、“麒派”(以周信芳为代表)、“唐派”(以唐韵笙为代表)等新流派。其中余叔岩、高庆奎、言菊朋和马连良,号称“四大须生”。人称“通天教主”的王瑶卿在京剧旦行艺术的发展过程中作出了巨大贡献。1927年,北京《顺天时报》评选出“四大名旦”梅兰芳、程砚秋、尚小云和荀慧生,开创了京剧舞台上以旦行为主的新格局,此前则几乎为老生一枝独秀。随着梅兰芳等艺术家奔赴美、日及欧洲等国家演出,京剧又走出国门,在国际舞台上产生巨大的影响。

第一场

裴力士、高力士(内):嗯哼!

[裴力士、高力士同上]

裴力士(念):久居龙凤阙,

高力士(念):庭前百样花。

裴力士(念):穿宫当内监,

高力士(念):终老帝王家。

裴力士:咱家裴力士。

高力士:咱家高力士。

裴力士:高公爷请啦。

高力士:裴公爷请啦。

裴力士:娘娘今日要在百花亭摆宴,你我小心伺候。

高力士：看香烟缭绕，娘娘凤驾来也。

裴力士：你我分班伺候。

[〔二黄小开门〕牌子。六宫女持符节上。]

杨玉环（内）：摆驾！

[杨玉环上，二宫女掌扇随上。]

杨玉环（唱〔四平调〕）：

海岛冰轮初转腾；

见玉兔，玉兔又早东升。

那冰轮离海岛，

乾坤分外明。

皓月当空，

恰便似嫦娥离月宫，

奴似嫦娥离月宫。

[〔万年欢〕牌子]

裴力士、高力士：奴婢裴力士/高力士见驾，娘娘千岁。

杨玉环：二卿平身。

裴力士、高力士：千千岁。

杨玉环（念诗）：丽质天生难自捐，承欢侍宴酒为年；

六宫粉黛三千众，三千宠爱一身专。

本宫杨玉环。蒙主宠爱封为贵妃。昨日圣上传旨，命我今日在百花亭摆宴。——高、裴二卿。

裴力士、高力士：在。

杨玉环：酒宴可曾齐备？

裴力士、高力士：俱已齐备。

杨玉环：摆驾百花亭。

裴力士、高力士：是。——摆驾百花亭啊！

杨玉环　[唱〔四平调〕]：好一似嫦娥下九重；清清冷落在广寒宫。啊，广寒宫。

[〔哑笛〕。众圆场。]

裴力士、高力士：娘娘，来此已是玉石桥。

杨玉环：引路。

裴力士、高力士：喳！——摆驾呀！

杨玉环（接唱）：玉石桥斜倚把栏杆靠。

裴力士：鸳鸯戏水。

杨玉环（接唱）：鸳鸯来戏水。

高力士:金色鲤鱼朝见娘娘。

杨玉环(接唱):金色鲤鱼在水面朝。啊,水面朝。

[〔哑笛〕。雁叫声。]

裴力士:娘娘,雁来啦!

杨玉环(接唱):长空雁,雁儿飞。哎呀,雁儿呀!

雁儿并飞腾,

闻奴的声音落花阴,

这景色撩人欲醉。

裴力士、高力士:来到百花亭。

杨玉环(接唱):不觉来到百花亭。

[〔反万年欢〕牌子。众进亭。]

杨玉环:高、裴二卿。

裴力士、高力士:在。

杨玉环:少时圣驾到此,速报我知。

裴力士、高力士:喳!

裴力士:喂,高公爷。

高力士:裴公爷。

裴力士:万岁爷驾转西宫啦,咱们得回禀一声。

高力士:对,咱们得回禀一声。

高力士、裴力士:娘娘,万岁爷驾转西宫啦!

杨玉环:起过。

高力士、裴力士:是。

杨玉环:哎呀,且住!昨日圣上传旨,命我今日在百花亭摆宴。为何驾转西宫去了!且自由他。——高、裴二卿。

裴力士、高力士:在。

杨玉环:酒宴摆下。待娘娘自饮几杯。

裴力士、高力士:领旨。

[裴力士、高力士分下。〔傍妆台〕牌子。裴力士捧酒盘上。]

裴力士:娘娘,奴婢裴力士进酒。

杨玉环:进的甚么酒?

裴力士:太平酒。

杨玉环:何谓太平酒?

裴力士:满朝文武所造,名曰太平酒。

杨玉环:呈上来。

[〔反小开门〕牌子。裴力士向前进酒,杨玉环饮毕,裴力士下。二宫女捧酒盘

向前。]

二宫女:宫娥们进酒。

杨玉环:进的甚么酒?

二宫女:龙凤酒。

杨玉环:何谓龙凤酒?

二宫女:三宫六院所造,名曰龙凤酒。

杨玉环:呈上来。

[〔小开门〕牌子。二宫女进酒,杨玉环饮毕,二宫女退后。高力士捧酒盘上。]

高力士:娘娘,奴婢高力士进酒。

杨玉环:高力士。

高力士:有。

杨玉环:进的甚么酒?

高力士:通宵酒。

杨玉环:呀呀啐! 何人与你们通宵!

高力士:娘娘不要动怒,此酒乃是满朝文武不分昼夜所造,故名通宵酒。

杨玉环:好,如此呈上来!

[裴力士暗上]

杨玉环 (唱〔四平调〕):

通宵酒,啊,捧金樽,

高、裴二卿殷勤奉啊!

裴力士:娘娘,人生在世……

杨玉环(接唱):人生在世如春梦,

高力士:且自开怀………..

杨玉环(接唱):且自开怀饮几盅。

[〔万年欢〕牌子。高力士向前进酒,杨玉环饮酒,微醉。]

裴力士:高公爷! 娘娘可有点儿醉啦,咱们留点儿神哪!

高力士:小心点儿。

杨玉环:高、裴二卿。

裴力士、高力士:在。

杨玉环:娘娘酒还不足,脱了凤衣,看大杯伺候。

裴力士、高力士:领旨。

[〔柳摇金〕牌子。杨玉环呕吐,扶桌立起,二宫女扶下。众宫女、裴力士、高力士随下。]

(中国戏剧家协会编:《梅兰芳演出剧本选集》,文化艺术出版社 1954 年版。)

赏析

《贵妃醉酒》，又名《百花亭》，源于清代乾隆时期花部地方戏《醉杨妃》，在经过京剧艺术大师梅兰芳的改造和演出之后，成为梅派的经典剧目，让人百看不厌、常看常新。剧演深受唐明皇宠幸的贵妃杨玉环，在百花亭摆宴候驾，谁知久候不至，后来才知道唐玄宗竟然爽约，驾幸梅妃的西宫去了。杨贵妃又羞又恼、又怨又妒，愁绪万端，独自喝着闷酒，借酒消愁，直到酩酊大醉后才带着醋意和恨意回宫。《贵妃醉酒》全剧共三场(我们选录了第一场)，是一出典型的古典歌舞剧。该剧的题材独特，构思独具匠心。唐明皇和杨贵妃的感情故事，自唐代以来就成为文人学士津津乐道的题材。白居易的《长恨歌》、陈鸿的《长恨歌传》、白朴的《梧桐雨》、洪昇的《长生殿》等，皆将李杨情事置于安史之乱的社会背景中加以描述，或歌颂，或批判。《贵妃醉酒》只选取李杨爱情中的一个小片段——贵妃百花亭候驾，被唐明皇放了鸽子——加以描绘，写了杨贵妃瞬间失宠后的万千愁绪和失落感，反映了封建社会宫女们的不幸命运。集三千宠爱于一身的杨贵妃尚且如此，更何况其他幽禁后宫的女性们，其不幸可想而知！

《贵妃醉酒》中有大量的身段表演。剧中杨贵妃一共有三次饮酒的动作：第一次还保持着贵妃该有的仪态和礼仪，饮酒时用扇子作为遮挡；第二次饮酒时，内心的委屈已让她顾不得许多，把酒在众人面前慢慢地饮尽；第三次饮酒时，积郁在内心的不满让她端起酒杯一饮而尽；这三次饮酒的不同动作，恰到好处、淋漓尽致地表现了她的心理变化过程。梅兰芳在《贵妃醉酒》中展现了衔杯下腰、卧鱼闻花、醉步、扇舞等高难度的繁重身段，增强了艺术的美感和真实性。这也是梅版《贵妃醉酒》大获成功的重要原因之一。

《女附马》(节选)·黄梅戏介绍

《女驸马》是黄梅戏的经典剧目。黄梅戏是安徽省的重要剧种，亦是全国五大剧种之一，受到很多观众的青睐。黄梅戏最初的形态是湖北黄梅县一带的民间歌舞，所用曲调是湖北黄梅县的采茶调，因此又称黄梅调①。大概在18世纪后期，逐步蜕变为民间小戏，流行于安徽、湖北、江西三省交界的地区，后来传到安徽省安庆地区，与当地的民歌小调相结合，歌唱与说白亦用当地的方言土语，形成独具地方特色的“怀调”“怀腔”，这在黄梅戏的成长过程中起了重要作用。20世纪前期，黄梅戏成长为独立的剧种，在剧目方面号称“大戏36本，小戏72折”，演出活动也渐渐职业化，并走向城市舞台。黄梅戏的唱腔清新自然，优美动听，抒情性强，表演真实活泼，具有质朴的乡野气息。黄梅戏的其他重要剧目尚有《天仙配》《牛郎织女》《打猪草》《纺棉纱》《蓝桥会》《打金枝》《罗帕记》《小辞店》《拉郎配》《苦媳妇自叹》《半把剪刀》《徽州女人》等。又有《西厢记》《孟丽君》《孔雀东南飞》《李清照》《黄山情》等经典的黄梅戏电视连续剧。

① 旧有“黄梅调十腔九不同，各唱各的板，各唱各的腔”的说法。

第三场

（冯素珍上）

冯素珍　（念）点状元名扬天下，蒙圣恩帽插宫花。

（诗）为救李郎离故乡，而今得中状元郎。

金阶饮过琼林宴，谁人知我是红妆？

（白）奴家冯素珍，顶替李郎姓名，进京应试，于今得中头名状元。眼看李郎得救，叫人好喜哟！

（唱）自从盘古往下传，谁见过女子中状元？中状元，着红袍，帽插宫花好新鲜。我也曾赴过琼林宴，我也曾打马御街前。个个夸我潘安貌，谁知纱帽罩婵娟？（春红暗上）我做状元不为把名显，我做状元不为做高官。

春　红　（唱）为了救出李公子，夫妻恩爱花好月圆。

冯素珍　死丫头！

春　红　小姐。

冯素珍　嗯！

春　红　哦！状元公。

冯素珍　是呀！哦，春红。

春　红　咦！

冯素珍　哦！李龙。

春　红　在！

冯素珍　待我修本奏与圣上，回家祭祖。

春　红　对，赶快回家救李公子去！

冯素珍　休得胡言乱语，倘被外人识破，你我都有欺君之罪了。

春　红　哦！

冯素珍　李龙！

春　红　有。

冯素珍　浓墨！

春　红　浓墨。

冯素珍　（唱）手提羊毫喜洋洋，修本告假回故乡，监牢救出李公子，我还送他一个状元郎。

（内白）刘大人到！

春　红　小姐，刘大人到！

冯素珍　怎么！刘大人到？

春　红　小姐，是不是刘大人叫你回去和他的五公子拜堂成亲？

冯素珍　休得胡言，有请！

春　红　有请。

（刘文举上）

刘文举　状元公！

冯素珍　不知恩师驾到，未曾远迎，还望恕罪。

刘文举　老夫冒昧来访，状元公莫怪！

冯素珍　岂敢。

春　红　（端茶上）刘大人用茶。

冯素珍　不知恩师驾到，有何见谕？

刘文举　在科场之中，初次见你，品貌不凡；今日仔细看来，果然是貌若红妆啊！

冯素珍　老大人，休得取笑。

刘文举　莫怪万岁喜爱。

冯素珍　老大人……

刘文举　状元公，你的大喜来了。

冯素珍　什么大喜？

刘文举　状元公呀！

（唱）恭喜你少年得志名扬天下，状元及第谁不夸？如今是美满姻缘天作伐，这真是锦上又添花。万岁传旨招驸马，看中你文才出众相貌不差。金枝玉叶许配你，从此你出入在帝王家。

冯素珍　（唱）学生出身本微下，怎堪匹配帝王家？望乞大人复圣命，另选高才招驸马。

刘文举　状元公，你就不要过谦了。

冯素珍　万岁恩赐，老大人栽培，学生实在感激不尽，只是这婚姻之事？学生就难从命了。

刘文举　却是何故？

春　红　我家状元公是个……

冯素珍　是个有妻子的人了。

刘文举　有了妻室了？这就不对！万岁在琼林宴上，问你可曾有了妻室；你说尚未娶妻。怎么如今你又有了妻室了？

冯素珍　（欲言又止）

刘文举　状元公不必借辞推脱，你认了这门亲事，老夫好讨杯喜酒喝喝。

冯素珍　老大人，此事是使不得的！

春　红　此事使不得的！

刘文举　唔，那个要你多口！

冯素珍　老大人，你……

刘文举　状元公不念老夫作伐之情，你可知道这圣命难违哟！

冯素珍　唉呀！老大人，此事是万万使不得！

刘文举　李兆廷听旨！

冯素珍　万岁！

刘文举　万岁命你今晚进宫，不得有误。状元公，你可知道这是圣命难违？我要告辞了。(下)

冯素珍　天哪！

(唱)只说回家救公子，谁知平地起风澜。红妆那能做驸马？弄假成真进退难！

(内白)巡按大人到！

春　红　小姐，巡按大人到！

冯素珍　巡按大人到？

春　红　莫非又是一个做媒的？

冯素珍　哎呀！这就更糟了。有请！

(冯益民、家院同上)

冯益民　(念)被逼离乡整八春，前科状元冯益民。巡按八府回朝转，来访妹婿李兆廷。

(白)家院，拜帖投上。

家　院　门上那位在？

春　红　小姐，拜帖在此。

冯素珍　(看帖)冯益民？有请！

冯益民　妹婿在那里？……(旁白)他不是我的妹婿呀！

冯素珍　(旁白)此人好生面熟？大人请！

冯益民　状元公请！

冯素珍　大人，你请！

冯益民　状元公，你请！

冯益民　状元公，少年登科，可喜可贺！

冯素珍　岂敢。下官理应登门拜访，何劳大人驾临？

冯益民　岂敢！

冯素珍　大人请坐！

冯益民　不知状元公府上那里？

冯素珍　下官乃湖北襄阳人氏。请问大人？

冯益民　本院也是湖北襄阳人氏。

冯素珍　怎么大人也是湖北襄阳人氏？如此说来我们是同乡了。

冯益民　我们是同乡了。(笑)哈哈哈……

冯素珍　请问！

冯益民　请讲！

冯素珍　请问大人，几时离开原郡的？

冯益民　本院自幼离开家乡，算来已有八年了。

冯素珍　请问大人，湖北襄阳有位冯顺卿老先生你可认识？

冯益民　状元公问他何来？

冯素珍　请问大人，冯顺卿之子冯少英你可知他现在何处？

冯益民　状元公你是怎样认识他的？

冯素珍　我是他的妹……妹婿。

冯益民　（旁白）他明明不象我的妹婿。

冯素珍　（旁白）他莫非是我家兄长？

春　红　（旁白）他一定是大少爷！

冯素珍　（旁白）兄长，怎么连素珍妹妹都认不出来了！

冯益民　你是？

冯素珍　我就是冯素珍啊！

冯益民　贤妹呀！

（唱）你本是冯家一钗裙，为什么乔装改扮来帝京？又为（按："为"后应有脱字"什"）么改名又换姓？为什么应试显才名？你年幼不知官场险，这欺君之罪谁担承?!

冯素珍　（唱）兄长休将小妹怪，小妹有言问你来：当初你遭继母害，为何改名逃出不复回？

冯益民　你也遭继母所害么？

冯素珍　（唱）继母为人心肠狠，把妹当作眼中钉。李郎家贫来借读，她又苦苦害书生。唆使爹爹把婚退，逼妹改配富豪门，退婚未成施奸计，将李郎诬良为盗送衙门！

冯益民　原来如此？

冯素珍　（唱）小妹情急无可奈，女扮男装京都来，大比之年开皇榜，为救公子我才显文才。

冯益民　（唱）大不该进京来乔装改扮，更不该科场中显露文才；到如今中状元宫花顶戴，状元公我看你怎样下台？

冯素珍　兄长，眼前我就下不了台了！

冯益民　怎么讲？

冯素珍　万岁有旨，要招我新科状元做驸马。

冯益民　怎么？要招你做驸马!？唉呀！这场祸就闯大了！

冯素珍　兄长，你替我想个主意吧！

冯益民　唉！愚兄身为八府巡按，倒也断了不少疑难案件，你这一事，实在叫我无法可想！

冯素珍　兄长，我倒有一计在此。

冯益民　讲！

冯素珍　兄长与我面貌相象，这个驸马，你就替我做了吧！

冯益民　我？唉！两个李兆廷就闯下这场大祸，再来第三个李兆廷哪！那就无法收拾了！

冯素珍　如此说来，我这个女驸马是做定了！

家　院　（上）报！启禀大人，相爷请你过府议事！

冯益民　知道了，你且退下！（家院下）

冯素珍　兄长呀！事已如此，小妹只得进得宫去，见机而行，逢凶化吉，也未可知，倘有不测，还望兄长救救我那苦命的李郎！

冯益民　贤妹呀！你千万不能进宫，等愚兄与相爷议事之后，再来与你设法。（下）

太　监　（上）请驸马更衣！

冯素珍　也罢！更衣！（同下）

（安徽省黄梅剧团改编：《女驸马》，安徽人民出版社 1959 年版。）

赏析

《女驸马》是黄梅戏久演不衰的经典剧目，由黄梅戏表演大师严凤英首演于 1959 年，当时获得极高声誉。之后，杰出黄梅戏艺术家韩再芬、马兰、吴琼等演出的《女驸马》，皆各有特色。

《女驸马》据传统剧目《双救主》整理改编而成，是一部颇富传奇色彩的古装喜剧，主要情节为：女主人公冯素珍是襄阳人，与河南公子李兆廷昔日在京都时两情相悦，素珍生母做主定亲。后来李家遭陷害而家道中落，李兆廷来到襄阳投亲借贷。此时冯素珍生母早已去世，素珍继母王氏嫌贫爱富，逼迫李兆廷退婚，遭到拒绝。冯素珍私赠李兆廷玉麒麟为信物，又赠纹银一百两，相助李兆廷上京赶考。孰料素珍后母和生父冯顺卿诬陷李兆廷为贼，送官究办，李兆廷被关进大牢。冯父将冯素珍许配京中刘大人（即主考官刘文举）的五公子。既为搭救李公子，又为逃婚，冯素珍带着丫鬟春红，女扮男装进京寻找兄长冯少英，未遇兄长，却见招考皇榜，于是冒充李兆廷之名应试，出乎意料地高中状元，被皇帝招为驸马。新婚之夜，冯素珍将实情告诉公主，公主深明大义，金殿陈情。皇帝赦免冯素珍的欺君之罪，并认为义女。李兆廷的冤狱得以昭雪，与冯素珍“有情人终成眷属”。素珍哥哥冯益民是前科状元，被招为驸马。

《女驸马》的题材尤其值得注意。在封建时代，科举是男性的特权，女子的才华无论多么出众，都被阻拦在科考的门外。于是一些思想开明、崇敬女性才华的作家便虚构出女状元的传奇故事，为女性大唱赞歌。明代杂剧作家徐渭的《女状元辞凰得凤》第一次在戏曲中大胆塑造了女状元黄崇嘏的形象。乾隆年间杭州女作家陈端生的弹词《再生缘》，成功塑造了独立自尊、压倒须眉的女状元孟丽君的形象。孟丽君女扮男装后高中状元、做宰相，为了维护这来之不易的显赫地位，同逼迫她重返闺阁的封建势力进行坚决的斗争，在古代文学史上抒写了异常精彩的一页。黄梅戏《女驸马》中的冯素珍女扮男装，高中状元，救出未婚夫婿，做出常人难以想象的"事迹"，表现出惊人智慧，亦是戏曲史上值得歌颂的才女形象。

《女驸马》全剧共五场，本篇选录第三场。这一场是全戏的高潮部分：冯素珍冒李兆廷之名中状元后，正欲修本告假，回家祭祖。主考官刘文举奉皇帝旨意来做媒，宣状元公即刻进宫成婚。刘大人告辞后，巡按大人来访，没想到此巡按大人正是冯素珍的哥哥冯益民，兄妹相逢固然是喜事，但冯素珍冒名应考却有欺君之罪，正在无计可施之时，冯益民有事告辞，太监来宣李兆廷即刻进宫成婚。这一场中的唱词，最为脍炙人口。

第三节　拓展阅读

《论京剧流派》(节选)・叶秀山

叶秀山(1935—2016)，祖籍江苏镇江，生于江苏扬中县，毕业于北京大学哲学系，中国社会科学院哲学研究所研究员，博士生导师。著有《前苏格拉底哲学研究》《苏格拉底及其哲学研究》《思・史・诗——现象学和存在哲学研究》《美的哲学》《哲学要义》《书法美学引论》《京剧流派欣赏》《古中国的歌——京剧演唱艺术赏析》等多种学术著作。

《古中国的歌——叶秀山论京剧》是叶秀山先生的京剧论集，主要收录叶先生的名著《京剧流派欣赏》和《古中国的歌——京剧演唱艺术赏析》。叶先生在书中以哲学家的高远视界，深入浅出地探讨了京剧流派、京剧表演、京剧欣赏、京剧人物等多方面的问题，道人所不能道。选文中，叶先生系统梳理了京剧流派，对于想接触京剧的读者能够起到很好的导航作用。

老生的表演流派

京剧艺术发展的最初阶段，以老生最为活跃，因此流派也最多、最丰富。作为京剧的奠基者，有所谓老三派，即程长庚、余三胜、张二奎。他们在表演艺术上都有自己的独特风格。程长庚近于徽调，余三胜近于汉调，这是因为最初京剧是由徽调、汉调发展而来，这种倾向在所难免。到了谭鑫培，则在把程(长庚)派和余(三胜)派结合起来的基础上，博采众长(如王九龄、卢台子等)，成为京剧一代宗匠，被看成是京剧历史上最有权威的人物。

谭鑫培在京剧流派发展史上具有非常重要的地位，他在表演艺术上是一位勤学苦练、全面发展的艺术天才。谭鑫培的基本功夫非常实在，他不但精于老生，而且能演老旦、武生、小生等行当。在老生行当中，他更是相当全面的艺术家，唱、做、念无一没有独到之处，因此谭派的影响非常深远，当时固然风靡一时，流传有

“有书皆作竮（山东王竮），无调不学谭”之说，从以后的发展来看，谭派的影响也最深，声势也最为壮大。

但是，就是在与谭鑫培同时的京剧舞台上，也不是谭派一花独放。与谭鑫培同时的，尚有汪桂芬和孙菊仙两大派，合称后三派。

应该指出，汪桂芬在京剧史上应该得到足够的评价。他是程长庚的琴师，模仿程腔可以乱真，但他不以模仿为满足，他结合自己的体会和条件，进一步发展了程的艺术。如果说，谭鑫培主要是结合了程、余二派而侧重于余，那么汪桂芬可以说主要是结合了程、张（二奎）二派而以程派为主。程长庚为京剧创始之音，朴实无华，高亢激昂；张二奎的嗓音高亢，不以花巧取胜；而汪桂芬的唱腔更是大气磅礴，浑厚刚劲，他的《文昭关》，至今仍有应该吸取的地方，而在当时也应该说是在谭鑫培之上。

后三派的孙（菊仙）派在京剧史上也很重要，他的风格直追张二奎，和汪派也比较接近，但尤注重气势，不大讲究咬字行腔，孙派的用气，有很多足以借鉴的地方。在风格上说，孙派比汪派更粗犷一些，程长庚曾说过孙菊仙的嗓子不如谭鑫培的甜润，恐怕就是因为孙派不大讲究含蓄的缘故。

京剧艺术史上，在老生行当中，我们不能忘掉贾洪林的名字，他虽然没有像后三派那样形成一个旗帜鲜明、大家公认的独立的派别，但无论就他本人的艺术修养来说或者就以后的影响来说，贾洪林都是一个重要的人物。

贾洪林与谭鑫培同时，学于谭，嗓音失润，但仍被当时剧评家赞为“有韵味”；贾的做工，在谭鑫培之上，尤擅老生戏，这也是当时剧评家所公认的。我们之所以重视他在京剧老生流派上的地位，原因正在于此。可以说，贾洪林是唱做念都有相当成就的艺术家，他在嗓音失润的条件下，尚能与谭鑫培抗衡，可见功力之深。后来许多有成就的演员都直接或间接地受过他的影响，如高庆奎、雷喜福、马连良、张春彦等，而我们从马派艺术中，特别是在做工方面，能看出贾洪林的影响，这是很明显的事。

在京剧的老生行当中，刘鸿昇（或作“声”）也是一个重要人物，他以京剧业余爱好者会入花脸常二庄门下，与谭鑫培配《李陵碑》的杨七郎受到谭的称赞。刘鸿昇最初曾以“上海第一花面”著名，他的花面嗓音清刚有力（曾灌唱片），与金秀山相比，又别具风格。跛腿后，改为老生。

刘鸿昇有一条公认的好嗓子，当时曾被誉为“虎音”（不是指胸腔共鸣那种“虎音”），改演老生后，初宗谭，后研习汪桂芬。刘的嗓音虽好，但在演唱艺术上缺乏含蓄，有刚无柔，嗓音有高无低，所以被批评为缺乏神韵。

此后，京剧老生艺术的发展，以谭派最为兴盛，有许多出自谭鑫培之门但又在某个方面或某种程度上超出了谭鑫培的有成就的演员，也都逐渐形成自己的独立的派别。早一点的有余叔岩、言菊朋，后一点的有马（连良）、谭（富英）、杨（宝森）、奚(啸伯),被誉为“四大须生”。

在京剧史上,余叔岩的影响很大,特别在咬字、行腔、用气方面,有其特殊的风格。京剧咬字,从谭鑫培起,湖广音和中州韵的关系就逐渐定型了,余叔岩因祖父余三胜(近汉调)的关系,更侧重于湖广音,形成一种独具风格的韵味。他在音韵方面特别下功夫,极注意“字正腔圆”,而嗓音也柔中有刚,虽非“五音俱全”,但音色很美,甜而有味。余的唱腔并不太花,虽注意咬字而比较分别轻重、首尾,咬字、行腔、用气比较含蓄,这是和言菊朋不相同的地方。

言菊朋在京剧史上也是独创一格,有些戏(如《让徐州》《卧龙吊孝》等)演来颇能传神;但腔较花,咬字太死,形式主义倾向比较明显。

从谭鑫培这个系统下来的,还有就是所谓“四大须生”:马、谭、杨、奚,他们或直接继承谭鑫培的艺术加以创造发展,或受余叔岩、言菊朋等人的影响,但都有自己独特的表演风格,如马连良之潇洒华丽、谭富英之朴实清脆、杨宝森之悲凉醇厚、奚啸伯之严谨工整,都各有一定的特点。

但不能认为,京剧自谭鑫培后就只有谭派这个系统了,因为事实上孙菊仙、特别是汪桂芬都有传人,虽不像谭派那样人数占优势,但一点也不能低估他们在京剧史上的作用。例如,京剧改革家汪笑侬就是接近于汪派,“他的特点是腔调苍老遒劲,最适于慷慨悲歌”。[①] 汪派传人还有王凤卿等,孙派传人有时慧宝等,以及后来的刘(鸿昇)派传人也有高庆奎等人。

与上述各主要流派都有相当关系而在京剧史上有极大贡献的是周信芳。周信芳以顽强的毅力,不顾当时保守势力的反对,在京剧艺术上做出了许多大胆的革新。周信芳早年虽也宗过谭,十分钦佩谭鑫培的艺术,但他的表演风格和谭鑫培是很不同的。一般来说,周信芳的表演特点是泼辣豪放,最适合于表演忠义之士。

从谭鑫培开始,京剧老生表演艺术大致可以分成两个派别,一是以谭鑫培为首的婉约(优美)派,一是以汪桂芬为首的豪放(壮美)派。当然,这只是就表演风格所作的大致的分别,因为谭派阵营中也有能演豪放的剧目的,汪派阵营中也有能演优美的剧目的,而这两大派别中,如前所说的,有成就的演员又都有自己独特的表演风格,自成一家,互相区别。

青衣、花旦的表演流派

京剧旦角表演流派的繁荣,比老生要晚一些,当然,后来流派的繁荣,是和前辈艺术的功绩分不开的。京剧旦角以青衣为正工,原来青衣和花旦这两种行当在早期分工是很严格的,演青衣的不演花旦,演花旦的不演青衣,这种惯例直到余紫云、王瑶卿、梅兰芳以后才被打破。

① (原注)周信芳:《忆汪笑侬》,见《周信芳戏剧散论》,中国戏剧出版社1960年版,第102页。

京剧旦角表演艺术，从胡喜禄、梅巧伶到王瑶卿，经过了一个积累经验的历史时期，旦角流派的繁荣是王瑶卿以后的事情。

在王瑶卿以前，著名的旦角演员也很不少，清同治、光绪年间，有所谓"同光十三绝"①，其中旦角演员有梅巧伶、余紫云、时小福、朱莲芬四人。梅巧伶是梅兰芳的祖父，工花旦；余紫云与时小福、花旦田桂凤同时，而余紫云青衣兼演花旦，兼有时小福之典雅和田桂凤的流利，在京剧旦角表演史上占有重要的地位。

随着旦角表演艺术的发展，京剧史上出现了陈德霖和王瑶卿两位表演艺术家。陈德霖嗓音清脆坚实，吐字做工典雅稳重，造诣极高，以后的旦角演员大都受过他的影响。王瑶卿是陈德霖的弟子，但他在旦角表演艺术的创造上，却超过了陈德霖。

王瑶卿初工青衣，兼有余紫云、陈德霖之长，嗓音清脆圆润，后改为花旦，做工及念白都有独到的功夫。京剧青衣，从来不注重做工和道白，只讲唱工，余紫云虽兼演花旦，但并未把这两种表演方法结合起来，而王瑶卿则用花旦丰富了青衣的做、念，用青衣丰富了花旦的唱，应该说，王瑶卿是比较全面的、唱做念俱佳的旦角演员。

陈德霖、王瑶卿为京剧旦角表演的繁荣准备了条件，王瑶卿直接促进了京剧旦角的极盛时期，出现了"四大名旦"梅兰芳、程砚秋、荀慧生和尚小云，他们都或多或少地受过陈德霖和王瑶卿的影响。

梅兰芳是京剧史上一颗巨星，他的表演艺术集中了前辈旦角艺术家的优点，在扎实的基础上，把京剧旦角表演艺术向前推进了一大步。梅兰芳是表演艺术上全面发展的天才，他的唱做念打浑然一体，在体会角色感情变化及表现这些变化上，极讲究"分寸"，因此他的表演艺术给人的美感享受是全面的、典型的。

京剧旦角表演很注重美的条件，但只有到了梅兰芳，在京剧舞台上才把唱做念各个表演程式中的美的条件统一了起来，把美的内容和美的形式高度地结合了起来，他所塑造的人物，在京剧舞台的一个时期内，可以说是一种美的典范。

程砚秋在旦角表演上也极有创造，他的唱工艺术，使人回肠荡气，极富有韵味。程派讲究咬字准确，行腔、用气最注意抑扬顿挫，在风格上比较悲凉典雅，善于演悲剧。

荀慧生在表演艺术上以做工、念白见长，工花旦，善于揣摩剧中人物性格，《金玉奴》等剧演得非常传神。

---

① （原注）因清末画家沈蓉圃绘过一幅《同光十三绝像》而得名。在这幅画上，画了清同治、光绪年间有代表性的京剧演员十三人扮演的各人最擅长剧目中的戏曲人物，即郝蓝田《行路训子》中的康氏、张胜奎《一捧雪》中的莫成、梅巧伶《雁门关》中的萧太后、刘赶三《探亲家》中的乡下妈妈、余紫云《彩楼配》中的王宝钏、程长庚《群英会》中的鲁肃、徐小香《群英会》中的周瑜、时小福《桑园会》中的罗敷、杨鸣玉《思志诚》中的阂天亮、卢胜奎《战北原》中的诸葛亮、朱莲芬《琴挑》中的陈妙常、谭鑫培《恶虎村》中的黄天霸、杨月楼《探母》中的杨延辉。

尚小云主要是继承并发展了陈德霖的表演艺术，在演唱风格上以清俊刚劲见长，而且武工甚好，因此动作刚劲婀娜，端庄有致。

与“四大名旦”同时，尚有欧阳予倩。欧阳予倩初习话剧，曾留学日本，对于戏剧表演艺术极有研究，又善编剧。在京剧表演上，欧阳予倩的风格近于梅派，嗓音圆亮，做工细腻，善于体会人物内心的感情，故有“南欧北梅”之称。

自“四大名旦”以后，京剧旦角艺术发扬光大，梅、程、荀、尚，固然是风格各异、旗帜鲜明，其他像徐碧云、筱翠花、芙蓉草等人也都有独到的地方。

武生的表演流派

武生在京剧中是非常重要的行当之一，它以武工为主，集中地体现了中国武术之美，或者说，它是对中国武术进行艺术化的结果；但作为完整的舞台形象，对演员的唱念等表情也有很高的要求，特别是念白，武生要求干净刚劲，喷口有力，是不容易念好的。

由于武生的技术要求最强，在不同演员的不同的体会和技术训练的基础上，产生了一些不同风格的武生表演流派。

在武生中，影响最大的是俞(菊笙)派。俞菊笙是四大徽班之一春台班的创始人之一，他的武戏注重气魄，以长靠大将最为擅长，《挑滑车》《铁龙山》是他的精心杰作。

俞派传人杨小楼乃是武生表演艺术领域内最有成就的艺术家，他的表演特点是“武戏文唱”，极注重“技”与“戏”的结合。武生演员最难得的是两种才能：一种是武艺的才能，一种是作为艺术家体会并表现人物思想感情的才能。杨小楼既具备极深厚的武术功夫，身怀绝技，又具备艺术家创造人物的艺术才能，并且善于把这两种才能结合起来，塑造出许多威风凛凛、活灵活现的大将形象，这绝不是偶然的事。杨小楼人称“活子龙”，这一方面是因为他武技精湛，更主要的，乃在于他善于表现人物的内在思想感情，他的《长坂坡》把赵云的英雄无畏、忠心耿耿的形象，刻画得淋漓尽致，“活子龙”的称号是当之无愧的。

杨小楼演大将，有儒雅的风度，这里面并不一定含有封建思想的成分。对于“儒雅”“儒将”，人们往往有一种误解，以为一定是属于孔夫子那个思想体系的政治人物，其政治思想就一定是封建的、反动的。当然，作为封建社会的大将，带有封建思想本不足为奇，但却不一定反动；何况所谓“儒将”“儒雅”，一般是指将领的文化水平和战略、策略水平，并不一定要表现他有哪些儒家的哲学思想。在这里，所谓“儒雅”主要是指两个方面：一是他所扮演的角色大都是胸有韬略的大将，人物的性格要求有儒雅的气度；二是他的表演艺术，不是粗糙的技术，而是经过艺术家精心创造的艺术，说这种艺术具有雅致的风格是无可厚非的。

由于这种儒雅的风格，杨小楼在表演上就遵循着“武戏文唱”的路线发展。所谓“武戏文唱”，并不是“武戏瘟唱”，而是要求武生演员注意掌握人物的思想感情，注意掌握舞台形象的完整性，不要脱离剧情地卖弄技术，要在唱、念、表情上下工夫。杨小楼吸引人的地方，不仅在于他精湛的武工，还在于他那铿锵有力的道白和惟妙惟肖的塑造人物形象的能力。正因为杨小楼在艺术上有这样一些独创之处，可以说，杨派不仅在某些方面超出了俞派，而且事实上已经代替了俞派，成为武生行当中最有力量的一派。

与俞菊笙同时的还有黄（月山）派，他和俞菊笙在艺术上比较接近，但重在唱工和道白，《凤凰山》和《剑峰山》等剧为其杰作。这一派虽有传人（如李吉瑞、瑞德宝、马德成等），但特点不太明显，总没有俞、杨二派在艺术上影响深远。

京剧武生有长靠、短打之分，短打之中李春来（当然，他也能长靠戏）极有影响，开短打武生一代之风，《花蝴蝶》《白水滩》《狮子楼》等剧，李春来演来颇见功夫。然而，短打武生应该说，到了盖叫天（张英杰）才发扬光大，丰富多彩起来。

盖叫天是李春来的传人，但在艺术成就上却超过了他的老师，因而形成了公认的盖派武生。

大家都知道，盖叫天有“江南活武松”之誉，他的武松戏的确是目前还没有人超过他的。盖叫天在艺术上富有创造精神，他善于从人物性格出发创造优美动人的舞蹈动作。盖叫天在自己的丰富的艺术实践基础上最善于处理表演艺术中的真假关系，他曾经提出“真中有假，假中有真，真假难分”的精辟的见解，对生活和艺术的关系有极深刻的观察和体验。

盖派武生身手矫捷，气度大方，举手投足之处都见功夫，在表情上注重表达人物的英雄气概，为京剧舞台上塑造了许多光彩夺目的英雄人物形象。

（叶秀山著：《古中国的歌——叶秀山论京剧》，中国人民大学出版社 2007 年版。）

思考与练习

1. 仔细阅读《西厢记·长亭送别》，分析崔莺莺的心理变化过程。
2. 课外阅读《桃花扇》全剧，写一篇分析李香君形象的小论文。
3. 分析《贵妃醉酒》中贵妃三次饮酒的动作及心理变化。
4. 如何才能振兴传统戏曲？
5. 介绍你家乡的剧种。

本章推荐书目

1. 王国维：《宋元戏曲史》，中华书局 2010 年版。
2. 卢前：《卢前曲学论著三种》，商务印书馆 2014 年版。
3. 齐如山，王晓梵整理：《齐如山文存》，辽宁教育出版社 2010 年版。
4. 叶秀山：《古中国的歌——叶秀山论京剧》，中国人民大学出版社 2007 年版。
5. 钟嗣成等：《录鬼簿（外四种）》，上海古籍出版社 1978 年版。
6. 钟嗣成、贾仲明著，浦汉明校：《新校录鬼簿正续编》，巴蜀书社 1996 年版。

7. 王起:《中国戏曲选》,人民文学出版社 1985 年版。

8. 王实甫著,张燕瑾校注:《西厢记》(插图版),人民文学出版社 1995 年版。

9. 海震:《戏曲音乐史》,文化艺术出版社 2003 年版。

10. 陈幼韩:《戏曲表演美学》,陕西出版集团太白文艺出版社 2010 年版。

11. 朱恒夫:《中国戏曲美学》,南京大学出版社 2008 年版。

12. 陆洪非:《黄梅戏源流》,安徽文艺出版社 1985 年版。

13. 徐城北:《京剧与中国文化》,人民出版社 1999 年版。

14. 门岿:《也谈元杂剧中的搽旦脚色——兼与范长华先生商榷》,载《河北师范大学学报》1998 年第 3 期。

第九章　现 代 诗 歌

诗歌，被称为“文学王冠上的明珠”。它用精练的语言、优美的形式，来传达人们对人生、对世界的真挚情感。它开启一个令人神往的精神世界，正如高晓松所说，“生活不只是眼前的苟且，还有诗和远方”。其实，你完全没有必要去那些人山人海的旅游景点寻找所谓“远方”，只要有诗，就足够了。诗人陶潜说得好，“心远地自偏”。本章我们学习现代诗歌。现代诗歌是现代人精神世界的审美化传达。让我们通过现代诗歌，走进现代人的精神世界。

“诗”与“歌”本来就是不分的，二者不仅有共同的渊源，而且在形式和内蕴上也是相通的。所以，本章除了讲解传统意义上的“诗歌”之外，还增加了“流行歌曲”部分，作为另一种诗歌形式。确实的，很多歌曲就是有配乐的诗。

第一节　现代诗歌概述

一、现代诗

我们这里所谈的“现代诗”，是指“五四运动”以来不依照旧体诗格律形式、用现代白话语写作的诗歌，在文学史上称之为“新诗”，以区别于中国传统的按格律写作的“旧体诗”。

（一）新诗产生以及胡适对于新诗的意义

1. 新诗产生的社会文化背景

现代诗歌的产生，与“五四”前后中国的社会文化背景密切相关，同时也是由中国文学自身的发展规律所决定的；它是中国诗歌发展史上由古典到现代的一次“裂变”，也是“五四”新文化运动的一个重要契机和组成部分。

与“新诗”相对的是“旧体诗”（旧诗），其成熟形式是“格律诗”，它的产生和繁荣是与几千年中国传统的社会文化相适应的。旧诗用的是“文言文”，它是“以中国古代文化典籍的语言为基础、以书面语言为主要形式、并且是由中国古代知识分子特别是官僚知识分子实际运用并丰富着的语言形式”，这种语言形式具有恒定性和统一性，正是靠了它才“把中华民族维系为一个虽然松散但却没有导致根本分裂的统一体。”①但是，随着社会文化的发展，以“格律诗”为代表的文学语言距离广大民众的日常生活语言越来越远，人们平时说话用的

① 王富仁：《中国现代诗歌的发展》（上篇），载于《江苏社会科学》2003年第1期，第108页。

是白话，而写诗作文用的是“文言”。“文”与“言”的分裂越来越严重。中国号称“诗国”，有着千余年的“诗赋取士”传统，文言诗文一直作为正统、典雅的社会文化载体而存在。虽然宋元以后大量出现的小说、戏剧以白话语言为基础，但它们在社会文化中的地位远不能与文言诗文相比。这样，随着“文”与“言”的分裂日益加深，旧体诗的文言形式、格律规范越来越不能容纳丰富的现实生活，诗歌文体的革新终于提上了日程。

戊戌变法前后，以梁启超、黄遵宪等人为代表的改良派人士发起了诗歌改良运动，号称“诗界革命”。黄遵宪主张“以我之手，写我之口”，诗歌要表现“古人未有之物、未辟之境，举吾耳目所亲历者，皆笔而书之。”(《人境庐诗草序》)但是，总体来看，“诗界革命”倡导者们的诗歌理论和创作实践依旧是“旧瓶装新酒”，他们拒绝对旧体诗的格律、语法进行实质性变革。尽管他们进行了非常有益的尝试，但真正意义上的变革，要由“五四”文学革命来完成。

真正意义上的“新诗”是“五四”文学革命的一部分，而“五四”文学革命又是“五四”新文化运动的一部分。

新文化运动肇始于 1915 年 9 月在上海创刊的《青年杂志》①，“新文化运动本质上是企求中国现代化的思想启蒙运动。”处于变革时代的先进知识分子们，“意识到中国要向现代社会转变，建立名副其实的民主共和制度，必须在意识形态尤其是价值观领域彻底反对封建伦理思想”。② 他们广泛引进和吸收以“德先生”(民主 Democracy)和“赛先生”(科学 Science)为代表的西方现代文化思潮，并以之为思想武器，以《新青年》为阵地，对以“三纲五常”为核心的专制主义文化展开了猛烈的批判。

新的时代精神，要由新的语言形式来传达。于是，反对文言、提倡白话，反对旧文学、提倡新文学的文学革命由此展开。1917 年 1 月，胡适在《新青年》发表《文学改良刍议》，提出文学改良的“八事”，要求文学言之有物、讲求文法，不模仿古人、不用典、不讲对仗，通过这种语体革新，以适应现代社会，承担时代使命。同年 2 月，陈独秀发表《文学革命论》，提出文学革命的“三大主义”，推倒“贵族文学”“古典文学”“山林文学”，建设“平民文学”“写实文学”“社会文学”，突出了文学在现代中国的思想启蒙功能。

旧诗是旧文学最重要的部分，所以，倡导新诗，反对旧诗，成为文学革命的重要使命。继胡适之后，沈尹默、陈独秀、刘半农等人纷纷在《新青年》发表白话诗作，在他们带动之下，越来越多的作者和刊物转向白话诗，最终形成了影响广大的文学运动。这个“新诗革命”的首倡者和最重要代表人物，便是胡适。

2. 胡适对于新诗的意义

胡适，作为文学革命的旗帜性人物，同时也是新诗的开创者，不论在理论上，还是在实践上，都对新诗做出了开创性的贡献。1917 年一二月间，胡适在《新青年》上发表《白话诗八首》，开始了白话诗创作的实践。其中第一首诗《蝴蝶》是这样写的：

① 第 1 卷刊名《青年杂志》，第 2 卷起易名为《新青年》。

② 钱理群等：《中国现代文学三十年》，北京大学出版社 1998 年版，第 5 页。

两个黄蝴蝶，双双飞上天。
不知为什么，一个忽飞还。
剩下那一个，孤单怪可怜；
也无心上天，天上太孤单。

现在看来，这首诗似乎平淡无奇，但在当时的文化语境中，这却是革命性的尝试。这样的“新诗”，虽然还没有完全摆脱旧诗的基本体式，但却开启了白话诗创作的先河。胡适说，“文学革命的作战方略”“只有‘用白话作文作诗’一条是最基本的。”①

1920年3月，胡适的白话诗集《尝试集》出版，这是“五四”新诗运动的第一部新诗集，产生很大反响，在短短两年之内就销售一万册。《尝试集》展现了胡适新诗创作不断发展和完善的进程。《尝试集》所收的早期诗歌（如第一编）还有明显的旧诗痕迹，后来经过不断的尝试与创新，打破“五言七言的整齐句法”，摆脱“词曲的气味与声调”，他的白话诗逐步走向自由和成熟。比如译诗《关不住了》，胡适自己称之为“我的‘新诗’成立的纪元”：

我说：“我把心收起，
像人家把门关了，
叫爱情生生的饿死，
也许不再和我为难了。”

但是五月的湿风，
时时从屋顶上吹来；
还有那街心的琴调，
一阵阵的飞来。

一屋里都是太阳光，
这时候“爱情”有点醉了，
他说：“我是关不住的，
我要把你的心打碎了！”

借用胡适自己的话来说，这样的诗“极自由，极自然，可算得我自己的‘新诗’进化的最高一步。”②

胡适对白话新诗的倡导是“知行合一”的，一面是新诗创作的践行，一面是新诗理论的探索。我们在这里着重介绍一篇理论文章《谈新诗》。在《谈新诗》这篇文章里，胡适提出了很多关于新诗创作的具体主张和建议，受到了新诗初学者的广泛欢迎。朱自清说，“《谈新

① 胡适：《中国新文学运动小史》，载于《胡适文集》第一卷，北京大学出版社1998年版，第125页。
② 胡适：《尝试集・再版自序》，载于《胡适文集》第九卷，北京大学出版社1998年版，第85页。

诗》差不多成为诗的创造和批评的金科玉律”。① 概括来说，它主要有三个方面的理论建树：

第一是鼓吹“诗体大解放”。胡适从“文的形式”方面下手，达到一种“诗体的大解放”，“不拘格律，不拘平仄，不拘长短；有什么题目，做什么诗；诗该怎样做，就怎样做。”②

第二是关于新诗的音节。新诗也是有音节的，但不是那种“平平仄仄”音调尺度，而是“自然的音节”，包括两个方面，一是语气的自然，二是用字的和谐。所谓“节”，就是诗句里面的顿挫段落。旧体诗音节较为固定，新诗却不同：新体诗句子的长短，是无定的；就是句里的节奏，也是依着意义的自然区分与文法的自然区分来分析的。故往往有三个字为一节，或四五个字为一节的。例如：

万一—这首诗—赶得上—远行人。

门外—坐着—一个—穿破衣裳的—老年人。③

新诗的“音”，就是诗的声调。新诗没有严格的平仄，胡适说，“新诗的声调在骨子里，——在自然的轻重高下，在语气的自然区分”。新诗的“韵”是自由的：第一，不拘古韵，不拘平仄；第二，平仄可以互相押韵；第三，有韵固然好，没有韵也不妨。④

第三是关于新诗的做法。新诗做法如果用一句话概括，就是：要具体，不要抽象。越是具体的，越有诗意诗味；越是抽象的材料，越应该用具体的写法。

以上三个方面，如果概括来说，就是：新诗是自由的——这是它的最重要的精神内核；新诗的音节是自然和谐的而不是刻板的，新诗是具体的而不是抽象的——这是新诗创作的具体原则。只有这样才能让诗歌包容“新内容和新精神”，才能“打破那些束缚精神的枷锁镣铐”。⑤ 这些近百年之前的理论观念，时至今日，对新诗的初学者仍旧是有启发意义的。

（二）新诗的发展阶段和主要诗歌流派

1. 现代三十年(1917—1949)

在新诗的发展初期，诗歌创作的主要使命是配合文学革命，反对旧诗，确立新诗（白话诗）在文坛的合法地位，有明显的“过渡性”“尝试性”特征。随着新诗合法地位的确立，影响的不断扩大，新诗作者们在理论和实践上都进行了深入探讨。

针对早期白话诗的过于理性、功利性的特征，创造社成仿吾、郭沫若等人大力张扬诗歌的情感属性，郭沫若在《论诗三札》里把“诗的艺术”概括为一个公式：“诗＝（直觉＋情调＋想象）＋（适当的文字）”，⑥对现代诗的创作机制作了深入的揭示，出版于1921年的《女神》充分体现了上述理论主张。但是，郭沫若的诗歌创作过于强调直觉的作用，要求诗歌创作“绝端的自由，绝端的自主”，这种缺乏理性节制的创作理念破坏了诗歌的含蓄之美，对旧诗

① 朱自清：《中国新文学系·诗集·导言》，载赵家璧主编《中国新文学系·诗集》（上海文艺出版社影印本），上海良友图书印刷公司1935年版，第2页。

② 胡适：《谈新诗——八年来一件大事》，载于《胡适文集》第二卷，北京大学出版社1998年版，第138页。

③ 胡适：《谈新诗——八年来一件大事》，载于《胡适文集》第二卷，北京大学出版社1998年版，第141—142页。

④ 胡适：《谈新诗——八年来一件大事》，载于《胡适文集》第二卷，北京大学出版社1998年版，第144页。

⑤ 胡适：《谈新诗——八年来一件大事》，载于《胡适文集》第二卷，北京大学出版社1998年版，第134页。

⑥ 杨匡汉、刘福春编：《中国现代诗论》（上编），花城出版社出版1995年版，第55页。

的纠正有矫枉过正之嫌，反倒是继而出现的《湖畔诗歌》令人耳目一新。1922 年，“湖畔诗人”汪静之、冯雪峰等人讴歌爱情的合集《湖畔》出版，把新诗的情感属性发挥得恰到好处。

还有冯至，被鲁迅誉为“中国最为杰出的抒情诗人”，其抒情诗的成功之处在于对情感进行艺术控制，不直接倾泻，而是化情思为意象。比如其代表作《蛇》：

我的寂寞是一条长蛇，
静静地没有言语。
你万一梦到它时，
千万呵，不要悚惧。
它是我忠诚的侣伴，
心里害着热烈的相思；
它想那茂密的草原——
你头上的、浓郁的乌丝。
它月影一般的轻轻地
从你那儿轻轻走过；
它把你的梦境衔了来，
像一只绯红的花朵。

作者通过奇特的想象，以蛇为喻，把爱情的寂寞和纯真的向往寄寓在“蛇”的冰冷寂寞的形象中，把深挚的情感凝练为一幅唯美的画面。

新诗情感属性的张扬，为现代新诗开了一代风气。此后，新诗创作向纵深发展，在诗学观念上也不断深化和自省。有三个诗歌流派，可以作为现代诗歌发展与深化的典型代表，它们就是新月派、象征派和现代派。

(1) 新月派

时至今日，如果说现代文学 30 年中哪个诗歌流派最为人所熟知，应该非新月派莫属了。新月派的名称源于 1924 年正式成立的“新月社”。大体上以 1927 年为界，新月派分为前后两个时期。

前期新月派是 1927 年以前，以北京《晨报副刊》“诗镌”为阵地的诗人群，主要诗人有闻一多、徐志摩、朱湘、孙大雨等。他们的重要使命是匡正“五四”以后新诗创作中所出现的过度自由的“无政府”状态，反对为了追求白话诗的自由表达而忽视基本诗艺规范。因此，新月派提出“理性节制情感”的原则和诗歌形式格律化的主张。在情感表达上，新月派诗人推崇自我克制，反对郭沫若式的直抒胸臆，主张把主观情感外化为具体形象。

不仅如此，新月派诗人们还对新诗的格律化进行了卓有成效的探索。其中最为著名的就是闻一多在《诗的格律》一文中所提出的“三美”理论。《诗的格律》发表于 1926 年 5 月的《晨报副刊》，是新诗格律化的纲领性文献，新月派也因此又被称为“新格律诗派”。

新诗的“三美”，即“音乐美、绘画美、建筑美”。“音乐美”，是强调新诗要“有音尺①，有平仄，有韵脚”，诗句要音节和谐，富有节奏感，读起来朗朗上口；“建筑美”是强调“有节的匀称，有句的均齐”②，诗句的排列形式要整齐有序；“绘画美”强调的是诗歌辞藻的美，用富于色彩的、形象鲜明的辞藻，增强诗歌的画面效果。“绘画美”与中国传统的“诗画相通”论遥相呼应。

闻一多的“三美”理论是借鉴西方与中国的传统格律理论，根据现代汉语的自身特点而进行的理论创造，对现代新诗的创作产生了非常大的影响。一些我们所熟知的现代诗歌，如闻一多的《死水》、徐志摩的《再别康桥》等等，都是“三美”的典型体现。

后期新月派始于 1927 年春，胡适、徐志摩、闻一多、梁实秋等人创办新月书店，次年又创办《新月》月刊，新月派的主要活动基地转到上海。后期新月派以《新月》和《诗刊》为主要阵地，新加入成员有陈梦家、卞之琳等。他们继续坚持超功利的、自我表现的、贵族化的“纯诗”的立场。在这一点上，他们与当时中国诗歌会的左翼诗人创作形成鲜明对照。不论是前期还是后期，新月派都表现出基本统一的诗学情趣，以及雍容、理性的绅士风格。

(2) 象征派

1925 年李金发的《微雨》出版，标志着象征诗派的诞生。与其他诗派不同的是，象征诗派没有统一的社团组织，也没有共同刊物作为阵地，是因为诗歌创作观念的近似，而融汇成的一股创作潮流。他们都有一个共同点，那就是都受到西方象征主义③思潮不同程度的影响。

象征诗派在中国的出现，是为了匡正早期白话新诗过于直白的弊端，而西方象征主义思潮在中国的兴起，又为谋求革新的诗人们提供了精神资源。20 世纪 20 年代中期，中国的社会矛盾越发严峻和复杂，一些知识分子感到苦闷和感伤，甚至幻灭，这种情绪给象征派诗歌的产生提供了观念基础。

中国的象征诗派大至经历了三个阶段。④ 第一阶段以李金发为代表，他的三部诗集《微雨》《为幸福而歌》和《食客与凶年》举起了中国象征主义诗派的大旗。李金发是中国最早的一位象征主义诗人，他的创作呈现出对法国象征主义的刻意模仿，很多诗歌晦涩难懂，有明显的欧化倾向；第二阶段以王独清、穆木天、冯乃超等人为代表，创作成果有穆木天的诗集《旅心》(1927)，冯乃超的诗集《红纱灯》(1928)等等。他们的创作秉承象征主义的基本精

---

① 音尺，也叫音顿，就是在读诗的时候应该在哪个字或词后面略作停顿或转调，今称音节。

② 杨匡汉、刘福春：《中国现代诗论》(上)，花城出版社 1995 年版，第 124 页。

③ “象征主义”是 19 世纪末和 20 世纪初流行于欧美的重要文艺思潮之一。1886 年诗人让·莫雷亚斯发表《象征主义宣言》，首先提出这个名称。1852 年，波德莱尔的《恶之花》是象征主义的第一部诗集。象征主义前期代表有魏尔伦、兰波、马拉美，后期代表瓦雷里、里尔克、叶芝、艾略特等。象征主义认为，现实世界是虚幻的、痛苦的，而内心世界才是真的、美的，外界事物与内心世界互相感应，诗歌的任务就是通过象征、暗示来连接外物与内心，因此象征主义诗歌常常崇尚朦胧晦涩。

④ 关于中国象征主义诗歌的分期，参见王清波：《诗潮与诗神：中国现代诗歌三十年》，中国人民大学出版社 1989 年版，第 244 页。

神，但对现代汉语运用更加成熟；第三阶段以胡也频及其诗集《也频诗选》(1929)为代表。“他从初期的哀伤的诗风转向创作洋溢着战斗豪情的诗，十分具体地说明一种外国诗歌何以经过中国诗人的运用而成为中国新诗的。”①

象征诗派在诗歌理论方面也有成功的建树，其中，穆木天的《谭诗——寄沫若的一封信》(1926)是中国象征派诗学的经典文献。这篇文章里，穆木天提出了他的“纯诗”主张。针对早期白话诗的散文化倾向，他说，作诗要“用诗的思考法去想，用诗的文章构成法去表现”，诗与散文有“纯粹的分界”，创作“纯粹的诗歌”。怎样才能创作“纯粹的诗歌”呢？从两个方面入手：第一，要表现内心世界，因为“诗的世界是潜在意识的世界”“是内生活真实的象征”；第二，要用不同于散文的思维方式和表现方式：诗要用“诗的逻辑学”，诗要“暗示”，要“朦胧”，不要说明。② “纯诗”主张的提出，“在其更深层面上，是意味着一种诗歌观念的变化：从强调诗歌的抒情表意的‘表达(沟通)’功能转向‘自我感觉的表现’功能。”③

象征诗派的理论和创作是一次“拿来主义”实验，虽然对西方理论有些“消化不良”，但却是非常有益的尝试。到30年代，以戴望舒为代表的一批诗人将这一工作提升到一个更高的层次。

(3) 现代派

20世纪30年代的现代派是由后期新月派与20年代末的象征派演变而成的。被称为现代诗派“诗坛的首领”的戴望舒，在1927年所写的《雨巷》已显示出由新月派向现代派过渡的趋向，1929年创作《我的记忆》成为现代诗派的起点。④ 1932年5月施蛰存创办《现代》杂志，推崇“现代的诗”，以这个刊物为中心，形成了一个比较稳定的诗人群，这就是“现代派”。此后，现代派的影响进一步扩大，大约在1936—1937年间达到创作的鼎盛期。现代派的代表诗人除戴望舒之外，还有施蛰存、何其芳、卞之琳等，他们的代表诗集有《望舒诗稿》(戴望舒，1937)，《鱼目集》(卞之琳，1935)，《汉园集》(1936，何其芳、卞之琳、李广田三人合集，故三人又称为“汉园三诗人”)等。抗战爆发后，现代派诗人群急剧分化，现代派诗潮走向式微，其艺术风格和表现手法则为40年代的“九叶”诗人所继承和发展。⑤

施蛰存在《现代》4卷1期上发表《又关于本刊中的诗》，它几乎可以看作是现代派诗歌的宣言，“《现代》中的诗是诗，而且是纯然的现代诗。它们是现代人在现代生活中所感受的现代的情绪，用现代的词藻排列成的现代的诗形。”⑥在现代派诗人看来，胡适白话诗过于直白，创造社诗人过于直露，新月派过于拘泥格律，象征派过于朦胧晦涩，这都是他们所不赞成的。现代派主张诗歌要顺从情绪的自然波动，诗的韵律不在字的抑扬顿挫上，而在诗的

① 王清波：《诗潮与诗神：中国现代诗歌三十年》，中国人民大学出版社1989年版，第277页。

② 穆木天：《谭诗——寄沫若的一封信》，载于杨匡汉、刘福春编：《中国现代诗论》(上)，花城出版社1995年版，第93—101页。

③ 钱理群等：《中国现代文学三十年》，北京大学出版社1998年版，第137页。

④ 钱理群等：《中国现代文学三十年》，北京大学出版社1998年版，第361页。

⑤ 朱栋霖等：《中国现代文学史(1917—2000)》(上)，北京大学出版社2007年版，第202页。

⑥ 钱理群等：《中国现代文学三十年》，北京大学出版社1998年版，第362页。

情绪的抑扬顿挫上;[①]他们讲究用淡雅质朴的语言,透过平实自然的文字,表现深沉含蓄的个人体验。那些脍炙人口的诗篇,如戴望舒的《雨巷》《录梦者》、何其芳的《预言》、卞之琳的《断章》,都是这样的杰作。且看卞之琳《断章》:

你站在桥上看风景
看风景人在楼上看你。
明月装饰了你的窗子,
你装饰了别人的梦。

短诗通过一个常见的生活场景,来表达对现实生活中主客体关系相对性的瞬间感悟,既有古典的情蕴,又隐含着哲理的深思。

现代派追求一种古今中外兼容并收的气度。从外国诗艺渊源看,现代派诗人主要受到法国象征主义、美国意象派和以艾略特为代表的现代主义诗潮的影响;就中国诗歌传统看,现代派诗人更多地继承和发展晚唐李商隐、温庭筠"纯粹的诗"的传统。[②] 但他们又不拘于传统和西方,而是把"民族的"和"世界的"融汇起来之后,确立自身的诗学。

当然,现代诗歌30年,绝不只是上述三个流派,还有20世纪30年代在"左联"领导下的中国诗歌会,三四十年代以胡风、绿原、曾卓、牛汉为代表的"七月诗派"等等,我们就不再一一详述了。

2. 新中国成立以后

新中国成立以后的诗歌,以"文革"结束为界,分为两个阶段:1949年到"文革"结束为第一个阶段,"文革"结束至今为第二个阶段。"前一阶段的诗歌,以与现实政治的胶着、社会意识和政治意识的不断强化为特征。70年代末期以来,上述的状况发生了改变。诗歌'本体'意识的加强和新诗艺术多样化,成为明显趋势。"[③]

20世纪四五十年代,中国社会的基本格局发生了根本性、结构性变化,诗歌创作自然会受到相应的影响。40年代的一些重要诗人和诗歌流派(如"七月派""九叶派"),被迅速边缘化,最终"隐失"在时代洪流中。来自解放区、继续延安文学传统的作家,进入文学的中心舞台。1949年7月,中华全国文学艺术工作者第一次代表大会在北平召开,确立了延安文学所代表的文学方向。新中国成立之后,郭沫若、何其芳等诗人及时用诗歌记录了这个伟大时代。50年代中期,随着文艺界的"百花齐放",诗歌界也提出了题材、主题和艺术方法等方面的变革诉求,但这种多样化诉求很快随着反右派运动的展开而中断。此后,诗歌创作的"政治化"越发突出,1958年,随着"大跃进"的进行,一场浩大的"新民歌运动"在全国范围内展开。五六十年代,有一种更富于时代特征的诗歌形态"政治抒情诗"。这些诗歌从时代政治命题出发,带着政治激情关注宏大的历史、现实问题,其中最有代表性的、

---

① 戴望舒:《望舒诗论》,载于杨匡汉、刘福春编:《中国现代诗论》(上),花城出版社1995年版,第161页。

② 朱栋霖等:《中国现代文学史(1917—2000)》(上),北京大学出版社2007年版,第203页。

③ 洪子诚、刘登翰:《中国当代新诗史》,北京大学出版社2005年版,引言第1页。

成就最高的是郭小川和贺敬之，其代表作如《致青年公民》(郭小川，1955)、《放声歌唱》(贺敬之，1956)。

"文革"时期，文学与政治的关系达到一种扭曲状态，"文革"结束之后，随着"思想解放"的潮流，诗歌创作的新时代来临。新的诗潮其实从"文革"时代的"地下诗歌"就已经开始了。"文革"后，70年代末至80年代初的诗歌创作主要来自两个诗歌群体，一部分是"青年诗人"(雷抒雁、芒克、北岛、舒婷、江河、杨炼、顾城等)，另一部分是"复出"(或"归来")诗人(绿原、牛汉、曾卓、艾青、公刘、流沙河等)。"青年诗人"成为中坚力量，他们中的一些人后来成为"朦胧诗"的代表人物。

(1) 朦胧诗

在"朦胧诗"的名称出现之前，这批青年诗人的创作叫"新诗潮"。"文革"后到80年代初，"新诗潮"是诗歌创作新活力的主要来源。"新诗潮"标志性的自办刊物，是由北岛、芒克等主办的创刊于1978年12月的《今天》。他们的诗歌很快在读者群中引起巨大反响。1979年3月，中国诗歌界的权威刊物《诗刊》发表了北岛的《回答》，标志着"新诗潮"(后来的"朦胧诗")正式走上诗坛。

由于这些诗歌不符合当时诗歌的创作传统和欣赏习惯，所以，围绕以《今天》为代表的"新诗潮"，诗界展开了激烈的论争，并产生了两种截然不同的看法。《诗刊》在1980年第8期发表了《令人气闷的朦胧》(署名章明)一文，批评有些诗歌"晦涩、怪僻，……似懂非懂，半懂不懂，甚至完全不懂。"并举出老诗人杜运燮的《秋》和青年诗人李小雨的《夜》作为例证。"为了避免'粗暴'的嫌疑，"将这类诗命名为"朦胧诗"。这个略含贬义的称谓，日后成为新诗潮的普泛命名。

论争的另一方，对"新诗潮"持肯定、赞赏的态度，主要以谢冕、孙绍振、徐敬亚为代表，他们分别写了《在新的崛起面前》《新的美学原则在崛起》《崛起的诗群》等文章，被称作"三崛起"。徐敬亚的《崛起的诗群》具体阐释了朦胧诗的诗学主张，被看作是朦胧诗群体的理论宣言。在1983年前后的"清除精神污染"运动中，"崛起论"受到批判，但此时"新诗潮"已经在诗歌界确立了自己的稳固地位。

最终，朦胧诗成为中国新诗传统的一部分，朦胧诗的代表人物如食指、北岛、顾城、舒婷、江河、杨炼等诗人和他们的作品，也成为中国新诗史不可或缺的一部分。朦胧诗的诗学追求，如肯定人的自我价值和尊严，注重主体内心情感的抒发，大量运用象征、隐喻、通感等艺术手法，都成为新的诗学传统，甚至成为诗学常识，影响着后来者的诗歌写作。如今，我们回过头来再看当初被当作"坏典型"的李小雨的诗歌《夜》，会有不同的感觉：

鸟在棕榈叶下闭着眼，
梦中，不安地抖动肩膀，
于是，一个青椰子掉进海里，
静悄悄地，溅起
一片绿色的月光

十片绿色的月光
一百片绿色的月光，
在这样的夜晚，
使所有的心在荡漾、荡漾……
隐隐地，轻雷在天边滚过，
讲述着热带的地方，
绿的家乡……

以现在的眼光来看，这就是一首清新柔美的小诗，哪有那么多的离经叛道。由此，我们应当知道，每个新生事物刚刚出现的时候，总会有让人不解、让人难以接受的东西，因为我们的经验还没有更新。这时候，我们要做的不是先入为主地否定和拒斥，而是先尝试着理解它、包容它。

(2) 新生代诗歌(第三代诗歌、后朦胧诗)

在朦胧诗退潮后，诗坛又涌现出一次诗歌浪潮，即“新生代”诗歌。由于80年代初的朦胧诗过早地成为“经典”，一批更年轻的诗人认为它已经成为诗歌发展的束缚，需要对之进行突破，所以高喊“打倒北岛”“pass舒婷”；而这批诗人大多出生于60年代，多没有痛苦的“文革”经历，面对80年代的社会现实，他们有不同的体验要表达。他们不再看重朦胧诗所关注的宏大的政治社会问题，转而强调“回到诗歌自身”，回到语言，回到个体生命意识和个人内心体验。由于不为主流文学所接纳，他们以“团伙”集结的方式来展示自身。各地相继出现了各种名目的诗歌社团，这些社团的成员多数是大专院校学生，比较有代表性的社团如“非非主义”“他们文学社”“海上诗群”“莽汉主义”等。1986年，媒体举办的“中国诗坛1986现代诗群体大展”声称，有“两千多家诗社和十倍百倍于此数字的自谓诗人，以成千上万的诗集、诗报、诗刊”加入这场诗歌狂欢。① 如今的人们恐怕难以想象，那时的大学生，竟为了诗歌如此狂热。

1986年，诗人牛汉在文学刊物《中国》(1986年第3期)发表《诗的新生代》一文，把这些20岁上下的青年诗人统称为“新生代”，还有研究者把他们的诗称为“后朦胧诗”“第三代诗歌”和“实验诗”。“新生代”的主要代表人物有韩东、于坚、李亚伟、翟永明、欧阳江河、海子、戈麦、骆一禾等人。

有两首关于“大雁塔”的诗，我们引用其中的一些诗句，来显示“朦胧诗”和“新生代诗歌”的差别。一首是朦胧诗代表人物之一杨炼的《大雁塔》：

我被固定在这里
已经千年
在中国
古老的都城

① 洪子诚、刘登翰:《中国当代新诗史》，北京大学出版社2005年版，第210页。

我像一个人那样站立着
粗壮的肩膀，昂起的头颅
面对无边无际的金黄色土地
我被固定在这里
山峰似的一动不动
墓碑似的一动不动
记寻下民族的痛苦和生命

另一首是“新生代”代表诗人韩东的《有关大雁塔》：

有关大雁塔
我们又能知道些什么
有很多人从远方赶来
为了爬上去
做一次英雄
也有的还来做第二次
或者更多
那些不得意的人们
那些发福的人们
统统爬上去
做一做英雄
然后下来

大雁塔是玄奘为保藏佛教经典，于唐永徽三年(652年)主持修建的。千百年来，文人骚客登临大雁塔赋诗抒怀，大雁塔已经成为一个历史文化的符号。杨炼诗所抒写的大雁塔，象征了神圣而崇高的民族精神，具有深厚而独特的历史意蕴。韩东笔下的大雁塔则是另一种味道。“有关大雁塔”的，不是它所承载的历史文化意韵，而是关于大雁塔的那些平凡甚至庸俗的人和事。诗歌反复追问“有关大雁塔/我们又能知道些什么”，我们所知道的只是“有很多人从远方赶来/为了爬上去/做一次英雄”“然后下来”，不过如此。杨炼笔下的大雁塔，我们体验到的是一个民族精神的巨人；韩东笔下的大雁塔，我们看到的一个个庸俗猥琐的“当代英雄”。杨炼诗中，我们感到的是深沉的思索；韩东诗中，我们感到的是冷冷的嘲讽。虽然两诗风格迥异，但我们没有必要把它们在价值上对立起来。它们恰好形成一种互补：前者让我们感受民族精神的伟大辉煌，后者让我们反思日常生活中的浅薄庸俗。

1989年，随着诗人海子的卧轨自杀，“新生代”诗歌也走向式微。进入90年代以后，随着市场经济的发展，人们的文化生活也发生重大变化，诗歌也被“边缘化”，诗歌创作呈现多元化特征。

二、流行歌曲

所谓“流行歌曲”，是一个广泛的含义，它包括多品种、多式样、多风格的通俗音乐形式。事实上，“流行歌曲”这一概念在我国具体的情形下，还应该有狭义与广义之分。从狭义上讲，是指产生于20世纪二三十年代的“大上海”，五六十年代在港台得以繁荣，八十年代后在内地与港台空前发展的通俗音乐形式。从广义上讲，“在一个特定社会背景下，一个特定区域内，表达特定思想情感；在十分广泛的人群中传唱或熟知，明显具有歌词通俗易懂、曲调鲜明简洁、篇幅短小精悍，易学易唱，受众喜闻乐见，具有一定娱乐性特点”的通俗歌曲都可以称作“流行歌曲”。

流行歌曲有以下四个基本特点：

（一）歌词贴近生活

歌词，是和音乐结合起来，共同完成艺术表现任务的一种艺术体裁，篇幅较短，易于流传；歌词的文学性语言必须能概括地表达歌曲的意境与氛围，与音乐旋律的内涵、结构、节奏、音调、韵律吻合，再加上配器精美的伴奏，共同创造一个丰富的文学与音乐相结合的审美世界。从表现手法上来看，流行歌曲的歌词不外乎叙事、抒情、写景和说理四种。最常见的表现手法就是“叙事＋抒情”，即使是纯叙事的流行歌曲也有浓厚的感情做基础，如李春波的《小芳》和艾静的《我的1997》；抒情的流行歌曲如《一千个伤心的理由》《蓝蓝的夜，蓝蓝的梦》；写景的流行歌曲如《弯弯的月亮》；说理的流行歌曲如《凡人歌》。

（二）旋律平实简练

一首优秀的歌曲，其最主要的部分就是歌曲的旋律，它是音乐作品中最主要的表现手段，是音乐的灵魂和基础。流行歌曲之所以打动人是因为它以流动的声音方式表现出一种情感，使听众产生共鸣，人们可以在歌曲的旋律中感受到忧伤与欢乐、平和与亢奋。慢歌类的旋律韵味较委婉、缠绵，抒展性、倾诉性较强，旋律音程以级进为主；快歌类的旋律韵味较炽热、激昂，动力感和宣泄性较强，旋律音程以小跳为主。总体说来，流行歌曲旋律的感情表达比较细腻、深刻、细致、灵活多样，使听者获得更主动积极、参与其中的欣赏。在这样的音乐里面，人们在上演着不同的悲欢离合，我们也随着歌曲的演绎，幻想着自己的得与失，从这样的音乐旋律上来说，它是用歌词内容的心理情感起伏来确定旋律进行方向的，所以在整首歌曲当中，旋律更多是服务于内容的，紧紧地和它的内容结合在一起。由于内容上的抒情性和叙事性特点，旋律与歌唱语言（包括方言）结合的很紧，一字对一音的较多，长音或拖拍较少，表义性较强。

（三）演唱风格多变

大部分流行歌手（无论男女）都是用真声演唱的，以获得一种自然、亲切、贴近口语的风格。这种唱法源于20世纪30年代的低吟唱法，电子扩音设备的出现，歌手们开始对着“麦克风”（话筒）唱歌。由于话筒的扩音作用，他们不追求嗓音的穿透力和共鸣，而是贴近生活化的语调和语气，说话般的音量轻轻哼唱，以求真切和感人。在此基础上，每个歌手根据自身的嗓音特点，形成了各自独特的演唱风格。比如田震的嗓音低沉富有磁性，《野花》中缠绵婉转的浅吟低唱，一唱三叹，感人至深；韩磊的嗓音豪迈深沉，高亢激越，《向天再借五百年》唱得回肠荡气；那英的嗓音醇厚通透、柔韧沉稳，一首《征服》风靡中国大地；毛阿敏的《渴望》则深情款款，缠绵悠长。他们用各具特色的嗓音及演唱风格，表现内涵丰富、格调优美的音乐，充分展现了歌手的艺术再创作能力和杰出的表演才华，也打上异彩纷呈、美不胜收的个性标签。

（四）演出形式多样

在演出形式方面，流行歌曲更注重与观众的心理沟通，而且延伸到外在形体动作、参演方面的互动。歌手利用肢体语言融合节奏的表现形式，运用混声、和声、不规则人声伴唱，能使一些并不复杂的旋律变得富有色彩，具有极强的感染力，使歌手能在舞台上产生震撼人心的艺术效果，这种带有综合性质的艺术形式，使视听结合达到新的高峰，具有极强的审美感染力，吸引和征服了观众。同时，现代科技的发展又为流行音乐开拓了广阔的市场前景。高级的音响器材、电气设备和舞台灯光能轻而易举地营造出出神入化、华丽多姿的意境，尤其加上舞蹈、服装造型的变幻，歌手们的才华能事半功倍地得到施展。

第二节　现代诗选读

《半夜深巷琵琶》· 徐志摩

徐志摩(1897—1931)，浙江海宁人，现代著名诗人，散文家，原名章垿(xù)，字槱(yǒu)森，留学英国时改名志摩。主要著作有诗集《志摩的诗》《翡冷翠的一夜》《猛虎集》《云游》，散文集《落叶》《巴黎的鳞爪》《自剖》《秋》，小说散文集《轮盘》。徐志摩是新月派代表诗人，其诗韵律和谐，意境优美，多传世名作，如《再别康桥》《沙扬娜拉一首》。1931 年 11 月，徐志摩由南京乘飞机去北京，途中遇雾，机坠身亡，终年 35 岁。

又被它从睡梦中惊醒，深夜里的琵琶！
　　是谁的悲思，
　　是谁的手指，
象一阵凄风，象一阵惨雨，象一阵落花，
　　在这夜深深时，
　　在这睡昏昏时，
挑动着紧促的弦索，乱弹着宫商角徵，
　　和著这深夜，荒街，
　　柳梢头有残月挂，
啊，半轮的残月，像是破碎的希望他，他
　　头戴一顶开花帽，
　　身上带着铁链条，

在光阴的道上疯了似的跳，疯了似的笑，
　　完了，他说，吹糊你的灯，
　　她在坟墓的那一边等，
等你去亲吻，等你去亲吻，等你去亲吻！

（徐志摩著：《再别康桥：徐志摩诗歌全集》，天津人民出版社 2005 年版。）

赏析

徐志摩是新月派中一位耀眼的诗人，有着举世公认的才情。他的诗歌创作把闻一多关于格律诗的理论主张具体化了。徐志摩有刻骨铭心的爱情，有“浓得化不开”的柔情，他把这些情感赋予美丽的外在形式，这首《半夜深巷琵琶》堪称是一个代表。这首诗作于 1926 年 5 月，初载于同年 5 月 20 日《晨报副刊・诗镌》。“这是一首美丽而又有点艰深的诗。这里有李贺和苏曼殊式的余韵，又有鲜明的现代风格。”[①]如果用两个字来概括这首诗的韵味，那就是“凄美”。凄美的情韵，凄美的忧思，既催人肺腑，又让人流连。

全诗节奏鲜明，诗句编排上，长短诗行有规律间隔，错落有致，六个长句每行六顿，短句每行三或四顿，整齐又不失变化。全诗短句押韵，有规律地换韵，声调明快、和谐优美，这种形式本身就宛如一支信手絮弹的琵琶曲。

在意义倾向上，可以把此诗分为前后两部分。前半部分（前九句）重在渲染“半夜深巷琵琶”的独特情境，后半部分（后七句）重在抒写这种情境中人的痛苦情感。

先说前半部分。“又被它从睡梦中惊醒”，暗示出抒情主人公与琵琶声的关系；一个“又”字，表明这琵琶声再次（或多次）闯入抒情主人公的情感世界；一个“惊醒”，表明这深夜深巷之中，琵琶声触目惊心的效果。这是一个特殊的时空：时间是“夜深深时”“睡昏昏时”，空间是“荒街”“柳梢”“残月”。这是一种死寂的氛围，在这种氛围中，突然之间一阵琵琶声，把熟睡的人们惊醒。“象一阵凄风，象一阵惨雨，象一阵落花”，这三个比喻，融通了听觉和视觉，把琵琶声赋予一种“绘画美”。这样的时空，这样的琵琶声，营造出凄苦、哀婉的情调，浸透了整个诗篇。循着这种情调，一个疑问油然而生，“是谁的悲思，是谁的手指”？是白乐天笔下的琵琶女，还是沦落天涯的盲艺人？不论他（她）是什么人，“挑动着紧促的弦索，乱弹着宫商角徵”所要传达寄托的，一定是浓得化不开的愁思。

以比喻和烘托的手法描写音乐，这种做法古已有之，白居易的《琵琶行》和李贺的《箜篌引》就是很好的例子。徐志摩这首诗的高明之处在于，他用现代汉语的表达方式，展现出美的音乐旋律。“象一阵凄风，象一阵惨雨，象一阵落花，/在这夜深深时，/在这睡昏昏时，/挑动着紧促的弦索，乱弹着宫商角徵”，诗句错落起伏，富于节奏，给人一种“嘈嘈切切错杂弹”的音响效果，或者说，徐志摩让白话诗句呈现出一种“诗化音响”。

在“琵琶语”怨诉中，在“半轮的残月”笼罩下，是诗歌中的抒情主体“他”和“她”的情感舞台。这就是本诗的后半部分（后七句）。“他”，一个痛苦的、挣扎的、希望破碎的灵魂出场

---

① 公木：《新诗鉴赏辞典》，上海辞书出版社 1991 年版，第 216 页。

了。“头戴一顶开花帽，/身上带着铁链条，/在光阴的道上疯了似的跳，疯了似的笑”，一个衣衫褴褛的、疯狂挣扎的、绝望无助的苦难者形象呈现在眼前。这几句以韵母“ào”押韵，“帽”“跳”“笑”几个仄声字，音调尖刺响亮，正与狂躁、绝望的心态相呼应。“他”绝望了，“完了，他说，吹糊你的灯”，只有熄灭了你的生活之火、希望之光，才能与“她”相见，与“她”亲吻，因为“你”和“她”之间，隔了一座坟墓。

那么问题来了，这里的“他”“她”“你”到底是谁（什么）？第一层意思，“他”与“她”是恋爱的双方，“他”与“她”关系是痛苦爱情的隐喻。深挚的爱情常常伴随着刻骨的痛苦和难以忍受的磨难，甚至于，最终与你的爱人，或者与你的爱情，一同归于寂灭。这个并不难理解。徐志摩的爱情就有似于此。他有传说中文人的风流多情，与张幼仪、林徽因、陆小曼的情感纠葛，随着他年轻生命的终结而收场。如果说徐志摩借此诗表达对爱情的渴望，以及对追求爱情所伴随的磨难的恐惧，应该也不为过。

第二层意思，“他”是指为了某种事业受苦受难的奋斗者，“是一种悲苦而顽强的生命形象”，①而“她”则是“他”的理想。“他”与“她”关系是一种人生历程的隐喻。“他”向着心中的理想辛苦、艰难地前行，到最后，却发现面临一个艰难选择：要得到“她”，就要走过坟墓；要达到理想，可能会以死亡为代价。但面对死亡，不是臣服于死亡。“我是曾经遭受失望的打击，我的头是流着血，但我的脖子还是硬的；我不能让绝望的重量压住我的呼吸。”②

不论是爱情隐喻还是人生隐喻，这个伤痕累累的“他”，在美学意义上，都是一个悲剧英雄。悲剧英雄总会毁灭，但悲剧却总是给人以振奋的力量。

那么，诗中的“你”又是谁呢？“你”是作者虚拟的一个听众，是这个情境的参与者，是阅读这首诗的每一个人，包括现在的你和我。诗人把读者（“你”）拉进这个悲剧情境之中，问你，你是勇敢地走过去，还是扭头回去？最后的三声复沓，似哭喊、似怨怒、似召唤，“她”，就在坟墓的那一边等着你：

“等你去亲吻，等你去亲吻，等你去亲吻！”

《寻梦者》·戴望舒

戴望舒（1905—1950），浙江杭州人，中国现代著名诗人。1926年同施蛰存、杜衡创办《璎珞》旬刊，在创刊号上发表处女诗作《凝泪出门》。1932年参加施蛰存主编的《现代》杂志编辑工作。1936年10月，与卞之琳、孙大雨、冯至等创办《新诗》月刊。1929年4月，第一本诗集《我的记忆》出版，其中《雨巷》成为传诵一时的名作，他因此被称为“雨巷诗人”。1949年6月，在北平出席中华文学艺术工作代表大会。后从事编译工作。1950年2月在北京病逝。

梦会开出花来的，
梦会开出娇妍的花来的：

① 公木：《新诗鉴赏辞典》，上海辞书出版社1991年版，第217页。
② 徐志摩：《徐志摩自传》，江苏文艺出版社1997年版，第265页。

去求无价的珍宝吧。

在青色的大海里，
在青色的大海的底里，
深藏着金色的贝一枚。

你去攀九年的冰山吧，
你去航九年的旱海吧，
然后你逢到那金色的贝。
它有天上的云雨声，
它有海上的风涛声，
它会使你的心沉醉。

把它在海水里养九年，
把它在天水里养九年，
然后，它在一个暗夜里开绽了。

当你鬓发斑斑了的时候，
当你眼睛朦胧了的时候，
金色的贝吐出桃色的珠。

把桃色的珠放在你怀里，
把桃色的珠放在你枕边，
于是一个梦静静地升上来了。
你的梦开出花来了，
你的梦开出娇妍的花来了，
在你已衰老了的时候。

（梁仁编：《戴望舒诗全编》，浙江文艺出版社 1989 年版。）

赏析

戴望舒的诗歌创作，以抗战（1937 年）为界，可以大致划分为前后两个时期。1937 年以前，戴望舒汲取中国古典和西方现代的诗学资源，创立不同于浪漫主义、新月派、象征主义的，属于自己的（现代派的）诗学风格；1937 年抗战爆发之后，他为时事所感召，投身抗战洪流，诗歌朦胧意味减淡，现实感增强。

戴望舒在 1937 年以前的诗歌创作，是一个不断完善的艺术探索过程。最初的“旧锦囊”时期（诗集《我的记忆》中的“旧锦囊”部分），讲究格律，注重辞藻的华美，表达无病呻吟的愁苦；发表于1928年的《雨巷》，融合法国象征派和中国古典诗歌传统，诗歌艺术渐趋成熟，这是第二个时期；最后，戴望舒的诗歌创作终于为自己制造了“最合自己的脚的鞋子”，这是第三个时期，以他的诗集《望舒草》为代表。“《望舒草》在戴望舒的诗作中具有代表性，显示了象征派诗歌艺术的特征，诸如感觉的灵敏、相通，感觉与情绪的微妙对应；以现代人的口语入诗，摈弃诗的“音乐成分”，追求诗风的朴素自然，等等。”①这首《寻梦者》就出自戴望舒成熟期的诗集《望舒草》。

这首诗说的是梦想。谁没有梦想呢？谁的梦想是那么轻易就实现了呢？多少人的梦想，都要经过“上穷碧落下黄泉”的追索。等梦想终于实现的时候，你已经老了；或者，等到你老的时候，梦想还是没有实现……

这首诗有两个核心意象：梦花与珠贝。梦终会开出花来，贝终会产出珠来。要得到梦的花，要采到贝里的珠，你要跨越冰山、旱海，要经云雨、风涛。等到金贝吐珠，梦已成花，你已鬓发斑斑、双眼朦胧。

梦、理想是抽象的，必须用具象来象征它，而不能用概念来说明它。金色的珠贝，珍贵而难求，象征梦想之难；冰山、旱海，云雨、风涛，象征寻梦之苦。此诗意象瑰丽，但绝无生涩意象；情感脉络通畅，情绪抒泄自然，绝非无病呻吟；用语典雅质朴，绝无故作高深之语；诗句编排、音节组织很有规律，节奏感很强，但绝非为形式而形式，而是为了表现“情绪的和谐”。在这首诗中，我们见不到李金发式的晦涩艰深，只见美的意象群，蕴含着美的梦想，美的忧伤。“铺张而不虚伪，华美而有法度，的确走的是诗歌的正路。”②

《古相思曲》·席慕蓉

席慕蓉（1943—），蒙古族，全名穆伦·席连勃（意即大江河），当代画家、诗人、散文家。原籍内蒙古察哈尔部。席慕蓉自幼随父母辗转重庆、上海、南京，最后到台湾，1963年，席慕蓉毕业于台湾师范大学美术系，又到比利时布鲁塞尔皇家艺术学院进修。主要作品有诗集《七里香》《无怨的青春》《诗画》以及散文集《心灵的探索》等。她的诸多诗篇脍炙人口，被广为传颂。

只缘感君一回顾，使我思君暮与朝

——古乐府

在那样古老的岁月里
也曾有过同样的故事
那弹箜篌的女子也是十六岁吗
还是说　今夜的我
就是那个女子

① 梁仁：《戴望舒诗全编》，浙江文艺出版社，1989年版，第49页。

② 杜衡：《〈望舒草〉序》，载于《戴望舒诗全编》，浙江文艺出版社1989年版，第54页。

就是几千年来弹着箜篌等待着的
那一个温柔谦卑的灵魂
就是在莺花烂漫时蹉跎着哭泣着的
那同一个人

那么　就算我流泪了也别笑我软弱
多少个朝代的女子唱着同样的歌
在开满了玉兰的树下曾有过
多少次的别离
而在这温暖的春夜里啊
有多少美丽的声音曾唱过古相思曲

（汪为编：《席慕蓉抒情诗120首》，花城出版社1990年版。）

赏析

20世纪80年代末90年代初，席慕蓉的诗歌和散文风靡中国，在出版界和文学界形成一种"席慕蓉现象"。在当时，"纯文学"图书的印数大滑坡，诗歌、散文更是少人问津，这类书籍印数很少会超过1000册，有的甚至只有二三十册。但是，仅仅席慕蓉的一个诗集《七里香》在1987到1990年间就连印了15次，共50多万册。甚至有女大学生由于买不到《七里香》，就借别人的来抄，从序、目录到正文、后记，一字不漏。①

为什么席慕蓉的诗在"纯文学"受冷落的年代如此风行？除了一些客观原因（比如经济发展、人们娱乐方式增多）之外，主要原因在于，她的诗用自然灵动的语言，以细腻的女性视角，对人生中的普遍主题如爱情、乡愁、时光、生命进行饱含温情的咏叹，从而在广大读者心中激起广泛的共鸣。

这首《古相思曲》抒写的是爱情。爱情，是人类文学的第一主题。

哪个少女不怀春？诗歌的抒情主人公是"我"，"我"是那个弹着箜篌、唱着古相思曲的少女，"我"是古往今来一个个弹着箜篌、唱着古相思曲的少女。思念中的少女，温柔而谦卑，默默地哭泣，默默地吟唱；在莺花烂漫时蹉跎，在玉兰树下走过。这是"我"一个人的思念，也是古往今来所有少女的思念；千年以来的少女们，不断演绎着同一个美丽而忧伤的故事。这是普遍的情愫，也是普遍的美。

拉开时空距离，距离的两端形成一种对话关系，从而增强抒情效果，这是席慕蓉诗歌常用的手法。在这首诗中，现时思念的"我"，与古往今来一个个思念的"我"，围绕一曲古相思曲，情思互相映衬，互相增强。这是一种和谐共通的时空对话。席慕蓉诗歌还有另外一种效果的时空对话：错位对话。比如那首广为传颂的《一棵开花的树》：

---

① 杨光治：《神奇的"席慕蓉现象"及其启示》，载于《席慕蓉抒情诗120首》，花城出版社1990年版，第2页。

如何让你遇见我
在我最美丽的时刻　为这
我已在佛前　求了五百年
求它让我们结一段尘缘

佛于是把我化作一棵树
长在你必经的路旁
阳光下慎重地开满了花
朵朵都是我前世的盼望

当你走近　请你细听
那颤抖的叶是我等待的热情
而当你终于无视地走过
在你身后落了一地的
朋友啊　那不是花瓣
是我凋零的心

为了一次美丽的相逢，历经五百年的等候，在“我”繁花盛开的时候，你在我的身旁无视地走过。五百年换来的错位一瞬。

这就是席慕蓉的诗，没有复杂的意象，没有深奥的词句，只有娓娓道来的人间真情。

《走吧》·北岛

北岛(1949—)，生于北京，中国当代诗人、作家，朦胧诗代表人物之一。“文革”中中学毕业后在北京当工人。《今天》(1978—1980)的创办者之一。后旅居海外，主编在海外出版的文学刊物《今天》。主要作品有诗集《陌生的海滩》《北岛诗选》《太阳城札记》《在天涯》《北岛诗歌集》等，另有小说集《波动》《归来的陌生人》，评论集《时间的玫瑰》，译著《现代北欧诗选》。作品被译成30多种文字，获得多种国际文学奖项及荣誉。

走吧，
落叶吹进深谷，
歌声却没有归宿。

走吧，
冰上的月光，
已从河床上溢出。

走吧，
眼睛望着同一块天空，
心敲击着暮色的鼓。

走吧，
我们没有失去记忆，
我们去寻找生命的湖。

走吧，
路啊路，
飘满红罂粟。

（北岛著:《北岛诗选》,新世纪出版社 1986 年版。）

赏析

提起朦胧诗,多数人会首先想到北岛;提起北岛,多数人会首先想到他的那首被当作朦胧诗标志的《回答》。《回答》表达了经历过十年浩劫的一代青年人的怀疑精神、批判意识,宣言式的语句,磅礴的诗情,坚定的意志。这首诗已经广为人知,在这里,我们要谈的是北岛的一首不同韵味的诗歌:《走吧》。

本诗发表在《今天》第一期,初作于 1977 年 1 月 18 日,写给意欲远行的友人陆焕兴。读罢此诗,首先呈现在眼前的,是一个逆境中艰难跋涉的旅者形象。抒情主人公似站在路旁,看着即将远行的挚友,关切地嘱托,鼓励他坚定地前行。

"落叶""深谷""冰面""月光""河床""暮色",这些意象共同烘托出一个清冷的意境。在这种氛围里,展开一个漫长的"寻找"的旅程。全诗一共五节,很像五组蒙太奇镜头,有非常鲜明的画面感。第一组画面是一个"悖论情境",两种对立意义的并陈,"落叶吹进深谷",落叶有归宿;"歌声却没有归宿",人却要远行。在北岛诗歌中,这种"悖论情境"是很多的,比如,"一切欢乐都没有微笑/一切苦难都没有泪痕"(《一切》),"那棵梧桐树上的乌鸦"(乌鸦,而不是凤凰)(《归程》)。第二三组画面,"月光""天空""暮色",似空似幻;"月光""暮色"都赋予了"动感",这是旅者行走的历程,也是一个心灵的旅程。第四组画面,"湖"是水的汇集、静止之处,它不是"溢出"月光的"河","生命的湖"是生命安定的归宿。第五组画面的关键在"红罂粟"意象,它同时包含了两种意义:"危险""诱惑"。面对这个充满危险和诱惑的旅程:你还要前行吗?抒情主人公的回答是:走吧!

全诗五节,每节首句都在对旅者说:走吧!去寻找,但"生命的湖"到底在哪里呢?没有答案。可能"寻找"本身就是答案,答案在路上。这种情境有似鲁迅先生的《过客》,"过客"拒绝了老翁往回走的劝告,也不接受女孩的安慰和布施,即使前途未卜,也要坚定地走下去。

《门前》·顾城

顾城(1956—1993),籍贯上海,生于北京。1969年随父亲顾工下放山东农村,1974年回到北京。80年代末以后,生活在新西兰等国,1993年自杀于新西兰寓所。顾城著作有诗集《舒婷顾城抒情诗集》《黑眼睛》《顾城童话寓言诗选》《顾城诗全编》《顾城文选》等。

我多么希望,有一个门口
早晨,阳光照在草上

我们站着
扶着自己的门扇
门很低,但太阳是明亮的

草在结它的种子
风在摇它的叶子
我们站着,不说话
就十分美好

有门,不用开开
是我们的,就十分美好

早晨,黑夜还要流浪
我们把六弦琴交给他
我们不走了

我们需要土地
需要永不毁灭的土地
我们要乘着它
度过一生

土地是粗糙的,有时狭隘
然而,它有历史
有一份天空,一份月亮
一份露水和早晨

我们爱土地
我们站着
用木鞋挖着泥土
门也晒热了
我们轻轻靠着，十分美好

墙后的草
不会再长大了，它只用指
尖，触了触阳光

（顾城著：《顾城作品精选》，长江文艺出版社 2007 年版。）

赏析

顾城被称为“童话诗人”，他的诗是一个个“成人的童话”。成人的天真，不是幼稚，而是马斯洛所说的那种“第二次天真”，是超越世俗羁绊之后的回归，去掉各种不必要的纷扰，直面世界的真实、生活的真实。

顾城是一个把现代汉语的诗意开发到极致的诗人。读这首诗，让人感到一种说不出的美，说不出的舒畅。但究竟这种美、这种舒畅的奥妙在哪里呢？又觉得“此中有真意，欲辩已忘言”。这是顾城的高明处。但是，诗歌总要通过语言来理解和沟通。下面我们就试着对这首诗加以“解读”，大家也可以有自己的理解。

《门前》是一个成人世界里美丽的“桃花源”，但它不是“世外桃源”，它就在我们的日常生活中，就在我们的心里。诗中的主人公是“我们”，可能是一双恋人，也可能是一对知己，他们躲开了世俗功名世界的辛苦追逐，来到一个属于他们自己的一小块天地，这里，有他们自由、自足的一切。一处简陋的小房子，门很低，但是明亮，有草有风、有月有露、有夜有晨，一块粗糙的土地，那是人的归属。贴近土地、贴近自然，简化的物质生活，丰饶的精神体验：这种安适与悠闲，如鱼饮水、如鸟在林，不需要过多的语言来渲染它。“我们”只要静静地站着，只要轻轻地靠着，就“十分美好”。正如顾城所言：“人可以生如蚁而美如神。”①

读罢此诗，大家可能会想到梭罗在《瓦尔登湖》里描绘的那种简单安适的生活，也可能会忆起陶渊明“采菊东篱下，悠然见南山”的境界。是啊，很多时候，幸福不是作加法，而是作减法。

《九月》· 海子

海子（1964—1989），原名查海生，安徽省安庆人。1979 年，15 岁的海子考入北京大学法律系，1982 年开始诗歌创作，1983 年毕业后被分配到中国政法大学政治系哲学教研室任教。1989 年 3 月 26 日，在河北山海关卧轨自杀，年仅 25 岁。在短短 7 年间，

① 顾城：《顾城文集 · 卷一》，北方文艺出版社 2005 年版，第 88 页。

海子写下了大约200万字的诗歌、剧本、小说和论文，经友人整理出版的诗集有《土地》、《海子、骆一禾作品集》《海子诗全编》《海子的诗》等。

目击众神死亡的草原上野花一片
远在远方的风比远方更远
我的琴声呜咽 泪水全无
我把这远方的远归还草原
一个叫马头 一个叫马尾
我的琴声呜咽 泪水全无

远方只有在死亡中凝聚野花一片
明月如镜高悬草原映照千年岁月
我的琴声呜咽 泪水全无
只身打马过草原

（海子著，西川编：《海子诗全编》，生活·读书·新知三联书店 1997 年版。）

赏析

1989 年 3 月 26 日黄昏，海子以身殉诗。诗人海子的死成为我们这个时代再也不能重复的神话之一。“对于我们，海子是一个天才，而对于他自己，则他永远是一个孤独的‘王’”。[①] 海子的诗歌理想是“成就一种民族和人类结合，诗和真理结合的大诗”。20 世纪 80 年代中期至后期，中国社会经历了从经济到政治的深刻裂变，传统的价值观和文学观遭遇到严重的挫折。整个社会的日趋世俗化和道德理想的崩溃，对诗人的精神世界构成了严重威胁，在个人艰苦探索和时代巨变的双重激发下，[②]海子的精神是孤寂的。《九月》就是他孤寂精神的写照。

“目击众神死亡的草原上野花一片”，诗人向我们展示了一个廓大而神秘的境界。人们对“众神”有不同的理解。有人认为“众神”是草原上的历史人物或神话传说，有人认为它象征漫长的历史岁月，有人认为众神是民族的精神信仰，都有道理。结合海子的诗学理想，我们更倾向于后者。“众神死亡”指精神信仰的丧失，“野花”是生命、生机，最后的希望，生长在一片绝望的草原。“目击”，指一种当下状态：一边是众神死亡，一边是草原上的野花，这是人所处的生存背景——绝望中的希望，向死而生。这是一个悖论情境，也是一个悲剧情境。

“远在远方的风比远方更远”，进一步渲染草原廓大、辽远的境界。“风”用来渲染旷远、悲凉的氛围，在海子其他诗句中也是有的，如“大风刮过山岗/上面是无边的天空”（《黑夜的献诗》）；在古诗中也有的，如“高树多悲风，海水扬其波”（曹植《野田黄雀行》）。

---

① 海子著，西川编：《海子诗全编·怀念（代序二）》，生活·读书·新知三联书店 1997 年版，第 6 页。
② 程光炜：《中国当代诗歌史》，中国人民大学出版社 2003 年版，第 310－311 页。

在这种旷远、悲凉的氛围中，抒怀主人公“我”出场了。我将悲凉之感赋予马头琴，“琴声呜咽泪水全无”，这是极度深沉的悲哀。然后，带着这种悲哀，“我”从无边旷远的、“众神死亡”的草原抽身退场，“我把这远方的远归还草原”。拨着马头琴，“我”继续悲伤地吟唱。将心声赋予琴声，是孤寂之情的普遍表达，“欲将心事付瑶琴，知音少，弦断有谁听”（岳飞《小重山》）。“马头”和“马尾”组成的马头琴，是草原民族的象征，是民族情感、民族精神的寄托。马头琴声呜咽悠长，寄托了“我”面对草原的悲哀之感，也寄托了“我”对民族精神的悲凉的呼唤。

第二节，诗人再次凝视着远方的草原，“远方只有在死亡中凝聚野花一片”，野花与死亡再次并列，强化“向死而生”的精神意蕴，不死的野花就成为草原文化、民族精神的象征。“明月如镜高悬草原映照千年岁月”，面对无限绵延的空间和时间，“我”像一个孤独的先知，一个孤独的骑士，在马头琴的呜咽声中，“只身打马过草原”。不禁让人想起陈子昂的《登幽州台歌》，“前不见古人，后不见来者。望天地之悠悠，独怆然而泣下。”

虽然海子常被人归入“第三代”诗人，但他的创作却不像多数第三代诗人那样“反崇高”“反历史”，比如这首诗，就有一种浪漫的情怀和古典的意味。此诗是海子抒情短诗中一首成熟的作品，用语精炼，意境深邃悠远，有很强的象征意味。读者对这首诗的理解也不是单一的，而是多义的。

每年的3月26日，人们都会忆起这个不朽的诗魂，每到这一天，总有一些心中有诗的青年人，来到海子的家乡——安徽怀宁县高河镇查湾村，来看望长眠于此的海子。那时，他的家乡开满了油菜花。

第三节　流行歌曲赏析

《鹿港小镇》·罗大佑

罗大佑（1954—），生于台湾台北，是台湾省苗栗县的客家人，祖籍广东梅州，台湾地区创作歌手、音乐人、纵贯线乐队成员之一。1982年，发行第一张专辑《之乎者也》，打破当时流行的民歌曲风，带领台湾流行音乐走向史无前例的批判与省思风潮。1985年创作《明天会更好》后离台赴港发展，陆续发表《明天会更好》《东方之珠》及《皇后大道东》等广受欢迎的歌曲，被称为华语乐坛的“教父”。罗大佑是一位非常有社会责任感的音乐人，很多歌曲都对当时的社会有深刻的反映。典型的有《鹿港小镇》《未来的主人翁》《现象七十二变》《爱人同志》等等。

假如你先生来自鹿港小镇
请问你是否看见我的爹娘
我家就住在妈祖庙的后面
卖着香火的那家小杂货店

假如你先生来自鹿港小镇
请问你是否看见我的爱人
想当年我离家时她已十八
有一颗善良的心和一卷长发
台北不是我的家
我的家乡没有霓虹灯
鹿港的街道鹿港的渔村
妈祖庙里烧香的人们
台北不是我的家
我的家乡没有霓虹灯
鹿港的清晨鹿港的黄昏
徘徊在文明里的人们
假如你先生回到鹿港小镇
请问你是否告诉我的爹娘
台北不是我想象的黄金天堂
都市里没有当初我的梦想
在梦里我再度回到鹿港小镇
庙里膜拜的人们依然虔诚
岁月掩不住爹娘淳朴的笑容
梦中的姑娘依然长发盈空
再度我唱起这首歌
我的歌中和有风雨声
归不到的家园鹿港的小镇
当年离家的年轻人
台北不是我的家
我的家乡没有霓虹灯
繁荣的都市过渡的小镇
徘徊在文明里的人们
哦——
听说他们挖走了家乡的红砖砌上了水泥墙
家乡的人们得到他们想要的却又失去他们拥有的
门上的一块斑驳的木板刻着这么几句话
子子孙孙永保佑世世代代传香火
啊，鹿港的小镇

（罗大佑：《之乎者也》，滚石国际音乐有限公司 1982 年发行。）

赏析

《鹿港小镇》是罗大佑1982年发行的首张个人专辑《之乎者也》中的第一首歌曲。《鹿港小镇》的创作背景，是一个在经济不断成长中迅速变迁的社会。水泥墙所象征的"现代文明"，由台北之类的大城步步闯进鹿港之类的小镇，逐渐侵蚀而取代了红砖房所代表的传统。在"台北不是我的家，我的家乡没有霓虹灯"的强烈哀叹里，我们听到的，是从传统到现代过渡中的彷徨与失落。爹娘的淳朴、情人的善良、妈祖庙里膜拜者的虔诚，在这对于传统的眷恋与伤逝声中，唱的其实就是对于所谓现代化价值的怀疑。

罗大佑见到现实中的种种问题其实也就是当时年轻人面对的普遍问题。但光凭热情不足以解决问题：一是无社会地位，二是政治上的压抑让人却步，不愿轻易就做了个烈士。从此就有了苦闷，也更增加了原本的虚无性。故而罗大佑所有的苦闷、虚无、悲哀、愤怒，一切的喜怒哀乐，也就与那群年轻人所有的感情大致相合。至此可知，罗大佑在作品中忠实而深刻地反映了他自己，自然就为那一代曾经善感、曾经虚无、曾经多多少少认真过的台湾年轻人，唱出了自心灵深处最真实的声音。

《一无所有》·崔健

崔健(1961—)，朝鲜族，生于北京。中国内地歌手、词曲家、音乐制作人、导演、演员、编剧。崔健被誉为中国摇滚乐开山之人，有"中国摇滚教父"之称。1986年5月9日，崔健在北京工人体育馆举行的百名歌星演唱会上演唱了《一无所有》，宣告了中国摇滚乐的诞生。代表作有《一无所有》《花房姑娘》《新长征路上摇滚》《给你一点颜色》等等。

我曾经问个不休 你何时跟我走
可你却总是笑我 一无所有
我要给你我的追求 还有我的自由
可你却总是笑我 一无所有

噢 你何时跟我走
噢 你何时跟我走

脚下的地在走 身边的水在流
可你却总是笑我 一无所有
为何你总笑个没够 为何我总要追求
难道在你面前 我永远是一无所有
噢 你何时跟我走
噢 你何时跟我走

脚下的地在走 身边的水在流
脚下的地在走 身边的水在流
告诉你我等了很久 告诉你我最后的要求
我要抓起你的双手 你这就跟我走
这时你的手在颤抖 这时你的泪在流
莫非你是正在告诉我 你爱我一无所有
噢 你这就跟我走
噢 你这就跟我走

脚下的地在走 身边的水在流
脚下的地在走 身边的水在流
噢 你这就跟我走
噢 你这就跟我走
噢 你这就跟我走
噢 你这就跟我走
噢 你这就跟我走
噢 你这就跟我走

（崔健：《新长征路上的摇滚》，中国旅游声像出版社 1989 年发行。）

赏析

1986 年 5 月 9 日，北京工人体育馆“世界和平年”百名歌星演唱会上，崔健挎着吉他，裤脚一高一低，用嘶哑的喉咙吼出的《一无所有》，这些都成为一种历史经典瞬间的定格。蒙着双眼的红布、沙哑的嗓音、无所顾忌的绝望呐喊，崔健以不拘一格的方式，呼喊出了底层的声音，使得无数社会个体在现实生活中所体验到的那种孤独、苦闷、压抑、乏味以至绝望获得了可以公开表达的权利。这种“一无所有”的状态，恰恰是对草根阶层的价值、精神、权利和财富状态的形象概括。所以，“一无所有”是真正的底层声音的呐喊，而这也正是摇滚乐的本质精神所在。摇滚音乐作为中国改革开放之后出现的流行音乐形式，并不被 80 年代社会的主流文化所认可，直到崔健的这首《一无所有》出现，摇滚音乐才逐渐被社会主流所认可。因为这首作品，崔健被誉为“中国摇滚第一人”，《一无所有》也正式开启了中国摇滚乐的时代。

《沧海一声笑》·黄霑

黄霑(1941—2004)，原名黄湛森，生于广州，香港著名词曲作家。1949 年随父母移居香港；1963 年毕业于香港大学中文系。最初从事广告、电影、作曲，担任过香港电视台、电台主持人。与金庸、倪匡、蔡澜一起被称为“香港四大才子”。黄霑一生共写出 2000 多首歌曲，其中《上海滩》《沧海一声笑》《狮子山下》《问我》《我的中国心》被称为

"经典中的经典",他本人被冠以"流行歌词宗匠"。黄霑不仅是乐坛的传奇人物,其影响力已经超出了流行音乐,成为代表香港的一个时代标签。

沧海笑　滔滔两岸潮
浮沉随浪记今朝
苍天笑　纷纷世上潮
谁负谁胜出天知晓

江山笑　烟雨遥
涛浪淘尽　红尘俗世知多少
清风笑　竟惹寂寥
豪情还剩 一襟晚照

啦……啦……

沧海笑　滔滔两岸潮
浮沉随浪记今朝
苍天笑　纷纷世上潮
谁负谁胜出天知晓

江山笑　烟雨遥
涛浪淘尽　红尘俗世知多少
苍生笑　不再寂寥
豪情仍在痴痴笑笑

(黄霑、徐克、罗大佑:《笑傲江湖》,宝丽金唱片有限公司1990年发行。)

赏析

《沧海一声笑》是武侠电影《笑傲江湖》的主题曲,也是影片中最具武侠意境的一幕。曲阳和刘正风躲过追杀,泛舟于江海之上,取出《笑傲江湖》曲谱,琴箫合奏、纵情高歌,一旁的令狐冲亦弹琴相和。船外沧海笑,白浪滔滔;苍天笑,白鸟翱翔。所谓"笑傲江湖"之意,于此成矣。不过单就这一曲《笑傲江湖》,最好、最传奇的版本并非是当时电影里许冠杰的粤语版本,而是出现在后来电影原声音乐中,由三位奇才黄霑、徐克和罗大佑演唱的普通话版本。领唱的是黄霑,"沧海笑,滔滔两岸潮,浮沉随浪只记今朝"。第二句是徐克,"苍天笑,纷纷世上潮,谁负谁胜出天知晓"。再下来是罗大佑,"江山笑,烟雨遥,涛浪淘尽红尘俗事知多少"。黄霑狂放、徐克洒脱、罗大佑厚重粗犷,但三人却是同样的豪放不羁。到最后两句,已是三人合唱,声破云霄,再分不出你和我。或许徐克的唱功不算专业,但听到这样感动的音乐,谁又在乎呢?笑傲江湖的洒脱,沧海桑田的阅历,高山流水的相知,天地悠悠的悲怆，在三个热血而沧桑的男人嘶哑的嗓音里，尽付于斯。

《东风破》· 方文山

方文山（1969—），生于台湾花莲，著名词作者，由于他与周杰伦合作最多、作品最为流行而被称为周杰伦“御用作词人”。方文山创作的词曲中有强烈的画面感和浓厚的中国风。

周杰伦（1979—），原创音乐人，生于台湾。他被美国时代周刊誉为“亚洲流行天王”，具备全面的唱、词、曲、制能力，擅长 R&B（Rhythm and Blues，译作“节奏蓝调”或“节奏布鲁斯”）和中国风等多种音乐风格，在电影等诸多领域亦有所建树。

一盏离愁　孤独伫立在窗口
我在门后　假装你人还没走
旧地如重游　月圆更寂寞
夜半清醒的烛火　不忍苛责我

一壶漂泊　浪迹天涯难入喉
你走之后　酒暖回忆思念瘦
水向东流　时间怎么偷
花开就一次成熟　我却错过

谁在用琵琶弹奏　一曲东风破
岁月在墙上剥落　看见小时候
犹记得那年我们都还很年幼
而如今琴声幽幽　我的等候　你没听过

谁在用琵琶弹奏　一曲东风破
枫叶将故事染色　结局我看透
篱笆外的古道我牵着你走过
荒烟漫草的年头　就连分手都很沉默

（周杰伦：《叶惠美》，杰威尔音乐有限公司 2003 年版。）

赏析

《东风破》由中国台湾流行歌手周杰伦演唱，是周杰伦谱曲、方文山填词而成，收录在周杰伦 2003 年 7 月 31 日发行的个人第四张“国语”专辑《叶惠美》中。周杰伦在多年的纯西化音乐浸淫后，选择了文化上的回归。在专辑《叶惠美》中，首度与方文山合作了《东风破》这样一首极具东方风韵的复古作品。从历史上来讲，任何一个时代，华语流行音乐都不缺这种洋为中用的东西合璧式作品。而《东风破》出现的时机，恰恰是整个华人社会西化最全面、最深入的时代，尤其是在流行乐坛一片西化、R&B 化的背景下，本土文化在音乐中甚至面临着全面缺失的危险。而周杰伦创作《东风破》，恰好是在一个很好的时机，为中国文化和西洋音乐的交流，做了一种平衡的尝试。《东风破》利用中国古典乐器琵琶及古代的诗词情调，并借用中国古风的曲调且融入西方的 R&B 曲风，歌词具有中国古典文化内涵，使用新派唱法和编曲技巧烘托歌曲氛围，产生含蓄、忧愁、幽雅、轻快等歌曲风格，自此“三古三新”（古辞赋、古文化、古旋律；新唱法、新编曲、新概念）中国风的曲风特点基本成型。

We are the World（天下一家）· 迈克尔 · 杰克逊

迈克尔 · 杰克逊（Michael Jackson，1958—2009），生于美国印第安纳州加里市，著名摇滚歌手、词曲创作人、音乐家、舞蹈家、和平主义者、慈善机构创办人。1982 年 12 月，杰克逊音乐生涯最畅销的专辑 *Thriller* 发行。1987 年 9 月，杰克逊展开个人首次全球巡演。杰克逊一生中获得了 13 个格莱美奖和 26 个全美音乐奖，并且两次获得诺贝尔和平奖提名、三次入选摇滚名人堂。

There comes a time when we heed a certain call
时刻来到了，有人已发出号召：
When the world must come together as one
让天下人民团结在一道！
There are people dying
快快伸出援助的手
And it's time to lend a hand to life
将死之人最需要
The greatest gift of all
对生命，这礼物才是最好
We can't go on pretending day by day
不要幻想，日复一日的幻想
That someone，somewhere will soon make a change
说什么有谁会带来奇迹
We are all a part of God's great big family
在上帝创造的世界里，就包括我和你
And the truth you know love is all we need
你我都知道：爱才是我们的唯一
We are the world　We are the children
天下一家，我们都是上帝的孩子
We are the ones who make a brighter day
我们要创造光辉灿烂的明天

So let's start giving
让我们奉献
There's a choice we're making
这才是我们的选择
We're saving our own lives
我们在拯救我们自己
It's true we'll make a better day　Just you and me
要创造一片新天地,全靠我和你
Send them your heart
献出你的爱心
So they'll know that someone cares
让他们知道有人在关注
And their lives will be stronger and free
让生命更加自由,坚强
As God has shown us by turning stones to bread
按上帝的指示走,一切将改变,哪怕是石头
So we all must lend a helping hand
我们都应伸出援助之手
We are the world　We are the children
天下一家,我们都是上帝的孩子
We are the ones who make a brighter day
我们要创造光辉灿烂的明天
So let's start giving
让我们奉献
There's a choice we're making
这才是我们的选择
We're saving our own lives
我们在拯救我们自己
It's true we'll make a better day　Just you and me
要创造一片新天地,全靠我和你
When you're down and out　There seems no hope at all
当你穷困潦倒,似乎希望渺渺,
but if you just believe there's no way we can fall
但只要坚定信念,就永远不会跌倒
Let us realize that a change can only come

啊，我们已经明白，好日子终将来到
When we stand together as one
只要天下团结在一道
We are the world We are the children
天下一家，我们都是上帝的孩子
We are the ones who make a brighter day
我们要创造光辉灿烂的明天
So let's start giving
让我们奉献
There's a choice we're making
这才是我们的选择
We're saving our own lives
我们在拯救我们自己
It's true we'll make a better day Just you and me
要创造一片新天地，全靠我和你
We are the world We are the children
天下一家，我们都是上帝的孩子
We are the ones who make a brighter day
我们要创造光辉灿烂的明天
So let's start giving
让我们奉献
There's a choice we're making
这才是我们的选择
We're saving our own lives
我们在拯救我们自己
It's true we'll make a better day Just you and me
要创造一片新天地，全靠我和你

（迈克尔·杰克逊等：*We are the World*，哥伦比亚唱片公司1985年发行。）

赏析

20世纪80年代中期，非洲许多国家发生饥荒，饿殍遍野，难民无数。为了援救非洲难民，爱尔兰歌星鲍勃·吉尔多夫(Bob Geldof)首先提议以义演的方式，号召全世界各国艺术家贡献自己的一分力量。美国著名歌星迈克尔·杰克逊(Michael Jackson)和莱昂内尔·里奇(Lionel Richie)立即响应，并于1985年1月共同谱写了义演的主题歌*We are the World*（《天下一家》）。这支由美国45位歌星联合演唱，昆西·琼斯负责制作的，为救援非洲饥民而义演的主题歌《天下一家》，震撼了亿万人的心，很快风靡全球。

这首歌气势恢宏，充满了人类之爱。歌曲号召人们要团结互助，伸出友谊之手，爱才是我们人类共有的财富。的确，当一个民族受到危难，人们不得不舍弃家园的时候；当母亲在默默地抛洒泪水，孩子们饥寒交迫而痛苦地渴盼的时候，每一个人都应该伸出援助之手，因为我们扶助的不是别人，我们在自己救自己！有了人与人之间无私的爱，这世界就充满了希望；有了人与人之间真诚的互助，就没有什么克服不了的困难！

Blowing in the Wind(答案在风中飘荡)·鲍勃·迪伦

鲍勃·迪伦(Bob Dylan，1941—)，原名罗伯特·艾伦·齐默曼(Robert Allen Zimmerman)，因为崇拜诗人迪伦·托马斯，改名为罗伯特·迪伦，后来索性就叫鲍勃·迪伦。生于美国明尼苏达州，美国摇滚、民谣艺术家。鲍勃在高中的时候就组建了自己的乐队。1961 年签约哥伦比亚唱片公司。1962 年推出处女专辑名为《鲍勃·迪伦》。鲍勃·迪伦对美国文化影响极其深远，他与“猫王”普雷斯利、“披头士”乐队并称为西方流行音乐的三巨头。2016 年，鲍勃·迪伦获得诺贝尔文学奖，成为第一位获得该奖项的歌手。鲍勃·迪伦的歌曲代表作有 *Blowing in the Wind*(答案在风中飘扬)、*Like a Rolling Stone*(像一颗滚石)等。

Blowing in the wind
答案在风中飘扬
How many roads must a man walk down
一个人要走过多少路
Before they call him a man
才能称为真正的男子汉
How many seas must a white dove sail
一只白鸽要飞越过多少片大海
Before she sleeps in the sand
才能在沙滩上得到安眠
How many times must the cannon balls fly
炮弹要多少次掠过天空
Before they're forever banned
才能被永远禁止
The answer my friend is blowing in the wind
答案啊 我的朋友 在风中飘扬
The answer is blowing in the wind
答案它在这风中飘扬
How many years must a mountain exist
一座山要伫立多少年

Before it is washed to the sea
才能叫作沧海桑田
How many years can some people exist
人们究竟要活到多久
Before they're allowed to be free
才能被允许拥有自由
How many times can a man turn his head
一个人要多少次回首
And pretend that he just doesn't see
才能做到真正的视而不见
The answer　my friend　is blowing in the wind
答案啊 我的朋友 在风中飘扬
The answer is blowing in the wind
答案它在这风中飘扬
How many times must a man look up
一个人要抬头多少次
Before he can see the sky
才能望见天空
How many ears must one man have
一个人有多少只耳朵
Before he can hear people cry
才能听见哭声
How many deaths will it take
究竟要失去多少条生命
Till he knows that too many people have died
才能知道太多的人已经死去
The answer　my friend　is blowing in the wind
答案啊 我的朋友 在风中飘扬
The answer is blowing in the wind
答案它在这风中飘扬

（鲍勃·迪伦:《鲍勃·迪伦》,哥伦比亚唱片公司 1962 年发行。）

赏析

这首歌虽然旋律简洁,歌词却睿智深刻。“一个男人需要走过多少路,才可以称之为男人,一只白鸽需要飞越多少海洋,才能在沙滩上入眠……”听起来像一首励志诗,简洁随意,却在不经意间触动人心的最深处。如果你看过《阿甘正传》并印象深刻的话,一定不会忘记这首歌在电影里出现过。在《阿甘正传》里，Jenny 在酒吧里抱着木吉他弹唱的正是这首歌，哀婉凄伤中夹杂着沧桑和坚强，很有味道。

虽然 *Blowing in the Wind* 的时代背景是越战时期的美国社会，但是这首歌的意境却可以说是“放诸四海而皆准”，深受世界各地人们的喜爱。第二次世界大战，使得所有参战国都元气大伤，美国也不例外。战后的新生代由于不愿重蹈覆辙，建立起了新的价值观，对于上一代所喜爱的一切，几乎全盘予以否定，甚至开创了全新的摇滚文化。1957 年，越南战争爆发，美国介入了这场战争，投入大量人力、物力，还派遣部队远渡重洋，前往越南战场，造成了惨重的伤亡，因此美国社会掀起了一股反战的热潮。在这同时，民谣也开始在全美各地校园流行起来，许多知识青年不仅利用他们所创作的民谣发表抗议的声音，更积极的加入示威的群众运动。

鲍勃·迪伦在传奇性的民谣宗师伍迪·格思里（Woody Guthrie）启迪下进入民谣界，很快便以独特的风格在纽约格林尼治村以及各大校园受到关注。1962 年 4 月，他以深具内涵的创作技巧谱出 *Blowing in the Wind* 的时候，才是个二十刚出头的小伙子。这是他最早的“抗议歌曲”，对人们传统观念中“男子汉”的定义提出了质疑，希望世人能以和平而理性的态度来解决争端，不要再对世间的不幸视而不见、听而不闻，更不要再让无辜的人们继续丧生在战火之中。在当时，这是一首反叛歌曲，可在今天听来却很励志。

第四节　拓展阅读

《论节奏》[1]·郭沫若

郭沫若（1892—1978），原名郭开贞，字鼎堂，四川乐山人，中国现代著名文学家、历史学家、古文字学家、社会活动家，新诗奠基人之一。代表作品有诗集《女神》，历史剧《屈原》《虎符》《棠棣之花》等，重要学术著作有《中国古代社会研究》《甲骨文字研究》等，全部作品编成《郭沫若全集》，分《文学编》《历史编》《考古编》共 38 卷，由人民文学出版社出版。1978 年郭沫若在北京逝世，终年 86 岁。《论节奏》一文具体阐述了诗歌节奏的性质、作用和发生机制。作者指出，节奏是诗的生命，宇宙万物都是有节奏的，艺术家的职分就要看出这种节奏。节奏离不开两个重要的关系：一个是时间的关系，一个是力的关系。关于节奏的发生有四种假说，即宇宙论的假说、僧侣的假说、生理学的假说和心理学的假说，作者的态度是采取第一、第三和第四假说的综合。

抒情诗是情绪的直写。情绪的进行自有它的一种波状的形式，或者先抑而后扬，或者先扬而后抑，或者抑扬相间，这发现出来便成了诗的节奏。所以节奏之于诗是它的外形，也是它的生命，我们可以说没有诗是没有节奏的，没有节奏的便不

① 本篇最初发表于 1926 年 3 月 16 日上海《创造月刊》第一卷第一期。

是诗。这节奏在诗的研究上是顶大的一个问题。也就是美学上的一项顶大的问题。我现在来研究这个节奏吧。究竟节奏的性质是怎么样？它的发生是如何？那一种节奏是诗的？那一种节奏不必便是诗的？这个问题我们在下面逐次讨论下去。

本来宇宙间的事物没有一样是没有节奏的：譬如寒往则暑来，暑往则寒来，寒暑相推，四时代序，这便是时令上的节奏；又譬如高而为山陵、低而为溪谷，陵谷相间，岭脉蜿蜒，这便是地壳上的节奏。宇宙内的东西没有一样是死的，就因为都有一种节奏（可以说就是生命）在里面流贯着的。做艺术家的人就要在一切死的东西里面看出生命出来，一切平板的东西里面看出节奏出来，这是艺术家的顶要紧的职分，也是判别人能不能成为艺术家的标准。在寻常人看来，甚么东西都是死的，连活着的东西都是死的，因为他自己只是一个走肉行尸。

一口说是节奏，但也有种种的不同。譬如一枝芦草在微风中动摇，你看它才偏到东去，又回复到西来，才回复到西来，又偏倒到东去，也就好象一个诗人在摇着头，念着很适意的诗歌一样，这便是一种节奏。这是从我们的眼睛可以看得出来的，这叫着“运动的节奏”。又譬如一脉清泉从山涧中流出，它一面流，一面吐出它清脆的琤琮的声音，这就好象在幽居之中有一位美人在弹着钢琴一样。这不消说也是一种节奏。这是从我们的耳官可以听出来的，这叫着“音响的节奏”。大概的节奏可以归纳成这两种，而这两种节奏也绝不是完全独立的。譬如音响的节奏，它同时便从运动发生出来的，因为音波的传达是要借外气的波动。就是运动的节奏也大都要发出音响出来的，譬如芦草在微风中动摇的时候，同样要发出萧萧或骚骚的声音。有根器的艺术家便要在无声之中听出声来，无形之中看出形来。他能够做到“以耳视、以目听”的把戏。我在这儿且引一首德国诗人的绝妙的好诗吧。

Weise Rose, weise Rose!	白的玫瑰，白的玫瑰！
Träumerisch	梦微微
Neigst du das Haupt	垂着头儿睡。
Weise Rose, weise Rose!	白的玫瑰，白的玫瑰！
Balde	不一会
Bist du entlaubt.	你的叶儿会飞坠。
Weise Rose, weise Rose!	白的玫瑰，白的玫瑰！
Dunkel	暗巍巍
Drohet der Sturm.	暴风快来者。
Im HerzenHeimlich	在你心悄悄地
Heimlich	悄悄地

Naget der Wurm.　　　　　　有个虫儿在蛀你。

这首诗是赛德尔(Heinrich Seidel 1842－1906)做的。据他自己说,他是在当学徒的时候,用钻子在钻东西的时候做的。他这要算是把钻钻子的运动节奏,化成诗歌的音调节奏了。象这样的经验我们也大概是有的。譬如读着诗,读到得意的时候,便禁不住要摇头摆脑,或者手舞足蹈。坐在火车上,无心无意之间会吹起口哨子来。这些都是两种节奏互相转变的例子。

节奏的成分我们假如再详细去分析时,我们可以知道凡要构成节奏总离不了两个很重要的关系。这是甚么呢?一个是时间的关系,一个是力的关系。

简单的一种声音或一种运动,是不能成为节奏的。但加上时间的关系,它便可以成为节奏了。譬如到晚来的一种寺钟声,那假如一声一声地分开来,那是最单调没有的。但它中间经过一次间歇,同样的声音接续又来,我们便生出一种怎么也不能说出的悠然的,或者超凡的情趣。你们有人看见过米勒(Millet)的《晚钟》(《Angelus》)的一张画的么?你们请看那一对农人夫妇拱着手、立在田畴中的那种虔敬的状态吧!那并不是悲哀,但几乎可以使人流得出眼泪来。那画的不仅是一对农人,是画家自己,也是我们自己。我们的那种怎么也说不出的悠然情趣,被画家借一对农人来表现在画面上了。这与信教不信教并没有关系,这是"节奏"这种作用的效能。这种节奏叫着"时的节奏"。

还有,有两种以上的声音或运动的时候,因为有弱强的关系,彼此一组合起来,加以反复,我们便感觉出一种节奏来。或者是强弱强弱,或者是弱强弱强,或者是强强弱强强弱,或者是弱弱强弱弱强,都是可以成为节奏的。这种节奏便叫着"力的节奏"。

但是就是这两种分法也是互为表里的。力的节奏不能离去时间的关系,而时的节奏在客观上虽只一个因子,并没有强弱之分,但在我们的主观上是分别了强弱的。我们的意识,在一瞬间之内,它也有一定的时间上的范围,就和我们眼力在一瞬间之内有一定的空间上的视域一样。在这个视域之内,与我们注视点相当的物体,便分外分明,余则不甚分明。这种现象在我们的意识界上也是有的。因为与我们注意点相当或不相当的原故,不怕就是同样的声音也可以生出强弱来。我们的意识界的时限,据心理学家的实验,是两秒钟。这样看来,虽然是时的节奏,但在主观上也是一种力的节奏了。

我在上面就米勒的《晚钟》说出了一种节奏的作用了,但是节奏的作用不止是使我们沈静的一种。还有一种是使我们兴奋的。譬如同是单调的节奏的海涛的声音,我们听了便和听钟声的时候感觉不同,我们立在海边上,听着一种轰轰烈烈的怒涛卷地吼来的时候,我们便禁不住要血跳腕鸣,我们的精神便要生出一种勇于进取的气象。我从前做过一首《立在地球边上放号》的诗:

无数的白云正在空中怒涌，
哦哦，好幅壮丽的北冰洋的晴景哟！
无限的太平洋提起它全身的力量来要把地球推倒，
哦哦，我眼前来了的滚滚的洪涛哟！
啊啊！不断的毁坏，不断的创造，不断的努力哟！
啊啊！力哟！力哟！
力的绘画，力的舞蹈，力的音乐，力的诗歌，力的 Rhythm 哟！

没有看过海的人或者是没有看过大海的人，读了我这首诗的，或许会嫌它过于狂暴。但是与我有同样经验的人，立在那样的海边上的时候，恐怕都要和我这样的狂叫吧。这是海涛的节奏鼓舞了我，不能不这样叫的。我们可以知道这儿又算有一种具着另外一种效力的节奏了。

这鼓舞我们的节奏和沈静我们的节奏，究竟在客观上有什么区别没有呢？有的。大概先扬后抑的节奏，便沈静我们。先抑后扬的节奏，便鼓舞我们。这是一定的公例。钟声是先扬后抑的，初扣的时候顶强，曳着的袅袅的余音渐渐微弱下去。海涛的声音是先抑后扬，初起的时候从海心渐渐卷动起来，愈卷愈快，卷到岸头来，“拍”的一声打成粉碎。因为有这样的关系，所以我们听钟声和听海涛的心理，完全是两样。

节奏的确是有这两种效果的，一种是鼓舞我们，一种是沈静我们。听军歌、军号、军鼓时的感觉，是前的一种。听儿歌、箫声、赞美歌时的感觉，是属于后的一种。抒情诗也自然生出两种派别。譬如惠迭曼(Whitman)的诗是鼓舞调，太戈儿(Tagore)[①]的诗是沈静调。

以上我们把节奏的性质和效果大概说明了，这儿还留着一个很大的问题，便是节奏究竟是怎么发生的？

对于这个问题本来有种种的假说，我在这儿且介绍三四种。

第一是宇宙论的假说(The cosmic hypothesis)：这种假说是说宇宙自体是一个节奏的表现。譬如希腊古哲安那希曼德(Anaximander)[②]，他说宇宙的万事万物都是一种相对的交流。如成长与衰弱、上升与下降、和合与分离，即是规定万物之发展，与分解的节奏。这在我们中国，就如盈虚消涨之类。大凡古代的形而上学家都有主张这种思想的倾向。这本是从常识发展来的，这是把节奏完全认成客观的存在。但是能够感觉到这种存在的，还是我们人。假使我们依据认识论说来，宇宙本身的存在还是通过我们的精神而认识到的，那吗这种假说是不免过于

① 今译泰戈尔，印度著名诗人、文学家。

② 安那希曼德(Anaximandros，约前610—前546)，通译阿那克西曼德，古希腊米利都学派唯物主义哲学家。著有《论自然》，已失传。

粗大了。

第二是僧侣的假说(The priestly hypothesis):这个假说是说节奏是由于有发明力的天才创造出来的。譬如考清斯克(M. Kawczynski)在他的《节奏之历史与起源的比较论》(*Essai comparatif sur l' Origin et l'Histoire des Rythmes*)上,便这样说。他说是由古代的僧侣,把互为强弱的缀音组合起来,成为诗歌,以求神的惠爱的。这是把节奏只限于在文艺上加以考核。但只就文艺上考核节奏,也不一定便是有天才的僧侣们的创作,南洋的土人,也有他的情歌,也有他的节奏呀。

第三是生理学的假说(The physiological hypothesis),这种假说,是把心脏的鼓动和肺脏呼吸,认为节奏之起源。这觉得很能鞭辟近里了。但这种鼓动和呼吸运动,在人是无意识的作用。这种无意识的作用,怎么能够升到意识界上,成为一切生理的与非生理的节奏的根源呢?

第四是心理学的假说(The psycological hypothesis)[①]:这种假说,便是温德(Wundt)派的主张。这是把节奏的起源移植到我们的感情上来,便是由我们的感情之紧张与弛缓交互融合处所生出的一种特殊的感觉。外界或者内界的刺激快要来了,我们豫期着它,便生出一种紧张,激刺一来了,我们因之生出一种弛缓,就这样一张一弛在我们的意识中便生出时间的观念来。假如刺激的到来是依着一定的时间,不怕就是同一的速度,同一的强度,我们在主观上,因为注意关系,便生出强弱之分,这便成了节奏。

我自己在这四种假说中,打算采取第一、第三和第四假说的综合。[②] 但我还要进一层,一切感情,加上时间的要素,便要成为情绪的。所以情绪自身,便成为节奏的表现。我们在情绪的氛氲中的时候,声音是要战栗的,身体是要摇动的,观念是要推移的。由声音的战颤,演化而为音乐。由身体的动摇,演化而为舞蹈。由观念的推移,表现而为诗歌。所以这三者,都以节奏为其生命。旧体的诗歌,是在诗之外更加了一层音乐的效果。诗的外形采用韵语,便是把诗歌和音乐结合了。我相信有裸体的诗,便是不借重于音乐的韵语,而直抒情绪中的观念之推移,这便是所谓散文诗,所谓自由诗。这儿虽没有一定的外形的韵律,但在自体是有节奏的。就譬如一张裸体画的美人,她虽然没有种种装饰的美,但自己的肉体本是美的。诗自己的节奏可以说是情调,外形的韵语可以说是声调。具有声调的不必一定是诗,但我们可以说,没有情调的便决不是诗。

两种同性质的东西相加之后效果是要增加的,这是所谓合力作用(Synergismus)。有情调的诗,虽然可以不必再加以一定的声调,但于情调之上,加以声调时(即是有韵律的诗),是可以增加诗的效果的。古代的诗,有许多到了现

---

① 这一句,最初发表时为:第四是观念论的或者二元论的假说(The ideational or dualistic hypothesis)。

② "我自己……综合。"最初发表时为:我自己在这四种似说中,是相信最后这一说。这比较精密,没有什么蹈空的弊病。

在，也还永远值得我们雒诵①，便是因为这个原故。

两种异性质的东西相加的时候，是只有把效果互相消杀的。非诗的内容，要借韵语表现时，使我们不生美的感情，甚至生出厌弃，也就是因为这个原故。

还有诗与歌的区别，也就在这情调和声调上的畸轻畸重上发生出来的。情调偏重的，便成为诗，声调偏重的，便成为歌。歌的主要生命，不消说也是要有情调，不过它的音乐成分比较更重些罢了。

1925年7月中旬于上海

（郭沫若著：《郭沫若全集·文学编》卷15，人民文学出版社1990年版。）

实践训练：教你作诗（二）

说到新诗的作法，首先要澄清一点，并不是说有这样的一套万能的“法门”，不管是谁学习了之后，就可以写出好诗来。没有这样的东西。我们这里所说的，只是关于新诗写作的一些必要常识，给初学的同学作一个参照，以便在诗歌的道路上少走一些弯路。

一、作诗的一些必要条件

（一）热爱生命，热爱世界，培养敏感的心灵

诗是情感的结晶，是情感的外化，诗拒绝虚伪和冷漠。所以，如果你真的喜欢诗、想写诗的话，首先要培养一个敏感的心灵，对这个世界的人、事、景、物，要有一种敏感，以自己的真心去关怀，去体验。作新诗必须先有敏感的心灵，这样才能与当下最鲜活的生活联在一起。如果你不爱生命，不爱这个世界，哪里能有对这个世界的深切感受与关怀呢？顾城说：

> 小时候，我喜欢坐在屋顶上看下边的人，我看他们在尘土中舞动的手和脚，看他们衣服的颜色，看树枝一条条伸向天空。我爱他们，我不知道为什么；我也爱天的颜色和那些鸟，爱天对我说的话，我不知为什么；后来通过诗才一点点想起以前的生命——我爱他们，它们是我。②

这就是诗人对世界的爱，对生命的爱。有了这种爱，才有了最重要的精神源泉。不过，有的同学可能会说，顾城、海子，还有古代的屈原，这些诗人都自杀啦，难道你也让我学他们吗？当然不是啊！第一，屈原、顾城、海子，他们的自杀都有不可解脱的主客观原因，是被逼无奈，无路可走；第二，他们都达到了一般人难以企及的精神境界，承受着一般人难以企及的精神痛苦，因此才走到自杀这一步的。我们要学的，是这些伟大的诗人对世界、对人生的爱与关怀。

（二）要读诗，要读书

不论是作新诗，还是作旧诗，都要阅读，甚至要背诵大量的经典诗篇。通过诵读、涵泳，培养我们对诗歌的亲切感，训练对于诗性文字的语感，这很重要。有的同学写诗，把自己感

① 雒诵：反复诵读。雒（luò），通“络”。

② 顾城：《我曾像鸟一样飞翔》，载于《顾城文集·卷一》，北方文艺出版社2005年版，第30页。

动得不得了，但最终却只是停留于“口水诗”水平，虽然写了不少，但始终在原地打转，不能进步。这种情况，很大程度上就是因为他胸中的“存货”太少，没有进步的“标杆”。

其次就是要读书。读什么书？文史哲、艺术、社会各个方面，理论、作品各种类型，只要喜欢，就去读——总会有你喜欢的书。读书无禁区，但一定要读经典。经典书籍是经过历史淘洗的，具有公认的精神价值，每本经典书籍都是一位好老师。有好老师教你，你才会有见识，思想境界上才会上层次。有的作者，年轻时靠才气天赋，可以作出好诗来，但多少年过去了，还是最初的样子，没长进。重要原因之一，就是因为在见识上和思想境界上没有真正让自己充实起来。

二、开始作诗

（一）抓住灵感

灵感的特点是“得之于俄倾，积之于平日”（袁守定语），我们有了敏感的心灵，灵感就会来叩门，比如一种思绪、一种情景、一个意象、一个句子，我们要及时把它抓住，立即记下来，不然它可能转瞬就“溜走”了，正如陆机所言，“来不可遏，去不可止”。然后呢，跟着感觉走，写下去。好多写诗的同学都有一个随时记东西的小本子，抓住随时袭来的灵感。灵感不是越抓越少，而是越抓越多，你的诗思也就越来越多。当你诗思四溢的时候，你就是一个诗人了。我们看一首小诗：

我的太阳

韩凤娇

父亲是菜园里的隐士
兼能工巧匠
精耕细作　爱抚
每一株芹菜　黄瓜
一如曾经　摸着我粉嫩的面颊

母亲是菜园里的王
在风雨阳光里　君临天下
菜园出生的鲜美
经她手　变成我的衣食和
学费

他们欢笑　用心在笑
看着我吟诗　在丁香树下

这首小诗是小韩同学在大学二年级写的，她在生活中及时抓住了偶然到来的灵感。

（二）要具体，要形象，不要抽象

从新诗革命以来，诗人和理论家们就不断强调这个问题。要把情思化为景物，化为意象，而不是化为口号。作诗最忌的，就是把自己的想法直露地喊出来，我们看席慕蓉的那首《古相思曲》，没有一句呼喊爱情，但却都是刻骨铭心的爱情。这是一个很浅显的道理，但好多初学者忽视它。

（三）诗也有逻辑，诗要讲意境

旧诗讲意境，新诗也要讲意境。诗不是空洞的口号，更不是意象的杂陈。有些著名的现代诗歌，虽然意象复杂，但不是杂乱无章，它也是讲逻辑的，不过不是一般的形式逻辑，而是情感逻辑，沿着思绪的、情感的脉络来组织意象。北岛的《走吧》，就是以逆境中艰难跋涉的旅者的心灵历程为中心组织意象，构成五组蒙太奇镜头式的情境。意象按情感逻辑组织起来，诗歌就具有了“意境”。所谓意境，借用文学理论的说法，“是指抒情性作品中呈现的那种情景交融、虚实相生的形象系统及其所诱发和开拓的审美想象空间。”①情景交融相对容易，虚实相生相对难些。我们看海子的《九月》，它的意象极其逼真、具体，但由此诱发想象空间（意境）十分廓大辽远。

（四）要学些必要的章法

新诗写作虽然不像旧诗那样必须依从严格的格律章法，但也要讲究必要的写法规范。比如新诗音节的抑扬顿挫要与情绪的自然消长相呼应。大家可以参见前面闻一多的“三美”理论，以及胡适、郭沫若等人对格律、节奏的论述。总之，新诗不是没有规矩，而是这些规矩不是刻板的规定，它要与情感的抒发联系在一起。

（五）写完之后，要润饰、要诵读

人们常说，好文章是改出来的，其实，好诗也常常是改出来的。诗写完以后，也要仔细推敲，字斟句酌，考查字词、意象、境界等各方面可有不妥之处。修订诗歌有一个好办法，就是诵读。因为诗歌讲究情感抒发与语言表现的和谐，通过诵读，就可以发现那些不和谐、不美、不妥的地方。

比如这首诗：

百合的心事

杨　颖

只想
在黎明前写好这一千行诗
然后　再轻轻离去
不会惊醒你
此刻正甜甜的梦
但是　我知道

① 童庆炳：《文学理论教程》（第五版），高等教育出版社2015年版，第239页。

你的梦中怎会有我
我　只是一株默默的百合
在这满山的姹紫嫣红中
你从来就没有注意过我
天亮时，我就枯萎了
百合的心事，将
成为一个永远的谜
但　我总该留下些什么吧
在这缤纷的日子里
我已饱尝了辛酸与落寞
就容我　把这
百合的心事　写成一千行诗
生命之神
已不容许我等到你醒来
我必须走　离开你
等到有一天
你终于将那一千行读懂
山中已是开满了百合
你又如何能辨出哪一朵
哪一朵　曾经是我

这是杨颖同学写的诗，改了好几遍。最初，本诗的最后一句是“曾经是我”。写完诵读时，总觉得在抒情上有些不到火候。后来她把最后一句加上了几个字，改为“哪一朵　曾经是我”，多了一个停顿，加强了抒情的力度，情感更饱满，读起来也舒服多了。

三、实践训练题目

1. 这首诗是同学写的，你读后有什么感觉，有什么评价？

我不忘记

屈　磊

我不会忘记河川、小溪，天上的水
煮肥了的太阳、马和影子
弓着时间的脊背，我不会忘记
跃上高空的希翼
一根火柴和一片花海
我都不会忘记

我忘记我的手脚、眼睛、耳朵
忘记悲伤，一对疲惫的面具
却无法忘记你
我不会忘记课桌、圆规、白色的粉笔
互相打闹的树叶在波粼粼地响
不要忘记那一句句的歌颂、表白和倾泻

拖着天使的脚在人间遍散福音
不要忘记祝福，不要忘记自己
人世很长，像一根蜘蛛丝
悬游于飘荡的命运或网结风、马、牛
不要忘记　不要忘记
点燃红岚的指尖抚擦尘埃
有一种幸福悄悄溜走
你我都不要忘记

2. 这首诗也是同学写的，你觉得他写得怎么样？请你也写一首《天上的云》。

天上的云

芴　忘

你是一首后六月的诗
写满沉甸甸的思念
相逢，是多年以后的心事
昨晚记忆连成了线

风将你带来又将你带走
远眺的海市蜃楼
是风刮来前，甜蜜的梦
转瞬即逝

我说天上那朵云是你
你笑着
我看见彩虹挂在了你的嘴角

思考与练习

1. 你怎样理解新诗的格律？

2. 请比较徐志摩《半夜深巷琵琶》和戴望舒《寻梦者》在风格上的差异。

3. 请以北岛的《走吧》为例，说明朦胧诗的特征。

4. 有人说，现在是“散文的时代”，不是“诗的时代”，你怎样理解？

5. 顾城《门前》所说的“十分美好”，你怎样理解？

6. 下面是海子的小诗《村庄》，请你试着解读一下。

村　庄

村庄中住着母亲和儿女
儿子静静地长大
母亲静静地注视

芦花丛中
村庄是一只白色的船
我妹妹叫芦花
我妹妹很美丽

7. 崔健的一首《一无所有》，影响了不只一代人。按理说有此珠玉在前，不应该再有“效颦”之作；但是 1989 年，台湾歌手王杰发行了《是否我真的一无所有》（作词、作曲、演唱：王杰）。请同学们仔细听这两首歌，谈谈你们的判断，更喜欢哪首，为什么？ 30 年过去了，这两首歌哪首可以称得上“经典”之作？为什么？

是否我真的一无所有

王　杰

天上飞过是谁的心
海上漂流的是谁的遭遇
受伤的心不想言语

过去未来都像一场梦境
痛苦和美丽留给孤独的自己
未知的旋律又响起

是否我　真的一无所有
黑暗之中沉默地探索你的手
是否我　真的一无所有
明天的我又要到哪里停泊

多少冷漠我都尝尽
多少回忆藏在我的眼底

遥远的你是否愿意

为我轻轻点起一丝暖意
痛苦和美丽留给孤独的自己
未知的旋律又响起

是否我　真的一无所有
黑暗之中沉默地探索你的手
是否我　真的一无所有
明天的我又要到哪里停泊

是否我　真的一无所有
心中的火再没有一点光和热
是否我　真的一无所有
昨夜的梦会永远留在心中

8.《沧海一声笑》是由黄霑作词和谱曲，歌曲发行于 1990 年，是影片《笑傲江湖》和《笑傲江湖 2 之东方不败》的主题曲，分为粤语版和"国语"版。"国语"版由黄霑、徐克、罗大佑演唱，粤语版由许冠杰演唱。此外，还有任贤齐、董贞等人翻唱。你喜欢哪一个版本的演唱，为什么？

本章推荐书目

1. 洪子诚、刘登翰:《中国当代新诗史》，北京大学出版社，2005 年版。
2. 程光炜:《中国当代诗歌史》，中国人民大学出版社 2003 年版
3. 李怡:《中国现代诗歌欣赏》，高等教育出版社 2004 年版。
4. 公木:《新诗鉴赏辞典》，上海辞书出版社 1991 年版。
5. 海子:《海子诗全编》，生活·读书·新知三联书店 1997 年版。
6. 顾城:《顾城诗全集》，江苏文艺出版社 2014 年版。
7. 北岛:《北岛诗选》，新世纪出版社 1986 年版。
8. 朱光潜:《诗论》，北京出版社 2005 年版。
9. 蓝棣之:《现代诗的情感与形式》，人民文学出版社 2002 年版。
10. 刘春、丁成:《70 80 后诗歌档案(全二册)》，中国海洋大学出版社 2008 年版。

第十章　现 代 小 说

法国现代小说之父巴尔扎克说过，小说被认为是一个民族的秘史。中国现代小说不仅艺术地记录了中国在过去一百年间所经历的世事沧桑、沿革发展，也呈现了现代中国所保有的文化特性、民族品格。阅读和学习中国现代小说，就是用艺术化的方法了解中国现代社会，洞悉民族本性，从而更好地体认活在当下的我们自己。本章学习现代小说的发展历程，重要的代表作家及作品，了解创作小说的基本要求，培养独立分析和评判小说作品的基本审美能力。

第一节　现代小说概述

小说是一种以塑造人物为中心，通过描述完整的故事情节和具体的生活环境，形象深刻、多方位地反映社会生活的叙事性文学体裁。现代小说的发端、演变和现代社会的发展、变迁密切相关。

一、现代小说的诞生

1840 年鸦片战争之后，清政府统治下的中国民弱国虚，日趋陷入被动挨打的局面，“黄金黑铁”的洋务运动、君主立宪的维新运动失败以后，先进的爱国知识分子在思考、寻找国富民强的发展道路中，逐步认识到改变中国人思想观念的重要性，即思想启蒙，由此发现文学艺术特别是小说的价值和意义，并积极投身于现代小说的建设中。

1902 年梁启超在《论小说与群治之关系》(1902 年 11 月 14 日发表于《新小说》1902 年第 1 期)中强调小说的重要性和影响力：欲新一国之民，不可不先新一国之小说。并在其创办的《新小说》中开辟“论说”专栏，运用西方文学理论新观点阐述小说，纠正传统观念对小说社会作用的误解，提出“小说界革命”的口号。“小说界革命”为小说取得文学正宗地位奠定了基础，吸引了一大批小说家对小说进行改革和实验，开现代小说创作的先河。

1915 年 9 月 15 日《青年杂志》创刊(第二卷起改称《新青年》)，标志五四新文化运动兴起。五四新文化运动是一场摧枯拉朽的思想文化革命，在反帝反封建的总主题下，高举“科学”和“民主”的两面大旗，以“提倡新道德，反对旧道德，提倡新文学，反对旧文学”为内容，第一次大规模地彻底批判封建礼教文化，宣传西方人道主义思想，使中国人的观念发生了根本的改变，实现了对个人，对自我，对以人为本的发现，促进了中国社会的现代化进程。1917 年 1 月，《新青年》发表了胡适的《文学改良刍议》，2 月，发表了陈独秀的《文学革命论》，揭开了五四“文学革命”运动的序幕。作为五四新文化运动的重要组成部分，1917年“文学革命”的发生，为中国现代小说的诞生和发展打开了局面。“文学革命”的主要内容是提倡白话文，反对文言文；提倡新文学，反对旧文学。随着“文学革命”理论和创作实践的深入发展，民初小说“为月愁云，为花愁风”的思想情调，“有句皆香，无字不艳”的艺术趣味，陈腐猥琐的文学风气和陈陈相因的艺术格式，全然不合时宜了。一代文学俊杰正乘着春风升腾的新民主主义时代，以小说艺术思考着历史，思考着社会，思考着人生。[①]

1918年，以鲁迅创作的《狂人日记》为标志，真正具有严格现代性意义的中国现代小说出现了。此后鲁迅在《新青年》上又连续发表《孔乙己》《药》等小说，宣布了“中国现代小说在鲁迅手中开始，在鲁迅手中成熟”。[②] 郭沫若发表了《牧羊哀话》《鼠灾》，为中国现代浪漫主义小说创作开了先声，冰心发表《两个家庭》《斯人独憔悴》开启了问题小说的创作，罗家伦、杨振声、俞平伯、叶绍钧等相继发表自己的小说作品，《新潮》《每周评论》《民国日报》副刊、《少年中国》等期刊报纸，大量登载现代白话小说，使得现代白话小说的创作和阅读风气日盛。1921年后，纯文学社团如雨后春笋，蓬勃而出。其中文学研究会和创造社是最有影响力的两大社团。文学研究会主张“为人生而艺术”，在创作方法上提倡现实主义，以茅盾改革后的《小说月报》为会刊，发起人包括周作人、朱希祖、郑振铎、王统照等，他们认为文学是一种工作，而且又是于人生很切要的一种工作。创造社成立于日本东京，更多倾向于浪漫主义文学思潮，成员包括郭沫若、成仿吾、郁达夫、张资平、田汉、郑伯奇等，相继出版《创造》季刊，《创造周报》《创造日》《洪水》等十余种刊物。郁达夫的创作典型地体现了创造社的文学倾向和审美特征，以其带有自叙传色彩、大胆剖露自身的小说创作吸引了一大批青年读者，真切反映了当时的社会青年在新旧交替时期，所共有的苦闷悲哀，以及期盼祖国早日富强起来的爱国主义情感。

二、现代小说的繁荣

1927年，国民党叛变革命，轰轰烈烈的大革命失败了，此时兴起的无产阶级革命文学运动，推进了从“文学革命”到“革命文学”的历史进程，使小说创作更加峻急地参与历史，结束了现代小说自1918年开始的发端期，进入到1927年至1937年间的现代小说的极盛期。本时期，现代小说大家先后发表长篇小说代表作。巴金善于描写家庭题材，构筑“青年世界”，他的“爱情三部曲”（《雾》《雨》《电》）、“激流三部曲”（《家》《春》《秋》），充满作家的主观激情。巴金个人情感的真挚流露、“无技巧”的艺术追求，令他的小说至今富有感人至深的魅力。老舍的小说以反映北京市民生活为主，作品有《猫城记》《离婚》《骆驼祥子》《牛天赐传》《月牙儿》《柳家大院》等，笔调幽默，视野开阔，形成了其独特的文化批判视角和独具一格的“京味”文体风格。本时期由于政治和商业对小说的介入，形成了以“左联”为核心的左翼文学、商业化的海派文学和远离政治和商业影响的京派文学。1930年中国左翼作家联盟成立，标

① 杨义：《中国现代小说史》，中国人民大学出版社1986年版，第83页。

② 严家炎：《鲁迅小说的历史地位》，载于《文学评论》1981年第5期，第18页。

志中国左翼文学主潮的形成，左翼文学的代表作家包括蒋光慈、柔石、叶紫、张天翼、沙汀、艾芜、萧红、萧军等。茅盾是中国现实主义文学的重要倡导者，他发表于1933年的《子夜》，显示了左翼文学的创作实绩，也标志着现代长篇小说的成熟。本时期茅盾还创作了“农村三部曲”（《春蚕》《秋收》《残冬》），《林家铺子》等一系列展示农村和小市镇阶级矛盾、经济状况和社会心理的中短篇小说，开创了运用社会分析的方法进行创作的社会剖析派。沈从文是京派小说的开创者，也是京派小说最优秀的代表人物。他以“乡下人”自居，追求艺术的健康与纯正，以城市文明和乡村生活二元对立的目光，自觉地叙述和歌颂湘西乡村社会的自足自在，鞭挞“现代文明”包裹下的都市病态世界，作品有短篇小说《三三》《柏子》《绅士的太太》《八骏图》等，中篇小说《阿黑小史》《边城》等。海派小说是20世纪30年代以上海为中心的东南沿海城市商业文明的产物，由心理分析小说和“新感觉”派小说构成，主要作家包括张资平、叶灵凤、刘呐鸥、施蛰存、穆时英等，创作吸收现代主义的表现技巧，抓住人的视、听等瞬间的感官感受，表现现代都市男女躁动迷惘的心灵状态和五光十色的都市“文明病”。

1937年相继爆发抗日战争和解放战争，随着战争时局的发展，原有的文学空间出现了与政治格局相应的分裂变化，形成了国民党统治区、沦陷区、解放区三大板块，现代小说也进入了1938年至1949年的创作新变期。国统区和沦陷区的小说创作以暴露黑暗、讽刺国民党的反动统治、颂扬反抗的批判现实主义为主，重要作品有张天翼的《华威先生》，茅盾的《腐蚀》，沙汀的《在其香居茶馆里》，巴金的《第四病室》《寒夜》，黄谷柳的《虾球传》等。也产生了一批传世之作，如钱钟书的短篇小说集《人·兽·鬼》、长篇小说《围城》，张爱玲的小说集《传奇》，七月派代表作家路翎的长篇小说《地主的儿女们》，被认为是继巴金“激流三部曲”之后的又一部描写封建大家庭中时代青年成长的长篇力作。解放区小说以社会主义现实主义为主要特色，作家们自觉地承担起宣传抗日、服务大众的责任，特别是1942年毛泽东《在延安文艺座谈会上的讲话》发表之后，创作中表现出了强烈的政治功利性，在民族化和大众化方面做出重大贡献。代表作家作品包括赵树理的《小二黑结婚》《李有才板话》，孙犁的《荷花淀》，周立波的《暴风骤雨》，丁玲的《太阳照在桑乾河上》，孔厥、袁静的《新儿女英雄传》，马烽、西戎的《吕梁英雄传》等。

三、新中国之后现代小说的发展变化

1949年到1976年，强势政治对文学的影响贯穿始终，文学政治化现象上升为压倒一切的时代主流。本时期的长篇小说创作是我国社会主义现实主义文学走向成熟的标志，优秀之作有柳青的《创业史》（第一部）、杜鹏程的《保卫延安》、赵树理的《三里湾》、梁斌的《红旗谱》、杨沫的《青春之歌》、罗广斌和杨益言的《红岩》、吴强的《红日》、曲波的《林海雪原》等，其中革命历史题材的作品主要反映中国共产党领导的革命斗争史，以塑造工农兵的社会主义英雄形象为根本任务，带有特定的时代印记和政治色彩，体现出宏大的叙事倾向，被誉为“红色经典”作品。中篇小说有孙犁的《铁木前传》、刘绍棠的《运河的桨声》和杜鹏程的《在和平的日子里》等优秀作品。短篇小说优秀之作有赵树理的《登记》、孙犁的《山地回忆》、路

翎的《洼地上的"战役"》、萧也牧的《我们夫妇之间》、茹志鹃的《百合花》、王蒙的《组织部新来的青年人》、宗璞的《红豆》等作品。

"文化大革命"结束之后的1978年到1989年，被称为"新时期"。粉碎"四人帮"之后，文学界在思想上和艺术上开始全面的拨乱反正，小说创作迅速振奋精神，开始新的历程，呈现出创作潮流不断更迭的发展态势。首先打破文坛僵滞局面的是伤痕小说，伤痕小说直面现实，揭露和控诉"四人帮"罪行，真实反映"文化大革命"所造成的心灵灾难，代表作品有刘心武的《班主任》、卢新华的《伤痕》("伤痕小说"得名于此)、周克芹的《许茂和他的女儿们》等。略晚于伤痕小说出现的反思小说，是作家们在时代的感召下，以更开阔的视野，更深沉的思索探讨"文革"浩劫的成因和根源，主题更为深刻，富有更强的理性色彩和悲剧意味，代表作品有茹志鹃的《剪辑错了的故事》、高晓声的《李顺大造屋》、古华的《芙蓉镇》、王蒙的《蝴蝶》、谌容的《人到中年》等。1978年十一届三中全会召开，在全国范围内掀起了经济和政治改革的浪潮，全方位地反映社会各领域改革进程及其引起的社会变革、价值冲突及心理震荡的改革小说应运而生，代表作品有蒋子龙的《乔厂长上任记》、张洁的《沉重的翅膀》、李国文的《花园街五号》、路遥的《人生》、张炜的《古船》和高晓声的"陈焕生系列"等。1985年前后兴起的文化寻根小说，深受拉美魔幻现实主义文学思潮的影响，也是新时期文学自身发展的必然结果，作家聚焦于中国乡土的、民间的、未被现代文明浸染的原始文化，从中探寻民族文化的源流和精髓，重铸民族精神，代表作有韩少功的《爸爸爸》，阿城的《棋王》《树王》《孩子王》，王安忆的《小鲍庄》等。80年代中期到90年代初活跃的先锋小说，是以形式主义为旗帜，以叙事革命为核心的，彻底颠覆旧有的文学观念和文学传统的创作，代表作品有马原的《冈底斯的诱惑》，洪峰的《极地之侧》，苏童的《1934年的逃亡》，余华的《鲜血梅花》、格非的《迷舟》等。

1990年到2000年，被文坛称之为"后新时期"。随着改革开放的深入，"经济中心"取代"政治中心"，"传统封闭的'文学与政治'关系，逐渐向现代开放的'文学与政治及经济'新命题转换，中国当代文学由此迎来了前所未有的崭新的发展阶段"。① 但是文学创作日益被商品经济所裹挟，边缘化、市场化与通俗化，成为不争的事实。创作出现了林林总总的新小说、新旗号：新写实、新历史、新市民、新体验、新状态、新现实主义、新生代、新女性、新武打、新言情……有影响力的作家有铁凝、王安忆、余华、韩少功、陈忠实、贾平凹、张炜、迟子建、方方、池莉、阿来、史铁生、张承志、莫言、王朔、刘震云、苏童、阎连科、刘恒、霍达、毕淑敏、王小波等。

进入21世纪之后文学形成三元格局的状态：以文学期刊为主导的传统型文学；以商业出版为依托的市场化文学(或大众文学)；以网络媒介为平台的新媒体文学(或网络文学)。在小说创作中70后作家大放异彩，成为中坚力量，代表性人物有徐则臣、卢江良、李师江、冯

① 吴秀明：《当代文学学科特点与时代新质的嬗变——兼谈当代文学史编写的另一种思路》，载于《浙江大学学报(人文社会科学版)》2003年第1期，第85页。

唐、阿乙、尹丽川、饶雪漫、金仁顺、朱文颖，魏微、慕容雪村等。而随着网络技术的飞速发展，新媒体强势介入文学创作，网络类型小说异军突起，网络文学不仅仅只是书写媒介的改变，它实现了“人人都是艺术家”的平民梦想，创造了新的文化生产机制，培养了一批网络写手，也拥有上亿的读者群，甚至远播海外，成为中国文化输出的新内容。但是网络小说创作追求情绪化、随意化、即兴化，娱乐至上，“作品时尚浅显，流于形式，缺乏关注人类命运的意识，在艺术上和思想深度上还远未成熟，缺少深邃的社会意义、人生感悟和深层的文化积淀，缺少责任感与理性思考。”①

第二节　现代小说选读

《伤逝——涓生的手记》(节选)・鲁迅

鲁迅(1881—1936)，原名周樟寿，后改名周树人，字豫山，后改豫才，浙江绍兴人，著名文学家、思想家，五四新文化运动的重要参与者，中国现代文学的奠基人。其文学成就包括杂文、短中篇小说、文学思想和社会评论、古代典籍校勘与研究、散文、现代散文诗、旧体诗、外国文学与学术翻译作品等。

如果我能够，我要写下我的悔恨和悲哀，为子君，为自己。

会馆②里的被遗忘在偏僻里的破屋是这样地寂静和空虚。时光过得真快，我爱子君，仗着她逃出这寂静和空虚，已经满一年了。事情又这么不凑巧，我重来时，偏偏空着的又只有这一间屋。依然是这样的破窗，这样的窗外的半枯的槐树和老紫藤，这样的窗前的方桌，这样的败壁，这样的靠壁的板床。深夜中独自躺在床上，就如我未曾和子君同居以前一般，过去一年中的时光全被消灭，全未有过，我并没有曾经从这破屋子搬出，在吉兆胡同创立了满怀希望的小小的家庭。

不但如此。在一年之前，这寂静和空虚是并不这样的，常常含着期待；期待子君的到来。在久待的焦躁中，一听到皮鞋的高底尖触着砖路的清响，是怎样地使我骤然生动起来呵！于是就看见带着笑涡的苍白的圆脸，苍白的瘦的臂膊，布的有条纹的衫子，玄色的裙。她又带了窗外的半枯的槐树的新叶来，使我看见，还有挂在铁似的老干上的一房一房的紫白的藤花。

然而现在呢，只有寂静和空虚依旧，子君却决不再来了，而且永远，永远地！……

子君不在我这破屋里时，我什么也看不见。在百无聊赖中，顺手抓过一本书来，科学也好，文学也好，横竖什么都一样；看下去，看下去，忽而自己觉得，已经翻

① 马季：《在第十八届全国图书博览会上的演讲》，载于《出版商务周报》2008年5月4日。

② 会馆，旧时都市中同乡会或同业公会设立的馆舍，供同乡或同业旅居、聚会之用。

了十多页了，但是毫不记得书上所说的事。只是耳朵却分外地灵，仿佛听到大门外一切往来的履声，从中便有子君的，而且橐橐地逐渐临近，——但是，往往又逐渐渺茫，终于消失在别的步声的杂沓中了。我憎恶那不像子君鞋声的穿布底鞋的长班[①]的儿子，我憎恶那太像子君鞋声的常常穿着新皮鞋的邻院的搽雪花膏的小东西！

莫非她翻了车么？莫非她被电车撞伤了么？……

我便要取了帽子去看她，然而她的胞叔就曾经当面骂过我。

蓦然，她的鞋声近来了，一步响于一步，迎出去时，却已经走过紫藤棚下，脸上带着微笑的酒窝。她在她叔子的家里大约并未受气；我的心宁帖了，默默地相视片时之后，破屋里便渐渐充满了我的语声，谈家庭专制，谈打破旧习惯，谈男女平等，谈伊孛生，谈泰戈尔，谈雪莱[②]……。她总是微笑点头，两眼里弥漫着稚气的好奇的光泽。壁上就钉着一张铜板的雪莱半身像，是从杂志上裁下来的，是他的最美的一张像。当我指给她看时，她却只草草一看，便低了头，似乎不好意思了。这些地方，子君就大概还未脱尽旧思想的束缚，——我后来也想，倒不如换一张雪莱淹死在海里的记念像或是伊孛生的罢；但也终于没有换，现在是连这一张也不知那里去了。

"我是我自己的，他们谁也没有干涉我的权利！"

这是我们交际了半年，又谈起她在这里的胞叔和在家的父亲时，她默想了一会之后，分明地，坚决地，沉静地说了出来的话。其时是我已经说尽了我的意见，我的身世，我的缺点，很少隐瞒；她也完全了解的了。这几句话很震动了我的灵魂，此后许多天还在耳中发响，而且说不出的狂喜，知道中国女性，并不如厌世家所说那样的无法可施，在不远的将来，便要看见辉煌的曙色的。

送她出门，照例是相离十多步远；照例是那鲇鱼须的老东西的脸又紧帖在脏的窗玻璃上了，连鼻尖都挤成一个小平面；到外院，照例又是明晃晃的玻璃窗里的那小东西的脸，加厚的雪花膏。她目不邪视地骄傲地走了，没有看见；我骄傲地回来。

"我是我自己的，他们谁也没有干涉我的权利！"这彻底的思想就在她的脑里，比我还透澈，坚强得多。半瓶雪花膏和鼻尖的小平面，于她能算什么东西呢？

---

① 长班，旧时官员的随身仆人，也用来称呼一般的"听差"。

② 伊孛生(H. Ibsen，1828—1906)，通译易卜生，挪威剧作家。泰戈尔(R. Tagore，1861—1941)，印度诗人。1924年曾来过我国。他的诗作译成中文的有《新月集》《飞鸟集》等。雪莱(P. B. Shelley，1792—1822)，英国诗人。曾参加爱尔兰民族独立运动，因传播革命思想和争取婚姻自由屡遭迫害，后在海里覆舟淹死。他的《西风颂》《云雀颂》等著名短诗，"五四"后被介绍到我国。

我已经记不清那时怎样地将我的纯真热烈的爱表示给她。岂但现在,那时的事后便已模胡,夜间回想,早只剩了一些断片了;同居以后一两月,便连这些断片也化作无可追踪的梦影。我只记得那时以前的十几天,曾经很仔细地研究过表示的态度,排列过措辞的先后,以及倘或遭了拒绝以后的情形。可是临时似乎都无用,在慌张中,身不由己地竟用了在电影上见过的方法了。后来一想到,就使我很愧恧,但在记忆上却偏只有这一点永远留遗,至今还如暗室的孤灯一般,照见我含泪握着她的手,一条腿跪了下去……。

不但我自己的,便是子君的言语举动,我那时就没有看得分明;仅知道她已经允许我了。但也还仿佛记得她脸色变成青白,后来又渐渐转作绯红,——没有见过,也没有再见的绯红;孩子似的眼里射出悲喜,但是夹着惊疑的光,虽然力避我的视线,张皇地似乎要破窗飞去。然而我知道她已经允许我了,没有知道她怎样说或是没有说。

她却是什么都记得:我的言辞,竟至于读熟了的一般,能够滔滔背诵;我的举动,就如有一张我所看不见的影片挂在眼下,叙述得如生,很细微,自然连那使我不愿再想的浅薄的电影的一闪。夜阑人静,是相对温习的时候了,我常是被质问,被考验,并且被命复述当时的言语,然而常须由她补足,由她纠正,像一个丁等的学生。

这温习后来也渐渐稀疏起来。但我只要看见她两眼注视空中,出神似的凝想着,于是神色越加柔和,笑窝也深下去,便知道她又在自修旧课了,只是我很怕她看到我那可笑的电影的一闪。但我又知道,她一定要看见,而且也非看不可的。

然而她并不觉得可笑。即使我自己以为可笑,甚而至于可鄙的,她也毫不以为可笑。这事我知道得很清楚,因为她爱我,是这样地热烈,这样地纯真。

去年的暮春是最为幸福,也是最为忙碌的时光。我的心平静下去了,但又有别一部分和身体一同忙碌起来。我们这时才在路上同行,也到过几回公园,最多的是寻住所。我觉得在路上时时遇到探索,讥笑,猥亵和轻蔑的眼光,一不小心,便使我的全身有些瑟缩,只得即刻提起我的骄傲和反抗来支持。她却是大无畏的,对于这些全不关心,只是镇静地缓缓前行,坦然如入无人之境。

寻住所实在不是容易事,大半是被托辞拒绝,小半是我们以为不相宜。起先我们选择得很苛酷,——也非苛酷,因为看去大抵不像是我们的安身之所;后来,便只要他们能相容了。看了二十多处,这才得到可以暂且敷衍的处所,是吉兆胡同一所小屋里的两间南屋;主人是一个小官,然而倒是明白人,自住着正屋和厢房。他只有夫人和一个不到周岁的女孩子,雇一个乡下的女工,只要孩子不啼哭,是极其安闲幽静的。

我们的家具很简单,但已经用去了我的筹来的款子的大半;子君还卖掉了她唯一的金戒指和耳环。我拦阻她，还是定要卖，我也就不再坚持下去了；我知道不给她加入一点股分去，她是住不舒服的。

和她的叔子，她早经闹开，至于使他气愤到不再认她做侄女；我也陆续和几个自以为忠告，其实是替我胆怯，或者竟是嫉妒的朋友绝了交。然而这倒很清静。每日办公散后，虽然已近黄昏，车夫又一定走得这样慢，但究竟还有二人相对的时候。我们先是沉默的相视，接着是放怀而亲密的交谈，后来又是沉默。大家低头沉思着，却并未想着什么事。我也渐渐清醒地读遍了她的身体，她的灵魂，不过三星期，我似乎于她已经更加了解，揭去许多先前以为了解而现在看来却是隔膜，即所谓真的隔膜了。

子君也逐日活泼起来。但她并不爱花，我在庙会①时买来的两盆小草花，四天不浇，枯死在壁角了，我又没有照顾一切的闲暇。然而她爱动物，也许是从官太太那里传染的罢，不一月，我们的眷属便骤然加得很多，四只小油鸡，在小院子里和房主人的十多只在一同走。但她们却认识鸡的相貌，各知道那一只是自家的。还有一只花白的叭儿狗，从庙会买来，记得似乎原有名字，子君却给它另起了一个，叫作阿随。我就叫它阿随，但我不喜欢这名字。

这是真的，爱情必须时时更新，生长，创造。我和子君说起这，她也领会地点点头。

唉唉，那是怎样的宁静而幸福的夜呵！

安宁和幸福是要凝固的，永久是这样的安宁和幸福。我们在会馆里时，还偶有议论的冲突和意思的误会，自从到吉兆胡同以来，连这一点也没有了；我们只在灯下对坐的怀旧谭中，回味那时冲突以后的和解的重生一般的乐趣。

子君竟胖了起来，脸色也红活了；可惜的是忙。管了家务便连谈天的工夫也没有，何况读书和散步。我们常说，我们总还得雇一个女工。

这就使我也一样地不快活，傍晚回来，常见她包藏着不快活的颜色，尤其使我不乐的是她要装作勉强的笑容。幸而探听出来了，也还是和那小官太太的暗斗，导火线便是两家的小油鸡。但又何必硬不告诉我呢？人总该有一个独立的家庭。这样的处所，是不能居住的。

我的路也铸定了，每星期中的六天，是由家到局，又由局到家。在局里便坐在办公桌前钞，钞，钞些公文和信件；在家里是和她相对或帮她生白炉子，煮饭，蒸馒头。我的学会了煮饭，就在这时候。

但我的食品却比在会馆里时好得多了。做菜虽不是子君的特长，然而她于此却倾注着全力；对于她的日夜的操心，使我也不能不一同操心，来算作分甘共苦。

---

① 庙会，又称“庙市”，旧时在节日或规定的日子，设在寺庙或其附近的集市。

况且她又这样地终日汗流满面，短发都粘在脑额上；两只手又只是这样地粗糙起来。

况且还要饲阿随，饲油鸡，……都是非她不可的工作。

我曾经忠告她：我不吃，倒也罢了；却万不可这样地操劳。她只看了我一眼，不开口，神色却似乎有点凄然；我也只好不开口。然而她还是这样地操劳。

我所豫期的打击果然到来。双十节的前一晚，我呆坐着，她在洗碗。听到打门声，我去开门时，是局里的信差，交给我一张油印的纸条。我就有些料到了，到灯下去一看，果然，印着的就是：

奉

局长谕史涓生着毋庸到局办事

秘书处启　十月九号

这在会馆里时，我就早已料到了；那雪花膏便是局长的儿子的赌友，一定要去添些谣言，设法报告的。到现在才发生效验，已经要算是很晚的了。其实这在我不能算是一个打击，因为我早就决定，可以给别人去钞写，或者教读，或者虽然费力，也还可以译点书，况且《自由之友》的总编辑便是见过几次的熟人，两月前还通过信。但我的心却跳跃着。那么一个无畏的子君也变了色，尤其使我痛心；她近来似乎也较为怯弱了。

“那算什么。哼，我们干新的。我们……。”她说。

她的话没有说完；不知怎地，那声音在我听去却只是浮浮的；灯光也觉得格外黯淡。人们真是可笑的动物，一点极微末的小事情，便会受着很深的影响。我们先是默默地相视，逐渐商量起来，终于决定将现有的钱竭力节省，一面登“小广告”去寻求钞写和教读，一面写信给《自由之友》的总编辑，说明我目下的遭遇，请他收用我的译本，给我帮一点艰辛时候的忙。

“说做，就做罢！来开一条新的路！”

我立刻转身向了书案，推开盛香油的瓶子和醋碟，子君便送过那黯淡的灯来。我先拟广告；其次是选定可译的书，迁移以来未曾翻阅过，每本的头上都满漫着灰尘了；最后才写信。

我很费踌躇，不知道怎样措辞好，当停笔凝思的时候，转眼去一瞥她的脸，在昏暗的灯光下，又很见得凄然。我真不料这样微细的小事情，竟会给坚决的，无畏的子君以这么显著的变化。她近来实在变得很怯弱了，但也并不是今夜才开始的。我的心因此更缭乱，忽然有安宁的生活的影像——会馆里的破屋的寂静，在眼前一闪，刚刚想定睛凝视，却又看见了昏暗的灯光。

许久之后，信也写成了，是一封颇长的信；很觉得疲劳，仿佛近来自己也较为怯弱了。于是我们决定，广告和发信，就在明日一同实行。大家不约而同地伸直了腰肢，在无言中，似乎又都感到彼此的坚忍崛强的精神，还看见从新萌芽起来的将来的希望。

外来的打击其实倒是振作了我们的新精神。局里的生活，原如鸟贩子手里的禽鸟一般，仅有一点小米维系残生，决不会肥胖；日子一久，只落得麻痹了翅子，即使放出笼外，早已不能奋飞。现在总算脱出这牢笼了，我从此要在新的开阔的天空中翱翔，趁我还未忘却了我的翅子的扇动。

小广告是一时自然不会发生效力的；但译书也不是容易事，先前看过，以为已经懂得的，一动手，却疑难百出了，进行得很慢。然而我决计努力地做，一本半新的字典，不到半月，边上便有了一大片乌黑的指痕，这就证明着我的工作的切实。《自由之友》的总编辑曾经说过，他的刊物是决不会埋没好稿子的。

可惜的是我没有一间静室，子君又没有先前那么幽静，善于体帖了，屋子里总是散乱着碗碟，弥漫着煤烟，使人不能安心做事，但是这自然还只能怨我自己无力置一间书斋。然而又加以阿随，加以油鸡们。加以油鸡们又大起来了，更容易成为两家争吵的引线。

加以每日的"川流不息"的吃饭；子君的功业，仿佛就完全建立在这吃饭中。吃了筹钱，筹来吃饭，还要喂阿随，饲油鸡；她似乎将先前所知道的全都忘掉了，也不想到我的构思就常常为了这催促吃饭而打断。即使在坐中给看一点怒色，她总是不改变，仍然毫无感触似的大嚼起来。

使她明白了我的作工不能受规定的吃饭的束缚，就费去五星期。她明白之后，大约很不高兴罢，可是没有说。我的工作果然从此较为迅速地进行，不久就共译了五万言，只要润色一回，便可以和做好的两篇小品，一同寄给《自由之友》去。只是吃饭却依然给我苦恼。菜冷，是无妨的，然而竟不够；有时连饭也不够，虽然我因为终日坐在家里用脑，饭量已经比先前要减少得多。这是先去喂了阿随了，有时还并那近来连自己也轻易不吃的羊肉。她说，阿随实在瘦得太可怜，房东太太还因此嗤笑我们了，她受不住这样的奚落。

于是吃我残饭的便只有油鸡们。这是我积久才看出来的，但同时也如赫胥黎[①]的论定"人类在宇宙间的位置"一般，自觉了我在这里的位置：不过是叭儿狗和油鸡之间。

---

① 赫胥黎(T. Huxley，1825—1895)，英国生物学家。他的《人类在宇宙间的位置》(今译《人类在自然界的位置》)是宣传达尔文的进化论的重要著作。

后来，经多次的抗争和催逼，油鸡们也逐渐成为肴馔，我们和阿随都享用了十多日的鲜肥；可是其实都很瘦，因为它们早已每日只能得到几粒高粱了。从此便清静得多。只有子君很颓唐，似乎常觉得凄苦和无聊，至于不大愿意开口。我想，人是多么容易改变呵！

但是阿随也将留不住了。我们已经不能再希望从什么地方会有来信，子君也早没有一点食物可以引它打拱或直立起来。冬季又逼近得这么快，火炉就要成为很大的问题；它的食量，在我们其实早是一个极易觉得的很重的负担。于是连它也留不住了。

倘使插了草标[①]到庙市去出卖，也许能得几文钱罢，然而我们都不能，也不愿这样做。终于是用包袱蒙着头，由我带到西郊去放掉了，还要追上来，便推在一个并不很深的土坑里。

我一回寓，觉得又清静得多多了；但子君的凄惨的神色，却使我很吃惊。那是没有见过的神色，自然是为阿随。但又何至于此呢？我还没有说起推在土坑里的事。

到夜间，在她的凄惨的神色中，加上冰冷的分子了。

"奇怪。——子君，你怎么今天这样儿了？"我忍不住问。

"什么？"她连看也不看我。

"你的脸色……。"

"没有什么，——什么也没有。"

我终于从她言动上看出，她大概已经认定我是一个忍心的人。其实，我一个人，是容易生活的，虽然因为骄傲，向来不与世交来往，迁居以后，也疏远了所有旧识的人，然而只要能远走高飞，生路还宽广得很。现在忍受着这生活压迫的苦痛，大半倒是为她，便是放掉阿随，也何尝不如此。但子君的识见却似乎只是浅薄起来，竟至于连这一点也想不到了。

我拣了一个机会，将这些道理暗示她；她领会似的点头。然而看她后来的情形，她是没有懂，或者是并不相信的。

一九二五年十月二十一日毕。

（鲁迅著：《鲁迅小说全集》，人民文学出版社 2013 年版。）

赏析

《伤逝》是鲁迅唯一一部以爱情为题材的小说。小说以青年知识分子涓生和子君为主人公，描述了两个青年冲破封建家庭的牢笼，追求婚姻自主的事故，故事主人公建立了一个温馨的家庭，但不久在社会舆论、经济重压下，二人的爱情归于失败，最终以子君的死亡、涓生的心伤收尾。

---

① 草标，旧时在被卖的人身或物品上插置的草秆，作为出卖的标志。

1925年7月，鲁迅与许广平已亲密地谈及“绣花衫不知如何？”①可见两人的关系已非同一般，但仅三个月不到的时间，他却写下了这篇《伤逝》。这意味着鲁迅对自己与许广平爱情生活的疑虑与试探，也表明他开始关注婚恋问题了，且他对婚恋的思考是理性的。在他的爱情观中，爱情必须以经济基础为前提，否则一切都是枉然。《伤逝》便是鲁迅对包括自己在内的启蒙者之爱情观的反思与建立。然而，作为五四新文学家中一员猛将，曾在五四文学革命中摇旗呐喊的鲁迅，何以对启蒙者有着如此冷静、深刻、犀利的内省？涓生的忏悔与反思是鲁迅对包括自己在内的启蒙者的反省，还是指向整个人类的叩问？无疑，二者兼有。

细读小说，发现故事的悲剧根源来自于“爱”。子君敢于冲破封建家庭与涓生私奔建立小家庭，原本是因为爱。那句“我是我自己的！”便是以爱情为动力的。然而，当两个人开始建立自己的小家庭，柴米油盐的日子过下去，涓生对于做饭、饲鸡、喂阿随的子君之“爱”渐渐淡漠；尤其当涓生丢了工作，小家庭没有经济来源时，他终于说出了内心真实的想法：“我已经不爱你了！”至此，子君内心最后一道防线彻底崩溃。当初离家是因为爱，而今，这份爱已荡然无存。子君被迫回到当年逃离的那个家，冰冷的现实让她难以承受巨大的精神压力，于是，一个年轻的女子香消玉殒了。子君的死不是为爱殉葬的死，乃是看清了这个世界“无爱”之本相的绝望之殇。原来，涓生对于子君的“爱”不过是少年人一时的冲动，这份冲动可以促使两个年轻人冲破封建家庭的藩篱，却无力支撑起一个风雨飘摇的小家；这份冲动可以使两个年轻人高声讴歌赞美自由的爱情与自主的婚姻，却无法在世俗冷眼、经济重压下坚韧地生存。“一个为了生存到处碰壁受伤的人如何能够去爱，这才是鲁迅透过《伤逝》爱情悲剧所要追问的，因为这也是鲁迅自己所面临的问题。”②一时的冲动只能是激情，还没有深入到爱的层面。真正的爱，不是嘴上说说而已，乃是有责任、有担当、有经营的，真正的爱不是一时的冲动，乃是有理性、有坚持、有牺牲的。从这个意义上讲，涓生对于子君，是无爱的。而真正将子君推入万劫不复的死亡深渊的，正是涓生之于子君无爱的真实。

鲁迅先生以犀利的眼光看到了两个号称自由爱情结合的青年人之无爱的真实，并一语道破了所谓“爱”的脆弱与无依。鲁迅在这篇小说中说：“人必生活着，爱才有所附丽。”原来，爱也是有条件的。那种人们所讴歌的无条件的爱，那种可以超越生死的爱，在人与人之间事实上是不存在的。在发现了这一人生真实之后，鲁迅一直纠结于“说”与“不说”的两难处境之中。钱理群先生认为，“小说的重心可能不在那失败了的爱情本身，而在于涓生明确意识到与子君之间只剩下无爱的婚姻‘以后’，他所面临的两难选择：‘不说’出爱情已不存在的真相，即是‘安于虚伪’；‘说’出，则意味着‘将真实的重担’卸给对方，而且确实导致了子君的死亡。这类无论怎样都不免空虚与绝望，而且难以逃脱犯罪感的‘两难’，正是终身折磨着鲁迅的人生困境之一……”③由此可见，《伤逝》哀悼的不只是两个年轻人爱情的悲剧，更是对无爱之人间真实的哀伤。而涓生之反思、忏悔也意味着鲁迅对人生两难之困境

① 鲁迅：《两地书》，载于《鲁迅全集》第11卷，人民文学出版社1981年版，第102页。

② 王文胜：《难以驱散的鬼气——以〈伤逝〉意蕴为中心》，载于《鲁迅研究月刊》2010年9月，第35－38页。

③ 钱理群等：《中国现代文学三十年》，北京大学出版社1998年版，第35页。

的纠结，这是觉醒者共有的心理矛盾，也是五四时期的启蒙者共同面对的无奈。因此，鲁迅先生剖析灵魂的手术刀指向的是整个人类人性的本质性真实，这是鲁迅心灵深处最感悲哀的地方，也是真正的《伤逝》之殇。

最后值得一提的是《伤逝》的艺术特征：小说采用日记体进行书写，这一特殊文体不仅便于作者在文中加入大量内心独白，更可以淋漓尽致地让主人公将内心情感抒发出来，同时融入了作者自身对人生的经历、感悟与思索，迥然不同于传统小说。诗一样的文字，忧郁的情感，深沉的内心独白，深邃而独到的理性哲思，这些都是鲁迅对小说创作进行的先锋性实验。他将诗歌、散文、音乐等各种元素融入到《伤逝》的创作中，使其成为现代文学史上一篇独特的“诗化小说”。

《迟桂花》(节选)·郁达夫

郁达夫(1896—1945)，原名郁文，字达夫，浙江富阳人，中国现代作家、革命烈士。他是新文学团体“创造社”的发起人之一，其文学代表作有《怀鲁迅》《沉沦》《故都的秋》《春风沉醉的晚上》《过去》《迟桂花》等。

山中的清晓，又是一种特别的情景。我因为昨天夜里多喝了一点酒，上床去一睡，就同大石头掉下海里似的一直就酣睡到了天明。窗外面吱吱唧唧的鸟声喧噪得厉害，我满以为还是夜半，月明将野鸟惊醒了，但睁开眼掀开账子来一望，窗内窗外已饱浸着晴天爽朗的清晨光线，窗子上面的一角，却已经有一缕朝阳的红箭射到了。急忙滚出了被窝，穿起衣服，跑下楼去一看，他们母子三人，也已梳洗得妥妥服服，说是已经在做了个把钟头的事情之后，平常他们总是于五点钟前后起床的。这一种日出而作，日入而息的山中住民的生活秩序，又使我对他们感到了无穷的敬意。四人一道吃过了早餐，我和则生的妹妹，就整了一整行装，预备出发。临行之际，他娘又叫我等一下子，她很迅速地跑上楼上去取了一枝黑漆手杖下来，说，这是则生生病的时候用过的，走山路的时候，用它来撑扶撑扶，气力要省得多。我谢过了她的好意，就让则生的妹妹上前带路，走出了她们的大门。

早晨的空气，实在澄鲜得可爱。太阳已经升高了，但它的领域，还只限于屋檐，树梢，山顶等突出的地方。山路两旁的细草上，露水还没有干，而一味清凉触鼻的绿色草气，和入在桂花香味之中，闻了好像是宿梦也能摇醒的样子。起初还在翁家山村内走着，则生的妹妹，对村中的同性，三步一招呼，五步一立谈的应接得忙不暇给。走尽了这村子的最后一家，沿了入谷的一条石板路走上下山路的时候，遇见的人也没有了，前面的眺望，也转换了一个样子。朝我们去的方向看去，原又是冈峦的起伏和别墅的纵横，但稍一住脚，掉头向东面一望，一片同呵了一口气的镜子似的湖光，却躺在眼下了。远远从两山之间的谷顶望去，并且还看得出一角城里的人家，隐约藏躲在尚未消尽的湖雾当中。

我们的路先朝西北，后又向西南，先下了山坡，后又上了山背，因为今天有一天的时间，可以供我们消磨，所以一离了村境，我就走得特别的慢，每这里看看，那里看看的看个不住。若看见了一件稍可注意的东西，那不管它是风景里的一点一堆，一山一水，或植物界的一草一木与动物界的一鸟一虫，我总要拉住了她，寻根究底的问得它仔仔细细。说也奇怪，小时候只在村里的小学校里念过四年书的她——这是她自己对我说的——对于我所问的东西，却没有一样不晓得的。关于湖上的山水古迹，庙宇楼台哩，那还不要去管它，大约是生长在西湖附近的人，个个都能够说出一个大概来的，所以她的知道得那么详细，倒还在情理之中，但我觉得最奇怪的，却是她的关于这西湖附近的区域之内的种种动植物的知识。无论是如何小的一只鸟一个虫一株草一条树，她非但各能把它们的名字叫出来，并且连几时孵化，几时他迁，几时鸣叫，几时脱壳，或几时开花，几时结实，花的颜色如何，果的味道如何等，都说得非常有趣而详尽，使我觉得仿佛是在读一部活的桦候脱的《赛儿鹏自然史》(G. White's *Natural History and Antiquities of Selborne*)。而桦候脱的书，却决没有叙述得她那么朴质自然而富于刺激，因为听听她那种舒徐清澈的语气，看看她那一双天生成像饱使过耐吻胭脂棒般的红唇，更加上以她所特有的那一脸微笑，在知识分子之外还不得不添一种情的成分上去，于书的趣味之上更要兼一层人的风韵在里头。我们慢慢的谈着天，走着路，不上一个钟头的光景，我竟恍恍惚惚，像又回复了青春时代似的完全为她迷倒了。

她的身体，也真发育得太完全，穿的虽是一件乡下裁缝做的不大合式的大绸夹袍，但在我的前面一步一步的走去，非但她的肥突的后部，紧密的腰部，和斜圆的胫部的曲线，看得要簇生异想，就是她的两只圆而且软的肩膊，多看一歇，也要使我贪鄙起来。立在她的前面和她讲话哩，则那一双水涔涔的大眼，那一个隆整的尖鼻，那一张红白相间的椭圆嫩脸，和因走路走得气急，一呼一吸涨落得特别快的那个高突的胸脯，又要使我恼杀。还有她那一头不曾剪去的黑发哩，梳的虽然是一个自在的懒结，但一映到了她那个圆而且白的额上，和短而且腴的颈际，看起来，又格外的动人。总之，我在昨天晚上，不曾在她身上发见的康健和自然的美点，今天因这一回的游山，完全被我观察到了。此外我又在她的谈话之中，证实了翁则生也和我曾经讲到过的她的生性的活泼与天真。譬如我问她今年几岁了？她说，二十八岁。我说这真看不出，我起初还以为你只有二十三四岁，她说，女人不生产是不大会老的。我又问她，对于则生这一回的结婚，你有点什么感触？她说，另外也没有什么，不过以后长住在娘家，似乎有点对不起大哥和大嫂。像这一类的纯粹真率的谈话，我另外还听取了许多许多，她的朴素的天性，真真如翁则生之所说，是一个永久的小孩子的天性。

爬上了龙井狮子峰下的一处平坦的山顶，我于听了一段她所讲的如何栽培茶叶，如何的摘取焙烘，与那时候的山家生活的如何紧张而有趣的故事之后，便在路旁的一块大岩石上坐下了。遥对着在晴天下太阳光里躺着的杭州城市，和近水遥山，我的双眼只凝视着苍空的一角，有半晌不曾说话。一边在我的脑里，却只在回想着德国的一位名延生(Jenson)的作家所著的一部小说《野紫薇爱立喀》(*Die Braune Erika*)。这小说后来又有一位英国的作家哈特生(Hodson)摹仿了，写了一部《绿阴》(*Green Mansions*)。两部小说里所描写的，都是一个极可爱的生长在原野里的天真的女性，而女主人公的结果，后来都是不大好的。我沉默着痴想了好久，她却从我背后用了她那只肥软的右手很自然地搭上了我的肩膀。

"你一声也不响的在那里想什么？"

我就伸上手去把她的那只肥手捏住了，一边就扭转了头微笑着看入了她的那双大眼，因为她是坐在我的背后的。我捏住了她的手又默默对她注视了一分钟，但她的眼里脸上却丝毫也没有羞惧兴奋的痕迹出现，她的微笑，还依旧同平时一点儿也没有什么的笑容一样。看了我这一种奇怪的形状，她过了一歇，反又很自然的问我说：

"你究竟在那里想什么？"

倒是我被她问得难为情起来了，立时觉得两颊就潮热了起来。先放开了那只被我捏住在那儿的她的手，然后干咯了两声，最后我就鼓动了勇气，发了一声同被绞出来似的答语：

"我……我在这儿想你！"

"是在想我的将来如何的和他们同住么？"

她的这句反问，又是非常的率真而自然，满以为我是在为她设想的样子。我只好沉默着把头点了几点，而眼睛里却酸溜溜的觉得有点热起来了。

"啊，我自己倒并没有想得什么伤心，为什么，你，你却反而为我流起眼泪来了呢？"

她像吃了一惊似的立了起来问我，同时我也立起来了，且在将身体起立的行动当中，乘机拭去了我的眼泪。我的心地开朗了，欲情也净化了，重复向南慢慢走上岭去的时候，我就把刚才我所想的心事，尽情告诉了她。我将那两部小说的内容讲给了她听，我将我自己的邪心说了出来，我对于我刚才所触动的那一种自己的心情，更下了一个严正的批判，末后，便这样的对她说：

"对于一个洁白得同白纸似的天真小孩，而加以玷污，是不可赦免的罪恶。我刚才的一念邪心，几乎要使我犯下这个大罪了。幸亏是你的那颗纯洁的心，那颗同高山上的深雪似的心，却救我出了这一个险。不过我虽则犯罪的形迹没有，但我的心，却是已经犯过罪的。所以你要罚我的话，就是处我以死刑，我也毫无悔恨。你若以为我是那样卑鄙，而将来永没有改善的希望的话，那今天晚上回去之后，向你大哥母亲，将我的这一种行为宣布了也可以。不过你若以为这是我的一时糊涂，将来是永也不会再犯的话，那请你相信我的誓言，以后请你当我作你大哥一样那么的看待，你若有急有难，有不了的事情，我总情愿以死来代替着你。"

当我在对她作这些忏悔的时候，两人起初是慢慢在走的，后来又在路旁坐下了。说到了最后的一节，倒是她反同小孩子似的发着抖，捏住了我的两手，倒入了我的怀里，呜呜咽咽的哭了起来。我等她哭了一阵之后，就拿出了一块手帕来替她揩干了眼泪，将我的嘴唇轻轻地搁到了她的头上。两人偎抱着沉默了好久，我又把头俯了下去，问她，我所说的这段话的意思，究竟明白了没有。她眼看着了地上，把头点了几点。我又追问了她一声：

"那么你承认我以后做你的哥哥了不是?"

她又俯视着把头点了几点，我撒开了双手，又伸出去把她的头捧了起来，使她的脸正对着了我。对我凝视了一会，她的那双泪珠还没有收尽的水汪汪的眼睛，却笑起来了。我乘势把她一拉，就同她搀着手并立了起来。

"好，我们是已经决定了，我们将永久地结作最亲爱最纯洁的兄妹。时候已经不早了，让我们快一点走，赶上五云山去吃午饭去。"

我这样说着，搀着她向前一走，她也恢复了早晨刚出发的时候的元气，和我并排着走向了前面。

两人沉默着向前走了几十步之后，我侧眼向她一看，同奇迹似地忽而在她的脸上看出了一层一点儿忧虑也没有的满含着未来的希望和信任的圣洁的光耀来。这一种光耀，却是我在这一刻以前的她的脸上从没有看见过的。我愈看愈觉得对她生起敬爱的心思来了，所以不知不觉，在走路的当中竟接连着看了她好几眼。本来只是笑嘻嘻地在注视着前面太阳光里的五云山的白墙头的她，因为我的脚步的迟乱，似乎也感觉到了我的注意力的分散了，将头一侧，她的双眼，却和我的视线接成了两条轨道。她又笑起来了，同时也放慢了脚步。再向我看了一眼，她才腼腆地开始问我说：

"那我以后叫你什么呢?"

"你叫则生叫什么，就叫我也叫什么好了。"

"那么——大哥!"

大哥的两字，是很急速的紧连着叫出来的，听到了我的一声高声的"啊!"的应声之后，她就涨红了脸，撒开了手，大笑着跑上前面去了。一面跑，一面她又回转头来，"大哥!""大哥!"的接连叫了我好几声。等我一面叫她别跑，一面我自己也跑着追上了她背后的时候，我们的去路已经变成了一条很窄的石岭，而五云山的山顶，看过去也似乎是很近了。仍复回复了平时的脚步，两人分着前后，在那条窄岭上缓步的当中，我才觉得真真是成了她的哥哥的样子，满含着了慈爱，很正经地吩咐她说：

"走得小心，这一条岭多么险啊!"

一九三二年十月在杭州写

(吴秀明主编：《郁达夫全集》，浙江大学出版社 2007 年版。)

赏析

《迟桂花》以作家“老郁”为叙述者，讲述了自己老同学兄妹的故事。老同学翁则生曾留学日本，踌躇满志，但后因家道中落、患病辍学，被女方退婚。翁则生身体恢复后做了小学教师，又被母亲安排了婚事，便邀请老同学老郁来参加婚宴。老郁来到翁家山后见到了翁则生的妹妹翁莲，这个年轻女子嫁到婆家受尽凌辱，后因丈夫染病去世背上“克夫”的罪名被赶回娘家。然而，不幸的遭遇并未击垮她乐观的精神世界，她以自己坚强的生存能力与坚韧的生活态度面对一切变故，当老郁对她产生“非分之想”时，她又以自己的纯洁、善良与可爱使老郁污浊的心灵得到了净化，宛若山中清新、淡雅的迟桂花一样洗涤人的心灵。

这篇小说是郁达夫于 1932 年 10 月 6 日至 11 月 10 日在杭州疗养肺病期间的创作，郁达夫对这篇小说相当满意，在与王映霞的书信中称其为“杰作”[①]。那么，它杰出在什么地方呢？较之于郁达夫之前的作品又有何不同呢？众所周知，郁达夫在 20 世纪 20 年代的文坛一鸣惊人是因其以《沉沦》为代表的自叙传抒情小说大胆地表述了性欲需求与心灵饥渴，一石激起千层浪，在中国传统文学尚未褪去、新文学方兴未艾之时，郁达夫酣畅淋漓的直抒胸臆、清新流利的文笔，不以情节乃以情感取胜的创作手法，使其成为创造社作家中的领军人物。然而，到了 30 年代，郁达夫笔锋一转，不再像《沉沦》那样肆无忌惮地张扬自我，也不一味地怨怼、指责环境的压抑，而是转向内心安宁、精美的探寻。《迟桂花》便是这一时期优秀的代表作，标志着郁达夫的创作在艺术上臻于成熟。现代文学史家们认为，《迟桂花》“代表了郁达夫后期小说的最高艺术成就，与前期的《沉沦》遥相呼应，共同体现了郁达夫小说的总体特征和总体演化轨迹”。[②] 可见，《迟桂花》在郁达夫小说创作中的地位是不可小觑的。

细读文本，你会发现，其实作家根本无意于讲述一个或美丽或忧伤的故事，而是重在对一种情感的渲染与表达。当然，这种情感已然绝非《沉沦》中苦闷、浮躁、压抑的情感，乃是一个青年人在都市生活污浊的潮流中迷失自我，渴望回归人的本真、单纯、自然的情感。因此，小说表面的主人公“莲”也绝非真正的主角，甚至很难有现实人物原型，乃是作家理想中的一个创造，这个创造旨在表达郁达夫的一种情绪——宁静、淡雅、纯真——这才是小说的真正主角。与以往小说相同的是，这篇小说依然不以故事情节取胜，作家也无意于塑造人物形象，乃是为表达某种情感而谋篇布局，带有自叙传抒情小说的痕迹。而与以往小说不同的是，这种情感由张扬转向内敛，由躁动转向沉静，由激情转向平和。这种转向是融合了作家自身的人生理想、生活感悟与创作理念的。有论者说：“《迟桂花》是小说家融合心灵的体验、诗意的感悟和自由的想象而写成的一部抒情小说杰作”。[③] 由此可见，这篇小说显示了郁达夫作为一个男人心灵上的成熟，作为一个作家艺术上的成熟。

---

① 郁达夫：《郁达夫全集》第 5 卷，浙江大学出版社，2007 年版，第 326 页。

② 郭志刚，孙中田：《中国现代文学史》，高等教育出版社 1993 年版，第 194 页。

③ 刘继业：《郁达夫〈迟桂花〉给予〈边城〉的启迪》，载于《浙江社会科学》2006 年第 1 期，第 189—192 页。

《三三》(节选)·沈从文

沈从文(1902—1988),原名沈岳焕,笔名休芸芸、甲辰等,字崇文,湖南凤凰人,中国著名作家。14岁投身行伍,浪迹于湘川黔交界地区。1924年开始进行文学创作,撰写出版了《长河》《边城》等小说,其以“重塑人性”为旨归的湘西小说轰动了当时文坛,使其成为30年代京派文学的领军人物。

这个夏天,母女两人一吃了晚饭,不到日黄昏,总常常过堡子里一个人家去,陪一个行将远嫁的姑娘谈天,听一个从小寨来的人唱歌。有一天,照例又进堡子里去,却因为谈到绣花,使三三回碾坊来取样子,三三就一个人赶忙跑回碾坊来,快到屋边时,黄昏里望到溪边有两个人影子,有一个人到树下,拿着一枝杆子,好像要下钓的神气,三三心想这一定是来偷鱼的,照规矩喊着:“不许钓鱼,这鱼是有主人的!”一面想走上前去看是什么人。

就听到一个人说:“谁说溪里的鱼也有主人?难道溪里活水也可养鱼吗?”

另一人又说:“这是碾坊里小姑娘说着玩的。”

那先一个人就笑了。

旋即又听到第二个人说:“三三,三三,你来,你鱼都捉完了!”

三三听到人家取笑她,声音好像是熟人,心里十分不平!就冲过去,预备看是谁在此撒野,以便回头告给母亲。走过去时,才知道那第二回说话的人是总爷家管事先生,另外同一个从不见面的年青男人。那男人手里拿的原来只是一个拐杖,不是什么钓杆。那管事先生是一个堡子里知名人物,他认得三三,三三也认识他,所以当三三走近身时,就取笑说:

“三三,怎么鱼是你家养的?你家养了多少鱼呀!”

三三见是总爷家管事先生,什么话也不说了,只低下头笑。头虽低低的,却望到那个好像从城里来的人白裤白鞋,且听到那个男子说:“女孩很聪明,很美,长得不坏。”管事的又说:“这是我堡里美人。”两人这样说着,那男子就笑了。

到这时,她猜到男子是对她望着发笑!三三心想:“你笑我干吗?”又想:“你城里人只怕狗,见了狗也害怕,还笑人,真亏你不羞。”她好象这句话已说出了口,为那人听到了,故打量跑去。管事先生知道她要害羞跑了,便说:“三三,你别走,我们是来看你碾坊的。你娘呢。”

“到堡子里听小寨人唱歌去了,是不是?”

“是的。”

“你怎么不欢喜听那个?”

“你怎么知道我不欢喜?”

管事先生笑着说:“因为看你一个人回来,还以为你是听厌了那歌,担心这潭里鱼被人偷尽,所以……”

三三同管事先生说着,慢慢的把头抬起,望到那生人的脸目了,白白的脸好像在什么地方看到过,就估计莫非这人是唱戏的小生,忘了擦去脸上的粉,所以那么白……那男子见到三三不再怕人了,就问三三:

"这是你的家里吗?"

三三说:"怎么不是我家里?"

因为这答话很有趣味,那男子就说:

"你不怕水冲去吗?"

"嗨,"三三抿着小小的美丽嘴唇,狠狠的望了这陌生男子一眼,心里想:"狗来了,狗来了,你这人吓倒落到水里,水就会冲去你。"想着当真冲去的情形,一定很是好笑,就不理会这两个人笑着跑去了。

从碾坊取了花样子回向堡子走去的三三,在潭边再上游一点,望到那两个白色影子还在前面,不高兴又同这管事先生打麻烦,故跟到这两个人身后,慢慢的走着。听到两个人说到城里什么人什么事情,听到说开河,又听到说学务局要总爷办学校,因为这两人全都不知道有人在后面,所以自己觉得很有趣味。到后又听到管事先生提起碾坊,提起妈妈怎么人好,更极高兴。再到后,就听到那城里男人说:

"女孩子倒真俏皮,照你们乡下习惯,应当快放人了。"

那管事的先生笑着说:"少爷欢喜,要总爷做红叶,可以去说说。不过这磨坊是应当由姑爷管业的。"

三三轻轻的呸了一口,停顿了一下,把两个指头紧紧的塞了耳朵。但仍然听到那两人的笑声,想知道那个由城里来好像唱小生的人还说些什么,故不久就仍然跟上前去了。

那小生说些什么可听不明白,就只听那个管事先生一人说话,那管事先生说:"少爷做了碾坊主人,别的不说,成天可有新鲜鸡蛋吃,也是很值得的!"话一说完,两人又笑了。

三三这次可再不能跟上去了,就坐在溪边的石头上,脸上发着烧,十分生气。心里想:"你要我嫁你,我偏不嫁你!我家里的鸡纵成天下二十个蛋,我也不会给你一个蛋吃。"坐了一会,凉凉的风吹脸上,水声淙淙使她记忆起先一时估计中那男子为狗吓倒跌在溪里的情形,可又快乐了,就望到溪里水深处,一人自言自语说:"你怎么这样不中用!管事的救你,你可以喊他救你!"

到宋家时,宋家婶子正说起一件已经说了一会儿的事情,只听宋家妇人说:"……他们养病倒希奇,说是养病,日夜睡在廊下风里让风吹,……脸儿白得如闺女,见了人就笑,……谁说是总爷的亲戚,总爷见他那种恭敬样子,你还不见到。福音堂洋人还怕他,他要媳妇有多少!"

母亲就说:"那么他养什么病?"

“谁知道是什么病？横顺成天吃那些甜甜的药，在床上躺着。在城里是享福，到乡里也是享福。老庚说，害第三期的病，又说是痨病，说也说不清楚。谁清楚城里人那些病名字。依我想，城里人欢喜害病，所以病的名字特别多，我们不能因害病耽搁事情，所以除打摆子就只发烧肚泻，别的名字的病，也就从不到乡下来了。”

另外一个妇人因为生过瘰疬，不大悦服宋家妇人武断的话，就说：“我不是城里人，可是也害城里人的病。”

“你舅妈是城里人！”

“舅妈管我什么事？”

“你文雅得像城里人，所以才生疡子！”

这样说着，大家全笑了。

母女两人回去时，在路上三三问母亲：“谁是白白脸庞的人？”母亲就照先前一时听人说过的话，告给三三，堡子里总爷家中，如何来了一位城里的病人，样子如何美，性情如何怪。一个乡下人，对于城中人隔膜的程度，在那些描写里是分明易见的，自然说得十分好笑。在平常某个时节，三三对于母亲在叙述中所加的批评与稍稍过分的形容，总觉得母亲说得极其俨然，十分有味，这时不知如何却不大相信这话了。

走了一会，三三忽问：

“娘，娘，你见到那个城里白脸人没有呢？”

妈妈说：“我怎么见到他？我这几天又不到总爷家里去。”

三三心想：“你不见到怎么说了那么半天。”

三三知道妈妈不见到的自己倒早见到了，便把这件事秘密着，却十分高兴，以为只有自己明白这件事情，此外凡是说到城里人的都不甚可靠。

两人到潭边，三三又问：

“娘，你见到总爷家管事先生没有？”

若是娘说没有见过，反问她一句，那么，三三就预备把先前遇到总爷家那两个人的一切，都说给妈妈听了。但母亲这时正想起别一个问题，完全不关心三三身上的事，所以三三把方才的事瞒着母亲，一个字不提。

第二天三三的母亲到堡子里去，在总爷家门前，碰到那个从城里来的白脸客人，同总爷的管事先生。那管事先生告她，说他们昨天曾到碾坊前散步，见到三三，又告给三三母亲说，这客人是从城里来养病的客人。到后就又告给那客人，说这个人就是碾坊的主人杨伯妈。那人说，真很同三小姐相像。那人又说三三长得很好，很聪敏，做母亲的真福气。说了一阵话，把这老妇人说快乐了，在心中展开了一个幻景，想起自己觉得有些近于糊涂的事情，忙匆匆的回到碾坊去，望到三三痴笑。

三三不知母亲为什么今天特别乐，就问母亲到了什么地方，遇到了谁。

母亲想，应当怎么说才好，想了许久才说：

“三三，昨天你见到谁？”

三三说：“我见到谁？”

娘就笑了，“三三你记记，晚上天黑时，你不看见两个人吗？”

三三以为是娘知道一切了，就忙说，“人是有两个的，一个是总爷家管事的先生，一个是生人……怎么……？”

“不怎么。我告你，那个生人就是城里来的少爷，今天我见到他们，他们说已经同你认识了，我们说了许多话。那少爷像个姑娘样子。”母亲说到这里时，想起一件事好笑。

三三以为妈妈是在笑她，偏过头去看土地上灶马，不理母亲。

母亲说：“他们问我要鸡蛋，你下半天送二十个去，好不好？”

三三听到说鸡蛋，打量昨天两个男人说的笑话都为母亲知道了，心里很不高兴，说道：“谁去送他们鸡蛋，娘，娘，我说……他们是坏人！”

母亲奇怪极了，问：“怎么是坏人？”

三三红了脸不愿答应，母亲说：

“三三，你说什么事？”

迟了许久，三三才说：“他们背地里要找总爷做媒，把我嫁给那个白脸人。”

母亲听到这话什么也不说，笑了好一阵。到后看到三三要跑了，才拉着三三说：“小报应，管事先生他们说笑话，这也生气吗？谁敢欺侮你？总爷是一堡子的主人，他会为你骂他们！……”

说到后来三三也被说笑了。

她到后来就告给娘城里人如何怕狗的话，母亲听到不作声，好久以后，才说：“三三，你真还像个小丫头，什么也不懂。”

第二天，妈妈要三三送鸡蛋到总爷家去，三三不说什么，只摇头。妈妈既然答应了人家，就只好亲自送去。母亲走后，三三一个人在碾坊里玩，玩厌了又到潭边去看白鸭，看了一会鸭子，等候母亲还不回来，心想莫非管事先生同妈妈吵了架，或者天热到路上发了痧？……心里老不自在回到碾坊里去。

但母亲可仍然回来了。回到碾坊一脸的笑，跨着脚如一个男子神气，坐到小凳上，告给三三如何见到那少爷，那少爷如何要她坐到那个用粗布做成的软椅子上去，摇着宕着像一个摇篮。又说到城里人说的三三为何不念书，城里女人全念书。又说到……

三三正因为等了母亲半天，十分不高兴，如今听到母亲说到的话，莫名其妙，不愿意再听，所以不让母亲说完就走了。走到外边站到溪岸旁，望着清清的溪水，记起从前有人告诉她的话，说这水流下去，一直从山里流一百里，就流到城里了。她这时忖想……什么时候我一定也不让谁知道，就要流到城里去，一到城里就不回来了。但若果当真要流去时,她愿意那碾坊,那些鱼,那些鸭子,以及那一匹花猫,同她在一处流去。同时还有她很想母亲永远和她在一处,她才能够安安静静的睡觉。

母亲不见到三三了,站在碾坊门前喊着:

“三三,三三,天气热,你脸上晒出油了,不要远走,快回来!”

三三一面走回来一面就自己轻轻的说:“三三不回来了!”

下午天气较热,倦人极了,躺到屋角竹凉床上的三三,耳中听着远处水车陆续的懒懒的声音,眯着眼睛望到母亲头上的髻子,仿佛一个瘦人的脸,越看越活,朦朦眬眬便睡着了。

她还似乎看到母亲包了白帕子,拿着扫帚追赶碾盘,绕屋打着圈儿,就听到有人在外面说话,提到她的名字。

只听人说:“三三到什么地方去了,怎么不出来?”

她奇怪这声音很熟,又想不起是谁的声音,赶忙走出去,站在门边打望,才望到原来又是那个白脸的人,规规矩矩坐在那儿钓鱼。过细看了一下,却看到那个钓竿,是总爷家管事先生的烟杆。

拿一根烟杆钓鱼,倒是极新鲜的事情,但身旁似乎又已经得到了许多鱼,所以三三非常奇怪。正想去告母亲,忽然管事先生也从那边来了。

好想又是那一天的那种情景,天上全是红霞,妈妈不在家,自己回来原是忘了把鸡关到笼子里,故跑回来捉鸡的。如今碰到这两个人,管事先生同那白脸城里人,都站在那石墩子上,轻轻的在商量一件事情。这两人声音很轻,三三却听得出,是一件关于不利于己的行为。因为听到说这些话,又不能嗾人走开,又不能自己走开,三三就非常着急,觉得自己的脸上也像天上的霞一样。

那个管事先生装作正经人样子说:“我们来买鸡蛋的,要多少钱把多少钱。”

那个城里人,也像唱戏小生那么把手一扬,就说,“你说错了,要多少金子把多少金子。”

三三因为人家用金子恐吓她,所以说:“可是我不卖给你,不想你的钱,你搬你家大块金子到场上去买吧。”

管事先生于是又说:“你不卖行吗,你舍不得鸡蛋为我做人情,你想想,妈妈以后写庚帖还少得了管事先生没有?”

那城里人于是又说:“向小气的人要什么鸡蛋,不如算了吧。”

三三生气似的大声说:“就算我小气也行。我把鸡蛋喂虾米,也不卖给人,我们不羡慕别人的金子宝贝。你同别人去说金子,恐吓别人吧。”

可是两个人还不走,三三心里就有点着急,很愿意来一只狗向两个人扑去。正那么打量着,忽然从家里就扑出来一条大狗,全身是白色,大声汪汪的吠着,从自己身边冲过去,即刻这两个恶人就落到水里去了。

于是溪里的水起了许多水花，起了许多大泡，管事先生露出一个光光的头在水面，那城里人则长长的头发，缠在贴近水面的柳树根上，情景十分有趣。

可是一会儿水面什么也没有了，原来那两个人在水里摸了许多鱼，全拿走了。

三三想去告给妈妈，一滑就跌下了。

刚才的事原来是做一个梦。母亲似乎是在灶房煮午饭，因为听到三三梦里说话，才赶出来的。见三三醒了，摇着她问，“三三，三三，你同谁吵闹。”

三三定了一会儿神，望妈妈笑着，什么也不说。

妈妈说：“起来看看，我今天为你焖芋头吃。你去照照镜子，脸睡得一片红！”虽然照到母亲说的，去照了镜子，还是一句话不说。人虽醒了还记得梦里一切的情景，到后来又想起母亲说的同谁吵闹的话，才反去问母亲，听到吵闹些什么话。妈妈自然是不注意这些的，所以说听不分明，三三也就不再问什么了。

直到吃饭时，妈妈还说到脸上睡得发红，所以三三就告给老人家先前做了些什么梦，母亲听来笑了半天。

第二次送鸡蛋去时，三三也去了。那时是下午。吃过饭后，两人进了总爷家的大院子。在东边偏院里看到城里来的那个客，正躺在廊下藤椅上，望到天上飞的鸽子。管事的不在家，三三认得那个男子，不大好意思上前去，就让母亲过去，自己站在月门边等候。母亲上前去时节，三三又为出主意，要妈妈站在门边大声说，“送鸡蛋来的了，”好让他知道。母亲自然什么都照到三三主意作去，三三听到母亲说这句话，说到第三次，才引起那个白白脸庞的少爷注意到，自己就又急又笑。

三三这时是站在月门外边的。从门罅里向里面窥看，只见到那白脸人站起身来，又坐下去，正像梦里那种样子。同时就听到这个人同母亲说话，说到天气同别的事情，妈妈一面说话一面尽掉过头来望到三三所在的一边。白脸人以为她就要走去了，便说：

“老太太，你坐坐，我同你说话很好。”

妈妈于是坐下了，可是同时那白脸城里人也注意到那一面门边有一个人等候了，“谁在那里，是不是你的小姑娘？”

看到情形不好，三三就想跑。可是一回头，却望到管事先生站在身后，不知已站了多久。打量逃走自然是难办到的，到后就被管事先生拉着牵进小院子来了。

听到那个人请自己坐下，听到那个人同母亲说那天在溪边见到自己的情形，三三眼望另一边，傍到母亲身旁，一句话不说。

坐了一会儿，出来了一个穿白袍戴白帽装扮古怪的女人。三三先还以为是男子，不敢细细的望。到后听到这女人说话，且看她站到城里人身旁，用一根小小管子塞到那白脸男子口里去，又抓了男子的手捏着，捏了好一会，拿一枝好像笔的东西，在一张纸上写了些什么记号，那先生问“多少豆，”就听到回答说：“同昨天一样。”且因为另外一句话听到这个人笑，才晓得那是一个女人。这时似乎妈妈那一方面，也刚刚才明白这是一个女人，且听到说“多少豆”，以为奇怪，所以两人互相望到都笑了。

看到这母女生疏疏的情形，那白袍子女人也觉得好笑，就不即走开。

那白脸城里人说，“周小姐，你到这地方来一个朋友也没有，就同这个小姑娘做个朋友吧。她家有个好碾坊，在那边溪头，有一个动人的水车，前面一点还有一个好堰堤，你同她做朋友，就可到那儿去玩，还可以钓些鱼回来。你同她去那边林子里玩玩吧，要这小姑娘告你那些花名草名。”

这周小姐就笑着过来，拖了三三的手，想带她走去。三三想不走，望到母亲，母亲却做样子努嘴要她去，不能不走。

可是到了那一边，两人即刻就熟了。那看护把关于乡下的一切，这样那样问了她许多，她一面答着，一面想问那女人一些事情，却找不出一句可问的话，只很稀奇的望到那一顶白帽子发笑。

过后听到母亲在那边喊自己的名字，三三也不知道还应当同看护告别，还应当说些什么话，只说妈妈喊我回去，我要走了，就一个人忙忙的跑回母亲身边，同母亲走了。

母女两人回到路上走过了一个竹林，竹林里正当到晚霞的返照，满竹林是金色的光。三三把一个空篮子戴在头上，扮作钓鱼翁的样子，同时想起总爷家养病服侍病人那个戴白帽子的女人，就和妈妈说：“娘，你看那个女人好不好？”

母亲说，“那一个女人？”

三三好像以为这答复是母亲故意装作不明白的样子，因此稍稍有点不高兴，向前走去了。

妈妈在后面说，“三三，你说谁？”

三三就说：“我说谁，我问你先前那个女子，你还问我！”

“我怎么知道你是说谁？你说那姑娘，脸庞红红白白的，是说她吗？”

三三才停着了脚，等着她的妈。且想起自己无道理处，悄悄的笑了。母亲赶上了三三，推着她的背，“三三，那姑娘长得体面，你说是不是？”

三三本来就觉得这人长得体面，听到妈妈先说，所以就故意说，“体面什么？人高得象一条菜瓜，也是体面！”

“人家是读过书来的，你不看她会写字吗？”

“娘，那你明天要她拜你做干妈吧。她读过书，妈你近来只欢喜读书的。”

“嗨，你瞧你！我说读书好，你就生气。可是……你难道不欢喜读书的吗？”

“男人读书还好，女人读书讨厌咧。”

“你以为她讨厌，那我们以后讨厌她得了。”

“不，干嘛说‘讨厌她得了？’你并不讨厌她！”

“那你一人讨厌她好了。”

“我也不讨厌她！”

“那是谁该讨厌她？三三，你说。”

“我说，谁也不该讨厌她。”

母亲想着这个话就笑，三三想着也笑了。

三三于是又匆匆的向前走去，因为黄昏太美，三三不久又停顿在前面枫树下了，还要母亲也陪她坐一会，送那片云过去再走。母亲自然不会不答应的。两人坐在那石条上，三三把头上的竹篮取下后，用手整理到头发。就又想起那个男人一样短短头发的女人。母亲说：“三三，你用围裙揩揩脸，脸上出汗了。”三三好像不听到妈妈的话，眺望到另一方，她心中出奇，为什么有许多人的脸，白得象茶花。她不知不觉又把这个话同母亲说了，母亲就说，这就是他们称呼为城里人的理由，不必擦粉脸也总是很白的。

三三说：“那不好看，”母亲也说：“那自然不好看。”三三又说：“宋家的黑子姑娘才真不好看。”母亲因为到底不明白三三意思所在，所以再不敢搀言，就只貌作留神的听着，让三三自己去作结论。

三三的结论就只是故意不同母亲意见一致，可是母亲若不说话时，自己就不须结论，也闭了口，不再作声了。

是另外某一天，有人从大寨里挑谷子来碾坊的，挑谷子的男人走后，留下一个女人在旁边照料到一切。这女人具一种欢喜说话的性格，且不久才从六十里外一个寨上吃喜酒回来，有一肚子的故事，同许多消息，得同一个人说说才舒服，所以就拿来与碾坊母女两人说。母亲因为自己有一个女儿，有些好奇的理由，专欢喜问人家到什么地方吃喜酒，看到些什么体面姑娘，看到些什么好嫁妆。她还明白，照例三三也愿意听这些故事，所以就向那个人，问了这样又问那样，要那人一五一十说出来。

三三听到这些话，却静静的坐在一旁，用耳朵听着，一句话不说。有时说的话那女人以为不是女孩子应当听的，声音较低时，三三就装作毫不注意的神气，用绳子结连环玩，实际上仍然听得清清楚楚。因为听到那些怪话，三三忍不住要笑了，却别过头去悄悄的笑，不让那个长舌妇人注意。

到后那两个老太太，自然而然就说到总爷家中的来客，且说到那个白袍白帽的女人了。那妇人说：她听说这白帽白袍女人，是用钱雇来的一个女人，雇来照料那个少爷，好几两银子一天。但她却又以为这话不十分可靠，她以为这人一定就是城里人的少奶奶，或者小姨太太。

三三的妈妈意见却同那人的恰恰相反，她以为那白袍女人，决不是少奶奶。

那妇人就说，“你怎么知道决不是少奶奶？”

三三的妈说，“怎么会是少奶奶。”

那人说:“你告我些道理。”

三三的妈说,“自然有道理,可是我说不出。”

那人说:“你又不看见,你怎么会知道。”

三三的妈说,“我怎么不看到?……”

两人争着不能解决,又都不能把理由说得完全一点,尤其是三三的母亲,又忘记说是听到过那少爷喊叫过周小姐的话,来用作证据,三三却记到许多话,只是不高兴同那个妇人去说,所以三三就用别种的方法打乱了两人不能说清楚的问题。三三说,“娘,莫争这些事情,帮我洗头吧,我去热水。”

到后那妇人把米碾完挑走了。把水热好了的三三,坐在小凳上一面解散头发,一面带着抱怨神气向她娘说:“娘,你真奇怪,欢喜同老婆子说空话。”

“我说了些什么空话?”

“人家媳妇不媳妇管你什么事!”

…………

母亲想起什么事来了,抿着口痴了半天,轻轻的叹了一口气。

过几天,那个白帽白袍的女人,却同总爷家一个小女孩子到碾坊来玩了。玩了大半天,说了许多话。妈妈因为第一次有这么一个客人,所以走出走进,只想杀一只母鸡留客吃饭,但又不敢开口,所以十分为难。

三三则把客人带到溪下游一点有水车的地方去,玩了好一阵,在水边摘了许多金针花,回来时又取了钓竿,搬了凳子,到溪边去陪白帽子女人钓鱼。

溪里的鱼好像也知道凑趣,那女人一根钓竿,一会儿就得了四只大鲫鱼,使她十分欢喜。到后应当回去了,女人不肯拿鱼回去,母亲可不答应,一定要她拿去。并且因为白帽子女人说南瓜子好吃,就又另外取了一口袋的生瓜子,要同来的那个小女孩代为拿着。

再过几天,那白脸人同总爷家管事先生,也来钓了一次鱼,又拿了许多礼物回去。

再过几天那病人却同女人在一块儿来了,来时送了一些用瓶子装的糖,还送了些别的东西,使主人不知如何措置手脚。因为不敢留这两个尊贵人吃饭,所以到两人临走时,三三母亲还捉了两只活鸡,一定要他们带回去。两人都说留到这里生蛋,用不着捉去,还不行,到后说等下一次来再杀鸡,那两只鸡才被开释放下了。

自从这两个客人到碾坊这次以后,碾坊里有点不同过去的样子,母女两人说话,提到“城里”的事情就渐渐多了。城里是什么样子,城里有些什么好处,两人本来全不知道。两人用总爷家的派头,同那个白脸男子白袍女人的神气,以及平常从乡下人听来的种种,作为想象的根据,摹拟到城里的一切景况,都以为城里是那么一种样子：一座极大的用石头垒就的城，这城里就有许多好房子。每一栋好房子里面住了一个老爷同一群少爷；每一个人家都有许多成天穿了花绸衣服的女人，装扮得同新娘子一样，坐在家中房里，什么事也不必作。每一个人家，房子里一定还有许多跟班同丫头，跟班的坐在大门前接客人的名片，丫头便为老爷剥莲心去燕窝毛。城里一定有很多条大街，街上全是车马。城里有洋人，脚干直直的，就在这类大街上走来走去。城里还有大衙门，许多官如包龙图一样，威风凛凛，一天审案到夜，夜了还得点了灯审案。城里还有铺子，卖的是各样希奇古怪的东西。城里一定还有许多庙，庙里成天有人唱戏，成天也有人看戏。看戏的全是坐在一条板凳上，一面看戏一面剥黑瓜子。

这些情形自然都是实在的。这想象中的都市，像一个故事一样动人，保留在母女两人心上，却永远不使两人痛苦。他们在自己习惯生活中得到幸福，却又从幻想中得到快乐，所以若说过去的生活是很好的，那到后来可说是更好了。

但是，从另外一些记忆上，三三的妈妈却另外还想起了一些事情，因此有好几回同三三说话到城里时，却忽然又住了口不说下去。三三问到这是什么意思，母亲就笑着，仿佛意思就只是想笑一会儿，什么别的意思也没有。

三三可看得出母亲笑中有原因，但总没有方法知道这另外原因是件什么事情。或者是妈妈预备要搬到城里，或者是作梦到过城里，或者是因为三三长大了，背影子已像一个新娘子了，妈妈惊讶着，这些躲在老人家心上一角儿的事可多着呐。三三自己也常常发笑，且不让母亲知道那个理由，每次到溪边玩，听母亲喊"三三你回来吧"，三三一面走一面总轻轻的说："三三不回来了，三三永不回来了。"为什么说不回来，不回来又到些什么地方来落脚，三三并不曾认真打量过。

有时候两人都说到前一晚上梦中到过的城里，看到大衙门大庙的情形，三三总以为母亲到的是一个城里，她自己所到又是一个城里。城里自然有许多，同寨子差不多一样，这个是三三早就想到了的。三三所到的城里一定比母亲那个还远一点，因为母亲凡是梦到城里时，总以为同总爷家那堡子差不多，只不过大了一点，却并不很大。三三因为听到那白帽子女人说过，一个城里看护至少就有两百，所以她梦到的，就是两百个白帽子人的城里！

妈妈每次进寨子送鸡蛋去，总说他们问三三，要三三去玩，三三却怪母亲不为她梳头。但有时头上辫子很好，却又说应当换干净衣服才去。一切都好了，三三却常常临时又忽然不愿意去了。母亲自然是不强着三三的。但有几次母亲有点不高兴了，三三先说不去，到后又去；去到那里，两人是都很快乐的。

人虽不去大寨，等待妈妈回来时，三三总很愿意听听说到那一面的事情。母亲一面说，一面望到三三的眼睛，这老人家懂得到三三心事。她自己以为十分懂得三三，所以有时话说得也稍多了一点，譬如关于白帽子的女人，如何照料白脸的男子那一类事，母亲说时总十分温柔，同时看三三的眼睛，也照样十分温柔，于是，这母亲,忽然又想到了远远的什么一件事,不再说下去;三三也想到了另外一件事,不必妈妈说话了,这母女二人就沉默了。

总爷家管事,有次又过碾坊来了,来时三三已出到外边往下溪水车边采金针花去了。三三回碾坊时,望到母亲同那个管事先生商量什么似的在那里谈话,管事一见到三三,就笑着什么也不说。三三望望母亲的脸,从母亲脸上颜色,她看出像有些什么事,很有点凑巧。

那管事先生见到三三就说:"三三,我问你,怎么不到堡子里去玩,有人等你!"

三三望到自己手上那一把黄花,头也不抬说,"谁也不等我。"

管事先生说:"你的朋友等你。"

"没有人是我的朋友。"

"一定有人!"

"你说有就有吧。"

"你今年几岁,是不是属龙的?"

三三对这个谈话觉得有点古怪,就对妈妈看着,不即作答。

管事先生却说:"你不说我也知道,你妈妈还刚刚告我,四月十七,你看对不对?"

三三心想,四月十七,五月十八你都管不着,我又不希罕你为我拜寿。但因为听说是妈妈告的,三三就奇怪,为什么母亲同别人谈这些话。她就对母亲把小小嘴唇扁了一下,怪着她不该同人说到这些,本来折的花应送给母亲,也不高兴了,就把花放在休息着的碾盘旁,跑出到溪边,拾石子打飘飘梭去了。

不到一会儿,听到母亲送那管事先生出来了,三三赶忙用背对着大路,装着眺望溪对岸那一边牛打架的样子,好让管事先生走去。管事先生见三三在水边,却停顿到路上,喊三姑娘,喊了好几声,三三还故意不理会,又才听到那管事先生笑着走了。

管事先生走后,母亲说:"三三,进屋里来,我同你说话。"三三还是装作不听到,并不回头,也不作答。因为她似乎听到那个管事先生,临走时还说,"三三你还得请我喝酒,"这喝酒意思,她是懂得到的,所以不知为什么,今天却十分不高兴这个人。同时因为这个人同母亲一定还说了许多话,所以这时对母亲也似乎不高兴了。

到了晚上,母亲因为见到三三不说话,与平时完全不同了,母亲说:"三三,怎么,是不是生谁的气?"

三三口上轻轻的说:"没有,"心里却想哭一会儿。

过两天,三三又似乎仍然同母亲讲和了,把一切事都忘掉了,可是再也不提到大寨里去玩,再也不提醒母亲送鸡蛋给人了。同时母亲那一面,似乎也因为了一件事情,不大同三三提到城里的什么,不说是应当送鸡蛋到大寨去了。

日子慢慢的过着，许多人家田堤的新稻，为了好的日头同恰当的雨水，长出的禾穗皆垂了头。有些人家的新谷已上了仓，有些人家摘着早熟的禾线，舂出新米各处送人尝新了。

因为寨子里那家嫁女的好日子快到了，搭了信来接母女两人过去陪新娘子。母亲正新为三三缝了一件葱绿布围裙，故要三三去住两天。三三没有什么理由可以说不去，所以母女二人就带了些礼物到寨子里来了。到了那个嫁女的家里，因为一乡的风气，在女人未出阁以前，有展览妆奁的习惯，一寨子的女人皆可来看，就见到了那个白帽子的女人。她因为在乡下除了照料病人就无什么事情可作，所以一个月来在乡下就成天同乡下女人玩玩，如今随了别的女人来看嫁妆，所以就碰到了这母女两人。

一见面，这白帽子女人就用城里人的规矩，怪三三母亲，问为什么多久不到总爷家里来看他们；又问三三为什么忘了她。这母女两人自然什么也不好说，只按照到一个乡下人的方法，望到略显得黄瘦了的白帽子女人笑着。后来这白帽子的女人，就告给三三妈妈，说病人的病还不什么好，城里医生来了一次，以为秋天还要换换地方，预备八月里就回城去，再要到一个顶远的有海的地方养息。因为不久就要走了，所以她自己同病人，都很想母女两人，同那个小小碾坊。

这白帽子女人又说：曾托过人带信要她们来玩的，不知为什么他们不来。又说她很想再来碾坊那小潭边钓鱼，可是因为天气热了一点。

这白帽子女人，望到三三的新围裙，就说：

“三三，你这个围腰真美，妈妈自己作的是不是？”

三三却因为这女人一个月以来脸晒红多了，就望到这个人的红脸好笑。

母亲说，“我们乡下人，要什么讲究东西，只要穿得上身就好了。”因为母亲的话不大实在，三三就轻轻的接下去说，“可是改了三次。”

那白帽子女人听到这个话，向母女笑着，“老太太你真有福气，做你女儿的也真有福气。”

“这算福气吗？我们乡下人哪里比得城里人好。”

因为有两个人正抬了一盒礼过去，三三追了过去想看看是什么时，白帽子女人望着三三的背影，“老太太，你三姑娘陪嫁的，一定比这家还多。”

母亲也望那一方说，“我们是穷人，姑娘嫁不出去的。”

这些话三三都听到，所以看完了那一抬礼，还不即过来。

说了一阵话，白帽子女人想邀母女两人到总爷家去看看病人，母亲看到三三有点不高兴，同时且想起是空手，乡下人照例又不好意思空手进人家大门，所以就答应过两天再去。

又过了几天，母女二人在碾坊，因为谈到新娘子敷水粉的事情，想到白帽子女人的脸，一到乡下后就晒红了许多的情形，且想起那天曾答应人家的话了，所以妈妈问三三，什么时候高兴去寨子里看“城里人”。三三先是说不高兴，到后又想了一下，去也不什么要紧，就答应母亲，不拘哪一天去都行。既然不拘什么时候，那么，自然第二天就可以去了。

因为记起那白帽子女人说的话，很想来碾坊玩，所以三三要母亲早上同去，好就便邀客来，到了晚上再由三三送客回去。母亲却因为想到前次送那两只鸡，客人答应了下次来吃，所以还预备早早的回来，好杀鸡款客。

一早上，母女两人就提了一篮鸡蛋，向大寨走去。过桥，过竹林，过小小山坡，道旁露水还湿湿的，金铃子像敲钟一样，叮叮的从草里发出声音来，喜鹊喳喳的叫着从头上飞过去。母亲走在三三的后面，看到三三苗条如一根笋子，拿着棍儿一面走一面打道旁的草，记起从前总爷家管事先生问过她的话，不知道究竟是些什么意思。又想到几天以前，白帽子女人说及的话，就觉得这些从三三日益长大快要发生的事，不知还有许多。

她零零碎碎就记起一些属于别人的印象来了……一顶凤冠，用珠子穿好的，搁到谁的头上？二十抬贺礼，金锁金鱼，这是谁？……床上撒满了花，同百果莲子枣子，这是谁？……那三三是不是城里人？……

若不是滑了一下，向前一窜，这梦还不知如何放肆做下去。

因为听到妈妈口上连作呸呸，三三才回过头来，“娘，你怎么，想些什么，差点儿把鸡蛋篮子也摔了。你想些什么？”

“我想我老了，不能进城去看世界了。”

“你难道欢喜城里吗？”

“你将来一定是要到城里去的！”

“怎么一定？我偏不上城里去！”

“那自然好极了。”

两人又走着，三三忽然又说：“娘，娘，为什么你说我要到城里去？

母亲忙说，“你不去城里，我也不去城里。城里天生是为城里人预备的，我们自然有我们的碾坊，不会离开。”

不到一会儿，就望到大寨那门楼了，总爷家在大寨南方，门前有许多大榆树和梧桐树。两人进了寨门向南走，快要走到时，就望见榆树下面，有许多人站立，好像看热闹似的，其中还有一些人，忙手忙脚的搬移一些东西，看情形好像是总爷家发生了什么事情，或者来了远客，或者还是别的原因。母女两人也不什么出奇，仍然慢慢的走过去。三三一面走一面说：“莫非是衙门的官来了，娘，我在这里等你，你先过去看看吧。”妈妈随随便便答应着，心里觉得有点蹊跷，就把篮子放下要三三等着，自己赶上前去了。

这时恰巧有个妇人抱了自己孩子向北走，预备回家去，看到三三了，就问，“三三，怎么你这样早，有些什么事。”但同时却看到了三三篮里的鸡蛋了，“三三，你送谁的礼呢?”

三三说:“随便带来的。”因为不想同这人说别的话,故低下头去,用手攀弄那个盘云的绿围腰扣子。

那妇人又说,“你妈呢?”

三三还是低着头用手向南方指着,“过那边去了。”

那女人说,“那边死了人。”

“是谁死了?”

“就是上个月从城中搬来在总爷家养病的少爷,只说是病,前一些日还常常同管事先生出外面玩,谁知就死了。”

三三听到这个,心里一跳,心想,难道是真话吗?

这时节,母亲从那边也知道消息了,匆匆忙忙的跑回来,脸儿白白的,到了三三跟前,什么话也不说,拉着三三就走,好像是告三三,又像是自言自语的说,“就死了,就死了,真不像会死!”

但三三却立定了,三三问,“娘,那白脸先生死了吗?”

“都说是死了的。”

“我们难道就回去吗?”

母亲想想,真的,难道就回去?

因此母女两人又商量了一下,还是到总爷家去看看,知道究竟是些什么原因。三三且想见见那白帽子女人,找到白帽子女人一切就明白了。但一走进总爷家门边,望见许多人站在那里,大门却敞敞的开着,两人又像怕人家知道他们是来送礼的,不敢进去。在那里就听到许多人说到这个白脸人的一切,说到那个白帽子女人,称呼她为病人的媳妇,又说到别的,都显然证明这些人并不同这两个城里人有什么熟识。

三三脸白白的拉着妈妈的衣角,低声的说“走。”两人就走了。

到了磨坊,因为有人挑了谷子来在等着碾米,母亲提着蛋篮子进去了,三三站立溪边,望到一泓碧流,心里好像掉了什么东西,极力去记忆这失去的东西的名称,却数不出。

母亲想起三三了,在里面喊着三三的名字,三三说:“娘,我在看虾米呢。”

“来把鸡蛋放到坛子里去,虾米在溪里可以成天看!”因为母亲那么说着,三三只好进去了。磨盘正开始在转动,母亲各处找寻油瓶,三三知道那个油瓶挂在门背后,却不做声,尽母亲各处去找。三三望着那篮子就蹲到地下去数着那篮里的鸡蛋,数了半天,后来碾米的人,问为什么那么早拿鸡蛋往别处去送谁,三三好像不曾听到这个话,站起身来又跑出去了。

一九三一年八月五日至九月十七日作于青岛

(沈从文著:《沈从文全集》,北岳文艺出版社 2002 年版。)

赏析

《三三》中的主人公三三是一个美丽、清纯、善良、聪慧的15岁少女，她生活在风景优美的山寨，五岁失去父亲，与母亲相依为命，因来往的都是些纯良的乡亲，日子过得倒也温馨。打破三三宁静日子的是一个城里来的白脸少年，他是寨主的亲戚，来寨子里养病。与白脸少年的偶遇使情窦初开的三三心有所属，也激起了她对外部世界的神往，三三的纯美也给城里人一份惊喜。然而，正当三三对城里生活充满遐思的时候，那白脸少年却不治身亡。三三和她妈妈怅然若失，充满了浓浓的迷茫与淡淡的忧伤。

这篇小说发表于1931年。在此之前，沈从文已创作了《夫妇》(1929)、《萧萧》(1930)、《丈夫》(1930)等小说，这些小说表明沈从文已开始将湘西文明与都市文明有意识地在小说中对照，突显出两种文明的内在冲突，体现出沈从文对都市文明的批判与对原生态湘西文明的自省。“沈从文仿佛有两套笔墨，能描绘出两种截然不同的现实。当他以乡下人的眼光，掉转过来观察商业化都市的时候，便不禁露出讽刺的尖刺来。”①自1928年起，沈从文的创作开始关注湘西下层人民的生存状态与生命形式，无论是《夫妇》中因在路边亲昵而被暴打的年轻夫妻，还是《萧萧》中的童养媳萧萧，抑或是《丈夫》中那个为了维持生计不得不将妻子送到船上做妓女的丈夫，内心深处都有着不可言说的苦痛与酸楚。“这里自然有血有泪，但更多的是追求琐屑生活的企望的破灭，是人格的习以为常的遭受践踏。”②这是沈从文眼中的湘西，是令他痛心却不得不直面的人生真实。这种野蛮、荒陋的原生文化也蕴藏着巨大而坚韧的生命力。在沈从文的创作中，他一直致力于对湘西人原生态“人生形式”的展示及其内涵的挖掘，从而塑造了一个别样的湘西世界。

《三三》秉承了沈从文描写详细原生态“人生形式”的创作理念，小说对三三所在的寨子无论是风景美还是人情美都有着详尽的描摹。而三三作为一个乡村少女，她自然的天性、善良的心肠以及羞涩的心事，无不与湘西宁静的自然生活融合在一起。然而，城里白脸少年的造访打破了这一宁静，使原生态的湘西文明受到了侵蚀。管事先生对白脸少年说要娶三三的一句玩笑话跳进三三心里，犹如沉静的潭水投进一颗小石块，荡起了层层涟漪。虽然表面上对管事先生讨厌，但三三不由自主地对白脸少年的关注、对白帽子少妇究竟是不是白脸少年媳妇的探究已然说明这个小姑娘爱上了城里来的白脸少年。由之，三三开始和母亲一起做起了一个美丽的梦，梦想着有朝一日能够去城里生活。当三三和母亲有了对城里生活的向往时，原生态的湘西文明就已经受到城市文明的熏染，这种对城市生活的神往不可避免地带着乡村人对自我生存状态的不满甚至否定。然而，在故事结尾，那个白脸少年病死了，三三的城市梦就此幻灭。白脸少年的死也向三三启示：城市生活就真的如她想象中的那么美好吗？与健硕、壮野的湘西人的生命形式相比，失血、病弱的城市人就一定值得羡慕吗？在小说结尾，三三似乎发现了城里人本质上的病态与孱弱，开始反思自己的城

① 钱理群等：《中国现代文学三十年》，北京大学出版社1998年版，第217页。

② 钱理群等：《中国现代文学三十年》，北京大学出版社1998年版，第214页。

市梦。沈从文的小说世界中有很多便是这种城市与乡村的对照。在这种对照中，三三的真实、健壮与白脸少年的掩饰、虚弱形成了鲜明的对比，三三对白脸少年的迷恋象征着湘西文明对城市文明的幻梦，而白脸少年的死则预示着这一幻梦的破灭及城市文明孱弱的真实。

读此篇小说，我们会发现似乎有一种的淡淡的哀愁浓郁地隐藏在字里行间，用心触摸每一个文字，我们可以感受到沈从文写这篇小说时深藏在心中的无奈与感伤。沈从文作为一个小学毕业的"乡下人"从农村走向城市，发现城市人生活的虚伪与病态，当他回归乡间寻找当年的素朴与正直时，却悲哀的发现，乡下人的人情美也被城市文明渐渐的侵蚀。"最明显的事，即农村社会所保有那点正直朴素人情美，几乎快要消失无奈，代替而来的却是近二十年实际社会培养成功的一种唯实唯利庸俗人生观。"①这是沈从文最痛心的一件事，也是其构建湘西小说时不可避免地带有浓重的悲剧意识根源之所在，此后发表的《边城》便是明证。

《人生》(节选)·路遥

路遥，原名王卫国，1949 年 12 月 3 日生于陕西陕北山区清涧县一个贫困的农民家庭，7 岁时因为家里困难被过继给延川县农村的伯父。曾在延川县立中学学习，1969 年回乡务农。这段时间里他做过许多临时性的工作，并在农村一小学中教过一年书。1973 年进入延安大学中文系学习，其间开始文学创作。大学毕业后，任《陕西文艺》(今为《延河》)编辑。1980 年发表《惊人动魄的一幕》，获得第一届全国优秀中篇小说奖。1982 年发表中篇小说《人生》，获 1981—1982 全国优秀中篇小说奖，是路遥的成名作。1991 年完成百万字的长篇巨著《平凡的世界》，获得第三届茅盾文学奖。1992 年 11 月 17 日，路遥因肝硬化腹水医治无效在西安逝世，年仅 42 岁。

第十二章

……

他把架子车放在副食公司的大门口上，先进去看厕所有没有粪。

他从来没到过这里，找了半天才把厕所找见。他看了看，粪并不多，也很稀，但还是可以把他的粪桶子装满的。可只有一个不方便处：厕所到大门口路不太好，有几个地方很狭窄，粪车拉不到厕所旁边。

他于是决定一担一担往出担；担出来再倒进车上的粪桶里。

高加林忙碌地从车上取下粪担，到后面的厕所里担出了第一担粪。

担过副食公司院子的时候，在院子东南角一棵泡桐树下坐着的几个人，连连咂巴起了嘴，哼哼唧唧，显然嫌臭味打扰了他们在院子里乘凉。

高加林自己也觉得很抱歉。但这是没法的事。他内心里希望这些干部原谅他。

① 沈从文：《沈从文小说选》(下)，人民文学出版社 2004 年版，第 338 页。

第二回他把粪担出来的时候，情况仍然是这样。但他还是硬着头皮担。

第三回担出来的时候，有一个妇女出口了。声音很大，是故意说给他听的：“迟不担，早不担，偏偏在这个时候担，臭死人了！”

高加林听见这刺耳话，忍不住脚步停住了。但他想，再有一两回车上的粪桶就装满了，忍着点，赶快装满就走。

当他把这担粪灌完，又担着空担子进了院子的时候，那妇女竟然站起来，朝他这边喊：

“担粪的！你把人臭死了！你到其它地方去担咯，甭在这里欺负人了！”高加林一下子站在院子里，两只手气得索索抖，牙齿狠狠咬住了嘴唇：明明是她在欺负人，竟然反咬说他欺负人。

火气从他心里冒上来，又被他强压了下去。他刚才已经和别人打了一架，不愿再发生什么冲突和纠葛；而且车子上的粪桶再有一两担就能装满，忍一忍，今晚上的任务就完成了。

于是他就又去担粪了。

等这回担出来的时候，那妇女竟然又站起来，气更大了，嗓门更粗了，话也更难听了：“你这人耳朵坏了？给你说了一遍你不听，还在这里担，讨厌死人了！”

她旁边一个似乎老一点的干部说：“你不要费嘴舌了，叫担去；担完了就不臭了！”

“这些乡巴佬，直讨厌！”那妇女又骂了一句。

高加林这下不能忍受了！他鼻根一酸，在心里想：乡里人就这么受气啊！一年辛辛苦苦，把日头从东山背到西山，打下粮食，晒干簸净，拣最好的送到城里，让这些人吃。他们吃了，屁股一撅就屙就尿，又是乡里人来给他们拾掇，给他们打扫卫生，他们还这样欺负乡下人！

他对这个妇女产生了一种强烈的愤恨心理。

他一下子把一担茅粪放在副食公司的院当中，鼻子口里三股冒气向那棵泡桐树下走去。他要和那个放肆的女人辩几句。

当他快走到那几个人跟前的时候，那妇女先站起来，一下子不知这个愣后生要干什么呀。他旁边的几个老干部也紧张地站起来了。

高加林猛地停住了脚步，立刻感到惶愧不安了：天啊，这妇女竟然是张克南他妈！

他离她十几步远，已清楚地认出是她。他一下子不知如何是好了，前不好前，后不好后，两只手慌乱地抠起了手指头。不论怎样，他不能和克南他妈吵嘴呀！这事太叫人尴尬了！他想：怎办呀？给她道个歉？可他又没惹她！要不说个“对不起”？

正在他进退两难时，克南他妈竟然一指头指住他，问：“你是哪里的？拉粪都不瞅个时候，专门在这个时候整造人呢！你过来干啥呀？还想吃个人？”

她显然已经记不得他是谁了。是的，他现在穿得破破烂烂，满身大粪；脸也再不是学生时期那样白净，变得粗粗糙糙的，成了地地道道的农民。他以前只去过克南家两三次，她怎能把他记住呢？

既然是这样，他高加林也就不想客气了。但他出于对老同学母亲的尊重，还是尽量语气平静地解释说：“您不要生气，我很快就完了。这没有办法。我们在晚上进城拉粪，也是考虑到白天机关工作，不卫生；想不到你们晚上在院里乘凉哩……”

旁边那几个干部都说：“算了，算了，赶快装满拉走……”

但克南他妈还气冲冲地说：“走远！一身的粪！臭烘烘的！”

加林一下子恼了。他恶狠狠地对老同学他妈说：“我身上是不太干净，不过，我闻见你身上也有一股臭味！”

克南他妈一下子气得满脸肉直颤，就要过来拉扯他了；亏得旁边那几个人硬把她挡住，然后叫加林不要闹了，去拉他的粪。

高加林掉转身，过去担起那担茅粪，强忍着泪水出了副食公司的大门。他把粪倒进车子上的粪桶里，尽管还得两担才能满，他也不去担了，拉起架子车就走。

他拉着架子车，转到了通往街道的马路上，鼻子一阵又一阵发酸。城市的灯光已经渐渐地稀疏了，建筑物大部分都隐匿在黑暗中。只有河对面水文站的灯光仍然亮着，在水面上投下了长长的桔红色的光芒，随着粼粼波光，像是一团一团的火焰在水中燃烧。

高加林的心中也燃烧着火焰。他把粪车子拉在路边停下来，眼里转着泪花子，望着悄然寂静的城市，心里说：我非要到这里来不可！我有文化，有知识，我比这里生活的年轻人哪一点差？我为什么要受这样的屈辱呢？

这时候，他的目光向水文站下面灯火映红的河面上望去，觉得景色非常壮观。他浑身的血沸腾起来，竟扔下粪车子，向那里奔去。

快到河边的时候，他穿过一大片菜地。他知道这是“先锋”队的。想起刚才车站上的斗殴，他便鼻子口里热气直冒，跑过去报复似的摘了一抱西红柿。

他来到河边的一个被灯火照亮的水潭边，先把一抱西红柿抛到水里，然后他自己也跟着一纵身跳了下去。

他在水里憋着气，尽量使自己往下沉；然后又让身体慢慢浮上水面来。

他游了一阵，把西红柿一个个从水面上捞起，洗净，又扔到岸上。他自己也拖着水淋淋的衣服爬上来，一屁股坐下，抓起一个西红柿，狼吞虎咽吃了起来……

……

（路遥著：《人生》，北京十月文艺出版社2009年版。）

赏析

在中国当代文坛，路遥是一个特殊的存在，20世纪80年代初既已成名的路遥，在文学史以及文学批评家那里毫无反响，而普通读者对路遥作品一直保有持续和长期的阅读热情，由此形成了冷热对比的“两极阅读现象”。这种“路遥现象”产生的原因之一就在于，路遥是一位坚持传统现实主义创作方法的作家，真实反映人生和社会问题。当路遥苦心孤诣地探寻现实主义革新之路时，文坛的形势发生了翻天覆地的变化，西方现代主义文学思潮的引入，新潮的表现手法，使得追赶潮流、响应先锋的作家们迅速抛弃传统的现实主义创作，随即将其贴上“过时”的标签，打上了衰落的命运的烙印。路遥却“不畏惧迎风而立”，用“初恋般的热情和宗教般的意志”，在西方“现代派”热潮围攻下，特立独行，承继和发扬现实主义。多年以后，新生代、新潮流的创作热潮退却、消逝，路遥质朴的现实主义作品却经历了时间的考验，成为独具魅力的经典。

1982年发表于《收获》的《人生》描写的是改革开放初期，处于城乡交叉地带的农村青年高加林，想要摆脱农村进入城市而最终失败的故事。生活在陕北高原的农家子弟，高中毕业生高加林，虽然学习成绩出众，但却未考上大学，回到村里当上了民办小学的教师，高加林非常满意这个既能体现他的才能，对他来说又是充满希望的工作。但是刚刚三年的时间，他就被有权有势的大队书记高明楼的儿子三星给顶替了。重新回到土地做农民的高加林，万般无奈却也无可奈何，心高气傲的他甚至有些绝望。正在这时村子里最善良美丽的姑娘刘巧珍，将自己压抑了多年的爱意，对高加林勇敢地表达了出来。因为父亲的短视，聪慧的巧珍没上过学，不识字，没有文化，但是心地“像金子一般”的巧珍真心真意地爱着高加林这个“文化人”，正是因为觉得自己没文化，高加林在她的眼中是完美的，曾经是高不可攀的。巧珍真挚的爱情带给了高加林精神上莫大的慰藉，让他重新燃起生活的激情。但是偏僻落后的山村，有着让自信坚毅、心性极高的高加林难以忍受的封闭保守。恰好，高加林的叔父由新疆转业回到老家，担任地区专署劳动局长。在其下属“马屁精”马占胜的运作下，高加林被调到了县委通讯组当通讯干事。城市生活给了高加林大显身手的机会，“地区报和省报已经发表了他写的不少通讯报道；并且还在省报的副刊上登载了一篇写本地风土人情的散文。”“傍晚的时候，他又在县体育场大出风头。县级各单位正轮流进行篮球比赛。高加林原来就是中学队的主力队员，现在又成了县委机关队的主力。”

来县城工作，让高加林重新遇到了高中同学黄亚萍。在高中时两人因为同为班级干部，又都喜欢文学作品，关心国际国家大事而交往多一些。但是高考失利，高加林回到农村后，作为高干子弟的黄亚萍慢慢地接受了同为干部子弟的张克南的追求。与巧珍相比，黄亚萍是位现代女性，她开朗活泼，却又任性专横。这次在县城的再次相遇，让黄亚萍意识到自己真正喜欢的人是高加林，于是她立即结束了与张克南的关系，大胆向高加林表达了自己的爱意，并且表示可以让高加林跟她一起去南京当记者，到更大的地方工作去施展才华。高加林与黄亚萍拥有相同的知识背景，又有许多感兴趣的话题，当他们俩口若悬河、侃侃而谈时，高加林已经陷入了一种艰难的选择之中。在经过反复考虑后，高加林决定接受黄亚萍的爱，放弃巧珍，当他委婉地对巧珍表达了他的选择后，巧珍没有过多责怪高加林，而是含泪接受了。痛苦的巧珍回到村里，爱情的创伤，再加上“已经在村前庄后名誉不好了”，心灰意冷地嫁给了曾多次向她提亲的也不识字的农民马栓。高加林和黄亚萍在县城高调谈起了恋爱，可是黄亚萍的任性也时常让高加林不满意和陷入烦恼之中，时时想起温柔朴实的巧珍。黄亚萍因为高加林而与张克南分手，令张克南的母亲非常气愤，向地委纪律检查委员会揭发控告了高加林走后门的事，县常委高度重视，决定撤销高加林的工作和城市户口，送回原来所在大队。得知巧珍出嫁和自己被再次打回农村的高加林，终于认识到自己真正爱的人是巧珍，而现在自己所有的理想和抱负又都如同过眼云烟无法挽留了，真正属于自己的位置在农村，只能默默独自离开城市。当他难以承受这些打击更不知如何面对生他养他的那片土地时，乡亲们“都不含任何恶意和嘲笑，反而都很真诚。大家还七嘴八舌地安慰他哩”，令他不再那么狂热，冷静的反省之后，高加林一下子扑倒在黄土地上。

《人生》是探索转折时期各种矛盾交叉点上的青年一代，究竟应该走什么样的人生道路的问题。20 世纪 80 年代正是农村人逐渐走向城市的时候，高加林的形象，既体现了现代青年那种不断向命运挑战，自信坚毅的品质，又同时具有辛勤、朴实的传统美德。他不像他的父亲那样忍气吞声、安守本分，“你们有你们的活法，我有我的活法！我不愿意再像你们一样，就在咱高家村的土里刨挖一生”，而是有更高的精神追求，希望拥有更好的生活，实现自己的远大理想和抱负。但是理想很丰满现实却很骨感，城乡的巨大鸿沟就像不可逾越的天险横亘在他的面前，即便是像高加林这样优秀的农门子弟，想要真正融入城市，也几乎是不可能的。与高加林生活在同时代的年轻人，包括路遥自己在内，都经历了高加林那样的成长伤痛，感受到在社会潮流中自我的渺小与卑微。

每个时代的小说都记录了青年的典型形象，有因为祖国的贫弱而抑郁悲哀的《沉沦》，有反抗封建大家庭的觉新、觉民、觉慧，有积极投身革命的郭全海、赵玉林，有带着理想的激情反抗现实的林震……高加林则是充满生命之力，拥有一股卓卓生气的青年形象。选文中，路遥用几乎粗糙和直白的心理描写，“高加林的心中也燃烧着火焰。他把粪车子拉在路边停下来，眼里转着泪花子，望着悄然寂静的城市，心里说：我非要到这里来不可！我有文化，有知识，我比这里生活的年轻人哪一点差？”寥寥数笔，就将 20 世纪 80 年代时代青年的形象鲜明的刻画出来。而事实上现在的年轻人和当年的高加林一样，所面临的问题没有本质性的差别：家世背景，爱情选择，理想和现实的差异，自我的认识。《人生》正因为如此真切地把握住了中国社会的本质，个体人生的真实苦难与反抗命运的奋斗，才使得它在发表了 30 年后的今天依然感动人心，发人深思。

《受活》(节选)·阎连科

阎连科，1958 年出生于河南洛阳嵩县田湖瑶沟，自小放牛种地，高一辍学。1978 年应征入伍，1980 年开始发表作品，1982 年提干。1985 年毕业于河南大学政教系，1991 年毕业于解放军艺术学院文学系。1992 年加入中国作家协会。20 世纪 90 年代发表的《黄金洞》《年月日》分获第一、二届鲁迅文学奖，2003 年发表长篇小说《受活》轰动文坛，成为他的代表作，获第三届老舍文学奖和第二届鼎钧双年文学奖。此后创作的《丁庄梦》《风雅颂》《四书》《日熄》《炸裂志》等长篇小说则令他扬名海内外，成为目前在国际文坛最受瞩目的中国作家之一。

第十三卷 果实

第一章 天象临暮时，柳县长回到双槐了

……

柳县长就是在这样的大寒天象里和他的一班人马回到了他的双槐县，一车六七个人，谁都是霜着脸，事情竟是这样令人意外呢，如去北京却到了南京样。半月前，柳县长已经到了灵山上，为列宁纪念堂落成剪彩的红绸都已买好了，绸子中间的大花也都系成了，连红把儿剪子都已备下了。柳县长还拿起那剪子在一本书上试了试，风着快，一下就把一个书角剪掉了。也还看了一些受活人散落在各个景点的出演，他们半年来，到外面世界风雨无阻地演绝术，已经把那残人的绝术出演得炉火儿纯青了，想剪彩出演那一天，必定是一场少见的完满圆全的出演哩，必然会让拥上山脉的千人万人都惊喜狂唤哩。他已经想好了，决不在纪念堂落成出演之前去剪彩，而是要在演出到了顶尖儿时，他再上台去剪彩，去宣布纪念堂的大落成，宣布购买列宁遗体的人已经到了京城了，正在理办到俄罗斯的手续哩；三朝两日，手续完了就到了俄罗斯；十天半月，最多二十天，就能把列宁的遗体从俄罗斯那一处地运回来，放在这边纪念堂的水晶棺材了。然后哦，那出演还在半途歇息着，他要在这当儿向满山野的人们讲上一番话。他要用钟一样的嗓门告诉台下万万千千的百姓们，三朝两日把列宁遗体弄回来，明年双槐县的财政收入将从赤字变为存款五个亿，后年变为十个亿，三年后变为二十个亿。四年后，凡是双槐县的老百姓，家家都有县里分给的一栋四角上吊、顶尖冲天的小洋楼；要从列宁遗体放在纪念堂的那天起，双槐的农民从此啥儿税、粮都不消上缴了，都有县财政一笼统地把钱拨到国家的账上去；要从列宁遗体放到纪念堂的第二个月起，每户农民一早儿家家都要喝白糖牛奶了，奶里钙最多，谁家早儿不喝下发的牛奶就不给谁家发冰箱和彩电；发了的还要收回来；谁家午饭不吃排骨和鸡蛋，以后每月的月底就不发给他家人参、乌鸡那样的补养了。总而言之哩，从列宁遗体放在魂魄山上半年后，双槐县百姓的日子就要改天换地了，天翻地覆了。每个农民种地都要发工资，工资高低不是看你粮食种得好不好，而是要看你路边的庄稼地里种的鲜花量多大，花多少。谁家在路边种够半亩花，他家每月每个劳力的工资就有几千元，年底每个劳力有奖金上万块，谁家若能让田头一年四季都有花，他家每个劳力每月的工资就有上万儿，年底每个劳力的奖金就有十几万，因为列宁睡在了耙耧深处的魂山上，双槐县的县城就不是县城了，而是一座新起的繁华闹市了，大街上流水

不断，一尘儿不染，路两边的人行道肯定铺的就不是烧砖了，而是花岗岩或者大理石。十字路口或县委、县政府门前的关键处地儿，不铺花岗岩，也不铺大理石，要铺伏牛山那边的南阳玉。南阳玉虽然不太好，然铺地还是好东西。可是呢，话又说回来，钱到了多极的时候里，也就不是了好物什，人会让钱变了的。这些柳县长早就想到了，他要在讲话时说出来让人警惕着，他要提前警告双槐县的七十三万多的农民，和七万多的城里人，要对他们说，到了那时候，从县城到全县最偏远的耙耧山，不是吃住穿戴和出门没有车子坐，而是人有钱了就要短见了，就要把钱不当钱了哩。要警告双槐县的十九万户家庭，谁家都不能惯得孩娃们不读书，不看报，家家户户都开着一辆车子满天下跑，吃香哩，喝辣哩，挥金如土哩，坐享其成哩。不能把从外县人请至家里当保姆，却不当成人样训来又训去；甚至那远乡僻壤处，也还会出现赌博成风、吸大烟成瘾那坏极、恶极的习尚了。到了那时候，也就要在双槐县制定几项新的法律条款了：

（一）门前屋后，路边田头，没有种够两亩花的农民，年底奖金扣掉一半儿（不得少于五万元）；

（二）凡孩娃没有大学毕业的家户儿，要停发三年的奖金和工资；凡有孩娃读了大学的家户儿，发双倍的工资和奖金（不得少于二十万元）；

（三）谁家把花不完的钱用到了最该用的处地儿，比如给庄里老人的敬老院里牌桌换了换，给通往各庄头花园的路上铺了砖，上了灰，那你花了多少钱，县上返还你双倍的钱；可你把花不完的钱用在了赌博上、大烟上，县里就统一把你送到邻县最穷的地方让你去种地，去过原先的穷日子，把你一家人的工资奖金几十万元一笼统都转拨到邻县的穷困学校或者村庄里，直到改造好了再回到双槐当农民。

柳县长为防止未来县里人轰的一下富了的疯病蔓延已经在他的笔记本上拟好了十几条的规定和法文。他晓白，真正儿纪念堂落成的庆典高潮不在受活人的绝术出演上，而在他这番动人心魄的讲话上。知晓他的话一完，台下的人会疯了一样狂蹦乱跳儿，怕会像戊申年月喊毛主席万岁一样喊他万岁哩，会各家各户都把他的像堂堂正正挂贴在各家正屋的墙上方，会像在列宁纪念堂敬着列宁一样在自己家里敬着他的像。说起来，那些天，从购买列宁遗体的人马离开县上往着北京去，他日日夜夜就是睡不着觉，血像滚烫的水样在血管里踢踢荡荡地流，到了受活人开始到魂魄山上出演后，他竟就一丝瞌睡也没了。三天三夜他没有眨上一次儿眼，人却精神得似睡了透儿觉，又洗了一趟儿澡。

对于柳县长，日益临近宣布纪念堂落成的日子像一湖水样在等着一个口干舌燥的人。可你再口干舌燥儿，到那湖边也还有几天日子、路程哩。他有些等不及了哦，可他是县长，越是等不及越是要平静如水哩，于是哟，把购买列宁的人马送上车，到地区和省里开完会，回来他就领着秘书下乡到离耙耧山更远的县南了。为了拿清净抚弄心里的激荡和不安，他到了不通电话的县南的深山区。也并没有在县南搞啥儿调查和访贫，就是在一座闲适的水库边上受受活活住了两三天，到了剪彩的前一日，受活出演团从外边世地返回来，才又回到县上和魂魄山上来，重新开始了那心神的受活和激荡。可是哦，就是这时候，他刚和受活庄人一道上了魂魄山，刚看了几个绝术出演的新节目，刚在列宁纪念堂里坐下来，屁股未稳的瞬当儿，也就出了天急的事情了。

……

（阎连科著：《阎连科文集·受活》，人民日报出版社2007年版。）

赏析

“受活”一词，在小说的絮言①部分是这样解释的：“受活：北方方言，豫西人、耙耧人最常使用，意即享乐、享受、快活、痛快淋漓。在耙耧山脉，也暗含有苦中之乐、苦中作乐之意。”“受活”呈现了民间对生命本质的认识。作者将小说中与现代社会相对立的庄落叫作“受活庄”，把人叫作“受活人”，书名命为“受活”，都是在突出“受活”所蕴含的象征性寓意，也即生命的一种自由自在的生存状态，道家“无为而无不为”的生存哲学。小说有两条线索，一条是隐线，写的是茅枝婆，受活庄人的悲凉的历史。受活庄人都是一些身体有残疾的人，他们本来过着与世隔绝的生活，不知道什么是“政府”，也不属于任何组织（包括乡、村、公社等）。受活庄的土地、房屋规划也都是按照受活人的残缺短长、生活方便情况建设的，无论瞎子、聋子、哑巴、瘸子、瘫子，都能在这里找到合适的生存设置，人们互利互助，从事着简单的农业生产活动，过着简单自足的生活。茅枝婆是受活庄世俗权力的领导者，也是受活庄的精神领袖。茅枝婆的母亲是一个资深红军，在部队中生了她，茅枝婆是“最小的红军女战士。”在当年红四方面军被遣散逃亡的途中，茅枝婆与战友失散，在一个墓地里躲避敌人时，茅枝婆发烧昏迷不醒，被人强奸后遗弃在墓穴。悲愤交加的她在一个人流浪的过程中，被一个叫“石匠”的受活人挽救并留在了受活庄。留在受活的茅枝婆一度革命意志消沉，但一次偶然的机会使她看到“外面的世界变了”：搞互助组、合作社了。茅枝婆想起自己毕竟是“到过延安的人”，是“革命过的人”。她曾追求的集体主义光荣、革命理想复活了，“我要革命哩，要领着受活入社”。经过艰辛的努力，受活庄加入了合作社，受活庄也因此过上了一段集体主义的“天堂日子”。但是接下来的“铁灾”（大跃进、大炼钢），“大劫年”（三年“自然灾害”），“红罪”“黑罪”（“文化大革命”）等灾难接连不断，没有宁日。茅枝婆的革命理想破灭，她对权力和组织失去了信任，陷入深深的忏悔和自责之中，开始要求带领受活庄“退社”，她以为“退社了，我一辈子就没啥对不起受活了。”但是财富的梦想、赚钱的欲望使受活人现在不想退社了。

另一条线索是明线，是公社一般干部的柳鹰雀的发迹史。柳鹰雀原本是一个被爹妈遗弃的孤儿，是社校（社会主义教育学校）刘老师的养子，人称“社校娃”，从小接受马列主义经典和官方社论的教育。精通权力运行之道的养父不是把他当作儿子来抚养，而是把他作为

① 絮言，犹如“花絮”，本来是正文之外的一些题外话、琐碎语，一般是起到补充、说明、注释等作用，篇幅短小精炼。

未来的革命领袖加以培养。养父在临死前把一个仓库钥匙交给了他，仓库里面装满马列经典著作，还有养父生前为柳鹰雀设计好了的，从“公社通讯员”“社教员”到“县长”的升官图。养父死后，柳鹰雀投机取巧、随机应变，灵活运用各种手段，很快就当上了县长，之后为自己设置了一间“敬仰堂”，里面挂满了革命领袖画像，以及自己的奋斗图。当上县长后，柳鹰雀梦想创造经济—政治奇迹，想购买列宁遗体，放到受活庄安放展出，既获得大量门票收入，又获得“坚持马列”的美誉。购买遗体需要大笔资金，在受活庄的受活庆上，柳鹰雀受到启发，“他决定要在受活组建一个绝术团，到世界上的四野八面去出演，那出演的门票钱，也就正好是集凑购买列宁遗体的一笔巨大款项了”。于是柳鹰雀以退社为条件，要挟茅枝婆同意受活庄人组成绝术团到处演出，把残疾人当作挣钱工具，好实现自己的政治目的。最终的结局是列宁遗体没有买进，柳县长遭到处理，但他却意外地被车轧断了腿，成为残疾人而变成受活庄的一员；受活庄的残疾人绝术团挣了大钱，梦想着暴富，但是事与愿违，圆全人（小说中指健全的正常人）眼红嫉妒，在最后的演出结束后，他们被圆全人关在纪念馆，强行勒索之余还将槐花等四个姑娘侮辱，让受活人“在这个世上，活得怕人呢！”

《受活》描绘了一幅荒诞惨烈，而又带有神秘和奇观化色彩的中国贫困乡村的生存图景，作者用隐喻、漫画、象征等现代主义手法，使小说的批判性主题得到很好的表现，揭示了乡村弱势群体，部分乡村干部，甚至是国人的某种灵魂状态。

《受活》是絮言体小说，体现了阎连科对小说文体进行创新的艺术探索精神，所谓“絮言体”，就是采用大量絮言来参与叙事，并且成为文本的主干结构的语言组织形式。在全文八卷37章中有九章是以絮言命名的，加上零散、穿插的分布，絮言的文字占据了全文三分之一多的篇幅。絮言前后贯穿，相互交错，从不同方位、不同层次展示人物性格、故事发展和事实背后的真实生命状态，将隐性的历史作为正文叙事的有力补充呈现出来。

《受活》也表现了作者力图走出僵化的现实主义的努力。2011年阎连科首次提出了“神实主义”，“在创作中摒弃固有真实生活的表面逻辑关系，去探求一种‘不存在’的真实，看不见的真实，被真实掩盖的真实。神实主义疏远于通行的现实主义。它与现实的联系不是生活的直接因果，而更多的是仰仗于人的灵魂、精神（现实的精神和事物内部关系与人的联系）和创作者在现实基础上的特殊臆思。有一说一，不是它抵达真实和现实的桥梁。在日常生活与社会现实土壤上的想象、寓言、神话、传说、梦境、幻想、魔变、移植等等，都是神实主义通向真实和现实的手法与渠道。神实主义绝不排斥现实主义，但它努力创造现实和超越现实主义。”①2003年发表的《受活》是“神实主义”创作的先导，选文中柳鹰雀对买回列宁遗体，双槐县暴富之后的狂想，就是神实主义描写。作者详细的描述了柳县长对暴富之后人们日常生活的规定，以及柳县长对自己将要受到的崇敬的幻想，将柳鹰雀这样“一个混合了传统农民意识、封建帝王意识和现代革命思想的政治狂人”②的形象细致深刻的勾画出

① 阎连科，张学昕：《我的现实，我的主义：阎连科文学对话录》，中国人民大学出版社2011年版，第206页。

② 陶东风：《〈受活〉：当代中国政治寓言小说的杰作》，载于《当代作家评论》2013年第5期，第40页。

来。小说中购买列宁遗体计划、柳县长带领绝术团四处表演筹措经费、圆全人对受活人的掠夺、受活庄“入社”“退社”、残狗残猫为茅枝婆送葬哭坟等故事情节，都带有着神实主义的特色，是作者对乡土中国，对道义和良心、公平和正义所进行的富有勇气、胆魄和血性的艺术表现。

《蛙》(节选)·莫言

莫言，男，原名管谟业，1955 年 2 月 17 日出生于山东高密，他从 1981 年开始发表作品《春夜雨霏霏》，1984 年因《透明的红萝卜》而一举成名。主要作品有《红高粱家族》《天堂蒜薹之歌》《丰乳肥臀》《红树林》《檀香刑》《四十一炮》《生死疲劳》《蛙》等。早在 1993 年，由葛浩文翻译的《红高粱》英译本在欧美出版，即引起热烈回响，被 *World Literature Today* 评选为“1993 年全球最佳小说”。此后莫言的作品获得国内国际各种文学奖项。2011 年《蛙》获得第八届茅盾文学奖。2012 年莫言获得诺贝尔文学奖，成为第一个获得诺贝尔文学奖的中国籍作家，是具有巨大国际影响力的中国作家。

第四部(4)

……

对啊，人老了，讲话爱跑题，说了半天，还没说到我为什么要嫁给郝大手。姑姑说，宣布我退休那天，是阴历的七月十五，黄瓜那杂种还想留我，让我退休不离岗，说每月给我八百元钱。呸！我一口唾沫啐到他的脸上。小杂种，姑奶奶给你们卖命卖够了，这些年来，卫生院里的钱，十元里有八元是我挣的。四乡八县，奔卫生院来看病的妇女儿童，都是冲着我来的。姑奶奶要想挣钱，哪一天还不挣个千儿八百的？你黄瓜想用每月八百元钱收买我？一个农民工也不止这个价啊！姑奶奶辛苦大半辈子，不干了，想歇歇了，回高密东北乡养老了。——就为这，我把黄瓜这杂种得罪了，这两年他变着法儿整我。整我？老姑奶奶什么阵势没见过？老姑奶奶少年时连日本鬼子都不怕，七十多岁了反倒怕你个小杂种不成？——对对，说正题。

要问我为什么嫁给老郝，那真还要从蛙说起。宣布了我退休那晚上，几个老同事在饭店里摆了一桌酒宴。那晚上我喝醉了——其实我喝得并不多，是那酒不好。酒店里那个小老板，解百爪的儿子解小雀，六三年那批地瓜小孩中的一个，拿出一瓶“五粮液”说要孝敬我，可他娘的那是瓶假酒，我只喝了半茶碗就头晕眼花、天旋地转了。同桌喝酒那些人，一个个东倒西歪，那解小雀自己也口吐白沫，翻了白眼儿。

姑姑说她摇摇晃晃地往回走，本来是想回医院宿舍的，可不知不觉地竟走到了一片洼地里。一条小路弯弯曲曲，两边是一人多高的芦苇。一片片水，被月光照着，亮闪闪的，如同玻璃。蛤蟆、青蛙，呱呱地叫。这边的停下来，那边的叫起来，此起彼伏，好像拉歌一样。有一阵子四面八方都叫起来，呱呱呱呱，叫声连片，汇集起来，直冲到天上去。一会儿又突然停下来，四周寂静，惟有虫鸣。姑姑说她行医几十年，不知道走过多少夜路，从来没感到怕过什么，但那天晚上她体会到了恐惧的感觉。常言道蛙声如鼓，但姑姑说，那天晚上的蛙声如哭，仿佛是成千上万的初生婴儿在哭。姑姑说她原本是最爱听初生儿哭声的，对于一个妇产科医生来说，初生婴儿的哭声是世上最动听的音乐啊！可那天晚上的蛙叫声里，有一种怨恨、一种委屈，仿佛是无数受了伤害的婴儿的精灵在发出控诉。姑姑说她喝下去的酒顷刻之间都变成冷汗冒了出来。——你们可不要以为我是酒后脑子里出现了幻觉。酒随汗出之后，除了头有些痛之外，我的脑子非常清醒。——姑姑沿着那条泥泞的小路，想逃离蛙声的包围。但哪里能逃脱？无论她跑得有多快，那些哇——哇——哇——的凄凉而怨恨的哭叫声都从四面八方纠缠着她。姑姑说她想跑，但跑不动，小路上的泥泞，像那种青年人嘴巴里吐出来的口香糖一样，牢牢地粘着她的鞋底，她每抬一下脚，都要使出全身的力气。她看到在鞋底和路面之间，牵拉着一道道银色的丝线，她挣断了这些丝线，但落脚之处，又有新的丝线产生。她抛掉了鞋子，赤脚走在泥路上，但赤脚之后，对地面泥泞的吸力感受更加真切，仿佛那些银色的丝线都生出了吸盘，牢牢地附着脚底，非把她脚底的皮肉撕裂不可。姑姑说她跪在了地上，像一只巨大的青蛙，往前爬行。这时，地上的泥泞吸附着她的膝盖、小腿和手掌，她还是不顾一切地向前爬啊，向前爬。这时，姑姑说，从那些茂密芦苇深处，从那些银光闪闪的水浮莲的叶片之间，无数的青蛙跳跃出来。它们有的浑身碧绿，有的通体金黄，有的大如电熨斗，有的小如枣核，有的生着两只金星般的眼睛，有的生着两只红豆般的眼睛。它们波浪般涌上来，它们愤怒地鸣叫着从四面八方涌上来，把她团团围住。姑姑说她感觉到了它们坚硬的嘴巴在啄着她的肌肤，它们似乎长着尖利指甲的爪子在抓着她的肌肤，它们蹦到了她的背上、脖子上、头上，使她的身体不堪重负，全身趴在了地上。姑姑说她感到最大的恐惧不是来自它们的咬啄和抓挠，而是来自它们那冰凉黏腻的肚皮与自己肌肤接触时那种令人难以忍受的恶心。——它们在我的身上不停地撒尿，也许射出的是精液。——姑姑说她突然想起了当年听大奶奶讲过的青蛙戏人的传说，说有一个大闺女夜晚在河堤上乘凉，不知不觉中睡着，梦中与一身着翠衣的青年男子交合，醒来后即怀孕，后来竟生出了一堆小青蛙。姑姑说，想到此她一跃而起，极大的恐惧使她爆发出神力。她看到那些伏在她身上的青蛙像泥巴一样纷纷落在地上。可还有很多的青蛙牢牢地抓住她的衣服、头发，有两只用嘴巴咬住她的耳垂，好像两个可怕的耳饰。姑姑往前奔跑，地面的吸附力不知为何突然消逝。姑姑说她一边跑一边抖动身体，同时还用双手在身上撕扯着。每抓住一只青蛙时她都会发出一声尖叫，然后将它们猛地摔出去。她说从耳朵上往下撕那两只青蛙时，几乎把耳朵撕裂。它们牢牢地叼住耳垂，像饥饿的娃娃叼着母亲的奶头。

姑姑一边嚎叫一边奔跑，但身后那些紧紧追逼的青蛙却难以摆脱。姑姑在奔跑中回头观看，那景象令她魂飞魄散：千万只青蛙组成了一支浩浩荡荡的大军，叫着，跳着，碰撞着，拥挤着，像一股浊流，快速地往前涌动。而且，路边还不时有青蛙跳出，有的在姑姑面前排成阵势，试图拦截姑姑的去路，有的则从路边的草丛中猛然地跳起来，对姑姑发起突然袭击。姑姑说那天晚上她原本穿着一条肥大的黑色绸裙，但那裙子，被那些偷袭的青蛙一条一条地撕去了。姑姑说那些撕得了一长条绸裙的青蛙，便一口口吞食下去，直噎得举前爪挠腮，打滚露出了白肚皮。

姑姑说她奔跑到河边，看到那座在月光下闪烁着银光的石头小桥时，身上的裙子已经被青蛙们撕扯干净。姑姑几乎是赤身裸体跑到了小桥上，与郝大手相逢。

我那时根本顾不上什么羞耻，也根本意识不到自己几乎是光着屁股，姑姑说。我看到一个披着大蓑衣、戴着大斗笠的人坐在小桥中央，手里团弄着一块银光闪闪的东西——后来才知道，他团弄的是一块泥巴。制作月光娃娃，必用月光泥巴。——那时我根本没看清他是谁，无论他是谁，只要他是个人，就是我的救命恩人。姑姑说她扑到那人怀里，使劲地往他蓑衣里钻，前胸感受到那人胸膛的温度，背后是青蛙的那种腥臭逼人的湿凉。姑姑说她喊了一声"大哥，救命"，便昏了过去。

姑姑的长篇讲述，让我们感同身受，脑海里浮动着那成群的青蛙，脊梁上泛起阵阵凉意。摄像机给了郝大手一个镜头，他还是那样泥塑般静坐不动，又穿插着出现了几个泥娃娃的特写，和那座河上小桥的远景，镜头又对准了姑姑的脸，姑姑的嘴巴。姑姑说：

等我醒来时，已经躺在郝大手的炕上。身上穿着男人的衣服。他双手捧来一碗绿豆汤给我喝，绿豆的香气使我恢复了理智。喝了一碗汤，我出了一身汗，身上许多地方灼热痛疼，但那种冰冷黏腻、让人忍不住要嚎叫的感觉逐渐消失了。我身上起了一层疱疹，又刺又痒又痛，随即是发高烧，说胡话。我喝着郝大手的绿豆汤闯过了这一关，身上褪了一层皮，骨头也隐隐作痛。我听说过脱皮换骨的故事，知道自己已经被脱皮换骨了。病好之后，我对郝大手说：大哥，咱们结婚吧。

讲到此处，姑姑已是满脸泪水。

……

（莫言著：《蛙》，作家出版社 2012 版。）

赏析

《蛙》通过叙述人蝌蚪讲述"姑姑"——一个乡村妇产科医生的人生经历，记叙了从新中国成立之前一直延续到改革开放之后，乡土中国 60 年的生育史。"姑姑"的人生可以分为三个阶段，第一阶段是 20 世纪五六十年代，姑姑从卫校毕业，迅速取代了"老娘婆"在妇女们心中的地位，用新法接生了一个又一个婴儿，那是姑姑的黄金时代，她是人们心中的活菩萨、送子娘娘，那个时候的姑姑是快乐的，受人尊敬的。第二个阶段是 60 年代以后，由于人口的迅速膨胀，国家颁布了计划生育政策，姑姑理所当然地成为了农村计划生育政策的实际组织者和执行者，她一边行医，一边为计划之外的妇女流产，她铁面无私，几乎绝情地将一个个生命送到了地狱，由人们心中的送子娘娘变成了杀人的恶魔。第三个阶段是改革开放之后，姑姑在经历了一场“人蛙大战”后，开始转变自己的观念，忏悔自己的所作所为，并且用一种诗意的方式：将自己扼杀的娃娃用泥捏出来，企图赎罪。小说共分为五部，前三部的情节主要围绕计划生育与反计划生育，全方位地再现了个人利益与国家利益的激烈冲突；第四部主要写了商业社会下的种种生育乱象，有钱人交罚款超生、没钱人偷着超生、当官的让小三生，计划生育在一定程度上已经名存实亡；第五部以话剧的形式对所讲的故事作了补充性叙述。

从生育自由到计划生育的贯彻实施，再到改革开放后，历时60年的生育形态，莫言娓娓道来，姑姑从人见人爱到人们唯恐避之不及再到老年的迷痴癫狂，给人一种沧桑感和历史的厚重感。《蛙》展现了新中国成立以来中国乡村波澜起伏的生育史，书写了计划生育政策实施过程中底层民众的血与泪，苦与痛。

计划生育作为一项基本国策，涉及政治、经济、人伦、道德等多方面的问题，太过复杂，这样的“主流政治话语”令作家们几乎没有勇气去碰触，这样的题材也很难将其化入到文学创作之中。而莫言却巧妙地化解了这一难题：“我设置了一个人类灵魂的实验室，用这种特殊的事件、特殊的环境设置了这么一个实验室，把我的人物放进去考验他，然后看看他的内心，看看他的灵魂发生一些什么样的变化。”①《蛙》采用书信体的叙事策略，展现生育政治背后下人性的纠葛，达到“写人、表现人”的叙事目的，这样莫言成功地将涉及主流政治话语的公共话题，转为了朋友间的私人交流，通过对计划生育政策下人的行动，意识变化的展示，来表现人本身。

《蛙》共有五封信，每封信的开头都用一封短信引出，然后展开详细叙述。这五封短信，由叙述人蝌蚪向杉谷义人讲述写信的原因，以及对信的来历和一些与正文相关的事项作补充说明。传统的书信体小说写信人和收信人之间往往构成一种对话关系，在《蛙》中，莫言创造了一个虚拟的收信人——杉谷义人，小说没有呈现杉谷义人的回信，他的声音也只是通过蝌蚪的转述而间接地发出，他的形象几乎是模糊不清的，甚至是隐身的，但是莫言笔下的杉谷义人复杂的身世背景，和“姑姑”一家由于战争而产生的复杂纠葛，其日本人的身份，给《蛙》开辟了一个国际化的视角，具有了“场外之人”的开阔性，从而将计划生育政策置于在不同的文化、伦理、法律、习俗、意识形态的碰撞中加以客观的阐释。莫言是一个富有文学创新精神的作家，他从来不满足于平铺直叙地讲述一个故事，所以小说的第五部分就变成了一部名为《蛙》的荒诞话剧，九幕话剧将所有的人、矛盾冲突都集中在一起，演绎了从生育自由到计划生育再到现代社会的各种生育乱象。话剧和书信有互文对照的关系，话剧让

① 莫言：《〈蛙〉中的“蝌蚪”的原型是我自己》，转自莫言的博客，2009年12月22日，http://blog.sina.com.cn/s/blog_63acd9f50100gk36.html

所有的矛盾集中爆发，不仅渲染了一种紧张的气氛，而且人物的性格、命运在这里也得到了更加充分地体现。

2012年莫言获得诺贝尔文学奖，成为第一个获得诺贝尔文学奖的中国籍作家。诺贝尔颁奖委员会对莫言的颁奖词为："莫言将魔幻现实主义与民间故事、历史与当代社会融合在一起。"莫言也曾经坦言魔幻现实主义对他的小说创作影响巨大。在莫言以往的小说中，处处可以看到福克纳和马尔克斯的影子。在《蛙》里，莫言是文质彬彬的，但也充斥着魔幻与民间与现实的结合，如小说中一群孩子嚼煤，老娘婆用擀面杖挤压孕妇大肚子来接生孩子，"蛙"的象征寓意(蛙是高密东北乡的图腾)，郝大手手捏泥娃娃的传说，结尾荒诞的话剧等。选文部分姑姑被无数青蛙包围、袭击的人蛙大战等场景的描述，也是典型的魔幻现实主义，在此莫言展开了天马行空式的想象，对青蛙大军密集的描述，呈现出莫言式语言堆砌和语言狂欢的特性。借用魔幻现实主义，使《蛙》的小说叙述与历史实录，一假一真、一虚一实，在真真假假的交互出现中，凸现了历史的严肃和小说的审美。

《世界上所有的夜晚》·迟子建

迟子建(1964—)，女，生于黑龙江省漠河县。1983年开始文学创作，1984年毕业于大兴安岭师范学校，1987年入北京师范大学与鲁迅文学院联办的研究生班学习，毕业后到黑龙江省作协工作至今。1990年加入中国作家协会，一级作家，现担任中国作协第九届主席团成员，黑龙江省作家协会主席。著有长篇小说《树下》《晨钟响彻黄昏》《伪满洲国》《越过云层的晴朗》《群山之巅》《额尔古纳河右岸》等；小说集《北极村童话》《白雪的墓园》《清水洗尘》《雾月牛栏》《迟子建作品精华》(3卷)。已发表作品600多万字，《雾月牛栏》获得第一届鲁迅文学奖、《清水洗尘》获第二届鲁迅文学奖，《世界上所有的夜晚》获第四届鲁迅文学奖，由此迟子建成为中国首位三次获得鲁迅文学奖的作家。2008年《额尔古纳河右岸》获第七届茅盾文学奖。

第五章：沉默的冰山

……

蒋百嫂坐到我对面的椅子上，启开酒对我说，要是诚心跟我喝，得连干三盅。我答应了。她熟稔地斟酒，瓷盅里的酒荡漾着，不能再多一滴，也不能再少一滴的样子。三盅酒落肚，只觉得从口腔直至肚腹有一条火光在寂静地燃烧，身上热乎乎的，分外舒展。蒋百嫂指着我的脸笑着说，这世上爱涂胭脂的人真是傻啊，酒可不就是最好的胭脂么！你瞧你，一喝上酒，黄脸就成了桃花脸，要多好看有多好看！

一喝上酒，我们就比先前显得亲密了。她问我，你男人是干什么的？怎么死的？我一一对她说了，蒋百嫂挑着眼角说，魔术师不就是变戏法的么？你嫁个变戏法的，等于把自己装在了魔术盒子里，命运多变是自然的了！

我是一个不愿意在人前流泪的女人，但在蒋百嫂面前，我泪水横流，因为我知道她的心底也流淌着泪水。蒋百嫂一盅一盅地斟着酒，我一盅一盅地啜饮着，我就是一堆冰冷的干柴，而这如火苗一样的酒，又把我燃烧起来。我絮絮叨叨地叙述魔术师离开我后，我怎样一次次在家里痛哭，怕惊扰了邻居，我就跑到卫生间，打开水龙头，将脸贴近它，让我的泪水和着清水而去，让我的哭声融入哗哗的水流中。我还讲了魔术师的葬礼，来了多少人，别人送的花圈又如何被我清理出去，甚至他将被推进火化炉前，我对他最后的乞求，乞求他把自己变活，以及我留在他冰冷的额头上的最后一个热吻，都对她毫无保留地倾诉了。很奇怪，蒋百嫂对我的这番话并没有抱之以同情，相反倒是一阵接着一阵地冷笑，好像我的哀伤不足挂齿，她这种冰冷的态度让我不寒而栗！

蒋百嫂沉默着，她启开另一瓶酒，兀自连干三盅，她的呼吸急促了，胸脯剧烈起伏着，她突然“哇——”的一声大哭起来，说，你家这个变戏法的死得多么隆重啊，你还有什么好伤心的呢！他的朋友们能给他送葬，你还能最后亲亲他，你连别人送他的花圈都不要，烧包啊，有的人死了也烧包啊。你知不知道，有的人死了，没有葬礼，也没有墓地，比狗还不如！狗有的时候死了，疼爱它的主人还要拖它到城外，挖个坑埋了它；有的人呢，他死了却是连土都入不了啊！

她这番话使我联想到蒋百，难道蒋百已经死了？难道死了的蒋百没有入土？不然她何至于如此哀恸？

蒋百嫂彻底醉了，她一会儿哭，一会儿笑，一会儿诉说。她拍着桌子对我说，乌塘的领导最怕的是她，如果她想把领导从官椅上拉下来，那就跟碾死一只蚂蚁一样容易。他们现在戴的是乌纱帽，可只要我蒋百嫂乐意，有一天这乌纱帽就会变成孝帽子！

蒋百嫂唱了起来，她唱的歌与陈绍纯的一样，是哀愁的旋律。不过那歌里有词，而歌词反反复复只是一句：这世上的夜晚啊——，听得我内心仿佛奔涌着苍凉而清幽的河水。她唱累了，摇摇晃晃地扑到床上，睡了。是午夜时分了，我毫无睡意，只是觉得头晕，如在云中。

蒋百嫂哼着翻了一下身，她的黑色棉线衫褪了上去，露出了腰肢，我看见她的腰带上拴着一把黄铜大钥匙，我认定它属于那扇上了锁的蓝漆屋门的，便悄悄走上前，取下那把钥匙。

我掂着那把钥匙走出去，小厅的灯关了，看来蒋三生已经睡了，依稀可见小床上蜷着个小小的人影。我镇定一番，打开那把锁，推开屋门。扑向我的是檀香气和光影，屋子吊着盏低照度的灯，它像一只蔫软的梨一样，散发出昏黄的光。这屋子只有七八平方米，没有床，没有桌椅，四壁雪白，拉得严严实实的窗帘也是雪白的，有一种肃穆的气氛。北墙下摆着一台又高又宽的白色冰柜，冰柜盖上放着一只香炉、一盒火柴、一包檀香以及供奉着的一盘水果。冰柜的压缩机正在工作，轰鸣声在寂静的夜里听上去像是一声连着一声的沉重的叹息，我明白先前听到的嗡嗡声就是这个大冰柜发出来的。蒋百嫂为什么会在冰柜上焚香祭祖，而却不见她祖宗的牌位？我觉得秘密一定藏在冰柜里。我将冰柜上的东西一一挪到窗台上，掀起冰柜盖。一团白色的寒气迷雾般飞旋而出，待寒气散尽，我看到了真正的地狱情景：一个面容被严重损毁的男人蜷腿坐在里面，他双臂交织，微垂着头，膝盖上放着一顶黄色矿帽，似在沉思。他的那身蓝布衣裳，已挂了一层浓霜，而他的头发上，也落满霜雪，好像一个端坐在冰山脚下的人。不用说，他就是蒋百了。我终于明白蒋百嫂为什么会在停电时歇斯底里，蒋三生为什么喜欢在屋顶望天。我也明白了乌塘那被提拔了的领导为什么会惧怕蒋百嫂，一定是因为蒋百以这种特殊的失踪方式换取了他们升官进爵的阶梯，蒋百不被认定为死亡的第十人，这次事故就可以不上报，就可大事化小。而蒋百嫂一定是私下获得了巨额赔偿，才会同意她丈夫以这种方式作为他生命的最终归宿。他没有葬礼，没有墓地。他虽然坐在家中，但他感受的却不是温暖。难怪蒋百嫂那么惧怕夜晚，难怪她逢酒必醉，难怪她要找那么多的男人来糟践她。有这样一座冰山的存在，她永远不会感受到温暖，她的生活注定是永无终结的漫漫长夜了。

我悄悄将冰柜盖落下来，再把香炉、火柴、果盘一一摆上去。我锁上门，把钥匙拴回蒋百嫂的腰带上，走出她的家门。这种时刻，我是多么想抱着那条一直在外面流浪着的、寻找着蒋百的狗啊，它注定要在永远的寻觅中终此一生了。我很想哭，可是胃里却翻江倒海的，那些吞食的酒菜如污泥浊水一般一阵阵地上涌，我大口大口地呕吐着。乌塘的夜色那么混沌，没有月亮，也没有星星，街面上路灯投下的光影是那么的单调和稀薄，有如被连绵的秋雨沤烂了的几片黄叶。我打了一串寒战，告诉自己该是离开乌塘的时刻了。

（迟子建著：《世界上所有的夜晚》，漓江出版社 2013 年版。）

赏析

《世界上所有的夜晚》是 21 世纪以来中国女性文学的重要作品。“女性”一词出现于五四新文化运动中，到 20 世纪 80 年代，即“新时期”时期，“女性文学”的提法越来越被国人所接受。广义的女性文学是指女作家的一切创作；狭义的女性文学则指女作家创作的富于女性意识的文学文本，即“女性主义文学”。女性意识的核心意义是指是“女性经验”，包括行为经验和心理经验，即女性最初对异性的心态、初潮、性心理、恋爱、结婚、做爱、妊娠、分娩、哺乳、母性、相夫教子等等。[①] 20 世纪 90 年代是女作家有意识、非常自觉地坚持性别立场，表现和挖掘女性经验，大胆地表达女性意识，进行“个人化写作”的女性文学创作的高潮阶段。以林白和陈染为代表，表现出对于个人经验、不可替代的个人记忆或命运的关注，某种程度上具有自我抒发和精神自传的性质，创作多与个人身世（命运）、身体（女性欲望和隐秘经验）的关注相连。但是 90 年代的“女性文学”逆向的性别歧视，“没有为女性文学在叙事上

① 阎纯德：《论女性文学在中国的发展》，载《中国文化研究》2002 年第 02 期，第 139 页。

带来革命性的变化”，21 世纪以后“刻意标榜的女性文学已经落潮。更多的有思考和想象能力的女性作家，业已回到了面对普遍人性而不止是女性立场上的创作”。①

迟子建的《世界上所有的夜晚》即突破了单纯的女性立场，小说带有女性叙述的特点，以内视角（即叙述者等于作品中的人物）和个人记忆、个人生存体验来处理各种生活范围的题材。小说真切表达了妻子丧夫之后的悲痛，但它突破了私人化、身体化写作倾向，为女性写作注入了更具活力的公共性内涵，蕴含着更深厚的人性，表达了更具有普世意义的人间悲哀。《世界上所有的夜晚》创作于 2005 年，正如小说叙述的那样，作者丈夫不幸车祸去世，她和丈夫仅仅相互陪伴了四年的时间。小说呈现了夫妇之间相互理解而又富有情调的生活瞬间，让人感受到两人真挚而又朴实的情感。丈夫的去世让作者沉溺在悲痛中，“我”踏上去往三山湖的旅途，因为泥石流山体滑坡而被迫中途落脚于乌塘，这是一个有 20 多家小煤窑的北方小镇。在乌塘“我”遇见了各种各样的“死”，白天上工，晚上不知道还能否回得来的矿工之死，来乌塘特意“嫁死”的女人，被误判死刑无辜枉死的女人，鬼故事中因怜悯孩子挽救妻子而杀死自己恶毒母亲的男子，被自己改涂后的俗艳牡丹图画框意外砸死的歌者，被理发店顾客的宠物咬后得狂犬病死去的张云领母亲，被轻易拥有医护执照的兽医的青霉素夺去了性命的小摊主的妻子。“蒋百之死”是这绵密死亡中的高潮，蒋百在矿难发生的那一天早上，被自家的狗送上矿车，可是矿难发生后他却失踪了。一年多的时间里，丈夫失踪后的蒋百嫂像是变了一个人，惧怕夜晚，逢酒必醉，找很多的男人来糟践自己。原来蒋百没有失踪，他死在了井下，蒋百嫂屈从于领导的恐吓，将丈夫雪藏在家中的冰柜里，“我”于是“明白了乌塘那被提拔的领导为什么会惧怕蒋百嫂，因为蒋百嫂以这种特殊的失踪方式换取了他们升官晋爵的阶梯，蒋百不被认定为死亡的第十人，这次事故就可以不上报，就可大事化小。”“我”本来是与外界隔绝的，内心只有痛失魔术师丈夫的悲哀，到这时，才意识到，有那么多像她丈夫一样荒诞不经的死亡；有那么多人同样承受亲人离世的痛苦；甚至还有连死都无法公之于众的“失踪”，也有人为此“永远不会感受到温暖，她的生活注定是永无终结的漫漫长夜”。夜晚必然降临，就像人世间必然会有的无常和波折。选文即是小说揭开蒋百失踪之谜的部分，也是整部小说情感升华的高潮。作者用平淡的笔调一步步展开蒋百无声无名，连入土为安都不能实现的死亡画面，用对比的描写刻画了原本善良、温柔的蒋百嫂在蒋百死亡后的变化，用侧面烘托的描述，呈现了蒋百嫂难以名状、无以倾诉、沉重无边的悲哀。面对这样令人震颤的人间伤痛，“我”从自己狭隘的视界和封闭的内心中走出来，从一己的哀伤看到人世间的公共伤痛。彻底将小说从反映个人情感的狭隘局面，提升到对人生痛苦的认识，为每一位感受到人生伤痛的人寻找到了释放心灵的出路。

可以说在《世界上所有的夜晚》一文中，迟子建用充满情感的语言，将世间女性的几乎无法承受的生命之痛呈现出来，“并用心灵和智慧上下求索，多方探寻救赎人生苦难的有效

① 吴丽艳，孟繁华：《文学人物走过的历史——2013 年中篇小说现场片段》，载于《当代文坛》2014 年第 1 期，第 8 页。

途径，寻找充满诗意的栖居地”。① 也许不断摧毁各种形式的遮蔽和压迫，艺术的揭示生活的不公、不义，重新恢复人们对于生活世界的感觉，正是这篇小说，也是文学最有力的所在。

思考与练习

1.《伤逝》之殇，历来众说纷纭。其中最惹人争议的一种说法来自鲁迅的弟弟周作人，他说：“《伤逝》不是普通恋爱小说，乃是假借了男女的死亡来哀悼兄弟恩情的断绝的。我这样说，或者世人都要以我为妄吧，但是我有我的感觉，深信这是不大会错的。因为我以不知为不知，声明自己不懂文学，不敢插嘴来批评，但对于鲁迅作这些小说的动机，却是能够懂得。我也痛惜这种断绝，可是有什么办法呢，人总只有人的力量。”②请根据周作人的这段话，谈一谈你对《伤逝》之殇的理解。

2. 你认为“迟桂花”的象征意蕴是什么？

3.《三三》中白脸少年的死有着怎样的象征意蕴？

4. 请深入了解“路遥现象”，想一想你所知道的小说作家作品有哪些？你又是如何知道这些作家作品的？

5.《人生》曾被誉为影响千万青年的励志名篇，企业家马云倾情推荐：“路遥对我的影响最大。18岁时，我是蹬三轮的零工，是《人生》改变了我的人生！”导演贾樟柯说：“30年阅读史中，对我影响最大的一本书是路遥的《人生》。读这本书的时候我还是个上中学的孩子。这么多年我看过很多作品，都对我的电影创作有很大的影响，但是对我帮助最大的反而是这本《人生》，它让我开始对社会有了新的认识，开始思考我的人生。”你是否从高加林身上照见自己的影子？你对自己的人生有何评价？

6. 2016年阎连科在香港获颁第六届世界华文长篇小说奖“红楼梦奖”首奖，颁奖现场发表题为《因为卑微，所以写作》的演讲，在演讲中阎连科提到：“存在、无意义，出版的失败和写作的惘然，加之庞大的市场与媒体的操弄及权令、权规的限制，这就构成了一个作家在现实中写作的巨大的卑微。然而，因为卑微，却还要写作；因为卑微，才还要写作；因为卑微，却只能写作。”21新世纪以来，文学创作受到新媒体娱乐方式的极大冲击和影响，作家的写作立场也因此产生了分化，对此你了解多少，又如何看待？

7. 在莫言的诺贝尔文学奖授奖词中提到“莫言的写作一直是当代中国的重要象征之一。他通透的感觉、奇异的想象力、旺盛的创造精神、汪洋恣意的语言天才，以及他对叙事探索的持久热情，使他的小说成了当代文学变革旅程中的醒目界碑。他从故乡的原始经验出发，抵达的是中国人精神世界的隐秘腹地。他笔下的欢乐和苦难，说出的是他对民间中国的基本关怀，对大地和故土的深情感念。他的文字性格既天真，又沧桑；他书写的事物既素朴，又绚丽；他身上有压抑不住的狂欢精神，也有进入本土生活的坚定决心。这些品质都

① 刘晓芬：《迟子建小说〈世界上所有的夜晚〉评析》，载于《郑州航空工业管理学院学报（社会科学版）》2006年第5期，第42页。

② 周作人：《知堂回想录·不辩解说》（下册），安徽教育出版社2008年版，第294页。

见证了他的复杂和广阔。”请通篇阅读《蛙》及莫言的《红高粱家族》《檀香刑》《丰乳肥臀》《生死疲劳》等其他代表作品，总结莫言小说创作的独特艺术个性。

8. 有学者分析迟子建作品时用了四个关键词：温暖、平等、童话、感性。通过学习《世界上所有的夜晚》，你能感受到迟子建小说创作的这些特征吗？

第三节　拓展阅读

《寻找小说的可读性》(创作谈)·晓苏

晓苏，华中师范大学文学院教授、一级作家。本文从小说的可读性问题开始，探讨了有意思和有意义的小说，认为民间叙事的有意思的小说更具有可读性；要创作有意思的小说，应选取纯正的文学立场，即人性立场，去表现生死等本能决定下的人的本性；而给小说注入现代性因素能够增强小说的耐读性。文章虽然涉及一些文学专业术语，但表述通俗易懂，结合普通读者的阅读感受，深入浅出地解释了小说可读性和耐读性的根源。通过阅读本文可以更好地认识小说创作，理解自己的阅读感受、阅读状态，领悟小说创作的最高追求。

一

写小说，最看重的是可读性。我一直把可读性视为小说的生命，同时也把它当成小说写作的最高追求。

我看来，小说的可读性至少由三个层面构成：一是给读者初次阅读带来的吸引力和兴奋感；二是潜藏于文本深处的那种对读者持久的诱惑力，即那些能够激发读者再次阅读兴趣和反复阅读欲望的因素；三是文本暗含的可供读者进行多种解读的空间。

需要说明的是，我们不能把可读性狭隘地等同于通俗性、故事性和传奇性。这些只意味着好读，即浅近、易懂、有趣、好看。但是，好读并不完全等于可读，它只是可读性的一个方面。可读性的另一个方面还要求耐读，即耐人寻味、发人深省、常读常新、百读不厌。它要求文本必须具有较大的开放性和未完成性，为读者提供更多的参与意义建构的可能。

因此，可读性实际上包含了两层意思，一是好读，二是耐读。只有既好读又耐读，小说才具有真正的可读性。

二

小说的可读性从哪里来？无论从写作的角度来说，还是从欣赏的角度来讲，我发现，具有可读性的小说，首先必须有意思。

有意思是相对有意义而言的。有意义指的是有思想价值，有意思指的是有情调，有趣味。最好的小说，当然是既有意义又有意思的。但是，这种小说却少而又少，十分罕见。我们经常读到的小说，有以下三种：一种是有意义没意思的，一种是有意思没意义的，还有一种是既没意义也没意思的。第三种显然是最差的小说了，这里不值一提。至于另外两种小说，我们见到最多的，无疑是有意义没意思的这种。可以说，这种小说几乎占据了小说的大半个江山

坦率地讲，我不喜欢这种小说。原因是，它没有可读性。这种小说一味追求所谓的思想价值，要么卖萌，要么做秀，要么贴标签，要么喊口号，要么故作高深，要么假装正经，要么贩卖心灵鸡汤，要么兜售道德膏药。这种小说，读起来脸红，肉麻，恶心，头皮发痒，甚至浑身起鸡皮疙瘩，因此难以卒读。

有意思的小说则不同。因为它是从情调和趣味出发的，所以有着很强的可读性。它不求宏大，也不求深刻，只为渲染一种情调，传达一种趣味，显得很低调，很平实，有时候还有点世俗，因此读起来亲切，轻松，愉快，好玩，换句话说就是有意思。毫无疑问，我喜欢这种小说。

跟有意义的小说相比，为什么有意思的小说更具可读性？因为它不仅好读，而且耐读。首先，意义是理性的，意思是感性的，感性的东西肯定比理性的东西显得更直观，更形象，更具体，因此对读者更有吸引力；其次，意义是大同小异的，意思则是千差万别的，千差万别带来的美感显然比大同小异更加丰富和多样，因此对读者更有诱惑力；第三，意义一般是从内容中生发出来的，而意思却来自内容和形式两个方面，所以给读者提供了更多的解读空间。

三

既然有意思的小说更有可读性，那么接下来的问题是，小说怎样写才能有意思？通过比较，我发现有意义的小说和有意思的小说分别属于两种截然不同的叙事形态。有意义的小说更倾向于官方意志，属于庙堂叙事；有意思的小说则更倾向于民间意趣，属于民间叙事。

庙堂主要指的是权力阶层，居于庙堂之高，属于主流意识形态。民间主要指百姓阶层，处于江湖之远，属于边缘文化形态。庙堂叙事更看重小说的意义，即思想价值。民间叙事的目的重在彰显民间意趣，所以它更看重小说的意思，即情调和趣味。这两种叙事形态的差异很大，突出体现在主题的表达上。

庙堂叙事形态的小说，在主题的表达上有三个显著特点。第一，它强调主题的教育性，要求对读者有教化作用，包括政治教育，道德教育，伦理教育，属于说教化叙事；第二，它强调主题的明朗性，要求作家旗帜鲜明，提倡什么，反对什么，歌颂什么，批判什么，热爱什么，憎恨什么，都必须明朗化，不能含糊其词，不能模棱两可；第三，它强调主题的集中性，要求一个作品只表达一个主题，不能有旁枝，不能有杂叶，也不能插科打诨。

民间叙事形态的小说，其主题表达与庙堂叙事形态的小说恰好相反。第一，它强调主题的审美性，要求小说必须渗透作家的审美意识，将感性与理性水乳交

融，把情思和哲思融为一体，从而让读者得到美的体验与享受；第二，它强调主题的模糊性，追求含蓄，追求委婉，追求朦胧，叙事经常运用隐喻和象征，言此意彼，声东击西，闪烁其词，模棱两可，似是而非，雾里看花，半明半昧，犹抱琵琶半遮面，给读者以极大的阅读诱惑；第三，它强调主题的多义性，叙述上打破封闭的格局，追求开放的状态，观念开放，故事开放，结构开放，语言开放，从而实现主题的开放，为读者提供多种解读的可能性。

综上所述，庙堂叙事追求的是有意义，而民间叙事追求的是有意思。显而易见，民间叙事无疑是小说可读性的重要来路。

四

弄清小说的可读性与民间叙事的关系之后，我想顺藤摸瓜，再来考察一下民间叙事形态的形成。任何一种叙事形态，都与作家的叙事立场有关。叙事立场是叙事形态得以形成的决定性因素之一，并且是先决性因素。所谓立场，指的是人们在认识问题和处理问题时所处的地位与所持的态度，它与世界观、价值观和审美观有着密不可分的关系。对小说而言，作家理应从纯正的文学立场出发去进行创作。遗憾的是，很多作家却秉持的是一种非文学的立场，要么是政治立场，要么是道德立场。在我看来，这些都不是纯正的文学立场，纯正的文学立场应该是人性立场。

再回到民间叙事形态的小说上来。与庙堂叙事形态的小说相比，民间叙事形态的小说显然选择的是人性立场。

人性立场，就是要求作家把文学当成人学，尽力摆脱政治学、社会学以及伦理学的局限与干扰，以人为本，把人性当作叙事的立足点、出发点和落脚点，从人性的角度，用人性的目光，去观察、发现、捕捉那些潜藏在人性深处的、不易察觉的、带有普遍性的东西。这些往往是人性中最温柔、最脆弱、最潮湿、最疼痛、最神秘、最美妙、也是最有可读性的部分。一个小说家，只有从纯正的人性立场出发，才有可能创作出真正具有可读性的小说来。

那么，作家如何坚持人性立场呢？莫言曾以《文学照进人生》为题发表过一次演讲。他在演讲中说："中国文学要想获得世界读者的青睐，就必须打破过去局限的立场，站在人类共同的立场上，去表现普遍人性。"莫言所说的这种立场就是纯粹的人性立场，他要表现的是人类共同和普遍的人性。

人类共同而普遍的人性，有着共同而普遍的心理结构。从心理学角度讲，人有两个本能，生的本能与死的本能。本能决定本性，它是支配人类行为的最根本和最强大的原动力。生的本能表现为善良、慈爱、宽容、奉献、创造等积极正面的行为，死的本能则表现为恶毒、仇恨、狭隘、贪婪、毁灭等消极负面的行为。坚持人性立场的叙事，无疑应该对人的两个本能一视同仁，既要从正面去发现它的积极性，又要从负面去正视它的消极性。只有这样，作家才能写出真实的、复杂的、深刻的人性。

小说只有写出了真实、复杂而深刻的人性，才会对读者形成初次阅读的吸引力、持久阅读的诱惑力和多种解读的意蕴空间。换句话说，就是使小说获得了真正的可读性。

五

既然小说的可读性与人性有着如此紧密的关联，那我接下来就想谈一下小说如何看待和处理两性关系这个问题，也就是人们常说的性描写。因为，两性关系是人性中最核心的内容，同时也是最有情调和趣味的一种客观存在。寻找小说的可读性，两性关系是一个绕不过去的话题。

两性关系指的是男女、公母、雌雄、阴阳等相互对立又相互依存的两种性别之间的微妙关系，其内容涉及到性器官、性征候、性需要以及性行为等与性有关的方方面面。两性关系是人类生活和自然生态中的一个最基本、最普遍、最持久、最神秘、最复杂的关系，既有心理性特征，又有生理性特征，并且与道德规范、伦理秩序和社会禁忌有着千丝万缕的联系，所以对人们有着巨大而持久的吸引力，能激发人们无与伦比的兴奋与快感。因此，两性关系便成为小说创作中的一个永恒母题，同时也是小说可读性的一个重要来源，源远流长，取之不尽，用之不竭。

从理论上讲，两性关系直接关乎到生命本身，不仅涉及到个体生命的存在，而且还涉及到族类生命的延续。但是，由于两性关系与性本能密不可分，所以庙堂叙事由于意识形态或道德伦理的原因，一般都不敢正视，在对待两性关系时总是忸怩作态、遮遮掩掩、欲说还休。只有坚持人性立场的民间叙事，才敢于正确看待和处理两性关系，进而去正面地、坦荡地、具体地进行两性书写。

如果要让小说具有人性的深度，闪烁人性的光芒，作家就必须去正面地写性，大胆地写性，严肃地写性，艺术地写性。我认为，艺术地写性有两层意思，一是用艺术的眼光去写性，二是写性中有艺术的部分。所谓用艺术的眼光去写性，指的是不能为了写性而写性，这性必须有它的艺术功能，要么是刻画人物性格的需要，要么是推动情节发展的需要，凡是脱离人物和情节的性描写，都不是艺术的；写性中艺术的部分，意思是不能用性来刺激读者的感官。也就是说，不要过多地去展示性的细节、性的场面和性的过程，而是应该抓住性心理中那些有美感的部分，用文学的手法进行展示，努力给读者提供一种性爱之美的艺术享受。

需要特别强调的是，对于小说而言，两性关系是一把双刃剑，只有艺术地写性，它才能转化为小说的可读性。否则，它将使小说的可读性大打折扣，甚至消失殆尽。

六

前面说到，小说的可读性，不仅要求好读，而且要求耐读。好读的问题，比较容易解决，耐读的问题，解决起来却十分困难。

那么，如何才能使小说耐读呢？我觉得至关重要的一点，是要给小说注入现代性因素。

现代性是与传统性相对的一个概念，它既是一种价值观，也是一种方法论。现代性是现代主义和后现代主义的产物，前者萌芽于上个世纪二十年代，后者从上个世纪八十年代开始盛行。现代主义和后现代主义虽然有阶段性的不同，前者侧重启蒙，后者侧重解构，但它们的实质是一样的，即现代性。从哲学上来讲，现代性反对实用主义，反对本质主义，反对保守主义，强调自由，追求平等，主张开放，其价值观倾向于虚无主义、相对主义和怀疑主义，认为价值具有相对性和多元性。

现代性也有阶段性的不同，可分为前现代性和后现代性。如果说，前现代性的核心是建立一种现代文明新秩序的话，那么，后现代性就是要怀疑、推翻和打破已有的秩序。

当代学者周宪把前现代性称为启蒙的现代性，把后现代性称为审美的现代性。他说："如果我们把启蒙的现代性视为以数学或几何学为原型的社会规划，那么，现代主义所代表的审美现代性则是对这种逻辑和规则的反抗；如果我们把启蒙的现代性视为秩序的追求的话，那么，审美的现代性就是对混乱的渴求与冲动；如果我们把启蒙的现代性视为对理性主义、合理化和官僚化等工具理性的片面强调的话，那么，审美的现代性正是对此倾向的反动，它更加关注感性和欲望，主张一种审美——表现理性；如果我们把启蒙的现代性当作一种对绝对完美的追索的话，那么，审美的现代性则是一种在创新和变化中对相对性和暂时性的赞美。"我觉得，这番论述对小说创作极有指导意义，它从理论上回答了如何让小说耐读的问题。

一说到现代性，很多人都会以为它是一个极其高深、玄奥而晦涩的东西，将它划入意义的范畴，认为它枯燥、僵硬、干瘪、乏味，令人头疼。其实这是一种错觉和误会。事实上，现代性也是很具体、很实在、很形象的。它有情调，有趣味，严格说来应该属于意思的范畴。

更有意思的是，我发现凡是具有现代性的小说，大都属于民间叙事形态，并且都是从人性立场出发的。它们常常运用象征、隐喻、反讽、夸张、变形、荒诞、错位和黑色幽默等现代技巧，同时还惯用德里达[①]的解构思维和巴赫金[②]的狂欢精神，从而变得异常生动，异常新奇，异常别致，读起来轻松、愉快、惬意，既好读又耐读，充满了真正的可读性。

（载于《长江文艺评论》2016年第2期。）

---

① 编者注：雅克·德里达（Jacques Derrida，1930—2004），法国哲学家，解构主义哲学的代表人。

② 编者注：巴赫金（Бахтин Михаил Михайлович，1895—1975），苏联著名文艺学家、文艺理论家、批评家、世界知名的符号学家。

实践训练:你也能写小说

小说是最受人喜爱的文体,现在借助网络的发展,每一天小说创作的字数以亿估算,并拥有庞大的读者群体。从创作角度来说,小说就是围绕人物形象,在一定的环境中展开故事情节,所以人物、情节、环境是小说的三要素。

塑造人物形象是小说创作的中心任务,塑造人物可以借助各种描写,如肖像描写、心理描写、行动描写、语言描写,环境描写,正面、侧面描写,细节描写等。人物形象要鲜明生动,性格要立体丰富。如《人生》中高加林卖馍时拉不下面子偷偷摸摸的行为和细节描写,进城拉粪受人奚落后的心理描写"我比这里生活的年轻人哪一点差?"受到父亲和德顺老汉批评时的语言描写:"你们有你们的话法,我有我的活法!我不愿意再像你们一样,就在咱高家村的土里刨挖一生",呈现了高加林既传统朴实又自信有追求的复杂性格。而他抛弃巧珍想要谋求更好发展的行为,既反映了他道德上的缺憾,却也令人看到他坚毅、积极、对生活有所抗争的生命之气。

简单意义上的情节包括故事或矛盾的开端、发展、高潮和结局,巧妙的情节构思可以让故事或矛盾不是平铺直叙的结构,而是跌宕起伏、一波三折,从而增强作品的可读性。情节最基本的要求是真实,没有真实就没有艺术,这里所强调的真实是艺术的真实,它与生活中发生的真实并不是同一个概念。艺术的真实,离不开生活的真实,但艺术真实是通过对生活真实的提炼加工、典型化而达到的"内蕴"的真实。

艺术可以采用各种各样的表现方法来凸现生活真实,如《受活》中的柳鹰雀想购买列宁遗体,为自己设置的挂满革命领袖画像的"敬仰堂"等情节,在现实生活中是不可能真实发生的,但确实是生活中某些颇具政治野心的基层官员,为实现自己的政治目的,所做的不符合常情常理、极端事件的缩影,小说对这些真实事件进行艺术改造,通过艺术的夸张、变形,在生活真实的基础上表现作者所认识到的真实。

情节还需要生动,要将故事或矛盾的变化和经过,写得引人入胜、感人至深,小说会采用巧合、误会、计谋、智慧、错误、意外等来赋予情节生动性。如《人生》中高加林的民办教师的职位被大队书记的儿子给顶了,回到农村;农民身份的高加林得到刘巧珍的爱,重新燃起生活的希望,可是高加林的叔父转业回家乡当了劳动局长,在其下属的运作下,高加林离开农村,来到城里工作;进城后,高加林遇到高中同学黄亚萍,后者向他表白自己的爱意,高加林接受了黄亚萍,和刘巧珍分手了,黄亚萍也和自己的男朋友张克南分手了;为此张克南的母亲告发了高加林靠关系到县委工作的事情,于是高加林再次回到农村。

高加林离开农村,回到农村,再次离开,再次回到农村,这其中的起伏波折,让高加林的命运既有几分偶然的意外、巧合,又带着几分必然的因果关联,其原委和所带来的后果,让一个普通农家子弟的故事既真实生动又融涵了复杂深刻的内蕴。

情节还需要有典型性,能反映某一特定时代或社会历史时期社会生活的真实性,具有代表性意义。如《人生》最核心的情节就是20世纪80年代高加林那一代农村青年要离开农村、摆脱农民身份。路遥像一位温暖的兄长用《人生》抚慰了那一代人奋斗、挣扎的内心，典型的情节引起读者的广泛共鸣，才会让《人生》产生巨大的社会反响。

环境是小说形成人物性格、促使人物行动的特定场所和范围。它包括自然环境和社会环境，社会环境描写指的是故事发生的时代特点和时代背景，如《受活》“新国都定都到了北平后，北平那儿的中央已经号召四面八方的庄稼人，分得土地后，又往一块合互着种。所有的田地都是政府的地，不归家户，不归个人，只归你种着收着打粮吃，可那地不再如你家的被褥一样是你的。”让茅枝婆感知到“世界翻天覆地了，人也翻天覆地了”，由此唤醒了她内心的革命激情，要带着受活庄“入社”。

自然环境描写的主要是交代人物活动的具体环境，用以渲染作品的气氛和烘托人物心情。《世界上所有的夜晚》就借助自然环境描写来铺垫、暗示人物内心的变化。本来要去三山湖却因路上的意外落脚到乌塘，乌塘有数十个小煤窑，所以“太阳已经出来了，但它看上去面目混沌，裹在乌突突的云彩中，好像一只刚剥好的金黄的橙子落入了灰堆中。空气中悬浮着煤尘，呛得人直咳嗽。周二对我说，乌塘一年之中极少有几天能看见蓝天白云，天空就像一件永远洗不干净的衣裳晾晒在那里”，而此时的主人公“我”，陷入在丧夫之痛中，满心的悲哀，正像乌塘一样阴云丛生。在乌塘感受到人世间的种种悲痛，“我”终于从自己狭隘的视界和封闭的内心中走了出来。到达三山湖，“比之乌塘，三山湖的阳光可说是来自天堂的阳光，清澈雪亮如泉水”，在三山湖遇到云岭父子，更让我彻底找到释怀的心灵出路，“我叹息了一声，听着云领的脚步声，看着月光裹挟着的这个经历了生活之痛的小小身影，蓦然想起蒋百嫂家那个轰鸣着的冰柜，想起蒋三生，我突然觉得自己所经历的生活变故是那么那么的轻，轻得就像月亮旁丝丝缕缕的浮云。”环境描写对于增强故事的真实性是至关重要的，所以要贴切故事情节，契合人物性格特征，这样才能成为故事的依托，才能辅助塑造人物形象，从而起到传达作品主题的作用。

实践训练题目

1. 编一个故事

可以结合你自己的一些经历，如你的恋爱，你父辈的婚姻，你所经历的升学考试，你和朋友的悲欢离合等等。

2. 继续写下去

“今天一早，牛二决定……”

可以是“今天一早，牛二决定上城了……”也可以是“今天一早，牛二决定不去上课了……”。

本章推荐书目

1. 夏志清：《中国现代小说史》，刘绍铭等译，复旦大学出版社 2005 年版。

2. 王安忆：《小说家的第十四堂课：在台湾中山大学的文学讲座》，河南文艺出版社 2016 年版。

3. 鲁迅:《呐喊》,人民文学出版社 1973 年版。

4. 钱钟书:《人兽鬼》,三联出版社 2002 年版。

5. 刘震云:《一句顶一万句》,长江文艺出版社 2009 年版。

6. 郁达夫:《沉沦・迷羊》,人民文学出版社 1988 年版。

7. 沈从文:《长河》,北岳文艺出版社 2002 年版。

8. 路翎:《财主底儿女们》,人民文学出版社 1989 年版。

9. 钱钟书:《围城》,人民文学出版社 1980 年版。

10. 张爱玲:《倾城之恋》,北京十月文艺出版社 2009 年版。

第十一章　现代散文

散文，是一种美丽的文体，它以优美的文字承载深邃的哲思与浪漫的情怀；散文，也是一种自由的文体，它以收放自如的“形散神聚”描摹近处的此在与渺远的彼岸；散文，又是一种丰厚的文体，小到苍蝇蚊子，大到民族大义，人间百态、宇宙真理均可囊括其中；散文，更是一种真挚的文体，它以“敢讲真话”的勇气抒发人内心的真实与灵魂的本质。散文，揭示人类存在的本真；散文，直逼人类生存处境的真实；散文，是四大文体中最直接、最少虚构、最多真话的一个独特存在。在本章，我们便以现代散文及其主要特征为学习目标，精读现当代散文名家的作品，感受散文独特的艺术魅力。

第一节　现代散文概述

一、现代散文发展历程

中国现代文学中的“散文”又称“美文”“纯散文”“文学散文”。1917 年 5 月，刘半农在《新青年》上发表的《我之文学改良观》，具体论述了散文变革的有关问题，并首先提出了“文学散文”的概念。1921 年 6 月 8 日，周作人在《晨报副刊》上发表《美文》，指出了古代散文与现代散文在本质上的共通性——审美。1923 年 6 月，王统照在《纯散文》一文中，则把文学散文称为“纯散文”。1926 年 3 月，胡梦华在《絮语散文》一文中，着重介绍了欧美的 Familiar Essay，称它是“散文中的散文”。这一系列理论主张在散文的语言形式、文体格式、思想内容诸方面提出了革故鼎新的任务和要求，使得“美文”“纯散文”等倡导开始盛行，至此，作为现代意义上的散文也应运而生。这一时期创立的散文类型主要有议论性散文、记叙性散文和抒情性散文三大类型。

在坚守古文、推崇桐城派的民初散文文坛，五四文学革命的倡导者胡适、陈独秀、钱玄同等曾尖锐批判古文家“文以载道”的正统观念和近世文坛的拟古主义文风，力主进行散文的改革。因此，为除旧革新，适应思想启蒙需要，议论性散文率先兴起。1918 年，《新青年》开辟了“随感录”专栏，专登短小泼辣的议论文字，掀起了散文改革之风。随后，《每周评论》《晨报副刊》《语丝》《莽原》《现代评论》等报刊也竞相开辟杂文栏目，共同促进现代杂文的蓬勃发展。鲁迅在这方面的贡献是举世公认的，其早期杂文如《我们怎样做父亲》《我之节烈观》《论雷峰塔的倒掉》等成为举世名篇。此外，陈独秀、李大钊、周作人、刘半农、钱玄同、林语堂、陈西滢等人，也对中国现代杂文的创建和发展作出了重要贡献。

随着五四文学革命破旧立新的深入开展，本土文化与外来文化沟通成为时代的呼声，在这一文化背景下，记叙抒情散文开始蔚然兴起。代表作如瞿秋白的《饿乡纪程》《赤都心史》，孙伏园的《伏园游记》，朱自清的《踪迹》，徐志摩的《巴黎的鳞爪》等。这些作品或介绍异域风情，或采写本土人情，带有浓厚的地域色彩，开拓了记叙抒情散文的题材与境界。与此同时，由于觉醒的知识分子挣脱封建思想的牢笼后却感到梦醒后无路可走的无奈，催生了抒情散文的多样化发展。如以鲁迅《野草》为代表的散文诗，《朝花夕拾》为代表的回忆性散文，周作人《雨天的书》《泽泻集》为代表的美文，冰心《寄小读者》为代表的书信体抒情小品，《往事》《笑》为代表的散文，以及许地山的《空山灵雨》，王统照的《片云集》，朱自清的《背影》，徐志摩的《落叶》《自剖》等，都是散文中不可多得的佳作。

20世纪30年代散文园地硕果累累。1933年和1934年分别被称为“小品文年”和“杂志年”。不仅有鲁迅的《三闲集》《二心集》《南腔北调集》等杂文集，还有瞿秋白的《王道诗话》，徐懋庸的《打杂集》《街头文谈》，唐弢的《海天集》等。散文小品领域也发生明显的变化：周作人、俞平伯等人在《骆驼草》上开始往闲适、趣味一路发展。游记方面出现了流亡、避祸之类的新内容，如阿英的《流离》，郑振铎的《海燕》，郁达夫的《故都的秋》等。

40年代出现了以反映抗日为主要内容的报告文学，代表作有周立波的《晋察冀边区印象记》，何其芳的《老百姓和军队》，沙汀的《随军散记》，吴伯箫的《潞安风物》，丁玲的《田保霖》，周而复的《海上的遭遇》等。上海“孤岛”时期散文和小品文蓬勃发展，代表作有王统照的《去来兮》，陆蠡的《囚绿记》，柯灵的《晦明》，唐弢的《落帆集》，芦焚的《看人集》，李健吾的《切梦刀》，郑振铎的《蛰居散记》等。国统区记叙散文得到发展，代表作有丰子恺的“避难五记”（《辞缘缘堂》《桐庐负暄》《萍乡闻耗》《汉口庆捷》《桂林讲学》）等；解放区的散文带着革命激情与泥土气息，代表作如丁玲的《陕北风光》，何其芳的《星火集》，吴伯箫的《出发集》，杨溯的《潼关之夜》，卞之琳的《沧桑集》，草明的《解放区散记》，孙犁的《荷花淀》等。

到了新时期，散文创作在内陆地区主要继承了40年代解放区以纪实为主的纪实性散文和古典散文，创作风格趋向于雷同化、模式化、公式化。直到1977年，以巴金《随想录》为代表，开始重树散文“敢说真话”的独立风格，在报告文学方面，徐迟的《哥德巴赫猜想》、黄宗英的《大雁情》在当时社会引起了热烈反响；继而出现了张中行、余秋雨、周涛等当代散文家，尤其是余秋雨的《文化苦旅》在1991年出版后引起了文坛轰动，其深邃机智的散文语言、独特的小说叙事形态使当代散文面貌一新，而其深沉的文化忧患意识与独立的理性精神更为当代散文创作树立了典范。

在台湾，散文文体一直在革新中发展。60年代，余光中就提倡“散文革命”，到了80年代，余光中仍主张“众体兼擅”，倡导散文文体的开拓与变通。余光中之后，出现了林燿德、简媜、杜十三、张启疆、周志文等人，他们的都市散文摆脱了感性散文的形式与内容，被认为是“一只突起的异军”。80年代兴起的都市散文不再桎梏于抒情模式，而是以知性的思索透视人生的感性世界，出现了龙应台、张晓风、王鼎钧等散文家。尤其是王鼎钧寻求人类精神家园的乡愁散文与龙应台理性与情感并重的亲情散文，带有中西融合的文化内蕴与思古忧今的深沉哲思，深受当代读者喜爱。

二、现代散文创作特征

要了解现代散文的创作特征，首先要知道它的基本概念。关于"散文"的概念，历来众说纷纭。目前文学研究界比较一致的看法是：作为文体意义上的"散文"大致出现在北宋时期，因其不追求押韵和句式的工整，与韵文、骈文相对；而在中国现代文学中，它指的是一种抒发作者真情实感、写作方式灵活的自由文体，是与诗歌、小说、戏剧并行的一种文学体裁。作为一种独立的文学体裁，它具有传统意义上所说的"形散神凝""语言优美""意境深邃"等特点，而具体到中国现当代文学史上的散文，它的创作特征又是别具一格的。

从 20 世纪 20 年代的"美文"到 30 年代的小品文、"京派"散文再到 40 年代形态各异的散文，直至当代大陆及台湾地区盛行的文化散文，纵观现代散文的发展脉络，我们会看到有一条线一以贯之，那就是"文化与审美"。从内容上看，现代散文追寻的是人类发展历程中的文化足迹，与古代散文一脉相承；从形式上看，现代散文更注对重现代白话文"美"的发掘与运用，发展出一种不同于古代散文的独立文体。因此，审美性与文化性成为现代散文主要的创作特征。

在现代文学史中，散文家们一直在着力开创散文的美感。比如冰心的散文，清丽典雅、充满着温泉似的柔情；朱自清的散文，清新流丽、诗意盎然；沈从文的散文，宛若一幅恬美的湘西风俗画；茅盾的散文好似一幅绚丽辉煌的油彩历史画；老舍的散文，文字干净、细致传神；梁实秋的散文，挥洒自如、别致儒雅……细读这些文学大师们的散文，可以领略白话文字的美，不仅有浓厚的现代气息，更有着深厚的传统渊源，其典雅之风承继了古典文学"哀而不伤"的中和之美。

在当代文学史中，散文除了追求文字的美，更注重追求其内在诗性与哲理的美，并试图在二者之间寻求某种契合。如余秋雨的散文，融知性、理趣与情趣为一体，关注中国历史、文化的命运，对人类精神文明和物质文明的未来都有着独特的反思与关怀，显示了文化散文的深刻与宽广。而王鼎钧的散文，用诗一样的语言，深沉并富有节制的情感，将一个历经历史风云变幻的海外游子的乡愁用多重意象表达出来，其对"思乡而不返乡"情结的解释不仅充满哲理，且浸透了对人类心灵及生命状态的深切关怀，无不昭示着现代散文开始关注如何抵达人的心灵深处，这是对文化散文的一个重要突破。

综上所述，现代散文脱胎于古代散文，又综合了欧美散文特点，在吸古纳欧的基础上结合现代社会历史文化发展特点而自成一家，在四大文体中成为一道独特的风景线。

第二节　现代散文选读

《苦雨》· 周作人

周作人(1885—1967),原名櫆寿(后改为奎绶),字星杓,又名启明、启孟等,浙江绍兴人,是鲁迅(周树人)之弟,周建人之兄,中国现代著名散文家、文学理论家、评论家、诗人、翻译家、思想家,中国民俗学开拓人,新文化运动代表。

伏园兄:

北京近日多雨,你在长安道上不知也遇到否,想必能增你旅行的许多佳趣。雨中旅行不一定是很愉快的,我以前在杭沪车上时常遇雨,每感困难,所以我于火车的雨不能感到什么兴味,但卧在乌篷船里,静听打篷的雨声,加上欸乃的橹声以及"靠塘来,靠下去"的呼声,却是一种梦似的诗境。倘若更大胆一点,仰卧在脚划小船内,冒雨夜行,更显出水乡住民的风趣,虽然较为危险,一不小心,拙劣地转一个身,便要使船底朝天。二十多年前往东浦吊先父的保姆之丧,归途遇暴风雨,一叶扁舟在白鹅似的波浪中间滚过大树港,危险极也愉快极了。我大约还有好些"为鱼"时候——至少也是断发文身时候的脾气,对于水颇感到亲近,不过北京的泥塘似的许多"海"实在不很满意,这样的水没有也并不怎么可惜。你往"陕半天"去似乎要走好两天的准沙漠路,在那时候倘若遇见风雨,大约是很舒服的,遥想你胡坐骡车中,在大漠之上,大雨之下,喝着四打之内的汽水,悠然进行,可以算是"不亦快哉"之一。但这只是我的空想,如诗人的理想一样也靠不住,或者你在骡车中遇雨,很感困难,正在叫苦连天也未可知,这须等你回京后问你再说了。

我住在北京,遇见这几天的雨,却叫我十分难过。北京向来少雨,所以不但雨具不很完全,便是家屋构造,于防雨亦欠周密。除了真正富翁以外,很少用实垛砖墙,大抵只用泥墙抹灰敷衍了事。近来天气转变,南方酷寒而北方淫雨,因此两方面的建筑上都露出缺陷。一星期前的雨把后园的西墙淋坍,第二天就有"梁上君子"来摸索北房的铁丝窗,从次日起赶紧邀了七八位匠人,费两天工夫,从头改筑,已经成功十分八九,总算可以高枕而卧,前夜的雨却又将门口的南墙冲倒二三丈之谱。这回受惊的可不是我了,乃是川岛君"佢们"俩,因为"梁上君子"如再见光顾,一定是去躲在"佢们"的窗下窃听的了。为消除"佢们"的不安起见,一等大气晴正,急须大举地修筑,希望日子不至于很久,这几天只好暂时拜托川岛君的老弟费神代为警护罢了。

前天十足下了一夜的雨,使我夜里不知醒了几遍。北京除了偶然有人高兴放几个爆仗以外,夜里总还安静,那样哗喇哗喇的雨声在我的耳朵已经不很听惯,所以时常被它惊醒,就是睡着也仿佛觉得耳边粘着面条似的东西,睡的很不痛快。

还有一层，前天晚间据小孩们报告，前面院子里的积水已经离台阶不及一寸，夜里听着雨声，心里胡里胡涂地总是想水已上了台阶，浸入西边的书房里了。好容易到了早上五点钟，赤脚撑伞，跑到西屋一看，果然不出所料，水浸满了全屋，约有一寸深浅，这才叹了一口气，觉得放心了，倘若这样兴高采烈地跑去，一看却没有水，恐怕那时反觉得失望，没有现在那样的满足也说不定。幸而书籍都没有湿，虽然是没有什么价值的东西，但是湿成一饼一饼的纸糕，也很是不愉快。现今水虽已退，还留一种涨过大水后的普通的臭味，固然不能留客坐谈，就是自己也不能在那里写字，所以这封信是在里边炕桌上写的。

这回的大雨，只有两种人最喜欢。第一是小孩们。他们喜欢水，却极不容易得到，现在看见院子里成了河，便成群结队的去"蹚河"去。赤了足伸到水里去，实在很有点冷，但是他们不怕，下到水里还不肯上来。大人们见小孩玩的有趣，也一个两个地加入，但是成绩却不甚佳，那一天里滑倒了三个人，其中两个都是大人——其一为我的兄弟，其一是川岛君。第二种喜欢下雨的则为虾蟆。从前同小孩往高亮桥去钓鱼钓不着，只捉了好些虾蟆，有绿的，有花条的，拿回来都放在院子里，平常偶叫几声，在这几天里便整日叫唤，或者是荒年之兆吧，却极有田村的风味。有许多耳朵皮嫩的人，很恶喧嚣，如麻雀虾蟆或蝉的叫声，凡足以妨碍他们的甜睡者，无一不深恶而痛绝之，大有欲灭此而午睡之意，我觉得大可以不必如此，随便听听都是很有趣味的，不但是这些久成诗料的东西，一切鸣声其实都可以听。蛤蟆在水田里群叫，深夜静听，往往变成一种金属音，很是特别，又有时仿佛是狗叫，很是特别，又有时仿佛是狗叫，古人常称蛙蟆为吠，大约是从实验而来。我们院子里的虾蟆现在只见花条的一种，它的叫声更不漂亮，只是格格格这个叫法，可以说是革音，平常自一声至三声，不会更多，唯在下雨的早晨，听它一口气叫上十二三声，可见它是实在喜欢极了。

这一场大雨恐怕在乡下的穷朋友是很大的一个不幸，但是我不曾亲见，单靠想象是不中用的，所以我不去虚伪地代为悲叹了，倘若有人说这所记的只是个人的事情，于人生无益，我也承认，我本来只想说个人私事，此外别无意思。今天太阳已经出来，傍晚可以出外去游嬉，这封信也就不再写下去了。

我本等着看你的秦游记，现在却由我先写给你看，这也可以算是"意表之外"的事吧。

一九二四年七月十七日在京城书

（周作人著：《中华散文珍藏本：周作人卷》，人民文学出版社 2000 年版。）

赏析

周作人喜爱"雨"这一意象，以"雨"命名的文章有《雨天的书》《雨的感想》《风雨谈》《风雨后谈》等等，"雨"成为周作人心目中不可或缺的一分子，而《苦雨》是其中最具有代表性的一篇佳作。周作人自号为"苦雨翁"，其书斋命名为"苦雨斋"，可见他对《苦雨》的重视。《苦雨》创作于1925年7月17日，以书信体与好友娓娓道来，有谈心的雅兴与闲情，有倾心的真诚与自然，有家常的素朴与随意，集中突显了周作人散文平和冲淡、质朴自然的特点。读周作人的散文，是需要冷水泡茶慢慢品的，其言有尽而意无穷，意到笔随，又在言外，醉翁之意不在酒，在乎绵邈的清韵与幽婉的哲思。所以读这篇文章，要读出言外之意、弦外之音，只有用心方可体会。

那么，《苦雨》中的"雨"究竟苦在何处呢？我们不妨试着探讨一下。在中国现代文坛上，周作人与其胞兄鲁迅相比，应该说是一个落寞的存在。相比较于鲁迅在时代风口浪尖的摇旗呐喊，周作人略显沉静；而在一个"革命"情结无所不在的历史时期，周作人却选择了革命之外的文化母题。那些游离于时代主题之外的人、事、物，或花鸟虫鱼，或乌篷船、野菜及日本茶食，甚至蝙蝠、苍蝇、虱子，都成为周作人笔下细细描摹的对象。在中国现代文学史上，周作人和他的苦雨斋作为一个另类的存在，远离时代喧嚣，显得孤僻、荒远而又陌生。缘何？

客观而言，周作人是一个比较自我的人，他与鲁迅最大的不同在于，鲁迅重在"为人"，而他则重在"为己"。因此，在革命浪潮风起云涌时，他选择了躲在他的"苦雨斋"里品人间百味，谈落寞人生。当然，这种选择是异于时代主流的，也是为当时文人所诟病的。《苦雨》篇末写道："倘若有人说这所记的只是个人的事情，于人生无益，我也承认，我本来只想说个人的私事，此外别无意思。"由此可见周作人对自己创作道路的认知与坚持。

作为一个通古博今的学者，周作人选择走这样一条异于时代主流的路，的确付出了巨大的代价。诚如著名学者孙郁先生所说："周氏于乱世之中，寻到一块自己的园地，由激进而中庸，由中庸而绝望，走的是另一条苦路。"①孙先生这句话可谓一语中的。易地而处，周作人在坚持自己的选择时，内心也是充满了困惑、矛盾与焦虑的。他在自己的文化园地中有着中国传统知识分子"言志"的内省与忧患，亦有着现代知识分子冲破心灵牢笼的渴望，更带着特殊历史时期不被理解的创伤，其苦境可想而知。从这个意义上讲，"苦雨"之苦不仅仅在于外在生存环境之苦，更在于内在心境孤独、落寞之苦，个中滋味，恐怕只有他自己知道了。

《儿女》·朱自清

朱自清（1898—1948），中国现代散文家、诗人、学者、民主战士。原籍浙江绍兴，出生于江苏省东海县，后随父定居扬州。1916年中学毕业并考入北京大学预科。1919年开始发表诗歌。1928年第一本散文集《背影》出版。1932年7月，任清华大学中国文学系主任。1934年出版《欧游杂记》和《伦敦杂记》。1935年，出版散文集《你我》。1948年因胃穿孔病逝于北平，年仅50岁。

我现在已是五个儿女的父亲了。想起圣陶喜欢用的"蜗牛背了壳"的比喻，便

① 孙郁：《〈周作人和他的苦雨斋〉引子》，载于《鲁迅研究月刊》2003年第6期，第75页。

觉得不自在。新近一位亲戚嘲笑我说，"要剥层皮呢!"更有些悚然了。十年前刚结婚的时候，在胡适之先生的《藏晖室札记》里，见过一条，说世界上有许多伟大的人物是不结婚的；文中并引培根的话，"有妻子者，其命定矣"。当时确吃了一惊，仿佛梦醒一般；但是家里已是不由分说给娶了媳妇，又有甚么可说？现在是一个媳妇，跟着来了五个孩子；两个肩头上，加上这么重一副担子，真不知怎样走才好。"命定"是不用说了；从孩子们那一面说，他们该怎样长大，也正是可以忧虑的事。我是个彻头彻尾自私的人，做丈夫已是勉强，做父亲更是不成。自然，"子孙崇拜""儿童本位"的哲理或伦理，我也有些知道；既做着父亲，闭了眼抹杀孩子们的权利，知道是不行的。可惜这只是理论，实际上我是仍旧按照古老的传统，在野蛮地对付着，和普通的父亲一样。近来差不多是中年的人了，才渐渐觉得自己的残酷；想着孩子们受过的体罚和叱责，始终不能辩解——像抚摩着旧创痕那样，我的心酸溜溜的。有一回，读了有岛武郎《与幼小者》的译文，对了那种伟大的，沉挚的态度，我竟流下泪来了。去年父亲来信，问起阿九，那时阿九还在白马湖呢；信上说，我没有耽误你，你也不要耽误他才好。我为这句话哭了一场；我为什么不像父亲的仁慈？我不该忘记，父亲怎样待我们来着！人性许真是二元的，我是这样地矛盾；我的心像钟摆似的来去。

你读过鲁迅先生的《幸福的家庭》么？我的便是那一类的幸福的家庭！每天午饭和晚饭，就如两次潮水一般。先是孩子们你来他去地在厨房与饭间里查看，一面催我或妻发"开饭"的命令。急促繁碎的脚步，夹着笑和嚷，一阵阵袭来，直到命令发出为止。他们一递一个地跑着喊着，将命令传给厨房里佣人；便立刻抢着回来搬凳子。于是这个说，"我坐这儿!"那个说，"大哥不让我!"大哥却说，"小妹打我!"我给他们调解，说好话。但是他们有时候很固执，我有时候也不耐烦，这便用着叱责了；叱责还不行，不由自主地，我的沉重的手掌便到他们身上了。于是哭的哭，坐的坐，局面才算定了。接着可又你要大碗，他要小碗，你说红筷子好，他说黑筷子好；这个要干饭，那个要稀饭，要茶要汤，要鱼要肉，要豆腐，要萝卜；你说他菜多，他说你菜好。妻是照例安慰着他们，但这显然是太迂缓了。我是个暴躁的人，怎么等得及？不用说，用老法子将他们立刻征服了；虽然有哭的，不久也就抹着泪捧起碗了。吃完了，纷纷爬下凳子，桌上是饭粒呀，汤汁呀，骨头呀，渣滓呀，加上纵横的筷子，欹斜的匙子，就如一块花花绿绿的地图模型。吃饭而外，他们的大事便是游戏。游戏时，大的有大主意，小的有小主意，各自坚持不下，于是争执起来；或者大的欺负了小的，或者小的竟欺负了大的，被欺负的哭着嚷着，到我或妻的面前诉苦；我大抵仍旧要用老法子来判断的，但不理的时候也有。最为难的，是争夺玩具的时候：这一个的与那一个的是同样的东西，却偏要那一个的；而那一个便偏不答应。在这种情形之下，不论如何，终于是非哭了不可的。这些事件自然不至于天天全有，但大致总有好些起。我若坐在家里看书或写什么东西，管保一点钟里要分几回心，或站起来一两次的。若是雨天或礼拜日，孩子们在家的多，那么，摊开书竟看不下一行，提起笔也写不出一个字的事，也有过的。我常和妻说，"我们家真是成日的千军万马呀!"有时是不但"成日"，连夜里也有兵马在进行着，在有吃乳或生病的孩子的时候!

我结婚那一年，才十九岁。二十一岁，有了阿九；二十三岁，又有了阿菜。那时我正像一匹野马，那能容忍这些累赘的鞍鞯，辔头，和缰绳？摆脱也知是不行的，但不自觉地时时在摆脱着。现在回想起来，那些日子，真苦了这两个孩子；真是难以宽宥的种种暴行呢！阿九才两岁半的样子，我们住在杭州的学校里。不知怎地，这孩子特别爱哭，又特别怕生人。一不见了母亲，或来了客，就哇哇地哭起来了。学校里住着许多人，我不能让他扰着他们，而客人也总是常有的；我懊恼极了，有一回，特地骗出了妻，关了门，将他按在地下打了一顿。这件事，妻到现在说起来，还觉得有些不忍；她说我的手太辣了，到底还是两岁半的孩子！我近年常想着那时的光景，也觉黯然。阿菜在台州，那是更小了；才过了周岁，还不大会走路。也是为了缠着母亲的缘故吧，我将她紧紧地按在墙角里，直哭喊了三四分钟；因此生了好几天病。妻说，那时真寒心呢！但我的苦痛也是真的。我曾给圣陶写信，说孩子们的折磨，实在无法奈何；有时竟觉着还是自杀的好。这虽是气愤的话，但这样的心情，确也有过的。后来孩子是多起来了，磨折也磨折得久了，少年的锋棱渐渐地钝起来了；加以增长的年岁增长了理性的裁制力，我能够忍耐了——觉得从前真是一个"不成材的父亲"，如我给另一个朋友信里所说。但我的孩子们在幼小时，确比别人的特别不安静，我至今还觉如此。我想这大约还是由于我们抚育不得法；从前只一味地责备孩子，让他们代我们负起责任，却未免是可耻的残酷了!

正面意义的幸福，其实也未尝没有。正如谁所说，小的总是可爱，孩子们的小模样，小心眼儿，确有些教人舍不得的。阿毛现在五个月了，你用手指去拨弄她的下巴，或向她做趣脸，她便会张开没牙的嘴格格地笑，笑得像一朵正开的花。她不愿在屋里待着；待久了，便大声儿嚷。妻常说，"姑娘又要出去溜达了。"她说她像鸟儿般，每天总得到外面溜一些时候。闰儿上个月刚过了三岁，笨得很，话还没有学好呢。他只能说三四个字的短语或句子，文法错误，发音模糊，又得费气力说出；我们老是要笑他的。他说"好"字，总变成"小"字；问他"好不好?"他便说"小"，或"不小"。我们常常逗着他说这个字玩儿；他似乎有些觉得，近来偶然也能说出正确的"好"字了——特别在我们故意说成"小"字的时候。他有一只搪瓷碗，是一毛来钱买的；买来时，老妈子教给他，"这是一毛钱。"他便记住"一毛"两个字，管那只碗叫"一毛"，有时竟省称为"毛"。这在新来的老妈子，是必需翻译了才懂的。他不好意思，或见着生客时，便咧着嘴痴笑；我们常用了土话，叫他做"呆瓜"。他是个小胖子，短短的腿，走起路来，蹒跚可笑；若快走或跑，便更"好看"了。他有时学我，将两手叠在背后，一摇一摆的；那是他自己和我们都要乐的。他的大姊便是阿菜，已是七岁多了，在小学校里念着书。在饭桌上，一定得啰啰唆唆地报告些同学或他们父母的事情；气喘喘地说着，不管你爱听不爱听。说完了总问我："爸爸认识么？""爸爸知道么？"妻常禁止她吃饭时说话，所以她总是问我。她的问题真多：看电影便问电影里的是不是人？是不是真人？怎么不说话？看照相也是一样。不知谁告诉她，兵是要打人的。她回来便问，兵是人么？为什么打人？近来大约听了先生的话，回来又问张作霖的兵是帮谁的？蒋介石的兵是不是帮我们的？诸如此类的问题，每天短不了，常常闹得我不知怎样答才行。她和闰儿在一处玩儿，一大一小，不很合式，老是吵着哭着。但合式的时候也有：譬如这个往床底下躲，那个便钻进去追着；这个钻出来，那个也跟着——从这个床到那个床，只听见笑着，嚷着，喘着，真如妻所说，像小狗似的。现在在京的，便只有这三个孩子；阿九和转儿是去年北来时，让母亲暂时带回扬州去了。

阿九是欢喜书的孩子。他爱看《水浒》，《西游记》，《三侠五义》，《小朋友》等；没有事便捧着书坐着或躺着看。只不欢喜《红楼梦》，说是没有味儿。是的，《红楼梦》的味儿，一个十岁的孩子，哪里能领略呢？去年我们事实上只能带两个孩子来；因为他大些，而转儿是一直跟着祖母的，便在上海将他俩丢下。我清清楚楚记得那分别的一个早上。我领着阿九从二洋泾桥的旅馆出来，送他到母亲和转儿住着的亲戚家去。妻嘱咐说，"买点吃的给他们吧。"我们走过四马路，到一家茶食铺里。阿九说要熏鱼，我给买了；又买了饼干，是给转儿的。便乘电车到海宁路。下车时，看着他的害怕与累赘，很觉恻然。到亲戚家，因为就要回旅馆收拾上船，只说了一两句话便出来；转儿望望我，没说什么，阿九是和祖母说什么去了。我回头看了他们一眼，硬着头皮走了。后来妻告诉我，阿九背地里向她说："我知道爸爸欢喜小妹，不带我上北京去。"其实这是冤枉的。他又曾和我们说，"暑假时一定来接我啊！"我们当时答应着；但现在已是第二个暑假了，他们还在迢迢的扬州待着。他们是恨着我们呢？还是惦着我们呢？妻是一年来老放不下这两个，常常独自暗中流泪；但我有什么法子呢！想到"只为家贫成聚散"一句无名的诗，不禁有些凄然。转儿与我较生疏些。但去年离开白马湖时，她也曾用了生硬的扬州话（那时她还没有到过扬州呢），和那特别尖的小嗓子向着我："我要到北京去。"她晓得什么北京，只跟着大孩子们说罢了；但当时听着，现在想着的我，却真是抱歉呢。这兄妹俩离开我，原是常事，离开母亲，虽也有过一回，这回可是太长了；小小的心儿，知道是怎样忍耐那寂寞来着！

我的朋友大概都是爱孩子的。少谷有一回写信责备我，说儿女的吵闹，也是很有趣的，何至可厌到如我所说；他说他真不解。子恺为他家华瞻写的文章，真是"蔼然仁者之言"。圣陶也常常为孩子操心：小学毕业了，到什么中学好呢？——这样的话，他和我说过两三回了。我对他们只有惭愧！可是近来我也渐渐觉着自己的责任。我想，第一该将孩子们团聚起来，其次便该给他们些力量。我亲眼见过一个爱儿女的人，因为不曾好好地教育他们，便将他们荒废了。他并不是溺爱，只是没有耐心去料理他们，他们便不能成材了。我想我若照现在这样下去，孩子们也便危险了。我得计划着，让他们渐渐知道怎样去做人才行。但是要不要他们像我自己呢？这一层，我在白马湖教初中学生时，也曾从师生的立场上问过丏尊，他毫不踌躇地说，“自然啰。”近来与平伯谈起教子，他却答得妙，“总不希望比自己坏啰”。是的，只要不“比自己坏”就行，“像”不“像”倒是不在乎的。职业，人生观等，还是由他们自己去定的好；自己顶可贵，只要指导，帮助他们去发展自己，便是极贤明的办法。

予同说，“我们得让子女在大学毕了业，才算尽了责任。”SK 说，不然，要看我们的经济，他们的材质与志愿；若是中学毕了业，不能或不愿升学，便去做别的事，譬如做工人吧，那也并非不行的。自然，人的好坏与成败，也不尽靠学校教育；说是非大学毕业不可，也许只是我们的偏见。在这件事上，我现在毫不能有一定的主意；特别是这个变动不居的时代，知道将来怎样？好在孩子们还小，将来的事且等将来吧。目前所能做的，只是培养他们基本的力量——胸襟与眼光；孩子们还是孩子们，自然说不上高的远的，慢慢从近处小处下手便了。这自然也只能先按照我自己的样子：“神而明之，存乎其人，”光辉也罢，倒楣也罢，平凡也罢，让他们各尽各的力去。我只希望如我所想的，从此好好地做一回父亲，便自称心满意。——想到那狂人“救救孩子”的呼声，我怎敢不悚然自勉呢？

1928 年 6 月 24 日晚写毕，北京清华园

（朱自清著：《中华散文珍藏本：朱自清卷》，人民文学出版社 2001 年版。）

赏析

朱自清原名自华，号秋实，有“春华秋实”之意。1917 年报考北京大学时改为“自清”，典出《楚辞·卜居》“宁廉洁正直以自清乎”，意思是廉洁正直使自己保持清白。朱自清改此名意即勉励自己在困境中不丧志，不同流合污，保持清白。他同时还取字“佩弦”，出自《韩非子·观行》“董安于之性缓，故佩弦以自急”，意为弓弦常紧张，性缓者佩弦以自警。朱自清人如其名，一生正直清白，即便在身患重病之时亦毅然签名于抗议美国扶日政策并拒绝领取美援面粉的宣言，并嘱告家人不买配售面粉，始终保持着一个正直的爱国知识分子的气节和情操。

朱自清才华横溢，在 1923 年曾以抒情长诗《毁灭》轰动当时文坛，后又以《背影》《春》《匆匆》等散文著称。作为文学研究会重要的代表作家，朱自清十分重视“文学为人生”的创作理念，他的作品无不流露出一个知识分子对国家命运、民族前途的担忧，表现出作家对现实生活的深切思考与关注。即便是如《儿女》这样的具有自传性题材的散文，也反映出一个为人父的知识分子反观内心，对自我身份责任的探索与忏悔意识。朱自清执着于社会人生，尽管具有诗人气质，但其行文烟火气极浓。从《儿女》的开篇即可看出他作为一个父亲的责

任感。“蜗牛背了壳”的比喻道出了天下多少为父的心肠！下文便描述了给五个孩子开饭、游戏、调解矛盾的现实场景，道出了作家为人父的辛酸与不易，尤其写到对孩子的责骂与管教，透露出一个年轻人的重压与无奈。紧接着，作家将自己的五个孩子如数家珍的介绍一番，连孩子一句话的小细节都使作家感慨万千，由此可见朱自清对儿女们的良苦用心。对于不在身边的两个孩子，作家写道：“小小的心儿，知道是怎样忍耐那寂寞来着！”一语道出了留守儿童的无助与孤独，即使在今天读来也使人怆然。读《儿女》，字里行间渗透着作家对孩子们深沉的爱，由于生活所迫对孩子们的照顾不周，又使作家产生浓重的忏悔意识，并发奋将来一定把孩子们聚在一起，好好教育，真实地体现出一个父亲的无私与爱。“父爱如山”，朱自清的这篇《儿女》没有动情的语言，没有感人的泪水，却有着山一般的厚重与博大，将父爱刻写在人的心上。

《秋天的况味》· 林语堂

林语堂(1895—1976)，生于福建龙溪(今漳州平和坂仔)的一个基督教家庭，父亲为教会牧师。1912 年入上海圣约翰大学，毕业后在清华大学任教。1945 年赴新加坡筹建南洋大学，任校长。曾任联合国教科文组织美术与文学主任、国际笔会副会长等职。林语堂于 1940 年和 1950 年先后两度获得诺贝尔文学奖提名。曾创办《论语》《人间世》《宇宙风》等刊物，作品包括小说《京华烟云》《啼笑皆非》等。散文和杂文文集《人生的盛宴》《生活的艺术》以及译著《东坡诗文选》《浮生六记》等。1966 年定居台湾，1967 年受聘为香港中文大学研究教授，主持编撰《林语堂当代汉英词典》。1976 年在香港逝世，享年 80 岁。

秋天的黄昏，一人独坐在沙发上抽烟，看烟头白灰之下露出红光，微微透露出暖气，心头的情绪便跟着那蓝烟缭绕而上，一样的轻松，一样的自由。不转眼，缭烟变成缕缕的细丝，慢慢不见了，而那霎时，心上的情绪也跟着消沉于大千世界，所以也不讲那时的情绪，而只讲那时的情绪的况味。待要再划一根洋火，再点起那已点过三四次的雪茄，却因白灰已积得太多而点不着，乃轻轻的一弹，烟灰静悄悄的落在铜炉上，其静寂如同我此时用毛笔写在中纸上一样，一点的声息也没有。于是再点起来，一口一口的吞云吐雾，香气扑鼻，宛如偎红倚翠温香在抱的情调。于是想到烟，想到这烟一股温煦的热气，想到室中缭绕暗淡的烟霞，想到秋天的意味。这时才忆起，向来诗文上秋的含义，并不是这样的，使人联想的是肃杀，是凄凉，是秋扇，是红叶，是荒林，是萋草。然而秋确有另一意味，没有春天的阳气勃勃，也没有夏天的炎烈迫人、也不像冬天之全入于枯槁凋零。我所爱的是秋林古气磅礴气象。有人以老气横秋骂人，可见是不懂得秋林古色之滋味。在四时中，我于秋是有偏爱的，所以不妨说说。

秋是代表成熟，对于春天之明媚娇艳，夏日的茂密浓深，都是过来人，不足为奇了。所以其色淡，叶多黄，有古色苍茏之概，不单以葱翠争荣了。这是我所谓秋天的意味。大概我所爱的不是晚秋，是初秋，那时暄气①初消，月正圆，蟹正肥，桂花皎洁，也未陷入凛烈萧瑟气态，这是最值得赏乐的。那时的温和，如我烟上的红灰，只是一股熏熟的温香罢了。或如文人已排脱下笔惊人的格调，而渐趋纯熟练达，宏毅坚实，其文读来有深长意味。这就是庄子所谓"正得秋而万宝成"②结实的意义。在人生上最享乐的就是这一类的事。比如酒以醇以老为佳。烟也有和烈之辨。雪茄之佳者，远胜于香烟，因其意味较和。倘是烧得得法，慢慢的吸完一支，看那红光炙发，有无穷的意味。鸦片吾不知，然看见人在烟灯上烧，听那微微哔剥的声音，也觉得有一种诗意。大概凡是古老，纯熟，熏黄，熟练的事物，都使我得到同样的愉快。如一只熏黑的陶锅在烘炉上用慢火炖猪肉时所发出的锅中徐吟的声调，使我感到同看人烧大烟一样的兴味。或如一本用过二十年而尚未破烂的字典，或是一张用了半世的书桌，或如看见街上一熏黑了老气横秋的招牌，或是看见书法大家苍劲雄浑的笔迹，都令人有相同的快乐。人生世上如岁月之有四时，必须要经过这纯熟时期，如女人发育健全遭遇安顺的，亦必有一时徐娘半老的风韵，为二八佳人所不及者。使我最佩服的是邓肯的佳句："世人只会吟咏春天与恋爱，真无道理。须知秋天的景色，更华丽，更恢奇③，而秋天的快乐有万倍的雄壮、惊奇、都丽④。我真可怜那些妇女识见偏狭⑤，使她们错过爱之秋天的宏大的赠赐。"若邓肯⑥者，可谓识趣之人。

（林语堂著：《中华散文珍藏本：林语堂卷》，人民文学出版社 2001 年版。）

赏析

林语堂出身于一个基督教家庭，父亲是乡村传教士。自由、开放的家庭氛围培养了林语堂独立、洒脱的个性，他的父亲希望他也能成为一名传教士，他却选择了语言和文学，甚至自称自己是一名"异教徒"；他不依附于任何个人或团体，也不讨好任何当权者。林语堂在《言志篇》中说："我要有能做我自己的自由，和敢做我自己的胆量"⑦。由此可见他洒脱不羁的个性与任随性情的人生理想。

作为一个幽默、机智、感性而又率真的作家，林语堂不同于同时代主流作家对中国传统文化的全面反叛，他对中国传统文化保留了孩子般的好奇与热情，并从明清小品文中找到了共鸣，他对明清小品的痴迷在中国现代作家中是鲜见的。从某种意义上讲，明清小品帮助林语堂确立了生活的艺术观，赋予了他幽默、性灵和闲适的审美趣味，强化了他对常识的

---

① 暄(xuān)气：暑热之气。

② 出自《庄子·杂篇·庚桑楚》："夫春气发而百草生，正得秋而万宝成"。

③ 恢(huī)奇：杰出，不平常。

④ 都丽：华丽，美丽。

⑤ 褊(biǎn)狭：指土地狭窄或气量狭小。

⑥ 邓肯：伊莎多拉·邓肯，美国舞蹈家，她崇尚个性自由，以披头赤脚在舞台上进行表演的形式来排斥芭蕾的僵化与严苛，被誉为"一代舞后"和"现代舞之母"。

⑦ 林语堂：《林语堂文集》(第九卷)，作家出版社 1998 年版，第 434 页。

尊重。他敬畏自然，反感虚假与做作，崇尚性灵自由的舒展，对自然的描摹也就带有别具一格的特色。他曾说，“我从来没有写过一行讨当局喜欢或是求取当局爱慕的文章。我也从来没有说过讨哪个人喜欢的话；连那个想法压根就没有。”①这种我行我素的个性使得林语堂在文学领域成为一个独特的存在——在以“载道”为核心目标的中国散文创作中，林语堂独抒性灵、风格闲适的小品文力反主流，独树一帜。除散文外，他的小说也别具一格：《京华烟云》中的木兰，《红牡丹》中的牡丹，其特立独行的性格特征无一不是林语堂独特审美趣味的彰显。

《秋天的况味》便显示出林语堂深邃、幽默、闲适的审美趣味。在这篇文章中，林语堂没有对秋的丰腴、肥美过多着墨，而是以一种怡然的心态，描写秋的绵延细节。林语堂喜欢的秋是这样的一个时节，“月正圆，蟹正肥，桂花皎洁，也未陷入懔烈萧瑟气态”，是带着成熟风韵的温和。在林语堂笔下，秋如历经岁月打磨风韵犹存的半老徐娘一样，带有洗尽铅华的成熟优雅与波澜不惊的从容不迫。林语堂将秋比作雪茄、用过 20 年的烂字典、半个世纪的书桌、老气横秋的招牌、书法大家苍劲雄浑的笔迹，甚至一只熏黑的陶锅在烘炉上用慢火炖猪肉时所发出的徐吟的声调。这何止是“秋天的况味”，更是一种“人生的况味”，是经过人生风浪之后的坦然，是历经悲喜交加后的顿悟，更是脱尽浮躁凌厉之后的淡泊。细读《秋天的况味》，品味人生之况味，意蕴渺远，回味无穷。

《爱》· 张爱玲

张爱玲(1920—1995)，中国现代作家，原籍河北省唐山市，原名张煐。其祖父张佩纶是清末名臣，祖母李菊耦是朝廷重臣李鸿章的长女。她的作品主要有小说、散文、电影剧本以及文学论著，代表小说有《倾城之恋》《金锁记》，代表散文有《我的天才梦》《童言无忌》《爱》等。1944 年张爱玲结识胡兰成并与之交往。1973 年，张爱玲定居洛杉矶，1995 年 9 月去世，终年 75 岁。

这是真的。

有个村庄的小康之家的女孩子，生得美，有许多人来做媒，但都没有说成。那年她不过十五六岁罢，是春天的晚上，她立在后门口，手扶着桃树。她记得她穿的是一件月白的衫子。对门的年轻人同她见过面，可是从来没有打过招呼的，他走了过来。离得不远，站定了，轻轻地说了一声：“噢，你也在这里吗？”她没有说什么，他也没有再说什么，站了一会，各自走开了。

就这样就完了。

后来这女子被亲眷拐了，卖到他乡外县去做妾，又几次三番地被转卖，经过无数的惊险的风波，老了的时候，她还记得从前那一回事，常常说起，在那春天的晚上，在后门口的桃树下，那年轻人。

① 林语堂：《林语堂自传》，江苏文艺出版社 1995 年版，第 47—48 页。

于千万人之中遇见你所遇见的人，于千万年之中，时间的无涯的荒野里，没有早一步，也没有晚一步，刚巧赶上了，那也没有别的话可说，惟有轻轻的问一声："哦，你也在这里吗？"

（张爱玲著：《张爱玲典藏全集 散文卷一：1939—1947年作品》，哈尔滨出版社2003年版。）

赏析

《爱》是张爱玲创作于1944年4月的一篇散文。此前，她于1944年2月结识胡兰成并坠入爱河。胡兰成之于张爱玲，"因为懂得，所以慈悲"①，而张爱玲见了胡兰成②，则羞赧得如初恋少女一般。"见了他，她变得很低很低，低到尘埃里，但她心里是欢喜的，从尘埃里开出花来"。③ 她仰慕他如父如兄的深厚博识；他是她生命中第一次也是最后一次爱情；对于这份爱，张爱玲是全身心投入的。然而，难以想象，一个热恋中的年轻女子，却在遇到知心爱人时写下如此苍凉的文字，可见这篇仅有342字的文章背后，隐藏了张爱玲内心深处难以言状的隐忧。这是她对胡兰成这个人的迷恋与疑虑，也是对乱世情感的担忧与恐惑，又暗含了她对坚贞爱情的些许期待，些许无奈，些许坚守。

文章开篇，写一个生得很美的小康之家的女子，在一个春天的夜晚，人面桃花相映红之时，偶遇邻家一个年轻人。多么温暖、美丽、浪漫的场景，羞涩的两个年轻人，竟是从来没有打过招呼，而今夜偶遇，也只有男子说了一句"哦，你也在这里吗？"两人再无其他言语，然而却抵得过千言万语。一句"你也在这里吗？"宛然两人已相识相知许久，无须礼貌与客套，无须绕弯子，直截了当一个"你"字，俨然这女孩子已在这年轻男子心上梦里出现过无数次，不然不会如此亲切熟悉。而那女子竟也仿若认同这样的称呼，没有任何异议，没有任何不适，更没有任何尴尬、难堪甚或反感，而是彼此心照不宣的站了一会儿，走开了。这样一幅场景，像极了初恋男女的偶遇，让人期待接下来更好更美的故事。然而，作者写到此却戛然而止——"就这样就完了"。一句简单的话将一幅美妙的画卷猝然收起，随之，冷酷的现实扑面而来。那个女孩子竟然被拐卖到他乡，又多次被转卖，受尽了凌辱与责难。在自己老年之时，却还念念不忘对门的年轻人。这是怎样的一份爱！只有一句话的独白，却让一个女子纪念了一辈子！谈起这个年轻人的时候，这女孩子是怎样的心情呢？怀念？追悔？伤心？遗憾？倘若，倘若人生再来一回，是否能避免很多遗憾发生呢？在文章的结尾处，作者给了我们答案。即便在对的时间、对的地点，两个人遇见了，相爱了，"那也没有别的话可说，惟有轻轻的问一声：'哦，你也在这里吗？'"在乱世之中，爱情不过是可望而不可求的奢侈；即便热恋中的张爱玲，对现实也有着出人意料的冷静与清醒：可以说，张爱玲对胡兰成的爱本身就没有太多的奢望，有人懂过她，爱过她，就够了，似乎一句话就可以陪她一辈子。

---

① 胡兰成：《今生今世》，见于青、静思主编《张爱玲散文系列》（上卷），安徽文艺出版社1994年版，第273页。

② 胡兰成是张爱玲的第一任丈夫。他擅长写作，抗日战争时期出任汪伪政权宣传部副部长，为汪精卫的卖国行径洗白。1945年日军战败投降后逃亡日本，1981年7月25日因心脏衰竭死于日本东京。代表作有《今生今世》《山河岁月》等。

③ 胡兰成：《今生今世》，见于青、静思主编《张爱玲散文系列》（上卷），安徽文艺出版社1994年版，第283页。

在《爱》中，张爱玲对爱情的解释是现实、冷静而又清醒的。她就像《霍小玉传》中的女主人公霍小玉一样，由名门望族被迫流落于尘世卖文为生，她孤僻、冷傲、倔强，对爱情有真挚的渴望与追求，却从不抱有超越现实的幻想。当胡兰成希望“岁月静好，现世安稳”①时，张爱玲似乎觉察到了这段刻骨铭心的爱情之悲剧命运。不然，她不会在此时写下如此苍凉的文字。在不可把握的未知命运面前，“原来你也在这里”这句话满含着深情却又显得单薄无力。难以想象，如此简单的一句话，却成为一个女子心灵深处永存的温暖，乱世人的情何其脆弱又何其坚韧，乱世人的心何其真挚又何其无奈。

半个多世纪后，这篇文章再次进入大众视野，不过不是以散文乃是以歌曲的形式。2003年，由姚谦作词、刘若英演唱的《原来你也在这里》出版发行并风靡一时，这首歌是对《爱》这篇散文的解读，也是对张爱玲爱情的演绎。不同之处在于，张爱玲的《爱》透露着对人间情爱的悲观、理性与决绝；而《原来你也在这里》则是一种充满希望的遇见，流露出词作者不同于张爱玲的另一种爱情观。

请允许我尘埃落定
用沉默埋葬了过去
满身风雨我从海上来
才隐居在这沙漠里
该隐瞒的事总清晰
千言万语只能无语
爱是天时地利的迷信
喔 原来你也在这里
啊 那一个人
是不是只存在梦境里
为什么我用尽全身力气
却换来半生回忆
若不是你渴望眼睛
若不是我救赎心情
在千山万水人海相遇
喔 原来你也在这里

在这首歌中，“原来你也在这里”这句话蕴含着绝处逢生的惊喜。如果说，张爱玲的《爱》中透露出对命运多舛、世事无常的痛惜，这首歌则恰恰相反，它表达了现代人在历经沧桑之后转身遇见爱人的欣慰与幸运。因此，“原来你也在这里”，这句话在散文《爱》中比在歌曲《原来你也在这里》中更悲凉、更深沉。洞尽《爱》之结局后，那句年轻人相遇时一句平常的话，更让人感到触目惊心。

---

① 胡兰成:《今生今世》，见于青、静思主编《张爱玲散文系列》(上卷)，安徽文艺出版社1994年版，第283页。

《脚印》·王鼎钧

王鼎钧(1925—),曾用名方以直,山东临沂市人,抗战末期初中毕业即辍学从军,1949年到台湾,51岁时移居美国,后一直在纽约居住。1977年,王鼎钧入选台北版《中国当代十大散文家》,1994年,王鼎钧被列入“当代台湾十二大散文名家”和“当代新十大散文家”。王鼎钧创作丰厚,长期出入于散文、小说和戏剧之间,著作近40种,以散文产量最丰,成就最大,被誉为“一代中国人的眼睛”“崛起的脊梁”。主要作品有《人生三书》《人生观察》《长短调》《左心房漩涡》《千手补蝶》《葡萄熟了》等。

乡愁是美学,不是经济学。思乡不需要奖赏,也用不着和别人竞赛。我的乡愁是浪漫而略近颓废的,带着像感冒一样的温柔。

你该还记得那个传说,人死了,他的鬼魂要把生前留下的脚印一个一个都捡起来。为了做这件事,他的鬼魂要把生平经过的路再走一遍。车中船中,桥上路上,街头巷尾,脚印永远不灭。纵然桥已坍了,船已沉了,路已翻修铺上柏油,河岸已变成水坝,一旦鬼魂重到,他的脚印自会一个一个浮上来。

想想看,有朝一日,我们要在密密的树林里,在黄叶底下,拾起自己的脚印,如同当年捡拾坚果。花市灯如昼,长街万头攒动,我们去分开密密的人腿捡起脚印,一如当年拾起挤掉的鞋子。想想那个湖!有一天,我们得砸破镜面,撕裂天光云影,到水底去收拾脚印,一如当年采集鹅卵石。在那个供人歌舞跳跃的广场上,你的脚印并不完整,大半只有脚尖或只有脚跟。在你家门外窗外后院的墙外,你的灯影所及,你家梧桐的阴影所及,我的脚印是一层铺上一层,春夏秋冬千层万层,一旦全部涌出,恐怕高过你家的房顶。

有时候,我一想起这个传说就激动,有时候,我也一想起这个传说就怀疑。我固然不必担心我的一肩一背能负载多少脚印,一如无须追问一根针尖上能站多少天使,可是这个传说跟别的传说怎样调和呢,末日大限将到的时候,牛头马面不是拿着令牌和锁链在旁等候出窍的灵魂吗?以后是审判,是刑罚,他哪有时间去捡脚印;以后是喝孟婆汤,是投胎转世,他哪有能力去捡脚印。鬼魂怎能如此潇洒、如此淡泊、如此个人主义?好,古圣先贤创设神话,今圣后贤修正神话,我们只有拆开那个森严的故事结构,容纳新的传奇。

我想,捡脚印的情节恐怕很复杂,超出众所周知。像我,如果可能,我要连你的脚印一并收拾妥当。如果捡脚印只是一个人最末一次余兴,或有许多人自动放弃,如果事属必要,或将出现一种行业,一家代捡脚印的公司。至于我,我要捡回来的不只是脚印。那些歌,在我们唱歌的地方,四处有抛掷的音符,歌声冻在原处,等我去吹一口气,再响起来。那些泪,在我流过泪的地方,热泪化为铁浆,倒流入腔,凝成铁心钢肠,旧地重临,钢铁还原成浆还原成泪,老泪如陈年旧酿。人散落,泪散落,歌声散落,脚印散落,我一一仔细收拾,如同向夜光杯中仔细斟满葡萄美酒。

也许，重要的事情应该在生前办理，死后太无凭，太渺茫难期。也许捡脚印的故事只是提醒游子在垂暮之年做一次回顾式的旅行，镜花水月，回首都有真在。若把平生行程再走一遍，这旅程的终站，当然就是故乡。

人老了、能再年轻一次吗？似乎不能，所有的方士都试验过、失败了。但是我想有个秘方可以再试，就是这名为捡脚印的旅行。这种旅行和当年逆向，可以在程序上倒过来实施，所以年光也仿佛倒流。以我而论，我若站在江头江尾想当年名士过江成鲫，我觉得我二十岁。我若坐在水穷处、云起时看虹，看上帝在秦岭为中国人立的约，看虹怎样照着皇宫的颜色给山化妆，我十五岁。如果我赤足站在当初看蚂蚁打架看鸡上树的地方让泥地由脚心到头顶感动我，我只有六岁。

当然，这只是感觉，并非事实。事实在海关官员的眼中，在护照上。事实是访旧半为鬼，笑问客从何处来。但是人有时追求感觉，忘记事实，感觉误我，衣带渐宽终不悔。我感觉我是一个字，被批判家删掉，被修辞学家又放回去。我觉得紧身马甲扯成碎片，舒服，也冷。我觉得香肠切到最后一刀，希望是一盘好菜。我有脚印留下吗？我怎么觉得少年十五二十时腾云驾雾，从未脚踏实地？古人说，读书要有被一棒打昏的感觉，我觉得"还乡"也是，四十年万籁无声，忽然满耳都是还乡，还乡，还乡——你还记得吗？乡间父老讲故事，说是两个旅行的人住在旅店里，认识了，闲谈中互相夸耀自己的家乡有高楼。一个说，我们家乡有座楼，楼顶上有个麻雀窝，窝里有几个麻雀蛋。有一天，不知怎么，窝破了，这些蛋在半空中孵化，幼雀破壳而出，还没等落到地上，新生的麻雀就翅膀硬了、可以飞了。所以那些麻雀一个也没摔死，都贴地飞行，然后一飞冲天。你想那座高楼有多高？愿你还记得这个故事。你已经遗忘了太多的东西。忘了故事，忘了歌，忘了许多人名地名。怎么可能呢，那些故事，那些歌，那些人命地名，应该与我们的灵魂同在，与我们的人格同在。你究竟是怎样使用你的记忆呢。

……那旅客说：你想我家乡的楼有多高？另一个旅客笑一笑，不愠不火，我们家乡也有一座高楼，有一次，有个小女孩从楼顶上掉下来了，到了地面上，她已长成一个老太太。我们这座楼比你们那一座，怎么样？

当年悠然神往，一心想奔过去看那样高的楼，千山万水不辞远。现在呢，我想高楼不在远方，它就是故乡，我一旦回到故乡，会恍然觉得当年从楼顶跳下来，落地变成了老翁。真快，真简单，真干净！种种成长的痛苦，萎缩的痛苦，种种期许种种幻灭，生命中那些长跑长考长歌长年煎熬长夜痛哭，根本没有时间也没有机会发生，"昨日今我一瞬间"，间不容庸人自扰。这岂不是大解脱，大轻松，这是大割大舍大离大弃，也是大结束大开始。我想躺在地上打个滚儿恐怕也不能够，空气会把我浮起来。

（王鼎钧：《左心房漩涡》，生活·读书·新知三联书店2013年版。）

赏析

在台湾，王鼎钧和余光中齐名，是十大散文家评选中从不落下的人选，在华文世界具有举足轻重的地位。王鼎钧的散文以其独特的“乡愁美学”著称。王鼎钧前半生颠沛流离，小学尚未读完，抗日战争爆发，他被迫与家人分离，成了无依无靠的流亡学生。抗战末期他初中毕业即辍学从军，随国民党军队宪兵团经南京、上海、青岛等地，1949 年以宪兵身份来到台湾，迫于生计，笔耕不辍，听命于时局政治，与所有赴台的人们一道，经受了异乡游子无数轮灵魂辗转和挣扎之痛。1978 年，王鼎钧应聘至美国西东大学任教，从此，定居美国纽约。在 20 世纪中，出走他乡、流落异域的中国人是世界上任何民族无法比拟的，三千万人漂泊海外，数百万人迁居台港，而数以亿计的人在战争屡起、政治动荡、经济冲击等浪潮中背井离乡，这种情况跟中国人安土重迁的传统心理发生激烈撞击，跟全球性的时代语境构成着复杂互动，使“乡愁”成为 20 世纪中国文学中最富有生命、文化、审美多种意味的形象体系。① 王鼎钧颠沛流离，漂泊无依的生平让他的乡思乡愁得到了最丰厚最复杂的酿造，令他最早直言“乡愁是美学”，也形成了自己独异丰富的“乡愁美学”。

《脚印》出自散文集《左心房漩涡》，1988 年出版，当年即被评为台湾“10 本最有影响力的书”，获得台湾《中国时报》文学奖。《脚印》开篇简要感发议论，点明“乡愁是美学，不是经济学。”“我的乡愁是浪漫而略近颓废的，带着像感冒一样的温柔。”接着通过分析浪漫的民间传说和故事，达到乡愁的疏解和释然。首先讲述的是“人死了，他的鬼魂要把生前留下的脚印一个一个都捡起来”的传说，随即怀疑和否定了这个浪漫的传说“鬼魂怎能如此潇洒、如此淡泊、如此个人主义？”因为“末日大限将到的时候，牛头马面不是拿着令牌和锁链在旁等候出窍的灵魂吗？以后是审判，是刑罚，他哪有时间去捡脚印；以后是喝孟婆汤，是投胎转世，他哪有能力去捡脚印？”而后我“浪漫而略近颓废的”乡愁，让“我要捡回来的不只是脚印。那些歌……那些泪……人散落，泪散落，歌声散落，脚印散落，我一一仔细收拾。”要将一生的行迹，人生的悲喜都收拾干净，让古老的传说“容纳新的传奇”。并由浪漫的传说，开始理智的阐释，“也许，重要的事情应该在生前办理，死后太无凭，太渺茫难期。也许捡脚印的故事只是提醒游子在垂暮之年做一次回顾式的旅行，镜花水月，回首都有真在。若把平生行程再走一遍，这旅程的终站，当然就是故乡。”由此展开了作者对现实人生的回顾，即“年光的倒流旅行”，感受“我二十岁”“我十五岁”“我六岁”时的生命体验。但这浪漫的还乡之旅只能在想象中完成，“这只是感觉，并非事实。事实在海关人员的眼中，在护照上”。由于历史政治的原因，国共分裂，内战惨烈，海峡对峙，大陆和台湾，被无形地分隔开来。1949 年以后，有多少人和王鼎钧一样，在台湾所谓“光复”之念无望后，在绝望中消沉，多少人终老都没能回到自己的故乡，最后客死他乡。故乡，成了多少人魂牵梦绕而无法触及的所在，

① 黄万华：《文学史上的王鼎钧》，载于《齐鲁学刊》2005 年第 1 期，第 106 页。

故乡之念，因为生死难及而成灰念，并最终成了畏惧与禁忌。① 当政治气候发生变化，“四十年万籁无声，忽然满耳都是还乡，还乡，还乡”，作者反而“近乡情更怯”，还乡变成了对自己一生的思考，反省自己“我有脚印留下吗？我怎么觉得少年十五二十时腾云驾雾，从未脚踏实地？”从而再度回到浪漫的民间故事中，在还乡的复杂心念下，乡间父老讲的高楼“落蛋变飞鸟”“女孩变老太”的故事，最终让作者明白那年少悠然神往的高楼，“不在远方，它就是故乡。我一旦回到故乡，会恍然觉得当年从楼顶跳下来，落地变成了老翁。”将外在的还乡重寻故地的行动，化为内心深沉的记忆和默想。对故乡的回望，是对一生的回想，“种种成长的痛苦，萎缩的痛苦，种种期许种种幻灭，生命中那些长跑长考长歌长年煎熬长夜痛哭，根本没有时间也没有机会发生，‘昨日今我一瞬间’，间不容庸人自扰。这岂不是大解脱，大轻松，这是大割大舍大离大弃，也是大结束大开始。”从自外求索而向内反观，从求诸外在而转为求诸内心，是作者在饱经世事沧桑之后，对生命和人生的更为纯粹而本质的顿悟。

《道士塔》· 余秋雨

余秋雨（1946—），生于浙江省余姚县，中国著名散文家，文化学者，艺术理论家、文化史学家。1962 年开始发表作品，1966 年毕业于上海戏剧学院戏剧文学系。1986 年被授予“上海十大学术精英”；2004 年年底，被联合国教科文组织、北京大学等单位选为“中国十大文化精英”“中国文化传播坐标人物”；2008 年 9 月，上海市教育委员会颁授成立“余秋雨大师工作室”。文学作品主要有《文化苦旅》《中国文脉》《山河之书》《千年一叹》《行者无疆》《空岛》等。

一

莫高窟大门外，有一条河，过河有一溜空地，高高低低建着几座僧人圆寂塔。塔呈圆形，状近葫芦，外敷白色。从几座坍弛的来看，塔心竖一木桩，四周以黄泥塑成，基座垒以青砖。历来住持莫高窟的僧侣都不富裕，从这里也可找见证明。夕阳西下，朔风凛冽，这个破落的塔群更显得悲凉。

有一座塔，由于修建年代较近，保存得较为完整。塔身有碑文，移步读去，猛然一惊，它的主人，竟然就是那个王圆箓！

历史已有记载，他是敦煌石窟的罪人。

我见过他的照片，穿着土布棉衣，目光呆滞，畏畏缩缩，是那个时代到处可以遇见的一个中国平民。他原是湖北麻城的农民，逃荒到甘肃，做了道士。几经转折，不幸由他当了莫高窟的家，把持着中国古代最灿烂的文化。他从外国冒险家手里接过极少的钱财，让他们把难以计数的敦煌文物一箱箱运走。今天，敦煌研究院的专家们只得一次次屈辱地从外国博物馆买取敦煌文献的微缩胶卷，叹息一

① 吴礼明：《一文数解构 思乡情何沉——王鼎钧散文名作〈脚印〉解读》，载于《名作欣赏》2017 年第 1 期，第 104 页。

声，走到放大机前。

完全可以把愤怒的洪水向他倾泄。但是，他太卑微，太渺小，太愚昧，最大的倾泄也只是对牛弹琴，换得一个漠然的表情。让他这具无知的躯体全然肩起这笔文化重债，连我们也会觉得无聊。

这是一个巨大的民族悲剧。王道士只是这出悲剧中错步上前的小丑。一位年轻诗人写道，那天傍晚，当冒险家斯坦因装满箱子的一队牛车正要启程，他回头看了一眼西天凄艳的晚霞。那里，一个古老民族的伤口在滴血。

二

真不知道一个堂堂佛教圣地，怎么会让一个道士来看管。中国的文官都到哪里去了，他们滔滔的奏摺怎么从不提一句敦煌的事由？

其时已是二十世纪初年，欧美的艺术家正在酝酿着新世记的突破。罗丹正在他的工作室里雕塑，雷诺阿、德加、塞尚已处于创作晚期，马奈早就展出过他的《草地上的午餐》。他们中有人已向东方艺术投来歆羡的目光，而敦煌艺术，正在王道士手上。

王道士每天起得很早，喜欢到洞窟里转转，就像一个老农，看看他的宅院。他对洞窟里的壁画有点不满，暗乎乎的，看着有点眼花。亮堂一点多好呢，他找了两个帮手，拎来一桶石灰。草扎的刷子装上一个长把，在石灰桶里蘸一蘸，开始他的粉刷。第一遍石灰刷得太薄，五颜六色还隐隐显现，农民做事就讲个认真，他再细细刷上第二遍。这儿空气干燥，一会儿石灰已经干透。什么也没有了，唐代的笑容，宋代的衣冠，洞中成了一片净白。道士擦了一把汗憨厚地一笑，顺便打听了一下石灰的市价。他算来算去，觉得暂时没有必要把更多的洞窟刷白，就刷这几个吧，他达观地放下了刷把。

当几面洞壁全都刷白，中座的塑雕就显得过分惹眼。在一个干干净净的农舍里，她们婀娜的体态过于招摇，她们柔美的浅笑有点尴尬。道士想起了自己的身份，一个道士，何不在这里搞上几个天师、灵官菩萨？他吩咐帮手去借几个铁锤，让原先几座塑雕委曲一下。事情干得不赖，才几下，婀娜的体态变成碎片，柔美的浅笑变成了泥巴。听说邻村有几个泥匠，请了来，拌点泥，开始堆塑他的天师和灵官。泥匠说从没干过这种活计，道士安慰道，不妨，有那点意思就成。于是，像顽童堆造雪人，这里是鼻子，这里是手脚，总算也能稳稳坐住。行了。再拿石灰，把它们刷白。画一双眼，还有胡子，像模像样。道士吐了一口气，谢过几个泥匠，再作下一步筹划。

今天我走进这几个洞窟，对着惨白的墙壁、惨白的怪像，脑中也是一片惨白。我几乎不会言动，眼前直晃动着那些刷把和铁锤。“住手！”我在心底痛苦地呼喊，只见王道士转过脸来，满眼困惑不解。是啊，他在整理他的宅院，闲人何必喧哗？我甚至想向他跪下，低声求他：“请等一等，等一等……”但是等什么呢？我脑中依然一片惨白。

三

1900年5月26日清晨，王道士依然早起，辛辛苦苦地清除着一个洞窟中的积沙。没想到墙壁一震，裂开一条缝，里边似乎还有一个隐藏的洞穴。王道士有点奇怪，急忙把洞穴打开，嗬，满满实实一洞的古物！

王道士完全不能明白，这天早晨，他打开了一扇轰动世界的门户。一门永久性的学问，将靠着这个洞穴建立。无数才华横溢的学者，将为这个洞穴耗尽终生。中国的荣耀和耻辱，将由这个洞穴吞吐。

现在，他正衔着旱烟管，趴在洞窟里随手捡翻。他当然看不懂这些东西，只觉得事情有点蹊跷。为何正好我在这儿时墙壁裂缝了呢？或许是神对我的酬劳。趁下次到县城，捡了几个经卷给县长看看，顺便说说这桩奇事。

县长是个文官，稍稍掂出了事情的分量。不久甘肃学台叶炽昌也知道了，他是金石学家，懂得洞窟的价值，建议藩台把这些文物运到省城保管。但是东西很多，运费不低，官僚们又犹豫了。只有王道士一次次随手取一点出来的文物，在官场上送来送去。

中国是穷，但只要看看这些官僚豪华的生活排场，就知道绝不会穷到筹不出这笔运费。中国官员也不是都没有学问，他们也已在窗明几净的书房里翻动出土经卷，推测着书写朝代了。但他们没有那副赤肠，下个决心，把祖国的遗产好好保护一下。他们文雅地摸着胡须，吩咐手下："什么时候，叫那个道士再送几件来！"已得的几件，包装一下，算是送给哪位京官的生日礼品。

就在这时，欧美的学者、汉学家、考古家、冒险家，却不远万里、风餐露宿，朝敦煌赶来。他们愿意变卖掉自己的全部财产，充作偷运一两件文物回去的路费。他们愿意吃苦，愿意冒着葬身沙漠的危险，甚至作好了被打、被杀的准备，朝这个刚刚打开的洞窟赶来。他们在沙漠里燃起了股股炊烟，而中国官员的客厅里，也正茶香缕缕。

没有任何关卡，没有任何手续，外国人直接走到了那个洞窟跟前。洞窟砌了一道砖、上了一把锁，钥匙挂在王道士的裤腰带上。外国人未免有点遗憾，他们万里冲刺的最后一站，没有遇到森严的文物保护官邸，没有碰见冷漠的博物馆馆长，甚至没有遇到看守和门卫，一切的一切，竟是这个肮脏的土道士。他们只得幽默地耸耸肩。

略略交谈几句，就知道了道士的品位。原先设想好的种种方案纯属多余，道士要的只是一笔最轻松的小买卖。就像用两枚针换一只鸡，一颗钮扣换一篮青菜。要详细地复述这笔交换帐，也许我的笔会不太沉稳，我只能简略地说："1905年10月，俄国人勃奥鲁切夫用一点点随身带着的俄国商品，换取了一大批文书经卷；1907年5月，匈牙利人斯坦因用一叠子银元换取了24大箱经卷、5箱织绢和绘画;1908 年 7 月,法国人伯希和又用少量银元换去了 10 大车、6000 多卷写本和画卷;1911 年 10 月,日本人吉川小一郎和橘瑞超用难以想象的低价换取了 300 多卷写本和两尊唐塑;1914 年,斯坦因第二次又来,仍用一点银元换去 5 大箱、600 多卷经卷……

道士也有过犹豫,怕这样会得罪了神。解除这种犹豫十分简单,那个斯坦因就哄他说,自己十分崇拜唐僧,这次是倒溯着唐僧的脚印,从印度到中国取经来了。好,既然是洋唐僧,那就取走吧,王道士爽快地打开了门。这里不用任何外交辞令,只需要几句现编的童话。

一箱子,又一箱子。一大车,又一大车。都装好了,扎紧了,吁——,车队出发了。

没有走向省城,因为老爷早就说过,没有运费。好吧,那就运到伦敦,运到巴黎,运到彼得堡,运到东京。

王道士频频点头,深深鞠躬,还送出一程。他恭敬地称斯坦因为"司大人讳代诺",称伯希和为"贝大人讳希和"。他的口袋里有了一些沉甸甸的银元,这是平常化缘时很难得到的。他依依惜别,感谢司大人、贝大人的"布施"。车队已经驶远,他还站在路口。沙漠上,两道深深的车辙。

斯坦因他们回到国外,受到了热烈的欢迎。他们的学术报告和探险报告,时时激起如雷的掌声。他们在叙述中常常提到古怪的王道士,让外国听众感到,从这么一个蠢人手中抢救出这笔遗产,是多么重要。他们不断暗示,是他们的长途跋涉,使敦煌文献从黑暗走向光明。

他们都是富有实干精神的学者,在学术上,我可以佩服他们。但是,他们的论述中遗忘了一些极基本的前提。出来辩驳为时已晚,我心头只是浮现出一个当代中国青年的几行诗句,那是他写给火烧圆明园的额尔金勋爵的:

> 我好恨
> 恨我没早生一个世纪
> 使我能与你对视着站立在
> 　　阴森幽暗的古堡
> 　　晨光微露的旷野
> 要么我拾起你扔下的白手套
> 要么你接住我甩过去的剑
> 要么你我各乘一匹战马
> 远远离开遮天的帅旗
> 　　离开如云的战阵
> 　　决胜负于城下

对于这批学者,这些诗句或许太硬。但我确实想用这种方式,拦住他们的车队。对视着，站立在沙漠里。他们会说，你们无力研究；那么好，先找一个地方，坐下来，比比学问高低。什么都成，就是不能这么悄悄地运走祖先给我们的遗赠。

我不禁又叹息了，要是车队果真被我拦下来了，然后怎么办呢？我只得送缴当时的京城，运费姑且不计。但当时，洞窟文献不是确也有一批送京的吗？其情景是，没装木箱，只用席子乱捆，沿途官员伸手进去就取走一把，在哪儿歇脚又得留下几捆，结果，到京城时已零零落落，不成样子。

偌大的中国，竟存不下几卷经文！比之于被官员大量遭践的情景，我有时甚至想狠心说一句：宁肯存放在伦敦博物馆里！这句话终究说得不太舒心。被我拦住的车队，究竟应该驶向哪里？这里也难，那里也难，我只能让他停驻在沙漠里，然后大哭一场。

我好恨！

四

不止是我在恨。敦煌研究院的专家们，比我恨得还狠。他们不愿意抒发感情，只是铁板着脸，一钻几十年，研究敦煌文献。文献的胶卷可以从外国买来，越是屈辱越是加紧钻研。

我去时，一次敦煌学国际学术讨论会正在莫高窟举行。几天会罢，一位日本学者用沉重的声调作了一个说明："我想纠正一个过去的说法。这几年的成果已经表明，敦煌在中国，敦煌学也在中国！"

中国的专家没有太大的激动，他们默默地离开了会场，走过王道士的圆寂塔前。

（余秋雨著：《文化苦旅》，东方出版中心 2004 年版。）

赏析

《文化苦旅》是余秋雨于 1992 年首次出版的一部散文集，也是他的第一部文化散文集。"文化散文"，是 20 世纪 90 年代初出现的一个概念。佘树森先生在《中国当代散文报告文学发展史》中对文化散文进行了界定，"贴近生活的又一表现，就是世俗化倾向。人情种种，世俗百态，成为一些散文家观照的热点。由于这种观照常取文化视角，伴以历史文化反思，故又称之'文化散文'；由于这种观照多以非凡的机智，集中透视矛盾诸相，故行文常含幽默，还由于作者故作'超脱'与'旷达'，所以常有苦涩掩藏于闲适中。"①创作中选取的"文化视角"与内容上的"历史文化反思"的价值取向，是文化散文区别于非文化散文重要的分水岭。作为一种文学现象，文化散文早在 20 世纪 20 年代的散文实践中就已经产生，鲁迅、朱自清、冰心等的文化散文，或从历史批判、文化反思角度，或从人情世俗文化角度，或从宗教文化

① 佘树森、陈旭光：《中国当代散文报告文学发展史》，北京大学出版社 1996 年版，第 258 页。

角度，自觉地运用散文的形式去观照民族文化，批判、反思中国传统文化中的病态部分及其给民族造成的种种丑陋根性与心态，进行着中西方文化的比较、借鉴、融合，从而寻找出民族的思维优势和审美优势，以企盼民族品格的重塑与民族文化的振兴。① 到90年代，余秋雨的《文化苦旅》掀起了文化散文的创作和阅读热潮。《文化苦旅》被称为是具有"大灵魂、大气派、大内涵、大境界"的文化散文，是余秋雨先生20世纪80年代末和90年代初在海内外讲学和考察途中写下的作品，全书包括四部分，分别为如梦起点、中国之旅、世界之旅和人生之旅。

《道士塔》是余秋雨散文集《文化苦旅》的开篇之作，以古老的物象，描述了敦煌艺术的遗失和黄河文明的盛衰，传达出历史的苍凉，和祖国文化被糟践的情形下的一种悲愤、无助的情绪，表现出一股极具亲和力的文化情结。作品以道士王圆箓为情节线索，从莫高窟宝贵文物被发现讲起，到文物被破坏、被出卖，将其中不为人知的人和事，一一细细述说，描绘了卑微道士、县长、学台、京官等一群愚蠢、贪婪和昏庸的民族罪人，记录了一段敦煌文化失落的屈辱史。文章分为四个部分，第一部分以漫谈的笔触诉说了道士塔的位置、形状、历史以及衰败的凄惨景象，引出了那个从湖北麻城逃荒到甘肃的无知的农民道士王圆箓，旗帜鲜明的指责他是糟践中国古代最灿烂文化的"敦煌石窟的罪人"。也明确这"巨大的民族悲剧"，绝不仅仅是卑微、渺小、愚昧的王道士的错，他"只是这出悲剧中错步上前的小丑"。第二部分由富有张力的细节描写，叙述了愚昧无知的王道士，任意而自得地破坏莫高窟文物的经过。价值连城甚至是不可估价的艺术瑰宝，被王道士要么随意覆盖于白色的石灰底下，要么抡起铁锤砸毁换上随处可见的泥菩萨，"真不知道一个堂堂的佛教圣地，怎么会让一个道士来看管。中国的文官都到哪里去了，他们滔滔的奏摺怎么从不提一句敦煌的事由?"第三部分揭示敦煌石窟真正的罪人。以饱含愤怒之情的笔调，叙写王道士贪图私利廉价变卖文物，用具体而翔实的史料，说明大大小小的官员们，将珍贵的文物当作私人礼品在官场上送来送去，被外国人一批批轻易地卷走。这个巨大的民族悲剧的缔造者，正是这些真正有权力代表国家管理敦煌石窟的官员，是落后封建政体下腐败昏庸的政权！"偌大的中国，竟存不下几卷经文！比之于被官员大量糟践的情景，我有时甚至想狠心说一句：宁肯存放在伦敦博物馆里！这句话终究说得不太舒心。被我拦住的车队，究竟该驶向哪里？这里也难，那里也难，我只能让它停驻在沙漠里，然后大哭一场。"第四部分描述愤恨之后冷静的对抗屈辱的表现。"敦煌研究院的专家们，比我恨得还狠。他们不愿意抒发感情，只是铁板着脸，一钻几十年，研究敦煌文献。文献的胶卷可以从外国买来，越是屈辱越是加紧钻研。"这样才能让世界承认"敦煌在中国，敦煌学也在中国！"《道士塔》描述的是古往今来并不鲜见的，没有文化的人掌管文化的普遍的民族悲剧，这种典型的、隐含着传统文化悲剧性的历史事实，易于激起人们强烈的共鸣，给人以更深刻的印象和心灵的震撼；文章中夹叙夹议穿插小故事，用从容的叙述与细致的描写，呈现散文以小见大精当深刻的特性，"没有任

① 李莞：《"文化散文"的特征及其探源》，载于《四川教育学院学报》2009年第12期，第46页。

何关卡,没有任何手续,外国人直接走到了那个洞窟跟前。洞窟砌了一道砖、上了一把锁,钥匙挂在王道士的裤腰带上。外国人未免有点遗憾,他们万里冲刺的最后一站,没有遇到森严的文物保护官邸,没有碰见冷漠的博物馆馆长,甚至没有遇到看守和门卫,一切的一切,竟是这个肮脏的土道士。他们只得幽默地耸耸肩";全篇布局由塔写到人,由人写到事,由事写到史,由史写到情,由情写到思,环环相扣、层层递进,知识分子的文化关怀,愤恨的抒情格调,从叙述中,从对事件、事物和人物的描述中自然透示出来,升华出来,实现了个人面对自然、历史时的一次突入和创造,正如批评家谢有顺所言:"余秋雨以他的个人创造性,为散文重新进入自然和历史找到了一条秘密通道"。①

《目送》· 龙应台

龙应台(1952—),女,生于中国台湾高雄大寮乡眷村,1974年毕业于台湾成功大学外文系,后赴美国求学,获堪萨斯州立大学英美文学博士。1983年回台湾,先在中央大学外文系任副教授,后去淡江大学外国文学所任研究员。1988年迁居德国,在法兰克福大学任教授。1999年,龙应台出任台北市首任文化局局长。2008年在香港大学教授任上获评为"孔梁巧玲杰出人文学者"。2014年12月正式卸任台湾"文化部长"。主要作品有《中国人,你为什么不生气》《目送》《这个动荡的世界》《未完成的革命:戊戌百年纪》《魂牵》等。

华安上小学第一天,我和他手牵着手,穿过好几条街,到维多利亚小学。九月初,家家户户院子里的苹果和梨树都缀满了拳头大小的果子,枝丫因为负重而沉沉下垂,越出了树篱,勾到过路行人的头发。

很多很多的孩子,在操场上等候上课的第一声铃响。小小的手,圈在爸爸的、妈妈的手心里,怯怯的眼神,打量着周遭。他们是幼稚园的毕业生,但是他们还不知道一个定律:一件事情的毕业,永远是另一件事情的开启。

铃声一响,顿时人影错杂,奔往不同方向,但是在那么多穿梭纷乱的人群里,我无比清楚地看着自己孩子的背影——就好像在一百个婴儿同时哭声大作时,你仍旧能够准确听出自己那一个的位置。华安背着一个五颜六色的书包往前走,但是他不断地回头;好像穿越一条无边无际的时空长河,他的视线和我凝望的眼光隔空交会。

我看着他瘦小的背影消失在门里。

十六岁,他到美国作交换生一年。我送他到机场。告别时,照例拥抱,我的头只能贴到他的胸口,好象抱住了长颈鹿的脚。他很明显地在勉强忍受母亲的深情。

他在长长的行列里,等候护照检验;我就站在外面,用眼睛跟着他的背影一寸

① 谢有顺:《散文之意——以刘长春为例》,载于《当代作家评论》2003年第2期,第112页。

一寸往前挪。终于轮到他，在海关窗口停留片刻，然后拿回护照，闪入一扇门，倏乎不见。

我一直在等候，等候他消失前的回头一瞥。但是他没有，一次都没有。

现在他二十一岁，上的大学，正好是我教课的大学。但即使是同路，他也不愿搭我的车。即使同车，他戴上耳机——只有一个人能听的音乐，是一扇紧闭的门。有时他在对街等候公车，我从高楼的窗口往下看：一个高高瘦瘦的青年，眼睛望向灰色的海；我只能想象，他的内在世界和我的一样波涛深邃，但是，我进不去。一会儿公车来了，挡住了他的身影。车子开走，一条空荡荡的街，只立着一只邮筒。

我慢慢地、慢慢地了解到，所谓父女母子一场，只不过意味着，你和他的缘分就是今生今世不断地在目送他的背影渐行渐远。你站立在小路的这一端，看着他逐渐消失在小路转弯的地方，而且，他用背影默默告诉你：不必追。

我慢慢地、慢慢地意识到，我的落寞，仿佛和另一个背影有关。

博士学位读完之后，我回台湾教书。到大学报到第一天，父亲用他那辆运送饲料的廉价小货车长途送我。到了我才发觉，他没开到大学正门口，而是停在侧门的窄巷边。卸下行李之后，他爬回车内，准备回去，明明启动了引擎，却又摇下车窗，头伸出来说："女儿，爸爸觉得很对不起你，这种车子实在不是送大学教授的车子。"

我看着他的小货车小心地倒车，然后"噗噗"驶出巷口，留下一团黑烟。直到车子转弯看不见了，我还站在那里，一口皮箱旁。

每个礼拜到医院去看他，是十几年后的时光了。推着他的轮椅散步，他的头低垂到胸口。有一次，发现排泄物淋满了他的裤腿，我蹲下来用自己的手帕帮他擦拭，裙子也沾上了粪便，但是我必须就这样赶回台北上班。护士接过他的轮椅，我拎起皮包，看着轮椅的背影，在自动玻璃门前稍停，然后没入门后。

我总是在暮色沉沉中奔向机场。

火葬场的炉门前，棺木是一只巨大而沉重的抽屉，缓缓往前滑行。没有想到可以站得那么近，距离炉门也不过五米。雨丝被风吹斜，飘进长廊内。我掠开雨湿了前额的头发，深深、深深地凝望，希望记得这最后一次的目送。

我慢慢地、慢慢地了解到，所谓父女母子一场，只不过意味着，你和他的缘分就是今生今世不断地在目送他的背影渐行渐远。你站立在小路的这一端，看着他逐渐消失在小路转弯的地方，而且，他用背影默默告诉你：不必追。

（龙应台著：《目送》，生活·读书·新知三联书店2009年版。）

赏析

20世纪80年代，龙应台因笔锋犀利，内容以人为本、关心民生、触及时弊的杂文创作被誉为台湾文坛的"奇女子"，在台湾文坛与华语文坛上掀起一股强劲的"龙卷风"。2009年，龙应台的散文集《目送》(简体版)由生活·读书·新知三联书店出版,创作历时20余年后,习惯表达社会责任感的龙应台,这一次却转过身,将笔触伸向了"人"的内心世界,向源头探寻生存的意义。这次转变和2004年龙应台父亲逝世相关,至亲的死亡让她意识到自己对"人生基础课程"的学习有着严重的时间上的延迟,让她明白"有些事,只能一个人做。有些关,只能一个人过。有些路啊,只能一个人走",而且经过对生死的深切感受之后,开始觉得大部分社会议题其实都只是枝微末节。

散文集《目送》(简体版)由73篇散文组成,分为三辑:"有些路啊,只能一个人走","沙上有印,风中有音,光中有影"和"满山遍野茶树开花"。书中流露的是最简朴的人生观,是知天命之年的龙应台的"生死大问",描述的是家庭、孩子、父母、朋友、生老、病死、离别以及对"人"最深切的关怀,呈现了自己与父母、儿子之间的"跨三代"之爱,被誉为"生死笔记""家族人生情感"的力作。

《目送》是散文集的开篇之作。散文主"情",表现亲情、友情、爱情等人间真情的散文以情感的真切取胜。《目送》无疑是情真意切之作。作品描写的是琐碎的日常生活片段,由关于儿子的三幅画面和关于父亲的三幅画面,这六幅生活"细节"构成了作品的主体内容。儿子第一天上小学,作为母亲的"我"目送"他瘦小的背影消失在门里",那时的儿子"背着一个五颜六色的书包往前走,但是不断地回头",年幼的儿子满是胆怯,有着对母亲寸步难离的依恋;待到儿子长大16岁赴美做交换生,在机场告别时已是"勉强忍受母亲的深情"了,"我一直在等候,等候他消失前的回头一瞥。但是他没有,一次都没有",只剩下母亲对儿子的难舍、眷念;到了儿子21岁,"是一扇紧闭的门","我只能想象,他的内在世界和我的一样波涛深邃,但是,我进不去","我"更深刻地感受到无奈和落寞。"我的落寞,彷佛和另一个背影有关"。"父亲"因为"他那辆运送饲料的廉价小货车",不够体面,"这种车子实在不是送大学教授的车子",作为女儿的"我""看着他的小货车小心地倒车,然后'噗噗'驶出巷口,留下一团黑烟";父亲年迈后,我"看着轮椅的背影,在自动玻璃门前稍停,然后没入门后";父亲去世后,在火葬场"我掠开雨湿了前额的头发,深深、深深地凝望,希望记得这最后一次的目送"。在跳跃的、极富日常感和真实感的生活场景描述中,作者将自己的情感自然的融会其中,情融于事,烛幽见微,情感沉于字里行间,字字含情。在与至爱至亲的一次次痛楚、无奈的离别目送中,在"母亲"与"女儿"双重角色中的"我",开始明白"有些路啊,只能一个人走",即便是"父女母子""只不过意味着,你和他的缘分就是今生今世不断地在目送他的背影渐行渐远。你站立在小路的这一端,看着他逐渐消失在小路转弯的地方,而且,他用背影默默告诉你:不必追。"在细腻的个体化叙述之上,作者将自己的"小感触"变成"深思考",又通过"深思考"变成让人幡然醒悟的"真哲理",并且用具形、具象、具情的"诗意"语言表述出来,带给读者直抵心灵的感触力量。

第三节 拓展阅读

《散文是在人间的写作——谈新世纪散文》· 谢有顺

谢有顺(1972—),生于福建省长汀县。2011年入选教育部"新世纪优秀人才",享受国务院特殊津贴。2015年度"长江学者奖励计划"青年学者。一级作家,中国作家协会会员。现任中山大学中文系教授、博士生导师。代表作有《贾平凹谢有顺对话录》《中国散文二十讲》等。本篇选文从三个方面探讨如何写好一篇散文:第一,要有闲适、淡然的写散文的心境;第二,要释放眼睛、耳朵、鼻子等感官,让这些感官在散文中复活;第三,要有个人对世界感受的深度,使散文抵达人的内心深处,这样才能避免散文的模式化、空洞化。

一

散文在中国,先前虽为一切文体之源泉,但发展到今天,它在文体上的优势已经荡然无存。散文无类,散文也无界。这种没有边际的自由,一方面为散文的发展提供了极大的空间,另一方面也把散文推向了尴尬的境地——它似乎再也找不到自己的准确定位了。台湾的散文理论家郑明娳女士说,"现代散文经常处身于一种残留的文类""散文本身便永远缺乏自己独立的文类特色,而成为残余的文类。在地位上,现代散文反而成为一直居于包容各种体裁的次要文类。"(《现代散文类型论·序》)这点,我是深表赞同的。尽管"残留的文类""次要文类"之说,多少有点令人丧气,却也是不争的事实。因为就着文体本身的变化和革新而言,散文是这几十年来所有文类中最无所作为的。小说、诗歌和戏剧,这三十年来都发生了巨大的文体变化和艺术革新,惟独散文,总是生活在回望之中——现代散文的成就似乎成了散文界无法逾越的艺术高峰,散文一切的创造空间,在二十世纪似乎都被鲁迅、周作人、朱自清、林语堂、梁实秋等人所穷尽了。当代散文还能做什么?当代散文如何获得自己独立的文体意义?没有人能回答这个问题。

……

在专业写作越来越多的散文界,那些为变革而变革的做作的散文探索,看似热闹,其实早已远离了散文的本心。因此,所谓的散文热,并未对散文的发展贡献多少有价值的经验。

于是,我对散文的阅读,开始转向那些非专业的、有平常心的文字。我认为,失却了自由和业余这一精神标志,散文就不再是心灵最亲密的盟友。散文最大的敌人就是虚伪和作态。没有了自然、真心、散漫和松弛的话语风度,散文的神髓便已不在。而一旦把散文变成一种专业写作,以我看来,就多半难逃这样的悲剧境地了。散文的无规范,用李素伯在《小品文研究》一书的话说,是比小说和诗歌更为“近人情”，更反对制作，它崇尚自然，向往兴之所至，本质上说，它是业余的文学。所以，我对那些专以写作散文为业的人，历来是很讶异的，我不认为他们的专业姿态能帮助他们写出真正的好散文来。

当代的散文历史可以证实，我的上述判断并不是空穴来风。至少，现在进入我视野的最好的当代散文家，绝大多数都不是专业意义上的，反而是客串和业余的身份，使他们写出了令人难忘的散文篇章。比如，汪曾祺、王小波、贾平凹、史铁生、韩少功、张承志、余华、阿来、余秋雨、于坚等人，他们的文学身份更多的是小说家、诗人、理论家，而不是专业意义上的散文家。这些难道仅仅是出于偶然吗？也许，它不过进一步证实了我的设想：如何使散文更好地成为“业余的文学”，才是散文的正大一途。

确实，许多的时候，最好的散文都是“业余”的，“无用”的，它仅仅是为了呈现作者的一片闲心而已。而一个散文家，如果没有一点闲心和闲笔，要写好散文，恐怕是很难的；许多人之所以闲不下来，我想，并不是艺术技巧的问题，实在是他还没具备写好散文的心境罢了。

二

梁实秋在《论散文》里说：“散文是没有一定的格式的，是最自由的，同时也是最不容易处置，因为一个人的人格思想，在散文里绝无隐饰的可能，提起笔便把作者的整个性格纤毫毕现地表现出来。”——散文理应是自由主义的文体。正是在自由的意义上，林语堂提倡“不说别人的话”，胡适张扬“在不疑处有疑”，周作人自称“叛徒与隐士”，而郁达夫则说，“五四运动的最大的成功，第一要算‘个人’的发现。”——“个人”的发现，堪称是自由的精神基座。只是，这种自由感，平常心，近人情，非专业，闲笔和闲心，显现一个人的性格……等散文写作当有的品质，在当下那些颇负盛名的散文家笔下，往往踪迹难寻；相反，在一些正统散文界难以归类的作家笔下，却能读到一些。尤其是进入新世纪之后，散文正从专业化的阴影下走出来，它越来越成为一种说话方式，一种个人观察世界、理解生命的视角。许多的文字，与其说是写出来的，还不如说是活出来的，活在当下，活在俗世生活中，活在一个有声音和色彩的世界里，让心灵有所感受，也让人在天地间有所行动，这或许是散文根本而永恒的话语使命。

因此，散文所承担的，往往是对自我世界的塑造，它就不能像小说家那样，以虚构和想象为能事，相反，它需要向我们出示更多的真实和确信。也就是说，只有当我们在伦理上确认了一个散文家所说的和他的内心有着某种一致性，我们才能开始一种有信任感的阅读——这样的阅读，正是为了证实一个在俗世里活跃的心灵有着怎样的趣味、行动、困惑、理想和未来。就此而言，我非常重视散文的物质外壳，即重视一个散文家的感官和这个世界之间所建立起来的关系。一些浮泛、失败的散文，不仅在心灵上造假，更是在感觉上失真。要救治这种虚假写作，在我看来，首先是要重申感官(眼睛、鼻子、耳朵、舌头)在写作中的重要意义。

这就是我要强调的，在作品中，作家必须向我们呈现一个活跃的感官世界。好的散文，往往能使我们感受到，作家的眼睛是睁着的，鼻子是灵敏的，耳朵是竖起来的，舌头也是生动的，所以，我们能在他们的作品中看到花的开放，田野的颜色，听到鸟的鸣叫，人心的呢喃，甚至能够闻到气息，尝到味道。现在的小说为何单调，我想，很大的原因是作家对物质世界、感官世界越来越没有兴趣，他们忙于讲故事，却忽略了世界的另一种丰富性——没有了声音，色彩，气味的世界，不正是心灵世界日渐贫乏的象征么？其实，散文界的困境也是如此。

现代社会正在使我们的感官变得麻木。尤其是在城市里，我们所看见、听见的，吃的、住的、玩的，几乎都千篇一律，那些精微的、地方性的、小视角的、生机勃勃的经验和记忆，正在被一种粗暴的消费文化所分割和抹平，没有人在乎你那点私人的感受，时代的喧嚣足以粉碎一切，甚至连你生活的时间和空间，这些最本质的东西，都可能是被时代的暴力作用过的，它早已不属于你个人：你到一个地方旅行，可能是置身于一种复制的人造景观的空间假象中；你接到很多短信，朋友们向你表示节日的问候，可这样的节日(时间的象征符号)和你的生活、历史、信仰毫无关系。我们正在成为失去记忆的一帮人，而在失去记忆之前，我们先失去的可能是感觉；正如我们的心麻木以前，我们的感官系统其实早已麻木了。我想起几年前的一次乡下之行，傍晚的时候，看到暮霭把万物一点点地吞噬，才猛然发现，自己有好多年没有看到真正原始的黄昏和凌晨了。城市的灯光工程消灭了黄昏的感觉，而夜生活的习惯又使我们一次又一次地与凌晨失之交臂，这就是我们的现代生活，一种没有黄昏和凌晨的生活，一种不需要动用感觉也能知道怎样生活的公共生活。

难怪维特根斯坦说，要看见眼前的事物是多么难啊。确实，回想整个二十世纪以来的文学，由于过度崇尚想象和虚构，以致现在的作家，几乎都热衷于成为纸上的虚构者，而不再使用自己的眼睛和耳朵写作，也忘记了自己身上还有鼻子和舌头。于是，作家的想象越来越怪异、荒诞，但作家的感官对世界的接触和感知却被全面窒息。写作者普遍戴着文化的面具，关心的多是宏阔、伟大、远方的事物，而身边那些具体、细小、卑微、密实的事物呢，不仅进入不了作家的视野，甚至没人再对它们感兴趣。一种远离事物、细节、常识、现场的写作，正在成为当下的主流，写作正在演变成为一种抛弃故乡、抛弃感官的话语运动。这种写作的特征是：向上。——仿佛文学写作只有和天空、崇高、形而上、“痛苦的高度”密切相联才是正途，而从大地和生活的基础地基出发的写作——也就是一种向下的写作——则很容易被视为文学的敌人。但我认为，向下的写作向度同样重要，因为故乡在下面，大地在下面，一张张生动或麻木的脸在下面，严格地说，心灵也在下面——它决非是高高在上的东西。文学只有和“在下面”的事物(大地和心灵)结盟，它才能获得真正的灵魂的高度——这也是文学重获生命力和尊严的有效途径。

所谓向下的写作，其实就是一种重新解放感官的写作，或者说，是一种将感官残存的知觉放大的写作。感官、身体、记忆、在场感，作为写作的母体和源泉，在任何时候都是语言的质感、真实感和存在感的重要依据。文学的日渐贫乏和苍白，最为致命的原因，就是文学完全成了"纸上文学"，它和生活的现场、作家的记忆、逼真的细节丧失了血肉的、基本的联系。这个时候，重新解放作家的感官，使作家再次学会看，学会听，学会闻，学会嗅，学会感受，就有着异乎寻常的价值和意义——这些基本的写作才能，如今很可能将扮演着复活文学精神的重要使命。熟悉艺术史的人都记得，当古典现实主义绘画面临着因拘泥物质事象的真实而陷入困境的时候，印象派绘画以模糊和虚化事物的方式重新建构了一套关于世界真实的想象方式，从而复活了业已死寂的绘画精神；然而，当现代绘画越来越走向抽象、怪诞、不知所云，甚至落入了"自我放纵和不顾一切代价地标新立异"（这话是菲利浦·拉夫在二十世纪中叶对拙劣模仿卡夫卡而产生的假现代主义的批评）网罗的时候，或许，惟有求助于旧有的对事物的观察和摹写，才能复活真正的绘画精神。文学也是如此。今天，当丧失活力、抛弃感官的"纸上文学"一统天下的时候，我尤为看重作家借由眼睛、耳朵、鼻子、舌头这些感官以及记忆所发现的真实世界——当苍白的虚构遍地都是，惟有真实才能复活文学的心。否则，举目所见，都是空心的文学，虚假的文学，那将是何等的冷漠和荒凉。索尔仁尼琴有一句名言说："一句真话能比整个世界的分量还重。"套用在现有的文学写作中，似乎可以说，一个真实的细节有时比整个虚构世界的分量还重。

一个作家，如果拒绝站在虚构的一边，并相信内心的真实和具体的世界、事物密切相联的话，他或许就会进入一种眼睛式、耳朵式的写作，因为在我们这个敌视具体事物的时代，有时，惟有看和听，才能反抗遮蔽，澄明真实。我愿意特别提到台湾作家陈冠学的《大地的事》（东方出版中心，2006），作为日记体散文，《大地的事》是我近年来读到的最好的散文篇章之一，可惜的是，内地很多读者并不了解这个作家。陈冠学的文字，许多时候和田园、大地是融为一体的。

……

我期待这一种感官话语的崛起，期待眼睛、耳朵和鼻子能在散文写作中重新复活。由此，我在沈宏非谈吃谈喝的文字中，读到了世俗生活的趣味；在刘亮程的朴实记述中，知道了很多新的乡村知识；在谢宗玉对草木的描绘中，重新理解了植物与人之间的情分；而胡廷武则直接把自己的书名定为《九听》，他听书，听鸟，听吆喝，听戏，听蝉，听歌，听风，听雨，听鼾声，名之为"九听"，其实解放的是全身的感官，又何止耳朵！胡廷武作为一个虔诚的谛听者，正因为尊重耳朵，才写下了这批见性情、重记忆、感念故乡和大地的文字。这些作家，没有沦陷在世界的喧嚣之中，而是守住了自己内心的一片沉静，接近大地，接近事物和声音，从而也接近了自己生命中那些隐秘的角落。他们的心灵在散文中不是抽象的，而是在具体的生活世界中生长出来的；他们不迷信观念对生活的解释，而是更愿意在细节和经验中重建人与大地、人与内心之间的那条精神韧带。好的散文，就应该是这种有根的写作。

三

在散文的写作中，除了感官要活跃之外，个人感受的深度也同样重要。比如，徐晓的《半生为人》(同心出版社，2005)，就以感受的沉痛令我难忘。她的写作，具有谦逊、沧桑的美感，那些文字都像是命运的私语、人心的呢喃、灵魂的召唤，且深具理想主义的光泽。徐晓记忆中那些悲欣交集的断片人生，作为一种个人生活史的表达，说出的却是整整一代人的往事和随想。格致的《从容起舞》(时代文艺出版社，2006)，是对个人生命毫不容情的解析，关于心灵、身体和欲望，里面的坦白和不安，在当下的散文中并不多见。王兆胜的《天地人心》(山东文艺出版社，2006)，表达的是关于天、地、人的感悟，归结点是在“心”上。他所探求的，是心的现状和出路：人世的温暖，无不来自对人心的呵护；人世的丑陋，也无不都从心的暗处发出。周晓枫的《你的身体是个仙境》(二十一世纪出版社，2005)，则把身体看作是心的容器，而在身体的迷宫里，她以一种尖锐的直觉，向我们讲述了体验生命及其痛苦经验的不同路径——个人精微的感受，也在这样的讲述中获得了一种精神的重量。

如何从个人的感受出发，接通一个更为广大的人心世界，这是近年来散文写作的一个新趋势。散文在许多人那里，曾经是一种私语，但这种窄小的个人，已经走到了一个限度，现在是思考个人如何重返公共空间的时候了。所以，近年来我也特别留意那种在公共世界中有思考力的散文，以及那种能够呈现一种正面价值的写作。我一直觉得，现在的文学界恶毒的、心狠手辣的、黑暗的写作很多，但很少看到一种宽大、温暖并带着希望的写作，可见，作家的灵魂视野是不健全的。只看到生活的阴暗，只挖掘精神的阴私，而不能以公正的眼光对待人、对待历史，并试图在宽广的理解中出示自己的同情心，这无论如何都是残缺的写作。

夏榆的《白天遇见黑暗》(花城出版社，2006)引起我的注意，就在于它是一种有所同情、也有所肯定的写作。它以一个记者特有的文学笔法，记述了自己对煤矿生活的观察，那种在黑暗和死亡的重压下而有的孤独和眼泪，可谓惊心动魄。而在一种痛楚的书写中，夏榆完成了对梦想、幸福和自由的肯定。读他的散文，我常常陷入深思，深思之后，是一种亲切的认同。他在《安详和澄静的好处》一文中说：

重要的不是灾难，不是祸患，而是我们在灾难和祸患到来之前是否内心无撼。

重要的也不是幸福，不是如意，而是我们在幸福和如意到来的时候能否洞察，能否聆听和安享。

怀着感恩生活是对的。面对充满偶然性的世界，我们只有让自己坚定、勇敢，同时也明白和洞彻。可能明白永远只是相对的，洞彻也是相对的，因为和我们所知的有限比，未知是无限的，恒久的。但那又有什么关系呢？当我们生而为人的时候，人的意识、情感、愿望、欲求就是重要的。反之，如果有轮回，而我们轮回为花草鸟兽神怪的时候，那就是花草鸟兽与神怪的意识。生而为人的时候，我们就关切我们生而为人的意识、情感、愿望、欲求。不迷失在精神的陷境中与不迷失在物欲的沧海里同样重要。

自然，怀着感恩心，敬仰未知，追寻真理，也是人的意识之一。

这是我需要停下来，留安静和独处给自己的理由。

夏榆的很多散文，都饱含着一个写作者对世界的基本感受：纤细、隐忍，同时充满着对美好世界的想象。他的文字，是完全不同于一些作家的书面感受的，他对世界的感悟，来自于他对它的深入体察。

……

这样的文字所传达出来的声音，对很多散文家来说，都是陌生的。像夏榆、徐晓这样的作家，并非散文界的熟客，但他们却有着一般散文家所没有对世界的专注和执着。他们的写作，最大的特点是不流于纸上的空谈。他们观察，他们感受，他们更是身体力行地试图去影响这个并不令人乐观的世界。

我愿意为这种写作多说几句。在中国，的确存在一种散文作者，他们扮演着一个公共知识分子的角色，但同时又不乏一个作家的独特感受。他们没有像一般人那样，停留在纸上的夸夸其谈，更没有迷恋于空洞的文化感慨，而是脚踏实地承担起了一个人的基本良知，并以此表达他对生活和世界的挚爱。夏榆说，“我试图为自己的生活命名，试图说出我的生活的存在。那是我写作行为的开始。”（《悲伤的耳朵》），“在嬉皮及谐谑成为风尚的时候，书写真实的痛感和爱就成为异端。我快乐我能成为这个异端，背向你们而行。”（《接纳与拒绝》），陈冠学说，“天地间的精华，原是待心灵的细致感应来领略的。”（《大地的事》）祝勇说，“散文首先是门艺术，记录着心灵的奇迹，与正义、睿智、机敏、沉着同时存在。”（《散文：无法回避的革命》）而黑陶更是直言，“（相当一部分）写作者的脸，是虚假、苍白的一张纸脸。我必须警惕。”（《夜晚灼烫》）所以，他希望自己顺从于自己的想象力，写出自由、尊严而饱满的散文。——说句实话，这样一些表白，一度改变了我对文人、作家的固有看法。多年来，中国当代的作家，多数长于空谈、拒绝心灵的实践，他们习惯于固守书斋，安于现状，以致介入现实的能力日益萎缩，内心也日益贫乏和苍白。到现在，作家越来越成了一个平庸者的群体，在许多关键时刻，作家的声音往往都是缺席的。用韩少功在《我们傻故我们在》一文中的话说：“民众关心的，他们不关心。民众高兴的，他们不高兴的。民众都看明白了的，他们还看不明白，总是别扭着。……以至现在，最平庸的人没法在公司里干，但可以在作家协会里混。最愚蠢的话不是出自文盲的口，但可能出自作家之口。”因此，这不仅说出的是作家的身份危机，也是说出了整个文学界在感觉力、思考力和行动力上的严重匮乏。

为什么今天散文在数量上繁盛了，品质却依旧低迷？我想就是在这样一些最简单的问题上疏忽和漠视了。比如，前些年散文界一度盛行“文化大散文”，以为有了文化，散文就会前进，事实上是造就了一批新的八股文，散文也由此进入了一个新的公共写作的时代：无论从经验的类型，还是话语的方式上，都有点千人一面，无非就是历史考据和人文山水。这场最初发端于余秋雨的散文革命，一旦被诸多平庸者所模仿，顿时变成了一场盛大的文化撒娇和集体出游——淳朴的有感而发，这原本属于散文独有的话语方式，反而不太受人重视了。

从感官到感受，从感受到心灵实践，这是一个成熟作家必须经历的内心历程。散文说到底还是在人间的写作，它的困局并非通过一场文化补课就可以解决的。如何让灵魂接通感官的血脉，让思想介入生活，让作家作为精神健旺的个人重新站在世界面前发言，这才是散文写作重获生命力和影响力的重要途径。如果写作并非有感而发，也无法保持对人间生活的尖锐发现，如果作家对具体的精神展开不能有所承担，散文的进一步空洞化就势在必然。许多成名的散文家，文字日益光滑而空洞，他们已经不能再提供给我们多少质朴、诚恳的经验，相反，在一些来自民间的写作者身上，有时反而能发现他们是自由的、敏锐的，他们对写作也保持着深沉笃定的敬畏和清澈见底的诚实。而这些，其实正是很多人在苦苦召唤的文学写作的核心价值——尤其是散文写作，离开了活跃的感觉和丰富的感受，离开了敬畏和诚实，哪怕写得再宏大、庄严，也不过是一种心灵的造假而已。

在这个背景下，很显然，新世纪的散文写作正在发生一些微妙的精神变化，它的根本点还是要解决作家如何说话的问题。那种夸张的文化关怀和喃喃自语的说话方式，在前些年的散文界都泛滥过，并没有获得成功，现在看来，诚恳、庄重、有感而发仍然是散文话语的主流，而这一话语的精神基座则是感官的、自由的、在人间的。

（载于《文艺争鸣》2008年第4期。）

实践训练：教你写散文

散文创作三部曲：想写——敢写——会写

张爱玲认为，散文是读者的邻居。邻居亲切，可随意而谈，随意而收；邻居抬头不见低头见，想躲也躲不过；所谓“远亲不如近邻”，好邻居会使你生活安适、心灵温暖；坏邻居则使你心中郁闷，欲躲之而后快。因此，邻里之间一般都彼此维持着表面的和气与客套，谁都不想给谁添堵，谁也不想与谁太近或太远。在张爱玲看来，散文之于读者正是如邻居一般朴实、平常、亲切、自然，保持着不近不远的距离。邻居虽好，却也不能无话不谈，所谓“家丑不可外扬”，有些话仅限于自家人知道，对邻居则绝口不提。从这个角度上讲，一篇真正好的散文不仅仅要做读者的邻居，更要做读者的知己。所谓知己者，知道、懂得、了解自己也。知己能够穿透你的外表看透你内里的本质，能够深入你的骨髓，直逼你内心的真实，能够说出你想说而不能说的话，发现你并未意识到的潜意识中的另一个自己。在你无人倾听、无人理解时，可以写散文，也可以读散文，在你的知己面前哭或笑，抑或什么都不做，只去静静地写或读一篇散文，与另一个自己默默地对话，心照不宣的相遇，在分开之前默默地彼此鼓励。

将散文视为读者的邻居还是知己，便是我们创作散文时所处的姿态与最终目的。

创作并不是什么高不可攀的事情，只要你想写，就一定能写出优秀的文字。所以，写散文的第一步就是“想写”。如何才能想写呢？是不是要带有一定目的性、功利性，促发自己想写的欲望呢？当然不是。写散文则纯粹是一种内心真实的冲动，与功利无关。所以，“想写”的这个“想”必须是顺其自然的。那有同学说，我没有想写的欲望怎么办呢？那我问你，同学，你有没有心情郁闷难解的时候？有没有想与人言却不能与人言的时候？有没有被人误解、责难却无处可诉的时候？肯定有。即使现在没有将来也会有。每每这个时候，你有没有想过要把这种心情找一种合适的方式宣泄出来呢？写散文，就是一种最恰当的方式。起初写散文，不是为了写散文而写散文，乃是为了抒发内心深处一种情感而写作。这种情感可能是积郁多年的某种情怀，可能是深埋在心底的愁苦，也可能是转瞬即逝的灵感，抑或是美好时光的感悟，总之，有一种情感是需要记录下来的，因为它是你成长的痕迹，承载着一个灵魂本真的追求，它有用文字记下来的必要与价值，而散文，正是记录这份感情最恰当的一种文体。所以，每当内心有话想说的时候，尝试着写散文吧！它会成为你忠实的朋友，无话不谈，无事不可，只要你敞开内心，它就全然接纳。

解决了“想写”的问题，接着就是第二步“敢写”。有些人不敢写，是因为不了解散文，或者说不了解文学创作，误以为要创作那肯定是得有文学修养功底的，是要学富五车至少腹有诗书或才情的，这是一个误区。文学不一定是不食人间烟火的高大上者，不一定是少数人茶余饭后的消遣，也不一定是要严肃“载道”的社会工具。文学，也可以是很私人化的东西，就像知心好友娓娓道来那样的可亲可近。我们认为，最能代表文学私人化一面的恐怕要首推散文了。散文是一个自己与另一个自己的对话，就像老朋友似的谈心，无须担忧，无须拘谨，静下心来与另一个自己对话，话匣子一打开，话自然就来了，就像与好友聊天一样自然随意。试看周作人、朱自清等散文大家的作品，无一不是侃侃而谈的书信或聊天，于闲谈中成文，于无心中成意，亲切自然。每一个人都有一个灵魂，每一个灵魂都有一个出口，给这个出口找到合适的承载与方向，把真实的心灵敞开，把内心的思考与感悟写出来，都是一篇散文。从这个意义上讲，每个人都可以写散文，抒发自己的性灵，与自己的灵魂对话，这是你的权利，无须推让。

在解决“想写”“敢写”的问题之后，最后一步就是“会写”。这里的“会写”并不是要遵守什么散文写作的条例、段式、章法，更没有什么散文创作的“葵花宝典”，而是在懂散文的基础上进行散文创作。散文创作是用心灵去感悟生活，用真诚去表达内心，用语言去承载情感。有人说，散文是最无章法、定例、技巧的一种文体，也有一定的道理；倘若一定要循规蹈矩、采用一定的门路、技巧来作散文，散文就很难称之为“散文”了。散文讲究意兴而起，意尽而止，意到笔随。只要一个“意”字表达清楚了，无论你是谈天、谈地还是谈苍蝇、谈蚊子均无不可。就像林语堂在《秋天的况味》中将秋之沉静、低调、淡泊与宁静描摹一番，表面上他写的是“秋天”的况味，在意蕴上写的则是自己对人生的感悟。在这篇文章中，作家将自己对人生本真状态的理解、对人生理想的追求、对自己多年来生活的感悟都藉着对“秋天”的认识抒发出来，让读者在聊天的过程中感受林语堂智慧的人生哲思。表面上通篇写秋天，将秋天比作烟上的红灰，比作风韵犹存的半老徐娘，比作20年的旧字典，比作各种东西，但在意蕴上，我们可以读出作家的言外之意：人生之纯熟的境界正如这平和、朴素、成熟、亲切而又不失稳重的初秋一般，让人心感安适、舒坦。像林语堂这样，将你要表达的思想、情感借助一种意象或一件事情或一处风景书写出来，使你写的人事物与你要表达的情感达到一种协调的一致，让人读来如品茶一样越品越有味道，正所谓“言有尽而意无穷”，这就是“会写”散文。

散文创作的三部曲“想写——敢写——会写”并非一蹴而就，需要大家多读散文，多用心灵去感受文字、感悟生活，在日常的练笔中多写，慢慢就能写好了。总之，不要把散文想得太复杂，更不要害怕，大胆下笔，把你内心真实的想法写出来，写着写着，“意”有了，散文的“神”就具备了，至于何时收何时放，全在于内心感觉，不在于艰深的技巧，把握一个“真”字，勇敢的下笔吧！

案例示范

故乡的涵义

“年复一年梦回故乡，天边的你在心上。把那沧桑珍藏在行囊，独自在路上，忘掉忧伤……”熟悉的旋律在空中袅袅飘荡，悠悠的调子，淡淡的忧伤，密密麻麻缠住我的心。渐渐地，那段年轻的光阴犹如漩涡在心头打转儿，又仿佛一个古老的钟摆，慢悠悠摆来又摆去，敲打着那丝丝缕缕的过往……

多少年了，故乡仿佛一个陈年老友，无论世事如何变迁，她都会在那里静静守望。我是一个游子，带着一身疲惫回来了，她用龟裂的手掌轻轻抚去我一路的风尘。夏夜的凉风轻轻吹着，院里的杨树叶哗啦啦响着，树上的知了吱吱叫着，父亲的蒲扇呼呼扇着，母亲的家常徐徐唠叨着，奶奶的拐棍叭叭响着——这就是我的故乡，她是容纳我童年的地方。离家久了，我会梦到那生我养我的村庄，那三间破旧的瓦房以及那绿意葱茏的丝瓜架。梦中醒来，窗外繁星点点，弯月如弦。

一直以为，故乡是游子心头一份揪心的惦念，一股深藏的温暖，一个亘古不变的地点，一方随时都可收纳我们的土地。她并不肥沃，但温馨、宁静；她是孕育我们的地方，也终将把我们收回。而我们，在走完了长长的一生后，安详地躺在故乡的怀抱，这是一种怎样安然的收束？

然而，世事无常。当得知老屋已不属于我们且被拆掉时，心头滑过一丝疼痛。“岭外音书断，经冬复历春。近乡情更怯，不敢问来人。”每每想起宋之问的《渡汉江》，我的心就融化了。为什么想归乡却怕归乡？因为我们与故乡已经隔开了太远太远的距离，这长长的距离使我们见到故乡就像一个怯生生的小女孩见到熟悉的陌生人一样，我们怕那陌生人不认识自己，又怕那陌生人会认出自己。王鼎钧先生在《臣心如水》中说，还乡“还不是由一个已被人接受的异乡到一个不熟悉不适应的异乡？我离乡已经四十四年，世上有什么东西，在你放弃了它失落了它四十四年之后，还能真正再属于你？回去，还不是一个仓皇失措张口结舌的异乡人？”我想，王先生不是不愿归乡，是不敢归乡。因为他离开故乡已经太久太久了，他知道他的故乡已然不是记忆中的模样，物非人亦非，这让他如何给几十年的乡愁一个交代？

的确，无“乡”可还，已成为现代人共同的处境。现代人离乡在外的漂泊，已然与古代游宦羁旅的意义大相径庭。古人思乡，大都有一个“乡”在那里等待，而今人思乡，却不知乡关何处。现代哲学与文学揭示出现代人“被抛”感与存在的荒诞感，这意味着人不仅失去传统意义上的家，人的存在本身也是一个漂泊的过程；于是，流浪成了人自然也是必然的存在方式。寻找故乡，即是寻找流浪的意义。

我也曾苦苦追问，人的一生，到底要有多少“过渡”才能到达终点？人的一颗心，到底要漂泊多少年才能靠岸？我心里梦里不肯割舍的故乡啊，你究竟在哪里？

爱人说，不必把故乡看得太重，只要足够坚强，你可以不需要故乡。在我惊愕的眼神中，他说，现在人口流动性太大，孩子的故乡已经和我们不同。至于我们孩子的孩子，天知道他的故乡在哪里！是啊，若故乡是祖辈生活过的地方，那我找不到她——父亲说，他的现居地是他爷爷从某地迁来的，而他爷爷的爷爷又是从何地迁到某地的？我们不得而知。由是，所有“故乡”都变得不可信，所有“老家”其实都不过是个驿站。人的一生要经历好多驿站，每个驿站都可以由异乡变为故乡。我们总是自私地希望她能在那里，无论何时，只要回头就能看见。殊不知，这个世界，没有什么是不变的。一旦离开了故乡，我们就永远都无法按原路返回了。

然而，没有离乡，哪来的故乡？没有“新”，哪来的“故”？所以，没有背井离乡的人，也无所谓“故乡”，更无法体会故乡的涵义。白居易说，“我生本无乡，心安是归处”（《初出城留别》），“无论海角与天涯，大抵心安即是家”（《种桃杏》）。苏轼也说，“试问岭南应不好？却道：此心安处是吾乡”（《定风波·赞柔奴》）。好一个“此心安处是吾乡”！

四海为家家万里，天涯处处皆乡关。

终于，我明白，故乡，我曾深深眷恋着的温暖，其实并不是某个特定的地方，而是我们那一段美丽的岁月流走之后沉淀下来的一份心情。从这个意义上说，故乡只在我们心上。尽管流年变迁，只要心不变，故乡就不变。因此，离乡越久，越能懂得故乡的内涵；离乡越远，越能看得清故乡的模样。

王鼎均先生说，“如果我们能在异乡创造价值，则形灭神存，功不唐捐，故乡有一天也会分享的吧”。心里装着一个故乡，就能给我们前行的力量；也许不敢回头望，但她从来没有离开过我们的目光，因为我们一直在努力报答那个令我们魂牵梦绕的地方。这应该是比“叶落归根”还要丰硕的收获了——我想，故乡的涵义也在于此吧！

张艳丽 于 北京
2009 年 8 月 10 日

习作过程：

想写：这篇习作源于笔者的故乡老屋被拆事件。得知“生于斯长于斯”的老屋被拆掉时，在异乡读书的笔者很感伤，内心产生了一种“再也不会有故乡了”的忧愁，这种心情需要借文字释放，便有了一种“想写”文章的冲动。

敢写：当时，笔者读了一些王鼎钧的乡愁散文，与之产生了共鸣。碰巧，王先生也是山东人。当时笔者就想，既然王先生可以将乡愁行之于笔端，为什么我不可以呢？于是，开始勇敢下笔。

会写：在下笔时，全然没有想什么章法，只是记得内心深处那个浓重的“无乡可还”的情结，想着如何表达自己“无乡可还”的处境，又如何探讨“不还乡”的价值与意义，其实是对自己的一种心理安慰。就这样，一篇文章就出来了。

当然，由于是学生时期习作，文章很不成熟。比如受同一个作家影响太深，引用太多，而且没有在更深层意义上探讨出故乡的涵义及“乡愁”的现代美学价值，这是习作的浅陋之处。

实践训练题目

丁香花开的时候

那一次回眸

冬日的暖阳

每一寸流走的时光

看，前方那道霞光

春天的布谷

黄昏里的灯光

（可任选其中一个题目，也可自拟题目，写一篇散文。）

思考与练习

1. 谈一谈《苦雨》中的“雨”苦在何处？为什么？

2. 从《儿女》中你可以看到一个怎样的父亲形象？

3. 你从《秋天的况味》中感受到一种怎样的人生况味？

4. 比较阅读张爱玲的《爱》与歌词《原来你也在这里》，谈一谈二者的异同之处。

5. 王鼎钧的“乡愁美学”孕成于他“经历七个国家，看五种文化、三种制度”的人生经历，也孕成于一代中国人跨越几个时代的几度漂泊中。黄万华评价王鼎钧“在多少将乡思乡愁简单化了的今天，王鼎钧笔下的乡愁，不仅显得异常醇厚，而且有着种种复杂的变奏”，结合

《脚印》,分析王鼎钧笔下的乡愁的“复杂变奏”包含哪些内容?

6. 2016年7月,著名出版人、同济大学教授王国伟出版了《我经历的22个出版事件》一书,并在书中回顾、反思了余秋雨的《文化苦旅》出版的前前后后,“我没料到,1992年3月,由我策划编辑,上海知识出版社出版的余秋雨的《文化苦旅》,会成为一本顶级畅销书,不但连续畅销二十多年,而且至今还有多个版本在销售。经过二十多年的持续发酵,这实质上已经演绎成一个我们无法回避的文化事件了,发行人员告诉我,《文化苦旅》还能搭卖其他书。光一本《文化苦旅》的利润,完全可以养一个出版社,最多的时候每年可发行数十万册”。在20世纪90年代,《文化苦旅》初版时,就被誉为散文阅读市场的“圣经”,余秋雨几乎被当作当时中国散文的“教父”,以《道士塔》为例,总结为什么《文化苦旅》会这么受读者欢迎?

7. 朱自清的散文名篇《背影》,既有对传统人伦的展现,又有对中国传统“父权”观、“原父情结”的反思与升华,对比龙应台的《目送》,抒发了怎样的亲情观念?有批评意见称《目送》“说到底,龙应台所谓的‘散文’,根本就不是真正意义上的散文创作,只是她日常生活中的小感悟罢了,从内在的精神、视境上看……那就是小。是小家子的小,是小情调的小,是小感伤的小,是小懊恼的小,是小满足的小,是小快乐的小(李建军《评池莉〈看麦娘〉》),没有代表性,没有普适性,且鸡毛蒜皮、婆婆妈妈,总能从某件不起眼的小事情上扯出一大堆没油没盐的废话来,甚至连前些年女性杂志上流行的时尚‘小女人’散文都不如!”(关海山:《令人失望的“龙卷风”》,《山西日报》,2013年12月11日)对于《目送》从小处落笔的写作方式,你怎样评价?

本章推荐书目

1. 鲁迅:《朝花夕拾》,人民文学出版社1973年版。
2. 周作人:《雨天的书》,人民文学出版社2000年版。
3. 林语堂:《我的话》,上海书店,1987年版。
4. 梁遇春:《春醪集》,百花文艺出版社2005年版。
5. 何其芳:《画梦录》,人民文学出版社2000年版。
6. 余秋雨:《文化苦旅》,长江文艺出版社2014年版。
7. 王鼎钧:《左心房漩涡》,三联书店2015年版。
8. 龙应台:《孩子你慢慢来》,三联书店2005年版。
9. 席慕蓉:《成长的痕迹》,云南人民出版社2014年版。
10. 张晓风:《你还没有爱过》,人民文学出版社2016年版。

第十二章　外国小说

什么是“外国文学”，顾名思义，就是指中国以外的世界各国的文学。根据地区，我们一般把它分为欧美文学和亚非文学两个部分。欧美文学我们一般又称之为西方文学，与之相对把亚非文学称之为东方文学。外国小说卷帙浩繁，为我们提供了无比优秀的作品和无比生动的艺术形象。这些小说不仅有助于我们学习文学创作，同时亦是我们了解外国历史和文化的宝贵材料。因教材篇幅的限制，本章仅选择三篇西方小说，它们将如早晨林中的阳光，穿过树叶，犹如游丝一般，带领你们去发现、去感受……

第一节　外国小说概述

“两大块四大段”几个字即可概括外国文学的总体特征。两大块，是指欧美文学与亚非文学。四大段，是指古代文学、中世纪文学、近代文学和现当代文学。由此可见，外国文学时间跨度大，从时间上看，从远古文明至今，已有3000多年的历史；地域涵盖广，从空间上看，囊括了欧美亚非的文学；优秀的作家、作品多。通过阅读外国小说，可以让我们感受别样的艺术、异域的文化。小说反映的是一定时代的社会生活，形象地再现了人类从古到今各个阶段的政治、经济、文化生活和时代精神。因此，对作品的时代背景和文学形态加以了解，会帮助我们感受、理解和认识作品。

一、人文主义文学：发现自己

14至17世纪，在欧洲许多国家，新兴资产阶级兴起了一场反封建、反教会的思想文化运动，这就是文艺复兴运动。新兴资产阶级打着“回到希腊罗马去”的旗号，声称“我去把死人唤醒”。他们是要把久已湮没的古典文化“复兴”起来，故有“文艺复兴”之称。

在封建社会末期，新兴资产阶级通过自身的工商业贸易活动，发现只要经过自己的努力，依靠个人的聪明才智，就能够获得自己所追求的东西。人们发现了自己，发现了“人”是可以自己掌握自己命运的。再加之，十字军东征，给西方带来了东方的文化；特别是1453年土耳其攻陷了东罗马帝国的首都君士坦丁堡，许多在那里的古典学者携带古希腊文物，纷纷逃往意大利，在佛罗伦萨讲授古希腊罗马文化，这使中世纪湮没了近千年的古代文化在西方重见天日。一个与中世纪“神”的文化所不同的“人”的文化建立了，这就是人文主义文化。文艺复兴运动的实质是新兴资产阶级要建立自己的新文化，其思想武器就是人文主义。人文主义文学是文艺复兴运动的重要组成部分，它所反映的基本内容就是人文主义思想。

第一,以人为中心,赞美人性的美好,反对神的权威。中世纪教会认为神高于一切,主宰一切,而人则是渺小的,只能充当神的奴仆。人文主义者则以"人性论"为理论纲领,他们宣称发现了"人",竭力歌颂人的价值、人的尊严和人的力量;认为人有理性,有崇高的品质,有无穷的求知能力,可以创造一切。比如哈姆雷特的著名独白:"人是一件多么了不起的杰作!多么高贵的理性!多么伟大的力量!多么优美的仪表!多么文雅的举动!在行为上多么像一个天使!在智慧上多么像一个天神!宇宙的精华!万物的灵长!"

第二,宣扬个性解放,反对禁欲主义。针对教会的禁欲主义和来世思想,人文主义者提出"个性解放"的口号。他们肯定现世生活,认为现世幸福高于一切,人生的目的就要追求个人自由和个人幸福。彼特拉克自豪地宣称:"我是人,凡是人的一切特性我都具有",又说"我自己是凡人,我只要求凡人的幸福"。凡人的现世幸福就是快乐、友谊、爱情、荣誉、物质享受等。

第三,追求自由平等,反对等级观念。薄伽丘在《十日谈》中借人物之口提出:"我们人类的骨肉都是用同样的物质造成的,……我们人类是天生一律平等的,只有品德使生时同等的我们发生了贵贱之别。"同样,莎士比亚在《终成眷属》中也说道:"要是把人的血液倾注在一起,那颜色、重量和热度都难以区分。……善恶的差别,在于行为的本身,不在于地位的有无。"

第四,崇尚理性,反对蒙昧。在中世纪,封建教会垄断了教育,实行"愚民政策",让人们相信是上帝决定一切。这样才能让人们安于现状,不思反抗,他们才能达到维护封建统治的目的。针对教会的蒙昧主义,人文主义者提出要对人民大众进行科学教育。他们尊重知识,推崇理性,反对愚昧,歌颂"知识就是力量""知识是快乐的源泉",鼓励人们充分发挥自己的聪明才智。拉伯雷的《巨人传》就是一部歌颂科学知识的文学巨著。

但丁、薄伽丘、拉伯雷是文艺复兴的开拓者;之后,就迎来了文艺复兴文学最波澜壮阔的华彩篇章。在英吉利海峡的西岸,是莎士比亚;在欧洲大陆,是塞万提斯。当人文主义的火焰已经在欧洲大地熊熊燃烧的时候,西班牙却陷入了衰落。在西班牙,王权和教会疯狂镇压一切进步的思想。这样的现实背景下,西欧早已销声匿迹的骑士小说,在这片土地上却畸形地繁荣着:被宫廷和教会利用来鼓吹骑士的荣誉与骄傲,鼓励人民发扬骑士精神,维护封建统治。直到塞万提斯的出现,为骑士小说画上了句号。

二、现代主义文学:被表象隐藏的深沉内容

自文艺复兴开始,欧洲文学的发展呈逐浪走高之势,发展脉络清晰。古典主义是17世纪欧洲的主要文学思潮,是新兴资产阶级与封建贵族在政治上妥协的产物。古典主义形成和繁荣于法国,以唯理主义为哲学基础,最主要的艺术特点是以古希腊罗马文学为典范、重视艺术法则。18世纪的欧洲已处于由封建社会向资本主义过度的转型时期,迎来了继文艺复兴之后的第二次全欧性质的反对教会神权和封建专制的文化运动——启蒙运动。作为启蒙运动组成部分的启蒙文学,以宣扬自由、平等、博爱、人权、法制为主要内容,启迪、教育民众，破除封建和宗教愚昧，具有鲜明的政治倾向性和浓厚的批判性。

19世纪在西方文学史上是一个大师林立、经典频出、流派纷呈的世纪。浪漫主义是18世纪末至19世纪初欧洲文学的主潮。1789年法国大革命后，资本主义制度的确立和发展，并没有给人民带来普遍的幸福，从而宣告了启蒙理想的破灭。浪漫主义正是这种失望情绪在文学上的反映。浪漫主义文学反对古典主义的拟古倾向和理性教条的束缚，主张自由和个性解放，具有强烈的主观性特征。现实主义形成于19世纪30年代，最先在西欧的法国、英国出现，后波及到俄国、北欧和美国等地。现实主义在艺术上强调客观真实地反映生活；重视描写人与社会环境的关系，塑造典型环境中的典型性格。因具有强烈的社会批判性，高尔基称之为“批判现实主义”。

继浪漫主义、批判现实主义之后，现代主义文学出现于19世纪晚期。现代主义文学包括象征主义、表现主义、未来主义、超现实主义和意识流小说。其思想特征最主要表现为以下两点：第一，现代主义具有强烈的文化批判倾向。19世纪末20世纪初的西方社会，一方面，世界的混乱、战争的恐怖、社会道德的衰落，使人们深感失望与不安；另一方面，尼采提出的“上帝死了”“打倒偶像”“一切价值重估”等口号，深深地影响了20世纪现代主义作家。现代主义作家们不再坚守传统的理性原则，不相信人道主义的理想，也不寄希望于“理性王国”的实现，他们认为既有的文化传统乃至整个人类文明都应予以摒弃。

第二，现代主义文学突出地表现异化主题。异化是德国古典哲学中的术语，指事物发展到一定阶段以后，脱离了自己的本质，走向其对立面。现代派作家笔下的异化现象，概括起来有以下四种类型：(1) 社会的异化。人的生活环境变得陌生、敌对，个人与社会处于全面对抗中；社会不再是个人渴望归属其中的人类群体组织，而是寸步难行、痛苦不堪的异化世界。如卡夫卡的小说《审判》和《城堡》描写的就是异化了的世界。(2) 人性的异化。人变得不再像人，成为非人，沦为虫兽。如卡夫卡的小说《变形记》，人变成了甲虫。(3) 自我的异化。作家着力去表现失去自我的悲哀和寻找自我的失败。如艾里森《隐形人》的主人公因找不到自我而变成他人看不见的“隐形人”。(4) 人际关系的异化。现代派文学主要描写人与人之间的隔膜，人与人之间无法沟通。如斯特林堡的《鬼魂奏鸣曲》中描写了人与人之间的彼此残杀。

现代主义文学在艺术上强调人对世界的主观感受，热衷于揭示人物的内心和潜意识活动。首先，现代主义文学具有主观性和内倾性特征。19世纪末20世纪初，随着现代哲学和心理学的发展，人们开始把目光从客观物理世界转向主观心理世界。现代主义作家视客观实体为非真实，认为心灵世界才是唯一真实的世界，所以文学创作应表现内心世界的真实。其次，运用象征隐喻的神话模式。由于追求表现内心生活和心理真实的需要，现代主义作家不注重对社会生活的表象作直观的再现，而往往用非纪实性、时空颠倒与变形、结构错乱等手段。这样现代主义文学就构建了一个象征性的神话式艺术世界，将最内在的、最深刻的心灵体悟转化为认识的对象。现代主义文学关注的并非是描写对象，而是描写对象所隐喻的内在感悟，这种感悟往往是多义性的。再次，“以丑为美”，大量描写丑的事物。反传统的个性使现代主义作家不愿再像古典艺术家那样一味地高唱人性美的赞歌，而是着意于描写丑、暴露丑。现代主义文学对死亡、黑夜、堕落、犯罪、畸形、变态、疯狂、瘟疫、尸体……的描绘，大大超过传统文学，表现出“以丑为美”“反向诗学”这一新的美学倾向。最后，艺术技巧的革新与实验，运用“内心独白”“意识流”等手法。现代主义作家信奉艺术本体论，认为形式即内容。他们对艺术形式和技巧进行大胆的革新与创造，敢于标新立异，表现出反传统特征。现代主义文学大量采用“自由联想”“时空倒错”“内心独白”“自动写作”“偶然结合”“意识流”以及顿悟、象征、隐喻、暗示等表现手法，对语言、符号、图画、结构、风格技巧等形式因素格外重视，追求“有意味的形式”。

三、后现代主义文学：极度自由的“破坏性”文学

后现代主义是第二次世界大战后西方社会的一种重要的文化倾向，它崛起于50、60年代，70、80年代达到高潮。一方面，后现代主义与战前的现代主义具有一定的延续性关系；但另一方面，后现代主义对现代主义表现了更大程度上的破坏和超越。两者在哲学基础、美学倾向和表达形式上都有很大的区别。现代主义的哲学基础是叔本华、柏格森、尼采、弗洛伊德的理论，而后现代主义则更多吸收了海德格尔和萨特的哲学思想。后现代主义文学和传统意义上的思潮，流派不同，是一个由多种流派组成的文学思潮，包括存在主义、荒诞派戏剧、新小说、“垮掉的一代”、黑色幽默和魔幻现实主义等几个重要的流派。

在与现代主义文学的对比中，能够更好地说明、阐释后现代主义文学的基本特征。第一，后现代主义文学具有反传统性。现代主义文学在破坏了现实主义的创作原则后，试图建立起自己的文学规则，但后现代主义文学却把这种反传统推向了极端。它不但从根本上否定了“旧的”传统，而且也要破坏现代主义建立起来的原则。后现代主义作家用“反小说”来定义小说创作：反对小说有连贯的情节、时间顺序、空间限制、人物性格描绘、固定的体裁和结构、规范的语言、作品的主题与倾向；主张不受任何事先制定的规则的束缚，在没有规则约束的情况下进行写作。如海勒的《第二十二条军规》没有完整的故事情节，小说共42章，每一章主要讲述一个人物的故事；再如，冯尼格特的《五号屠场》描写主人公毕利时而飞入星际、时而奔赴战场、时而敌后流浪、时而登上海岛，过去、现在和将来奇特交错。

第二，后现代主义文学摒弃所谓的“终极价值”。现代主义是在“上帝死了”以后，试图创造一种新的神圣，所以，现代主义文学还是隐含着深邃的主题内容的。后现代主义则认为，世界是荒诞无序、毫无意义的；所以，后现代主义不仅否定人类有史以来的社会，而且否定社会这种组织形态本身。他们不再追求终极价值，不再对重大的社会、政治、道德问题进行认真的思考，不再试图给世界以意义。例如，在荒诞派笔下，外部世界是毫无意义的，《哑剧》中展现的就是一片毫无生气的沙漠；人与人之间的关系也到了极度荒诞的地步，《秃头歌女》中的一对男女，谈话好久才明白他俩同乘一趟车，从同一个地方来，同住一条街、一幢楼、一间房，同睡一张床，还有孩子，原来是夫妻；《女仆》中，扮演主人的女仆忘了自己真正的身份服毒自杀，表现了自我的丧失。

第三，后现代主义文学具有不确定性。由于后现代主义作家不再追求终极意义，他们认为世界的意义只是部分的、暂时的,甚至是矛盾的,而且总是有争议的,这种社会已不适于明确的意义。因而后现代主义作家更侧重于探究那种混乱的多重复合意义。在艺术表现上他们常常采用事实与虚构交织的拼凑,自相矛盾、不连续性、模糊性等方法来表现这个复杂多变、难于捉摸的世界。后现代主义者认为,世界本身是千变万化、不确定的,如果把它写的有条理、意义分明,才是违反了生活的真实。如:语言的不确定性,贝克特的人物语言不讲逻辑跳跃性强,且爱重复;人物的不确定性,后现代主义的主人公已经从昔日的“非英雄”走向了“反英雄”,海勒《第二十二条军规》的主人公尤索林是个贪生怕死的投弹手,为保存自己的性命而进行着几近疯狂的努力。

第四,后现代主义文学打破精英文学与大众文学的界限。现代主义文学倾向于文化批评,本质上是对人本质和生存环境的探索,追求有意味的形式,进行艺术技巧的革新;这种精英意识和有意义的形式都使得现代主义文学与通俗文学泾渭分明。后现代主义文学也反传统,但是它是在消费社会中发展起来的,主要是受后工业社会消费文化的影响。它在普通大众中找到了反叛权威和精英的立场与方法,以娱乐化的方式进行写作,打破了艺术与生活的隔阂,出现了明显的向大众文学和亚文学靠拢的倾向。有的作品干脆以大众化的文化消费品的形式出现,并试图模糊文学与非文学的界限。科幻小说、电脑网络小说等逐渐与技术相结合,显示了越来越多的直接感官刺激,文字自足性逐渐瓦解。

第五,“零度写作”。在现代主义文学那里,文学作品具有深沉的内容,隐藏在“神话”之中,呼吁、希望读者去理解;而后现代文学拒绝这种写作意识,主张中立性。所以,写作消失了内容,而转向“写作”自身。作家把话语、语言结构当作自己为所欲为的领地,写作成为一种纯粹的表演、操作,甚至变为符号游戏。后现代主义的文学创作不再是为了赋予人生以意义,而是为了写作本身的欢愉。例如加缪的成名作、代表作《局外人》,所使用的就是零度风格,也可以称为电报风格;句子简短,而且都是现在完成式;没有任何感情色彩,枯燥、冷漠。

第二节　外国小说选读

《堂吉诃德》(节选)·塞万提斯

米盖尔·德·塞万提斯·萨阿维德拉(1547—1616),西班牙文艺复兴时期最杰出的现实主义小说家。因参加著名的雷邦托海战失去左手,后世尊称他为“勒邦托的独臂人”。长篇小说《堂吉诃德》是其最优秀的作品,共两卷。《堂吉诃德》第一卷出版于1605年,一经出版就轰动了全国;一年之内,仅仅在西班牙,就再版了6次,很快又被译成英文和法文,在英国和法国出版。1615年,《堂吉诃德》第二卷出版,同样获得了成功。短篇小说集《训诫小说集》(也称《惩恶扬善故事集》)是塞万提斯仅次于《堂吉诃德》的又一部代表作,塞万提斯也因此获得“西班牙的薄伽丘”之誉。

骇人的风车奇险；堂吉诃德的英雄身手；以及其他值得大书特书的事情。

这时候，他们远远望见郊野里有三四十架风车。堂吉诃德一见就对他的侍从说：

“运道的安排，比咱们要求的还好。你瞧，桑丘·潘沙朋友，那边出现了三十多个大得出奇的巨人。我打算去跟他们交手，把他们一个个杀死，咱们得了胜利品，可以发财。这是正义的战争，消灭地球上这种坏东西是为上帝立大功。”

桑丘·潘沙道：“什么巨人呀？”

他主人说：“那些长胳膊的，你没看见吗？有些巨人的胳膊差不多二哩瓦[①]长呢。”

桑丘说：“您仔细瞧瞧，那不是巨人，是风车；上面胳膊似的东西是风车的翅膀，给风吹动了就能推转石磨。”

堂吉诃德道：“你真是外行，不懂冒险。他们确是货真价实的巨人。你要是害怕，就走开些，做你的祷告去，我一人单干，跟他们大伙儿拼命好了。”

他一面说，一面踢着坐骑冲出去。他侍从桑丘大喊说，他前去冲杀的明明是风车，不是巨人；他满不理会，横着念头那是巨人，既没听见桑丘叫喊，跑近了也没看清是什么东西，只顾往前冲，嘴里嚷道：

“你们这伙没胆量的下流东西！不要跑！来跟你们厮杀的只是个单枪匹马的骑士！”

这时微微刮起一阵风，转动了那些庞大的翅翼。堂吉诃德见了说：

“即使你们挥舞的胳膊比巨人布利亚瑞欧[②]的还多，我也要和你们见个高下！”

他说罢一片虔诚向他那位杜尔西内娅小姐祷告一番，求她在这个紧要关头保佑自己，然后把盾牌遮稳身体，横托着长枪飞马向第一架风车冲杀上去。他一枪刺中了风车的翅膀；翅膀在风里转得正猛，把长枪迸作几段，一股劲把堂吉诃德连人带马直扫出去；堂吉诃德滚翻在地，狼狈不堪。桑丘·潘沙趱驴来救，跑近一看，他已经不能动弹，驽骍难得把他摔得太厉害了。

桑丘说：“天啊！我不是跟您说了吗，仔细着点儿，那不过是风车。除非自己的头脑给风车转糊涂了，谁还不知道这是风车呢？”

堂吉诃德答道：“甭说了，桑丘朋友，打仗的胜败最拿不稳。看来把我的书连带书房一起抢走的弗瑞斯冬法师对我冤仇很深，一定是他把巨人变成风车，来剥夺我胜利的光荣。可是到头来，他的邪法毕竟敌不过我这把剑的锋芒。”

桑丘说：“这就要瞧老天爷怎么安排了。”

---

① 一哩瓦合6.4千米。

② 希腊神话里和神道作战的巨人，有一百条手臂。

桑丘扶起堂吉诃德；他重又骑上几乎跌歪了肩膀的驽骍难得。他们谈论着方才的险遇，顺着往拉比塞峡口的大道前去，因为据堂吉诃德说，那地方来往人多①，必定会碰到许多形形色色的奇事。可是他长枪断了心上老大不痛快；和他的侍从计议说：

"我记得在书上读到一位西班牙骑士名叫狄艾果·贝瑞斯，台·巴尔咖斯，他一次打仗把剑斫断了，就从橡树上劈下一根粗壮的树枝，凭那根树枝，那一天干下许多了不起的事，打闷不知多少摩尔人，因此得到个绰号，叫做'大棍子'。后来他本人和子孙都称为'大棍子'巴尔咖斯。我跟你讲这番话有个计较：我一路上见到橡树，料想他那根树枝有多粗多壮，照样也折它一枝。我要凭这根树枝大显身手，你亲眼看见了种种说来也不可信的奇事，才会知道跟了我多么运气。"

桑丘说："这都听凭老天爷安排吧。您说的话我全相信；可是您把身子挪正中些，您好象闪到一边去了，准是摔得身上疼呢。"

堂吉诃德说："是啊，我吃了痛没作声，因为游侠骑士受了伤，尽管肠子从伤口掉出来，也不行得哼痛②。"

桑丘说："要那样的话，我就没什么说的了。不过天晓得，我宁愿您有痛就哼。我自己呢，说老实话，我要有一丁丁点儿疼就得哼哼，除非游侠骑士的侍从也得遵守这个规矩，不许哼痛。"

堂吉诃德瞧他侍从这么傻，忍不住笑了。他声明说：不论桑丘喜欢怎么哼、或什么时候哼，不论他是忍不住要哼、或不哼也可，反正他尽管哼好了，因为他还没读到什么游侠骑士的规则不准侍从哼痛。桑丘提醒主人说，该是吃饭的时候了。他东家说这会子还不想吃，桑丘什么时候想吃就可以吃。桑丘得了这个准许，就在驴背上尽量坐舒服了，把褡裢袋里的东西取出来，慢慢跟在主人后面一边走一边吃，还频频抱起酒袋来喝酒，喝得津津有味，玛拉咖最享口福的酒馆主人见了都会羡慕③。他这样喝着酒一路走去，早把东家对他许的愿抛在九霄云外，觉得四出冒险尽管担惊受怕，也不是什么苦差，倒是很惬意的。

长话短说，他们当夜在树林里过了一宿。堂吉诃德折了一根可充枪柄的枯枝，把枪头移上。他曾经读到骑士们在穷林荒野里过夜，想念自己的意中人，好几夜都不睡觉。他要学样，当晚彻夜没睡，只顾想念他的意中人杜尔西内娅。桑丘·潘沙却另是一样。他肚子填得满满，又没喝什么提神醒睡的饮料，倒头一觉，直睡到大天亮。阳光照射到他脸上，鸟声嘈杂，欢迎又一天来临，他都不理会，要不是东家叫唤，他还沉睡不醒呢。他起身就去抚摸一下酒袋，觉得比昨晚越发萎瘪了，不免心上烦恼，因为照他看来，在他们这条路上，没法立刻弥补上这项亏空。

① 因为在马德里到塞维利亚的大道上。

② 骑士规则第九条："骑士不论受了什么伤，不得哼痛。"

③ 玛拉咖的酒是著名的。

堂吉诃德还是不肯开斋，上文已经说过，他决计靠甜蜜的相思来滋养自己。他们又走上前往拉比塞峡口的道路；约莫下午三点，山峡已经在望。

堂吉诃德望见山峡，就说："桑丘·潘沙兄弟啊，这里的险境和奇事多得应接不暇，可是你记着，尽管瞧我遭了天大的危险，也不可以拔剑卫护我。如果我对手是下等人，你可以帮忙；如果对手是骑士，按骑士道的规则，你怎么也不可以帮我，那是违法的。你要帮打，得封授了骑士的称号才行。"

桑丘答道："先生，我全都听您的，决没有错儿。我生来性情和平，最不爱争吵。当然，我如要保卫自己身体，就讲究不了这些规则。无论天定的规则，人定的规则，总容许动手自卫。"

堂吉诃德说："这话我完全同意。不过你如要帮我跟骑士打架，那你得捺下火气，不能使性。"

桑丘答道："我一定听命，把您这条诫律当礼拜日的安息诫一样认真遵守。"

他们正说着话，路上来了两个圣贝尼多教会的修士。他们好象骑着两匹骆驼似的，因为那两头骡子简直有骆驼那么高大。两人都戴着面罩[①]，撑着阳伞。随后来一辆马车，有四五骑人马和两个步行的骡夫跟从。原来车上是一位到塞维利亚去的比斯盖贵夫人；她丈夫得了美洲的一个贵职要去上任，正在塞维利亚等待出发。两个修士虽然和她同路，并不是一伙。可是堂吉诃德一看见他们，就对自己的侍从说：

"要是我料得不错，咱们碰上破天荒的奇遇了。前面这几个黑魆魆的家伙想必是魔术家——没什么说的，一定是魔术家；他们用这辆车劫走了一位公主。我得尽力量除暴惩凶。"

桑丘说："这就比风车的事更糟糕了。您瞧啊，先生，那些人是圣贝尼多教会的修士，那辆马车准是过往客人的。您小心，我跟您说，您干事要多多小心，别上了魔鬼的当。"

堂吉诃德说："我早跟你说过，桑丘，你不懂冒险的事。我刚才的话是千真万确的，你这会儿瞧吧。"

他说罢往前几步，迎着两个修士当路站定，等他们走近，估计能听见自己的话，就高声喊道：

"你们这起妖魔鬼怪！快把你们车上抢走的几位贵公主留下！要不，就叫你们当场送命；干了坏事，得受惩罚！"

两个修士带住骡子，对堂吉诃德那副模样和那套话都很惊讶，回答说：

"绅士先生，我们不是妖魔，也并非鬼怪。我们俩是赶路的圣贝尼多会修士。这辆车是不是劫走了公主，我们也不知道。"

---

① 西班牙人旅行用的面罩，上面安着护眼的玻璃，防尘土入目，也防太阳晒脸。

堂吉诃德喝道:“我不吃这套花言巧语！我看破你们是撒谎的混蛋!”

他不等人家答话,踢动驽骍难得,斜绰着长枪,向前面一个修士直冲上去。他来势非常凶猛,那修士要不是自己滚下骡子,准被撞下地去,不跌死也得身受重伤。第二个修士看见伙伴遭殃,忙踢着他那匹高大的好骡子落荒而走,跑得比风还快。

桑丘瞧修士倒在地下,就迅速下驴,抢到他身边,动手去剥他的衣服。恰好修士的两个骡夫跑来,问他为什么脱人家衣服。桑丘说,这衣服是他东家堂吉诃德打了胜仗赢来的战利品,按理是他份里的。两个骡夫不懂得说笑话,也不懂得什么战利品、什么打仗,瞧堂吉诃德已经走远,正和车上的人说话呢,就冲上去推倒桑丘,把他的胡子拔得一根不剩,又踢了他一顿,撇他直挺挺的躺在地下,气都没了,人也晕过去了。跌倒的修士心惊胆颤,面无人色,急忙上骡,踢着它向同伴那里跑;逃走的绅士正在老远等着,看这番袭击怎么下场。他们不等事情结束,马上就走了,一面只顾在胸前画十字;即使背后有魔鬼追赶,也不必画那么多十字。

上文已经说了,堂吉诃德正在和车上那位夫人谈话呢。他说:

“美丽的夫人啊,您可以随意行动了,我凭这条铁臂,已经把抢劫您的强盗打得威风扫地。您不用打听谁救了您;我省您的事,自己报名吧。我是个冒险的游侠骑士,名叫堂吉河德·台·拉·曼却;我倾倒的美人是绝世无双的堂娜杜尔西内娅·台尔·托波索。您受了恩不用别的报酬,只须回到托波索去代我拜见那位小姐,把我救您的事告诉她。”

有个随车伴送的侍从是比斯盖人,听了堂吉诃德的话,瞧他不让车辆前行,却要他们马上回托波索去,就冲到他面前,一把扭住他的长枪跟他理论,一口话既算不得西班牙语,更算不得比斯盖语,似通非通的说:

“走哇！骑士倒霉的！我凭上帝创造我的起誓:不让车走啊你,我比斯盖人杀死你是真！好比你身在此地一样是真①!”

这话堂吉河德全听得懂。他很镇静地答道:

“你呀,不是个骑士;你要是个骑士,这样糊涂放肆,我早就惩罚你了,你这奴才!”

比斯盖人道:

“我不绅士②？对上帝我发誓:你很撒谎！好比我很基督徒一样！如果你长枪放下,拔出来剑,马上可以你瞧瞧,你是把水送到猫儿旁边去呢③！陆地上比斯盖

① 关于比斯盖人这句话的意义,注释家众说纷纭,这里是根据马林(Francisco Rodríguez Marín)注本的解释翻译的。

② 原文双关,又指骑士,又指绅士。堂吉诃德指的是骑士,比斯盖人指的是绅士。

③ 西班牙谚语“送猫儿下水”指一桩非常难办的事,因为猫儿是不肯下水的。比斯盖人恼怒中把成语说颠倒了。

人，海上也绅士！哪里都绅士！[1] 你道个不字，哼，撒谎你就是！”

堂吉诃德答道：“阿格拉黑斯说的：‘你这会儿瞧吧。’[2]”

他把长枪往地下一扔，拔出剑，挎着盾牌，直取那比斯盖人，一心要结果他的性命。比斯盖人因为自己的坐骑是雇来的劣骡子，靠不住；他想要下地，可是瞧堂吉诃德这般来势，什么也顾不及，只有拔剑的功夫，幸亏正在马车旁边，就从车上抢了个垫子，权当盾牌使用，两人就象不共戴天的冤家那样打起来。旁人想劝解，可是不行，比斯盖人用他那种支离破碎的话向大家声明：他们要是不让他把这一仗打到底，他就亲手把女主人杀掉，把所有阻挡他的人都杀掉。车上那位太太看到这样情况，又惊又怕，忙叫车夫把车赶远些，就在那边遥遥观看这场恶战。当时比斯盖人伸手越过堂吉诃德的盾牌，在他肩上狠狠劈了一剑；要不是他身披铠甲，腰以上早劈做两半了。这一剑好不凶猛，堂吉诃德觉得份量不轻，大喊道：

“啊！我心上的主子、美人的典范杜尔西内娅！你的骑士为了不负你的十全十美，招得大难临头了！请你快来帮忙呀！”

他说着话，一手握剑，一手用盾牌，护严身子，直向比斯盖人冲去。说时迟，那时快，他一股猛劲，要一剑劈去立见输赢。

比斯盖人瞧堂吉诃德这股冲劲，看出对手的勇猛，决计照样跟他拼一拼；可是坐下的骡子已经疲乏不堪，况且天生也不是干这种玩意儿的，所以一步也挪移不动，左旋右转都不听使唤，他只好把坐垫护严身子，站定了等候。上文说过，堂吉诃德举剑直取这机警的比斯盖人，一心要把他劈做两半；比斯盖人也举着剑，把坐垫挡着身子迎候；旁人不知道这两把恶狠狠的剑下会生出什么事来，惴惴不安地等待着；车上那位太太和几个侍女只顾向西班牙所有的神像和礼拜堂千遍万遍的许愿，求上帝保佑这侍从和她们自己逃脱当前这场大难。可是偏偏在这个紧要关头，作者把一场厮杀半中间截断了，推说堂吉诃德生平事迹的记载只有这么一点。当然，这部故事的第二位作者决不信这样一部奇书会被人遗忘，也不信拉·曼却的文人对这位著名骑士的文献会漠不关怀，让它散失。因此他并不死心，还想找到这部趣史的结局。靠天保佑，他居然找到了。如要知道怎么找到的，请看本书第二部[3]。

（塞万提斯著：《堂吉诃德》，杨绛译，人民文学出版社 1978 年版。）

赏析

《堂吉诃德》全名为《奇情异想的绅士堂吉诃德·德·拉·曼却》，是一部滑稽可笑、诙谐幽默、充满了奇思妙想的长篇文学巨著。小说模拟骑士小说的写法，描写了住在拉·曼

① 西班牙人只要是比斯盖世家子弟，就是贵族。

② 阿格拉黑斯是《阿马狄斯·台·咖乌拉》里的人物。每当他拔剑在手，总说：“你这会儿瞧吧。”这句话成了成语。

③ 一般骑士小说往往在故事的紧要关头截住，叫读者等“下回分解”。塞万提斯故意模仿这种手法。他原先把上册分作四卷，但后来改变了这种分法。

却的50多岁的老单身汉吉哈诺先生,因痴迷于骑士小说,幻想恢复骑士时代的光荣传统。于是他给自己取名堂吉诃德·台·拉·曼却,意思是拉·曼却地方的鼎鼎大名的骑士堂吉诃德;拼凑了一副由曾祖传下来的破烂不全的盔甲戴在头上,手持长矛行侠冒险的故事。堂吉诃德模仿古代骑士忠诚于某位贵妇人的传统做法,选中了邻村一个养猪村姑做自己的意中人,并给她取了贵族名字叫作杜尔西内娅,决心终身为她效劳。堂吉诃德先后三次出游。第一次,堂吉诃德独自出游被人打得半死,被过路的邻居横放在驴背上送回家。第二次,堂吉诃德说服自己的邻居农民桑丘·潘沙作为自己的侍从,一路上做出了种种荒唐可笑的事情:把风车当成巨人,把酒囊当成魔鬼,把羊群当成军队等等。寻找堂吉诃德的神甫和理发师装成妖怪,设法捉住了堂吉诃德,把他装进一个笼子里用牛车运回了家。未等伤愈,堂吉诃德又同桑丘第三次出游。在骑士幻想的支配下,完成了很多"丰功伟绩"。最后,堂吉诃德被佯装白月骑士的邻居打败,按照骑士的规矩,被迫回家。回家后,堂吉诃德竟一病不起。在生命垂危之际,堂吉诃德神智终于清醒过来,口述遗书,不许他唯一的继承人外甥女嫁给读过骑士小说之人,否则就剥夺她的继承权。

堂吉诃德是一个性格矛盾而复杂的形象。荒唐可笑的疯癫骑士,是其性格喜剧性的一面;但同时,他所具有的高尚、严肃的性格特征,体现的是一种内在人性的悲剧。如所选章节中,堂吉诃德把风车当成巨人、把圣贝尼多教会的修士当成妖魔鬼怪,显得滑稽可笑。但如果结合堂吉诃德的理想去思考,透过他百折不回、勇往直前的行为表象,可以看到他性格中高尚严肃的一面,从中透露出人文主义的精神内核。堂吉诃德的惩恶扬善、主持正义的努力不被社会承认,一概被人取笑;堂吉诃德对自己的理想有执着的追求和坚强的道德观念,具有英勇无畏、忘我斗争的品德,却不被人理解。因为他的"错误打法",堂吉诃德没能实现自己的理想,抱恨而死,从这个意义上说,他又是一个悲剧人物。

桑丘既是堂吉诃德的陪衬人物,又是小说的另一主人公。堂吉诃德瘦而高,他则胖而矮;堂吉诃德充满了幻想,他则事事从实际出发;堂吉诃德是禁欲主义的苦行僧,他则是享乐主义者;堂吉诃德有丰富的学识,他则是一个文盲。堂吉诃德代表人的理想性,而桑丘则代表人的世俗性。例如所选章节中,桑丘说:"要那样的话,我就没什么说的了。不过天晓得,我宁愿您有痛就哼。我自己呢,说老实话,我要有一丁丁点儿疼就得哼哼,除非游侠骑士的侍从也得遵守这个规矩,不许哼痛。"桑丘和堂吉诃德既是主仆,又是生死与共的朋友。堂吉诃德几次遇险都是因为桑丘的机智化险为夷。而堂吉诃德的品德及其人文主义理想吸引着桑丘,使他的思想性格悄悄地发生着变化。堂吉诃德和桑丘从不同方面代表了人类普遍的思想感情。

塞万提斯在作品自序中说,写《堂吉诃德》的目的是为了"攻击骑士小说""使世人厌恶荒诞的骑士小说""消除骑士小说在社会上、在群众之间的声望和影响",把"骑士小说那一套扫除干净"。这是塞万提斯写作这部作品的宗旨。随着文艺复兴运动的展开,近代思想广泛传播,作为封建文化组成部分的骑士文学在很多国家都在走向衰落;而且在16世纪骑士制度已经没落。但是因为西班牙的君主专制与冒险风尚,骑士小说在西班牙一度风行。作为文学家的塞万提斯对骑士文学在内容上的胡编滥造极为反感。塞万提斯为了反对骑士小说，模仿骑士小说写作《堂吉诃德》，将骑士道的有害性放大给人看，让读者在笑声中与骑士小说告别。塞万提斯的目的最终达成，随着《堂吉诃德》的出版与流传，人们逐步认识到骑士文学的毒害性，不再阅读这种文学；《堂吉诃德》出版后西班牙再也没有出现新的骑士小说。

《堂吉诃德》的实际意义远远超越了作者最初的创作意图。在《堂吉诃德》这部巨著中，塞万提斯以现实主义的笔触和强烈的艺术表现力，给16世纪末17世纪初的西班牙社会描绘出一幅完整而广阔的生活画图。尽管塞万提斯所描绘的故事情节是荒诞的，小说的主人公是疯傻的；但是故事发生的社会背景、围绕小说主人公的生活环境，却是具体的、现实的。从城市到农村，从贵族奢华的豪宅到农民低矮的茅舍，随着主仆二人行踪所至，农民、牧羊人、市民、工匠、商人、理发师、僧侣、牧师、囚犯、强盗、店主、妓女、女佣、贵族、法官、总督、公爵、公爵夫人，塞万提斯把16、17世纪西班牙社会的政治、经济、文化和风土人情，展现得活灵活现。从中可以看到广大农民的困顿与艰难，看到贵族阶级的糜烂与奢华，可以认识到在封建主义衰落、资本主义兴起时期西班牙尖锐的社会矛盾。这才是这部小说的现实主义力量之所在。

《堂吉诃德》不仅标志着西班牙古典文学的高峰，而且标志着欧洲近代小说的真正开端。特别是小说中两个人物形象的成功塑造，也拉开了欧洲小说塑造人物典型的帷幕。300多年来，它被译成了100多种语言，成为世界文学宝库中一部不朽的作品，呈现了《堂吉诃德》超越时空的永恒魅力。

《尤利西斯》(节选)·詹姆斯·乔伊斯

詹姆斯·乔伊斯(1882—1941)，爱尔兰作家，意识流小说家，现代主义文学最重要的代表作家之一。早年深受易卜生影响；支持爱尔兰反对英国奴役的独立运动。1904年起直至1941年逝世，一直侨居欧洲大陆潜心创作。但其作品都是以都柏林为背景，直接取材于爱尔兰的生活。代表作品有，短篇小说集《都柏林人》，长篇小说《青年艺术家的肖像》《尤利西斯》和《芬尼根的守灵夜》(又译《芬尼根们的觉醒》)。

……主啊我脑子里的念头有时侯真是希奇古怪有趣得很假定他住在我们家里吧没有什么不可以嘛楼上那间房本来就空着的后房还有米莉那张床呢他可以用那里头那张桌子写字做功课尽管他老用那张桌子瞎写些东西要是他早上也像我一样想躺在床上看些什么那么他反正要给一个人做早饭就给两个人做得了只要他租的房子是这么个格局我是肯定不愿意给他从街上随便招房客来住的我很希望和一位有头脑受过很好教育的人长谈一番我得买一双漂亮的红拖鞋就是那些戴圆筒非斯帽的土耳其人卖的那一种要不然黄的还要一件半透明的漂亮晨袍那是非常需要的要不然来一件桃红色的梳妆衣就是沃波尔公司老早以前卖过的那种才八先令六或是十八先令六我要再给他一次机会我要早早地起床反正我已经腻味这张科恩的老床了我也许要到市场上去看看各种各样的蔬菜那些圆白菜

西红柿胡萝卜形形色色的水果都进来了鲜灵灵多可爱谁知道我第一个遇见的男人会是谁呢他们在早上都是存心找这个的梅米·犹龙常说他们是那样的晚上也是那是她望弥撒的时候我希望现在能有一个水灵灵入口就化的大梨子像我闹喜害口那阵子吃的那种然后我去弄他的鸡蛋用她送给他的护须杯沏茶叫他把嘴张大些我琢磨他也会喜欢我的好奶油吧我知道该怎么办我要高高兴兴的可不能太过分了有时候唱一两句 mi fa pieta Masetto① 然后开始换衣服准备出去 presto non son piu forte② 我要换上最好的内衣内裤让他饱一饱眼福叫他的小麻雀挺立起来我要让他知道假如他想知道的话他的老婆让人操过了而且是狠狠地操了快顶到脖子这儿了这人可不是他足有五六回之多一回接一回的这干净床单上还留着他的精液痕迹呢我也懒得弄掉它这一下他应该有数了要是你还不信你摸摸我的肚皮吧除非我使他立了起来自己伸进我那里头去我真想把每一个小动作都告诉他叫他当我的面照样做一做这是他活该假如我成了顶层楼座里那家伙说的那种淫妇的话这完全得怪他自己哎呀我们在这个眼泪之谷里干下了这一点坏事可没有少大惊小怪的天主知道也不过如此而已还不是人人都一样不过他们隐瞒着罢了我琢磨这就是女人本来的用处要不然天主不会把我们造成这样对男人有这么大的吸引力的好吧要是他要吻我的屁股我就拉开我的内裤没遮没拦的凸出在他的鼻子跟前他可以把他的舌头伸进我那窟窿里头去伸它个七哩深吧那他就占领了我的褐色部了然后我就告诉他我要一镑要不也许三十先令我告诉他我要买内衣然后如果他照给的话他还不算太糟我并不要像别的女人那样把他榨干了我本来常常可以自己动手开张好支票的把他们的名字写上就弄上两镑的有几次他就忘了锁起来反正他不会花掉的我就允许他从后面在我身上发泄只要他不把我的好内裤都弄脏了就行哎呀我琢磨那是无法避免的事儿我会装作满不在意的样子随便问一两个问题从他的回答就能知道他什么时候到那份儿上了他什么都瞒不过我无论他有什么动静我都一清二楚我要夹紧我的屁股甩两句脏话闻我的屁股吧舔我的巴巴吧不论想到什么疯话都行然后我就要出主意了真的嘿等一下小伙子现在轮到我来劲儿了我要做得很高兴很随和哎呀我可忘了我这血淋淋的倒霉事儿了呸你简直不知道是哭好还是笑好了我们就是李子苹果一锅搅的不行我只能穿那些旧的了这样更好还更突出些他决计弄不清究竟是不是他搞的行了反正对你也就够好的了什么旧衣服都行然后我把他擦掉完事就跟擦掉一项帐目一样他的遗漏吧然后我就走我的让他去望着天花板她又去哪儿了哟使他找我这是唯一的办法一刻了什么缺德钟点哟我琢磨中国那边人们现在正起床梳辫子准备开始一天的生活了吧我们这里修女们快敲晨祷钟了她们睡觉倒没有人进去打扰除非偶然有一两个教士去做夜课要不鸡叫时候隔壁的闹钟当啷啷啷的简直要把

①② 意大利语(莫扎特歌词《唐·乔凡尼》歌词):我为马塞扎难过……快,我支持不了。

它自己的脑袋都震破了我来试一试看是不是还能睡一会儿一二三四五他们发明的这些像星星的东西算是什么花哟隆巴德街的壁纸好看多了他给我的围裙也是那种花样只是我不过我只用了两次最好把灯弄低一些再试一试好早点起床我要到芬勒特食品店旁边的兰姆花店去一下叫他们送些花来好把屋子布置布置要是他明天带他来呢不是明天是今天不好不好星期五不吉利首先我要把屋子收拾好灰尘不知道怎么回事自己就长出来了大约是在我睡觉的时候长的吧然后我们可以来点音乐抽抽香烟我可以给他伴奏先得用牛奶擦洗钢琴的键盘我穿什么衣服好呢要不要佩戴一朵白玫瑰不然的话来点儿利普顿公司那种神仙蛋糕吧我喜欢货色齐全的大商店里那种香味七个半便士一磅的要不然另外那种带樱桃和粉色糖层的十一便士的来两磅桌子中央得来一盆好花哪儿的盆花便宜些呢别着急我不久前在哪儿看见来着我爱花恨不得这屋子整个儿都漂在玫瑰花海里才痛快呢天上的天主呀大自然真是没有比的崇山峻岭还有海洋白浪翻滚还有田野真美一片片的燕麦小麦各种各样的东西一群群肥牛悠然自得你看着只觉得心里舒畅河流呀湖泊呀鲜花呀各种各样的形状香味颜色连小沟里也冒出了报春花和紫罗兰这就是大自然要说那些人说什么天主不存在别看他们学问大我说还不值我两个手指打的一个响榧子呢他们为什么不自己试试创造出点什么东西来呢我常和他说那些无神论者还是什么论者的还是先把自己身上那些疙疙瘩瘩的洗净了再说吧再说他们临死他们鬼哭神嚎地找牧师又是为什么呢为什么呢因为他们怕地狱他们做了亏心事可不是吗我可知道这号人谁是宇宙中间比别人都早的第一个人呢谁是开天辟地的人呢究竟是谁呢他们可说不上来我也说不上来这不就结了吗他们还不如去试试挡住太阳让它明天别升起来呢他说太阳是为你放光的那是我们在豪思山头上躺在杜鹃花丛中的那一天他穿的是灰色花呢套服戴着那顶草帽我就是那天弄到他求婚的真的我先还嘴对嘴给了他一点儿黄蒿籽蛋糕那是一个闰年和今年一样真的十六年过去了我的天主呀那一吻可真是长差点儿把我憋死过去真的他说我是一朵山花真的我们就是花朵女人的身体全都是花朵真的他这辈子总算说出了一个真理还有太阳今天是为你放光真的我就是因为这个才喜欢他的因为我看得出他理解或是感觉到女人是怎么一回事儿而且我知道我总能让他听我的那天我尽给他甜头引他开口求我答应可是我先还不马上回答一个劲儿地眺望海面仰望天空心里想到许许多多他不知道的事情想到马尔维想到斯坦厄普先生想到荷丝特想到父亲想到老格罗夫斯上尉想到那些水手在码头上玩鸟儿飞我说弯腰还有他们叫做洗碟子的游戏总督府门前站岗的头上戴个白色头盔有一道箍可怜的家伙晒得半死不活的还有西班牙姑娘们披着披肩头上插着高高的梳子嘻嘻哈哈的还有清早赶集拍卖什么人都来了有希腊人有犹太人有阿拉伯人整个欧洲还加一条公爵大街什么犄角旮旯儿里的稀奇古怪的人都来了还有家禽市场在拉比沙伦外面一片嘈杂鸡鸭乱叫驴子可怜瞌睡懵懂的尽打滑阴暗处影影

绰绰常有人裹着斗篷躺在台阶上睡觉还有运公牛的大车轮子真大还有几千年的古堡真的还有英俊的摩尔人穿一身白衣服脑袋上缠着头巾国王似的气派小不点儿的铺子还请你坐下还有朗达①西班牙客栈古老的窗户两只窥视的眼睛在格子窗后隐匿情人只好吻铁条②夜间酒店都是半开门的还有响板那天晚上我们在阿尔赫西拉斯没有赶上渡轮打更的提着灯笼转悠平安无事哎唷深处的潜流可怕哎唷还有海洋深红的海洋有时候真像火一样的红夕阳西下太壮观了还有阿拉梅达那些花园里的无花果树真的那些别致的小街还有一幢幢桃红的蓝的黄的房子还有一座座玫瑰花园还有茉莉花天竺葵仙人掌少女时代的直布罗陀我在那儿确是一朵山花真的我常像安达卢西亚姑娘们那样在头上插一朵玫瑰花要不我佩戴一朵红的吧好的还想到他在摩尔墙下吻我的情形我想好吧他比别人也不差呀于是我用眼神叫他再求一次真的于是他又问我愿意不愿意真的你就说愿意吧我的山花我呢先伸出两手搂住了他真的然后拉他俯身下来让他的胸膛贴住我的乳房芳香扑鼻真的他的心在狂跳然后真的我才开口答应愿意我愿意真的。

的里雅斯特—苏黎世—巴黎

一九一四——一九二一

（詹姆斯·乔伊斯著，《尤利西斯》，金隄译，人民文学出版社1996年版。）

赏析

《尤利西斯》描绘了1904年6月16日③早晨8点到次日凌晨2点三个都柏林人——犹太广告经纪人布卢姆、其妻歌手莫莉和青年艺术家斯蒂汾的日常生活与精神感受。整部作品集中表现了布卢姆、莫莉和斯蒂汾三个人物的意识活动。通过三股瞬息万变、绵延不绝的意识流，不仅呈现了三个主要人物的生活经历和感情生活，而且更深刻地反映了一个时代所面临的问题和危机。这些都浓缩于18个小时之中，方圆十几里的范围之内。全书共分三部分18章。第一部分主要写斯蒂汾因为在精神上与宗教、家庭、国家决裂而感到无所依托，所以渴望重新找到一位精神上的父亲。第二部分是小说的主体，写布卢姆从早晨8点到午夜，私事、公事以及产生的思想意识活动；描写了布卢姆在都柏林的漂泊游荡，象征着他在寻找“儿子”和“家园”。第三部分写布卢姆带斯蒂芬回家，以为在对方身上找到了精神上的父亲和儿子，却在黎明、酒醒后离去；最后一章是莫莉长达40页的、没有标点的内心独白。

1914年至1922年，乔伊斯用了7年时间，完成了他的代表作、号称西方文学中的“奇书”的长篇小说《尤利西斯》。这部小说给他带来了世界性的声誉。使《尤利西斯》获得成功的一个重要的原因是，它在表现手法上大量使用在当时还鲜为人知的意识流手法，被奉为意识流的经典著作。“意识流”最初是一个心理学术语。美国心理学家威廉·詹姆斯在《心

① 朗达为西班牙城市，在直布罗陀东北方向四十余英里处。

② “两只窥视的眼睛在格子窗后隐匿”为上文（见原书1049页注3）所提歌词，而西班牙房屋格子窗外往往另有铁栅。

③ 1904年6月16日，是乔伊斯与妻子的定情日。

理学原理》中进行了较为详细的阐释，他认为，人类的思维活动“不是接合起来的东西，它是流动的”，人的意识“并没有对它自己显现为是被砍碎了的碎块”，用像“锁链”或是“序列”这样的词语或表达方式根本无法表达意识的本来面目而“‘河’或‘流’的比喻可以使它得到最自然的描述。”①所以，詹姆斯提出，我们说到意识的时候，应该把它叫作思想之流或者意识之流，或者主观生活之流。这种把意识比作连绵流动的河水的比喻直接触发了作家们的联想。1918 年，梅·辛克莱在评论理查逊的小说《旅程》时最早把“意识流”这一术语引入了文学评论。此后，意识流就作为一个文学术语被批评家广泛使用。

乔伊斯在《尤利西斯》中，为了呈现出人物原本的意识活动，主要采用直接内心独白来揭示人物的意识；因直接内心独白不受作者的控制或支配，极为自然，也更接近于思维的实质。乔伊斯让主人公作为第一人称直接将本人的思想与感受和盘托出，通过人物混乱无序的意识流动来揭示生活的本质，反映人物各个层次的心理现象。将《尤利西斯》的内心独白方式推向最高峰的是最末尾处莫莉的长达 40 页的呓语。如节选的内容，莫莉由眼前忆起她和布鲁姆热恋时的情景，完全不用标点符号。在莫莉的意识流动中，中心围绕着她与布卢姆的恋爱，但有时回忆起当时的环境，有时则飘到完全不相干的事情上。作者很形象地模拟了临睡前清醒的意识慢慢消失的情景，表现了意识的自由浮动。这种把梦呓式的混乱引入内心独白的做法，是乔伊斯的高超之处。梦境是最富现代主义色彩的创作手法，是表现人物无意识活动的主要手段，长期隐埋在心灵深处的秘密在似梦非梦中呈现。尤利西斯力求原原本本地向读者展示人物交错重叠、杂乱无章的意识活动以及无数稍纵即逝、难以名状的顿悟、幻觉和梦境。这是传统作家难以想象的，也是他们望尘莫及的。

除了娴熟的意识流技巧，对位式神话结构是《尤利西斯》另一主要艺术成就。《尤利西斯》套用了荷马史诗《奥德修纪》的框架。原作的 18 章，都有与《奥德修纪》一一对应的标题，把相隔两千多年的互不相干的两个时代进行对照，暗示主题。小说揭示了人类自古及今，亘古未变的漂泊不定的精神状态，说明“回家”是人类永恒的期望，同时也赋予了作品一种历史的纵深感。现代世界是荷马时代的再现，现代生活是神话世界的世俗化。而且里面的三个主要人物也都和《奥德修纪》中的主要人物形成了对照：尤利西斯就是奥德修斯的罗马名字，布卢姆和他在现代都市都柏林游荡 18 个小时与奥德修斯和他战后回家在海上漂流的 10 年形成比照，失去了父亲的斯蒂汾和前往寻找父亲的帖雷马科形成比照，而放纵情欲的莫莉和对爱情忠贞不渝的潘奈洛佩形成对照。

《百年孤独》（节选）·加夫列尔·加西亚·马尔克斯

加夫列尔·加西亚·马尔克斯（1928—2014），哥伦比亚小说家，魔幻现实主义文学的代表作家。马尔克斯在 1982 年获得诺贝尔文学奖，授奖理由是，他的小说“把幻想和现实融为一体，勾画出一个丰富多彩的想象中的世界，反映了拉丁美洲大陆的生活和斗争”。代表作《百年孤独》《霍乱时期的爱情》等。

① ［美］威廉·詹姆斯：《心理学原理》，田平译，中国城市出版社 2003 年版，第 335 页。

许多年之后，面对行刑队，奥雷良诺·布恩地亚上校将会回想起，他父亲带他去见识冰块的那个遥远的下午。那时的马贡多是一个有二十户人家的村落，用泥巴和芦苇盖的房屋就排列在一条河边。清澈的河水急急地流过，河心那些光滑、洁白的巨石，宛若史前动物留下的巨大的蛋。这块天地如此之新，许多东西尚未命名，提起它们时还须用手指指点点。每年到了三月光景，有一家衣衫褴褛的吉卜赛人家到村子附近来搭帐篷。他们吹笛击鼓，吵吵嚷嚷地向人们介绍最新的发明创造。最初他们带来了磁铁。一个胖乎乎的、留着拉碴胡子、长着一双雀爪般的手的吉卜赛人，自称叫墨尔基阿德斯，他把那玩意儿说成是马其顿的炼金术士们创造的第八奇迹，并当众作了一次惊人的表演。他拽着两块铁锭挨家串户地走着，大伙儿惊异地看到铁锅、铁盆、铁钳、小铁炉纷纷从原地落下，木板因铁钉和螺钉没命地挣脱出来而嘎嘎作响，甚至连那些遗失很久的东西，居然也从人们寻找多遍的地方钻了出来，成群结队地跟在墨尔基阿德斯那两块魔铁后面乱滚。"任何东西都有生命，"吉卜赛人声音嘶哑地喊道，"一切在于如何唤起它们的灵性。"霍塞·阿卡迪奥·布恩地亚是一位想象力极其丰富的人物。他的想象常常超越大自然的智慧，甚至比奇迹和魔术走得更远。他想，这毫无用处的发明倒可以用来开采地底下的黄金。墨尔基阿德斯是个老实人，他早就有言在先："这玩意儿掏金子可不行。"可是，霍塞·阿卡迪奥·布恩地亚那时信不过吉卜赛人的诚实，他用一头骡子和一群山羊把那两块磁铁换了过来。她妻子乌苏拉·伊瓜朗饲养这些家畜，原是想用来振兴每况愈下的家业的，但她劝阻不了他。她丈夫回答说："不用多久，咱们家的金子就会多得用来铺地的。"一连数月，他执意要证明自己的设想是正确的。他拖着两块铁锭，大声念着墨尔基阿德斯的咒语，一块一块地查遍了整个地区，连河底也没有放过。他唯一发掘出来的东西，是一副十五世纪的盔甲。盔甲的各部分已被氧化物锈住。敲起来里面空洞有声，活象一只装满石头的大葫芦。霍塞·阿卡迪奥·布恩地亚和他的远征队的四名壮士拆开盔甲，发现里面有一副石化了的骷髅，脖子上挂着一个小铜盒，盒内有一绺女人的头发。

翌年三月，吉卜赛人又来了。他们这次带来了一架望远镜和一具放大镜，有鼓面那么大。他们公开展出，说这是阿姆斯特丹的犹太人的最新发明。他们让一位吉卜赛女子坐在村子一头，把望远镜架在帐篷门口。人们只要花五个里亚尔[①]，然后把脑袋凑到望远镜后面，就可以看到那吉卜赛女郎，仿佛伸手可及。"科学把距离缩短了，"墨尔基阿德斯吹嘘说，"要不了多久，人们不用离开家门，就能看到世界上任何地方发生的事情。"一个炎热的中午，吉卜赛人又用那块巨型放大镜做了一次惊人表演：他在街心放了一堆干草，借助阳光的聚焦把草堆点燃了。霍塞·阿卡迪奥·布恩地亚虽然对磁铁试验的失败尚难以自慰，但这时，却又想出一

① 旧时西班牙和拉丁美洲通用的货币，约合四分之一比塞塔。

个点子：利用这项发明制造作战武器。墨尔基阿德斯又一次劝阻他，但最后还是收下了两块磁铁和三块殖民地时期的金币，把放大镜换给了他。乌苏拉伤心地哭了。那三块金币是她父亲劳累一生积攒下来的一盒金币的一部分，她一直把钱盒埋在床下，想等个良机作本钱用。霍塞·阿卡迪奥·布恩地亚根本没想安慰她。他以科学家的献身精神，甚至不惜冒生命的危险，一心扑到武器试验上去了。为了证实放大镜在敌军身上的威力，他竟亲自置身于太阳光的焦点之下，结果多处灼伤，经久方愈。他妻子被这危险的发明吓坏了。但是，他却不顾妻子的反对，差一点又把房子烧掉。他终日躲在自己的房间里，埋头计算着他的新式武器的战略威力，最后还编出了一本条理清晰得惊人、具有无可辩驳的说服力的教科书。他在书中附上了不少实验例证和好几幅图解，派一位信使把书送交政府当局。这个信使翻山越岭，在无边的沼泽地里迷过路，后来又跨越了许多奔腾的江河，在猛兽的袭击、绝望和疫病的折磨下险些丧生，最后才找到了驿道，跟骑骡的信使接上了头。虽然当时要去首都几乎是不可能的事，但霍塞·阿卡迪奥·布恩地亚保证，一旦政府下令，他将去尝试一下，以便把他的发明向军事首脑作实地表演，并要亲自为他们操演复杂的阳光战战术。他等候回音达数年之久，末了，等得不耐烦了，便当着墨尔基阿德斯的面哀叹试验失败。于是，吉卜赛人表示了他那令人信服的诚实品格：退还金币，换回放大镜，另外又送给霍塞·阿卡迪奥·布恩地亚几幅葡萄牙地图和几架航海仪器，还亲笔书写了一份关于修士埃尔曼的研究成果的简明提要，让他学会使用观象仪、罗盘和六分仪。霍塞·阿卡迪奥·布恩地亚在长达数月的雨季中闭门不出，躲在住宅后面的一间屋子里，免得别人打扰他的试验。他完全抛开家务，整夜整夜地观测星辰的移动。为了获得测定正午点的正确方法，他差一点中了暑。当他能熟练地操作仪器时，他对空间有了认识。这使他足不出户就能泛舟神秘之海，漫游荒漠之地，还能跟显贵要人交往。正是在那时，他养成了自言自语的习惯，独自在家中晃悠，对谁也不理睬。与此同时，乌苏拉和孩子们却在菜园里胼手胝足地管理着香蕉、海芋、丝兰、山药、南瓜和茄子。不久，也没有任何预兆，他突然中断所迷恋的工作，变得神志颠倒起来。连续几天他象着了魔似的，低声咕叨着一连串惊人的猜测，连他自己也不敢相信自己的想法。直到十二月的某个星期三午餐的时候，他才一下子卸脱了那折磨他的包袱。孩子们也许终生难忘父亲那天坐在饭桌上首时那副威严神态。长期的熬夜和过度的思索搞垮了他的身体，他发着高烧，抖抖索索地向他们透露了自己的发现：

“地球是圆的，象一个橘子一样。”

乌苏拉再也忍不住了。“你要发神经病，就一个人去发，”她吼叫着，“别拿你那吉卜赛式的怪想法往孩子们脑袋里灌！”霍塞·阿卡迪奥·布恩地亚听后无动于衷。他妻子一气之下把他的观象仪摔在地上打得粉碎，可是他没有被妻子的狂怒吓退，重新造了一架。他还把村里的男人都召集到自己的房间里，用谁也听不懂的理论向他们论证：只要一直朝东方航行，最后就能返回出发地点。全村人都认为霍塞·阿卡迪奥·布恩地亚已经精神失常。这时，墨尔基阿德斯来了，这才把事情搞清楚。他当众夸赞霍塞·阿卡迪奥·布恩地亚的才智，说他仅凭天文估算便创造了一种理论。虽然这种理论在马贡多至今尚无人知晓，但已经为实践所证明。为了表示钦佩，他赠给霍塞·阿卡迪奥·布恩地亚一份礼品：一间炼金试验室。这对村子的未来产生了决定性的影响。

那时节，墨尔基阿德斯以令人吃惊的速度衰老了。他头儿回到村里来的时候，看起来和霍塞·阿卡迪奥·布恩地亚年龄相仿。但是，后者还保持着非凡的气力，能揪住马耳朵把一匹马摔倒在地，而这位吉卜赛人却好似被一种痼疾毁坏了身体。实际上那是他在无数次环球旅行中屡染怪病的结果。他在帮助霍塞·阿卡迪奥·布恩地亚布置炼金试验室时对霍塞·阿卡迪奥·布恩地亚说，死神到处追逐他，嗅着他的行踪，但还未决定给他最后一击。他是一个逃亡者，躲避着一切危害人类的灾祸病害。他曾患过波斯糙皮病、马来亚群岛坏血病、亚历山大麻风病、日本脚气病和马达加斯加鼠疫，还经历过西西里岛地震和麦哲伦海峡集体罹难，总算死里逃生。这个自称掌握了诺斯特拉达姆斯①的密码的怪人，是个愁容满面、郁郁寡欢的人，长着一双仿佛能看透一切的亚洲人的眼睛。他戴着一顶又大又黑、活象乌鸦展开的翅膀似的帽子，穿着一件好象穿过几个世纪、已经发绿的天鹅绒背心。虽然他有无穷的智慧和神秘的外表，却有着凡人的品性和俗子的素质，这使他陷在日常生活的琐碎问题之中。他苦于年老多病，忍受着不屑一提的经济拮据。很久以前他就失去了笑容，因为坏血病夺走了他满口牙齿。在他披露个人隐私的那个闷热的中午，霍塞·阿卡迪奥·布恩地亚确信，这是两人之间的伟大友谊的开端。孩子们对他的神奇故事惊讶不已。当时只有五岁的奥雷良诺一辈子都会记得那天下午看到的这个吉卜赛人的模样。吉卜赛人面朝着闪耀着金属光芒的窗户坐着，用他风琴般深沉的嗓音启示着人们脑海中最愚昧的角落。天气炎热，他两鬓流着油汗。奥雷良诺的哥哥霍塞·阿卡迪奥后来把吉卜赛人的美妙形象作为传世的回忆，讲述给后辈们听。乌苏拉则相反，她对那位客人没有什么好印象，因为她走进房间的时候，正巧墨尔基阿德斯失手打破了一只二氯化汞的瓶子。

“这是魔鬼的气味。”她说。

“不，绝对不是，”墨尔基阿德斯纠正说，“有人证实魔鬼有股硫磺味，可这只不过是一点儿升汞罢了。”

墨尔基阿德斯总是循循善诱的。他对朱砂的魔鬼习性作了一番博学的解释，但乌苏拉不理他那一套，她带着孩子祈祷去了。从此，那股呛人的气味伴随着墨

---

① 诺斯特拉达姆斯：16世纪法国占星家和医生，著有《百年预言》一书。

尔基阿德斯的形象，一直留在她的记忆之中。

不算一大堆烧锅、漏斗、曲颈瓶、过滤器和搅棒，这个初创的炼金试验室是由一根粗制的水管、一只仿照哲人之蛋制成的长颈玻璃试管和一个由吉卜赛人按犹太人玛利亚的新式三臂蒸馏锅的说明书制作出来的蒸馏器组成。此外，墨尔基阿德斯还留下了分属七个星球的七种金属样品，摩西①和索西莫斯②的倍金术配方，还有一套炼金术祖师的笔记和炼金图，谁能看懂它就能造出点金石来。霍塞·阿卡迪奥·布恩地亚见倍金术配方很简单，就被迷住了。他一连几个星期都在讨好乌苏拉，要她答应把金币挖出来。他对她说，能把黄金成倍增加，就象可以把水银分成几份一样。乌苏拉和往常一样，拗不过丈夫，又让了步。于是，霍塞·阿卡迪奥·布恩地亚把三十枚金币投进了烧锅，跟铜屑、雄黄、硫磺、铅等一起熔化。后来，他把熔化物全部倾入蓖麻油锅里放在烈火上煮，熬成一种粘稠、刺鼻的糊状物。这东西不象美妙的黄金，倒象是劣质的糖浆。在危险的、弄得焦头烂额的蒸馏过程中，又添进了七种星球金属冶炼，后来又放在水银和塞浦路斯石矾中加工，再投入猪油（因为没有萝卜油）中煮熬，最后，乌苏拉的这笔珍贵的祖产变成了一团粘在锅底里挖不下来的锅巴。

当吉卜赛人再次来到这里时，乌苏拉早已部署好，让全村人反对他们。但是，人们的好奇心胜过了恐惧，因为这次吉卜赛人操起各种乐器，大吹大擂地走遍了全村，喧闹之声震耳欲聋。那个招揽生意的人宣称，他们要展出纳西安索③人最神奇的发明。这样一来，人们都涌向帐篷。他们花一个生太伏④，看到了一个年轻的、康复的、没有皱纹的、长着一副崭新锃亮的牙齿的墨尔基阿德斯。人们还记得他从前被坏血病毁坏的牙床、松弛的腮帮和干瘪的嘴唇，现在看到这个吉卜赛人超凡的能力，不禁惊讶万分。当墨尔基阿德斯把镶在牙床上完整无损的牙齿摘下来向人们展示时，惊愕又变成了恐惧。吉卜赛人只让大家看了一眼——一瞬间，他又恢复了以往那副老态龙钟的样子，随即又装了上去，并且用失而复得的青春活力朝大家微笑。此刻，连霍塞·阿卡迪奥·布恩地亚也感到，墨尔基阿德斯的知识渊博到了无法理解的地步了。但是，当吉卜赛人私下告诉他假牙的原理时，他又感到由衷的兴奋。他觉得这玩意儿既简单又奇妙，于是一夜之间对炼金术失去了兴趣。他的情绪又变坏了，从此不再正常进食，整天在屋子里转悠。“世界上正在发生令人难以置信的事情，”他对乌苏拉说，“就在那边，在河对岸，就有各式各样神奇的机器，可我们还在过着毛驴似的生活。”那些从马贡多一建村就认识霍塞·阿卡迪奥·布恩地亚的人，对于他在墨尔基阿德斯的影响下所起的变化感到惊讶。

---

① 摩西：公元前13世纪时犹太人的领袖。

② 索西莫斯：罗马帝国历史学家，编写古代基督教史的著名学者。

③ 纳西安索：小亚细亚古国卡帕多细亚的首都。

④ 生太伏：拉美国家辅币单位，等于百分之一比索。

当初,霍塞·阿卡迪奥·布恩地亚是个年轻族长,他指挥播种,指导牧畜,奉劝育子。为了全族的兴旺,他跟大家同心协力,还参加体力劳动。因为从建村起他家的房子就是全村首屈一指的,所以后来其他人家都仿照他家的式样进行整修。他家有一间宽敞而明亮的大厅,饭厅座落在一个平台上,周围是鲜艳的花朵。有两间卧室和一个院子,院子里栽了一棵大栗树。还有一个管理得很好的菜园和一间畜栏,畜栏中羊、猪和鸡和睦共处。家中和村里唯一禁养的动物是斗鸡。

乌苏拉跟她丈夫一样勤俭能干。这个意志坚强的女人身材瘦小,好动而严肃。在她的一生中,从来没有听到她唱过歌。每天从清晨到深夜,她无所不至,好象到处能听到她那印花布裙的柔和的窸窣声。幸亏有了她,那夯结实的泥地、没有粉刷的土墙和自制的木器家具总是那样干净,那些放衣服的旧木箱总是散发出淡淡的甜罗勒的清香。

霍塞·阿卡迪奥·布恩地亚是村子里前所未有的最有事业心的人。他安排了全村房屋的布局,使每座房子都能通向河边,取水同样方便。街道设计得非常巧妙,天热的时候,没有一家比别人多晒到太阳。短短的几年里,在马贡多的三百个居民当时所认识的许多村庄中,马贡多成了最有秩序、最勤劳的一个。那真是个幸福的村庄,这里没有一个人超过三十岁,也从未死过一个人。

……

(马尔克斯著,《百年孤独》,黄锦炎、沈国正、陈泉译,上海译文出版社1984年版。)

赏析

《百年孤独》是魔幻现实主义的经典之作,它的问世在拉丁美洲引发了一场文学地震。小说主要描写布恩地亚家族七代人在“镜子城”—— 马贡多镇的生活经历,借此勾勒出哥伦比亚乃至整个拉丁美洲100年来的风云变幻与兴衰图景。第一代霍塞·阿卡迪奥·布恩地亚与表妹乌苏拉结婚,乌苏拉因害怕近亲结婚生下猪尾巴的孩子,拒绝与丈夫同房。邻居阿基拉尔以此为笑柄讥讽布恩地亚,布恩地亚一怒之下用长矛刺死了他,夫妻二人被迫远走高飞。经过两年的长途跋涉,在一处荒凉之地安家落户,给此处取名马贡多。吉普赛人来到马贡多,他们的首领墨尔基阿德斯留下来一本神秘难懂的羊皮手稿。随着人口的增多,保守党和自由党在马贡多小镇发动内战;内战结束后,铁路修通了,种植园主、冒险家蜂拥而至。布恩地亚家族却由盛而衰。第六代奥雷良诺·布恩地亚与他的姑母阿玛兰塔·乌苏拉近亲结婚,生下了个猪尾巴的孩子——第七代,也是最后一代。阿玛兰塔·乌苏拉因失血过多去世,孩子被拖进蚁穴。奥雷良诺·布恩地亚破译了吉普赛人一百年前用梵语写成的羊皮密码,“家族的第一人被绑在一棵树上,最后一个人正在被蚂蚁吃掉”。就在这个预言被破解的一瞬间,马贡多这个镜子似的城镇,被飓风从地面一扫而光。

《百年孤独》虽再现的是拉美百余年的风云变幻,但其主旨不仅仅在于呈现这一历史过程,而在于阐释拉丁美洲的孤独。借助于艺术的形式,马尔克斯带领我们去思考拉美百年孤独背后的原因。首先,马贡多是“孤独”的产物。无论是布恩地亚夫妇具有“乱伦”意味的结合,还是为了逃避阿基拉尔之死,都使马贡多的出现具有孤独性。其次,马贡多生活状态的孤独。马贡多闭塞,与现代文明隔绝,是被抛在现代生活秩序之外的存在。面对吉普赛人带来的现代科学,马贡多居民是陌生的。在所选的第一章中,马贡多居民没见过磁铁,为了换取两块磁铁,霍塞·布恩地亚付出了一头大骡子和一群山羊的代价;没有见过放大镜,对吉卜赛女人站在村头却近在咫尺的情景惊愕万分,为了换取放大镜,付出了两块磁铁再加三枚金币的代价;不知道地球是圆的;没见过假牙,对墨尔基阿德斯的恢复青春惊叹不已。这是哥伦比亚历史中"香蕉热"的映射。西方殖民者的入侵,改变了拉丁美洲孤立、愚昧的状态,但同时他们剥削当地人民、掠走大量财富。拉美人民对于这种侵略,不仅不谴责,反而变成了他们日后追忆的"黄金时代"。19 世纪初,哥伦比亚独立以后,国家政权被土生白人的大地主、大商人所把持,导致国家政变不断、内战频发。从 1830 年到 1899 年间,全国暴发了 27 次内战,给人民带来了无尽的痛苦;单是 1899 年到 1902 年那次内战,全国就有 10 万平民丧失生命。小说以很大篇幅,通过奥雷良诺上校的传奇生涯描写了这方面的史实。两党轮流执政,加西亚·马尔克斯借奥雷良诺的一句话非常精彩地点出了它们的实质:现在自由派和保守派唯一的区别不过是自由派五点钟去听弥撒,而保守派是八点去。马贡多居民因内战白白付出生命,却无助于社会的进步。

魔幻现实主义是拉丁美洲一个后现代主义文学流派,在根植民族文化传统的基础上,借鉴了欧美现代主义文学的经验,在故事情节中夹杂着神话传说、奇迹梦幻等超自然因素,运用现代主义文学象征寓意、联想暗示、时序颠倒等表现方法,展现一个魔幻与现实交织的文学世界,以此来表现拉丁美洲的独特现实,具有浓重的地方色彩和民族特色。作为魔幻现实主义文学最重要的代表作,《百年孤独》最显著的艺术特征莫过于其浓厚的魔幻色彩。第一,在艺术构思与情节上体现魔幻现实主义。布恩地亚家族对近亲结婚会生出"猪尾巴"的孩子怀有的深深恐惧,是贯穿小说的主要线索。从布恩地亚家族前一代生下长"猪尾巴"孩子的传说,到这个家族第六代终于生下一个长"猪尾巴"的第七代的现实,实现了结构上的完整。墨尔基阿德斯的"羊皮书"手稿在小说结构中也起着重要的作用。两条线索一暗一明、一虚一实,相互印证,遥相呼应,体现出小说艺术构思上的魔幻性。小说情节的魔幻性也令人叹为观止:奥雷良诺上校从小就有一种奇异的直觉和预感;阿玛兰塔预见自己的死亡,为自己织尸布,答应全村人给死去的亲人送信;雷蓓卡靠吃土生活,其父母遗骸,砌在墙里也咔咔作响;雷梅苔丝奇特的生活习惯和飞升结局。

第二,"轮回"的时间观念。作品第一章的第一句话就是:"许多年之后,面对行刑队,奥雷良诺·布恩地亚上校将会回想起,他父亲带他去见识冰块的那个遥远的下午。"故事叙述的起点是站在某一个不明确的"现在",讲述"多年之后"的一个"将来";是由"现在→将来→过去→现在"构成的圆。其次,在结构上,是大轮回,小说的全部故事就是在一百年的大轮回中叙述的。马贡多镇由不存在到存在,由最初的荒凉走向繁荣;经过长期的动乱,又回到与世隔绝、贫穷落后;最后被飓风毁灭。再次,小说在情节、人物名字、人物的行为、命运上也不断重复出现,是大圆圈中的小圆圈,大循环中的小循环。在人物当中,对时间的这种反复轮回现实最为敏感的是老祖母乌苏拉。最后，由人名重复所造成的轮回反复感受鲜明。根据小说中提供的出场人物统计，小说中有五个阿卡迪奥，四个奥雷良诺、加上私生子共有21个，三个阿玛兰塔和三个雷梅苔丝。

第三，新颖巧妙的象征隐喻。《百年孤独》中广泛地运用了象征艺术手法，且这种象征手法更多地带有“魔幻”的色彩。马贡多镇的居民都被传染上了一种可怕的病症——不眠症。这种失眠的可怕之处并不在于人不能入睡，最重要的是由失眠而引起的遗忘症。加西亚·马尔克斯正是通过这一奇特的叙述方式，告诉人们，民族的历史和现实已经正在被人们忘记。失眠症和健忘症是丧失现实感的表现，隐喻哥伦比亚人对现实的麻木，提醒人们不要忘记历史。《百年孤独》中描写了各种各样的黄色的东西，而黄色是印第安人视为凶兆的颜色。在小说中，只要是出现了黄色的东西，就会伴随着发生一些不幸的灾难，如死亡、衰败和病患；或者反映人物的某种心境，如孤独、郁闷等等。

第四，极度的夸张手法。夸张是《百年孤独》中运用最多的艺术手法，同样也具有“魔幻”的特征。霍塞·阿卡迪奥被枪杀后，他的鲜血从门下溢出，竟然穿过客厅，流到街上，沿着土耳其人大街流去，左一拐，右一拐，径直奔向他母亲乌苏拉的房子。再比如，布恩地亚夫妇在马贡多镇生了第二个儿子奥雷良诺·布恩地亚，这个孩子在乌苏拉的腹中时就会啼哭，出生时就睁着眼睛；在被割掉脐带时他的脑袋还在转来转去的，好像在探察屋里的东西。

第五，印第安民间传说、《圣经》故事以及阿拉伯神话的移植。在印第安人的文化里，生与死是永无休止的循环过程；死是日常生活的组成部分。《百年孤独》中阿基拉尔的灵魂，阿玛兰塔给死人带信都源于此。而初见马贡多、连续下了4年11个月零2天的暴雨，对应的则是“创世纪”神话和“大洪水神话”。除了对印地安民间传说、《圣经》的借鉴外，《百年孤独》有关飞毯——吉卜赛人带来的飞毯载着人在马贡多上空飞翔，无疑是借用了《天方夜谭》(《一千零一夜》)的故事。《百年孤独》中成功地融入神话传说、民间故事、宗教典故等因素，巧妙地糅合了现实与虚幻，展现了一个瑰丽的想象世界。

第三节 拓展阅读

《小说面面观》(节选)·爱·摩·福斯特

爱·摩·福斯特(1879—1970)，出身于英国伦敦一个中产阶级家庭，生前在英国小说界享有盛誉。1901年，福斯特毕业于剑桥大学，1927年，应剑桥大学之邀主持“克拉克讲座”，发表了一系列关于长篇小说的演讲，后集结出版，即《小说面面观》。该书对小说理论和创作实践富于指导意义，被誉为20世纪小说艺术的经典著作之一。选文中，小说人物的“扁平人物”和“圆形人物”之分，是由福斯特首创，已成为文学研究者常常使用的经典文学术语。

十七世纪时，扁平人物称为“性格”人物，而现在有时被称作类型人物或漫画人物。他们最单纯的形式，就是按照一个简单的意念或特性而被创造出来。如果这些人物再增多一个因素，我们开始画的弧线即趋于圆形。真正的扁平人物可以用一个句子表达出来。例如“我永远不会抛弃米考伯[①]先生”。这是米考伯夫人说她不会抛弃米考伯先生的话。她没抛弃丈夫，确实做到了。也许还可以举一例：“我务必隐瞒主人家的贫困，即使编造谎言也在所不惜。”在《兰墨摩新娘》一书中有个名叫巴德斯东的人，说起话来与众不同，但这句话已把他刻划出来了。他是为了这句话而活。他没有欢乐，没有一般家仆常有的各种私欲和痛苦。无论他干什么，去哪儿，不管他撒了谎或打破盘子，都是为了隐瞒主人家的贫困。这不是他固定不变的意念，因为他这个人就没有什么可以固定的意念。他本身就是意念，他目前的生命即从这个意念的边缘发射而出现，或者从这一意念同小说中其他因素拚击出的火花中产生。或再举普鲁斯特为例。在他的作品中有许许多多扁平人物如巴玛公主或兰格兰汀，这两人都可用一个简单句子描绘殆尽。巴玛公主说：“我务须小心谨慎，做个善良的人。”她就是个凡事都谨小慎微的人，而其他比她复杂的人物便很容易感到公主的善良了。这是她处事谨慎必然导致的结果。

扁平人物的一大长处是容易辨认，他一出场就被读者那富于情感的眼睛看出来。而一般肉眼只注意反复出现的专用名词罢了。在俄国小说中，这类人物很少出现，如果出现的话，那是非出现不可的。一个作家如果想竭尽全力去扣动读者的心扉，扁平人物对他是十分有用的。原因是这类人物不用重新介绍，不会离开正道，以致堆以控制。它自成气候，宛似早已安排在太空或繁星之间的光环那样，不管放到什么地方都会令人满意。

第二个长处是他们事后容易为读者所记忆。由于他们不受环境影响，所以始终留在读者心中。他们随着环境而变动，这更显出其性格是令人放心的。即使他们所在的那本小说会销声匿迹，但他们仍然不被人遗忘。如《依凡·哈林顿》一书中的女伯爵就是一个不错的小例子。现在，让我们将记忆中的她和贝克·夏普[②]对比一下吧。我们已记不起那位女伯爵做过什么、经历如何了。但对她的身材，对她惯用的词句仍历历在目。如说什么“我们以父亲为荣，但又必须不露出对他的怀念。”她丰富的幽默感全部出于此语。她是个扁平人物，而贝克·夏普却是个圆形人物。她也是个性格人物，但我们不能一言以蔽之地去概括她，但从记忆所及，知道她跟许许多多厕身其中的大场面有连系，而且这些场面还使她有所改变。也就是说，我们要回忆起她来是不容易的，因为她就象月亮那样盈亏互易，宛如真人那般复杂多面。我们大家都在追求永恒的东西，即使阅历很深的人也如此，在

① 米考伯是狄更斯的《大卫·科波菲尔》中的一个人物——译者。

② 《名利场》中的人物之一。

一般人看来,这也是艺术创作的主要原因。我们都希望看到经久不衰的、人物始终如一的作品,以作为逃避现实的寄托,这就是扁平人物受到青睐的原因。

同样道理,那些只将眼睛盯着日常生活的评论家们——他们用的是我们上星期的目光——则对这种处理人类本性的方式十分恼火。他们争辩说,如果不能用一句话把维多利亚女皇概括的话,还保留米考伯夫人干吗?我们最出色的作家之一诺曼·道格拉斯先生就是这样的评论家。现在,我引用他的一段强烈反对扁平人物的话。这段文字引自他写给劳伦斯①的一封公开信上。当时他正跟劳伦斯展开论战,两军对垒,互不相让,使我们这些人大有不知所措之感。他在一本描写一位挚友的传记中,埋怨劳伦斯以"小说家的笔触"歪曲了人的形象,而且还进而解释"小说家的笔触"的含义:

依我看,"小说家的笔触"产生于对一般人的内心深处的复杂性缺乏了解。它为了文学的目的,只从男性或女性中选出两三种最引人注目的,因而也是十分有用的特性成分,而将其余的成分放置一旁。任何与选取的特性成分不合的东西都给删掉,务必删掉,因为不这样做,就站不住脚。要充分占有材料,然后将一切与所需材料不合的东西扔掉。这样做,他们有个似是而非的为"小说家笔触"辩解的借口:它只取其所好,而弃其所不好而已。事实上,他们这么做,也许是对的,但选取得太少了。作家所说的也许是事实,但并不是人生的真象。"小说家的笔触"原来如此,它把人生歪曲了。

由此可见,"小说家的笔触"对写传记无疑是不行的,因为人生并不如此简单,然而它对写小说则有其地位。通常一本构思复杂的小说不仅需要有扁平人物,也要有圆形人物。他们之间的不协调反而使人生显得比道格拉斯先生所描绘的更为真实。狄更斯就是一个突出例子。他所写的人物几乎都属扁平一类,差不多每个人物都可用一句话加以概括,但又令人感到具有人性深度。也许是狄更斯的强大生命力使他笔下的人物动了起来。他们也借助于他的生命力而使自己宛若真人。这简直象玩魔术似的。我们任何时候都可以从旁将皮克维克先生看作薄如唱片的扁平人物,可是我们从来没从旁看过。皮克维克十分机敏,教养有素,常常显出处事稳重的风度。他在那所女子学校的表现,看来比莎翁笔下的那位温莎堡的福斯塔毫不逊色。狄更斯的部分天才在于:他创作的易于被我们识别的各种类型的、漫画式的人物,其所产生的效果既不枯燥乏味,又显现人性的深度。那些不喜欢狄更斯的人最好设想一下,这么一位写作不高明的人,为什么竟能跻身于当代伟大作家之列?从他创造出各类人物的成果看:扁平人物的作用要比那些苛刻评沦家说的要大得多。

再以H·G·威尔斯为例。威尔斯所写的人物,除了奇普斯以及在《唐·邦

① H.D.劳伦斯(1885—1930),英国著名作家、诗人和评论家——译者。

盖》中的那个姑母外，都象照片中的人物那么扁平。但照片上的人物是那么英姿勃勃，以致使我们忘了相片上人物的复杂性，只要将它撕掉或卷起便无法看见了。威尔斯笔下的人物委实是不能用一句话加以概括的，而要经过深入的观察。他不创造类型人物。然而他笔下人物的脉搏跳动却很少发自本身，是作家那双灵巧、有力的手使他们活动起来的，从而使读者产生错觉。象威尔斯和狄更斯这些高明但还不完美的小说家都是善于转移视线的能手，他们能通过小说中生气勃勃的部分去带动缺乏生气的部分，从而使各式人物行动自如，言之成理。他们跟那些直接运用素材的名作家不同。理查逊、笛福、简·奥斯汀等构思精细、词斟句酌地进行创作。他们的作品不一定伟大，但都是孜孜不倦地完成的。在小说中，他们连触摸钮扣和铃子声响这样的细节都不放过，对人物的控制就更不必说的。

不过我们必须承认，在成效方面，扁平人物是不如圆形人物的。但要取得喜剧性效果时，扁平人物就大有用场了。一个严肃的或悲剧性的扁平人物是容易惹人厌烦的。这样的人物一出场就高喊："报仇！"或"我的心为人性沦落而悲痛啊！"诸如此类的陈词滥调，就令人心情沉重了。有位当代的知名作家写了一本传奇小说，故事是根据一个苏昔斯农民的一句话构思的，他说："我定要锄掉那株金雀花"。原来是，有个农民种了株金雀花，后来说要把它锄掉，结果锄了，只此而已。这与有人说"我永远不会抛弃米考伯先生"不同，因为我们对那农民老是那么一套感到厌烦，因而对他是否已把金雀花锄掉毫无兴趣。要是他把那些公式化的话同人的其他各种素质连系起来并加以分析的话，那就不再令人感到厌烦了。那句公式化的话并不能说明他这个人，但却反映了他无法摆脱那种想法。也就是说，他已由扁平人物转变成圆形人物。唯有圆形人物才能在某一段时间内扮演悲剧角色。它除了不够诙谐，有点别扭外，还是能使我们有所感动的。

现在，让我们从扁平人物转到谈圆形人物吧。你看，《曼斯菲尔公园》中的伯特兰女士正坐在沙发上，旁边有只狮子狗。它也象大多数小说里的动物那样，长得肥头大耳。伯特兰女士说话的公式是："我心地善良，但不能过分疲劳。"她正是以此作为行动指南的。但故事快结束时发生了令人十分伤心的事。她的两个女儿都出了事：朱丽娅跟人私奔了；那个婚姻不如意的玛莉娅也同情夫逃之夭夭——这在奥斯汀心目中，简直比拿破仑发动的战争更坏，更令人伤心。这时，伯特兰女士有什么反应呢？描绘她当时情况的那句话挺有意思：

"伯特兰女士并没深思熟虑，但在汤玛斯爵士的指点下，她对全部要点都思索过了。因而能看出发生之事故的严重性。但她并没有联想到犯罪和羞耻方面去。本来她不用费多少劲，也不必芬妮劝告便会联想到的。"

上面这段感情强烈的话真使我难堪，我想也许是简·奥斯汀的道德观在起作用吧。她自己尽可以谴责犯罪和羞耻的行径，事实上她是这样做了，从而使爱德蒙和芬妮心感不安。究竟她有什么权利去激怒一贯慈祥的伯特兰女士呢？那不是象要给那只狮子狗三副面孔,并让它去看守地狱之门么?伯特兰女士可否坐在沙发上说:"朱丽娅和玛莉娅发生的事真教人伤心、厌倦,芬妮在哪?我的缝针又掉到地下了"么?

这是我从前的想法,因为对简·奥斯汀的创作方法存有误解。——正如司各特祝贺她完成一幅绘在象牙方块上的图画时存有误解一样。奥斯汀无疑是位工笔画家,但她创作的人物决不是扁平人物,而是圆形或可以成为圆形的人物。即使贝慈小姐、伊丽莎白,艾略特,伯特兰女士都是有良心、有思想感情的人物,我们了解这一点时,就不会对伯特兰女士的道德狂热大惊小怪了,因为圆盘突然延伸便会变成一个小圆球。待到小说结尾时,伯特兰女士又重新成了扁平人物。这毫不奇怪,她留给人的突出印象是可以用一句套话加以概括。但这并不是奥斯汀的本意。她总想让伯特兰女士每次出场都使人产生新颖感。为什么奥斯汀笔下的人物每次出现都有点新意,有点逗人,而狄更斯的人物却给人以千篇一律的感觉。为什么奥斯汀写的人物对话结合得那么巧妙、自然,令人毫无造作之感?对这个问题可以作多种回答,如:她是位真正的艺术家啦,她从来不善于刻划漫画式人物啦,等等。但最恰当的回答是:她笔下的人物虽比狄更斯写的卑微些,但组织得十分严密。他们都是圆形人物,即使情节的发展要求他们发挥更大作用,也能当之无愧。假设路易沙·摩斯格鲁夫在柯伯跌断了脖子,那么对她去世的描绘一定会显得软弱无力,充满女人气息——对外在暴力的描绘委实不是奥斯汀的长处——但当尸体被抬走后,那些活着的人当时作出的反应,却恰好让人看出他们性格上的新面貌。这样也许会损害《说服》一书的声誉,但我们对温华斯舰长和安妮的了解就会更深刻了。奥斯汀笔下所有人物的生活都不受书本所局限,因为她在创作时极少要求人物任凭生活的摆布。这正是她的人物为什么如此逼真的原因。现在我们再回到伯特兰女士以及那句关键的句子上吧。看看那句话是如何把调子一转便将她带到不按公式行事的地方去的:"伯特兰女士并没深思熟虑,"这确是公式化的话。"但在汤玛斯爵士的指点下,她对全部要点都思索过了。"汤玛斯爵士的指点有一部分跟她的言行公式相符,而另一部分却促使她去接受一种不受约束的、并非所求的道德观。"因而能看出发生之事的严重性,"这是她唱的道德高调——一曲激昂而又小心翼翼的调子——但没多久接踵而至的却是用否定语气说出的十分巧妙的低凋——"但她并没有联想到犯罪和羞耻方面去,本来她不用费多少劲,也不必芬妮的劝告便会联想到的。"她的言行公式又重现了,因为她向来有自解烦恼的本事,这一点是不用芬妮劝告便能做到的。事实上,在最后十年中,芬妮的确没做别的事情。那些否定语气的词,倒使我们想起她又故态复萌了。她曾被一句简单的话被扩大成为圆形人物,但反过来又变成扁平人物。奥斯汀多了不起啊!她仅用很少词句便把伯特兰夫人扩大了,从而增加了玛丽娅和朱莉娅私奔的可能性。我只说是可能性,因为私奔是一种外在的暴力行为,正如上面所述，奥斯汀对这方面的描绘是软弱无力、充满女人气息的。她除了在描写女学童的小说里谈到互相冲突的场面外，其他小说却很少出现。凡是暴力事件都被删节——路易沙发生的意外和达旭伍德的咽喉溃烂是极少的例外——因此对私奔这样的事必须写得真诚、可信，否则人们便会怀疑是否有那回事。伯特兰女士却令我们相信她的两个女儿是私奔了，而且还非私奔不可呢。否则对芬妮反而不够尊敬。这不过是区区小点和短短一段，却使我们看到一位伟大小说家是如何用细腻手法把一个扁平人物转变成圆形人物的。

在奥斯汀的全部作品中，我们都可找到这类人物。显得既简单、又乎庸，不用再作介绍，仍有其一定深度。——亨利・提尔尼、伍德豪斯先生、查劳特・劳卡士就是这样的人物。她尽可以在各式人物身上挂上“知觉”“傲慢”“敏感”“偏见”等标志，但他们的为人并不受这些标志所局限。

至于圆形人物的定义，我在上面已有提及，在此不必再谈。我现在要做的只是某些小说中我认为是圆形人物的例子，以使其定义能经得起日后的检验。

所有在《战争与和平》中出现的主要人物，所有陀思妥耶夫斯基描绘的人物，以及在普鲁斯特的某些小说中的人物——诸如老家仆、格曼特斯女公爵、查勒士先生和圣鲁普；福楼拜[①]写的包法利夫人——她跟摩儿・弗兰德丝一样都以各自的名字作书名，都是挥霍无度和神秘莫测的人物；在萨克雷笔下的一些人物——如夏普和毕特利丝；在费尔汀写的部分人物——亚当斯牧师、沥姆・琼斯；在夏洛蒂・勃朗特书中的部分人物——最突出的人物是露茜・丝劳等等，都是圆形人物。一个圆形人物务必给人以新奇感，必须令人信服。如果没有新奇感，便是扁平人物；如果缺乏说服力，他只能算是伪装的圆形人物。圆形人物的生活是丰富多彩的——这种生活在书中到处可见。小说家有时只单独地利用他，但大多数情况是使他与扁平人物结合在一起，使人物与作品的其他面和睦共处。这样的作品才适应潮流的发展。

（福斯特著：《小说面面观》，苏炳文译，花城出版社 1984 年版。）

思考与练习

1. 人文主义文学有什么思想特征？
2. 试分析堂吉诃德的人物形象。
3. 《堂吉诃德》有什么思想价值？
4. 现代主义文学的思想特征是什么？
5. 现代主义文学有何艺术特征？请举例说明。
6. 结合文本，分析《尤利西斯》的艺术特征。
7. 后现代主义文学的基本特征是什么？

---

① G.福楼拜（1821—1880），法国名作家。

8.《百年孤独》的主题是什么？请结合具体文本说明。

9.《百年孤独》的艺术特征是什么？请结合具体文本说明。

本章推荐书目

1. 郑克鲁,蒋承勇:《外国文学史》(上下),高等教育出版社 2015 年版。

2. 崔莉:《文艺复兴时代文学巨匠及其经典作品》,中国青年出版社 2015 年版。

3. 第根:《文艺复兴以来的欧美文学史》,谢钟湜译,人民出版社 2015 年版。

4. 詹姆逊:《论现代主义文学》(《詹姆逊文集》第 5 卷),苏仲乐等译,中国人民大学出版社 2010 年版。

5. 曾艳兵:《西方现代主义文学概论》,北京大学出版社 2012 年版。

6. 周敏:《什么是后现代主义文学》,上海外语教育出版社 2014 年版。

第十三章　外国散文

英国著名作家毛姆这样评价散文(Prose):要把散文写好,有赖于好的教养。散文和诗不同,原是一种文雅的艺术,好的散文应该像斯文人的谈吐。在西方,散文经常被拿来和韵文(Verse)相提并论。诗属于韵文,在语言形式上有押韵、对偶等格律方面的严格要求,追求韵律美。散文与韵文相对而言,指不讲求格律,以自然、自由的方式来进行表达的语言形式,适用于所有不押韵的书面文字或口头话语。本章内容将勾勒西方散文大致的发展概况,介绍在西方散文流变的过程中值得关注和了解的重要散文家,鉴赏文字优美又富有意蕴的西方散文佳作。

第一节　外国散文概述

一、散文的涵义

在西方,散文的内涵非常宽泛,它包括诗歌以外的一切非韵文体裁,诸如小说、戏剧、政论、报告、演说辞、日记、书信、游记、格言、传记等,涵盖历史、哲学、文学诸多领域。"这一包容性术语指代所有口头的或书面的话语,这些话语没有形成诗韵行或自由诗行模式"①。这是广义的大散文观念。狭义的散文则特指具有文学性质的散文,又被称为非小说散文,是与小说、诗歌、戏剧并列的文学体裁,以随笔(Essay)为代表。

二、散文的特点

一般来说,西方散文具有的基本特征是:

第一,散文不需要押韵。散文与韵文不同,不需要押韵,没有必须要依循的格律范式,可以自由地进行表述。但是好的散文通过灵活优美的语言表达,会具有天然的韵律和节奏,在本质上也是富有诗意的,所以辩证地看,散文与韵文既对立又联系。

第二,散文具有理性色彩、长于思辨、富有寓意,在自然随意的文字中贯穿着对各种问题的思考,要展现作者的经验、体悟、智慧等。在西方最早的散文作品中,如古希腊时期的历史散文、哲学散文和演说辞里,就包含有对人、社会、历史和世界各种问题的讨论。

第三,散文强调个性色彩。不同的散文家因人而异有不同的文体风格,围绕着个人的

① [美]M. H. 艾布拉姆斯:《文学术语词典(第 7 版)》,吴松江译,北京大学出版社 2009 年版,第 493 页。

经验展开思考和漫谈，通过谈自己进而推及到人类和世界。如周作人所说“须有自己的文句与思想”。

第四，散文有不拘一格的多样化的表现手法和技巧。因为散文是自由的、不受格律和形式限制的、富有个性色彩的，所以各种表达方法如议论、抒情、描写、叙述、说明等和各种修辞手法如比喻、拟人、夸张、对比等，都可以根据写作的需要自由运用。

三、西方散文发展概说

西方散文的起源可以追溯到古希腊罗马时期，在公元前 6 世纪末到公元前 4 世纪初，古希腊的中心——雅典的政治、经济、艺术都很繁荣，这个时期出现了历史散文、哲学散文和演说辞，这是西方散文最早的样式。希罗多德的《历史》、修昔底德的《伯罗奔尼撒战争史》、色诺芬的《希腊史》记载了希腊的社会生活和重要战事，穿插了生动有趣的传说和故事，为后世的散文创作提供了经验。演说在古希腊社会政治生活中起着重要作用，在演说的影响下，希腊形成了一种文体正规的演说辞散文：行文流畅、立论正确、说理透彻、逻辑严谨、情感充沛。古希腊的演说家有安提丰、伊索克拉底、狄摩西尼等人，为后世留下了《全希腊盛会献词》《反腓力辞》等言辞犀利、雄辩滔滔的演说辞。苏格拉底、柏拉图、亚里士多德是古希腊哲学的杰出代表，他们的哲学著作，例如柏拉图的《理想国》，既开创了古希腊哲学的辉煌，也创造了对话体的散文样式，为西方散文的发展作出了重要贡献。古罗马时期的历史散文有李维的《罗马史》，塔西陀的《历史》《编年史》，普鲁塔克《希腊罗马名人传》等代表作。这些古罗马历史家重视在写作中运用修辞，追求作品的文采，所写的历史散文具有艺术感染力和美学价值，被誉为史诗式的散文。古罗马除了历史散文，还有西塞罗创作的政治散文、哲学散文、演说辞，塞内卡、小普林尼的书信体散文等，同样影响巨大。总的来说，古罗马时期的散文创作注重使用比喻、讽刺等修辞手段，推动了散文文体的发展，在继承了古希腊文学的传统的同时，也为后来西方文学的发展奠定了良好的基础。

文艺复兴时期是西方散文的重要发展阶段。不少人文主义思想家、艺术家通过写作散文来普及知识与文化，传播人文主义思想，如意大利作家薄伽丘的传记散文《但丁传》、马可·波罗的游记散文《马可·波罗游记》等。被视作欧洲近代散文创始人的法国作家蒙田，在 1580 年出版了《随笔集》，就自己所思所感的话题絮絮而谈，内容广泛、形式自由，确立了文学性质的散文——随笔的文体典范。随笔是指用一种随意的、不拘束的散文表达某种思想、见解、情感，明快轻松、直接亲切。正如日本文艺家厨川白村所形容的：“如果是冬天，便坐在暖炉旁边的安乐椅上，倘在夏天，则披浴衣，啜苦茗，随随便便，和好友任心闲话，将这些话照样地移在纸上的东西，就是 essay”①。随笔虽然是娓娓道来的闲谈式的文章，但优秀的随笔都是作者通过精心润饰和加工的文字来表述某个主题。所以好的随笔应该既活泼随心又不流于松散，既自由悠闲又不流于琐屑，是一种优雅的表现自我情思的文学艺术。

① ［日］厨川白村：《苦闷的象征》，载于厨川白村著《出了象牙之塔》，鲁迅译，江苏文艺出版社 2008 年版，第 86 页。

1597年，英国作家培根借用蒙田的书名也出版了一本随笔集，与蒙田的散文一脉相承。培根在继承蒙田散文张扬个性自由的同时，也强调散文的思辨力与逻辑性，将蒙田散漫的个人絮语散文发展为短而有序、缜密凝练的充满格言警句的文体。

文艺复兴之后西方散文大家辈出，在18到19世纪迎来了鼎盛时期。在18世纪启蒙主义运动中，法国启蒙思想家孟德斯鸠、伏尔泰、狄德罗、卢梭写作了包括随笔在内的各种散文作品，以此来传达启蒙思想。德国的哲学家如康德、黑格尔等人创作了重要的哲学散文论著。在19世纪浪漫主义年代，浪漫主义文学作家夏多布里昂、雨果、梅里美、福楼拜、都德、法朗士、莫泊桑等都创作出不同风格的散文。例如雨果创作了三百多万字的散文，内容博大精深，涉及面极广；形式自由灵活，丰富多变。而现代主义文学鼻祖波德莱尔则将散文与诗结合，创造出以《巴黎的忧郁》与《恶之花》为代表的散文诗，把散文的自由精神与诗歌的韵律美互相渗透，将散文提高到了与诗同等的审美地位。英国随笔散文在查尔斯·兰姆手中达到一个高峰，他的散文幽默风趣，写个人感受与日常生活，亲切随意却又动人心弦，充满人情味。此外，英国一大批优秀的散文作家，如哈兹里特、德·昆西、卡莱尔、罗斯金、阿诺德等，通过散文讲哲理、论文学、议政治、品人生，文笔洒脱漂亮，充满灵性，充满英国式的优雅与诙谐。

西方其他国家地区的散文创作亦迎来高峰：德国著名的哲学家叔本华和尼采常将哲学、美学和小说统一于散文创作之中，其中充满格言警句真知灼见。俄国作家屠格涅夫，作品语句简洁、字句优美，启迪读者去深入思考人类的命运；果戈理、陀思妥耶夫斯基、托尔斯泰等大师也创作了大量优秀的散文作品。华盛顿·欧文被誉为美国文学之父，他的散文细腻有致，略带伤感；美国著名散文家梭罗的散文长篇《瓦尔登湖》书写作者的隐居生活，描绘自然四季风光流转和内心细腻深刻的感受，文字既平易自然又典雅蕴藉，被视为美国散文的典范。

20世纪西方文学呈现出复杂多元的繁荣景象。散文创作继承了19世纪的创作传统，也发展出更多的个性化特征，内容更为丰富多彩。英国的伍尔夫、丘吉尔、罗素、萧伯纳、福斯特、毛姆等人都写出了大量经典美文。美国则在20世纪出现一大批散文大家如利·路易斯·门肯、玛丽·麦卡锡、埃尔文·布鲁克斯·怀特等，创作了大量传记、回忆录、访谈录、报告文学等，题材多样、内容广博，具有强烈的人文关怀、生活气息和个性特征。

当代西方散文在现代主义和后现代主义的影响下挑战文学传统，文体风格、表现手法、叙述方式出现不断创新，例如散文的小说化等。西方散文在变革的同时，依然保持着对情愫的抒写与表现、对世界的观察与思考、对人生的探究与思辨，在外国文学领域始终有着重要地位。

本章选读的西方散文篇目，结合议论、抒情、写景、叙事、状物，都能呈现作者的深邃思想和纤细情感。通过品读这些作品，能使我们一窥西方散文佳作的灵动从容和丰盈优美。

第二节　外国散文选读

《钱匣》·罗伯特·林德

罗伯特·林德(1879—1949),英国著名批评家、散文家。生于北爱尔兰贝尔法斯特。迁居伦敦后,担任《新闻记事》的文学编辑,在三、四十年中坚持每周在报刊上发表一篇随笔。他是致力于复兴兰姆散文传统的先驱之一。罗伯特·林德擅长发议论,谈人生,就平常生活也能提出极富智慧的见解,被誉为"无可挑剔的报章作家"。他的散文活泼幽默,语言自然轻快、朴素简洁,代表作有散文《无知的乐趣》《蓝狮》《想起来就让我颤抖》和《生活中的种种古怪小事》等。

我的大侄女从一个晚会的圣诞树上带回一只钱匣。这钱匣制做得很精致可爱,外貌是座房子,正面有彩绘长窗。"怎么才能把它打开?"她问我道,一边把它翻转过来,不是拽拽地板,就是拉拉山墙和屋顶,意思是想要把它弄开。"不错,"我开口道,随手把它取过,细看了看,"在钱匣上这是最该弄明白的东西。""没有一个孩子,"我的侄女接着说道,一边把它拿了回去,并使劲地摇了起来,"会愿意往那里面放两便士,除非她知道了怎么开法。""今天孩子们还使用钱匣吗?你们学校里的孩子们也是这样吗?"我问她。"一点不错,"她回答道,"但是他们都知道怎么开法,至少用个改锥什么的就可以把它撬开。白林达[①]就常有人送给她钱匣——常常是信箱式样的钱匣——但是有时她刚刚存进了两个便士就看见店里有卖太妃苹果的,她又想把钱取出来了。所以她只好把那钱匣再弄开。这种钱匣用个罐头刀一撬,底就掉了。""可是要买一只钱匣,"我反驳道,"至少也得花费你六个便士。现在为了两个便士而撬坏六个便士的东西,这值得吗?""可这些钱匣她是白来的啊。""噢,如果是那样,倒也就另说了。""另外,"我侄女接着道,"还有一种钱匣谁都不知道怎么打法,但是那里面的东西一满了,它就会自己胀开。大概是因为什么弹簧的关系。所以孩子们要取钱时当然就得往那里面填东西。其实这也不难。往里面填什么都可以,只要挤动那个弹簧就行。"话犹未了,奇迹发生了。那钱匣的底竟突然在她的手里慢慢转了开来,于是立刻全部真相大白。"太好了,"她高兴得叫了出来,脸上也泛起光彩,"这我就能往那里面存钱了。看来这个钱匣还做得合理。""是的,"我说,"你的运气总是不坏的。你想那使用钻刀来开的其他孩子该多辛苦。如果一般做父母的知道这个,他们就会明白那普通的钱匣不只浪费了他们自己的钱,也浪费了他们孩子的时间。""大人常常并不聪明,"侄女说道,一边把一个便士从那钱口塞了进去,然后便摇起匣子听响。

① 英语中常见的女子名字,这里是作者侄女的朋友。

试问这便是一个处处皆然的普遍作法吗？难道从来就没有哪个儿童能在钱匣里面存下钱吗？钱匣这东西，依我看来，本不一定是儿童房间里的应有之物，而只能说是金钱观念世俗思想的一种巧妙结晶，并被一些狡黠父母以玩具的外形强行塞到儿童那里去的。我很怀疑，如果你让儿童去挑拣什么玩具，他准会向你索要一只钱匣。当然这并不是说，如果已经得到了一只钱匣，他们一定便不喜欢它。记得我自己以前在得到一只钱匣时就最好耽入一种如意的幻想，明明一个便士还没放进，我已经看到它涨满起来。幻象这事不仅成年人有，儿童们同样也有，于是就在他们还吃着字母糖①玩的时候，财富的幻象已经对他们有了诱惑作用。事实上，随便一件极普通的玩艺儿——例如玩具手枪、手风琴、钓竿、焰火筒、手表、刀具、三角形的好望角邮票，等等，往往都不是平日那点点零钱就够买的；另方面，即使很小的孩子，很快也就学会，十二便士就是一先令，而二十先令就是一镑，这样很大的数目也都能靠积攒而获得。连一个儿童也都不难从那钱匣的孔隙中窥见几分天堂。而另方面，不少糖果店的橱窗与《儿童报》上的廉价邮票广告又都会使得这类天堂不再那么高不可攀。即使到了后来，人们也很少仅仅为了来日的极大快乐便甘愿牺牲眼前的一般快乐。如果说到童年，那么至少我这个意志不免薄弱的人便不曾做到。我自己就从来没有哪件东西是靠积蓄买回来的。一只钱匣，除非是在那开头有限的几天，在我的眼中从来就是一个必须将其斗倒甚至斗垮的凶恶敌人。那时的钱匣一般都是一个铁制的小鼓样子。一旦一枚便士放了进去，你便是把它颠来倒去甩上一个小时，也休想把一个小钱骗了出来。于是你便取过刀来，想尽办法去逗引个便士跑到刀刃上来，以便顺着孔隙把它轻轻地拖到光天化日之下。但是我老实承认，由于个人技术欠佳，这事在我很少成功。天下最令人气恼的事实在无过于眼见一枚便士在数十百次的失败之后，终于好容易弄到了刀刃之上，因而满以为它能像一名善良的基督徒那样老老实实地跟了出来，却又在最后关头，再次失足跌入那钱匣的暗无天日的禁锢之中。细想那坦泰鲁斯②的苦恼之一大概也与这钱匣有关，他的钱匣里的便士常是装得满满的，但是当他见到有卖椰子片的而想从那匣子里寻个便士时，总是刚刚快要弄了出来，便又掉了进去。至于说到我自己，我对这种情形的忍耐往往是有限度的。那钱匣愈是对我进行抗拒，我的态度就会变得愈加坚决；既然刀子掏不出钱，我会马上打开碗柜，取出那儿童工具箱来，带上凿子回来再战。我的一条坚信不疑的老主意便是，任凭你钱匣做得再加牢固，凿子面前总会是抵不住的。有了凿子，你既可以把匣子从它的顶部撬开，也可以——而且这个办法更好——把它的开口加大，这时里面的

① 制成字母形状的糖果。

② 坦泰鲁斯，希腊神话中的人物，因泄漏神的秘密被打入地狱。他站在一池深水中间，他只要弯下腰去喝水，水立即就从身旁流走；在他身后的果树结满了果实，他踮起脚想要摘取时，空中就会刮起一阵大风，把树枝吹向空中。因此，用他的苦恼比喻能够看到目标却永远达不到目标的痛苦。

便士便会像一群鸽子那样从鸽房中飞了出来。当然，不管属于哪种情形，那钱匣都不会再是它原来的那种样子。但是撬掉顶子会把钱匣从此毁坏，而扩大开口只不过会使它的嘴部有些奇形怪状罢了。一只没有经人撬过的钱匣口往往是那么矜持、紧闭、冷酷、无情，仿佛墨德斯东①的嘴唇那样。但是凭借凿刀之助，不消多大工夫，它就将变成一张有说有笑的嘴——那慷慨大方，福斯塔夫②式的嘴，颇能帮你捣鬼。另外对于拥有它的那个幼小主人也会变得大有用处。在这之前，它对人不过是个麻烦，就是作为装饰，也是有百害而无一利。好了，现在它已成了一个时时能为你服务的钱匣——存钱取钱，一切悉听尊便。

至于一个人从他自己的钱匣里去盗窃是否为不道德，这倒是伦理学上一个较微妙的问题了。显而易见，我们每一个人都是由两个自我所组成——其中一个喜欢存钱，另外一个喜欢花钱——而这两者之间的差异分歧之大殊不下于一个人同他的堂表兄弟。不仅如此，他们彼此之间还互不信任甚至互相敌视。好存钱的那个总是觉着自己处处受到好花钱的那个的阻挠，而好花钱的那个一想起好存钱的那个时时监视着他和对他颇多埋怨，又会非常恼火。当好花钱的那个看见好存钱的那个又偷偷往钱匣里放进一个便士时，他真想大喊："快来捉贼！他偷走了我的钱；"而当好存钱的那个看见好花钱的那个用凿子弄出几个便士来时，他同样会痛苦得要喊叫起来："快来捉贼！那匣子里的东西全是我的。"这里我们所见到的确实是一个很悲惨的局面，他们中的每一个都像判了终生监禁一般，不得不在那另一方的怨恚③声中了却其一生，而同时又像生来就长到一起的一对双生，哪一个也摆脱不开另外一个。幸运的是，从一个人生命的较早时期起，其中一方往往会对另一方取得优势，于是迫使对方不敢作声。人的生活的确会弄得不堪设想，如果这两个自我总是轮番跑到那位严肃的法官亦即良心面前互相告状。我已记不得从何时起好花钱的那个在我身上对好存钱的那个取得了彻底胜利，但我却敢肯定这早已是滑铁卢的局面。我的贪得无厌并不下于其他的人，而爱财之甚也非文字所能形容；但是我却没有存钱的本领，因而我仅有的一点积蓄只是在一天二十四个小时的有限时间之内来不及花掉的情形下才攒起来的。即使在我十来岁的小小年纪，你如果要教育我说，"在存钱上，积少成多"，甚至赠送我一部贫儿致富史（内容讲他之所以能够致富主要是因为他始终不曾忘记"照管好你的便士，你的英镑也就会照管好它们自己"），那也会完全无济于事。我自己也未尝不想发财，只是我盼望那财富会像奇迹般的自己跑来。在我看来，单单为了在将来何年何月能

① 墨德斯东，英国小说家狄更斯的长篇小说《大卫·科波菲尔》中的一个人物，是主人公大卫的继父，为人冷酷无情。

② 福斯塔夫，英国戏剧家莎士比亚的剧作《亨利四世》和《温莎的风流娘儿们》中的一个人物，身材肥胖，行事滑稽可笑，又爱耍无赖。

③ 恚(huì)：恨，愤怒。

够发财致富，甚至变成百万富翁，便不论巧克力还是舍百特①，什么也得忌口，实在未免是一种卑吝行径。这种存钱简直无异于以一位友人的痛苦为代价。因为，说到头来，一个人的肚子又何必为他的钱袋而受罪？前者是合乎情理的，敏感和热情的，而后者则是不近情理的，迟钝而冰冷。所以只应当是后者去为前者服务，而不是相反。实际上每个曾经打破过他自己钱匣的孩子都是懂得这个道理的。

但是存钱这事也一定有它的某种乐趣，因为有不少人便宁愿去存钱而不愿去看戏、旅游、购书、饮酒。甚至连一些很不错的人们也都愿意存钱，因为他们考虑的是自己子女的前途，或者为了资助某项他们心爱的节业。但是也颇有这样一些人，他们的喜爱存钱并非是为着什么目的，而是单纯为了存钱而存钱。它成了一种嗜好，例如饮酒；一种积癖，例如搜集古瓷。这种癖嗜还是相当普遍的，而不少小说家，从巴尔扎克到安诺德·贝奈特②先生，都曾把这事当作他们故事的重要主题来写。我很怀疑，这一切问题是否即肇端于这小小的钱匣？自从柯鲁珊克③成了一名坚定的戒酒主义者之后，他曾画过一套关于饮酒之害的连环漫画，内容详细描绘了这种贪杯的恶习如何一步步地戕害了一个人的一生。他那第一幅画，据我记得，画的便是一个还在怀抱中的婴儿已经被他那好心但糊涂的父母开始喂上酒喝。那最初的一啜早已注定了这个未来的酒徒的一生命运。因而很早就把一只钱匣送给孩子是否也同样会是好心办了坏事？试想如果再有哪位柯鲁珊克式的画家也仿此而画上一套财迷传的话，那第一幅自应是一位好心肠的老祖父正把一只表面看来完全无害的锡铁钱匣送给一个还刚刚开始学步的很小的婴儿。十年之后，这个儿童已学会了在布施盘上用只小纽扣来冒充钱币，于是便把一个便士给自己省下。再过十年，他已节省到连纸烟也不舍得自己去买，而只抽朋友的烟。到了四十，他在银行里已经有了相当一笔存款，但却仍然自以为一文不名，因此绝不花钱看戏，绝不花钱坐车，绝不宴请友人。六十岁时他已是一位阔老，但却仍然觉得自己一贫如洗。他停了自己的报纸，要看报便到公共图书馆去，以便再多省下点钱。八十岁时他已因为过分刻苦自己而憔悴干瘪得不成人形，正如过分放纵也会闹成的那样——成了一个有的是钱而不知道如何去花的怪人——一个一生也不曾多花过一文钱的废物——一个对自己都刻薄得要命的典型的自私自利家伙。这的确是件言之痛心的事，并足为为父母者戒，即是当他们把像钱匣这样一件充满隐患的礼物送到自己孩子的天真的小手里之前，确实值得他们慎重考虑一番。最起码当他们这样做时，这种礼物应当伴随以工具箱一个，内有凿子一只、罐头刀一柄和改锥一具。有了这些，一只钱匣对孩子也就会害处不大了。大概惟一无害于道德的钱匣只可能是这样一种钱匣，即是当你要用钱时，你能从那

---

① 舍百特，音译，一种果汁饮料。

② 安诺德·贝奈特，英国散文家、小说家。

③ 柯鲁珊克，英国漫画家。

里面取了出来。

（高健选译：《英国散文精选》，上海译文出版社 2010 年版。）

赏析

文中的钱匣即用来存放钱币的罐子，材质一般为陶瓷或者塑料，上端有隙孔以塞入钱币，需要钱的时候可以打破罐子把钱取出。本文从作者“我”的侄女在圣诞节得到一只钱匣写起，女孩儿在投入钱币之前一定要弄明白怎样撬开钱匣，而当孩子们看到喜欢的东西也会为了取钱撬坏钱匣，不管钱有没有存满。这不但浪费了买钱匣的钱，而且钱匣还会让孩子们沉溺于幻想，明明一个便士还没放进，就已经看到它涨满起来，财富的幻象已经对他们有了诱惑作用。更进一步的是，打开钱匣意味着能够买到想买的东西，意味着愿望的实现，钱匣成为欲望得以满足的符号。钱匣本来是家长用来对孩子进行金钱教育的启蒙之物，是储蓄和节约的代名词，是树立健康金钱观、培养理财好习惯的象征。但作者却认为钱匣本不一定是儿童房间里的应有之物，而是金钱观念与世俗思想的一种巧妙结晶。钱匣很容易在儿童幼小心灵中滋长起贪财心理，伤害儿童的纯真。接着，文章进一步探讨了储蓄的负面意义。人身上存在着“好存钱的自我”同“好花钱的自我”，两者总是处于矛盾冲突之中。而在积攒金钱、追求财富的扭曲意识支配下，为存钱而存钱，从贪图小便宜到变成一毛不拔的守财奴，导致人不懂得如何正确地对待和使用金钱，对自己严厉刻薄，丧失了乐趣和幸福，最终人性迷失。对于金钱和财富，人应该取之有道、存之有道，更要用之有道。

这篇散文属于哲理散文，文字平易朴实却又蕴含深意。作者犀利而深刻地对这小小的钱匣进行了反思，看到了别人看不到的一面，从教育儿童延伸到剖析人性，层层递进地思考如何正确地对待金钱和使用金钱，才能给人带来幸福。

作者在论述过程中还灵活而幽默地引用各种文学典故，如希腊神话中的坦泰鲁斯，莎士比亚笔下的著名滑稽人物福斯塔夫，狄更斯小说中冷酷无情的墨德斯东等等，这使得文章既文字质朴简洁，同时又意蕴丰厚，形象生动。

在写作风格上，作者从自己和侄女的对谈起笔，从自身经验和疑惑出发，以一种与读者交流谈心的亲切口吻，推己及人地思考一个小小的钱匣具有的负面作用，有助于激起读者的共鸣和赞同。

《冬日漫步》（节选）·亨利·戴维·梭罗

亨利·戴维·梭罗（1817—1862），美国著名作家、哲学家、废奴主义和自然主义者，19 世纪美国超验主义运动的主要代表人物。梭罗生于美国东北部的马萨诸塞州康科德城，在哈佛大学毕业后返乡任教，从 1841 年起结束教书生涯专注写作。梭罗热爱自然，将自然视为具有精神的主体，强调自然的独立价值与审美意义。在 1845 年 7 月到 1847 年 9 月间，梭罗独居在瓦尔登湖畔，过着一种简单的隐居生活。他的代表作《瓦尔登湖》记录了这一时期的隐居生活，在描绘田园美景的同时，展示了通过简朴充实的生活以深入思考和重塑自我的奇妙历程，是文学史上重要的散文作品。梭罗的其他作品还有政论《论公民的不服从权利》和游记《马萨诸塞自然史》《康科德及梅里马克河畔一周》《缅因森林》等。

我们也睡着了，一觉醒来，正是冬天的早晨。万籁无声，雪厚厚地堆着，窗槛上像铺了温暖的棉花或羽绒；窗格子显得加宽了，玻璃上结了冰纹，光线暗淡而隐秘，更加强了屋内舒适愉快的感觉。早晨的安静咄咄逼人。我们走到窗口——脚下的地板在吱吱地响——挑了一处没有冰霜封住的地方，眺望田野的景色。窗外一幢幢房子都是白雪盖顶；屋檐下、篱笆上莫不垂垂地挂满了钟乳石似的冰雪；院子里像石笋似的站着很多雪柱，雪里藏的是什么东西，却看不出来。大树小树四面八方伸出白色的手臂，指向天空；本来是墙壁和篱笆的地方，形状更是奇特，在昏暗的大地上，它们向左右延伸，如跳如跃，似乎一夜之间，大自然把田野风景重新设计过.好让人间的画师来临摹。

我们悄悄地拔去了门闩，雪花飘飘，立刻落到屋子里来；走出屋外，寒风迎面扑来，利如刀割。星光已经不那么闪烁光亮，地平线上面笼罩了一层沉重晦暗的薄雾。东方露出一片奇幻的古铜色的光彩，表示天快要亮了；可是西边的景物，还是模模糊糊，一片幽暗，寂静无声，恍若幽灵，到处阴光闪烁，鬼影憧憧，疑非人间。耳边的声音，也带鬼气——鸡啼狗吠，木柴的砍劈声，牛群的低鸣声——这一切都好像阴阳河彼岸冥王的农场里发出的声音；声音本身并没有特别凄凉之处，只是天色未明，这种种活动显得太庄严了，太神秘了，不像人间所有。院子里，雪地上，狐狸和水獭所留下的印迹犹新，这使我们想起：即使在冬夜最静寂的时候，自然界生物没有一个钟点不在活动，它们还在雪上留下痕迹。把院子门打开，我们以轻快的脚步，跨上寂寞的乡村公路，雪干而脆，脚踏上去发出破碎的声音；早起的农夫，驾着雪橇，到远处的市场去赶早市。这辆雪橇一夏天都在农夫的门口闲放着，与木屑稻梗为伍，现在可有了用武之地。它的尖锐、清晰、刺耳的声音，对于早起赶路的人，也有提神醒脑的作用。农舍窗上虽然积雪很多，但是屋里的农夫早把蜡烛点起，孤寂的烛光照射出来，像一颗暗淡的星，宛如某种淳朴的美德正在作着晨祷。树际和雪堆之间，炊烟也是一处处地依次从烟囱里开始升起。

大地冰封，远处鸡啼狗吠；从各处农舍门口，不时传来丁丁劈柴的声音。空气稀薄干寒，只有比较纤细锋利的声音才能传入我们的耳朵，听来短促而悦耳地颤动；凡是至清至轻的流体，波动总是稍发即止，因为里面精粒硬块，早就沉到底下去了。声音从地平线的远处传来，激越清亮，犹如钟声，冬天的空气清明，不像夏天那样有众多杂质阻碍，因此声音听来也不像夏天那样的毛糙而模糊。脚下的土地，铿锵有声，如叩击坚硬的古木；一切乡村间平凡的声音，此刻听来都美妙悦耳；树上的冰条，互相撞击，其声琤琮，如流水，如妙乐。大气里面一点水分都没有，水蒸气不是干化，就是凝结成冰霜的了；空气十分稀薄而似有弹性，人呼吸其中，自觉心旷神怡。天似乎是绷紧了的，往后收缩，人从下上望，很像处身大教堂中，顶上是一块连一块弧状的屋顶；空气中闪光点点，好像有冰晶浮游其间。据在格陵兰住过的人告诉我们说，那边结冰的时候，“海就冒烟，像大火燎原一般；而且有一种雾气上升，名叫烟雾；这种烟雾有害健康，伤人皮肤，能使人手脸等处，生疮肿胀。”我们这里的寒气，虽然其冷入骨，然而质地清纯可提神，可清肺；我们不能把它认为是冻结的雾，只能认为是仲夏的雾气的结晶，经过寒冬的洗练，越发变得清纯了。

太阳最后总算从远处的林间上升，阳光照处，空中的冰霜都融化，隐隐之中似乎有铙钹伴奏，铙钹每响一次，阳光的威力逐渐增加；时间很快地从黎明变成早晨，早晨也愈来愈老，很快地把西面远处的山头，镀上一层金色。我们匆匆地踏着粉状的干雪前进，因为思想情感更为激动，内心发出一种热力，天气也好像变得像十月小阳春似的温暖。假如我们能改造我们的生活，和大自然更能配合一致，我们也许就无需畏惧寒暑之侵，我们将同草木走兽一样，认大自然是我们的保姆和良友，她是永远照顾着我们的。如果我们不是进食使人兴奋和富于热量的食物，而是洁净而单纯的基本要素，那么我们就会像一根无叶的小枝桠那样丝毫不为寒冷提供让它施展其淫威的场地，却会如树木那样茁壮成长，即使冬天也会适宜于它们的欣欣向荣。

在这个季节里，大自然显得特别纯洁，这是使我们觉得最为高兴的。残干枯木，苔迹斑斑的石头和栏杆，秋天的落叶，到现在被大雪淹没，好像上面盖了一块干净的手巾。在裸露的田野里和丁当作声的树林里，看看还剩下什么美德。在最冷和最凄澹的地方，最最温暖人心的善行犹自坚守阵地。寒风一吹，无孔不入，一切乌烟瘴气全都一扫而空，凡是不能坚贞自守的，都无法抵御；因此凡是在寒冷偏僻的地方(例如高山之巅)，我们所能看得见的东西，都值得我们尊敬，因为它们有一种坚强纯朴的性格——一种清教徒式的坚韧。别的东西都寻求隐蔽保护去了，凡是能卓然独立于寒风之中者，一定是天地灵气之所钟，是自然界骨气的表现，和天神一般勇敢坚毅。空气经过洗涤，呼吸进去特别有劲。空气的清明纯洁，甚至用眼睛都能看得出来；我们宁可整天待在户外，不到天黑不回家，我们希望朔风吹过光秃秃的大树一般地吹彻我们的身体，使我们更能适应寒冬的气候。我们希望以此能从大自然借来一点纯洁坚定的力量。这种力量对于我们是一年四季都有用的。

(夏济安译：《美国名家散文选读》，复旦大学出版社2000年版。)

赏析

《冬日漫步》原发表在1843年的杂志《日晷季刊》上，后收入梭罗的散文集《远行》中。该文对冬季自然景物进行了巨细靡遗的描摹，显示着大自然浑然纯洁的美和蓬勃的生机，表达了作者对于冬季的自然美景和闲适的漫步活动的喜爱。

在这篇散文里，梭罗细致生动地呈现了冬天的闪亮、静谧、纯洁之美，用他质朴简洁的文字赋予冬日景物以强烈的个性特征——清明、坚定、纯朴。《冬日漫步》的描写精确、细腻、透彻，对雪后景象的细节描写从近到远，既有近镜头的定格也有远镜头的扫描。先是特写窗槛、窗格子、窗玻璃，再描绘从窗口远眺田野远景，然后又回返落点到屋檐下、篱笆上、院子里以及大小树木等等，远近结合地全面呈现冬日的大自然。《冬日漫步》的景物描写除了远近结合，还独具匠心地将冬天的寂静与声音相结合，将冬季与夏季做对比。梭罗敏锐地捕捉到了冬天里的各种声音，如鸡鸣狗吠、劈柴声、树上冰条的撞击声等，对比夏季里的声响，冬天万物发出的声音听起来更清亮悦耳。

梭罗认为冬天不仅美丽，它还是一个充满活力、生机勃勃的季节，他使用比拟、比喻的修辞手法，描述了自然界的生灵在这一年中最纯净的季节里自然的律动——狐狸、水獭、松鼠、野兔之类的动物依然在欢快的活动，河流依然在流淌。在梭罗的眼中，自然在寒冷的冬天并非死去，而是鲜活的，冬日的万物蕴蓄着生机。由此梭罗引申出大自然对于人生的意义，"我们希望以此能从大自然借来一点纯洁坚定的力量。这种力量对于我们是一年四季都有用的"，自然与人类的关系是亲近而融洽，人类应对自然心怀尊重和景仰，从自然中领悟并汲取力量。

《父亲与我》· 帕尔 · 费比安 · 拉格奎斯特

帕尔 · 费比安 · 拉格奎斯特（1891—1974），瑞典诗人、戏剧家和小说家。出生于瑞典南部的一个铁路员工家庭，曾经留学巴黎，受到法国表现主义和立体主义艺术的影响。拉格奎斯特擅长采用表现主义的手法进行创作，想象力丰富，追求作品主题的伟大和永恒，致力于探讨上帝与人性的善恶。1951 年，他凭借小说《巴拉巴》"在作品中为人类面临的永恒的疑难寻求解答所表现出的艺术活力和真正独立的见解"而荣获诺贝尔文学奖。主要作品有诗集《苦闷》《幸运人的路》《傍晚大地》，小说《侏儒》《巴拉巴》，剧本《疯人院里的仲夏夜之梦》等。

记得是一个星期天的下午，那时我快满十岁，父亲挽着我的手，一块儿去森林，去那里听鸟的歌声，我们挥手同母亲告别，她留在家里，因为要做晚饭，不能与我们同去。太阳暖暖地照着，我们精神抖擞地上了路。其实，我们并不把去森林、听鸟鸣看作一件了不起的大事，好像有多么希奇或怎么的。父亲和我都是在大自然的怀抱中长大的，熟悉了它的一切，去不去森林，是并不打紧的。当然，我们也不是今天非去不可，只是乘礼拜天，父亲休息在家罢了。我们走铁路线上，这里一般是不让走的，但父亲在铁路工作，便享受了这份权利。这样，我们也就可以直接去森林，无需绕圈子、走弯路了。

我们刚走入森林，四周便响起了鸟雀的啁啾和其它动物的鸣叫。燕雀、柳莺、山雀和歌鸫①在灌木丛里欢唱，它们悦耳的歌声在我们的身边飘荡。地面上铺满

① 鸫（dōng），鸟类的一科，是遍布世界的小到中型雀形鸟，善于飞行，叫得很好听，主要栖息于森林、冻原、荒漠、农田等环境中。

了一层厚厚的银莲花，白桦树刚绽出淡黄的叶子，松树吐出了嫩芽，四周弥漫着树木的气息。在太阳的照射下，泥土腾起缕缕蒸气，这里处处充满了生机。野蜂正从它们的洞穴里钻出；昆虫在沼泽地里飞舞；一只鸟突然像子弹似的从灌木丛中穿出，去捕捉那些虫类，而后，又用同样速度拍翼而下。正当万物欢跃的时候，一列火车呼啸着向我们驶来，我们跨到路基旁，父亲把两指对着礼帽，朝车上的司机行礼，司机也舞动一只手向我们回敬。这一切都在瞬间完成的。我们继续踏着枕木往前走，枕木上的沥青在烈日的曝晒下正在溶化。这里交杂着各种气味，有汽油的，有杏花的，有沥青的，也有石楠树的。我们迈着大步，尽量踩在枕木上，因为轨道上的石子太尖，会把鞋底磨坏的。路轨两旁竖着一根根的电线杆，人从旁边擦过时，它们会发出歌一般的声音，这真是一个迷人的日子！天空晶蓝透明，不挂一丝去彩。父亲说，这种天气是不多见的。过不久，我们来到铁轨右侧的燕麦地里。我们在这里认识的那个佃户，有一块火烧地，燕麦长得又整齐又稠密，父亲带着行家的表情观察着它们，随后脸上露出满意的神态。我对农家之事不怎么懂，因为我长时间住在城里。我们走过一座桥，桥下的小河很少有过这么多的水，河水在欢腾着流动。我们手拉着手，以免从枕木间掉下去。过桥一会儿，便到了护路工的小屋，小屋掩映在浓密的翠绿之中，四周是苹果树和醋栗。我们走进去，和里面的人打招呼，他们请我们喝牛奶。然后，我们去看他们养的猪、鸡和盛开着鲜花的果树。看完了，又继续赶路。我们想去那条大河，那的风景比哪儿都好，而且很别致。河流蜿蜒着北去，流经父亲童年的家乡。我们通常得走好长的路才返回，今天也一样，走了很久，几乎到了下一车站，我们才收住脚。父亲只想看看信号是否放在不适当的位置，他真细心。我们在河边停了下来，河水在烈日下轻缓地拍击着两岸，发出悠扬的声音。沿岸苍苍的落叶林把影子投在波光涟涟的河面上。这里，所有的一切都明亮、新鲜。微风从前面的湖上吹来。我们走下坡，顺着河岸走了一阵，父亲指点着钓鱼的地方。小时候，他常常一整天地坐在石上，垂着鱼杆静候鲈鱼，但往往连鱼的影子都见不着。不过，这种生活是很悠闲快活的，但现在没时间钓鱼了。我们在河边闲逛着，大声笑闹着，把树皮抛入河里，水波立刻将它们带走，又向河里扔小石块，看谁扔得远。父亲和我都快活极了。最后，我们感到有点累了，觉得已经尽兴，便开始往家里走。

这时，暮色降临了，森林起了变化，几乎快变成一片黑色。我们加快起脚步，母亲现在一定焦虑地等待我们回家吃饭。她总是提心吊胆，怕有什么事会发生，这自然是不会的。在这样好的日子里，一切都应该安然无事，一切都会叫人称心如意的。天空越来越暗，树的模样也变得奇怪，它们伫立着静听我们的脚步声，好像我们是奇异的陌生人。在一棵树上，有只萤火虫在闪动，它趴着，盯视黑暗中的我们。我紧紧抓着父亲的手，但他根本不看这奇怪的光亮，只是走着。天完全黑了，我们走上那座桥，桥可怕的声响仿佛要把我们一口吞掉，黑色的缝隙在我们的脚下张大着嘴，我们小心地跨着每道枕木，使劲拉着手，怕从上面坠下去。我原以为父亲会背我走的，但他什么也不说。也许，他想让我和他一样，对眼前一切置之不理。我们继续走着。黑暗中的父亲神态自若，步履匀稳，他沉默着，在想自己的事。我真不懂，在黑暗中，他怎会如此镇定。我害怕地环顾四周，心扑通扑通地狂跳着。四下一片黑暗，我使劲地憋着呼吸。那时，我的肚子里早已填满了黑暗。我暗想：好险呵，一定要死了。我清楚地记得那时我确实是这样想的。铁轨徒然地斜着，好像陷入了黑暗无底的深渊。电线杆魔鬼似的伸向天空，发出沉闷的声音，仿佛有人在底下喁[①]语，它上面的白色瓷帽惊恐地缩成一团，静听着这些可怕的声音。一切都叫人毛骨悚然，一切都像是奇迹，一切都变得如梦如幻，飘忽不定。我挨近父亲，轻声说：

"爸爸，为什么黑暗中，一切都这样可怕呀？"

"不，孩子，没什么可怕的。"他说着，拉住我的手。

"是的，爸爸，真可怕。"

"不，孩子，不要这样想，我们知道上帝就在世上。"

我突然感到我是多么孤独，仿佛是个弃儿。奇怪呀，怎么就我害怕，父亲一点也没什么，而且，我们想的不一样。真怪，他也不说帮助我，好叫我不再担惊受怕，他只字不提上帝会庇护我。在我心里，上帝也是可怕的。呵，多么可怕！在这茫茫黑暗中，到处有他的影子。他在树下，在不停絮语电话线杆里——对，肯定是他——他无处不在，所以我们才总看不到。

我们默默地走着，各自想着心事。我的心紧缩成一团，好像黑暗闯了进去，并开始抱住了它。

我们刚走到铁轨转弯处，一阵沉闷的轰隆声猛地从我们的背后扑来，我们从沉思中惊醒，父亲蓦地将我拉到路基上，拉入深渊，他牢牢地拉着我。这时，火车轰鸣着奔来，这是一辆乌黑的火车，所有的车厢都暗着，它飞也似的从我们身旁掠过。这是什么火车？现在照理是没有火车的！我们惊惧地望着它，只见它那燃烧着的煤在车头里腾扬着火焰，火星在夜色晨四处飞窜，司机脸色惨白，站着一动不动，犹如一尊雕像，被火光清晰地映照着。父亲认不出他是谁，也不认识他。那人两眼直愣愣地盯视前方，似乎要径直向黑暗开去，深深扎入这无边的黑暗里。

恐惧和不安使我呼吸急促，我站着，望着眼前神奇的情景。火车被黑夜的巨喉吞掉了，父亲重新把我拉上铁轨，我们加快了回家的脚步。他说："奇怪，这是哪辆火车，那司机我怎么不认识？"说完，一路没再开口。

我的整个身子都在颤栗，这话自然是对我说的，是为了我的缘故。我猜到这话的含意，料到了这欲来的恐惧，这陌生的一切将如此在我的面前出现！它们与

---

① 喁(yú)，指低声细语地说话。

父亲那时安乐平安的世界截然不同。啊，这不是真正的世界，不是真正的生活，它们只是在无边的黑暗中冲撞、燃烧。

（丛培香、刘会军、陶良华选编：《外国散文百年精华》，李笠译，人民文学出版社2001年版。）

赏析

《父亲与我》这篇散文描述了幼小的我在某天与父亲在铁道沿途散步，见到火车两次经过的情景，将明媚的阳光与恐惧的黑暗互相对照。第一次是在白天，在优美风景衬托下心情轻松，看到火车经过觉得熟悉而快活；第二次是在傍晚，在夜色笼罩之下周围显得陌生恐怖，我觉得忐忑不安，父亲尽力化解了我的惶恐，告诉我没什么可怕的。

《父亲与我》通过对这段童年往事的书写，一方面展现父子之间亲密融洽的情感，父亲对孩子的关爱与照顾，孩子对父亲的依赖与信任。在更深刻的意义上，这篇散文还细腻地描摹出一个幼童对未知和黑暗的世界所产生的不安与恐惧的心理，从而引发了懵懂儿童对于上帝的简单而感性的思考。

散文的前半部分充满了阳光普照的欢乐气氛，依次描写了父子在散步途中感受到的美好事物：森林的花鸟、河边的风景、人们的友好；而后半部分由于黑暗降临而神秘莫测，在年幼的"我"的主观意识作用下，眼前同样的景物发生了种种幻想般的变形，萤火虫、树木、桥梁、电线杆、铁轨、火车等平常事物都被赋予了危险的意味，连认识的火车司机也变得陌生诡秘，体现出个性化的想象色彩。这是一个儿童在尚且有限的人生经历中所能够体会到的恐惧心态，预示着未来这个孩子将会对生活有更全面地认知，可以说是孩童心理成长过程中的一步，尽管此刻他对这种不好的感受是抵制的。这篇散文虽然短小，但充分展现出了作者的创作特色，即对于作品主题思想的深刻性与严肃性的追求，为人类面临的永恒的疑难寻求解答。

《蜗牛》·弗朗西斯·蓬热

弗朗西斯·蓬热（1899—1988），法国诗人、评论家。生于法国南部的一个资产阶级家庭，蓬热在青年时代曾漫游欧洲，在第二次世界大战期间参加了法国的抵抗运动，并成为《行动报》的文学版主编。蓬热喜欢观察和描写明确实在的客观事物，挖掘自然和世界本来就具有的美丽和意义。蓬热曾获得1981年国家诗歌大奖、1984年法兰西学院诗歌大奖和1985年法国文学艺术家协会文学大奖等。代表作品有《采取事物的立场》《大诗集》《散文一诗》《塞纳河》《收场的工厂》等。

与以热灰为家的未燃尽的煤屑相反，蜗牛喜欢潮湿的土地。它们全身贴地往前走。它们身上带着泥土，泥土是它们的食物，也是它们的排泄物。泥土穿过它们的身体。它们穿越泥土。这是情趣奥妙的相互渗透，因为可以说这是同一颜色的深浅的变化：其中一个是积极成分，一个是消极成分，消极成分围绕、喂养积极成分，而积极成分边移动边进食。

关于蜗牛，还有许多别的话要说，首先，它自身的湿润。它的冷血。它的延伸性。

此外，我们无法想象一只抛开背上甲壳而静止不动的蜗牛，它休息时立即将身体缩进壳内。相反，由于腼腆，它一露出那赤裸的身体，一露出它脆弱的外形，就赶紧往前运动，刚一暴露就迅急前进。

干燥的季节，它们隐居在壕沟里，而且它们的存在似乎有助于居住地的潮润。那儿，也许有其他冷血动物与它们为邻，如癞蛤蟆、青蛙。可是，它们离开壕沟采用不同的方式。蜗牛更有资格住在那儿，因为它离去时要付出更大的代价。

然而要记住，它们虽然喜爱潮湿的土地，但并不喜欢那泽国的湿土：如沼泽、池塘。它们当然更喜欢坚实的土地，但这种土地必须是肥沃和湿润的。

它们也爱吃蔬菜和水份充足的绿叶植物。它们懂得挑选最嫩的叶子，食后仅仅留下叶脉。比如，它们是蔬菜的大患。

它们待在壕沟底干什么？它们喜欢那儿的环境，但那儿终不是久留之地。它们是壕沟的常客，但它们向往浪游的生活。而且它们在沟底和在泥土的小径上一样，背上的甲壳依然使它们显得矜持。

当然，到处背着这样一个壳儿确实是个累赘，但它们并不抱怨。相反，它们把这当成一件幸事。无论走到什么地方，它们随时可以躲进自己家里，使那些居心叵测的人无可奈何。这实在是一种可贵的长处，为此付出代价完全值得。

它们由于有这个能耐、这个方便而洋洋自得。我是一个如此敏感、如此脆弱的生命，怎么能够固若金汤，不怕那些讨厌的东西的袭击，享受幸福和安宁？于是，这背上的掩蔽所应运而生。

我如此紧紧地附着于地面、如此令人怜悯、如此缓慢、如此一往直前、如此有本事离开地面缩进我的家屋，我还有什么忧愁？任你把我踢到什么地方，我有把握在命运放逐我的土地上重新站立起来，重新附着于地面，而且在那儿找到我的饲料——泥土，这最普通的食粮。

啊，当一只蜗牛是多么幸福、多么快活！它还用自己的流涎在它接触过的一切东西上面留下印记。它身后是一道银光闪闪的轨迹。

蜗牛是孤独的，的确如此。它的友人寥寥无几。可是，为了生活得幸福，它并没有这种需要。它同大自然如此亲密地黏附在一起，它如此亲切地享受大自然的恩宠；它是它所拥抱的土地和菜叶的朋友；它是天空的朋友。它骄傲地抬起头颅和那双敏锐的眼珠：高贵、从容、睿智、自豪、自负、骄傲。

请不要说蜗牛在这方面和猪相似。不，它没有那种平庸的小脚、那种惴惴不安的碎步小跑。

（丛培香、刘会军、陶良华选编：《外国散文百年精华》，程依荣译，人民文学出版社 2001 年版。）

赏析

蓬热的诗歌和散文都集中描写实在的、常见的事物。蓬热在创作中往往避免使用隐晦的象征和强烈的抒情，而是力图再现一个由日常物品所组成的世界，人们可以轻易地去感知。同时他用充满诗意的眼光去挖掘不起眼的事物在平凡的表面之下所具有的灵性和智慧，旨在让人们摒弃对普通事物的刻板思维和成见，重新发现客观世界的美，重建人类与世界的联系。在《蜗牛》一文中，蓬热选取极为平凡和弱小的爬行动物——蜗牛作为描写对象，通过先抑后扬的方法，把看似平平无奇的、低微的蜗牛描述得趣味盎然、生机勃勃。

蓬热在全文中主要客观地描绘了蜗牛的外表和食、住、行等方面的特征，而且行文中多次采用对比的手法，来突显蜗牛的这种种特点。比如一开始就拿以热灰为家未燃尽的煤屑做比照来写蜗牛喜欢潮湿的土地；之后又拿癞蛤蟆、青蛙离开壕沟采用的不同方式来说明蜗牛更有资格住在那儿，在湿润的地方适应能力更强；在结尾处拿猪和蜗牛相比，指出蜗牛并没有那种平庸的小脚、那种惴惴不安的碎步小跑，用幽默的语调表达出作者对蜗牛的欣赏。

在客观描写蜗牛习性和特征的同时，蓬热以个人独到的眼光发掘蜗牛身上潜藏的种种美的品质，通过拟人化的手法感性地把人的美好品格赋予了蜗牛，展现了蜗牛的坚韧、乐观、高贵。作者在行文过程中，还灵活地使用了第一人称“我”，站在蜗牛的角度，用自我诘问的语气，来抒发对蜗牛在敏感、脆弱、行动缓慢的外表之下所具有的顽强生存能力的自豪之情。此外，蓬热写作的语言朴实自然，且富有韵律感，全文流畅易读。

第三节 拓展阅读

《随笔作家的艺术》(节选)·亚瑟·克里斯托夫·本森

亚瑟·克里斯托夫·本森(1862—1925)，英国著名随笔作家。这篇《随笔作家的艺术》是他为文集《随笔的类型及时代》所写的序言，论述了他对于文学性散文——随笔的看法，详细勾勒了英国随笔的发展史、重要代表作家及其创作特色等。在以下的选文中，本森阐述了随笔的特质、源起和发展，他的重要观点是认为随笔的妙处在于个性的魅力，随笔是一种强调个人风格、表达个人见解、展现个人心灵的个性化文学创作；而随笔作家把事物的魅力和特性呈现出来，以此感染读者，引导读者更好地热爱人生、领悟人生。

笑话里说：一个流动的招牌匠沿着自己走惯的老路来到一个村子的小客店。他盯上这个客店门口的招牌，已经有好几个月了，眼见它一天一天变得字迹模糊、色彩暗淡，他心里的希望和高兴也就与日俱增。不料今天他大吃一惊：那招牌不知什么时候已经粉刷一新了。他把招牌看了又看，好不心烦。那位客店老板紧张地站在一边儿，想听听这位内行的称赞。他对店老板只说了一句：“这，看来似乎是哪位自己的手笔！”

这句话道破了随笔写作的全部奥秘。随笔，是某个人自己的手笔；随笔的妙处并不在于题目(任何题目都可涉笔成趣)，而在于个性的魅力。随笔自然要写出某种(像小学生常说的)“有意思的”东西，某种可供嗅察、听到、看见、感知、想象、思考的东西；但是最根本一点，作者必须有自己的看法，这看法又必须在他自己的心灵中自然形成，而随笔的魅力即依靠着酝酿和记录下这看法的心灵的魅力。由此可知：随笔不必有什么固定的内容，也不必有什么知识性的、哲学性的、宗教性的或什么滑稽性的目的——然而，对这种种题目也并不一概排除。唯一不可缺少的东西却是那内容或思想必须经过活泼泼的理解，受到作者喜爱，对其妙味有所会心，并把它富有情趣地表达出来。这也不必遵循什么特定的规则。文学本来不外是生活中某种事物的反响，人类某种表达习惯的再现。例如，戏剧演出便是借助于视觉和听觉来摹拟生活；此外，还有说书人或民间歌手的说唱，歌谣，信札，谈话——人类的一切表达形式、交流形式在文学当中无不可以找出自己的相应类别。而作者在随笔中所要表达的那种感想，那种心情，若用古歌谣中的词句来说，就是：“我对我自己说道——我说。”

一般认为，蒙田是第一个以所谓随笔体裁写作的作家。他的作品兼有自传和随感录的特色，而在很大程度上还富有伦理性。但是，他这种文体的来源，在文学史上可以追溯得很久远。他的灵感一大半得之于那位采用带点儿浪漫情调的谈话方式来讨论抽象题目的西塞罗；而西塞罗的这种特色又要归功于在他的对话录中孕育着小说和随笔的萌芽的柏拉图。实际上，柏拉图与其说是哲学家的先驱，不如说是小说家的先驱。他以生活为背景，以聪颖的少年和慈祥的老者为人物(在人物的安排上所有场面都是如此)，以生动活泼的意味而不是以哲学思考的方式来讨论生活中的伦理问题和个人沉思的问题。柏拉图的对话录所以不能算作随笔，仅仅因为它们带有戏剧色彩，而随笔在本质上则是独白。但是，在西塞罗的著作中，譬如说《论老年》，戏剧意味很淡薄，整个效果与其说是接近小说，不如说极其接近随笔。大概，西塞罗对于读者所起的作用是随笔作家兼传道师，他满足了那些所谓好学深思的读者的需要，采用一种可以公正地称为闲聊的方式来漫谈那些关于人的行为和性格之类日常伦理的话题。蒙田的吸引人之处在于他那个性的魅力：他的坦率，情趣，敏锐的观察，对人和风习的亲切了解。凡是他所深感兴味的东西，他必忠实记载，无所避忌——某种审慎的临文不讳永远是随笔作家的本色，因为随笔艺术的精髓即在于道出作者欣欣然有所会心之处，而不必担心此事究竟是否值得博雅君子一顾。

我们可以遵循任何一条思绪，也可以从几十个角度来看待人生——但千万不可由于无知和偏见而鄙视或嘲笑别人所接受的种种影响；因为，全部人生经验的精髓即在于：们要想了解什么事物，总要从不知道开始；而且，还要知道，我们原来从未梦想过的千变万化的生活方式，恰恰体现了人生的充实和丰满。

因此，随笔作家以其特殊的方式充当了人生的解说员，人生的评论家。他观察人生，不像历史家，不像哲学家，不像诗人，也不像小说家，然而这些人的特点他又都有一点儿。他所关切的并非发现全部人生的哲理，或者把人生各个不同的方面凑在一起，进行装配。他工作时所采用的是所谓分析的方法，即按照事物在自己心里留下的印象，观察着，记录着，解说着，随着兴之所至去体察万事万物的美好和意义，而这一切又是为了这样一个目的：随笔作家所深切关心的乃事物的魅力和特性，并想把它呈现在最明净、最柔和的光亮之下，好使得别人更加热爱人生，并对于人生当中无穷的变化在思想上有所准备，不管那是意外的欢乐或是意外的悲伤。

（刘炳善译：《伦敦的叫卖声：英国随笔选译》，生活·读书·新知三联书店2003年版。）

思考与练习

1. 随笔的含义和特征是什么？
2. 梭罗散文的艺术特点和成就是什么？
3. 《蜗牛》一文运用了哪些修辞手法？
4. 《钱匣》一文探讨了怎样的哲理？
5. 怎样理解《父亲和我》的主题？

本章推荐书目

1. 陆谷孙：《20篇：英美现当代散文》，复旦大学出版社2011年版。
2. 王佐良：《英国散文的流变》，商务印书馆2011年版。
3. 崔宝衡：《外国散文鉴赏辞典》，上海辞书出版社2010年版。
4. 苏福忠：《外国散文百篇必读》，人民文学出版社2011年版。
5. 于文心：《外国名家散文经典》，长江文艺出版社2003年版。

第十四章　戏　　剧

英国著名作家王尔德把戏剧评价为最伟大的艺术形式，因为戏剧是人与他人分享感受的一种最直接的方式。戏剧是古老而具有强大生命力的，它综合各种艺术表现形式，通过演员在舞台上的直观表演，展示人类生活和情感的种种矛盾冲突，显示善恶的本来面目。纵观世界戏剧发展史，东西方国家从古代开始就涌现出多样的戏剧类型和优秀的戏剧创作，蔚为大观。本章介绍戏剧的基本知识，勾勒东西方戏剧的发展概况，撷取卓越的戏剧家的代表作品，以搭建一个展示戏剧文学精华的小舞台。

第一节　戏剧概述

一、戏剧的涵义和类型

戏剧（Drama）是融文学、音乐、舞蹈、绘画等艺术门类为一体的综合表演艺术，通过表演者的对话、歌唱、肢体动作等方式讲述故事。文学范畴内的戏剧概念是指为戏剧表演所创作的文字脚本，与小说、诗歌、散文并列为四大文学样式。

戏剧的表演形式多种多样，由于文化背景的差别，不同国家、地区所产生戏剧形式有各自独特的传统和程式。按照戏剧故事内容中矛盾冲突的性质，戏剧的主要体裁有悲剧、喜剧和悲喜剧（又称为正剧）。悲剧的基本内容是作品主人公与现实具有不可调和的矛盾冲突以及最终遭受悲惨的结局。悲剧以主人公受难的悲惨结局来展示主人公的品格和生存价值，悲剧一般可分为命运悲剧、性格悲剧、社会悲剧、历史悲剧等类型。喜剧是指以夸张、滑稽的人物形象和故事内容来引人发笑，进行嘲讽的戏剧。喜剧的类型一般有可分为讽刺喜剧、抒情喜剧、荒诞喜剧和闹剧等样式。悲喜剧（正剧）杂糅悲剧和喜剧，兼具悲剧和喜剧的成分，在欢快的气氛中掺杂阴郁的氛围，在人物具备完满、幸福的结局的同时揭露弊端或者黑暗面。

二、西方戏剧概况

西方戏剧发展历史悠久，在原始社会，人们在生活和生产中就创造出以舞蹈为主要表现形式的原始戏剧，用于祭祀活动和庆祝活动。西方戏剧的第一个重要阶段是在古希腊时期，希腊人从对酒神狄俄尼索斯的祭祀活动中创造出悲剧和喜剧，出现了大批戏剧家和戏剧作品，如悲剧三大作家——埃斯库罗斯、索福克勒斯和欧里庇得斯，喜剧作家亚里斯托芬等。古希腊戏剧保留了众多神话故事，讲述人与神、人和命运的冲突。古希腊哲学家亚里士多德则提出一套戏剧理论，他认为：悲剧是对于一个严肃、完整、有一定长度的行动的模仿；它的媒介是语言，具有各种悦耳之音，分别在剧的各部分使用；模仿方式是借人物的动作来表达，而不是采用叙述法；借引起怜悯与恐惧来使这种情感得到陶冶。这是第一个有关戏剧的定义，揭示了戏剧的特质、媒介、功用等。亚里士多德的戏剧理论对后世影响深远。

文艺复兴时期出现了戏剧的又一次繁荣，意大利的塔索，西班牙的维加和卡尔德隆，英国的马洛等都是这一时期的优秀戏剧家，其中最为后世熟知、成就最大的是英国戏剧家莎士比亚。莎士比亚创作了历史剧、喜剧、悲剧、传奇剧等众多类型的优秀戏剧作品，他擅长吸收、借鉴前人的戏剧创作，对已有故事题材进行革新，注入新的时代精神。他所使用的创作技巧十分丰富，往往多条情节线索互相穿插或者平行发展；内容上悲喜因素杂糅；通过人物独白来展示人物复杂深邃的思想情感；语言生动活泼又凝练抒情，能够凸显人物个性。以《亨利四世》为代表的历史剧系统地描绘了英国封建社会300年间的发展进程，塑造了理想的君主形象，表现了莎士比亚的爱国热情和政治理想。《哈姆莱特》《奥赛罗》《李尔王》和《麦克白》是莎士比亚的四大悲剧精品，描写了高贵的主人公走向毁灭的命运。莎士比亚的悲剧深刻地揭示了人物内心世界的矛盾冲突，注重表现人物性格的致命缺陷，对人性做了全面、透彻的解剖。莎士比亚的喜剧则热烈歌颂了人类的爱情和友谊，主要讲述男女之间经过重重误会最终修成正果，充溢着浪漫的、抒情的氛围，肯定了人们追求幸福的权利，批评了宗教的禁欲主义。莎士比亚在创作后期主要创作带有浪漫奇幻色彩的传奇剧，精灵、魔法等超自然因素成为解决人与人之间冲突矛盾的关键钥匙，表达了晚年的莎士比亚在洞察人情世事之后，向往和谐友爱的理想世界。总的来说，莎士比亚戏剧博大精深，反映了文艺复兴时代的社会现实和精神风貌，成为戏剧史上的一座高峰。

17世纪西方戏剧的成就是法国古典主义戏剧，以莫里哀的喜剧，高乃依和拉辛的悲剧为代表。法国古典主义戏剧有严格的艺术规范，在题材上选取古代或者宫廷生活，表现英雄人物或者帝王将相的高贵；在创作方法上要求遵守“三一律”的创作法则。“三一律”指的是戏剧故事必须发生一天、一个地点以及只有单一的情节线索。“三一律”使得法国古典主义剧作情节集中、矛盾突出，但在一定程度上也限制了剧作家的创作自由。法国古典主义喜剧代表作家莫里哀不受古典主义的约束，在剧中提出了各种严肃的社会问题，他的剧本取材现实生活，往往塑造机智聪明的下层民众如女仆等小人物，嘲讽愚昧虚伪的贵族、宗教界人士以及资产阶级，充满反封建、反教会的社会批判精神。莫里哀认为喜剧通过意味深长的教训纠正人的过失，兼具教育和娱乐功能，提升了喜剧的艺术地位。他在创作中既能够遵循“三一律”，保证戏剧结构的紧凑、严谨，又往往以其出众的才华巧妙地突破“三一律”的束缚，独出心裁地灵活设置故事的时间、地点和情节，在有限的时空里，创造精妙绝伦的喜剧效果。他的喜剧广泛吸收民间戏剧的舞台表现技巧，以打耳光、隔墙偷听、桌下藏人等民间闹剧的手法，制造喜剧效果，人物的动作滑稽，台词中有很多来自民间的俏皮话。莫里哀对喜剧艺术做出了突出贡献。

18世纪的启蒙主义戏剧是启蒙运动的产物，代表作家作品有伏尔泰的《中国孤儿》、狄德罗的《私生子》、博马舍的《费加罗的婚礼》、莱辛的《爱米利亚·迦洛蒂》、歌德的《浮士德》、席勒的《阴谋与爱情》等。启蒙主义戏剧崇尚理性，表达了反封建的启蒙思想，表现普通市民的生活和情感，富有鲜活的时代特征。

19世纪西方兴起浪漫主义文学，其中的浪漫主义戏剧响应追求自由的浪漫主义精神，出现了众多具有强烈抒情色彩的优秀剧作。雨果的《欧那尼》是法国浪漫主义戏剧重要代表作，该剧故事发生的时空自由多变，滑稽与庄重并存，冲破了"三一律"创作法则的樊篱。英国著名的浪漫主义作家雪莱和拜伦也创作了表现自由精神和昂扬斗志的气势磅礴的剧作，如雪莱的《解放了的普罗米修斯》和拜伦的《曼弗雷德》等。

以易卜生、契诃夫、萧伯纳、梅特林克、布莱希特、贝克特、尤奈斯库为代表的一大批作家创作了从19世纪末到20世纪的西方现代戏剧。现代戏剧聚焦于人与社会的矛盾和人的自我异化，在继承传统的戏剧艺术的同时，在现代主义文艺思潮之下，众多作家在戏剧创作中采用象征、隐喻、意识流等技巧，甚至出现了一批反传统戏剧创作手法和戏剧表现形式的荒诞派戏剧。荒诞派戏剧的故事情节不完整、对白没有意义和逻辑性、人物的身份不明确，通过这样"反戏剧"的戏剧创作来表现现代人对世界的荒诞感受，推动了西方戏剧在现代的发展。尤金·奥尼尔被称为美国现代戏剧之父，他的剧作深受古希腊悲剧影响，他作品中的主人公如同古希腊悲剧中的主角一样，受命运操纵，人生走向失败的结局。通过描写现代人的命运悲剧，展开对现代人的生存意义的探索，反映了现代人的追求与迷惘、欲望与幻灭，同时也指出并批判了美国现实社会的弊端。奥尼尔作为表现主义文学代表人物，他的戏剧突破传统戏剧的舞台表现形式和规范，偏重于表现人物的思想、意识层面，不重视描写事物客观外在，因而具有浓烈的主观色彩。他汲取了现代文学中刻画人物潜意识的创作技巧，采用意识流手法和人物独白来捕捉人物内心深处的心理真实，同时也娴熟地运用象征，在《琼斯王》《毛猿》等代表作中都有很多蕴含深意的具体意象，如大海、月亮、雾等，来暗示和外化人物复杂的思想意识，进而烘托主题、强化抒情意味。

三、东方戏剧概况

人类文明的发源地是在古老的东方，当世界上很多地方仍处于原始蒙昧状态时，在东方的两河流域地区、印度地区、埃及地区、中国地区就已经形成古老的文化，相应地，东方戏剧的历史也比西方戏剧悠久。

古埃及人创造了世界上最古老的戏剧艺术，他们在宗教祭祀活动中进行具有象征意义的表演活动，从中发展出比较成熟的宗教戏剧——法老戏剧，法老戏剧的内容主要是讲述神灵故事和赞美法老。

古印度人民认为戏剧是最美的语言艺术，因此古印度戏剧样式很发达，并且在当时就已经出现了较为详尽的戏剧理论专著——《舞论》。古印度重要的剧本都是用梵语来书写，内容都是与印度两大史诗《罗摩衍那》和《摩诃婆罗多》相关，结构以某种基本情感为中心，基本情感主要有情爱与喜乐、怜悯与冷漠、愤怒与平和、恐怖、憎恨与惊异，并伴有音乐、舞蹈等表现形式。古印度最卓越的戏剧家是迦梨陀裟，他的《沙恭达罗》演绎了沙恭达罗和国王豆扇陀曲折浪漫的爱情故事，是古代戏剧中的不朽名作。

日本的戏剧同样类型多元、佳作纷呈，极富民族神韵，日本的戏剧主要有能乐、狂言、木偶净琉璃、歌舞伎等。能乐是非常成熟的戏剧样式，有为演出而专门创作的能乐剧本，内容取材于民间传说。能乐的表演以歌舞为主，重在演唱，文词典雅，结合台词设计有专门的舞台动作。狂言是独幕的滑稽剧，以演员即兴表演对话为主，有时也插入一些歌曲，内容往往表现现实民众生活、讽刺地主等特权阶级。木偶净琉璃是日本一种独特的木偶戏，由日本木偶戏和净琉璃曲（一种用说唱的方式讲述故事的表演艺术）结合而成的。歌舞伎杂糅能乐和狂言的表演因素，在唱歌和跳舞之间作出各种滑稽表演，将崇高与滑稽、悲与喜的表演风格有机结合。歌舞伎剧本重视反映现实生活，题材丰富，涌现出近松门左卫门、并木正三、河竹默阿弥等优秀的剧作家。传统戏剧在今天的日本仍然长盛不衰，同时经过近代戏剧改良运动，日本在西方戏剧的影响下产生了现代戏剧"新剧"。

中国有着悠久的古典戏剧发展传统，中国戏剧是东方戏剧的重要代表，与古希腊戏剧、印度梵剧一同被誉为世界三大古老戏剧。中国戏剧的起源可以追溯到上古时代祭祀活动中的原始歌舞，在汉代出现了具有表演成分的结合舞蹈、音乐、杂技的角抵戏，经过唐代参军戏、歌舞戏的阶段，逐渐向成熟的宋元戏剧发展，具有南戏、杂剧、传奇、昆曲等歌舞结合、数目繁多的戏剧种类，形成了具有民族文化特色的戏曲表演手段——唱、念、做、打。在近代，随着西方思想、文化的东渐，中国进行了戏剧改良，引入了西方戏剧的布景、灯光、服装、分幕演出等舞台表演方式，形成了中国的话剧。挪威作家易卜生的戏剧在中国尤其受到关注，他在《玩偶之家》等作品中对现代社会问题的探讨引发了中国知识分子的共鸣，影响了胡适、田汉、欧阳予倩、郭沫若等人的话剧创作。1930 年中国左翼作家联盟的成立进一步促进了中国话剧的发展，阿英、曹禺、洪琛、夏衍、焦菊隐、陈白尘等一大批戏剧家创作了思想性与艺术性兼备的戏剧作品。

当代中外文化接触和文化交流便利迅捷，中国戏剧接受世界多元文化影响，在舞台时空的开放性和自由性、演员表演的假定性、观演交流的剧场性等方面探索戏剧形式的变化。1979 年，谢民编剧的《我为什么死了》一剧宣告了中国先锋戏剧的诞生，从 20 世纪 80 年代开始相继涌现了一批先锋戏剧导演和先锋戏剧作品。先锋戏剧一反中国的现实主义戏剧传统，受西方表现主义戏剧、荒诞派戏剧影响，寻找和探索新的戏剧观念和表现手法，以小剧场的演出形式对戏剧进行了积极实验，具有实验性质和反叛精神。1982 年高行健的《绝对信号》在《十月》杂志发表，之后被导演林兆华用小剧场的演出方式搬上北京人艺的舞台，该剧打破了传统舞台的束缚，拉近了观众与演员的距离。此后中国先锋戏剧的数量不断增多，先锋实验的戏剧热潮波及全国，以林兆华、孟京辉、牟森、张广天等导演为代表人物。

孟京辉是先锋戏剧标志性的导演，他毕业于中央戏剧学院导演系，1991 年排演《秃头歌女》《等待戈多》等西方现代主义戏剧作品，在 1992 年 12 月成立了专门表演先锋戏剧的"穿帮剧社”，相继推出了《思凡》《我爱×××》《一个无政府主义者的意外死亡》《恋爱的犀牛》《两只狗的生活意见》等。由廖一梅编剧、孟京辉导演的《恋爱的犀牛》被视为“小剧场史上的奇迹”，是当代最受欢迎的先锋戏剧之一。孟京辉导演的先锋戏剧弱化甚至摒弃戏剧情节的故事性和逻辑性，将没有因果联系的两段或以上的故事以相互独立或者相互穿插的形式拼贴在一起。孟京辉还特别注重戏剧的幽默特质，擅长设计新奇、无厘头的舞台动作和反串滑稽的人物，发展出“孟氏幽默”。在先锋的形式外衣之下，孟京辉的戏剧有着批判现实的理想主义思想内涵，探讨爱情、理性、人性等深刻主题。

第二节　戏剧剧本选读

《暴风雨》(第五幕节选)·威廉·莎士比亚

威廉·莎士比亚(1564—1616)，英国文艺复兴时期最重要、最伟大的剧作家、诗人，也是世界文学史最杰出的作家之一。莎士比亚的创作塑造了众多性格复杂多样、真实生动的人物形象，广泛地反映了当时英国的政治、历史、经济、思想、文化、风俗等，并以其博大、深刻、富于诗意和哲理著称。莎士比亚流传下来的作品包括39部戏剧、154首十四行诗、两首长叙事诗，代表作有悲剧《罗密欧与朱丽叶》《哈姆雷特》《奥赛罗》《麦克白》《李尔王》；喜剧《威尼斯商人》《仲夏夜之梦》；历史剧《亨利四世》《亨利五世》；传奇剧《暴风雨》等。

普洛斯彼罗　就在这次暴风雨中。我看这些贵人们由于这次的遭遇，太惊愕了，惶惑得不能相信他们眼睛所见的是真实，他们嘴里所说的是真的言语。但是，不论你们心里怎样迷惘，请你们相信我确实便是普洛斯彼罗，从米兰被放逐出来的公爵；因了不可思议的偶然，恰恰在这儿你们沉舟的地方我登上陆岸，做了岛上的主人。关于这事现在不要再多谈了，因为那是要好多天才讲得完的一部历史，不是一顿饭的时间所能叙述得了，而且也不适宜于我们这初次的相聚。欢迎啊，大王！这洞窟便是我的宫廷，在这里我也有寥寥几个侍从，没有一个外地的臣民。请您向里面探望一下。因为您还给了我的公国，我也要把一件同样好的礼物答谢您；至少也要献出一个奇迹来，使它给与您安慰，正像我的公国安慰了我一样。

洞门开启，腓迪南与米兰达在内对弈。

米兰达　好人，你在安排着作弄我。

腓迪南　不，我的最亲爱的，即使给我整个的世界我也不愿欺弄你。

米兰达　我说你作弄我；可是就算你并吞了我二十个王国，我还是认为这是一场公正的游戏。

阿隆佐　倘使这不过是这岛上的一场幻景，那么我将要两次失去我的亲爱的孩子了。

西巴斯辛 不可思议的奇迹！

腓迪南 海水虽然似乎那样凶暴，然而却是仁慈的；我错怨了它们。（向阿隆佐跪下。）

阿隆佐 让一个快乐的父亲的所有的祝福拥抱着你！起来，告诉我你是怎么到这里来的。

米兰达 神奇啊！这里有多少好看的人！人类是多么美丽！啊，新奇的世界，有这么出色的人物！

普洛斯彼罗 对于你这是新奇的。

阿隆佐 和你一起玩着的这姑娘是谁？你们的认识顶多也不过三个钟头罢了。她是不是就是把我们拆散了又使我们重新聚合的女神？

腓迪南 父亲，她是凡人，但借着上天的旨意她是属于我的；我选中她的时候，无法征询父亲的意见，而且那时我也不相信我还有一位父亲。她就是这位著名的米兰公爵的女儿；我常常听见说起过他的名字，但从没有看见过他一面。从他的手里我得到了第二次生命；而现在这位小姐使他成为我的第二个父亲。

阿隆佐 那么我也是她的父亲了；但是唉，听起来多么使人奇怪，我必须向我的孩子请求宽恕！

普洛斯彼罗 好了，大王，别再说了；让我们不要把过去的不幸重压在我们的记忆上。

贡柴罗 我的心中感激得说不出话来，否则我早就开口了。天上的神明们，请俯视尘寰，把一顶幸福的冠冕降临在这一对少年的头上；因为把我们带到这里来相聚的，完全是上天的主意！

阿隆佐 让我跟着你说“阿门”，贡柴罗！

贡柴罗 米兰的主人被逐出米兰，而他的后裔将成为那不勒斯的王族吗？啊，这是超乎寻常喜事的喜事，应当用金字把它铭刻在柱上，好让它传至永久。在一次航程中，克拉莉贝尔在突尼斯获得了她的丈夫；她的兄弟腓迪南又在他迷失的岛上找到了一位妻子；普洛斯彼罗在一座荒岛上收回了他的公国；而我们大家呢，在每个人迷失了本性的时候，重新找着了各人自己。

阿隆佐（向腓迪南、米兰达）让我握你们的手：谁不希望你们快乐的，让忧伤和悲哀永远占据他的心灵！

贡柴罗 愿如大王所说的，阿门！

爱丽儿重上，船长及水手长惊愕地随在后面。

贡柴罗 瞧啊，大王！瞧！又有几个我们的人来啦。我曾经预言过，只要陆地上有绞架，这家伙一定不会淹死。喂，你这谩骂的东西！在船上由得你指天骂日，怎么一上了岸响都不响了呢？难道你没有把你的嘴巴带到岸上来吗？说来，有什么消息？

水手长 最好的消息是我们平安地找到了我们的王上和同伴；其次，在三个钟头以前我们还以为已经撞碎了的我们那条船，却正和第一次下水的时候那样结实、完好而齐整。

爱丽儿 （向普洛斯彼罗旁白）主人，这些都是我去了以后所做的事。

普洛斯彼罗 （向爱丽儿旁白）我的足智多谋的精灵！

阿隆佐 这些事情都异乎寻常；它们越来越奇怪了。说，你怎么会到这儿来的？

水手长 大王，要是我自己觉得我是清清楚楚地醒着，也许我会勉强告诉您。可是我们都睡得像死去一般，也不知道怎么一下子，都给关闭在舱口底下了。就在不久之前我们听见了各种奇怪的响声——怒号、哀叫、狂呼、铛鎯的铁链声以及此外许多可怕的声音，把我们闹醒。立刻我们就自由了，个个都好好儿的；我们看见壮丽的王船丝毫无恙，明明白白在我们的眼前；我们的船长一面看着它，一面手舞足蹈。忽然一下子莫名其妙地，我们就像在梦中一样糊里糊涂地离开了其余的兄弟，被带到这里来了。

爱丽儿 （向普洛斯彼罗旁白）干得好不好？

普洛斯彼罗 （向爱丽儿旁白）出色极了，我的勤劳的精灵！你就要得到自由了。

阿隆佐 这真叫人像堕入五里雾中一样！这种事情一定有一个超自然的势力在那儿指挥着；愿神明的启迪给我们一些指示吧！

普洛斯彼罗 大王，不要因为这种怪事而使您心里迷惑不宁；不久我们有了空暇，我便可以简简单单地向您解答这种种奇迹，使您觉得这一切的发生，未尝不是可能的事。现在请高兴起来，把什么事都往好的方面着想吧。（向爱丽儿旁白）过来，精灵；把凯列班和他的伙伴们放出来，解去他们身上的魔法。（爱丽儿下）怎样，大王？你们的一伙中还缺少几个人，一两个为你们所忘怀了的人物。

爱丽儿驱凯列班、斯丹法诺、特林鸠罗上，各人穿着他们所偷得的衣服。

斯丹法诺 让各人为别人打算，不要顾到自己，因为一切都是命运。勇气啊！出色的怪物，勇气啊！

特林鸠罗 要是装在我头上的眼睛不曾欺骗我，这里的确是很堂皇的样子。

凯列班 塞提柏斯呀！这些才真是出色的精灵！我的主人真是一表非凡！我怕他要责罚我。

西巴斯辛 哈哈！这些是什么东西，安东尼奥大人？可以不可以用钱买的？

安东尼奥 大概可以吧；他们中间的一个完全是一条鱼，而且一定很可以卖几个钱。

普洛斯彼罗 各位大人，请瞧一瞧这些家伙们身上穿着的东西，就可以知道他们是不是好东西。这个奇丑的恶汉的母亲是一个很有法力的女巫，能够叫月亮都听她的话，能够支配着本来由月亮操纵的潮汐。这三个家伙作贼偷了我的东西；这个魔鬼生下来的杂种又跟那两个东西商量谋害我的生命。那两人你们应当认识，是您的人；这个坏东西我必须承认是属于我的。

凯列班　我免不了要被拧得死去活来。

阿隆佐　这不是我的酗酒的膳夫斯丹法诺吗？

西巴斯辛　他现在仍然醉着；他从哪儿来的酒呢？

阿隆佐 这是特林鸠罗，看他醉得天旋地转。他们从哪儿喝这么多的好酒，把他们的脸染得这样血红呢？你怎么会变成这种样子？

特林鸠罗　自从我离开了你之后，我的骨髓也都浸酥了；我想这股气味可以熏得连苍蝇也不会在我的身上下卵了吧？

西巴斯辛　喂，喂，斯丹法诺！

斯丹法诺　啊！不要碰我！我不是什么斯丹法诺，我不过是一堆动弹不得的烂肉。

普洛斯彼罗　狗才，你要做这岛上的王，是不是？

斯丹法诺　那么我一定是个倒楣的王爷。

阿隆佐　这样奇怪的东西我从来没有看见过。（指凯列班。）

普洛斯彼罗　他的行为跟他的形状同样都是天生地下劣——去，狗才，到我的洞里去；把你的同伴们也带了进去。要是你希望我饶恕的话，把里面打扫得干净点儿。

凯列班　是，是，我就去。从此以后我要聪明一些，学学讨好的法子。我真是一头比六头蠢驴合起来还蠢的蠢货！竟会把这种醉汉当做神明，向这种蠢才叩头膜拜！

普洛斯彼罗　快滚开！

阿隆佐　滚吧，把你们那些衣服仍旧归还到原来寻得的地方去。

西巴斯辛　什么寻得，是偷的呢。（凯列班、斯丹法诺、特林鸠罗同下。）

普洛斯彼罗　大王，我请您的大驾和您的随从们到我的洞窟里来；今夜暂时要屈你们在这儿宿一夜。一部分的时间我将销磨在谈话上，我相信那种谈话会使时间很快溜过；我要告诉您我的生涯中的经历，以及一切自从我到这岛上来之后所遭遇的事情。明天早晨我要带着你们上船回到那不勒斯去；我希望我们所疼爱的孩子们的婚礼就在那儿举行；然后我要回到我的米兰，在那儿等待着瞑目长眠的一天。

阿隆佐　我渴想听您讲述您的经历，那一定会使我们的耳朵着迷。

普洛斯彼罗　我将从头到尾向您细讲；并且答应您一路上将会风平浪静，有吉利的顺风吹送，可以赶上已经去远了的您的船队。（向爱丽儿旁白）爱丽儿，我的小鸟，这事要托你办理；以后你便可以自由地回到空中，从此我们永别了！——

请你们过来。（同下。）

收场诗

普洛斯彼罗致辞：
现在我已把我的魔法尽行抛弃，
剩余微弱的力量都属于我自己；
横在我面前的分明有两条道路，
不是终身被符箓把我在此幽锢，
便是凭藉你们的力量重返故郭。
既然我现今已把我的旧权重握，
饶恕了迫害我的仇人，请再不要
把我永远锢闭在这寂寞的荒岛！
求你们解脱了我灵魂上的系锁，
赖着你们善意殷勤的鼓掌相助；
再烦你们为我吹嘘出一口和风，
好让我们的船只一齐鼓满帆篷。
否则我的计划便落空。我再没有
魔法迷人，再没有精灵为我奔走；
我的结局将要变成不幸的绝望，
除非依托着万能的祈祷的力量，
它能把慈悲的神明的中心刺彻，
赦免了可怜的下民的一切过失。
你们有罪过希望别人不再追究，
愿你们也格外宽大，给我以自由！（下。）

（威廉·莎士比亚著:《莎士比亚全集》一，朱生豪译，人民文学出版社 1994 年版。）

赏析

《暴风雨》是莎士比亚最后一部独立完成的戏剧，被誉为“诗的遗嘱”，属于莎剧中的传奇剧类型。传奇剧是在莎士比亚创作末期出现的戏剧类型，通常对故事中人物之间不可调和的冲突矛盾，用超自然的力量如魔法来加以解决，具有悲剧喜剧杂糅的性质。《暴风雨》讲述了米兰公爵普洛斯彼罗由于闭门读书不理国事，他的弟弟安东尼奥在那不勒斯王阿隆佐的帮助下篡权。普洛斯彼罗和女儿米兰达侥幸存活，漂流到一座荒岛上。普洛斯彼罗依靠书中学得的强大魔法，解救了岛上受苦的精灵，并借助精灵爱丽儿的力量呼风唤雨，致使安东尼奥和阿隆佐一行人的船只被毁，被迫流落到岛上。普洛斯彼罗用魔法降服仇人、令他们认错，然后宽恕了他们。米兰达也与阿隆佐的儿子腓迪南成为一对情侣。大家最终离开海岛回归米兰皆大欢喜。全剧充满了传奇色彩，用大自然的风景和神奇的魔法来化解人世纠葛。

本文节选第五幕，也是全剧的结尾部分，讲述了普洛斯彼罗与仇人相见，化干戈为玉帛的一幕。在最后的致辞中，普洛斯彼罗在原谅仇敌的同时，也消解了自己的怨恨，让自己解开了精神枷锁，回归心灵的自由，体现了仁爱、宽容和博爱的精神。研究者大多认为普洛斯彼罗有着莎士比亚本人思想情感的烙印，这一文学形象所处的年龄阶段、他的人生经历、他化解恩怨的豁达行为，是处于知天命之年的莎士比亚希望纷扰终结、心灵平静的折射和象征。在《暴风雨》中，莎士比亚改变了文艺复兴时期的道德习惯，放弃了血债血偿这种文艺复兴时期常见的暴力行为，从复仇走向了宽恕，表达了莎士比亚对人情人性的信心和赞美。米兰达是一个美丽的女性形象，她在海岛上成长，性格单纯善良、富有同情心，对于爱情一往情深、坚贞不渝，有一定的个性解放色彩。莎士比亚通过她的台词说出对人类的赞美，展示了人文主义对人的肯定的思想。

《暴风雨》作为莎士比亚最后一部完整的杰作，具有很高的艺术价值。《暴风雨》故事发生的时间集中在一天下午到傍晚的三四个小时内，地点限定在海岛上，剧情紧凑精练，一气呵成。剧本中有大海、天空、暴风雨、电光、火等充满自然神秘之美的象征意象，配衬剧中的精灵、魔幻等情节，很好地烘托出了奇幻的环境气氛。这个剧本也体现了莎士比亚的文字魅力，全剧行文流畅、韵律和谐，有多段配乐演奏的台词和歌曲，营造出强烈的感染力，选文中的收场诗通过普洛斯彼罗的致辞就传达出一种悲天悯人的情感，也是莎士比亚本人告别戏剧舞台的心声，分外动人心弦。

《没病找病》(第三幕第十场)·莫里哀

莫里哀(1622—1673)，法国喜剧家、演员，是法国17世纪古典主义文学最重要的作家。原名为让·巴蒂斯特·波克兰，莫里哀是艺名。莫里哀的父亲是宫廷室内陈设商，作为王室侍从拥有贵族头衔，但莫里哀醉心于戏剧，不惜放弃贵族世袭权利，组建剧团进行戏剧创作和表演活动。莫里哀多年带领剧团在法国各地巡回演出，广泛吸收法国民间戏剧艺术。他的剧作突破了古典主义戏剧的局限，具有现实主义精神。戏剧代表作有《太太学堂》《没病找病》《伪君子》《悭吝人》等。

图瓦内特(医生装扮)　阿尔冈　贝拉尔德

图瓦内特　先生，我衷心地请求你原谅。

阿尔冈　(向贝拉尔德低语)这是多么出奇的事情!

图瓦内特　我为好奇心所驱使，特来拜访像你这样一位出名的病人，请你可不要见怪，你的名声已远扬四海，一定会原谅我这种冒昧行为。

阿尔冈　先生，我希望你多加指教。

图瓦内特　先生，我看你一个劲儿地望着我。你到底以为我有多大年纪了呢?

阿尔冈　我以为你最多不过二十六七岁……

图瓦内特　啊!啊!啊!啊!啊!我已经九十岁啦。

阿尔冈　九十岁啦?

图瓦内特　是的。你瞧,我能这样保持年轻力强,就是我的秘方的结果。

阿尔冈　说实在的,这才是一个年轻标致的九十岁老头儿呢。

图瓦内特　我是一个巡回医生,奔走各个城市,各个省,各个王国。专找出名的疑难病症,一显身手,专给那些我值得插手,能用得上我的秘方的病人治病。对于普通乱七杂八的零星小病,什么风湿病,炎症,轻度发挠,头晕,偏头痛,我是懒得去管的。我要治的都是一些要命的病,比如高烧不退的脑充血,重猩红热危险的瘟疫,晚期的水肿病,带肺炎的胸膜炎,这才是我高兴治的,这才是我的拿手;先生,我希望你全有我刚才说的这些病,我希望所有的医生对你都束手无策,使你陷于绝望,在做垂死挣扎,这样,我才好向你显示我医药的奇效和实现我要为你效劳的愿望。

阿尔冈　先生,我感激你对我的这番好意。

图瓦内特　我来给你摸摸脉。嗨,它该怎么跳你就让它怎么跳。啊!我得叫你像你应该做的那样做。啊唷!这个脉可不对头,我看得很清楚,你还不了解我。你原来的医生是谁?

阿尔冈　皮尔贡先生。

图瓦内特　在我的名医录里并没有记载上这个人的名字。他说你是什么病?

阿尔冈　他说是肝病,但别的人又说是脾脏有病。

图瓦内特　都是一些无知之辈。你的病分明是肺病。

阿尔冈　肺病?

图瓦内特　是的。你有什么感觉吗?

阿尔冈　我不时地觉得头痛。

图瓦内特　那正是肺病。

阿尔冈　我有时候觉得眼前好像是模糊一片。

图瓦内特　肺病。

阿尔冈　我有时候感到恶心。

图瓦内特　肺病。

阿尔冈　我有时候感到四肢无力。

图瓦内特　肺病。

阿尔冈　有时候我肚子不好受就像是肠绞痛一样。

图瓦内特　肺病。你吃东西香吗?

阿尔冈　香,先生。

图瓦内特　肺病。你喜欢喝点酒吗?

阿尔冈　喜欢喝点,先生。

图瓦内特　肺病。你吃饭之后喜欢睡一会,并且睡得很熟吗?

阿尔冈　是的，先生。

图瓦内特　肺病，肺病，我对你说。你的医生吩咐你吃什么食物呢？

阿尔冈　他叫我喝汤。

图瓦内特　胡闹！

阿尔冈　吃家禽肉。

图瓦内特　胡闹！

阿尔冈　吃小牛肉。

图瓦内特　胡闹！

阿尔冈　喝肉汤。

图瓦内特　胡闹！

阿尔冈　吃新鲜鸡蛋！

图瓦内特　胡闹！

阿尔冈　晚上，吃些小李子干，来放松肚皮。

图瓦内特　胡闹！

阿尔冈　特别是喝搀满水的酒。

图瓦内特　Igonorantus，ignorant，ignorantum！① 你应该喝纯酒；同时，为了使你那太稀薄的血液变稠，你应该吃上等的肥牛肉，上等的肥猪肉，上等的荷兰干酪，精制面粉和大米以及栗子和蛋卷，为了你体液的胶合和凝聚。你的那位医生是个笨蛋。我想派一个我亲手挑选的医生给你，同时，只要我在这个城市里，我也会不时地来看你。

阿尔冈　我太感谢你啦。

图瓦内特　你这只胳膊还有什么用吗？

阿尔冈　怎么？

图瓦内特　如果我是你的话，我马上要把这只胳膊切掉。

阿尔冈　那为什么呢？

图瓦内特　难道你没有看到它吸收了所有的营养，使得那一只发育不全吗？

阿尔冈　是的，但我还是要留这只胳膊。

图瓦内特　还有，你那只右眼，如果我处在你的地位，我也要把它挖掉。

阿尔冈　挖掉一只眼睛？

图瓦内特　难道你没有看到它妨碍另一只眼睛并把它的营养全偷走了吗？相信我吧，你若尽快地把它挖掉，你会用你的左眼看得更清楚的。

阿尔冈　这倒别忙。

图瓦内特　再见。很抱歉，我这么匆忙地就离开了你，我得去为一个昨天死

① 拉丁语，是“无知”一词的三个形态。

了的人会诊。

阿尔冈　为一个昨天死了的人会诊吗?

图瓦内特　是的,想去看看应该怎样才能把他治好。再见吧。

阿尔冈　你知道病人是不送客的。

贝拉尔德这个医生真显得很高明。

阿尔冈　是的,他未免走得太仓促。

贝拉尔德所有的名医都是这样的。

阿尔冈　切掉我一只胳膊,挖掉我一只眼睛,能叫另外一只发育好些吗?我宁愿就这样,不要什么发育好些。要我剩一只眼睛和一只胳膊,这是什么鬼手术!

(莫里哀著:《莫里哀戏剧全集》第 4 卷,肖熹光译,文化艺术出版社 1999 年版。)

赏析

莫里哀的喜剧滑稽生动,讽刺社会弊端,直接反映了法国现实生活和风俗,三幕喜剧《没病找病》(又译为《无病呻吟》)是莫里哀晚年创作的经典喜剧,是他的创作生涯的一个高峰,特别是莫里哀本人亲自扮演了主人公阿尔冈。在 1673 年 2 月,已经身有重疾的莫里哀在台上演到最后一幕时,咳血倒地溘然长逝。《没病找病》讲述了阿尔冈身体健康却总是觉得自己病入膏肓,因此经常被无良医生骗取钱财,同时他的第二任妻子贝丽娜掌控他的全部生活。阿尔冈打算将女儿昂热丽克嫁给医生皮尔贡的侄子,昂热丽克却另外心有所属。贝丽娜企图破坏昂热丽克的恋情,女仆图瓦内特机智地揭穿了贝丽娜的阴谋。最终,故事结局有情人终成眷属,而无病呻吟的阿尔冈竟然成为了一名医生。这部喜剧短小精炼,内容荒谬而充满讽刺意味。

本文选自《没病找病》第三幕第十场,女仆图瓦内特假扮名医替阿尔冈看病,两人的对话充满了夸张、荒诞的喜剧色彩,通过简洁反复的词句和快速有力的语调,将阿尔冈没病找病的滑稽心态和图瓦内特机灵慧黠的性格充分展露出来。图瓦内特模仿职业医生的行为方式,谈话中随口引用拉丁文、医学术语,同时提出极为荒唐的治疗方法,用以提醒阿尔冈他其实并没有真正得什么病,是他自己一直被庸医欺骗而已。在莫里哀的戏剧里,通常仆人都具备机智聪明的特征,虽然出身下层,但仆人总是比主人更有智慧。这体现了莫里哀作品所具有的赞美平民、讽刺贵族和资产阶级的思想进步性。

《天边外》(第三幕第一场节选)·尤金·奥尼尔

尤金·奥尼尔(1888—1953)美国现代剧作家,美国现代戏剧的奠基人,美国表现主义文学的代表作家。奥尼尔出生于纽约,他的父亲是一名戏剧演员,受父亲影响他从小接触戏剧。1920 年,奥尼尔的《天边外》成功上演,奠定了他在美国戏剧界的地位。奥尼尔共创作了近 50 个剧本,四次获得普利策奖。在 1936 年,因为他的戏剧"体现了传统悲剧概念的剧作所具有的魅力、真挚和深沉的激情",奥尔尼荣获诺贝尔文学奖。他的代表作品有《天边外》《琼斯皇》《榆树下的欲望》《毛猿》等。

罗伯特　不过，你发了财，是不是？

安朱　（赶紧望了露斯一眼）是的，我想是的。

罗伯特　我很高兴。我在农庄上没有办到的你都可以办起来。但是在那边干什么？告诉我。你跟你那位朋友作粮食生意吗？

安朱　是的。两年以后，我就入了股。去年我把股份卖了。

（他很不愿意回答罗伯特的问题。）

罗伯特　以后呢？

安朱　我自己作生意。

罗伯特　还是作粮食生意吗？

安朱　是的。

罗伯特　怎么回事？看你的神气，好象认为我是在责备你似的。

安朱　头四年我干得很出色。后来我就不敢夸口了。我作了投机买卖。

罗伯特　买卖小麦吗？

安朱　是的。

罗伯特　你用赌博来赚钱？

安朱　是的。

罗伯特　（沉思地）我正在想，你的变化实在不小。（一顿之后）你——一个庄稼汉——拿着几个纸条在小麦交易场赌博。阿安，这么一幅图是有重要意义的。（他苦笑）我是一个失败者，露斯也是一个失败者。不过我们两个可以把犯下错误的责任推在上帝身上。阿安，你可是我们三个当中失败得最彻底的。你离开你自己的本行已经有八年之久。你明白我的意思吗？你爱农庄的时候，你本来是个生产者。你跟你的生活是和谐一致的。可是现在——（他停下好象找不到合适的字眼）我的脑子糊涂了。我要说的意思就是，你拿你喜爱生产的东西来赌博，说明你在邪路上走了多么远，所以你要受到惩罚。你得受受罪才能回到——（他的声音变得更弱，他疲乏地叹气）没有用啦。我说不出来。（他向后靠，闭上眼睛，喘气。）

安朱　（慢吞吞地）我想我明白你的意思，阿罗，你说得对。（罗伯特感谢地微笑，伸出手来，安朱握住。）

罗伯特　我请你答应我作一件事，阿安，等——

安朱　我什么都答应，上帝作证！

罗伯特　要记住，阿安，露斯受了加倍的苦。（他的声音因为虚弱变得结结巴巴）只有接触苦难，阿安，你才会——觉悟。听我说，你以后，一定要跟露斯结婚。

露斯　（带哭声）阿罗！（罗伯特靠在椅背上，闭上眼，困难地喘气。）

安朱　（向她作手势，叫她迁就他——温柔地）阿罗，你累了，你还是躺下来，休息一会儿好，你看是不是？我们以后还可以谈。

罗伯特　（带着一种嘲讽的微笑）以后！你始终是个乐观派，阿安！（他精疲力竭地叹气）是的，我要去休息一时。（安朱走上前去扶他）太阳快出来了，是不是？

安朱　六点多了。

罗伯特　（安朱扶他走进卧室）关上门，阿安。我想一个人呆一会儿。（安朱又出来，轻轻带上门。他走到椅子跟前，又坐下，双手托着头。他的脸色因为欲哭无泪的痛苦而显得紧张。）

露斯　（望望他——害怕地）他的精神现在有些不正常吧，是不是？

安朱　也许有点昏迷，烧的。（带着无可奈何的气愤）上帝呀，真叫人难受！我们除了坐在这里干等以外，什么也干不了！（他从椅子上跳起来，走向火炉。）

露斯　（迟钝地）他跟往常一样——胡说八道——不过这一次听起来——不大合情理，你看是不是？

安朱　我说不上来。他跟我说的那些话，也有些道理，尽管按照他对事情的看法，说得天花乱坠。可是——（他敏感地望着露斯）你想想看，为什么他要我们答应——（混乱地）你知道他是怎么说的。

露斯　（迟钝地）我想他是在胡思乱想。

安朱　（自信地）不，他的话有些背景。

露斯　我想，他要弄弄清楚，在他去世之后，我的生活是不是有保障。

安朱　不对，不是那个意思。他知道得非常清楚，不用象他说的那样，我也会好好照料你。

露斯　也许他想起了——五年以前，你从外面回家时所发生的事。

安朱　什么事？你说的是什么？

露斯　（迟钝地）我们吵了一架。

安朱　吵了一架？那跟我有什么关系？

露斯　也可以说——是因为你。

安朱　（吃惊）因为我？

露斯　是的，主要是为你。你知道，我跟阿罗结婚不久，我就发现我犯了一个错误——可是已经来不及了。

安朱　错误？（慢吞吞地）你是说——你发现你并不爱阿罗吗？

露斯　是的。

安朱　我的上帝！

露斯　后来我想，等生了玛丽，事情就会两样，我就会爱他；但是事情并不象想的那样。他不会办事、又老看闲书，叫我受不了，我渐渐恨起他来。

安朱　露斯！

露斯　我没有办法忍受下去，没有哪个女人能受得了。所以那样，后来我发现，是因为我爱上了别人。（她没精打采地叹气）现在告诉你也没有什么妨碍了——因为一切都过去了——不存在了——死亡了。我真正爱的是你——只是等我明白过来,已经太晚了。

安朱 (惊呆了)露斯!你胡说些什么呀!

露斯 一点不假。(突然声色俱厉)我怎么能受得了呢?没有哪个女人能受得了。

安朱 那么——上次我回家的时候——你就爱我了?

露斯 (固执地)我早就知道你第一次离家的真正原因——谁都知道——那三年里面,我一直在想——

安朱 我是爱你的吗?

露斯 是的。那天在小山上,你嘲笑你自己过去爱我是多么傻里傻气,我才知道一切都完了。

安朱 我的上帝,我从来没有想到——(他停下,想起旧事不禁发抖)阿罗也——

露斯 那就是我刚才要说的事。在你到家之前,我们吵了一架,我气极了——我就把我刚才跟你说的全告诉了他。

安朱 (张着嘴对她,说不出话来,过了片刻)你告诉了阿罗——你爱我吗?

露斯 是的。

安朱 (惊慌地避开她)你——你——你这个发疯的傻瓜!你怎么能干出这种事来!

露斯 我受不了啦。不说出来,我实在受不下去了。

安朱 那么,我呆在家里的时候,他是什么都知道的了!可是他什么都不说,什么表示都没有——上帝,他一定受尽了罪!难道你不知道他是多么爱你吗?

露斯 (迟钝地)知道。我知道他喜欢我。

安朱 喜欢你!你真是一个莫名其妙的女人!你不能不说吗?难道非折磨他不可吗?难怪他要死了!你们就这样三心二意地在一起呆了五年哪?

露斯 我们住在一个屋子里。

安朱 他现在还认为——

露斯 我不知道。自从那一天以后,我们一个字都不提。从他的举动上看,也许他认为我还是爱你的。

安朱 可是你并不爱我。太糟糕了!太愚蠢了!你并不爱我!

露斯 (慢吞吞地)即使让我再试试看,我也不会再有爱的感觉了。

安朱 (粗暴地)我也不爱你,那是可以肯定的!(他倒在椅子里,双手抱着头)真是该死,这种事情竟会出现在阿罗和我中间。在这个世界上,我爱阿罗比爱谁都厉害,而且始终爱他。在这个世界上凡是对他有利的事,没有哪一样是我不愿意干的。可是偏偏我成了他的祸害——真是该死!我有什么脸再去见他?现在我对他还能说些什么呢？（他气急败坏地呻吟着，稍停之后）他要我答应——我怎么办呢？

露斯 你可以答应——只为了叫他安心——并不一定要照着办。

安朱 什么？现在，当他快要死的时候，还要向他说谎吗？（断然地）那不行！要是一定得说谎，你倒是该说说。你现在有一个机会，去解除你带给他的一切痛苦。进去见他！告诉他你从来没有爱过我——完全是错误。告诉他，你所以那么说，是因为你发了疯，不知道你在说些什么！告诉他能使他安心的什么话和任何的话！

露斯 （迟钝地）他不会相信我的。

安朱 （生气地）你一定要叫他相信你。你听见没有？你一定要去——现在就去——快——说不定你会来不及的。（她迟疑时，他恳求地）看在上帝面上，露斯！难道你不知道你对不起他吗？要是你不去，你会永远后悔的。

露斯 （迟钝地）我去。（她没精打采地站起来，慢慢地朝卧室走去）不过不会有什么好处。（安朱的眼睛焦急地盯在她身上。她打开门走进屋去。她在屋里停了片时，随后大声惊叫起来）阿罗！你在哪儿？（她连忙跑回来，吓得发抖）阿安！阿安！他不在了！

安朱 （误会了她的意思——他的脸吓得发白）他不是——

露斯 （打断他——歇斯底里地）他不在屋里！床上是空的。窗户大开。他一定是爬到院子里去了！

安朱 （跳起来，冲进卧室，立刻又回来，脸上带着一副惊异的表情）来！他不会走远！（拿起他的帽子，他抓住露斯的手臂，推着她向门口走去）走！（打开门）我们希望——（门随后关上，切断了他的话。）

（奥尼尔著：《奥尼尔剧作选》，荒芜译，上海文艺出版社1982年版。）

赏析

《天边外》是奥尼尔的成名作，他凭借此剧获得美国文坛重要奖项——普利策奖，确定了他在美国剧坛首屈一指的地位。《天边外》是一部现代人的命运悲剧，讲述了一个美国农民家庭的不幸生活。安朱和罗伯特兄弟二人同时爱上露丝，露斯选择和弟弟罗伯特结婚，罗伯特本来渴望出海远航，但结婚后就只能留在家务农；而哥哥安朱原本只想在家务农，失恋之后代替罗伯特离家航海。罗伯特不善经营导致家境困窘，露斯与他感情失和，两人的女儿夭折，他最后在对远方的向往中死于肺病。作品的三个主要角色的生活理想都被无情的现实粉碎，归于幻灭的悲剧，揭示了人们无法掌握自己命运。这部剧结构对称，分为三幕，每幕两场：一个场景在开阔的室外，一眼可见远方的天边；一个场景在狭窄的室内，犹如困在笼中。两个场景交替出现，对比鲜明，表明人的理想与现实之间不可逾越的鸿沟，人的憧憬与失落之间激烈的张力。

本文选自《天边外》第三幕第一场，描写了安朱在得知罗伯特病重后返乡探望，安朱、罗伯特和露斯三人相聚时矛盾对峙的场景。奄奄一息的罗伯特直指他们三人都是失败者，他自己性格软弱一事无成，与露斯的爱情彻底崩溃；露斯对待爱情耽于浪漫、游移不定，无法把握自己的真实感情；安朱违反本性进行投机买卖，最后几近破产，对露斯也是想爱而不敢爱。三人之间情感纠葛交缠不清，加上对人生做出错误选择后，充满了对不如意的生活的怨怼情绪，碰撞出激烈的火花。

这段选文表面上是主角之间的三角恋情，实则再现了现代人个体的生存困境和自我的内在矛盾性，不清楚爱还是不爱，不了解自己真正想要的是什么，不知道怎么做才能给自己带来幸福、给人生带来意义，所以最终注定无法实现理想、沦为虚空。剧中人物之间、人物自我都充满了无法调和的矛盾和冲突，刻画了人物灵魂的搏斗，营造出强烈的戏剧感染力。

《恋爱的犀牛》(第二十四场)·廖一梅

廖一梅(1970—)，中国编剧、导演、小说家，毕业于中央戏剧学院戏剧文学系，任职于中国国家话剧院。1999年创作的话剧《恋爱的犀牛》由其丈夫孟京辉导演，是中国小剧场戏剧史上最受欢迎的作品之一。《恋爱的犀牛》与2005年创作的《琥珀》、2010年创作的《柔软》合称为“悲观主义三部曲”，是廖一梅的戏剧代表作品。此外她还著有小说《悲观主义的花朵》、随笔集《像我这样笨拙地生活》等，并参与了电影《生死劫》《像鸡毛一样飞》《一步之遥》和电视剧《龙堂》等的编剧工作。

【舞台上，女孩明明被蒙着眼睛绑在椅子上。马路坐在她旁边。

马路：黄昏是我一天中视力最差的时候，一眼望去满街都是美女，高楼和街道也变幻了通常的形状，像在电影里……你就站在楼梯的拐角，带着某种清香的味道，有点湿乎乎的，奇怪的气息，擦身而过的时候，才知道你在哭。事情就在那时候发生了。我怎样才能让你明白我如何爱你？我默默忍受，饮泣而眠？我高声喊叫，声嘶力竭？我对着镜子痛骂自己？我冲进你的办公室把你推倒在地？我上大学，我读博士，当一个作家？我为你自暴自弃，从此被人怜悯？我走入精神病院，我爱你爱崩溃了？爱疯了？还是我在你窗下自杀？明明，告诉我该怎么办？你是聪明的，灵巧的，伶牙俐齿的，愚不可及的，我心爱的，我的明明……

【马路摘下明明眼睛上的布。犀牛图拉发出叫声，它已经近在眼前。

明明：你要干什么？走开！把这犀牛带走！

马路：这就是图拉，我最好的，也是最后的伙伴。明明，我想给你一切，可我一无所有。我想为你放弃一切，可我又没有什么可以放弃。钱、地位、荣耀，我仅有的那一点点自尊没有这些东西装点也就不值一提。如果是中世纪，我可以去做一个骑士，把你的名字写上每一座被征服的城池。如果在沙漠中，我会流尽最后一滴鲜血去滋润你干裂的嘴唇。如果我是天文学家，有一颗星星会叫做明明；如果我是诗人，所有的声音都只为你歌唱；如果我是法官，你的好恶就是我最高的法则；如果我是神父，再没有比你更好的天堂；如果我是个哨兵，你的每一个字都是我的口令;如果我是西楚霸王,我会带着你临阵脱逃任由人们耻笑;如果我是杀人如麻的强盗,他们会祈求你来让我俯首帖耳。可我什么也不是。一个普通人,一个像我这样普通的人,我能为你做什么呢?

【马路突然掏出一把剪刀向犀牛刺去!鲜血喷涌,图拉发出恐怖的嗥叫!暴怒地向马路冲去。明明尖声大叫着。

马路:别怕,图拉,我要带你走。在池沼上面,在幽谷上面,越过山和森林,越过云和大海,越过太阳那边,越过轻云之外,越过星空世界的无涯的极限,凌驾于生活之上。前面就是一望无际的非洲草原,夕阳挂在长颈鹿绵长的脖子上,万物都在雨季来临时焕发生机。

【马路举枪杀了图拉。图拉巨大的身体慢慢倒下。

【明明惊恐得发不出声音。

【马路持刀走向图拉,挥刀砍下,掏出图拉血淋林的心脏。

马路:这是我能给你的最后的东西,图拉的心,和我自己,你收留他们吗?明明,我亲爱的,温柔的,甜蜜的……

【明明满脸泪水,说不出话来。

马路:一切白的东西和你相比都成了黑水而自惭形秽,
一切无知的鸟兽因为不能说出你的名字而绝望万分,
一切路口的警察亮起绿灯让你顺利通行,
一切正确的指南针向我标示你存在的方位。
你是不留痕迹的风,
你是掠过我身体的风,
你是不露行踪的风,
你是无处不在的风……
我是多么爱你啊,明明。

【马路抱住绑在椅子上的明明。

明明:你把诗写完了,多美啊,真遗憾。

【探照灯突然亮了,警报声大作,所有人冲进犀牛馆,呆望着这一切却不敢靠近。

警察:马路,马上释放人质,举手投降,你已经被包围了!

黑子等人:马路!

【马路对周围的一切无动于衷,只是紧紧地抱着明明。明明不动,眼睛望着远处,突然唱起了歌。

【明明的歌——《只有我》:

明明:对我笑吧,像你我初次见面,
对我说吧,即使誓言明天就变,

抱紧我吧，在天气这么冷的夜晚，
想起我吧，在你感到变老的那一年。

过去的岁月都会过去，
最后只有我还在你身边。
过去的岁月总会过去，
最后只有我还在你身边。

对我笑吧，像你我初次见面，
对我说吧，即使誓言明天就变，
享用我吧，人生如此飘忽无定，
想起我吧，在你感到变老的那一年。
【合唱起——《玻璃女人》：
你是不同的，唯一的，柔软的，干净的，天空一样的，
你是我温暖的手套，冰冷的啤酒，
带着阳光味道的衬衫，日复一日的梦想。
你是纯洁的，天真的，玻璃一样的，
你是纯洁的，天真的，什么也污染不了，
你是纯洁的，天真的，什么也改变不了，
阳光穿过你，却改变了自己的方向。

我的爱人，我的爱人，我的爱人，我的爱人…………

（孟京辉编：《先锋戏剧档案》，作家出版社2000年版。）

赏析

《恋爱的犀牛》是廖一梅创作于1999年的一部剧本，是中国先锋戏剧的代表作之一。该剧描述了一个叫马路的男人的爱情故事。马路是犀牛饲养员，他不可自拔地爱上了一个叫明明的女人，他为明明做了所能做的一切，但明明却爱着另一个男人。本文选自《恋爱的犀牛》最后一场，是全剧的高潮和收尾部分。马路绑架了明明，并把心爱的犀牛图拉杀了，他要把图拉的心和血还有自己献给明明，以此来宣告自己对明明的爱。

《恋爱的犀牛》采用了象征和隐喻的手法来探讨爱情与理想的主题，对当代社会现实进行批判。犀牛的视力很差，用来隐喻恋爱中盲目的马路。马路的爱情偏执疯狂又纯粹真挚，在现代人都讲求实际变通、懂得明智选择的今天，他是一个异类，就像是人群中的一只犀牛一样。《恋爱的犀牛》通过马路展示了一种坚持、一种勇气、一种力量，充满理想主义色彩，马路对爱情永不放弃的追求给予当代现实生活以残酷的表现和诗意的升华。

《恋爱的犀牛》在严肃地探讨爱情与理想的同时，也突出了孟京辉导演的先锋戏剧所具

有的"孟氏幽默"。剧中运用戏仿手法模拟商品推销行为，将广告宣传语与人物台词拼贴。还设计了马路去上恋爱培训班，按照恋爱训练教科书上的理论向明明示爱的情节。通过幽默讽刺的情节，批判当代商业社会的浮躁、虚假和荒诞。

《恋爱的犀牛》的表演形式将音乐与戏剧有机结合，全剧将歌曲的演唱与人物的对白进行穿插。选文中的表演形式就有人物的独唱、合唱、人物的独白、人物的对比，通过多样化的表演形式来表现人物情绪。歌词文字诗化，音乐从而起到了很好的感染和宣泄作用，强化了作品的戏剧效果。而人物之间的对白短小、口语化、生活化，信息量有限，矛盾冲突一目了然。

全剧的台词犀利又残酷地描述了爱情，抒情意味浓厚，像诗歌一般优美无比、情感充沛、意蕴深厚。它以先锋戏剧的形式对现代人的情感现状和生存状态进行反思，抒写马路对明明的理想一般的纯粹爱情，将一切世俗的、物质的、功利的因素从人的感情中剥离出来。这既是对当代社会物质化、商品化的情感的嘲讽，也表达了"上天会厚待那些勇敢的，坚强的，多情的人"的期许。

第三节　拓展阅读

《戏剧》(第四章节选)·罗伯特·科恩

罗伯特·科恩，美国著名的戏剧作家、导演和评论家。他的专著《戏剧》是美国当代最具权威和最受欢迎的大学戏剧教材和戏剧知识读本。《戏剧》一书立足于作者丰富的戏剧实践活动，介绍了包括剧场建筑、剧本、剧作家、演员、导演、舞美设计在内的有关戏剧艺术的方方面面的知识，而且还深入浅出地描述了东西方戏剧发展的历史。其中第四章《剧作家》主要从作家角度阐述戏剧创作的基本要点，并介绍了美国当代著名剧作家。本节选取其中有关剧本创作的内容，以便于让大家了解一个好的剧本应该具备哪些特征。

一部好的剧本就像任何一种艺术形式，虽然构成它的各种特征可以分开来单独讨论，但是这些特征只有在结合中、在互动中、在不被切割或单独权衡的条件下才具有意义。

可信并引人入胜

说一部戏必须可信绝对不是说这部戏必须逼真。事实已经证明，幻想、仪式、荒诞是永远流行的戏剧模式。对可信性的要求是观众强加的，它与戏剧内在的一致性有关：行动必须合乎逻辑地在人物、场面和剧作家提供的戏剧情境之间流动。换句话说，可信性对观众而言就是要求第一幕发生的事件应该使发生在第二幕的事件合情合理。

比如，可信性要求剧中人物看起来是在根据他们个人的兴趣、本能和意图在行动，而不仅仅是为了剧情的发展或戏剧效果充当傀儡和传声筒。可信性意味着角色必须和他们自身保持着内在的一致性：他们的思想、感受、希望、恐惧和计划必须看起来是人类需求的自然流露，而不仅仅出于戏剧的需要。可信性不仅仅是戏剧主题的自动运行，它还要求剧中人物看起来和人类自身一样思考和行动，即使是在某些看起来根本不可能的情形中也同样如此。可信性在本质上是作者和观众签订的一个契约。根据这个契约，观众同意把角色当作“真人”来看，相信眼前发生的一切是真实的，但前提是作者也必须答应不能为了实现其他的目的而动摇这种信念。

不可否认，詹姆斯·巴里(James Barrie)的名作《彼得·潘》(*Peter Pan*)虽然有点异想天开，但是作品创造的所有角色却完完全全和虚构的情形非常吻合，而且在其成长的经历的语境中，这些角色与自身的行动完全是一致的。他们所有的雄心壮志，甚至那些狗的雄心壮志都与人一模一样。他们的迫切要求是如此地令人深信不疑，以至于当婷克贝尔从戏里跳出来，要求观众证明他们确实相信戏中的小仙女时，观众们总会不由自主地拍手表示赞同。在那一刻，戏剧的世界比观众的世界更可信、更“真实”。这说明了戏剧的可信性的力量，也说明了戏剧的可信性的必要性。

引人入胜就是一部剧作中引起我们好奇，想知道“下一步将发生什么”的特质。纯粹的情节上的引人入胜是戏剧创作最重要的手法之一，我们有时也将它称作“悬念”，顾名思义就是让我们的心悬挂在半空中。所有的戏剧作品都可以以一个巧妙的情节构思为基础，这种构思往往让观众处于一种持续的期待和好奇之中。但是情节只是戏剧作品中能够支撑这种悬念的因素之一。大多数追求深刻道理的作品不但在人物上，还在主题上大做悬念的文章，而不仅仅图一时之惊险刺激和滑稽可笑。事实上，大多数优秀的作品与其说是要求我们询问“将发生什么？”毋宁说是要求我们质询“这是什么意思？”换句话说，伟大的作品不仅促使我们关心人物本身，同时还邀请我们探寻人类生存状态的秘密。

让我们看看来自大卫·马麦特的作品《拜金一族》(*Glengarry Glen Ross*)中的一段对话。对话中，一位对现状很不满的房地产推销商正在给他的一位同事出主意，建议他们一块儿去抢劫他们公司决策者的办公室，偷一些客户的名单出来，然后再把这些名单卖给公司的对手。

莫斯　我想跟你说点事儿。

阿罗瑙　什么事儿？

莫斯　我想跟你说一个人应该做点什么。

阿罗瑙　什么？

莫斯　应该有人站起来还手。

阿罗瑙　你什么意思？

莫斯　有人……

阿罗瑙　嗯……？

莫斯　应该对他们干点啥。

阿罗瑙　啥？

莫斯　一点儿事。还他们一手。（停顿）有人，有人应该让他们感到痛。马里和米奇他们。

阿罗瑙　应该有人让他们痛。

莫斯　对。

阿罗瑙　（停顿）咋弄？

莫斯　咋弄？做点儿让他们痛的事。在他们那儿。

阿罗瑙　什么？（停顿）

莫斯　应该有人抢办公室。

阿罗瑙　哼！

莫斯　这就是我正说着的事儿。如果我们是那样的家伙，我们去把那个屋子掀翻，把东西都毁掉，看起来就会像一场抢劫，然后从文件夹里拿出那些该死的名单……（停顿）

阿罗瑙　你是真在谈这事儿，还是我们只是……

莫斯　不，我们只是……

阿罗瑙　我们只是"谈谈"而已。

莫斯　我们只是说说而已。（停顿）只是一个念头。

阿罗瑙　一个念头。

莫斯　对。

阿罗瑙　事实上，我们并不是在谈论念头。

莫斯　不是。

阿罗瑙　谈论的是一次……

莫斯　没有。

阿罗瑙　是一次"抢劫"。

莫斯　一次"抢劫"？不是。

阿罗瑙　算了。嗯……

这个场面的基本行动在对话中两三句话就可以讲明白。但是既然是在策划一个阴谋，两个角色在考虑接下去该说什么的时候，彼此都必须非常谨慎，每说一句话都得字斟句酌，因为对方随时都有可能把自己给出卖了。32 句台词里的每一句都把整个阴谋向前推进一步。虽然是很小的一步，但是却是非常准确的一步。

不但可信性很高,而且整个悬念也变得越来越紧张。

悬念把我们带进戏剧的世界,可信性让我们在那里驻足欣赏。在最优秀的作品中,二者势均力敌,相得益彰:悬念要求出乎意料,可信性却要求始终如一。二者一旦结合就会产生一种“可信的惊奇”,这是戏剧的最根本状态。仅有可信性不足以让一部戏剧作品有趣,只有相当水准的悬念才能够使一部可信的作品妙趣横生。为了既使我们觉得出乎意料,但又使我们感到合乎情理,剧作家必须将二者结合起来。

可说性、可演性、流畅性

戏剧对白虽然写在纸上,但是它必须被演员说出来,并且被导演搬上舞台。因此剧作家的目标是创作出易于表演且能搬上舞台,行云流水之中能产生强大影响力的戏剧对白。

一个初学戏剧创作的人最常犯的错误是写的台词念起来不朗朗上口。即使他是一名颇有成就的小说家或诗人,这样的错误也在所难免。对白念起来上口并不等于它必须和日常语言一模一样。没人会想象人们在生活中说话的样子和埃斯库罗斯、莎士比亚、萧伯纳,或者当代剧作家哈罗德·品特、爱德华·阿尔比作品中人物说话的样子一个模样。在戏剧史上,大多数杰出的戏剧作品都有非常个性化的语言。逼真本身并不是一部戏剧作品的优点,缺乏它也不成其为缺点。

准确地说,台词的可说性指的是剧作家创作的台词一经演员说出口便能产生强大的震撼力。为了实现这一点,剧作家的创作必须尽可能地与听觉效果协调一致:声音的节奏韵律能帮助实现轻重缓急。摇篮曲般轻柔的声音、快速急切的妙语、低沉的悲叹、闪光的警句、致命的诅咒、重要的停顿、撩人心弦的窃窃私语都是对白创作中常常使用的手段。戏剧大师们正是通过这些手段赋予作品听觉效果。让我们看看在萧伯纳的《芭芭拉少校》(*Major Barbara*)一剧中,安德鲁·盎德夏福特是怎么责骂他那自命不凡的儿子斯蒂芬的。下面这段话紧接着斯蒂芬刚刚说完他知道“是与非的差别”之后。

盎德夏福特你不要这样说。瞧你都说了些什么!对经商一无所知,对法律一窍不通,对艺术缺乏同情心,对哲学没有主张;却对那些让所有的哲学家伤透脑筋、让所有的律师迷惑不解、让所有的生意人不知所措、让大多艺术家毁灭崩溃的秘密略知一二:对与错的秘密。哟,年轻人,你是天才,天才的天才,简直就是上帝。而且,在24岁的时候。

正如前面大卫·马麦特的剧中对白,没有人会把这样的话称为“日常语言”。但是这段话说起来却极其上口。唇枪舌剑般的挖苦讽刺产生一股令人不寒而栗的力量。话音落地,斯蒂芬顿时哑口无言。如果这段话再出自一位名演员之口,一定会让全场观众听得目瞪口呆。

语言上口同时还要求说出的话听起来的确是出自说话人之口。无论句法、词汇还是表达方式都应该体现人物的背景和个性特征。台词不仅仅表达作者的观点，它还是演员塑造角色、全体表演者演绎作品风格的基础。因此，戏剧对白的创作不仅要求创作者掌握语义表达的技巧，同时还要求创作者时刻意识到潜藏在人类交流之中的目的、策略及语言中多重的心理和审美特征。

可演性当然要求创作的戏剧对白能够在舞台上表演得铿锵有力。除此之外，它还要求对白的创作必须和某个特定戏剧场面融为一体。在这个场面中，舞台布景、身体行动和对白浑然一体。一个能够搬上舞台的剧本是这样一种剧本：导演调度、舞台动作、舞台设计和表演的要求既不是对白的装饰品也不是剧作家观点的糖衣，而是作品本质的固有属性。

对白朗朗上口，剧本适合上演，这二者都因人类的局限而定，演员、导演和观众的局限都是需要考虑的因素。比如，所谓的对白朗朗上口，一定要考虑到演员在说话时必须呼吸换气，同时还要考虑到观众每次从一句台词中能听懂的隐喻数量是有限的。可演性必须还将重力和惯性的因素考虑在内，这两点是小说家和诗人可以忽视的。剧作家没有必要简单地屈从于普通标准，所有伟大的剧作家都想方设法突破演员和观众的极限。但是在创作的时候还是必须记住，戏剧艺术毕竟是人的活动，既然如此，它就不可能超越人的局限。

无论是非线性的作品还是结构更加直接明了的作品，能够上口、可以表演的剧本应该如行云流水，而不是磕磕绊绊。流畅性要求信息连贯流畅，一部流畅的作品应该连续不断地说某件事，做某件事，向观众讲明某件事。为了实现这个目的，剧作家在创作时应该尽早解决诸如布景转换、上场、下场和幕间休息等技术问题。而且在起草场景时，剧作家心里应该清楚，即使那是一部最扎实的作品，不必要的等待、沉闷的说明(不管对情节来讲是多么必要)和晦涩难懂的情节发展也只会让观众敬而远之。

丰富性

我们常用深刻、细腻、精致、鲜明、完整和必然这样的字眼来描述我们喜爱的作品。这都是一些非常主观的术语，用起来很容易，界定起来却很困难。因为，当一部作品产生魔力，让我们着迷时，这种愉悦和激动是难以言表的。让我们满意的作品有很多特征，而丰富性就是其中之一，不仅有丰富的细节，更有丰富的层次。

一部有丰富细节的作品并不一定充满许多细节描写，关键是每一个细节都能够增加我们对作品的认识。去看戏在某种程度上就像是对剧作家创造的那个世界身临其境。这个世界创造得越是栩栩如生，作品产生的震撼力就越强大。在玛格丽特·埃德森(Margaret Edson)的作品《风趣》(*Wit*)一剧中，维维安，一个身患绝症的英文教授在医院病床上向观众发表演说，这个场面就是一个很好的例子。演说充满学者气，词汇中不时还夹杂着医学术语。普通的观众几乎不明白她在说什么，但是，当我们把这个场面放在一个知识分子女性向绝症斗争这样一个背景里时，埃德森的语言勾勒了一幅震撼人心且深情详尽的画面。

维维安我并不想抱怨，但是我真的病得很重。非常，非常严重。跟病入膏肓差不了多少。我曾经做的每件事中我都非常坚定……坚决。有的人甚至会说坚定过头了。现在，你们看见了，我生病也与众不同。

女士们，先生们，我已经做完了八个六甲铵美索磷酸(Hexamethophos-phacil)和高价铂(Vinplatin)的全部疗程。我已经打破纪录了。在某种意义上我已经成了一个名流。克里肯和杰森(她的主治医生)很高兴。毫无疑问他们一定会拿我做文章，我想他们已经预见到了，一旦关于我的文章出现在杂志上，将会给他们带来什么名誉和地位。

但是我在自我恭维。文章不会与我有关，而是与我的卵巢、我的腹膜腔有关。虽然他们已经尽力而为，但是癌细胞正在爬满我的腹膜腔。其实他们已经把我只是看作一个标本盒，只是一本书的封壳，只是一张布满了小黑点的白纸。

维维安毫无顾忌地使用了七个音节的词语，当场推敲修改自己使用的词汇从“病得很重”，到“非常，非常严重”，再到“病入膏肓”，从“坚定”到“坚决”；使用了“女士们，先生们”这样在公共场合演讲的文体；使用了“我已经……我已经……我已经……”；“只是……只是……只是……”这样的平行结构，以及“白纸……小黑点”这样的对比结构。这一切都告诉了我们大量关于她的个性，她的病是如何与众不同的信息。丰富的语言细节赋予作品毋庸置疑的权威。它围绕着作品的人物勾画出人物生存的文化背景，就如一座城市围绕着家园，为家园提供它们存在的文化空间一样。丰富的语言细节使作品独一无二：特定的人在特定的地方做特定的事。看(或是阅读)一部用丰富的语言材料制作的戏剧作品就好比是到另外一个世界去作一次旅行，这是一趟任何一个旅行社都不可能预定的冒险之旅。

在戏剧创作的过程中，实现丰富性并不是一件容易的事。它要求作者能眼观六路，耳听八方，不仅需要作者具有仔细观察的天赋、无拘无束的想象力，同时还要求作者机智敏锐，知道如何取舍。如果一个人能够回忆起个人经历的每个细节，能够魔法般地幻想出令人信服的情境、人物、地点和对话，并且能够意识到细微差别并及时作出反应，那么他也许可以把这些才能运用到剧本的创作中去。

人物塑造的深度

人物塑造具有深度也许是编剧新手遇到的最大障碍。通常他们不是用同样一个声音(通常是作者自己的声音)来描写所有的人物，就是把所有的人物分成两大阵营：好人和坏人。但是要捕捉到真实人物身上的深刻性、复杂性和独特性绝非易事，哪怕这些人物看起来普普通通。

人物塑造具有深度要求每个人物都有独立的意图、表达方式和动机。根据我们的心理和行为常识，这些特征看起来必须合情合理。戏如人生，作品中所有人物的一言一行必须受内心动机的驱使。即使这些动机在观看者或者受到感动的人看来不合乎情理，但是对人物本身而言却是再合理不过的。

此外，不管别人怎么想，剧作家自己心里应该清楚每个人物对其自身而言是一个非常重要、有价值的人。因此，即使是十恶不赦的恶棍，比如莎士比亚剧中的理查三世、克劳狄斯和伊阿古，在观众眼里他们还是必须对自己深信不疑，而且相信自己的所作所为也是绝对"正确"的。即使我们从来不曾完全理解他们最深层的动机（就好像我们从来不能完全明白希特勒之流的动机一样），但是我们应该能感觉到在任何一个人物行为的深处都有一个有根据的目的，不管我们最终发现这个目的是多么扭曲、多么邪恶。

现实主义戏剧，比如在契诃夫、威廉斯、密勒以及其他的现实主义剧作家的作品里，人物的心理维度占据统治地位。以田纳西·威廉斯的作品《热铁皮屋顶上的猫》中大妈妈的一段话为例。

大妈妈（对她的女婿古朴尔的行为义愤填膺，女婿正准备给她一份书面的托管计划，这个计划将把对大爸爸的不动产的控制权交给他和他妻子）你们给我听着，所有的人都给我好好听着。在我的屋子里不要给我耍阴谋诡计。你，古朴尔，在我没有把那个东西从你手里抢过来撕碎之前你最好把它给我拿远点儿。我不知道上面写的是什么该死的东西，我也不想知道。我是在用大爸爸的方式说话。我是他的老婆，不是他的寡妇，我现在还是他的老婆！我是在用他的方式跟你们说话——

通过使用挑衅性动词、土话、重复句、别有用意的形容词、脏话，以及对个别词的着重强调，威廉斯非常形象地刻画了大妈妈的愤怒。但是通过让她承认用她丈夫词汇的方式，他已经暗中破坏了她的愤怒。当她说她不是大爸爸的寡妇时，她的语言已经暗示了她知道，虽然只是在潜意识里，这种情形已为时不远。

在很多剧作中很多现代剧作家甚至已经把心理疗法当作了戏剧构思的一部分。在威廉斯的作品《去年夏天》（*Suddenly Last Summer*）、密勒的《堕落之后》、彼得·谢弗的《马》，以及 1941 年的美国音乐剧《黑暗中的女士》（*Lady in the Dark*）中已经出现了心理分析医师的角色。每部作品中都刻画了一个主要从事心理治疗和谈论自己工作的人物。当然现代观众的复杂心理已经给剧作家提供了更多探索和表现人物心理的机会。它已经使"个案研究类"戏剧成为当今戏剧一个主要的流派。

严肃性和相关性

严肃性和相关性是两个关于作品主题的重要性的术语，它们与观众关注的问题有关。一个作品具有严肃性指的是它的中心主题在人类的精神、道德和心智生活中具有严肃、持久的意义。最伟大的戏剧作品，无论是喜剧还是悲剧，总是和人类的困境息息相关：那些普遍的问题，一些我们一直想进一步弄明白的问题，比如衰老、不和谐、爱情、缺乏安全感、抱负、失落。但是，严肃性并不是阴郁，严肃性要求面对生存的最根本的任务。如果观众真正理解并认同了一部剧作的内涵，哪怕是最阴暗的悲剧也会绽放出力量和光明。以奥古斯特・威尔逊的《乔・特纳来了又走了》(*Joe Turner's Come and Gone*)一剧中柏奴姆的演说为例。柏奴姆是威尔逊称作魔术师的那类人。一个比他年轻的男人杰勒米称赞了一个女人，说她知道“如何伺候一位爷们”。柏奴姆责骂他的肤浅：

你不能那样看，你应该看得远一点。现在，你带个家伙到那儿去，抓住一个女人。他觉得他占有了什么，因为她摸起来又甜又软。这种感觉和抚摸世上其他的东西一样。抚摸是件好事，抚摸的感觉很好。可你也可以把你的手放在一匹马或一只猫身上，感觉同样不错。有什么不同吗？当你抓住一个女人，你手里抓住的是什么？你手里抓住了整个世界。那女人能让你觉得你是个人物。我不光是说两个人一起跳上床然后滚成一堆。谁都可以干那种事。你抓住那个女人，再看看整个世界，你看见了你抓住的是什么……为什么她能够让你觉得你是个玩意儿。你老妈也是个女人。够了吧？现在你知道什么是女人，你知道女人能做些什么。女人能把你弄成个玩意儿。

用非常简单的语言(你可以把这段话和前边《风趣》一剧中维维安说的那段话作些比较)，威尔逊笔下的柏奴姆探索了一个深刻的话题——男人和女人之间最意味深长的关系。如果表演得当，话中的含意一定会在我们离开剧院之后很长一段时间还在我们脑海里回响。

相关性指戏剧作品涉及观众目前关注的问题。它既可能是此时此刻发生的问题，也可能是人们普遍关心的问题。关注当前政治局势和重要人物的作品无疑是相关的，但是它们会很快过时。而关注既具有时效性又具有普遍性的问题的作品方拥有持久的相关性，密勒的《萨勒姆的女巫》(*The Crucible*)就是这样一部作品。该作品不仅探讨了1692年萨勒姆的女巫审讯问题，而且还与1950年代的麦卡锡审讯有关，同时还探讨了任何时代都会发生腐败调查的问题。最伟大的作品不仅和某一时刻有关，而且可以成为所有时代的原型。

集中、洗练和强烈

集中、洗练和强烈也是好作品的重要特征。集中指的是剧作家能够把在时间上跨度很多天，甚至很多年的故事限制在一个剧场的时间框架之内。为了实现这一点，作家需要对人物、事件、地点、语言进行删减或合并，这就是洗练。与其他的文学或视觉艺术不一样，戏剧发生在一个公共的舞台上，它在一个预先决定的地点展开。而对于其他文学作品或视觉艺术，观赏者可以一个人从容欣赏。

许多创作新手试图用一种最明显的方式把一个故事改编成一个剧本：把故事里的每一个事件都写成单独的一场戏。这根本行不通。为了将作品搬上舞台，剧作家必须对大部分故事进行重新构造。为了使表演逼真，剧作家通常对整个故事进行加工从而让所有的事件能够发生在一个地点，或者是两个地点。幕间有一个休息的时间用来更换舞台布景。和整个故事息息相关却又不能在既定的地点进行表演的事件可以涌付间接转述的方式进行。比如在萧伯纳的《不适当的联姻》(*Misalliance*)中飞机失事的事件就是通过舞台上人物的表情和反应间接表现的。今天更常用的方法是采用剧场技术，让不同的布景融为一体，这样可以使发生在不同地点的事件在同一个舞台上演出，而表演并不会因为更换舞台布景而出现中断。同样，洗练和紧缩通常要求人物最好删减、合并，开端的说明性段落必须减少到几行字之内。

洗练和紧缩既产生经济效益，也产生审美效果。很显然，当布景变换和人物的数量都控制到最少时，制作的成本也同样减到最低。除此之外，创作中做到洗练和紧缩还能激发兴趣和聚焦观众的期待。一个写得紧凑的作品给我们这样的感觉，我们正在审判某个很重要的事件，而我们的猎物就在下一个拐弯处。因而，洗练和紧缩实际上产生了强烈感，它是戏剧最重要的特征之一。

戏剧的强烈感体现在很多形式上。它可以是严峻的、腐蚀性的、爆炸性的；它可以是明目张胆的形体上的，也可以是毫不掩饰的平静；它可以是沉思的、柔和的或喜剧性的。但是强烈感一旦发生，无论是在何种状态、何种情境，它都会向观众传达一种难以磨灭的感受：发生在剧院里的这一时刻是独一无二的，作品的寓意是深刻的。很显然，强烈感的发生不是一个快乐的偶然，它也不会因为剧作家一时兴起而萌发。它必须这样诞生：通过对问题的精心安排，人物的目的、意图变得越来越急迫；通过主要行动和情节之间的相互作用，人物和他们的冲突达到某种高潮。一个戏剧作品是以螺旋运动的方式接近它的核心。这就意味着当它旋转向前到高潮和结尾时必须进一步紧缩，它的基调必须进一步加强。离题太多会让一个剧本偏离这个路线，导致剧本结构不清，目的不明。

赞　美

最后，一个好的作品不仅仅是描写、分析或批评生活，好的剧作是赞美生活。

最早的戏剧起源于节日的庆典,虽然受到众神喜怒无常的困扰,戏剧在根本上还是欢乐的庆典。即使最阴郁的古希腊悲剧都想方设法超越生存中比较消极的一面而歌颂人类的精神。整个古希腊戏剧都洋溢着酒神节的积极肯定的成分:春天、丰收、众人的欢快和团结精神。

戏剧如果偏离这个起源太远肯定不会取得成功。无论评论家还是公众都不会满意一个纯粹说教的作品,而仅仅对平凡生活进行冷酷无情的描写也不会对艺术形式做出多少贡献。虽然剧场性 theatrical 一词常有“炫耀”“卖弄”的意思,但是这个词更好的意蕴就是戏剧的根本宗旨:扩展我们熟悉的经历,启迪生活,把生存提高到艺术的高度——戏剧艺术的高度。

这种赞美很容易被滥用。那些仅仅为了“升华”而一味依赖大团圆结局的作品,那些仅仅描写某种高尚情感的作品,那些用一种自以为是的“崇高”语调进行创作的作品不是在真正地赞美生活,而是在粉饰生活。最真实动人的作品总是诞生于个人对生活充满激情的想象,而且执著地表达着生命的奋斗和光辉。因为戏剧从根本上讲是一种肯定。写作、演出和观看戏剧都是肯定的行动:证明和人一起分享和交流的愿望,赞美人类的存在、参与和共享。纯粹痛苦的作品,无论它们在历史或经验中存在的理由是多么充分,但是作为戏剧,它们并不完整,并不令人满意。戏剧不是虚无主义的表达手段。即使是最悲凉的现代戏剧也散发出固执的希望之光,甚至还有喜悦,就像塞缪尔·贝克特笔下的那两个老头,一心一意在一棵凄凉、光秃秃的树下唱着、说着、演着,等待着戈多。

(罗伯特·科恩著:《戏剧》简明本第六版,费春放主译,上海书店出版社2006年版。)

思考与练习

1. 谈谈“三一律”的含义和价值。
2. 谈谈莎士比亚戏剧创作的特点与成就。
3. 谈谈莫里哀喜剧的思想价值。
4. 谈谈中国先锋戏剧和西方戏剧的关系。

本章推荐书目

1. 吉姆·帕特森:《戏剧的快乐》,张征、王喆译,人民邮电出版社2014年版。

2. 谭霈生:《戏剧鉴赏》,高等教育出版社2004年版。

3. 布罗凯特:《世界戏剧艺术欣赏——世界戏剧史》,胡耀恒译,中国戏剧出版社1987年版。

4. 廖一梅:《悲观主义三部曲》(套装共3册,《柔软》《恋爱的犀牛》《琥珀》),湖南文艺出版社2017年版。

第三编

汉语应用

第十五章　普通话与方言

大学生来自全国各地，基本上不同程度地都会讲自己家乡的方言，那么，我们了解汉语方言的基本知识吗？在大学的集体生活中，为什么普通话又成为我们主要的交际工具？在本章，我们主要学习普通话作为全国推广的汉族共同语，它的重要地位是如何确立的，历史上的共同语有怎样的发展，普通话的基本知识有哪些，推广普通话的重要意义是什么。首先，汉语方言作为独特的历史和文化现象无时无刻不在影响我们的生活，它表现力强，资源丰富，因此，我们有必要了解现代汉语方言的概况、特征及分布等内容。其次，方言作为地域文化的重要载体和表现形式，有着丰厚的文化底蕴，目前，随着资讯和交通的发达、人口流动和社会交流的增加，方言在变化，也在弱化着，随之而来的方言保护工作也需要得到我们更多的关注。

第一节　普　通　话

一、共同语的历史

中国历史悠久、幅员广大，自古就有共同语，它往往由强势文化中的强势方言做代表。中华文化的中心自古就在北方，共同语也历来是北方汉语。

（一）先秦：雅言（周洛方言）

西周时期，官方语言以周天子所在地为准，周朝的统治者和各地诸侯所共用之语言称为周音，也称雅言。《论语·述而第七》中有云："子所雅言，诗、书、执礼，皆雅言也。"这里所说的"雅言"（共同语），就是西周王畿宗周镐京与成周洛邑一带的方言。同时，姬姓之国所说的雅言扩展到北方受封各国。齐、鲁等国也是周代姬姓、姜姓两大集团的分封国，上层语言也是"雅言"，因此孔子能说雅言。

（二）战国以后：秦晋方言

秦汉时期以首都长安为中心的秦晋方言是重要的基础方言，西汉扬雄的著作《方言》中，秦晋方言材料最多，解释也最细。但是《方言》中另有"通语""凡语"之名，就是周洛方言（雅言），这说明当时秦晋方言与周洛方言有所不同。

（三）汉魏六朝：洛阳音

东汉至魏晋间，汉语语音发生了一系列重大变化，这是因为共同语的标准音发生了转移。自秦汉以来，中国北方一直有两种权威方言，一是西部的秦晋方言，二是东部的河洛方言。秦晋方言一直对山西及西北地区发挥权威影响,河洛方言则是后世中原一带通语的主要来源。东汉后匈奴、鲜卑等少数民族入居融合,南匈奴内迁到山西北部和中部,东汉以后的标准语逐渐过渡到东部的河洛方言(洛阳音)。从此洛阳方言成为最具影响力的方言,六朝时的通语,其直接源头之一就是洛阳话。直到晚唐,洛阳仍被认为居天地之中,禀气特正,语音最纯。

(四)晋代:中原雅音南移

西晋后,北方游牧民族南下,他们逐渐开始和汉族交流生活,因此他们的口音也渐渐影响到了中国北方地区,比如西晋后的洛阳话和晋代前的洛阳话已经有很大差别。而建康话是南迁的晋王室的语言和当地语言(主要是当时的吴语)融合形成的。相对而言,建康话的变化比较小,汉族知识分子主流上以南方的建康话为正统。

(五)唐宋时期:从关中方言到汴洛方言

中唐以前汉语共同语的标准音仍是洛阳音。中唐以后汉语语音发生了一系列变化,这些音变都与标准音的转变有关,而且大都是从以长安为中心的唐五代西北方音开始,逐渐推向其他地区的。

北宋时汴洛方言成为中原正音,此后的各种官话方言以及南方方言都受其影响,但以关中长安为中心的秦晋方言仍然对西北地区发生权威性影响,并成为西夏等国学习的汉语官话方言。自唐以来,许多重要的文献和经典都是用这种方言翻译和对音的。

南宋迁都临安(杭州),但标准音仍是汴洛方言,这种共同语对江南吴语影响极大。南宋陆游在《老学庵笔记》中说:"中原惟洛阳得天地之中,语音最正。"

(六)元代:中原雅音

元代共同语标准音的具体方言,尽管仍然有些问题没有弄清楚,但基本可以确定的是元代共同语是中原雅音,与汴洛方言关系密切。

(七)明清官话:从南京音到北京音

明初定都南京,明成祖时迁都北京,明代至清中叶,共同语的标准音是南京音,有五个声调,实际上它仍与中原的河洛方言关系密切,是明清官话(共同语)的南支。

清中叶后,满人入关带来的东北话逐渐成为标准音,这就是后来的北京音,它也是在宋元中原雅音基础上形成的,属于明清官话的北支。从统计资料来看,清代来京入户的外地人不少,但来自东北的八旗人所占比例最大,满语及汉语东北方言与北京口语的关系最近。

关于历史上共同语的来历,牵扯的问题比较多,有些问题是逐渐认识清楚的,有些问题还在认识当中,学术界还有争论。无可争议的是,北方汉语自古至今都是汉语共同语的基础方言,后经过长期演变,吸纳了汉语方言和少数民族语言中的优秀成分,已经成为中华民族的共同遗产,成为中华民族凝聚力的重要组成部分。

二、普通话的来历

普通话是"以北京语音为标准音,以北方话为基础方言,以典范的现代白话文著作为语法规范"的现代汉民族共同语。这是在1955年的全国文字改革会议和现代汉语规范问题学术会议上确定的，普通话作为我们汉民族共同语的地位是历史形成的。

清朝时满族人进京以后把原驻民赶到了外城，旗人住内城。因此东北旗人话和北京老话合起来形成现在的北京话。清中期，随着对汉臣的倚重，且为提高办公效率，清宫上朝一律改用北京话，满语仍是“国语”，但不再充当官话。因此，对全国官话标准来说，北京话的地位是到清中后期才提高的。公元 1909 年，清政府设立了“国语编审委员会”，将当时通用的官话正式命名为“国语”。这是汉语首次得到清代官方命名。“五四”以来掀起的白话文运动、大众语运动和“国语”运动，使北京语音的地位最终得到确立并巩固下来。1932 年 5 月，中华民国教育部正式公布并出版《国音常用字汇》，为确立“国语”的标准提供了范本，成为现代汉语标准第一个系统——“国语”系统。

1949 年新中国建立，中国走上全新的阶段，为了发展新中国的文化教育，推广民族共同语是非常必要的。1955 年全国文字改革会议、现代汉语规范问题学术会议时确定下了“普通话”的汉族共同语的地位。

“普通话”一词，是朱文熊于 1906 年首次提出的，后来瞿秋白等也曾提出“普通话”的说法，并与茅盾就普通话的实际所指展开争论。在 20 世纪 50 年代，要推广民族共同语，历史上曾经有好几个不同的名称，我们叫什么呢？我们是一个统一的多民族国家，各民族的语言文字一律平等，而民国时期的“国语”实际是汉民族的共同语，而不是其他少数民族的共同语。为了突出我们是一个多民族的大家庭，为了突出我们各民族语言文字的平等，所以经过深入研究，没有采取“国语”这个叫法。如果叫“国语”的话，担心会被误解为把汉语凌驾于国内其他民族之上，经过研究最后决定叫普通话。

1955 年 10 月 26 日，《人民日报》发表题为《为促进汉字改革、推广普通话、实现汉语规范化而努力》的社论，文中提到：“汉民族共同语，就是以北方话为基础方言、以北京语音为标准音的普通话。”1956 年 2 月 6 日，国务院发出关于推广普通话的指示，把普通话的定义增补为“以北京语音为标准音，以北方话为基础方言，以典范的现代白话文著作为语法规范的现代汉民族共同语。”这个定义从语音、词汇、语法三个方面明确规定了普通话的标准，使得普通话的定义更为科学、更为周密了。其中，“普通话”三字的涵义是“普遍”和“共通”的意思。“普通话”一词开始以明确的内涵被广泛应用。普通话的语法以鲁迅、茅盾、冰心、叶圣陶等人的著名现代白话作品为规范，并且还必须是这些现代白话文中的“一般的用例”。目前，普通话以《现代汉语规范词典》为准。

三、《汉语拼音方案》和普通话基本知识

《汉语拼音方案》是一套标记汉语普通话语音系统的法定方案。1955—1957 年由中国文字改革委员会“汉语拼音方案委员会”研究制订，1958 年 2 月 11 日第一届全国人民代表大会第五次会议批准。

《汉语拼音方案》包括 5 个部分：字母表、声母表、韵母表、声调符号和隔音符号。以上具体内容被各种汉语字、词典作为附录收入。

由于《汉语拼音方案》具有字母国际通用、表音准确的特点，不仅在我国为推广汉民

族共同语发挥了巨大的作用,同时,也得到国际社会的承认,1982 年国际标准化组织承认其为拼写汉语的国际标准。可以说《汉语拼音方案》是我国现行汉语拼音教学的唯一范本。

(一) 普通话的音节和拼音

音节是指整个拼音(包括声母、韵母和标调符号)。音节是听觉能感受到的最自然的语音单位,由一个或几个音素按一定规律组合而成。一般地,一个音节就是一个汉字的字音(普通话的儿化韵除外)。普通话常用基本无调音节为 400 个,有调音节(不包括轻声)为 1300 多个。

普通话声母 21 个(还有零声母),韵母 39 个,声调 4 个。普通话韵母比较复杂。韵母可以分成韵头(介音)、韵腹(主要元音)、韵尾三部分。每个韵母一定有韵腹,韵头和韵尾则可有可无。

普通话声韵配合的主要规律:开口呼韵母除了不与舌面音 j、q、x 相拼外,能与其他各类声母相拼。齐齿呼韵母不与唇齿音、舌根音、舌尖前音、舌尖后音相拼。合口呼韵母不与舌面音 j、q、x 相拼,可以与其他各类声母相拼,但与双唇音和唇齿音相拼时,只限于单韵母 u。撮口呼韵母只与舌尖中音 n、l 和舌面音 j、q、x 相拼,不与其他各类声母相拼。

声韵调拼合时,先发一个作为声母的辅音,除阻之后,气流不断,紧跟着元音的舌位活动,并使声带颤动,发出响亮的声音,如果是鼻韵母,结尾时的辅音不除阻。在发声、韵母的同时,注意音高的控制,给声韵组合配好声调,形成完整的音节。

完整的音节发音过程可以分为三个阶段,出字(声母、韵头的发音)要准确有力,避免吃字;立字(韵腹的发音)要圆润饱满、坚实稳定,避免倒字;归音(韵尾的发音)要鲜明利落,既要发音到位,又不能拖泥带水,避免丢音。一个音节的发音过程用图形来表示是椭圆形,出字和归音是椭圆的两头。

(二) 普通话声母

1. 声母及其发音特征、类别

声母是汉语一个音节开头的辅音。比如"帮 bāng"中,"b"就是声母。有些音节的开头没有辅音,比如:ōuyuán(欧元)、yuèyè(月夜)这四个音节的开头就没有辅音,这叫作零声母音节。

声母发音时气流在发音器官里受到各种阻碍,因此,声母发音的过程就是气流受阻和克服阻碍的过程。声母的分类就是依据气流受阻的位置(发音部位)和阻碍气流的方式(发音方法)这两大因素。声母的不同发音是由发音部位和发音方法不同决定的。口腔内发音器官如图 15-1 所示。

(1) 发音部位

发音时,气流在发音器官中受到阻碍的位置叫作发音部位。根据气流在口腔中受阻的部位,可将普通话声母分为 7 类:

① 双唇音 b、p、m 由上唇和下唇阻塞气流而形成。

② 唇齿音 f 由上齿和下唇接近阻碍气流而形成。

③ 舌尖前音 z、c、s 由舌尖抵住或接近上齿背阻碍气流而形成。

④ 舌尖中音 d、t、n、l 由舌尖抵住上齿龈阻碍气流而形成。

⑤ 舌尖后音 zh、ch、sh、r 由舌尖抵住或接近硬腭前部阻碍气流而形成。

⑥ 舌面音 j、q、x 由舌面前部贴紧或接近硬腭前部阻碍气流而形成，又叫做“舌面前音”。

⑦ 舌根音 g、k、h 靠近舌根的舌面上升，靠近或顶住软腭（或硬腭和软腭中间）而发出的辅音，又叫作“舌面后音”。

舌尖前音、舌尖中音和舌尖后音，都是舌尖起作用，但不是把舌尖分成前中后三段，而是指同舌尖相对形成阻碍的部位分为前、中、后，即上齿背、齿龈、硬腭前部。舌尖对着上齿背形成的音叫舌尖前音，舌尖对着上齿龈形成的音叫舌尖中音，舌尖对着硬腭前部形成的音叫舌尖后音。

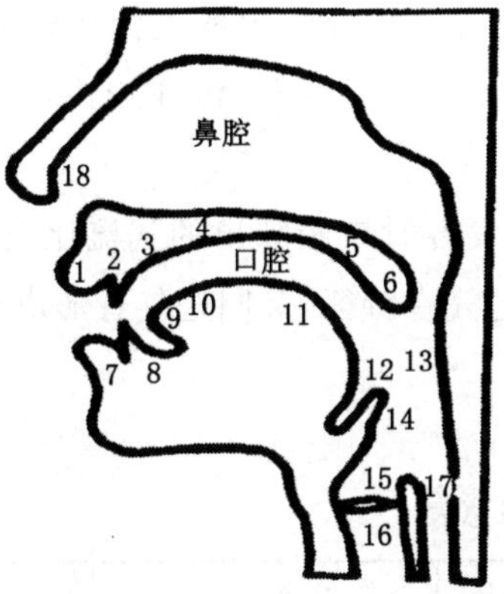

1——上唇；2——上齿；3——齿龈；
4——硬腭；5——软腭；6——小舌；
7——下唇；8——下齿；9——舌尖；
10——舌面；11——舌根；12——咽头；
13——咽壁；14——会厌；15——声带；
16——气管；17——食道；18——鼻孔

图 15-1　发音器官示意图

（2）发音方法

声母的发音方法指的是发音时喉头、口腔和鼻腔节制气流的方式和状况。可以从阻碍的方式、声带是否颤动、气流的强弱等三个方面来观察。

① 按阻碍的方式，可以分为 5 组：

发声母时，阻碍形成的过程一般可以分为三个阶段：成阻——阻碍开始形成；持阻——阻碍持续；除阻——阻碍解除。根据形成阻碍和解除阻碍的方式不同，可以把普通话声母分为塞音、擦音、塞擦音、鼻音、边音五类。

塞音 b、p、d、t、g、k 发音时，发音部位形成闭塞，软腭上升，堵塞鼻腔的通路，气流冲破阻碍，迸裂而出，爆发成声。

擦音 f、h、x、sh、r、s 发音时，发音部位接近，留下窄缝，软腭上升，堵塞鼻腔的通路，气流从窄缝中挤出，摩擦（cā）成声。

塞擦音 j、q、zh、ch、z、c 发音时，发音部位先形成闭塞，软腭上升，堵塞鼻腔的通路，然后气流把阻塞部位冲开一条窄缝，从窄缝中挤出，摩擦成声。先破裂，后摩擦，结合成一个音。就是说塞擦音的前一半是塞音，后一半是擦音，前后两半结合紧密，成为一个语音单位，是一个辅音，并不是两个辅音的复合。《汉语拼音方案》用两个字母标记的塞擦音 zh、ch 和擦音 sh，它们都是一个音，不是复辅音。复辅音音质不相连，汉语塞擦音音质相连。

鼻音 m、n 发音时，口腔中的发音部位完全闭塞，软腭下降，打开鼻腔通路，气流振动声带，从鼻腔通过发音(作韵尾的鼻音还有 ng，普通话中不作声母，汉语方言中有 ng 声母)。

边音 l 发音时，舌尖与上齿跟接触，但舌头的两边仍留有空隙，同时软腭上升，阻塞鼻腔的通路，气流振动声带，从舌头的两边或一边通过。

② 按声母发音时声带是否颤动，把全部声母分成 2 组：

清音 b、p、f、d、t、g、k、h、j、q、x、zh、ch、sh、z、c、s。

浊音 m、n、l、r。

③ 按塞音、塞擦音声母中气流的强弱，再分成 2 组：

送气音 p、t、k、q、ch、c 在塞音、塞擦音中，发音时口腔呼出的气流比较强的叫送气音。送气音在发音时气流送出比较快和明显，由于除阻后声门大开，流速较快，在声门以及声门以上的某个狭窄部位造成摩擦，形成送气音。

不送气音 b、d、g、j、zh、z 在塞音、塞擦音中，发音时口腔呼出的气流比较弱的叫不送气音。不送气音在发音时，呼出的气流较弱，没有送气音特征，又同送气音形成对立的音。

2. 普通话声母总表(表 15-1)

表 15-1　　普通话声母总表

	塞音清		塞擦音清		擦音		鼻音	边音
	不送气	送气	不送气	送气	清	浊	浊	浊
双唇音	b	p					m	
唇齿音					f			
舌尖前音			z	c	s			
舌尖中音	d	t					n	l
舌尖后音			zh	ch	sh	r		
舌面音			j	q	x			
舌根音	g	k			h		(ng)	

(三) 普通话韵母

1. 韵母

韵母是汉语音节中声母后面的部分。比如“帮 bāng”中，“ang”就是韵母。韵母多由元音充当，元音发音时气流在发音器官里基本不受阻碍，口腔里发音器官肌肉均衡紧张，气流较弱，发音时声带不颤动；按照舌位、唇形的变化以及是否有鼻韵尾，形成不同的韵母。

2. 韵母的分类

按韵母结构特点分类，韵母可分为单元音韵母（单韵母）、复元音韵母（复韵母）和带鼻音韵母（鼻韵母）三类。

第一，单韵母。

单韵母是由单元音形成的，单元音的发音特点是：发音时舌位、唇形及开口度按发音要求维持发音状态，始终不变，没有动程。

普通话单元音韵母共 10 个，可以分成 3 小类。

① 舌面单韵母 7 个：ɑ、o、e、i、u、ü、(ê)。

② 舌尖单韵母 2 个：－i(前)、－i(后)。

③ 卷舌单韵母 1 个：er。

第二，复韵母。

复韵母共 13 个，全部由元音组成。

发复韵母时，唇形、舌位以及口腔的形状都要从第一个音素向第二个以及第三个音素的位置变化移动，复韵母的发音是一个以韵腹（主要元音）为主的动态过程。

复韵母可以分成 2 小类。

① 二合元音韵母 9 个，分为两种。

前响复韵母：ɑi、ei、ɑo、ou。

后响复韵母：iɑ、ie、uɑ、uo、üe。

② 三合元音韵母 4 个。

中响复韵母：iɑo、iou、uɑi、uei。

第三，鼻韵母。

鼻韵母共 16 个，由元音带上鼻辅音韵尾构成。

① 前鼻韵母 8 个：ɑn、en、in、ün、iɑn、üɑn、uɑn、uen。

② 后鼻韵母 8 个：ɑng、eng、ing、ong、iɑng、iong、uɑng、ueng。

3. 韵母的口形类别

根据韵母发音开头的口形可以把韵母分成开口呼、齐齿呼、合口呼和撮口呼四类。

开口呼：不是 i、u、ü 韵母或以 i、u、ü 开头的韵母。如：o、ɑi、ei、en、ɑn、ɑng。

齐齿呼：是以 i 或 i 开头的韵母。如：i、iɑ、ie、iɑo、iɑn、in、iɑng。

合口呼：是以 u 或 u 开头的韵母。如：u、uɑ、uo、uɑn、uen、uɑng、ong。

撮口呼：是以 ü 或 ü 开头的韵母。如：ü、üe、üɑn、ün、iong。

4. 普通话韵母总表（表 15-2）

表 15-2 **普通话韵母总表**

四呼韵母结构	开口呼	齐齿呼	合口呼	撮口呼	四呼韵母韵尾
单韵母	-i(前) -i(后)	i	u	ü	开尾韵母
	a	ia	ua		
	o		uo		
	e				
	ê	ie		üe	
	er				
复韵母	ai		uai		元音尾韵母
	ei		uei		
	ao	iao			
	ou	iou			
鼻韵母	an	ian	uan	üan	鼻音尾韵母
	en	in	uen	ün	
	ang	iang	uang		
	eng	ing	ueng		
			ong	iong	

（四）普通话声调

声调是一个音节高低升降的变化。如“帮 bāng”中 a 上的“—”就是声调。汉语的声调有区别意义的作用。

普通话声调一共有四类，分别是第一声阴平，第二声阳平，第三声上声，第四声去声。

具体读法(用“五度标记法”表示调值)：

第一声：高而平，调值是 55。如“春、秋、天、新、车”。

第二声：从中间往上扬，调值是 35。如“人、名、辞、诚、实”。

第三声：先低降再上扬，调值是 214。如“水、果、北、美、好”。

第四声：从最高降至最低，调值是 51。如“作、业、要、去、叫”。

（五）普通话的主要音变

音变大多数是语流中音节之间相互影响而产生的临时语音变化。

1. 变调

语流中，相邻音节的相互影响产生了变调，普通话中主要是上声的变调和“一”“不”的变调。

(1) 上声的变调

根据音节的不同组合，上声大致有如下变化。

上声＋上声：前一个上声调值变为 35。如：展览、手掌、水果。

上声＋非上声：上声调值变为 21。如：语音、保持、以后。

注意：上声在单说和词语的后字位置上一般不变调。

(2)“一”“不”的变调

“一”“不”的原调调值分别是55和51。

“一”“不”在去声前变为阳平35。如：一样、一律；不去、不像。

“一”在非去声前变为去声51，“不”的原调就是51。如：一天、一名、一起；不听、不行、不许。

注意：“一”“不”在单说和词语的后字位置上不变调，“一”在表示序数时不变调，“不”在非去声前也不变调。

2. 轻声

轻声也是一种声调的变化，普通话的四个声调都有可能临时变为轻声。

(1) 轻声的定义

在语流中，声调失去原有的调值，变成一种随前一音节声调的音高而变化，音长缩短，听感上显得轻短模糊的调子。

(2) 轻声的作用

区分词义。比如：东西 xī(表方位)——东西 xi(表事物)，地方 fāng(表行政区划)——地方 fang(表某一具体区域)。

区别词性。比如：地道(名词)——地道(形容词)，精神(名词)——精神(形容词)。

(3) 轻声的读法

轻声的读音可以概括为两种形式。

前一音节的声调是阴平、阳平、去声时，后面轻声音节是短促的低降调，调值为31(调值下加短横线表示短音，下同)。如：巴掌、他们；裁缝、除了；簸箕、步子。

前一音节的声调是上声时，后面的轻声音节是短促的半高平调，调值为44。如：扁担、本事、打发；我们、本子、枕头；你的、跑得(快)、美美地(吃上一顿)；走着、想了、有过。

3. 儿化

(1) 儿化的定义

词尾“儿”在口头表达中，“儿”的音值化到前一音节中去，使前一音节的韵母带有卷舌色彩。

(2) 儿化的作用

表示小和少的意义。如：小孩儿、小刀儿、小手儿、小猪儿、小窟窿儿、一点儿、一会儿。

表示亲热和喜爱。如：红脸蛋儿、白兔儿、模特儿、帮忙儿。

区分词义。如：信(信件)——信儿(消息)，头(人体器官)——头儿(领导)，白面(食物)——白面儿(毒品)。

区别词性。如：尖(形容词)——尖儿(名词)，盖(动词)——盖儿(名词)，画(动词)——画儿(名词)。

(3) 儿化的读法

音节的韵腹(主要元音)带上卷舌色彩,具体按以下几种不同情况处理。

若韵母尾部是 ɑ、o、e、ê、u,直接在韵母后卷舌。如:在哪儿、号码儿;走道儿、上坡儿;小车儿、在这儿;半截儿、主角儿;没谱儿、苹果核儿。

若韵母尾部是 i、ü,在 i、ü 后加 e,再卷舌。如:小鸡儿、玩意儿;小曲儿、金鱼儿。

若韵母尾部是－i(前)、－i(后),去掉－i(前)、－i(后),加 e,再卷舌。如:瓜子儿、挑刺儿;没事儿、年三十儿。

若韵母尾部是 n、ng,先丢掉 n、ng,再依前述(1)、(2)卷舌音变,后鼻韵母丢掉 ng 韵尾后,韵腹元音同时鼻化。如:收摊儿、好玩儿、哥们儿、有劲儿;瓜瓤儿、蛋黄儿、板凳儿、眼镜儿。

4. 语气词"啊"音变

在语流中,句子末尾的语气词"啊"由于受前面音节末尾音素的影响而产生音变。

(1)"啊"变读为"哇":若"啊"的前一音节末尾音素是 u、ɑo、iɑo 时,"啊"读作 wɑ。例如:买布哇、跳舞哇、无聊哇、献宝哇、冷笑哇、过桥哇。

(2)"啊"变读为"哪":若"啊"的前一音节末尾音素是 n 时,"啊"读作 nɑ。例如:难看哪、健谈哪、当真哪、狂奔哪、真金哪、寄信哪。

(3)"啊"变读为"啊":若"啊"的前一音节末尾音素是 ng 时,"啊"读作 ngɑ。例如:帮忙啊、长征啊、隆冬啊、好凉啊、真清啊、太穷啊。

(4)"啊"变读为"啊":若"啊"的前一音节末尾音素是－i(前)时,"啊"读作 zɑ。例如:舞姿啊、写字啊、诗词啊、有刺啊、深思啊、是四啊。

(5)"啊"变读为"啊":若"啊"的前一音节末尾音素是－i(后)和 er 时,"啊"读作 rɑ。例如:无知啊、笔直啊、没吃啊、义齿啊、天使啊、省事啊。

(6)"啊"变读为"呀":若"啊"的前一音节末尾音素是 ɑ、o、e、ê、i、ü 时,"啊"读作 yɑ。例如:快拔呀、你怕呀、真破呀、火车呀、改革呀、世界呀、大雪呀、糯米呀、鲫鱼呀。

(六)普通话的轻、重音和语调

1. 轻、重音格式

汉语也存在词重音和句重音。重音就是在词句中读得比较重,即音强较重,或者说是用力较大的音;轻音就是在词句中相对于重音而言读得比较轻的音。

普通话除轻声词或轻读词是"重·轻"格式外,一般双音节词读为"中·重"格式,三音节词读作"中·次轻·重"格式,四音节词读为"中·次轻·中·重"格式,即无论是几个音节,每个词语的后字都是"重"。如:作业、秋天、花蕾;日光灯、猕猴桃、取款机;山清水秀、马到成功、一衣带水。

2. 语调

(1) 普通话声调(字调)的作用

普通话的四个声调分别为平、升、曲、降,组合在语句中,能产生美妙的高低起伏,普通话声调的准确程度直接影响到语调的正确。

(2) 语句音高变化的掌握

普通话语调首先表现在语句音高的高低、升降、曲直的变化上。

陈述句、祈使句、感叹句,以及近距离对话:降调。

疑问句、反问句、长句的中前半句:升调。

思考问题、宣读名单、公布成绩;远距离对话,呼喊,喊口令:平调。

表达特殊感情,表示嘲讽:曲调。

四、推广普通话的重要性

语言是最重要的交际工具和信息载体,《中华人民共和国宪法》和《中华人民共和国国家通用语言文字法》已经规定了普通话作为全民共同语的地位,它作为国家通用语言,在全国范围内推广使用。我们知道,中国是多民族、多语言、多方言的人口大国,推广普通话有利于增进各民族各地区的交流、消除语言隔阂,促进社会交往,有利于维护国家统一,增强中华民族凝聚力,对社会经济政治、文化建设和社会发展具有重要意义。

第二节　汉语方言

一、汉语方言概况及分区

中国幅员辽阔,地域广大,汉族跟少数民族同生共存,汉语跟少数民族语言并行,其中汉语内部呈现出特征鲜明的多种方言。方言形成的因素很多,有属于社会历史地理方面的因素,如长期的小农经济、社会的分裂割据、人口的迁徙、山川的阻隔等;也有属于语言本身的因素,如语言发展的不平衡,不同语言之间的相互抵触、相互影响等。

现代汉语有多种不同的方言,它们分布的区域很广。从南到北,从西到东,操持不同方言的人们可能没办法听懂对方的话。不但北方人听不懂广东人、福建人说话,就连广东省内部的广州人、梅州人和汕头人之间,福建省内部的福州人、莆田人、厦门人也互相听不懂对方的话。但是各个汉语方言都属于同一个国家同一个民族,甚至所有方言的书写形式都是一样的,都可以用汉字记录交流,从这些角度出发,汉语的所有方言,就被归为只是方言,不是跟汉语对立的某类语言,它们都从属于汉语,是汉语的地域性表现,是汉语的地域变体。

那么,汉语方言的分布是怎样的情况呢?

汉语方言数量多,且分布广。按照传统的方言分区方法,可以分为七大方言区,从北向南、从东向西分别有官话(包括晋语),吴语(包括徽语),赣语,湘语,闽语,客家话,以及粤语(包括平话),而近来更新的划分方法还有把晋语、徽语及平话独立出来,增加了三个方言区,所以可以分为十个方言区。

(一) 官话方言

是现代汉民族共同语的基础方言,内部一致性较高。在汉语各方言中它的分布地域最广,使用人口约占汉族总人口的75%。官话方言内部按其语言特点一般可以分为八个次方言:东北官话、北京官话、冀鲁官话、胶辽官话、中原官话、兰银官话、西南官话和江淮官话。

1. 东北官话

分布于黑龙江省、吉林省、辽宁省的绝大部,内蒙古的东部,河北省东北部。使用人口约1.2亿。东北官话是狭义上的东北话。广义上的东北话不仅包含东北官话,还包含大连等地使用的胶辽官话。

2. 北京官话

北京官话,虽名称中有“北京”二字,但并非北京话,更准确地说是热河地区的方言,主要分布于北京市、河北省承德市、廊坊市、涿州市,内蒙古赤峰市,辽宁省朝阳市、凌源市、建昌县。使用人口约1500万。其中,属于北京官话区的河北省承德市滦平县是全国普通话标准音采集地。

3. 冀鲁官话

分布于河北省大部、山东西部以及北京市平谷区、山西广灵县和内蒙古宁城县,使用人口9000余万。

4. 胶辽官话

分布于山东省的胶东半岛、辽宁省的辽东半岛和鸭绿江下游地带。

5. 中原官话

分布于河南大部、山东西南部、安徽西北部、山西南部、陕西关中、甘肃东部、青海东部、新疆天山以南地区等,中原官话的使用人口仅次于西南官话。

6. 兰银官话

分布于甘肃、宁夏、新疆的北部地区和内蒙古西部,共56个县市。

7. 西南官话

分布于西南地区的四川、重庆、贵州、云南、广西部分地区等地以及邻近的湖南西部、湖北大部、陕西南部,在境外是缅甸果敢的主要语言,在老挝、越南等地也有部分汉族使用。

8. 江淮官话

旧称南方官话、下江官话。分布于今江苏和安徽两省中部、湖北局部、河南南部、江西北部部分地区,使用人口大约为7000万,主要分布于江苏、安徽两省的江淮地区。以前把南京话作为江淮官话代表语音,是一种古老的汉语方言。

(二)湘方言

汉语八大方言中通行地域较小的一种方言。湖南省有多种不同的方言,湘方言是其中最有影响的一种。通行于湖南省大部和广西北部,使用人口在2500万以上。

(三)赣方言

赣语,又名江西话。主要分布在江西的中北部、湘东和闽西北、鄂东南、皖西南和湘西南等地区。另外在浙江、陕西还有少数赣语方言岛。使用赣语的人口在5500万左右,约占中国人口的5%左右。

（四）吴方言

吴语，商周春秋至今有三千多年历史变迁，底蕴深厚。分布于今浙江、江苏南部、上海、安徽南部、江西东部、福建北一角。

（五）闽方言

闽语是汉语方言中语言现象最复杂，内部分歧最大的一个方言。主要通行于福建、广东沿海平原、台湾和海南四地以及浙江省南部和江西、广西、江苏三省的个别地区。使用人口约 8000 万。

（六）粤方言

粤语含的九声六调，保留着古汉语语言特点。以珠江三角洲为分布中心，在中国的广东、广西、海南、香港、澳门，及北美、欧洲和大洋洲以及东南亚一些国家的华人社区中使用，是香港、澳门的官方语言。使用人数超过一亿，大多数在广东广西地区。

（七）客家方言

分布在广东、福建、台湾、江西、广西、湖南、四川、浙江等省和地区，其中以广东东部和北部、福建西部、江西南部和广西东南部为主。客家人从中原迁徙到南方，虽然居住分散，但客家方言仍自成系统，内部差别不太大。四川客家人与广东客家人、浙江客家人与福建客家人相隔千山万水，彼此也可以交谈。粤闽赣边区一带是客家人最集中的地区，因而也是客家方言最流行的地区。在海外，东南亚的印度尼西亚、马来西亚、新加坡、泰国、越南、菲律宾以及美洲华侨华裔中也有不少讲客家话的。客家方言也算庞大，世界总使用人口超 7000 万人。

（八）晋语

分布于山西省、内蒙古自治区中西部、陕西省北部、河南省黄河以北大部、河北省西部，地跨 175 个市县。晋语核心区主要为太原话和吕梁话。

（九）平话

平话是西南地区汉语方言的一种，属何种方言尚无定论，有的学者把平话归入粤语，有的则认为平话是独立方言。一般以柳州市为界，将平话分为桂北平话和桂南平话，南北两者差异大。桂南平话在语音、词汇及语法等方面受粤语影响较大。其中桂南平话传统上归入粤语，但也有学者把它独立出来，至今未达成统一的意见。

（十）徽语

徽州方言、严州方言，与吴语及赣语相较，徽语兼具两者特色，如声母系统接近赣语，而韵母系统则与南部吴语接近。

汉语方言除了有这些分区之外，还可以进一步划分出更多的方言片、方言点，总而言之，汉语的方言数量极其庞大并且错综复杂，各方言同中有异，异中有同，之间相似的程度和互异的程度不尽相同。总的格局是：北方各方言一致性大、差异性小；南方各方言差异性大，一致性小。就传统的七大方言比较来说，闽、粤两大方言和民族共同语普通话的差别最大，吴方言次之，客家、赣、湘等方言和普通话的差别要小一些，官话方言作为民族共同语的基础，各地官话和普通话之间的差别自然要小得多。

方言差异表现在语音、词汇和语法各个方面。下面扼要介绍汉语方言在语音、词汇、语法等方面的主要特点。

第一，语音特点。

汉语各方言的语音系统各具特色。联系历史发展来看，官话方言的音系比较简单，反映了汉语语音从繁向简的发展趋势；南方各大方言音系比较复杂，更多地保存了古代语音的因素。就声、韵、调三部分来说，官话方言的韵母和声调要比闽、粤、吴、客家诸方言简单得多，唯有声母方面，南、北方言各有繁简，官话方言并不从简。某些整体性的语音现象，例如音变现象、异读现象等，南方各方言大都比北方方言复杂一些。

第二，词汇特点。

汉语方言之间存在着词汇上的差别，具体表现为各地方言都拥有相当数量的方言词。

有的方言较多地继承了古代汉语的词汇，这些词汇在别的方言已不用或少用，自然就形成了某一方言的词汇特色，南方闽、粤、吴等方言都有不少这类词语。例如粤方言常用的“睇”(看)、“企”(站)、“行”(走)、“着”(穿)、“镬”(铁锅)、“饮茶”(喝茶)、“佢”(他)……，闽方言常用的“鼎”(铁锅)、“目”(眼睛)、“惊”(怕)、“厝”(房子)、“箸”(筷子)、“索”(绳子)、“头毛”(头发)，这些都是“自古有之”的古语词。

词汇差异。同样的概念，汉语各方言往往采用不同的语素，从不同的角度命名，从而形成了一些词形有别、含义相同或相近的方言词。例如南方“冰”“雪”不分，粤方言就从这个错觉出发把“冰棍”命名为“雪条”，与之相关，带“冰”的词也都一律用“雪”，如“雪糕”(冰淇淋)、“雪藏”(冰镇)、“雪柜”(冰箱)等等。又如“萤火虫”吴方言叫“游火虫”，赣方言叫“夜火虫”，客家方言叫“火蓝虫”，闽方言叫“火金姑”(厦门)、“火夜姑”(潮州)、“蓝尾星”(福州)等等。着眼点不同，也就产生了形形色色的同义异形的方言词。这一类的方言词汇在从南到北的方言中都很多，是词汇差异中最主要的一个方面。

构词差异。汉语方言利用共同的语素构词，但在方式上有所不同，形成一批各具特色的方言词。比如闽、客家方言把“客人”叫“人客”，闽、客家、吴方言把“热闹”说成“闹热”，把“拖鞋”说成“鞋拖”(闽)、把“拥挤”叫“挤拥”(粤)，都是把共同的语素颠倒的结果。附加成分的有无和不同，也形成不同的词汇特点，如北方方言多用“子”结尾，南方方言常用“阿”开头(表示人)等等。

词义差异。词形和意义之间的联系有一定的灵活性。不同方言的同一词形在词义上常有所不同，有的甚至与原来的词义几乎失去联系。这类因词义转化而形成的方言词汇差别，最常见的是词义的扩大和缩小。例如闽、粤、客家方言的“肥”和“胖”都叫“肥”，指人的“胖”和指动物的“肥”没有区别；又如南方“食”的含义和北方的“吃”基本相同，但某些南方方言，如闽方言“食”可兼指“喝”(茶)、“吸”(烟)；“水”在粤方言、客家方言都兼指“雨”，“下雨”叫“落水”；“手”在闽方言中兼指“手臂”；“蚊子”在长沙话中兼指“苍蝇”。这些都是南方方言词义广、北方方言词义狭的例子。也有南方词义狭、北方词义广的现象，例如官话的

“面”，普遍用来兼指面粉和杂粮的制成品，如“小米面”“棒子面”，儿化后还可以指碾成粉末的东西，如“胡椒面儿”，而在吴、粤、闽、客家等方言中，“面”却用来单指“面条”。词义转化以至所指完全不同的情况在方言中也时有所见。如“冤家”指的是“吵架”（闽）、“对手”指的是“帮忙”（福州）、“爷”指的是“父亲”（客、赣）、“地”指的是“坟墓”（客家）、“客气”指的是“漂亮”（赣）等等。有的方言词词义刚好对换，如粤方言的“房”等于普通话的“屋子”，粤方言的“屋”等于普通话的“房子”。形形色色的词义差异，显示出不同方言在词汇上的不同特色。

价值差异。同样一个词，往往在某个方言中是很活跃的常用词，而在另一个方言中却是生僻词。这种价值上的差异也是表现汉语方言词汇特色的一个方面。例如“下”跟“落”这两个动词，南、北各地方言都有，但在粤、闽、客家等方言中，“落”的使用频率和构词能力都要比官话高得多。再如闽方言和普通话都有动词“拍”和“打”，在闽方言中“拍”用得比较广，以厦门话为例，“拍人”（打人）、“拍战”（打仗）、“拍粉”（涂粉）、“拍破”（打破）、“拍条”（开条子）、“拍铳”（打枪）、“拍折”（弄折）、“拍火”（救火）等等，而在普通话中，“打”比“拍”使用频率要高得多。

第三，语法特点。

语法结构是语言体系中最稳固的。相对来说，汉语方言在语法上的差异性要小一些。

二、汉语方言保护

汉语方言是一份珍贵的非物质文化遗产，其宝贵的材料价值与重要的文化载体功能，值得人们重视并进行合理的保护。著名学者周海中教授在接受媒体采访时指出：语言是人类文化的载体和重要组成部分；每种语言都能表达出使用者所在民族的世界观、思维方式、社会特性以及文化、历史等，都是人类珍贵的无形遗产；当一种语言消失后，与之对应的整个文明也会消失。当前，汉语方言濒危程度加剧，消失速度进一步加快，汉语方言文化遗产的保护更具重要性与紧迫性。基于方言实际，结合方言相关文化因素，对方言进行合理保护，是汉语方言文化遗产保护必须遵循的基本原则。有关机构和语言学界都应该采取积极而有效的措施，综合运用多种方法和手段，抢记方言材料，尽可能延缓方言特征消失速度，抢救濒临消失的汉语方言，有利于人类文明的传承与发展，也有利于民族团结、社会安定。

我们要尊重方言的使用价值和文化价值的同时，也要大力推广普通话，使公民在使用方言的同时也掌握国家通用语言，并在正式场合和公共交际场合自觉地使用普通话。

第三节　拓展阅读

《大力加强汉语方言的应用研究》·詹伯慧

詹伯慧（1931—），男，广东饶平人，暨南大学汉语方言研究中心名誉主任，方言学家。本文根据“汉语方言高端论坛暨《方言》杂志创刊35周年纪念会”（2013年9月，济南）发言整理而成。文章认为，汉语方言调查研究持续繁荣，硕果累累，但在服务方言应用方面仍做得很不够。方言是文化资源和社会资源。方言调查研究除了为国家"推普"服务外，同时还要为地方文化建设服务，为社会的语言应用开发服务，为方言区群众学习方言服务。这是当代汉语方言调查研究的新任务。

一

三年前在纪念王力教授110年诞辰的研讨会上，我曾以"大力加强汉语方言的应用研究"为题呼吁大力加强汉语方言的应用研究。这次来济南出席汉语方言研究高端盛会，我想再次为加强汉语方言的应用研究呼吁。近三十来年，汉语方言的研究持续繁荣，硕果累累，有目共睹。汉语方言学早已是我国语言学科中热门的一支，名副其实的"显学"了。回顾这几十年汉语方言研究工作蓬勃发展的历程，《方言》杂志出刊也有三十五年了，时至今日，在同声庆祝方言研究获得非凡"战果"，盘点我们堪称辉煌的成绩之际，我总觉得在方言研究持续升温、蒸蒸日上的形势下，涉及方言应用问题的研究，未免偏少了一些。语言研究为语言应用服务，这本是天经地义、无可争议的事。共同语的研究是如此，方言的研究同样也该如此。有感于我们的先辈学者，像王力先生、吕叔湘先生这样大师级的语言学科带路人，他们总是十分关心语言研究成果的社会应用、社会效益问题，在各种场合频频呼吁我们要让更多的语言研究成果能为语言的应用服务。先辈大师们身体力行，做了许多语言学应用、普及的工作，留下了许多为社会语言应用服务的研究成果，造成了很好的社会影响，给后辈做出了很好的榜样。

汉语方言的工作首先自然是通过大量的田野调查，积累丰富的翔实语料，在此基础上进行归纳分析，发掘各地方言的特征，揭开方言神秘的面纱，然后再进一步不断加深对方言语音、词汇、语法的研究。这一系列从调查到研究的历程，大致上都针对方言的本体，属于方言本体研究的性质。至于方言应用的研究，那就得扩大研究的思路和视野，得接触方言以外的事物。得把方言的研究扩大到跟方言相关的一些领域中来。过去几十年，打从新中国成立开始，国家一直高度重视语言文字工作，所制定的一系列语文政策，旨在建立起语言文字应用的规范意识，各项社会语文工作基本上围绕着推行民族共同语，进行汉语规范化这一主线来开展。提起语言研究为语言应用服务，首先也就是要为推广普通话服务，为汉语规范化服务。汉语方言的调查研究自然也不例外。在这一背景下，1956年开展的那场大规模的汉语方言普查，目的十分明确，也就是要为普通话的推广和普及服务。事实证明，在为"推普"服务上，通过方言普查，掌握各地方言的特点，找出它和民族共同语的对应关系，以"一把钥匙开一把锁"的理念编写供不同方言地区使用的各种普通话学习手册，是明显有助于各方言地区的"推普"工作，能够体现方言研究为语言应用服务的精神的。然而，随着社会的发展和语言研究的深化，方言研究为语言应用服务的观念也在悄悄发生变化，单纯着眼于为"推普"和语言规范化服务的思路，已经不能完全适应今天社会语言生活发展的需要了。方言研究要为方言本身的应用服务的问题也已提上日程，这方面有不少的工作要做，有不少的问题要探讨。正是基于这一实际情况，此刻我们才会在脑子里浮起“涉及方言应用问题的研究未免偏少”的感觉。

二

以往的汉语方言研究，很少在应用的研究上着力，主要的原因在于长期的“推普”工作，使社会上对方言的存在及其发挥的作用认识上出现偏差，尽管共同语的推广和普及并不是要将方言“扫地出门”，达到方言完全退出社会语言应用舞台的目的，2001 年公布的《中华人民共和国通用语言文字法》，也给各地方言的应用留下了一些空间。许多解读有关“推普”的文章，也总是强调“推普”绝无废除方言之意，“推普”要让普通话和方言并存并用，有主有从，在社会上形成既说普通话，又说方言的语言生活格局。但方言区在普通话广为普及，深入人心的形势下，有一些人误以为方言从此再也不能发挥作用了，甚至有人怀疑起方言有无存在的价值，或许就此让它“一去不复返”吧。研究方言的人，有的也把方言看作只有研究价值而无应用价值，甚至有人误把方言语料的收集整理视为“存古”，没有语言应用上的现实意义。这类认识上的误差，难免导致方言的研究压根儿不提方言的应用问题。要说方言研究的应用价值，也就只能想到方言的调查研究有助于共同语的推广和普及、有助于语言规范化工作的开展了。

社会在发展，时代在前进。随着人们对社会上多元文化的认同，在多元文化背景下，多元语言生活自然也就随之受到社会的认同。加上语言作为宝贵资源、方言同样属于宝贵资源的观念也日渐深入人心。在文化、资源等观念的支撑下，地方方言的社会应用日渐活跃，一些方言地区，电视广播中出现了用本地方言播放的节目，前所罕见的方言相声越来越多，在方言“强势”的粤语地区，早已有了 24 小时用粤语向全球播映的卫星电视，方言文化日益强劲，人们对方言应用价值的认识也随之日渐提升，过去误认为方言本身应用价值不高，方言研究只能为共同语的规范和普及服务的人现在思路开阔了，意识到方言本身就存在着许多应用的空间，也存在着有待深入研究的应用性问题。这种意识观念上的转变，激发起对方言应用问题的关注，面对许多原来没能想到的方言应用问题，自然要开展对这些问题的探索，寻求解决的路子。

三

现在就让我们来讨论汉语方言的应用问题。其实方言和语言一样，总是存在于应用之中。只不过以往我们不重视方言的社会应用，甚至在某些场合，有意识地不让其充分发挥作用罢了。语言或方言照理是不会轻易消亡的。但完全没有社会应用的语言或方言，其“生命”也总难免处于岌岌可危的状态。所谓濒危语言或濒危方言，正是由于某种语言或方言使用的人越来越少，通行的范围越来越窄，其社会应用功能日渐萎缩，久而久之，也就可能走上濒临消亡的道路。近十多年来，我国启动了保护和抢救濒危语言和方言的机制，为此专门设置了科研课题，鼓励开展对濒危语言和方言的调查研究，尽量抢救，以避免它们“寿终正寝”，并出版濒危语言和方言丛书。这些举措旨在倡导各地在方言研究中要多多关注方言应用的问题，要让方言作为重要的资源充分发挥它在应用方面的功能。方言研究为语言应用服务的天地十分广阔，除了前面所述，已经证之有效的为“推普”、为汉语规范化提供不可或缺的服务之外，当前至少还应在以下两个方面充分发挥方言研究的作用：

一是在建设地域文化中发挥作用。时下人们常常谈论认真传承中华优秀文化的问题，广东提出建设文化强省的口号，我的家乡潮州市因其作为国家级文化名城，有着丰富文化资源的优势，在城市的规划中，一直打出“文化兴市”的旗号。可见文化建设在当今我国的现代化建设中处于多么重要的地位！源远流长的中华优秀文化，自然是包括各种深具地方特色的“地域文化”，例如我们所处地区的“岭南文化”，及其下位概念的“广府文化”“潮汕文化”“客家文化”等等，就都属于中华优秀文化的组成部分。语言是文化的载体，中华优秀文化依靠汉语来记录，来承载，来绵延不断地传承下去，中华文化中的各种地域文化，自然也就依靠汉语中的各种地域方言来记录，来承载，来绵延不断地传承下去了！地域文化这种离不开地域方言的关系，是不言而喻、尽人皆知的事实。我国长期以来在文艺界贯彻“百花齐放”方针，让扎根各地的各种地方戏曲尽显所长，形成百花竞艳，异彩纷呈的文艺景象，其中各地戏曲的精彩演唱，莫不以当地的地方方言为基础，山东的吕剧、浙江的越剧、上海的沪剧、广东的粤剧、河南的豫剧、四川的川剧……哪有不用当地方言演唱的？不熟悉当地的方言，不掌握方言的特色，是很难编好地方戏曲的剧本，也很难演唱好地方戏曲的！地方方言何止是在地方戏曲中发挥无可替代的作用，在民俗文化、民间文学的许多方面，地方方言的作用也都是十分明显的。众所周知，许多地方都存在着当地百姓喜闻乐见的民间说唱艺术，不消说这些说唱艺术也都是离不开当地的方言的。在海内外流传很广的客家山歌，用的是地道的广东梅州客话；名扬遐迩的苏州评弹，更是充满“吴侬细语”的动听韵味。最近在文化古城潮州，有人日积月累，经过漫长岁月的默默收集，让上千首民间歌谣浮出水面，汇集成册。这一重大的文化发掘，在当地文化界和语言界引起了很大的反响！传媒和报刊都为之同声喝彩！潮州市社科联更在刊物上组织了专题讨论。潮州歌谣是完全用潮州方言口耳传唱下来的民间口头文学。潮汕方言学者林伦伦称之为“潮人喜怒哀乐的生活之歌”，潮剧艺人陈俊粦更誉之为“潮州文化宝库中一颗璀璨明珠”，认为“传承和研究潮州歌谣，对于发展和繁荣潮州文学艺术创作具有重要的价值和意义”。像这类民间歌谣的发掘、整理和传承，我想如果没有当地方言研究者的参与，恐怕是难以达致完美的结果的。举此一例，足见在当今各地的文化发掘、文化建设中，让方言研究充分发挥专业功能，是方言工作与地方文化工作相结合，方言研究为文化建设提供“语言服务”的必由之路。

二是在社会语言应用中发挥作用。方言既然要与共同语一样在社会语言生活中发挥作用，我们的方言研究，就应该围绕着社会语言应用的需要多下功夫。例如编纂各种类型的方言辞书，编写供学习方言用的教材等等。我们以往虽然在这些方面也做了一些工作，但为方言应用服务的意识是不够强的。方言词典大大小小出了很多，堪称巨著的42卷《现代汉语方言大词典》（分地卷，李荣主编）和6卷《汉语方言大词典》（许宝华、宫田一郎主编）也早在上世纪九十年代就出版问世了，但面向方言学习、有针对性地为方言学习者编纂实用的方言辞书，这方面的工作仍然有待加强。某些社会使用范围较广、使用频率较高的“强势方言”，在使用过程中可能遇到这样那样的问题，更需要针对性较强的方言辞书来帮助解决。拿粤方言来说，它是通行于两广地区、港澳特区和海外华人社区的“强势方言”，更是港、澳两个特别行政区多种社会通用语中使用率最高的一种，大多数中小学校都以粤方言为教学语言，因此，社会上迫切希望对粤语的使用有明确的规范，特别是在语音方面，更应该有明确的“正音”，在这种情况下，粤方言的正音工作，就显得异常重要，我们从事粤语研究的专业人士，面对这样的方言应用问题，自然不能无动于衷。为此我们粤港澳三地的粤方言研究者，在1990年就联合起来，成立了粤语审音委员会，历经多年的努力，最终在审音获得成果的基础上，编出了《广州话正音词典》，于2002年出版问世，这样一部集三地学者之力，用了十年工夫才完成的方言正音词典，直接为粤方言的社会应用服务，堪称粤方言研究史上的一项突破。据我所知，研究上海方言的学者和研究海峡两岸闽方言的学者，在编纂服务于方言学习的辞书，满足吴方言、闽方言学习需要方面，此前也做了不少卓有成效的工作。由钱乃荣教授主持的《当代上海话词典》早已出版问世，沟通闽、台闽南方言的《闽方言大词典》也在几年前出版，当时还在北京人民大会堂举行隆重的首发式呢。事实说明，方言研究为方言应用服务，在工具书的编纂方面，是值得花大力气、下大功夫的。

在方言研究服务于方言应用方面。编写供学习用的方言教材，也是当务之急。方言能够在社会上广为应用，自然就会吸引人们来学习它。汉语方言中一些流通范围较广，使用人口较多的“强势方言”，愿意学习、掌握它的海内外人士是不少的。拿粤方言来说，在海内外影响很大，学习的人一直很多，据说在美国的一些大学里，粤语课程是现代汉语（普通话）以外可以选修拿学分的一门汉语课程，有些来华学习汉语的外国留学生，到中国后提出除了学普通话外，还希望加学粤方言。这就使得为粤方言的教学编写教材，显得有相当的紧迫性了。近十多年来坊间出现了许多教学粤语的小册子，这些小册子不少并非出自研究粤语的专业人士之手，编写者冲着市场经济而来，商业气味浓厚而学术品位不高，有的甚至连粤语的基本知识都欠缺，居然就大着胆子编起粤语教材来。这些粗制滥造粤语教材，以“一月通”之类招徕读者，误人子弟，莫此为甚！面对如此情况，我们的粤方言学者焉能无动于衷！熟悉粤语、研究粤语的专业人士，自然应该本着粤语研究为粤语应用服务的宗旨，尽力编写出一些反映粤语研究成果，学术质量有保证的粤语学习教材来，让它们很好地为粤语的教学服务。在这方面，我想特别一提的是：吴方言学者汤志祥教授近期陆续编写出版了多种供上海话学习的教材，深受读者欢迎，堪称上海方言研究为上海方言应用服务的良好范例。海峡那边的同道——台湾的方言学者在方言应用上也做了许多卓有成效的工作。他们一向关注岛上各种汉语方言和土著语言的应用和发展，对于相对“弱势”的方言更采取有力的措施加以扶持。例如为促使在岛上汉语方言中居于次位的客家话及其所承载的客家文化能够承传发展，岛上就有了“客委会”这样的机构，通过各种渠道，包括在大学里设置多所专门研究客家文化的学术机构，利用广播电视、传媒报刊等开设讲座，编写教材等一系列的措施，酿造岛上多元化的语言文化生活。客家方言的研究为客家话的应用服务，为客家文化的承传和弘扬服务落到实处，客家方言的丰富资源得以充分利用，这同时也就有利于不同方言族群间的和睦相处，有利于建构和谐的社会语言生活。

四

前面我们讨论了方言研究为方言应用服务的问题。如果方言本身存在着某些有碍方言应用的因素，我们就得在方言研究的过程中认真对待，寻求妥善解决的办法，以扫清方言应用道路上的障碍。还是拿使用率较高、社会影响较大的粤方言为例来谈吧！首先，我们得关注方言词语的书写问题。我国南方各大方言，如粤语、闽语、吴语、客家话等，都拥有为数众多与众不同的独特词语，这也是方言间主要的差异所在。在这些与众不同的方言词语中，有许多是难以用通用的汉字来表达的，因而在方言词汇的研究中，解决“有音无字”的问题就成为方言应用中带普遍性的问题了。“考本字”是解决问题最常用的途径，但方言词语五花八门，问题相当复杂，并非考考本字就可以万事大吉。特别是对于“人文”现象十分普遍的粤语来说，方言用字问题更加突出，非花大力气研究解决不可！不妨打开一份港澳的报纸看看，副刊里充满形形色色的方言专用字，几乎到了外地人无法看懂的地步。这些形形色色的方言字，它们并非都是考本字考出来的。更多的情况是群众自发创造出来，经过约定俗成而成为大家默认的方言字的。面对粤方言用字的种种表现，要不要有所选择，有所规范，如何选择，如何规范，自然成为粤语研究者经常议论的问题。2002 年在香港理工大学曾经举行过一次以方言词语用字问题为主题的研讨会，来自海内外的学者对此展开了热烈的讨论。主持会议的张群显博士和包睿舜博士(Robert Bauer)带来了他们合作完成的一部专著《以汉字写粤语》(英文版),书中收录以书写粤语的方言用字竟达1000多个,可见粤方言用字问题多么引人注目!除了方言用字问题,方言注音方式问题在方言的应用中也是一个不能回避的问题。还有其他一些问题,如此等等,既然我们要让方言登上社会应用的平台,就非把方言应用中有待解决的各种问题都梳理梳理,摆到方言研究的议事日程上来不可。问题解决了,方言的应用就会畅通无阻,方言研究为方言应用服务也就能够落到实处。

(载于《暨南学报》哲学社会科学版2014年第4期。)

实践训练:说好普通话

普通话是通用的民族共同语,大学生说好普通话,不仅方便日常交际,更是将来求职就业的前提,因此,要注意多听多练普通话。在练习说普通话时,要把每个字的读音包括声母、韵母及声调,都要读准确。本节实践训练,主要有声母、韵母辨正,声调及多音字对比练习四部分,请大家对照内容,认真操练。

一、声母的辨正

1. 分清 zh、ch、sh 和 z、c、s 对比练习:

z—zh

阻力 zǔlì—主力 zhǔlì

祖父 zǔfù—嘱咐 zhǔfù

增订 zēngdìng—征订 zhēngdìng

杂技 zájì—札记 zhájì

赞歌 zàngē—战歌 zhàngē

装载 zhuāngzài—庄砦 zhuāngzhài

组织 zǔzhī—主枝 zhǔzhī

资源 zīyuán—支援 zhīyuán

仿造 fǎngzào—仿照 fǎngzhào

宗旨 zōngzhǐ—终止 zhōngzhǐ

栽花 zāihuā —摘花 zhāihuā

增光 zēngguāng—争光 zhēngguāng

赞助 zànzhù—站住 zhànzhù

总则 zǒngzé—肿着 zhǒngzhe

c—ch

粗气 cūqì—出气 chūqì

从来 cónglái—重来 chónglái

参加 cānjiā—掺加 chānjiā

操纵 cāozòng—超重 chāozhòng

短促 duǎncù—短处 duǎnchù

测出 cèchū—撤出 chèchū

粗布 cūbù—初步 chūbù

鱼刺 yúcì—鱼翅 yúchì

词序 cíxù—持续 chíxù

推辞 tuīcí—推迟 tuīchí

村庄 cūnzhuāng—春装 chūnzhuāng

擦车 cāchē—叉车 chāchē

车载 chēzài—车债 chēzhài

残害 cánhài—谗害 chánhài

s—sh

私语 sīyǔ—施与 shīyǔ

肃立 sùlì—树立 shùlì

司长 sīzhǎng—师长 shīzhǎng

搜集 sōují—收集 shōují

近似 jìnsì—近视 jìnshì

塞子 sāizi—筛子 shāizi

散心 sànxīn—善心 shànxīn　　桑叶 sāngyè—商业 shāngyè
散光 sǎnguāng—闪光 shǎnguāng　　俗人 súrén—熟人 shúrén
四师 sìshī—誓师 shìshī　　时速 shísù—实数 shíshù
四十 sìshí—事实 shìshí　　三十 sānshí—山石 shānshí

2. 分清边鼻音声母对比练习：

女客 nǚkè—旅客 lǚkè　　留念 liúniàn—留恋 liúliàn
浓重 nóngzhòng—隆重 lóngzhòng　　无奈 wúnài—无赖 wúlài
黄泥 huángní—黄梨 huánglí　　水牛 shuǐniú—水流 shuǐliú
蓝天 lántiān—南天 nántiān　　门内 ménnèi—门类 ménlèi
廉洁 liánjié—年节 niánjié　　连累 liánlèi—年内 niánnèi

3. 分清 f、h 声母对比练习：

荒地—方地　　皇后—房后　　防空—航空　　西服—西湖
幅度—弧度　　富丽—互利　　舅父—救护　　浮面—湖面
公费—工会　　开发—开花　　废话—会话　　防风—黄蜂
翻腾—欢腾　　魔幻—模范　　老房—老黄　　芬芳—昏黄
反话—喊话　　复学—互学　　放荡—晃荡　　发红—花红
附送—护送　　复试—护士　　飞鱼—黑鱼　　留犯—流汗

二、韵母的辨正

1. i、ü 对比辨音练习：

生育 yù—生意 yì　　居 jū 住—记 jì 住
聚 jù 会—忌 jì 讳　　取 qǔ 名—起 qǐ 名
于 yú 是—仪 yí 式　　名誉 yù—名义 yì
遇 yù 见—意 yì 见　　舆 yú 论—议 yì 论
美育 yù—美意 yì　　姓吕 lǚ—姓李 lǐ
雨 yǔ 具—以 yǐ 及　　区 qū 域—岐 qí 义
防御 yù—防疫 yì　　服役 yì—抚育 yù

2. 分清前后鼻韵对比练习：

an—ang

扳 bān 手—帮 bāng 手　　女篮 lán—女郎 láng
反 fǎn 问—访 fǎng 问　　担 dān 心—当 dāng 心
弹 tán 送—唐 táng 宋　　水干 gān—水缸 gāng
看 kān 家—康 kāng 佳　　战 zhàn 防—账 zhàng 房
闪 shǎn 光—赏 shǎng 光　　冉冉 rǎn—嚷嚷 rǎng
涂染 rǎn—土壤 rǎng　　粘 zhān 贴—张 zhāng 贴

en—eng

陈 chén 旧—成 chéng 就
整 zhěng 段—诊 zhěn 断
人参 shēn—人生 shēng
晨 chén 风—成 chéng 风
瓜分 fēn—刮风 fēng
粉 fěn 刺—讽 fěng 刺
震 zhèn 中—正 zhèng 中
深沉 shēnchén—生成 shēngchéng
深耕 shēngēng—生根 shēnggēn
真 zhēn 气—蒸 zhēng 汽
上身 shēn—上升 shēng
针 zhēn 眼—睁 zhēng 眼
同门 mén—同盟 méng
出生 shēng—出身 shēn
花盆 pén—花棚 péng
审 shěn 视—省 shěng 市
分针 fēnzhēn—风筝 fēngzhēng
纵深 shēn—宗盛 shèng

in—ing

红心 xīn—红星 xīng
信 xìn 服—幸 xìng 福
因 yīn 而—婴 yīng 儿
临 lín 时—零 líng 时
弹琴 qín—谈情 qíng
宾 bīn 馆—冰 bīng 棺
今 jīn 天—惊 jīng 天
禁 jìn 赛—竞 jìng 赛
人民 mín—人名 míng
劲 jìn 头—镜 jìng 头
海滨 bīn—海兵 bīng
禁 jìn 止—静 jìng 止
印 yìn 象—映 yìng 象
频 pín 频—平 píng 平
亲 qīn 近—清 qīng 静
金 jīn 银—晶 jīng 莹

读准 en 和 eng：

真诚 zhēnchéng	本能 běnnéng	奔腾 bēnténg	神圣 shénshèng
人生 rénshēng	成本 chéngběn	承认 chéngrèn	风尘 fēngchén
证人 zhèngrén	登门 dēngmén		

读准 in 和 ing：

心情 xīnqíng	品行 pǐnxíng	心灵 xīnlíng	民兵 mínbīng
灵敏 língmǐn	清音 qīngyīn	平民 píngmín	精心 jīngxīn

三、声调对比练习

1. 阴平与阳平对比练习：

欺 qī 人—旗 qí 人
知 zhī 道—直 zhí 道
包 bāo 子—雹 báo 子
拍 pāi 球—排 pái 球
大哥 gē—大格 gé
小蛙 wā—小娃 wá
放青 qīng—放晴 qíng
抹 mā 布—麻 má 布
呼 hū 喊—胡 hú 喊
掰 bāi 开—白 bái 开
大锅 guō—大国 guó
窗 chuāng 帘—床 chuáng 帘
抽 chōu 丝—愁 chóu 思
大川 chuān—大船 chuán
开初 chū—开除 chú
猎枪 qiāng—列强 qiáng

机 jī 群—集 jí 群　　失 shī 速—时 shí 速

失 shī 利—实 shí 力　　主官 guān—主管 guǎn

2. 阴平与上声练习：

攻击 jī—供给 jǐ　　征 zhēng 集—整 zhěng 纪

丛书 shū—从属 shǔ　　争 zhēng 辩—整 zhěng 编

服输 shū—附属 shǔ　　念经 jīng—年景 jǐng

鸳 yuān 鸯—远 yuǎn 洋　　侵 qīn 蚀—寝 qǐn 室

佳 jiā 节—假 jiǎ 借　　淤 yū 积—雨 yǔ 季

收 shōu 拾—手 shǒu 势　　姿 zī 势—子 zǐ 时

间接 jiē—见解 jiě　　孤 gū 寂—古 gǔ 迹

3. 阴平与去声对比练习：

歼 jiān 击—见 jiàn 机　　偷 tōu 袭—透 tòu 析

编 biān 写—便 biàn 携　　河山 shān—和善 shàn

血腥 xīng—血性 xìng　　精 jīng 致—径 jìng 直

心机 jī—心计 jì　　官 guān 吏—惯 guàn 例

估 gū 计—顾 gù 及　　消失 shī—消逝 shì

拮据 jū—借据 jù　　清 qīng 醒—庆 qìng 幸

初期 qī—出气 qì　　闪失 shī—善事 shì

4. 阳平与上声对比练习：

好麻 má—好马 mǎ　　土肥 féi—土匪 fěi

战国 guó—战果 guǒ　　小乔 qiáo—小巧 qiǎo

返回 huí—反悔 huǐ　　老胡 hú—老虎 hǔ

牧童 tóng—木桶 tǒng　　大学 xué—大雪 xuě

菊 jú 花—举 jǔ 花　　直 zhí 绳—纸 zhǐ 绳

白 bái 色—百 bǎi 色　　洋 yáng 油—仰 yǎng 游

琴 qín 室—寝 qǐn 室　　情 qíng 调—请 qǐng 调

骑 qí 马—起 qǐ 码　　油 yóu 井—有 yǒu 井

5. 阳平与去声对比练习：

大麻 má—大骂 mà　　小格 gé—小个 gè

正直 zhí—政治 zhì　　发愁 chóu—发臭 chòu

布娃 wá—布袜 wà　　斗奇 qí—斗气 qì

同情 qíng—同庆 qìng　　荆棘 jí—经纪 jì

瓷 cí 碗—次 cì 碗　　白 bái 军—败 bài 军

肥 féi 料—废 fèi 料　　协 xié 议—谢 xiè 意

凡 fán 人—犯 fàn 人　　钱 qián 款—欠 qiàn 款

糖 táng 酒—烫 tàng 酒	壶 hú 口—户 hù 口
阻 zǔ 止—住 zhù 止	执 zhí 照—制 zhì 造
职 zhí 责—智 zhì 者	兵棋 qí—兵器 qì
被俘 fú—被覆 fù	时 shí 节—世 shì 界

6. 上声与去声对比练习：

指 zhǐ 挥—智 zhì 慧	主 zhǔ 攻—助 zhù 攻
总 zǒng 队—纵 zòng 队	毁 huǐ 伤—会 huì 上
保 bǎo 障—报 bào 账	模拟 nǐ—莫逆 nì
伤死 sǐ—丧事 shì	仓储 chǔ—仓促 cù
指 zhǐ 导—制 zhì 导	前委 wěi—前卫 wèi
字母 mǔ—字幕 mù	指使 shǐ—指示 shì
简 jiǎn 洁—间 jiàn 接	松鼠 shǔ—松树 shù
棘手 shǒu—寄售 shòu	矫 jiǎo 正—校正 jiào
启 qǐ 迪—汽 qì 笛	劝解 jiě—劝诫 jiè
史 shǐ 诗—事 shì 实	展 zhǎn 览—湛 zhàn 蓝

三、多音字对比练习

1. 零声母多音字对比练习：

阿 ā 姨	圩 wéi 子	砖瓦 wǎ	尾 wěi 巴
阿 ē 胶	圩 xū 场	瓦 wà 刀	马尾 yǐ
哑 yā 哑	殷 yān 红	叶 yè 落	惩艾 yì
哑 yǎ 场	殷 yīn 实	叶 xié 韵	艾 ài 草
倾轧 yà	要 yāo 求	挨 āi 次	熬 āo 煮
轧 zhá 钢	要 yào 领	挨 ái 打	熬 áo 夜
区 ōu 姓	拗 ào 口	尉 wèi 官	熨 yù 帖
区 qū 域	执拗 niù	尉 yù 迟	熨 yùn 斗
寄与 yǔ	燕 yān 国	疟 nüè 疾	蔓 màn 延
参与 yù	燕子 yàn	发疟 yào 子	瓜蔓 wàn
应 yīng 届	雇佣 yōng	为 wéi 人	头晕 yūn
应 yìng 付	佣 yòng 金	为 wèi 了	光晕 yùn
恶 ě 心	咽 yān 喉	龟 jūn 裂	星宿 xiù
恶 è 果	咽 yàn 气	乌 wū 龟	半宿 xiǔ
可恶 wù	哽咽 yè	龟 qiū 兹	宿 sù 舍
呼吁 yù	汤匙 chí		
吁 yū(吆喝牲口)	钥 yào 匙 shi		
长吁 xū 短叹	锁钥 yüè		

2. 双唇音 b、p、m 声母多音字对比练习：

扁 biǎn 担	识 shí 别	把 bǎ 门	泡 pāo 子
扁 piān 舟	标识 zhì	把 bà 子	泡 pào 沫
分泌 mì	别 bié 致	瘪 biē 三	复辟 bì
泌 bì 阳	别 biè 扭	干瘪 biě	开辟 pì
便 biàn 饭	扒 bā 开	蛤蚌 bàng	纸薄 báo
便 pián 宜	扒 pá 手	蚌 bèng 埠	单薄 bó
手臂 bì	黄骠 biāo 马	剥 bō 削	老伯 bó
胳臂 bei	骠 piào 勇	剥 bāo 皮	大伯 bǎi 子
奢靡 mí	摩 mó 擦	排 pái 除	心广体胖 pán
披靡 mǐ	摩 mā 挲(sa)	排 pǎi 子车	肥胖 pàng
刨 páo 土	炮 páo 制	缥 piāo 缈	前仆 pū 后继
刨 bào 床	高炮 pào	缥 piǎo 青白色	仆 pú 从
俭朴 pǔ	瀑 pù 布	撇开 piē	一曝 pù 十寒
朴 pō 刀	瀑 bào 河(水名)	撇嘴 piě	曝 bào 光
埋 mái 伏	流氓 máng	眯 mí 眼(迷眼)	背 bēi 包
埋 mán 怨	氓 méng(古指百姓)	眯 mī 眼(合眼)	背 bèi 后
漂 piāo 流	碉堡 bǎo	秘 bì 鲁	绸缪 móu
漂 piǎo 白	瓦窑堡 bǔ	秘 mì 密	纰缪 miù
漂 piào 亮	十里堡 pù	秘 bèi 姓	缪 miào 姓

3. 舌尖中音 d、t 声母对比练习：

吐 tǔ 气	通 tōng 俗	挑 tiāo 选	倒 dǎo 台
呕吐 tù	一通 tòng	挑 tiǎo 拨	倒 dào 叙
答 dā 理	大 dà 夫	当 dāng 天	颠倒 dǎo
报答 dá	大 dài 夫	当 dàng 天	倒退 dào
都 dōu 是	采掇 duō	粮囤 dùn	杂沓 tà
都 dū 市	掂掇 duo	囤 tún 积	疲沓 ta
苔 tái 藓	调 tiáo 皮	逮 dǎi 住	提 dī 防
舌苔 tāi	调 diào 换	逮 dài 捕	提 tí 包
担 dān 搁	弹 dàn 丸	妥帖 tiē	单 dān 独
担 dàn 子	弹 tán 簧	请帖 tiě	单 chán 于
		字帖 tiè	单 shàn 县

的 dí 确	得 dé 意
目的 dì	写得 de 好
好的 de	得 děi 亏

4. 边音鼻音 n、l 多音字对比练习：

宁 níng 静	烂泥 ní	为难 nán	哥俩 liǎ
宁 nìng 可	拘泥 nì	责难 nàn	伎俩 liǎng
蓝 lán 图	烙 lào 印	勒 lè 令	擂 léi 鼓
苤蓝 lan	炮烙 luò	勒 lēi 紧	擂 lèi 台
蠡 lí 测	跳踉 liáng	潦 liáo 草	淋 lín 浴
蠡 lǐ 县	踉 liàng 跄	积潦 liǎo	淋 lìn 硝
玩弄 nòng	袅娜 nuó	顺口溜 liū	佝偻 lóu
弄 lòng 堂	安娜 nà	一溜 liù 烟	伛偻 lǚ
蒸馏 liú	镏 liú 金	碌 liù 碡	牢笼 lóng
馏 liù 饭	金镏 liù	庸碌 lù	笼 lǒng 络
露 lù 天	捋 lǚ 胡子	绿 lǜ 地	经络 luò
露 lòu 头	捋 luō 袖子	绿 lù 林	络 lào 子
粘 zhān 贴	凉 liáng 拌	论 lún 语	欢乐 lè
粘 nián 稠	凉 liàng 一凉	论 lùn 理	音乐 yuè
累 léi 赘	落 là 下	拖拉 lā	测量 liáng
累 lěi 及	落 lào 枕	拉 lá 呱	较量 liàng
劳累 lèi	落 luò 空	半拉 lǎ	打量 liang
拧 níng 手巾			
拧 nǐng 螺丝			
脾气拧 nìng			

5. 舌面音 j、q、x 声母多音字练习：

雪茄 jiā	巷 hàng 道	假 jiǎ 若	悄 qiāo 悄
茄 qié 子	街巷 xiàng	假 jià 日	悄 qiǎo 然
教 jiāo 书	病菌 jūn	茶几 jī	倔 jué 强
教 jiào 员	香菌 jùn	几 jǐ 和	脾气倔 jüè
血 xiě 晕	曲 qū 线	纪 jǐ 姓	将 jiāng 就
流血 xüè	曲 qǔ 调	纪 jì 律	将 jiàng 领
联系 xì	结 jiē 巴	切 qiē 磋	拮据 jū
系 jì 鞋带	结 jié 业	切 qiè 身	约据 jù
鲜 xiān 艳	相 xiāng 处	间 jiān 架	降 jiàng 落
鲜 xiǎn 见	相 xiàng 貌	间 jiàn 隙	降 xiáng 伏
臭 chòu 虫	奇 jī 偶	通缉 jī	济 jǐ 济
乳臭 xiù	奇 qí 异	缉 qī 鞋口	救济 jì
偈 jì 语	夹 jiā 攻	嚼 jiáo 舌	侥 jiǎo 幸

偈 jié(勇武)	夹 jiá 裤	咀嚼 jué	僬侥 yáo
根脚 jiǎo	围剿 jiǎo	芥 jiè 末	慰藉 jiè
脚 jué 儿	剿 chāo 袭	芥 gài 蓝	狼藉 jí
仅 jǐn 有	咀 jǔ 嚼	矩 jǔ 形	两栖 qī
仅 jìn 万	咀 zuǐ(嘴)	规矩 ju	栖栖 xī
蹊 qī 跷	稽 qí 首	翘 qiáo 首	荨 qián 麻(书)
蹊 xī 径	滑稽 jī	翘 qiào 舌	荨 xún 麻疹(口)
欠 qiàn 缺	镪 qiāng 水	吓 xià 唬	角 jiǎo 落
呵欠 qian	银镪 qiǎng	威吓 hè	角 jué 色
校 xiào 官	卡 qiǎ 滞	畜 xù 牧	光纤 xiān
校 jiào 对	卡 kǎ 车	畜 chù 牲	纤 qiàn 夫
强 jiàng 嘴	趄 qiè 坡儿	雀 què 斑	解 jiě 答
强 qiáng 调	趔趄 qie	雀 qiāo 子	解 jiè 送
强 qiǎng 迫	趑 zī 趄 jū	家雀 qiǎo 儿	解 xiè 姓

6. 舌根音 g、k、h 声母多音字对比练习：

会 huì 合	虾 há 蟆	空 kōng 话	供 gōng 应
财会 kuài	对虾 xiā	空 kòng 白	供 gòng 认
号 háo 叫	喝 hē 水	荷 hé 花	钢 gāng 铁
号 hào 召	喝 hè 彩	荷 hè 重	钢 gàng 一钢
旗杆 gān	瓜葛 gé	皮革 gé	给 gěi 以
枪杆 gǎn	姓葛 gě	病革 jí	补给 jǐ
估 gū 计	骨 gū 碌	谷 gǔ 雨	加冠 guān
估 gù 衣	骨 gǔ 干	吐谷 yù 浑	冠 guàn 军
坷 kē 垃	贝壳 ké	可 kě 恨	克 kè 扣
坎坷 kě	地壳 qiào	可 kè 汗	克 kēi(申斥)
溃 kuì 败	晃 huǎng 眼	美好 hǎo	看 kān 家
溃 kui(殨)	摇晃 huàng	爱好 hào	看 kàn 望
桧 guì(树名)	过 guō 姓	可汗 hán	引吭 háng 高歌
桧 huì(人名)	经过 guò	汗 hàn 颜	吭 kēng 声
乱哄 hōng 哄	枸 gǒu 杞	哈 hǎ 达	
哄 hǒng 骗	枸 gōu 橘	哈 hà 什玛	
起哄 hòng	枸 jǔ 橼	哈 hā 萨克	

7. 平翘舌声母多音字对比练习：

创 chuāng 伤	稍 shāo 微	储藏 cáng	记载 zǎi
创 chuàng 造	稍 shào 息	宝藏 zàng	装载 zài

撒 sā 娇	择 zé 交	钻 zuān 探	似 sì 乎
撒 sǎ 施	择 zhái 菜	钻 zuàn 石	似 shì 的
刹 chà 那	丧 sāng 事	擅长 cháng	什 shí 锦
刹 shā 车	丧 sàng 失	增长 zhǎng	什 shén 么
炸 zhá 糕	栅 zhà 栏	颤 zhàn 栗	重 zhòng 托
爆炸 zhà	栅 shān 极	颤 chàn 动	重 chóng 复
颜色 sè	传 chuán 奇	朝 cháo 代	杉 shā 木
掉色 shǎi	传 zhuàn 记	朝 zhāo 气	红杉 shān
扇 shān 风	少 shǎo 数	冲 chōng 突	脏 zāng 话
门扇 shàn	少 shào 壮	冲 chòng 床	脏 zàng 腑
种 zhǒng 子	处 chǔ 理	中 zhōng 听	懒散 sǎn
种 zhòng 植	处 chù 所	命中 zhòng	拆散 sàn
山楂 zhā	嘲 cháo 讽	枞 cōng 树	爪 zhǎo 牙
考查 chá	嘲 zhāo 哳 zhā	枞 zōng 阳	爪 zhuǎ 子
场 cháng 院	作 zuō 坊	照片 piān	禅 chán 师
场 chǎng 地	工作 zuò	片 piàn 段	封禅 shàn
车 chē 马	澄 chéng 清	绰 chuò 约	伺 cì 候
车 jū(棋类)	澄 dèng 清	绰 chāo 起	伺 sì 机
攒 cuán 动	煞 shā 尾	广厦 shà	缩 suō 小
积攒 zǎn	煞 shà 白	厦 xià 门	缩 sù 砂
桑葚 shèn(书)	游说 shuì	毛遂 suì	扫 sǎo 地
桑葚 rèn 儿(口)	说 shuō 话	半身不遂 suí	扫 sào 帚
包扎 zā	数 shǔ 九	高着 zhāo	差 chā 错
驻扎 zhā	报数 shù	着 zháo 急	差 chà 劲
挣扎 zhá	频数 shuò	着 zhuó 想	出差 chāi
			参差 cī

8. f、h 声母多音字对比练习：

风发 fā	牌坊 fāng	芳菲 fēi	积分 fēn
理发 fà	磨坊 fáng	菲 fěi 薄	处分 fèn
缝 féng 纫	豁 huō 口	说服 fú	号 háo 叫
缝 fèng 隙	豁 huò 达	服 fù(付)(指中药)	号 hào 召
审核 hé	哗 huā 啦	划 huá 算	还 hái 是
核 hú 儿	哗 huá 然	划 huà 一	还 huán 原
混 hún 蛋	模糊 hū		
混 hùn 淆	糊 hú 涂		

面糊 hù

9. o、e、uo 韵母多音字对比练习：

揣度 duó	颠簸 bǒ	念佛 fó	停泊 bó
过度 dù	簸 bò 箕	仿佛 fú	湖泊 pō
迫 pǎi 击炮	萝卜 bo	一丘之貉 hé	脉 mò 脉
迫 pò 降	占卜 bǔ	貉 háo 子	脉 mài 络
朴 pò 硝	赤膊 bó	琢 zuó 磨 mo	舍 shě 弃
朴 piáo 姓	胳膊 bo	琢 zhuó 磨 mó	校舍 shè
一撮 cuō 儿	一合 gě 米	磨 mó 难	胳 gē 膊
一撮 zuǒ 毛	合 hé 作	石磨 mò	胳 gā 肢窝
抹 mā 布	折 zhē 腾	阻塞 sè	和 hé 谐
抹 mǒ 杀	折 shé 本	活塞 sāi	应和 hè
抹 mò 墙	折 zhé 价	塞 sài 外	和 hú 牌
			和 huó 面
			和 huò 药
			掺和 huo

10. 前鼻韵、后鼻韵多音字对比练习：

称 chèn 心	应 yīng 当	正 zhēng 月	干劲 jìn
称 chēng 赞	应 yìng 答	正 zhèng 点	强劲 jìng
盛 chéng 饭	曾 céng 经	奔 bēn 波	尽 jǐn 快
盛 shèng 会	曾 zēng 孙	投奔 bèn	尽 jìn 职
屏 bǐng 气	更 gēng 换	闷 mēn 热	时兴 xīng
屏 píng 幕	更 gèng 加	闷 mèn 倦	扫兴 xìng
颈 jǐng 项	亲 qīn 近	任 rén 姓	反省 xǐng
脖颈 gěng	亲 qìng 家	任 rèn 务	省 shěng 份
涨 zhǎng 落	横 héng 行	症 zhēng 结	不禁 jīn
泡涨 zhàng	蛮横 hèng	症 zhèng 状	严禁 jìn
蒙 mēng 骗	喷 pēn 泉	举行 xíng	
蒙 méng 蔽	喷 pèn 香	行 háng 市	
蒙 měng 族	嚏喷 pen	树行 hàng 子	
		道行 héng	

思考与练习

1. 请用各自的方言读以下两首诗，比较各方言发音异同，并思考原因。

江雪

柳宗元

千山鸟飞绝，万径人踪灭。

孤舟蓑笠翁，独钓寒江雪。

绝句

杜甫

两个黄鹂鸣翠柳，一行白鹭上青天。

窗含西岭千秋雪，门泊东吴万里船。

2. 请给下面的几组词用汉语拼音标出它们的普通话读音，并读出来。

第一组：

被俘—佩服	毕竟—僻静	背脊—配给	备件—配件
火爆—火炮	七遍—欺骗	盗取—套取	吊车—跳车
赌注—土著	调动—跳动	千年—牵连	恼怒—老路
允诺—陨落	难住—拦住	门内—门类	南部—蓝布
蜗牛—涡流	无奈—无赖	骨干—苦干	河谷—何苦
歌谱—科普	工匠—空降	个体—客体	感伤—砍伤
开方—开荒	防空—航空	幅度—弧度	理发—理化
复员—互援	防止—黄纸	开发—开花	初犯—出汗
公费—工会	飞机—灰鸡	仿佛—恍惚	发现—花线
欢呼—反复	粉尘—很沉	伏案—湖岸	经常—清偿
手脚—手巧	迹象—气象	激励—凄厉	积压—欺压
集权—齐全	居室—趋势	简陋—浅陋	咀嚼—取决
自立—智力	栽花—摘花	私人—诗人	散光—闪光
俗语—熟语	死命—使命	姿势—知识	暂时—战时
增收—征收	桑叶—商业	食宿—实数	推辞—推迟

第二组：

自治	尊重	增长	作主	杂志	再植	资助
自重	罪状	宗旨	遵照	坐镇	作战	总之
制造	转载	追踪	振作	正宗	准则	种子
知足	职责	沼泽	种族	装载	正在	主宰
蚕虫	操场	财产	擦车	促成	采茶	残喘
草创	磁场	仓储	辞呈	操持	错处	彩绸
炒菜	尺寸	陈词	差错	纯粹	初次	
船舱	场次	春蚕	除草	揣测	陈醋	储藏
松树	宿舍	算术	损失	三山	似是	丧失
诉说	琐事	素食	随时	所属	私塾	散失

收缩　神速　哨所　殊死　申诉　疏松　山色
深思　上司　胜似　输送　生死　世俗　绳索
第三组：
爱戴　采摘　肥美　配备　懊恼　操劳　骚扰　丑陋　兜售　假牙　压价　结业
铁屑　挂花　耍滑　雀跃　吊销　疗效　久留　求救　外快　怀揣　垂危　归队
参战　反感　门诊　人参　近邻　拼音　军训　均匀　艰险　浅显　源泉　轩辕
昆仑　苍茫　当场　商场　承蒙　萌生　声称　经营　命令　轰动　水瓮　汹涌

3．请用普通话朗读郁达夫的《故都的秋》片段。

秋天，无论在什么地方的秋天，总是好的；可是啊，北国的秋，却特别地来得清，来得静，来得悲凉。我的不远千里，要从杭州赶上青岛，更要从青岛赶上北平来的理由，也不过想饱尝一尝这“秋”，这故都的秋味。

江南，秋当然也是有的，但草木凋得慢，空气来得润，天的颜色显得淡，并且又时常多雨而少风；一个人夹在苏州上海杭州，或厦门香港广州的市民中间，混混沌沌地过去，只能感到一点点清凉，秋的味，秋的色，秋的意境与姿态，总看不饱，尝不透，赏玩不到十足。秋并不是名花，也并不是美酒，那一种半开、半醉的状态，在领略秋的过程上，是不合适的。

不逢北国之秋，已将近十余年了。在南方每年到了秋天，总要想起陶然亭的芦花，钓鱼台的柳影，西山的虫唱，玉泉的夜月，潭柘寺的钟声。在北平即使不出门去吧，就是在皇城人海之中，租人家一椽破屋来住着，早晨起来，泡一碗浓茶，向院子一坐，你也能看得到很高很高的碧绿的天色，听得到青天下驯鸽的飞声。从槐树叶底，朝东细数着一丝一丝漏下来的日光，或在破壁腰中，静对着像喇叭似的牵牛花（朝荣）的蓝朵，自然而然地也能够感觉到十分的秋意。说到了牵牛花，我以为以蓝色或白色者为佳，紫黑色次之，淡红色最下。最好，还要在牵牛花底，叫长着几根疏疏落落的尖细且长的秋草，使作陪衬。

北国的槐树，也是一种能使人联想起秋来的点缀。像花而又不是花的那一种落蕊，早晨起来，会铺得满地。脚踏上去，声音也没有，气味也没有，只能感出一点点极微细极柔软的触觉。扫街的在树影下一阵扫后，灰土上留下来的一条条扫帚的丝纹，看起来既觉得细腻，又觉得清闲，潜意识下并且还觉得有点儿落寞，古人所说的梧桐一叶而天下知秋的遥想，大约也就在这些深沉的地方。

秋蝉的衰弱的残声，更是北国的特产，因为北平处处全长着树，屋子又低，所以无论在什么地方，都听得见它们的啼唱。在南方是非要上郊外或山上去才听得到的。这秋蝉的嘶叫，在北方可和蟋蟀耗子一样，简直像是家家户户都养在家里的家虫。

还有秋雨哩，北方的秋雨，也似乎比南方的下得奇，下得有味，下得更像样。

在灰沉沉的天底下，忽而来一阵凉风，便息列索落地下起雨来了。一层雨过，云渐渐地卷向了西去，天又晴了，太阳又露出脸来了，着着很厚的青布单衣或夹袄的都市闲人，咬着烟管，在雨后的斜桥影里，上桥头树底下去一立，遇见熟人，便会用了缓慢悠闲的声调，微叹着互答着地说：

"唉,天可真凉了——"(这了字念得很高,拖得很长。)

"可不是吗?一层秋雨一层凉了!"

北方人念阵字,总老像是层字,平平仄仄起来,这念错的歧韵,倒来得正好。

北方的果树,到秋天,也是一种奇景。第一是枣子树,屋角,墙头,茅房边上,灶房门口,它都会一株株地长大起来。像橄榄又像鸽蛋似的这枣子颗儿,在小椭圆形的细叶中间,显出淡绿微黄的颜色的时候,正是秋的全盛时期,等枣树叶落,枣子红完,西北风就要起来了,北方便是沙尘灰土的世界,只有这枣子、柿子、葡萄,成熟到八九分的七八月之交,是北国的清秋的佳日,是一年之中最好也没有的 Golden Days。

有些批评家说,中国的文人学士,尤其是诗人,都带着很浓厚的颓废的色彩,所以中国的诗文里,赞颂秋的文字的特别的多。但外国的诗人,又何尝不然?我虽则外国诗文念的不多,也不想开出帐来,做一篇秋的诗歌散文钞,但你若去一翻英德法意等诗人的集子,或各国的诗文的 Anthology 来,总能够看到许多并于秋的歌颂和悲啼。各著名的大诗人的长篇田园诗或四季诗里,也总以关于秋的部分,写得最出色而最有味。足见有感觉的动物,有情趣的人类,对于秋,总是一样地特别能引起深沉,幽远、严厉、萧索的感触来的。不单是诗人,就是被关闭在牢狱里的囚犯,到了秋天,我想也一定能感到一种不能自已的深情,秋之于人,何尝有国别,更何尝有人种阶级的区别呢?不过在中国,文字里有一个"秋士"的成语,读本里又有着很普遍的欧阳子的《秋声》与苏东坡的《赤壁赋》等,就觉得中国的文人,与秋和关系特别深了,可是这秋的深味,尤其是中国的秋的深味,非要在北方,才感受得到底。

南国之秋,当然也是有它的特异的地方的,比如廿四桥的明月,钱塘江的秋潮,普陀山的凉雾,荔枝湾的残荷等等,可是色彩不浓,回味不永。比起北国的秋来,正像是黄酒之与白干,稀饭之与馍馍,鲈鱼之与大蟹,黄犬之与骆驼。

秋天,这北国的秋天,若留得住的话,我愿把寿命的三分之二折去,换得一个三分之一的零头。

一九三四年八月在北平

(郁达夫著:《故都的秋》,云南人民出版社 2016 年版。)

本章推荐书目

1. 黄伯荣,廖序东:《现代汉语》,高等教育出版社 2002 年版。

2. 王力:《汉语语音史》,中华书局 2014 年版。

3. 周有光:《汉语拼音文化津梁》,生活·读书·新知三联书店 2007 年版。

4. 唐作藩:《音韵学教程》,北京大学出版社 2016 年版。

5. 李小凡,项梦冰:《汉语方言学基础教程》,北京大学出版社 2013 年版。

6. 国家语言文字工作委员会培训测试中心:《普通话水平测试实施纲要》,商务印书馆 2001 年版。

第十六章　字　词　句

当前,在大学校园里,语言学习的热点多集中在外语方面,认为"学好外语可以锻炼思维能力、找到一份好工作、开启考研之门、铺平出国之路"。强调学习外语固然是件好事,但作为母语的汉语常常被冷落而引发的种种不良后果,又不能不令人担忧!大学校园里的宣传栏、学生作业、毕业论文中的错字病句、生造词语等不规范的语言文字现象随处可见,努力提高大学生汉语言文字应用能力已经迫在眉睫了!一个汉语言能力不达标的大学生不仅不是合格的大学生,今后也很难在职业发展上取得成绩,因此,大学生要重视汉语语言知识的学习,学好、用好更要用精汉语文字、词汇和语法知识,努力提升自身的职业素养和核心竞争力。

第一节　汉字、词汇

一、优美而神奇的汉字

汉字是记录汉语的书写符号系统,是汉民族在长期的生产实践中创造出来的,是世界上最古老的四大自源文字中唯一沿用至今的文字。世界上的文字,根据其记录语言方式的不同,可以分为拼音文字和非拼音文字两大类。我们所熟知的英文、法文等文字属于拼音文字,语音和字形结构之间有对应关系,而汉字属于非拼音文字,汉字音节中的音素与字形结构没有对应关系。汉字是独特的,透过汉字的形体,我们能够窥视到古代先民的生活方式、风俗习惯和思想意识等等。

（一）汉字的发展历史

1. 汉字的起源

迄今为止,有关汉字起源的文献记载最早来自周秦的典籍。历史上有关汉字起源的记载大多是传说,有的还带有神话色彩,其中,影响比较大的有结绳说、契刻说、八卦说、仓颉造字说和图画说等。

(1) 结绳说和契刻说

在汉字产生以前,人们用实物记事以帮助记忆,结绳和契刻是其中的重要手段。《易经·系辞》记载:"上古结绳而治,后世圣人易之以书契。百官以治,万民以察,盖取诸夬。"关于结绳的方法,《周易正义》引《虞郑九家易》记载:"古者无文字,其有约誓之事,事大大结其绳,事小小结其绳,结之多少,随物众寡。各执以相考,亦足以相治也。"结绳和契刻是用来提示的记事方法(如图 16-1),历史上很多国家和民族都普遍使用过,其本身不具备文字的性质,不能发展成为文字。

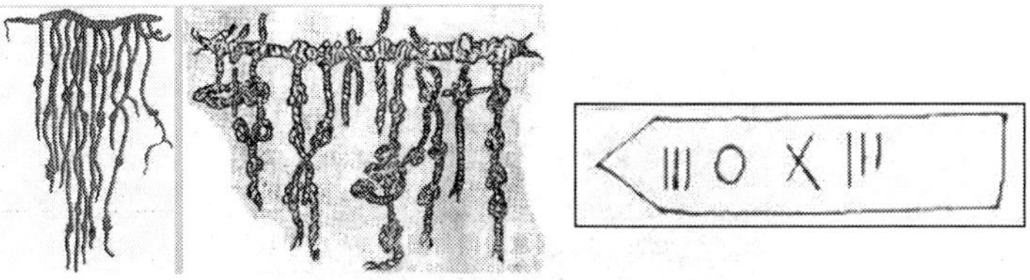

图 16-1　结绳记事和契刻记事

(2) 八卦说

孔安国《尚书》序中记载:“古者庖牺氏之王天下也,始画八卦,造书契,以代结绳之政,由是文籍生焉。”也就是说,伏羲氏发明了用来表示世界万物的八卦符号,八卦的出现代替了结绳记事,是文字的开端。八卦,是用两种最基本的符号,“—”代表阳,叫阳爻;“－－”代表阴,叫阴爻。每卦由三个爻组合而成,共有八种最基本的形式(如图 16-2)。八卦比起结绳,其形式更趋整齐,其意义更趋复杂。主张者认为它们是“通神明之德,类万物之情”的一种记事符号,究竟这种符号怎样演变成文字的,八卦说没有任何解释。

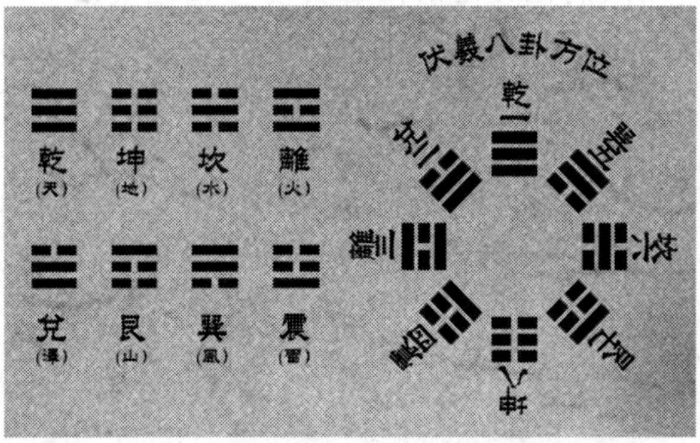

图 16-2　八卦

(3) 仓颉造字说

仓颉造字说在战国时已流行。《吕氏春秋・君守》说:“奚仲作车,仓颉作书,后稷作稼,皋陶作刑。”《荀子》《韩非子》也有关于仓颉造字的记载。到了秦汉时代,仓颉造字说流传更广,影响更深。《淮南子・本经训》有“昔者仓颉作书而天雨粟,鬼夜哭”的传说。

仓颉到底是什么人呢?传说他是黄帝的史官,黄帝是古代中原部落联盟的领袖,由于社会进入较大规模的部落联盟阶段,联盟之间外交事务日益频繁,故迫切需要建立一套各盟联共享的交际符号,于是搜集及整理共享文字的工作便交在史官仓颉(如图 16-3)的手上了。现代学者们普遍认为,仓颉如果确有其人,也应该只是文字的整理者或颁布者,而不可能是创造者。

图 16-3　仓颉画像

(4) 图画说

随着社会的发展,实物记事已很难满足记录的需求,抽象性的符号便应运而生。在结绳、契刻等实物记事之后,先民们又创造了图画记事的方法(如图 16-4)。现代学者认为汉字真正起源于原始图画,当人们把特定的图画符号与相应的语音固定起来时,便形成了真正意义上的文字。考古学家和文字学家发现很多出土文物上的刻划图形,很可能与文字有渊源。

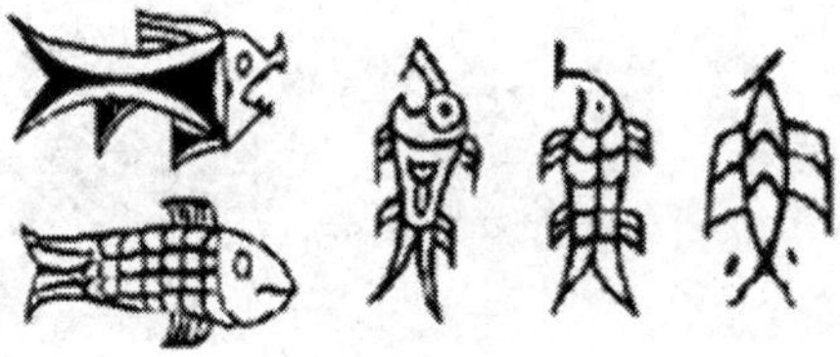

(a)　(b)　(c)

图 16-4　文物上的刻划图形

(a) 西安半坡遗址出土的仰韶文化彩陶上的鱼形图案;

(b) 晚商青铜器上的鱼形图案;(c) 古汉字中的鱼字

2. 汉字的形体演变

汉字产生于原始社会末期,至今已经有六千多年的历史,是世界上使用时间最长的文字体系。从最早的商代甲骨文到现在所使用的楷书字,汉字的形体经历了一个漫长的演变过程。为更好地描述不同历史时期汉字的形体特征,通常以各个时代官方的正式字体为主,人为地将汉字形体的演变划分为六个阶段。这六个阶段及其代表字体为:商代的甲骨文、周代的金文、战国时代的金石竹帛文(统称战国文字)、秦代的小篆、汉代的隶书、魏晋至今的楷书。以秦汉之际为线,秦代的小篆和小篆以前的字体统为古文字,汉代的隶书和隶书以后的字体统称为今文字。

(1) 甲骨文

甲骨文,又称为殷墟文字、卜辞、契文、殷契等,是商周时代刻写在龟甲和兽骨上的文字,距今约三千年。甲骨文于1899年在河南安阳市郊的小屯村被发现,发现者为被誉为“甲骨之父”的王懿荣。从记录的内容看,甲骨文的主要内容是卜辞,即商代王室占卜记录。从形体上看,甲骨文以象形字、会意字居多,象形字的图画性强;结构尚不固定,同一个字可以有多种写法;甲骨文是以刀为书写工具、以龟甲兽骨(如图16-5)为载体材料,形成甲骨文独特特点:笔画细瘦,线条苍劲,多方笔与直笔,字形瘦长且大小不一。

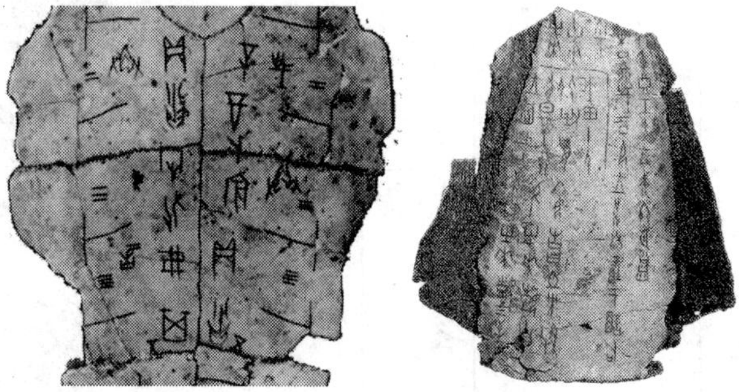

图16-5 龟甲兽骨

(2) 金文

金文,又称铭文或钟鼎文,是铸刻在青铜器上的文字(如图16-6)。金文始于商末,盛于西周,记录的内容多为祀典、赐命、征伐、围猎及契约之事。金文用模范铸就,自身有极强的工艺性。就字体而言,金文象形符号的图画性有所削弱,字形渐趋匀称、整齐、方正,因烧铸而成的缘故,金文笔画丰满粗壮,异体字仍然比较多。在文字构造上,形声字增多,汉字发展的形声化趋势进一步加强。

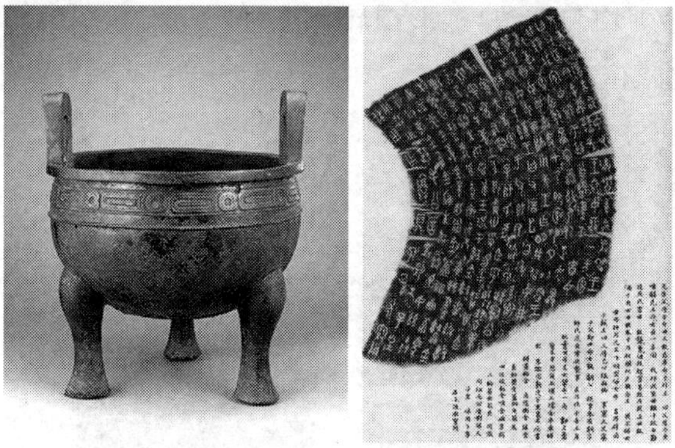

图16-6　毛公鼎上的文字

(3) 战国文字

战国文字是对战国时代周王室和各诸侯国所有品类文字的统称。战国文字的品类很多，有用毛笔写在竹简上的简册文、写在绢帛上的帛书、写在玉片上的盟书墨迹，有铸或刻在铜、铁、器物上的铭文、符节文和货布文，有刻于石上的石刻文，有镌刻在公私印章上的玺印文等等。战国文字的材料众多，字体差异大，无法以一种附着物上的字体作为代表来命名，因此以时代来标称，统称为战国文字。

战国时期由于群雄割据，“诸侯力政，不统于王，恶礼乐之害已而皆去其典籍”(《说文解字》)，导致文字被任意省改，地域性差异较大，各国的字形结构有很大分歧，同一地域国别内部的异写异构现象也很普遍，文字简化倾向十分明显。

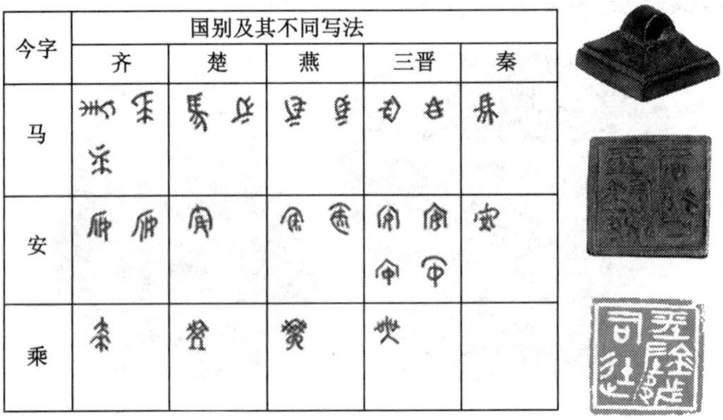

图 16-7　战国文字和战国燕玺

(4) 小篆

小篆由大篆发展而来，是秦统一六国后，实行“书同文”政策时颁行的标准字体。许慎在《说文解字·序》中说：为了尽快改变战国时代言语异声、文字异形的局面，“秦始皇帝初兼天下，丞相李斯乃奏同之。罢其与不秦文合者，李斯作《仓颉篇》、中车府令赵高作《爰历篇》、太史令胡毋敬作《博学篇》，皆取史籀大篆，或颇省改，所谓小篆是也。”小篆以泰山刻石为代表，主要特点是笔画均匀一致，笔形圆转勾连，笔势舒展流畅；形体长圆，大小一致；结构整齐、匀称，偏旁写法、位置趋于定型。

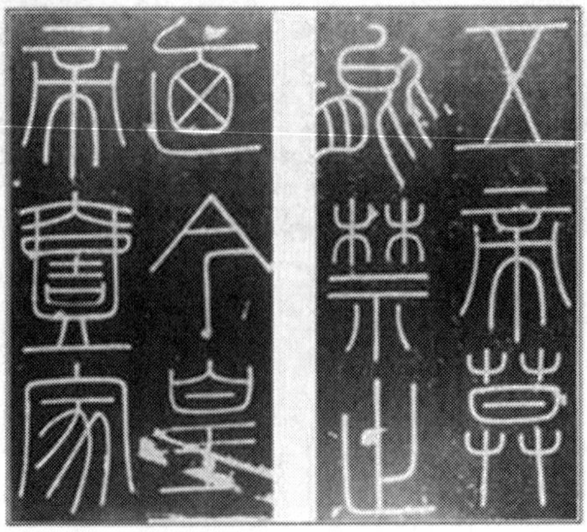

图 16-8　泰山石刻

（5）隶书

隶书，也称佐书、史书、八分，是以点画结构取代篆书的线条结构而使之便于书写的一种字体。隶书产生于秦，在战国时代秦国简俗字的基础上形成。秦代的隶书称秦隶或古隶。到了汉代，字形进一步发展，称为汉隶或今隶，汉隶使汉字结构更趋简化和定型，奠定了现代汉字的基础。

与篆书相比，隶书主要特点为：笔画舒展平直，确立了汉字“横、竖、撇、点、折”的基本笔画；字形由长圆变为扁方；打破篆书的形体结构体系，根据书写方式和结体部位确定构字成分的具体写法，出现了“隶变”。“隶变”是指汉字由篆书变为隶书后，字的形体所发生的“隶分”“隶合”的变化，如图 16-9 所示。

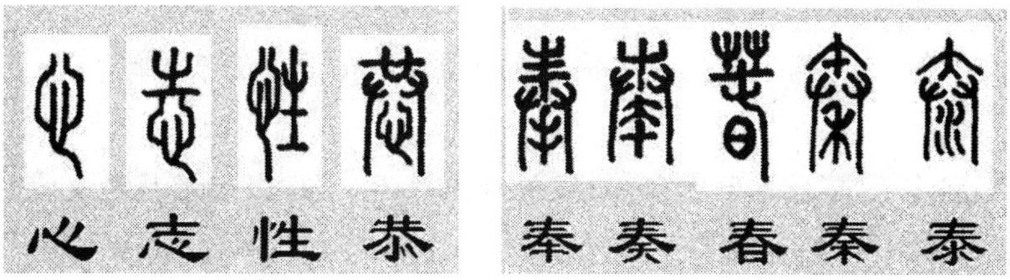

隶分　　　　隶合

图 16-9　隶分和隶合

（6）楷书

楷书又称为真书和正书，“楷”是模范、标准的意思，楷书是在隶书基础上产生的一种规范书体。楷书兴于汉末，盛于魏晋南北朝。楷书的特点是：笔形平直，没有波折；字形变扁方为方正，大小均匀工整。楷书确立了汉字形体规范，一直沿用至今，是通行时间最长的标准字体。图 16-10 是具有代表性的楷书碑文。

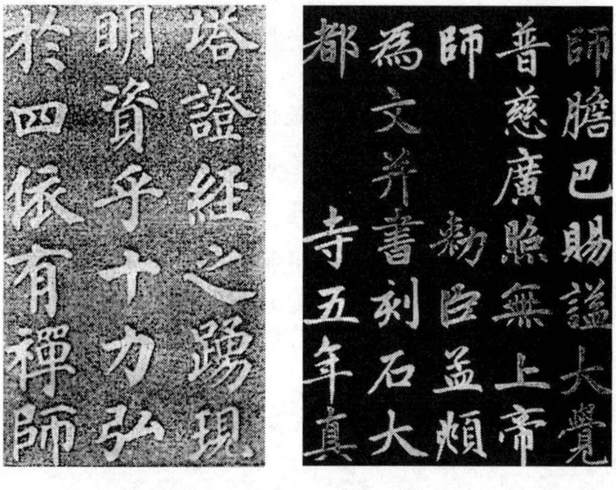

颜真卿：多宝塔碑　　　　赵孟頫：胆巴碑

图 16-10　楷书经典之作

（二）汉字的构造方式

你了解每天都在使用的汉字吗？你有没有想过“牛、本、家、情”为什么要这样写呢？要回答这些问题，就需要我们了解汉字的构造方式。关于汉字的构造方式，传统上有“六书”之说。六书即象形、指事、会意、形声、转注和假借，一般认为前四种为造字方法，后两种为用字方法。

1. 象形

许慎：“象形者，画成其物，随体诘诎，日月是也。”象形即描绘事物形状的造字法。象形字源自图画，但与图画有本质的区别。象形字是构成汉字的基础，汉字的部首基本是象形字。例如：

人，甲骨文字作，像一侧面的人形。

女，甲骨文字作，像两手被捆起来跪着的人形，是女子在父系氏族社会地位低下的一个印证。

眉，甲骨文字作，是合体象形字，如果单画出眉毛，难以表示其意义，所以将连带的“目”也画出来，让人一看就明白了。

2. 指事

许慎：“指事者，视而可识，察而见意，上下是也。”指事是用象征性符号或在象形字上加提示性符号来表示某个意义的造字法。例如数字“一”“二”“三”是采用象征性符号的纯符号指事字，“甘”“本”“刃”是在象形字的基础上加指示符号的加识指事字。例如：

上，甲骨文作，是在凵(坎之本字)的基础上加一短横构成的，表示在坎之上。

甘，甲骨文作，在口内加一点，表示口中含有甘美的食物。

亦，甲骨文，在人的胳膊下加两点，指出腋窝所在。

本，金文作，是在木的基础上加一圆点，表示树根所在之处，故“本”的早期意义应是“树根”。

3. 会意

许慎：“会意者，比类合谊，以见指撝，武信是也。”会意是两个或两个以上象形字或指事字作为偏旁，合成为一个新字的方法。原来的象形字、指事字作为新造字的构成要素，其意义与新造字意义有某种联系，可以意会。会意建立在人们的联想和推理的基础上。例如：

从，金文作，表示两个人一前一后，前后相随。

武，甲骨文，从戈从止。止是趾本字，戈下有脚，表示人拿着武器走，有征伐或显示武力的意思。

休，甲骨文作，从人在木(树)下，表示休息。

涉，甲骨文作，从水从步，像两只脚过河，涉的本义为徒步沥水。

4. 形声

许慎：“形声者，以事为名，取譬相成，江河是也。”形声是由表字义类属的形旁(意符)和表读音的声旁组成新字的方法。形声既表音又表意，兼有两者的优点，具有极高的能产性，现代汉字中形声字占绝大多数。

形旁，也叫意符，是形声字的表意部分。形旁的作用主要有两点：第一，提示字义，表示字的类属意义。如“江、河、湖、海、潮、沟、溪、泊”这组字，形旁“氵”提示这组字意义上都与水有关。第二，区别同音字。现代汉字中同音字很多，而形声字读音相同时，往往具有相同的声旁，此时，区别它们的主要手段就是利用不同的形旁。如“楗、踺、毽、键、健、腱”这一组同音字，读音均为 jian，声旁均是“建”，要区分不同的意义需通过各自不同的形旁，掌握该字的意义类别。

声旁，也叫音符或声符，是形声字的表音部分。声旁的主要作用有两点：第一，提示字的读音，例如“湖、糊、葫、瑚、煳、鹕”这组字的读音，可以由声旁“胡”的读音推知。第二，可以利用声旁区别形近字。如“狼”与“狠”形近，但“狼”的声旁为“良”(liang)，“狠”的声旁为“艮”(gen)，据此可把二字区分开。

5. 转注

许慎：“转注者，建类一首，同意相受，考老是也。”转注字是指部首相同、字义相同或相近，字形和字音不同的一组字。如“老”与“考”，就是一对转注字，它们都属“老部”(所谓建类一首)，许慎对“老”字的解释是“老、考也”“考、老也”(所谓同意相受)。

6. 假借

许慎：“假借者，本无其字，依声托事，令长是也。”假借的基础是读音相同，借者与被借者在意义上毫无联系。例如：表示“没有谁，没有什么”的否定性无定代词，原先没有专门为它造字，借用与之同音的“莫”(本义日暮)字来记录，为了区别，后来人们又在原字基础上增加意符，造了新字“暮”来表示日暮的意思。再如：

我，甲骨文作，是一种有许多利齿的武器，假借为自身代词。

来，甲骨文作，像叶子对生的麦子，顶部的一撇像麦穗，假借为来去之来。

旧，甲骨文作，像一个有冠羽的猫头鹰栖息在巢穴中，假借为新旧的旧。

(三) 正确使用汉字

随着网络语言的流行及外语学习的升温，大学生使用汉语、汉字的能力却呈现下滑态势，大学生语言文字使用的不规范现象随处可见。《国家通用语言文字法》规定：“国家推广普通话，推行规范汉字”。乱造和使用不规范的简体字、滥用繁体字、使用已淘汰的异体字和写错别字，是与语言文字政策相悖的，是不符合现行汉字的字形规范的。作为大学生，我们应自觉维护汉字的规范，正确使用规范汉字。

1. 使用规范汉字

第一，使用简化字，不用繁体字。

1956 年，《汉字简化方案》公布并推行以后，繁体字的使用范围受到限制，即凡面向公众的社会用字必须规范化，要使用国家正式公布的简化字，已经被简化了的繁体字，只能用于古籍整理出版、文物古迹、书法艺术等方面。因此，社会上滥用繁体字的现象显然不符合国家的政策。使用简化字，必须认真学习《简化字总表》的内容，了解第二表规定的类推简化的范围，分辨简化字的细微差别，掌握简化字的笔顺规范，注意简化字的一般用法与特殊用法，防止滥用简化字。

第二，使用正体字，不用异体字。

1955年国家公布了《第一批异体字整理表》，字表按照从俗、从众、书写方便的原则整理异体字，淘汰了一批笔画复杂和不太通行的异体字，减轻了人们的记忆负担。正体字以《第一批异体字整理表》中选用的字为准，与此相对的异体字停止使用，但姓氏用字可以使用被淘汰的异体字。如“仝”作姓不必写作“同”。

第三，掌握规范字形。

《印刷通用汉字字形表》(1965)和《现代汉语通用字表》(1988)中规定的楷书新字体是现代汉字印刷体的标准字体和规范字形，也是语文教学、书面交际、印刷出版、汉字信息处理的字形标准。应该参照新版字典、词典正文前面的“新旧字形对照表”，了解新旧字形的差异，按照权威字表规定的新字形书写汉字，以便准确掌握汉字笔画，提高检字效率。

2. 纠正错别字

错别字现象包括三种情况：写错字、写别字和读错字。写错字是指写得不成字，即规范字典中查不到的汉字。别字也叫“白字”，写别字指把甲字写成乙字。读错字指念错或说错字音。

避免写错、读错汉字，首先是主观上要重视，遇到拿不准的汉字，立即翻查字典或请教他人，及时纠正错误的书写和读音习惯。还可以从字形、字音、字义的角度入手，掌握汉字的字形特征与字音、字义的对应关系，利用有规律的构字部件区别形似字。只要养成了勤查字典的习惯，掌握了汉字的读写规律，就一定能降低错别字的出现几率，提高汉字的使用水平。

二、多姿多彩的词汇

徐通锵说：“语言的组成部分，就其大者言之，就是语音、语义、语汇和语法，它们与社会联系的密切程度有很大的差异，这种差异就是与社会联系的不平衡。联系最直接、最密切的就是语汇和语义，因而语汇和语义对社会发展的反应最灵敏，变化比较快。”①语汇也称词汇，词汇是反映现实社会的一面镜子，特别是新的词汇，更是观察社会生活的晴雨表。社会生活中出现的新事物、新思想和新概念，都会在词汇中得以及时反映，生成新词新语。

(一) 现代汉语词汇的构成

词汇是词语的总汇，是造句的材料。按照词语的性质和作用，词汇可以分为基本词汇和一般词汇两部分，一般词汇又包括新词、古语词、方言词、外来词、行业语、隐语等。

1. 基本词汇

基本词汇是词汇的核心部分，它是在语言的发展变化中最稳定、应用范围最广泛、构词能力最强的那些词语，它和语法规则一起构成了一种语言的基础。任何一种现代语言，词

① 徐通锵：《基础语言学教程》，北京大学出版社2001年版，第300页。

语的数量都要在十万以上，学习一种语言不可能一下子掌握这么多词语，学习语言需要先掌握它的基本词汇中的词语，这些词语是进行社会交际所必需的。

虽然基本词汇的数量不多，但它和人们的生活有着密不可分的关系。例如：

表示数量的词：一、二、三、四、五、十、百、千、万、斤、两、尺、寸等。

表示人体器官和部位的词：头、眼、口、手、脚、肩、背、腰、胸、胃、心、肝、胆等。

表示亲属和社会关系的词：爸爸、妈妈、哥哥、姐姐、弟弟、同志、老师等。

表示动作行为的词：走、跑、站、坐、睡、看、听、想、唱、做、笑等。

表示生活资料的词：耕、种、锄、网、刀、粮、肉、布、房、屋、碗、盆、车、灯等。

表示自然界现象的：风、雨、雷、电、天、地、日、月、星、土、水、火、树、花、草、河、鱼、狗、马、牛、春、夏、秋、冬等。

表示动植物的词：猪、牛、羊、马、鸡、狗、树、草、花、叶等。

表示事物性质状态的词：大、小、高、低、冷、热、厚、薄、长、短、轻、重、粗、细、黑、白、好、坏、硬、软等。

表示方位处所的词：前、后、左、右、上、下、东、西、南、北等。

表示指代关系的词：你、我、他、她、这、那、谁、什么等。

表示程度、范围、关联、语气的词：最、很、都、太、和、跟、或者、因为、吗、了、呢、啊等。

基本词汇具有全民常用性、稳固性、能产性三个主要特征。

第一，全民常用性。指它的流行地域广，使用频率高，为全民所共同理解。基本词汇在使用上，不受阶级、职业、地域、年龄、性别和文化程度等方面的限制，使用非常普遍。

第二，稳固性。语言作为全民交际工具，本身就具有相对稳定性，基本词作为语言的基础、词汇的核心，稳固性特征更加突出。现代汉语中很多基本词，已使用了数千年，基本意义没有发生变化，例如人、门、家、山、水、上、下等等。

第三，能产性。基本词具有极强的构成新词的能力，能作为语素不断地派生出新词。有的基本词同别的成分结合，可以构成数百个词语，比如人、水、天、电等等。

2. 一般词汇

语言中基本词汇以外的词汇为一般词汇。与基本词汇相比，一般词汇没有基本词汇那样的全民常用性，使用的范围比较狭窄，使用的频率也比较低。但是，一般词汇也有其自身的优势，它能够灵敏地反映社会的新变化和新发展，有着丰富的内容和表现方式等。基本词汇与一般词汇是相互依存渗透的，“电子”“革命”两个词原来并不是基本词，现在已变为基本词，“君”“神”因为社会制度的变化退出基本词汇，进入到一般词汇中。

现代汉语的一般词汇包括新词、古语词、方言词、外来词、行业语、隐语等。

(1) 新词

新词是随着社会的发展而创造出来的代表新产品、新现象和新观念的词。由于社会生活的不断发展变化，新的事物、现象和观念层出不穷，它们要进入语言，进入人们的交际，就必须有相应的词来指称，于是，新词就应运而生。例如近些年流行的“房奴”“拍砖”“点赞”

“网红”等。新词不是个人主观随意创造出来的,它必须反映社会现实,适应语言交际的需要,只有这样才能为社会所接受。

(2) 古语词

古语词是指从古代文言著作中吸收到现代汉语普通话中来的词,包括文言词和历史词。

文言词是指在古汉语中产生的、仅在现代汉语的书面语中继续使用的一部分词。文言词所表示的事物、现象或概念,在当今现实生活中依然存在,只不过在现代口语中已经被另外的词语所代替了,而原有的词只在现代汉语的书面语中为了某种特殊需要才会使用,这样的词就成为文言词。例如盘桓、谋面、契阔、顿首、将养等。

历史词表示历史上曾经存在过的事物和现象的词。由于历史词所反映的事物和概念现在已不存在,所以在一般交际中不会用到这些词,只有在特定的语境中涉及到这些历史事物和概念时,才会使用它。例如宰相、尚书、太监、科举、九品、礼部、鼎、鬲、鼐等。

(3) 方言词

方言词从方言中吸收进普通话的词。普通话是以北方方言为基础方言的,同时也会不断地从其他方言中吸收一些有用的成分来丰富自己。如从吴方言中吸收的“尴尬、垃圾、把戏、瘪三”,从湘方言吸收的“里手、过硬、名堂”,从东北话吸收的“鼓捣、歹毒”,从河南话吸收的“磨蹭”等。

但是,普通话中的方言词和存在于各地域方言中的方言词是完全不同的概念。前者是在共同语范围内普遍使用的词,而后者只在本方言范围内使用。各方言中的方言词,只有一小部分可以被吸收到共同语中,成为共同语词汇的组成部分。

(4) 外来词

外来词从外族语言中借用的词,也叫借词。不同的民族、国家之间要互相交往,不同的语言之间会相互影响,就会出现词语的互相借用,各自从外族语、外国语中吸收自己需要的成分。现代汉语外来词按其创制方式可分为音译外来词、音译加意译外来词、音意兼译外来词、字母外来词。

第一,音译外来词。是用汉语的语音形式模仿外语词的发音而用汉字记录下来的外来词。如:咖啡(法语)、扑克(英语)、奥林匹克(英语)、喇嘛(藏语)、哈达(蒙语)。

第二,音译加意译外来词。是把整个词音译之后,再加一个表示义类的汉语语素。例如英语的 beer,音译成“啤”,再加表示义类的“酒”字,成了啤酒。

第三,音意兼译外来词。是把一个外来词分成两半,采用一半音译,一半意译的方式翻译而成的外来词。如:浪漫主义(romanticism),“浪漫”音译,“主义”意译;文化休克(culture shock),“文化”意译,“休克”音译。

第四,字母外来词。是直接借用外文字母(简称)或将其与汉语语素相组合形成的外来词。如:CT——Computerized Tomography,MTV——Music Television。

（5）行业语

行业语是各种行业应用的词语，也称为专有词语。行业语受社会专业范围的限制，但不受地域的限制，同一行业的词语，不论山南海北，意义都是一样的。例如：

用于工业的——切削、冷焊、油压、热处理、模具、钻床；

用于物理的——短波、原子、固态、调频；

用于语言的——音节、音素、音位、语素、合成词；

用于医学界的——内科、外科、化验、理疗、针灸、血压。

行业语虽然是某个行业集团的专门用语，但是随着科学知识的普及、行业与社会生活关系的密切，某些行业用语逐渐具有了全民性，引申出新的意义，从而成为全民熟悉的普通词汇。

（6）隐语

隐语是个别社会集团和秘密组织中的一种只有内部人懂的特殊用语，也称秘密语或黑话。例如：平台——扒窃隐语，即上衣下兜。住医院——犯罪团伙隐语，即被捕。隐语的表现形式一般是广为人知的普通词语，只不过在某集团内部被重新约定为特殊的意义。如果隐语失去了隐秘性，就会等同于或转化为普通词汇，如洗手、挂彩、清一色。

（二）词汇的发展变化

随着社会的不断发展与进步，随着人们实践领域的不断扩展，词汇也在不断发展变化。现代汉语词汇正经历一个大丰富、大变化、大发展的时期，词汇的发展变化主要表现在新词的产生、旧词的消亡和变化、词义的演变三个方面。

1. 新词的产生

新词产生的途径是多方面，主要有新事物产生新造词、已有事物产生新词、词义演变产生新词、词组凝固成词或简缩成词、吸收其他语言或方言的词。

任何新事物、新思潮的出现，都会产生与之相应的词来指称，以满足交际的需要，于是产生了新词，例如计算机、软件等；随着人们认识能力的提高，对已知事物认识的不断加深，为了记录和指称这些新认识，也会创造新词，例如质子、中子、基因、染色体等等；由于现代汉语词双音化的发展趋势要求，很多单音节词和多音节词在交际中产生了双音节形式，也增加了新词，如兵——士兵、对外贸易——外贸；此外，随着使用汉族与其他民族和国家交流的加强，汉语也吸收并产生了大量外来词，例如克隆、托福、按揭、作秀。

新词数量的持续增加是词汇发展的一个普遍规律，特别是改革开放以来，随着社会各方面的飞速发展，新词成倍增加。新产生的词语有以下几个特点：第一，绝大多数是双音节词，占新词总量的 70% 左右，也有部分三音节词，如打工族、标准化、开放度。第二，新词大多数是复合式，以偏正式、联合式和动宾式为主，例如能源、效益、保健。第三，产生一批新词缀和类词缀，词缀化的词语明显增多，例如打工族、上班族、月光族、蚁族等。第四，词语的简称得到了空前发展，占现代汉语词汇相当大的比重，例如博导（博士生导师）、车检（车辆检查）、禁放（禁止燃放鞭炮）等，甚至有些简称已凝固成词，使用频率远远超过原来的全称。

对待新词语,我们应当采取宽容、谨慎的态度,充分肯定健康、生动的词语,指出消极、混乱的词语,逐渐引导新词新语向健康、规范的方向发展,使现代汉语词汇更加多姿多彩。

2. 旧词的消亡和变化

随着社会的发展变化,一些标志旧事物、旧观念的词语,或者逐渐在语言中消失了,或者逐渐缩小使用范围,例如巡抚、乡试、姨太太、童养媳、宪兵、租界等。旧词是一个相对的概念,由于社会变革迅速,因政治经济形势临时需要产生的一些新词,如红卫兵、地主等很快就变成旧词,逐步从日常交际生活中消失。

旧词的变化通常有两种情况:一是旧词词义增多了,人们利用旧词指称新事物、新认识。例如水分、包装、水分现在又指不真实、多余的成分;“包装”又指演员和公司的形象塑造。二是随着人们观念和人际关系的变化,一些曾经退出日常交际过程的词语,又重新复活了,如当铺、股票、老板、先生、经纪人等。

3. 词义的演变

根据所包含的意义的多少,词分为单义词和多义词。单义词的词义演变相对清晰,而多义词的几个意义却并非同时变化,词义演变情况较为复杂。

(1) 词的一个意义的演变

词的一个意义的演变有四种情况,具体为:

第一,词义的深化。词的某一个意义在外延不变的情况下,在内涵方面发生了由简单到复杂、由不正确到正确的变化和发展,例如“云”,《说文》释为“山川之气也”,而《现代汉语词典》释为“由于滴水、冰晶聚集形成的在空气中悬浮的物体”。

第二,词义的扩大。词义所指称的客观事物的范围发生了由小到大的变化,例如“灾”,《说文》释为“天火也”,只指自然发生的火灾,现指称一切灾害。

第三,词义的缩小。词义所指称的客观事物的范围发生了由大到小的变化。例如“臭”原义为“气味”,后来内涵缩小,特指“臭味”,词义缩小了。

第四,词义的转移。词的一个意义的指称外延和内涵均发生变化。表示甲类对象的词转用到指称与之有关的乙类对象。例如“脚”原指“小腿”,现在则指“人或动物的腿的下端,接触地面支持身体的部分”。

(2) 一个词的意义变化

义项是对词的词汇意义的分项说明。一个词的意义变化一般表现为义项的增多和义项的减少两种情况。

第一,义项的增多。一个词在基本义的基础上派生出其他意义,如“缺口”的基本义是“物体上缺掉一块而形成的空隙”,后来又派生出“指经费、物资等短缺的部分”,由一个义项增加到两个义项,也就由单义词变成了多义词。

第二,义项的减少。义项的减少多为某一个新义项派生出之后,原来的义项逐渐被舍弃。如“兵”本义为“兵器”,后来也表示“军队”“士兵”,现在只表示“士兵”的意思。

(三)词汇的规范化

随着社会的发展,词汇的数量越来越多。为了更好地发挥词汇的交际作用,有必要根据词汇的发展规律,确定明确统一的标准,并根据这一标准做好词汇的规范化工作。

1. 词汇规范化的原则

词汇规范化应遵循三个主要原则:第一是必要性,就是说要考虑一个词在普通话词汇中有无存在的必要,在表达上是不是不可少的,例如个体户、审批等;第二是普遍性,即选择人们普遍使用的,例如选择“玉米”,而非“包谷、棒子”;第三是明确性,就是选用意义明确的,容易为人们理解和接受的,例如选择“发动机”而非“马达”、选择“青霉素”而非“盘尼西林”。

2. 词汇规范化的内容

第一,方言词的规范。

现代汉民族共同语的词汇是在北方方言的基础上发展起来的,它包括汉民族共同使用的和逐渐发展为共同使用的词。1955 年现代汉语规范问题学术会议明确规定普通话以北方话为基础方言,但是普通话词汇远比北方方言区任何一个地点方言的词汇都丰富多彩,都更加具有普遍性。因此,普通话词汇的规范不能像语音那样,以一个地点方言为标准,而应以广大的北方话为基础。

近百年来普通话词汇发展得比较快,大量基础方言和非基础方言的词涌进普通话里来,这的确起了丰富普通话词汇的作用,但也给普通话词汇带来一些分歧和混乱。普通话词汇吸收少数方言词语是有原则和条件的,我们运用方言词应注意:可以使用方言中有特殊意义的词,例如搞、名堂、扯皮、垃圾、尴尬等,这类方言词表示的概念,普通话里没有适当词语来表示,需要借入方言词语以弥补不足;舍弃基础方言中过于土俗的词,如陕西话的“婆姨”、北京话的“步辇儿”等;各方言中词义范围大小不同的词,应以北方方言习惯用的含义为准;为表现特殊题材的地方色彩,可以适当使用方言词。

第二,古语词的规范。

古语词的吸收,是丰富现代汉语词汇的一个重要途径。但是应该吸收那些有表现力或适应特殊场合需要的古语词,例如逝世、哀悼、呼吁、秀才、状元之类,反对吸收那些丧失了生命力的词语,反对在写作中滥用古语词。

第三,外来词的规范。

吸收外来词对丰富本民族语言词汇,增强语言表达能力,有积极作用。但是要注意如下三点:一是不要滥用外来词,滥用外来词有损于语言的纯洁,如果能用汉语固有的语素组成词并把意思表达得准确清楚的,就不用外来词,如用“连衣裙”,不用“布拉吉”;用“小提琴”,不用“凡亚铃”。二是统一外来词的汉字书写形式,采用通用式,淘汰其他形式,例如用“托拉斯”,不用“托拉思”。三是吸收外来词,应尽量用意译方式,因为意译更接近民族习惯,便于理解记忆,如用“维生素”,不用“维他命”;用“话筒”不用“麦克风”等。

第二节　语法常识

语言有三个要素：语音、词汇和语法。其中，语音是由人的发音器官发出的、表达一定意义的声音，是语言的物质外壳。词汇，是语言中的语素、词和固定短语以及现成话的集合，是语言的建筑材料。而语法则是语言“建筑体”的建筑法则。

一、语法概述

语法又称文法，是语言中词、短语、句子等语言单位的结构规律，包括词的构造、变化规则和组词成句的规则。语素怎样组合成各种结构的词，词怎样组合成各种短语，短语或词怎样形成各种句子，小单位用什么手段、方式组成大单位，其中都存在着一定的规律。我们理解一个句子，不但要懂得该句子每一个词所表示的词汇意义和语义关系，还要了解语言单位之间的结构关系、组合层次、分布位置以及词类的功能，也就是语法意义。

（一）语法的含义

语法这个术语有两个含义，一个指语言中客观存在的结构规律，即词、短语、句子等语言单位的结构规律。日常交际中，我们所说的每句话都有一定的结构，都是按照一定的结构规则组织而成的。也就是说，每句话中词语怎样搭配、怎样排列，搭配和排列的结果是什么样子，都是遵循一定的规则的。例如：

高梅〔把房间〕打扫得〈干干净净〉。

就词语的搭配说，在这个句子里，“房间”和“把”搭配起来修饰“打扫”“干净”则以“AABB”式重叠补充“打扫”。能够同“把”搭配的，必须是表示人或事物的词语；能够以“AABB”式重叠的，一般是表示性质状态的词语。可以说“把房间”怎么样，却不能说“把收拾”怎么样，可以说“打扫得干干净净”，却不能说“打扫得干净干净”。可见词语能否搭配，词语怎样排列，是有规则的。

语法的另一个含义是指语法研究者对语法结构规律的理性认识与抽象概括、描述，即语法学。语法学是研究、描写语法规律的科学，是对客观存在着的语法系统的认识和说明。

语法包括词法和句法两部分。词法主要是指词的结构方式、词形变化和功能分类的规律。句法主要指短语和句子等语法单位的构成和变化的规则，句法主要包括短语结构规则、句法结构规则、句类、句型、复句、句群等内容。

（二）语法的性质

语法作为语言三个基本要素之一，是具有独特属性的，这些属性也就是语法的特点。

1. 抽象性

抽象性，又称为概括性。“抽象”“概括”是和“具体”相对应的。语法中的任何一条规则都是对于若干具体语言事实加以抽象、概括的结果，任何语法规则都是抽象的而不是具体的。

例如：吃饭、挖土、蒸馒头、搭积木、说汉语、喜欢音乐、讨论问题

这些短语所表达的意义各不相同，但却可以从中概括出“述语＋宾语”的结构特点，表

示支配与被支配的关系。其中述语由动词充当，宾语由体词性词语充当。

2. 稳固性

语言中有两个基础部分，一是语法结构，二是基本词汇，这两者具有很大的稳固性。语法也会随着时间的推移而发展演变，但是语法的变化比词汇、语音的变化缓慢得多，而且语法很难受到外来因素的影响而改变。

语法的稳固性与语法的抽象性密切相关。语法是一个由各种抽象规则构成的有机系统，许多语法手段和语法范畴历经千百年而很少发生变化。例如，语序和虚词在古代汉语和现代汉语中都是重要的语法手段，古代汉语中主语在谓语之前，修饰语在中心语之前，现代汉语也是如此。

3. 民族性

语法的民族性，是说语法规则因语言的民族性而体现出不同的特性。世界上任何语言都是有语法的，哪怕是最原始的语言也是如此。不同语言的语法之间既具有人类语言共同的语法结构规律，同时每种语言的语法又具有鲜明的民族性特点。

汉语语法的民族性特点是在同其他语言的比较中得出的。例如：汉语语法中语序和虚词的运用非常重要，而印欧语常用词尾的形态变化来表示句法功能的变化。汉语是 SVO 型语言，陈述句的一般顺序是"主语＋动词＋宾语"；日语是 SOV 型语言，陈述句的顺序是"主语＋宾语＋动词"等等。

4. 递归性

所谓"递归性"原本是数学上的术语，说的是不同的运算过程可以重复使用同一个规则。借用到语言学上，语法的"递归性"是指各种语法结构的关系是有限的，但是在语言单位的组合过程中，可以反复无限地使用这些有限的规则。

例如：桌子→木头桌子→一张木头桌子→我家的一张木头桌子……

采用名词前边加定语构成偏正结构，再以偏正结构作中心语前边加定语，构成扩展的偏正结构。从理论上讲，一个结构可以被更大的类似结构无限制地替换扩展下去，句法结构因此由简单变得复杂，以满足表达的需要。

（三）现代汉语语法的特点

现代汉语语法的特点，往往是把现代汉语与其他种类的语言对比，或者是把现代汉语同古代汉语相对比。通常情况下，是将现代汉语同西方语言相比，找到汉语语法与西方语言不同的地方，归结出汉语语法的特点。与印欧语相比，汉语语法的特点主要为：不依赖于严格意义的形态变化，而主要借助于语序、虚词等其他的语法手段来表示语法关系和语法意义。具体表现在以下三个方面：

1. 语序和虚词是主要的语法手段

汉语语法没有严格意义上的形态变化，主要借助于语序的变化和虚词来表示语法关系和语法意义。

第一，改变语序可以形成不同的结构关系和语法意义。

例如："不怕辣""辣不怕"和"怕不辣"：不、怕、辣，排列的语序不同，其结构关系分别是：述宾结构、主谓结构、述宾结构。其语义也发生变化，"不怕辣"表示被动地承受，"辣不怕"有勇气主动来承受"辣"，因为这里的话题是明白的，"怕不辣"反映主观上担心的是"不辣"。

第二，虚词的有无和不同虚词的运用可以形成不同的结构关系和语义关系。例如：

小王这个孩子（复指关系）——→小王的这个孩子（偏正关系）

老师的学生（偏正关系）——→老师和学生（联合关系）

某些短语加入虚词后，结构关系虽未改变，但语义却发生变化。例如：

北京饭店——→北京的饭店

十斤鲤鱼——→十斤的鲤鱼

另外，汉语和印欧语言相比，量词丰富及用法复杂也是一个典型特点。

2．词类与句法成分没有对应关系

印欧语中词类的功能比较单纯，词类与句法成分之间存在简单的对应关系。名词只能作主语和宾语，动词只能作谓语，形容词只能作定语和表语，副词只能作状语。但汉语里词类与句法成分之间的关系比较复杂，除了副词主要作状语（少数副词可以作补语）外，其他词类都可以充当多种句法成分。图 16-11 反映了汉语词类和句子成分之间的错综复杂的关系：

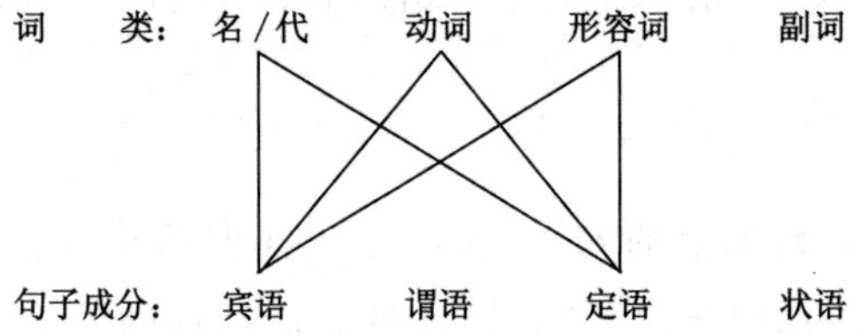

图 16-11　词类和句子成分的关系

3．短语和句子的构造方式基本一致

汉语的短语和句子大都由表 16-1 所示的几种构造方式构造而成的：

表 16-1　常见的几种结构方式

结构方式	短语	句子
主谓结构	我写　花红　灯亮	我写了。花红了。灯亮了。
动宾结构	学汉语　写信　吃饭	来人！抓住他！请用饭。
偏正结构	大人　高举　我的书	你的票！快跑！高点举！
联合结构	读写　高大　我和你	你和她？《儿子、孙子和种子》
中补结构	抬高　说清楚　放好	说清楚！干得非常非常好。

基于这一特点，汉语句子的结构可以以短语为基础，弄清短语的结构模式，就可以基本上把握句子的结构模式。因为短语比句子简短，影响结构构造、分析的因素少，以此为基础，把握汉语句子的结构模式，可以收到以简驭繁的效果。

二、这些错误你是否也有？——病句分析

语法学习，不仅要掌握句子结构的规律，知道句子应当怎样组织，还应该知道句子不应该怎样组织。在学习语法的过程中，应该有意识地加强发现和纠正错误的训练，了解造句时常见的错误，更好地培养理解语言、运用语言的能力。

（一）检查病句的方法

1. 简缩法

所谓简缩法，是把一个句子用中心词分析法分析一遍，即分别找出句子的主干（主谓宾）和枝叶（定状补）。简缩法对成分残缺这种语病是很有效的。例如：

看了这部电影，我们更加对新社会的爱。

该句主语是“我们”，宾语是“爱”，缺少了谓语动词，应改成：“看了这部电影，我们更加加深了对新社会的爱。”

2. 替换法

替换法是将语感上有问题的地方从句子里头抽出来，用其他词语加以替换，看看是不是合适。

例如：美国人买人寿保险是相当普及的。

从语感上会觉得“普及”一词有些拗口，如换成“普遍”就通顺多了，这句话属搭配不当。

3. 语法分析法

语法分析法是最主要也是最准确的方法。可以从两个方面去分析，首先检查句子的结构是否完整、清晰、合理；然后再依次检查成分的搭配、语序、用词等方面是否得当。对于包含多个分句的复句，重点检查分句之间的关系、层次、句序是否合理，表意是否清晰；检查关联词语的使用是否得当。

4. 逻辑分析法

如果一个句子从语法上看不出问题，就应再从逻辑、修辞方面检查，主要看是否合乎事实、情理。逻辑分析就要从概念、判断、推理等方面进行检查，看语句表达是否得当，句义关系是否合适；修辞方面要从修辞是否恰当，表意是否正确考虑。

（二）常见的病句类型

凡是不合语法、逻辑，在内容和结构上有毛病的句子，都属于病句。常见的病句类型有：搭配不当、成分冗缺、语序不当、句式杂糅等。

1. 搭配不当

搭配不当指句子相连成分违反了语法规律或者语言习惯，或在功能上不能组合，或指语义上不能对应。搭配不当往往是由于不理解词义的配合或粗心大意而造成的。这类病句常见的有主语和谓语搭配不当、动词和宾语搭配不当，修饰语（定语、状语、补语）与中心词搭配不当、主语和宾语搭配不当等。

例如：

(1) 虽然家境贫寒，父母多病，但是学习千万不能荒废。

（主语和谓语搭配不当，后一分句中主语“学习”与谓语动词“荒废”不能搭配，可将“学习”改为“学业”。）

（2）读书可以丰富知识和写作水平。

（动词和宾语搭配不当，动词谓语“丰富”，不能与“写作水平”搭配，可删去连词“和”，添上“提高”。）

（3）在生活会上，他能积极接受同学们对他的批评帮助。

（修饰语与中心词搭配不当，句子中状语“积极”与动词“接受”搭配不当，可以将“积极”改为“虚心”。）

（4）这个持续了百余年的国际争端至今得不到国际社会应有的、严厉而有效的支持。（主语和宾语搭配不当，主语“争端”与宾语“支持”不能搭配，可以将“支持”改为“介入”。）

2. 成分冗缺

成分冗缺是指成分多余和成分残缺，成分冗缺会导致句子结构不完整、意思表达不清楚。

第一，成分多余。

例如：

（1）往事的回忆像电影一样一幕一幕地在我眼前映现。

（像电影一样“在我眼前映现”的只能是“往事”，而不是“回忆”，这是在名词主语后面多加一个动词中心语，造成主谓不相应，而使句子不通。）

（2）这份期刊的阅读对象，主要是面向中文专业的研究生、本科生、中小学语文教师及其他语文工作者。

（谓语中动词“面向”是多余的，去掉后语句才通顺。）

（3）为精简字数，这篇文章不得不略加删改一些。

（“略加”与“一些”意思重复，可将“一些”去掉。）

第二，成分残缺。

成分残缺指句子结构不完整，缺少必不可少的成分，表意不清楚明确。这类病句常见的是缺主语、谓语或宾语。

（1）为什么对这种浪费人才的现象，至今未引起有关部门的重视呢？

（句子将“有关部门”放在句中作定语，使全句缺少主语，应当将它放在句首或者“至今”前作主语，并删去助词“的”。）

（2）他亲自参加了研究和制定开展技术交流和培训的计划。

（谓语是“参加”，与宾语“计划”不能搭配，应在“参加”之后添上“会议”，并用逗号隔开，成为两个分句，或者句尾加上“会议”。）

（3）一个人的见解代表他自己，你认为好的教材或许在别人眼里未必就好。

（动词“代表”之前状语残缺，与后一分句的表意不协调，可加上“只能”作状语。）

3. 语序不当

语序是汉语的重要语法手段之一。语序既有灵活性，又有强制性。不同的语序往往反映不同的结构层次和结构关系。语序不当，会使句意表达不清，产生歧义甚至造成语病。常见的语序不当有：定语和中心语位置颠倒、定语误用为状语、状语误用为定语、多层定语语序不当和多层状语语序不当等。

(1) 由于纺织工人努力提高产品质量，我国棉布的出口深受各国顾客的欢迎。

(定语和中心语的位置颠倒，这句话中"棉布的出口"深受欢迎，搭配有毛病，深受欢迎的应该是"出口的棉布"。)

(2) 丰富的实践，使他广阔地接触了社会生活。

(定语误用为状语，这句话中"社会生活"才能讲广阔，"广阔"应该放在"社会生活"前，状语标记"地"应该为定语标记"的"。)

(3) 国有商业银行要抓紧工作布置，把做好国家助学贷款作为大事来抓，使这项工作今年在全国范围内取得突破性进展。

(多层状语语序不当，表示对象的状语"使这项工作"应放在表示表示范围的状语"在全国范围内"之后。)

4. 句式杂糅

句式杂糅是指内容相关的两个句子杂糅在一起，造成结构混乱、语义不清。常见的有两种情况，一是同一内容，因为拿不定主意，把两种说法都用上，形成两句混杂。二是前后牵连，把前一句的后半句用作后一句的开头，硬把前后两句连成一句。

(1) 作为一个共产党员、党的领导干部，无论是办事还是想问题都要从党和人民的根本利益为出发点。

(同一内容采用两种说法导致句式杂糅，可以将"为出发点"改为"出发"，或将"从"改为"以"。)

(2) 我花了两天时间读完了这部小说深深地教育了我，鼓舞了我。

(前后牵连，"这部小说"既是"读完了"的宾语，又是"深深地教育了我，鼓舞了我"的主语，可以将"读完"后的"了"改为"的"。)

第三节 拓展阅读

《网络语言：唯文明方行远——在 2016 中国网络语言文明论坛上的发言》· 张世平

张世平，现任教育部语言文字应用研究所所长，兼国家语委普通话与文字应用培训测试中心主任、《语言文字应用》杂志主编。

随着网络的不断开发与运用，网络语言日渐流行并深入到我们生活中来。网络独特的环境和契机造就了网络语言极其丰富的表达特征，使其具有强烈的创新性、便利性和诙谐性。与此同时，虚拟的网络环境也使网络语言呈现粗鄙化和不规范化的特征，如何正确对待并使用网络语言呢？——唯文明才能行远！

网络社区的虚拟性、网上发言可隐身的特点，一定程度上降低或泯灭了一些人的羞耻感，使其表达趋于放纵、粗鄙，以之发泄戾气，或获得某种不健康的违禁的快感。

对网络语言的粗鄙化，近年来，一些人士广泛呼吁声讨，中国文化网络传播研究会等社团倡导推动净化网络空间，国家语委、国家网信办等部门加强监测、研究和引导，逐步凝聚起了社会共识，局面有所改观，但仍难一蹴而就。有人把心思用在了对粗鄙词的遮盖——"雅化"上，如"我去年买了个表"就是将秽语以谐用首字母的方式(WQNMLGB)做的改扮；"装13"是将粗鄙词先字母化为"装B"，再销行以数字方式书写。然而，换汤不换药，粉墨之后，仍是污秽粗鄙的内芯。网上的东西有风靡一时，并向网络之外的现实生活蔓延的特点，形诸文字后知者见之难以张口，不知者懵懂间读出之后总是难避尴尬。这种风气使人感到不满和遗憾，某些网民智慧的错用更是令人感到惋惜。

古人有"无隐"之说，但这是指无所隐讳地直言正谏、不隐瞒自己的看法和观点。实际上，随着人类的进化和社会生活的出现，人们就有了禁忌、避讳的意识，一定程度上可以说，为亚当和夏娃遮羞的无花果叶是文明出现的标志。就语言而言，"塔布"现象广泛地存在于不同的民族和社会生活形态之中，这是就"禁止"方面而言；从积极方面说，被尊为万世师表的孔夫子，既有"非礼勿言"的告诫，更有"不学诗无以言"的教诲。我认为，"道之以德，齐之以礼，有耻且格，知耻而有所不为"，代表的是维系社会正常演进的先进文化。与之对比，今天网络上俯拾即是、触目可见的把两性器官和生殖行为挂在嘴上的做法，以猥亵当幽默、拿粗鄙作豪放，我认为是与文明相悖、与先进文化的前进方向相对的。

科技和时代的发展，诞生了互联网，网络对现代生活的改变和影响是革命性的。但，网上虽具有一定程度的"虚拟"的特点，却实在是现实社会生活的组成部分。因此，网络不应、也不能在法律的约束之外、在文明的影响之外。法律、文明、公众不允许网络持续出现乱象，不能允许在网上无底线粗野地詈骂，不能允许粗鄙词不断地释放与社会主义核心价值观和社会主义精神文明不符，不尊重人道、人性，特别是女性，与家庭教育、学校教育、社会教育相背离的戾。从上网者角度言，应该有"慎独"的精神，莫见乎隐，莫显乎微，自觉地用"有道德的人"的标准要求自己，像习近平总书记2007年在"之江新语"专栏所发《追求"慎独"的高境界》所言："还要不断加强自律，做到台上台下一个样，人前人后一个样，尤其是私底下、无人时、细微处，更要如履薄冰、如临深渊，始终不放纵、不越轨、不逾矩"。我们要使网上的自己和现实生活中的自己从本质上相一致，而不应像《聊斋》中的"画皮"般地相背离。

1994 年中国正式接入国际互联网，至现在，已经经过了 22 个年头。互联网在发展中，有国际化和共性的一面，因为汉语和中华文化的独特性，在网络语境中也孕育出有中国文化特色的自己的网络语言。网络语言因其生动、多样、富于表现力和与当代生活、特别是与青年一代思想感情的紧密联系而受到社会各个方面人们的广泛关注和竞相模仿。在事物的发展中，出现鱼龙混杂、泥沙俱下的情况，也是必然的过程和自然的规律，关键是我们要像刘延东副总理 2011 年在《中华人民共和国国家通用语言文字法》颁布 10 周年纪念座谈会讲话中所指出的那样：要“加强对网络语言等新的语言现象的监测研究，引导社会规范使用”。在这方面，舆论宣传部门、语言文字主管部门与使用网络和语言文字的社会各界要协调一致、相互配合。

孔子说：“言之无文行之不远。”对处于当前发展阶段的网络语言而言，惟文明才能行远——只有文明地上网、让网络语言在文明的范围内发展，才是网络语言、乃至于网络健康发展、绿色发展的正道。对此，每一个上网人都应承担相应的社会责任。让我们共同为营造晴朗的网络空间而努力！

附：100 个常见易错字

正确	错误	正确	错误
寒暄	寒喧	经典	精典
和谐	合谐	严峻	严竣
候车	侯车	明信片	名信片
挖墙脚	挖墙角	小两口	小俩口
戛然而止	嘎然而止	鼎力相助	鼎立相助
直截了当	直接了当	天之骄子	天之娇子
金榜题名	金榜提名	前仆后继	前扑后继
不能自已	不能自己	竭泽而渔	竭泽而鱼
噤若寒蝉	惊若寒蝉	既往不咎	既往不纠
谈笑风生	谈笑风声	有错必纠	有错必究
世外桃源	世外桃园	同仇敌忾	同仇敌慨
针砭	针贬	赃款	脏款
青睐	亲睐	九霄	九宵
磕巴	嗑巴	九州	九洲
大拇指	大姆指	莫须有	莫虚有
美轮美奂	美伦美奂	黄浦江	黄埔江
悬梁刺股	悬梁刺骨	黄埔军校	黄浦军校
愣头愣脑	楞头楞脑	图文并茂	图文并貌
再接再厉	再接再励	金碧辉煌	金壁辉煌
按捺不住	按耐不住	蓬荜生辉	蓬壁生辉

滥竽充数　滥芋充数
旁征博引　旁证博引
博弈　搏弈
脉搏　脉膊
部署　布署
川流不息　穿流不息
专横跋扈　专横拔扈
按部就班　按步就班
出其不意　出奇不意
不无裨益　不无稗益
奴颜婢膝　奴颜卑膝
言简意赅　言简意骇
矫揉造作　娇揉造作
嘚瑟　得瑟
松弛　松驰
打蜡　打腊
蛰伏　蜇伏
坐月子　做月子
甘拜下风　甘败下风
细水长流　细水常流
不胫而走　不径而走
鬼鬼祟祟　鬼鬼崇崇
相辅相成　相辅相承
相形见绌　相形见拙
安装　按装
粗犷　粗旷
惊愕　惊谔
果腹　裹腹
度假村　渡假村
墨守成规　默守成规
随声附和　随声附合
迫不及待　迫不急待
蛛丝马迹　蛛丝蚂迹
六根清净　六根清静
无所不用其极　无所不用其及

声名鹊起　声名雀起
两全其美　两全齐美
震撼　震憾
妨碍　防碍
宣泄　渲泄
恻隐　侧隐
人情世故　人情事故
人才辈出　人才倍出
一筹莫展　一愁莫展
一如既往　一如继往
一诺千金　一诺千斤
对簿公堂　对薄公堂
心力交瘁　心力交悴
坐镇　坐阵
辐射　幅射
重叠　重迭
金刚钻　金钢钻
闻名遐迩　闻名遐尔
年方二八　年芳二八
站稳脚跟　站稳脚根
貌合神离　貌和神离
呕心沥血　沤心沥血
挑肥拣瘦　挑肥捡瘦
黄粱美梦　黄梁美梦

实践训练：学习校对

古人写诗作词非常注重炼字。“为人性僻耽佳句，语不惊人死不休”“吟安一个字，捻断数茎须”“诗赋以一字见工拙”等诗句，都道出了古人对炼字的重视。古人写诗作词，讲究锤炼字面。作为当代大学生，日常学习生活也应重视文稿的反复校对修改，以保证文稿质量。如何校对文稿呢？校对符号如何使用呢？结合中华人民共和国专业标准《校对符号及其用法（GB/T 14706—93）》，我们来学习一下校对知识。

一、中华人民共和国专业标准校对符号及其用法

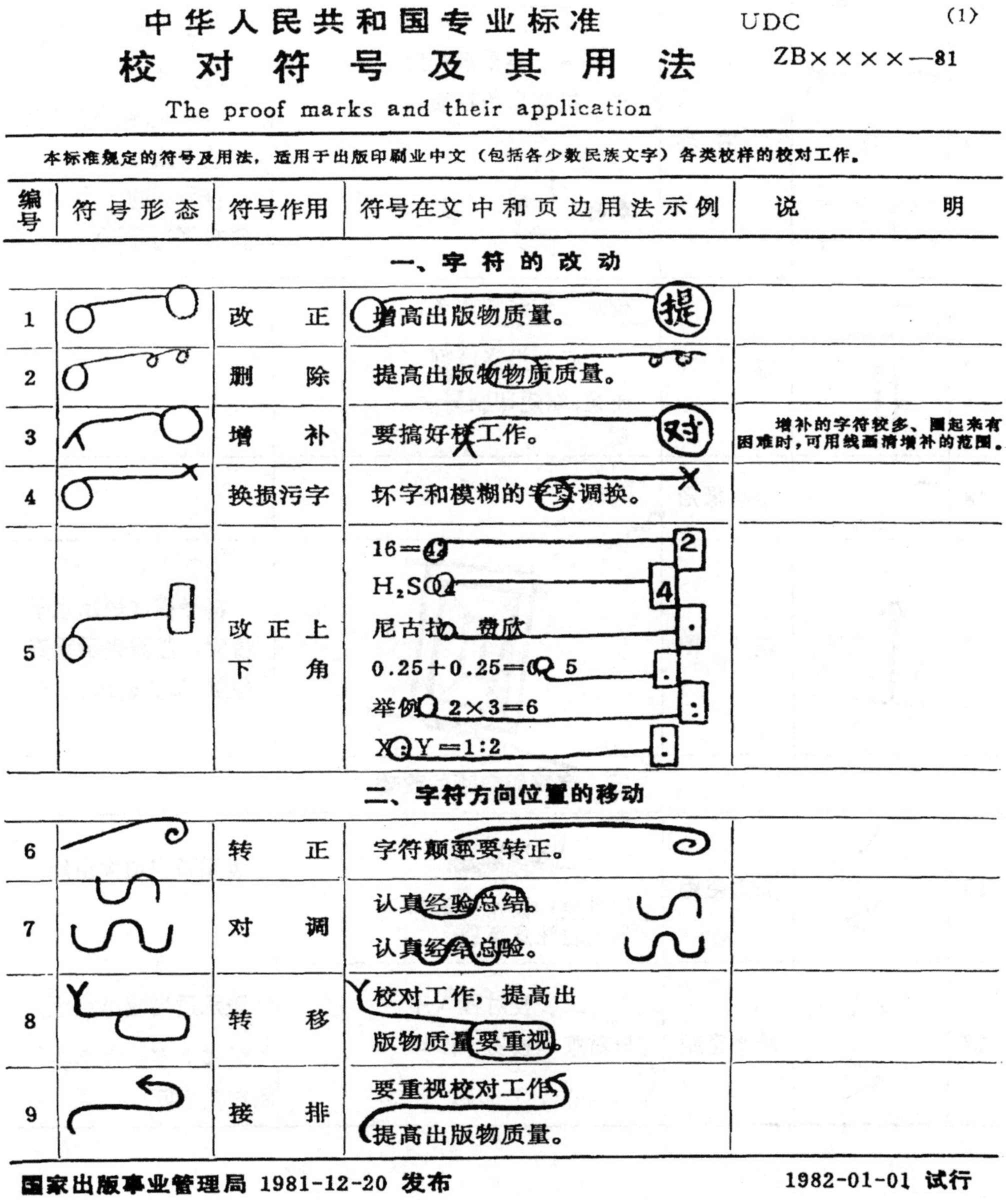

中华人民共和国专业标准 UDC (1)

校 对 符 号 及 其 用 法 ZB××××—81

The proof marks and their application

本标准规定的符号及用法，适用于出版印刷业中文（包括各少数民族文字）各类校样的校对工作。

编号	符号形态	符号作用	符号在文中和页边用法示例	说明
		一、字符的改动		
1		改正	增高出版物质量。 提	
2		删除	提高出版物物质质量。	
3		增补	要搞好校工作。 对	增补的字符较多、圈起来有困难时，可用线画清增补的范围。
4		换损污字	坏字和模糊的字要调换。	
5		改正上下角	16=42 2 H_2SO4 4 尼古拉 费欣 · 0.25+0.25=0 5 . 举例 2×3=6 : X Y=1:2 :	
		二、字符方向位置的移动		
6		转正	字符颠whereas要转正。	
7		对调	认真经验总结。 认真经结总验。	
8		转移	校对工作，提高出 版物质量要重视。	
9		接排	要重视校对工作， 提高出版物质量。	

国家出版事业管理局 1981-12-20 发布　　　　1982-01-01 试行

(2) ZB××××—81

编号	符号形态	符号作用	符号在文中和页边用法示例	说明
10	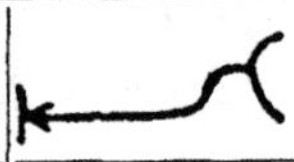	另起段	完成了任务。明年……	
11	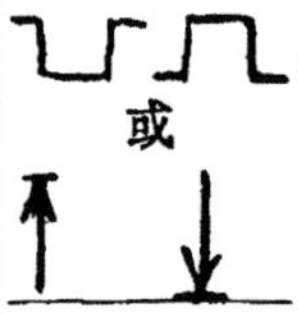	上下移	序号 名称 数量 10 ××× 2	字符上移到缺口左右水平线处。 字符下移到箭头所指的短线处。
12		左右移	要重视校对工作，提高出版物质量。 3 4 5 6 5 欢呼 歌 唱	字符左移到箭头所指的短线处. 字符左移到缺口上下垂直线处。 符号画的太小时，要在页边重标。
13		排齐	校对工作非常重要. 必须提高印刷质量，缩短印刷周期.	
14	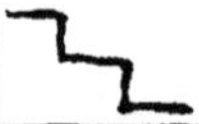	排阶梯形	RH_2	
15		正图		符号横线表示水平位置，竖线表示垂直位置，箭头表示上方。
		三、字符间空距的改动		
16		加大空距	一、校对程序 校对胶印读物、影印书刊的注意事项：	表示适当加大空距。
17		减小空距	二、校对程序 校对胶印读物、影印书刊的注意事项：	表示适当减小空距。 横式文字画在字头和行头之间。

ZB××××—81　　(3)

编号	符号形态	符号作用	符号在文中和页边用法示例	说　　明
18	#	空1字距 空1/2字距 空1/3字距 空1/4字距	第一章校对职责和方法	
19	Y	分　开	Goodmorning!	用于外文。

四、其　　他

编号	符号形态	符号作用	符号在文中和页边用法示例	说　　明
20	△	保　留	认真搞好校对工作。	除在原删除的字符下画△外，并在原删除符号上画两竖线。
21	○＝	代　替	机器由许多另件组成，有的另件是铸出来的，有的另件是锻出来的，有的另件是……。○＝零	同页内，要改正许多相同的字符，用此代号，要在页边注明：○＝零
22	○○○	说　明	第一章 校对的职责　改三黑	说明或指令性文字不要圈起来，在其字下画圈，表示不作为改正的文字。

使用要求：

1．校样中的校对引线不可交叉。初、二、三校样中的校对引线，要从行间画出。

2．校样上改正的字符要书写清楚。校改外文，要用印刷体。

3．校对校样，应根据校次分别采用红、纯兰、绿三种不同色笔（墨水笔或园珠笔）书写校对符号。

4．作译者改动校样所用笔的颜色，要与校样上已使用的颜色有所区别，但不可用铅笔。

（4）　　　　ZB××××—81

附　录

校对符号应用实例

例门今用伏安计法测一线圈的自感。当接入36伏直流电源时，的过流电流为6安；当插入220伏、50赫的交流电源时，流过的电流为22安。算计线圈的电感。

解门在直流电路中电感不起作用，即 $X_I=2\pi f=0$（直流电也可看成是频率 $f=0$ 的交流电）。由此可算出线圈的电阻为

$$R=\frac{U}{I}=\frac{36}{6}=6\text{欧}$$

接在交流电源上，线圈的阴抗为

$$Z=\frac{U}{I}=\frac{220}{22}=10\text{欧}$$

线圈的感抗为 $X_L=\sqrt{Z^2-R^2}=\sqrt{10^2-6^2}=8\text{欧}$

故线圈的电感为

$$L=\frac{X_L}{2\pi f}=\frac{8}{2\pi\times 50}=0.025\text{亨}=25\text{毫亨}$$

第七节　电容电路

电容器接在直流电源上如图3-13甲所示，电路呈断路状态。若把它接在交流电源上，情况就不一样。电容器板上的电荷与其两端电压的关系为 $q=cuc$。当电压uc升高时，极板上

翻印说明：

校对工作是一项十分细致的工作，为了使这项工作的质量不断提高，特翻印《中华人民共和国专业标准校对符号及其用法》，以便作者和编辑人员在校对时使用。

二、请运用校对符号，校对并修改短文。

从去年初开始，他带领10几个人的团队进行攻关，改进了显示屏生产过程中的三、四十项工艺条件。现在，这条生产线生产的产品优质品率由原来的40％提高到95％，达到世界

1 流水平；不合格品率由 6%下降到 3%，减少了一倍。根据今年上半年的生产经营情况进行测算，预计全年可增加利润 8 千 500 万元。上星期四，公司召开技术总结和表彰会，给团队每人奖励了 10 万元。

（选自 2015 年韬奋杯全国出版社青年编校大赛试题）

思考与练习

1. 分析下列形声字（查《说文解字》），注意其形、声符的位置及隶变、楷化造成的变化。

雎　垂　更　旗　修　穎　荆　強　徒　嘗

題　聞　罕　急　粗　春　賊　责　寺　布

2. 用“六书”理论分析下列各字的结构。

豆　所　承　額　心　息　頗　肯　胡　兵　交　醜　暴　陽　除

光　旨　信　亦　見　聖　膏　叔　歸　夫　字　鄙　原　郎　析

眉　碧　它　羔　秋　恬　防　解　武　敗　集　益　朱　大　母

3. 分析下列各词语的意义发展变化情况。

文章：原指刺绣品，现指文字作品。

嘴：原指鸟嘴，现指所有动物的嘴。

露：本义指露水，现在还可以指用药、果汁等制成的饮料。

丈人：原指老年男人，现指岳父。

卑鄙：原指边远落后、见识短浅，今指品质恶劣、不道德。

4. 把下列一般词汇按来源进行分类。

矍铄　把戏　香槟　须眉　入关　休克　软着陆　名堂　瞻仰

瓦斯　尴尬　走穴　模特儿　电教　铭记　计算机　甚　空调

5. 分析下列外来词的类型。

高尔夫　卡片　蒙太奇　冰淇淋　沙龙　新西兰　维他命

乌托邦　来复枪　沙丁鱼　歇斯底里　比萨饼

6. 修改下列病句，并说明原因。

① 上次从你校借来的讲义，目前正在进行打印，大约星期一前可以发到同学手中。

② 锣鼓震天响，彩旗迎风扬，建筑队终于破土动工了

③ 在人类掌握了最新的科学技术的今天，已经能够揭示月球的奥秘了。

④ 我在被大学录取之后，同学们都向我表示祝贺。

⑤ 老师说，他明天上午有课，不能到车站相送你们了。

⑥ 为了迎接国庆，报上连续发表介绍我国科学技术新成就。

⑦ 凡是艺术团到达的城市，都毫无例外地受到当地人民的热烈欢迎。

⑧ 风夹着豆大的雨点哗哗地下了起来。

⑨ 在目前的情况下，只有找井开渠，才能避免庄稼少受损失。

⑩ 难道古往今来，没有哪一场真正的革命，不是大大推动社会生产力发展的吗？

本章推荐书目

1. 裘锡圭:《文字学概要》,商务印书馆 2013 年版。
2. 李乐毅:《汉字演变五百例》,北京语言大学出版社 2014 年版。
3. 符淮青:《现代汉语词汇》,北京大学出版社 2004 年版。
4. 朱德熙:《现代汉语语法研究》,商务印书馆 2014 年版。
5. 冯胜利:《汉语的韵律、词法与句法》,北京大学出版社 2009 年版。

第十七章　修辞与演讲

从婴儿的第一声啼哭，就开始了人与这个世界最初的交流。从此，语言与我们结下不解之缘，形影相随，伴同一生。语言丰富多彩，变幻多端。歌唱家用语言唱出优美动听的歌曲，艺术家用相声逗得我们开怀大笑，演说家用激情而富有感染力的语言征服我们，辩论家以理性而充满逻辑的语言说服我们。语言或华美或简朴，或张扬或低调，语言拉近人们的距离，加深人们的情感，增长知识，使生活更加充实、精彩。运用好了语言，你就会拥有一把打开人生精彩之门的金钥匙。在这一章，我们将带领大家了解语言的修辞、口才与演讲等语言运用的技巧，帮助大家更好地运用语言文字艺术，提升自身语言修养。

第一节　修辞和辞格

一、修辞概说

语言是人类最重要的交际工具，人类通过语言思维、认知，运用语言交流、娱乐，依靠语言记录并再现自己的历史、文化。离开语言，生活将寸步难行。每个人都应该具备基本的语言能力，但语言能力的进一步提升，就需要修辞。

中国自有文字以来，历史源远流长，古代士者文人对语言文字的精雕细琢，于修辞中可见一二。李煜《虞美人》中“问君能有几多愁？恰似一江春水向东流”，将诗人的愁绪比作东流的江水，绵绵不绝，浩荡不息。修辞手法的运用可谓恰如其分，形象生动。

修辞，“修”是修饰，“辞”本意是辩论的言词，后引申为一切的言词，修辞本义就是修饰言论，即修饰文辞。也就是在使用语言的过程中，利用多种语言手段以收到尽可能好的表达效果的一种语言活动。

为了更好地理解修辞的含义，我们对修辞这一交际系统中所涉及的要素进行分解，具体如下：

第一，修辞者。在语言的修辞活动中，修辞的使用者及修辞对象属于修辞者，也即修辞交际双方，是修辞交际的主体。

第二，修辞手段。为了达到修辞目的，所采用的手段就是修辞手段，它包括所有的语言要素：语音（双声、叠韵、平仄……）、词汇（同义、反义、仿造……）、语法（长句、短句、整句、散句……）、文字以及其他符号或媒介，书面语修辞中多使用语言要素修辞，口语修辞还须利用诸如面部表情、眼神、手势、姿态等辅助性手段。

第三，修辞方法。修辞中把修辞手段组织起来，需要一定的方法，这就是修辞方法。我们常说的比喻、借代、反复等就是修辞方法，也即辞格。

第四，修辞目的。写作者如何更好的运用修辞手段和修辞方法，就要围绕一个中心，就是写作者的修辞目的。生活中，正因为说话目的不同，才有了各种各样的话语。

第五，言语环境。在修辞过程中，无论是口语还是书面语交际，都需要考虑言语的环境。

第六，修辞规律。修辞过程中，除了遵守汉语的语法结构规则以外，还必须遵守汉语的语义组织规则，以及与言语环境相适应的原则，这些都是修辞规律。

总而言之，修辞就是修辞者选择修辞手段，运用修辞方法，根据一定的言语环境，按照一定的修辞规律来组织建构话语，理解话语，以达到预期的交际目的。

二、辞格

“辞格也称‘修辞格’、‘修辞方式’、‘修辞格式’，是在语境里巧妙运用语言而构成特有模式以提高表达效果的方法。”[①]辞格多种多样，各有其特点和表达效果。不同的标准有不同的分类，从大类到小类，有同有异。中国第一部系统的修辞学著作，陈望道先生的《修辞学发凡》，将辞格分为 4 类 38 格。张弓的《现代汉语修辞学》，将辞格分为 3 类 24 格。唐松波和黄建霖主编的《汉语修辞格大辞典》，共收录辞格 4 类 156 个。本节将常用的修辞格依据其主要表达功能和突出的修辞效果分为三大类：

第一类，修辞效果生动形象的辞格四种，它们是比喻、比拟、借代、夸张。

第二类，修辞效果鲜明突出的辞格八种，它们是对偶、对比、衬托、排比、层递、反复、设问、反问。

第三类，修辞效果含蓄幽默的辞格十种，它们是双关、反语、拈连、仿词、移就、通感、顶真、回环、婉曲、引用。

以上 22 种辞格，内容较多，我们从三大类中选取 10 种常用辞格进行介绍。

（一）生动形象的修辞

从修辞效果来看，修辞手法的运用使得语言生动形象，以下四种修辞手法的运用均能达到此效果，它们分别是：比喻、比拟、借代、夸张。

1. 比喻

比喻就是打比方，为了说明道理和描写事物，把本质不同但又具有相似点的事物互相作为参照，以使深奥的道理浅显化，使抽象的事物具体化，使概括的东西形象化，给人鲜明的印象。如《诗经・卫风・硕人》中，描绘女子之美，采用“手如柔荑，肤如凝脂，领如蝤蛴，齿如瓠犀，螓首蛾眉，巧笑倩兮，美目盼兮”，这里就采用了比喻的修辞手法。

比喻里被比方的事物叫“本体”，用来打比方的事物叫“喻体”，联系二者的词语叫“喻

① 黄伯荣，廖旭东：《现代汉语》（增订五版 下册），高等教育出版社 2011 年版，第 191 页。

词”。根据这三者的不同，比喻可分为明喻、暗喻和借喻。

明喻中本体、喻体、喻词三者齐全，喻词诸如“像、如、似、仿佛、一般、似的”等。例如：

① 叶子出水很高，像亭亭的舞女的裙。（朱自清《荷塘月色》）

② 这初秋之夜如一袭藕花色的蝉翼一样的纱衫，飘起淡淡的哀愁。（何其芳《秋海棠》）

暗喻又叫“隐喻”，本体和喻体均出现，也有喻词，但与明喻不同，喻词诸如“是、成为、变成、等于”之类。如：

③ 十个被鲜血浸泡的手指头肿得变成了大熊掌。（杨沫《青春之歌》）

④ 何等动人的一页又一页篇章！这些是人类思维的花朵。（徐迟《哥德巴赫猜想》）

借喻省略本体，没有喻词，直接说出喻体，即用喻体直接代替本体。如：

⑤ 看吧，狂风紧紧抱起一层层巨浪，恶狠狠地把它们甩到悬崖上，把这些大块的翡翠摔成尘雾和碎末。（高尔基《海燕》）

除了上述类型之外，人们还对比喻进行了更为细致的划分。比如，属喻、引喻、反喻、回喻、讽喻、博喻等等。比喻无处不在，话语中离开了比喻，将会失去它所特有的灵气和色彩。

2. 比拟

比拟就是根据想象把人当作物写或把物当作人写，或把甲物当作乙物来写。在诗歌、小说、散文、童话、寓言中经常使用，能增添特有的韵味，能把事物描绘得栩栩如生，抒发爱憎分明的情感。比拟根据对象的不同，可以分为拟人、拟物两大类。

拟人是把物当作人来写，赋予物以人的动作行为或思想感情。例如：

① 海睡熟了。大小的岛拥抱着，偎依着，也静静地恍惚入了梦乡。（鲁彦《听潮》）

② 这里叫洋八股废止，有些同志却实际上还在提倡。这里叫空洞抽象的调头少唱，有些同志却硬要多唱。这里叫教条主义休息，有些同志却叫它起床。（毛泽东《反对党八股》）

拟物是把人当作物写，赋予人以物（动物、植物、无生物）的情态或动作，或把甲物当作乙物来写。如：

③ 咱老实，才有恶霸，咱们敢动刀，恶霸就得夹着尾巴跑。（老舍《龙须沟》）

④ 那肥大的荷叶下面，有一个人的脸，下半截身子长在水里。（孙犁《荷花淀》）

⑤ 幸亏有一位老先生愿把自己降格为“货”，让老王运送。（杨绛《老王》）

⑥ 这些闪电的影子，活像一条条火蛇，在大海里蜿蜒游动，一晃就消失了。（高尔基《海燕》）

言语交际中，特别是文艺话语中，比拟是常用的修辞方法。运用得当的比拟手法，将能使人们想要表达的思想情感，得到更好的艺术升华。

3. 借代

借代就是利用事物之间的相关性，借一物来代替另一物出现。被借代的叫“本体”，替代的叫“借体”，实际运用中，“本体”不出现，用“借体”来代替。借代的方法很多，主要有以下四种：

(1) 以特征、标志代本体

用借体(人或物)的特征、标志去代替本体。如形容在公司或外企工作的高级职员或阶层,一般用“白领”“金领”来表示。

(2) 以专名代泛称

用具有典型特色的人或物的名称来代替本体事物的名称。如:

你们杀死一个李公朴,会有千百万个李公朴站起来。(闻一多《最后一次讲演》)

此处用“李公朴”来指代不怕流血牺牲,为争取民主和平而战斗的人们。生活中我们也常用“林黛玉”指代多愁善感的人,用“诸葛亮”指代有智慧的人。

(3) 以具体代抽象

即用具体事物代替概括抽象的事物,以使语言形象生动。例如:

南国烽烟正十年。(陈毅《梅岭三章》)

此处用“烽烟”来指代战争,把战争这个抽象的概念用报警的烟火来表示,非常形象、具体。

(4) 以部分代整体

即用事物的具有代表性的一部分来指代事物整体。如:

两岸青山相对出,孤帆一片日边来。(李白《望天门山》)

此处用船的一部分“帆”来指代船。借代的方式还有很多,诸如以作者代作品,以产地、品牌代事物本体,以结果代原因等。

4. 夸张

夸张就是为了达到某种表达效果的需要,对客观的人、事物做扩大或缩小或超前的描述,因此夸张可以分为扩大、缩小和超前三类。

(1) 扩大夸张

即故意把客观的人或事物往大(多、快、高、长、强……)处说。例如:

① 力拔山兮气盖世。(项羽《垓下歌》)

② 白发三千丈,缘愁似个长。(李白《秋浦歌》)

(2) 缩小夸张

即故意把客观的人或事物往小(少、慢、矮、短、弱……)处说。例如:

一个浑身黑色的人,站在老栓面前,眼光正像两把刀,刺得老栓缩小了一半。(鲁迅《药》)

(3) 超前夸张

即不按事情实际发生顺序,故意把后出现的事说成是先出现或同时出现的,例如:

凉飕飕的月光从窗户外泻进来,没有睡着也进入了梦境。(张贤亮《男人的一半是女人》)

此处一般应该是睡着以后再做梦,但是这里“没有睡着也进入了梦境”,就是超前夸张,强调月色朦胧,使人陶醉。

（二）鲜明突出的修辞

从修辞效果来看，修辞手法的运用使得语言鲜明突出，此处修辞手法共有八种，内容较丰富，因此我们主要选取其中三种即：对偶、排比、层递进行介绍。

1．对偶

对偶，是用字数相等，结构相同或基本相同、意义上有密切关系的两个短语或句子，对称地排列的一种修辞手法。如果用在节庆中又称为对联、对子，如果出现在亭台楼阁的楹柱上，又被称为楹联。运用对偶的句子，看起来整齐醒目，读起来朗朗上口，听起来声韵和谐。对偶一般分为正对、反对、串对三种。

（1）正对

即对偶的两个句子从两个角度、两个侧面说明同一事理，表达相近、相关的关系，前后互为补充。例如：

风声、雨声、读书声，声声入耳；家事、国事、天下事，事事关心。（顾宪成《名联趣谈》）

此处从读书和关心国家大事两个方面，运用整齐对偶的手法，表达了作者远大的政治抱负。

（2）反对

即对偶的两个句子从相反或矛盾对立的两个方面揭示事理，以突出事物的本质。例如：

锲而舍之，朽木不折；锲而不舍，金石可镂。（荀子《劝学》）

此处从相反的两个方面，来说明坚持学习、不放弃的人生哲理。

（3）串对

串对，也叫“流水对”，对偶的两个句子是从事物发展的过程来说的，因此意思前后紧密相连，有如流水顺承而下。串对对句子中的词语在词性、句法等方面的要求往往不那么严格。例如：

① 行到水穷处，坐看云起时。（王维《终南别业》）

② 野火烧不尽，春风吹又生。（白居易《赋得古原草送别》）

例①中对偶的上下句之间有前后承接关系，必须是先到水穷之处，然后才能坐下来，看云起云落。例②中上句表原因，下句表结果。都是描述事物的发展过程，具有前后连贯相承的关系。

2．排比

排比，是把结构相同或相似、意思密切相关、语气一致的一组句子或句法成分排列起来的修辞手法，以强调和突出某种意思，达到增强话语气势的效果。排比一般可分为句子排比和句法成分排比。

（1）句子排比

即由一组句子构成的排比句，其中单句、复句（包括分句）都可以构成排比句。例如：

① 水泉，细如蛛网的足迹遍于大地的江河山川。水泉，韧如发丝的身躯有着不屈的神

奇和勇敢。水泉，涓涓地运行在世间的最低层。水泉，生就了一副晶莹透亮的肝胆。（刘虔《水泉之歌》）

② 山朗润起来了，水涨起来了，太阳的脸红起来了。（朱自清《春》）

③ 这里叫洋八股废止，有些同志却实际上还在提倡。这里叫空洞抽象的调头少唱，有些同志却硬要多唱。这里叫教条主义休息，有些同志却叫它起床。（毛泽东《反对党八股》）

例①是由四个单句构成的单句排比。例②是三个分句组成一个复句，三个分句之间结构相似，形成排比句式。例③中三个句子，均是复句，其形式相同，结构相似，意义相关，构成了一组由复句构成的排比句式。

（2）句法成分排比

即由一般句子成分（主语、谓语、宾语、定语、状语、补语）构成的排比句，例如：

① 在这里，蓝天明月，秃顶的山，单调的黄土，浅濑的水，似乎都是最恰当不过的背景，无可更换。（茅盾《风景谈》）

② 延安的歌声，是革命的歌声，战斗的歌声，劳动的歌声，极为广泛的群众的歌声。（吴伯萧《歌声》）

例①是主语的排比，例②是宾语的排比。

3. 层递

层递是汉语传统的修辞格之一，又称“渐层”“递进”，是根据事物的逻辑关系，用一组结构相似的短语、句子或段落，形成内容上的递升或递降。论述层层推进，增强表达效果，使人们对表达的事理产生深刻的印象。根据层递的方向性，可以将层递分为递升和递降两种。

（1）递升

递升，又叫递增、阶升、递上。它是按照事物的发展，由小到大，由少到多，由低到高、由轻到重，由浅到深，一层层地增加上升，进而说明事理。例如：

① 吾十有五而志于学，三十而立，四十而不惑，五十而知天命，六十而耳顺，七十而从心所欲，不逾矩。（孔子《论语·为政》）

② 全国同胞们！平津危急！华北危急！中华民族危急！（毛泽东《反对日本进攻的方针、办法和前途》）

例①利用数字上的递增，来逐层推进，说明事理。例②利用由小到大的推进，从“平津”到“华北”，再到“中华民族”，它们的范围一个比一个大，运用了由小到大的递升手法。

（2）递降

递降和递升相反，由大到小，由多到少，由高到低，由重到轻，由深到浅，一层层地减少。例如：

孙子曰：“凡用兵之法，全国为上，破国次之；全军为上，破军次之；全旅为上，破旅次之；全卒为上，破卒次之；全伍为上，破伍次之。”（孙武《孙子兵法》）

此处阐述了“破全国”“破全军”“破全旅”“破全卒”“破全伍”，依照由大到小、由多到少的比例进行论述，是递降的修辞手法。

（三）含蓄幽默的修辞

从修辞效果来说，修辞手法的运用使得语言含蓄幽默，此处修辞手法共有十种，内容较丰富，我们主要选择其中三种即双关、反语、仿词进行介绍。

1. 双关

双关，指在一定的语言环境中，利用语音或语义条件，有意使语句同时关顾表面和内里两种意思，言在此而意在彼。适当地运用双关手法，可以使文章生动活泼、风趣幽默，增强文章的表现力。双关一般可以分为谐音双关和意义双关两种。

（1）谐音双关

即利用词的音同或音近，有意使语句具有双重意义。例如：

① 东边日出西边雨，道是无晴却有晴。（刘禹锡《竹枝词》）

② 空对着，山中高士晶莹雪；终不忘，世外仙姝寂寞林。（曹雪芹《红楼梦》）

（2）意义双关

即利用词语或句子的多义性，在一定的语境中形成意义上的双关。例如：

可是匪徒们走上这十几里的大山背，他们没想到包马蹄的破麻袋片全被踏烂掉在路上，露出了他们的马脚。（曲波《林海雪原》）

2. 反语

反语又称“倒反”“反话”，即运用跟本意相反的词语或句子来表达此意。反语的使用，既可以达到风趣、幽默、诙谐的效果，又可表达否定、讽刺、嘲讽的意思。通常而言，反语有以正当反、以反当正两种。

（1）以正当反

即用具有正面含义的语句去表达反面的意思。例如：

当三个女子从容地转辗于文明人所发明的枪弹的攒射中的时候，这是怎样的一个惊心动魄的伟大啊！中国军人屠戮妇婴的伟绩，八国联军的惩创学生的武功，不幸全被这几缕血痕抹杀了。（鲁迅《华盖集续编・记念刘和珍君》）

此处“文明人”“伟大”“伟绩”“武功”都是反语，用正面的含有褒义的词语表达否定的、反面的意思，达到了强烈的讽刺效果。

（2）以反当正

即用具有反面含义的语句表达正面的意思。例如：

黛玉听了，嗤的一声笑道：“你既要在这里，那边去老老实实的坐着，咱们说话儿。”宝玉道：“我也歪着。”黛玉道：“你就歪着。”宝玉道：“没有枕头，咱们在一个枕头上。”黛玉道：“放屁！外头不是枕头？拿一个来枕着。”宝玉出至外间，看了一看，回来笑道：“那个我不要，也不知是那个脏婆子的。”黛玉听了，睁开眼，起身笑道：“真真你就是我命中的‘天魔星’！请枕这一个。”说着，自己枕的推与宝玉，又起身将自己的再拿一个来，自己枕了，二人对面倒下。（曹雪芹《红楼梦》）

此处“天魔星”中的“天魔”原是佛教用语，指魔界之主，经常率领众魔扰人身心，破坏善事，故“天魔星”指的就是令人厌恶的魔头。林黛玉用这种反语的表示手法，表达了自己复杂而又浓烈的情感。

3. 仿词

仿词，根据表达的需要，更换现成词语中的某个语素或词，临时仿造出新的词语。仿词的适当运用，能给人以新鲜活泼、生动明快的感觉，同时又能产生强烈的讽刺性和幽默感。仿词可分为音仿和义仿两种。

(1) 音仿

即换用音同或音近的语素或词仿造出另一词语。例如：生活中常见的“美丽冻人”“草木皆冰”，均是仿词，前者仿自“美丽动人”，后者仿自“草木皆兵”。

(2) 义仿

即换用同类义语素或反义语素仿造另一词语。例如：

① 第二天早上，她们的头发上结了霜，男同志笑她们说：“嘿，你们演《白毛女》都不用化装了！”她们也笑男同志：“还说哩，你看，你们不是‘白毛男’吗？”（魏巍《年轻人，让你的青春更美丽吧》）

② 我走过阳关大道，也跨过独木小桥。有时候歪打正着，有时候正打歪着。（季羡林《病中笔记》）

综上所述，本节主要讲述了十种辞格。人类创造的修辞方法丰富多彩，其中辞格就多达数百种，限于篇幅，我们不可能面面俱到，讲授所有的辞格。希望大家根据自己的兴趣爱好，通过更多的途径扩充自己的修辞知识，丰富自己的语言修辞技能。

三、生活中的修辞

人类文明的交流离不开语言，而语言的使用又离不开修辞，修辞不仅可以丰富文学作品的创造，同时也可丰富我们的生活，渗透到生活的方方面面。事实上，在现实生活中，人们越来越多地发现修辞在生活中的妙用，也越来越娴熟地运用修辞来美化我们的语言，美化我们的生活。

(一) 社会标语与修辞

标语是指用简短文字写出的具有宣传鼓动作用的口号。社会上的标语种类繁多，内容丰富，既有服务于政府和党政机关团体的，又有宣传社会公共道德的，还有企业口号宣传类的。标语本身只是起到一个宣传作用，但怎么写却大有讲究，其效果也大相径庭。比如，同是宣传社会公德，“不准随地吐痰”“不准随地大小便”“禁止踩踏草坪”等标语干巴巴、冷冰冰，语言生硬，但不文明行为并未被这些直露而生硬的语言所阻止。反观另外一类标语，如：“小区是我家，绿化靠大家（比喻）”“别碰我，我会痛（花丛中的标语——比拟）”“来也匆匆，去也冲冲（厕所标语——对偶）”，这些地方均运用了修辞手法，使得标语亲切自然、幽默风趣，人们也会自然地受到这类标语的感染，进而规范自己的行为。

交通安全历来受到社会的关注，而交通安全标语则备受瞩目，人们在道路、街道、社区、学校等各种场合可见到各式各样的交通标语。但部分交通标语枯燥乏味，如“禁止横穿马路”“严禁违章驾驶”“违章驾驶危害行车安全”，这些标语语气强硬，令人反感。还有一些标语如“天堂不远，超速即到”“酗酒开车是驶向死亡与坟墓的选择”，这种标语语言阴森可怕，让人不寒而栗。当然交通安全标语还有很多是集文明、优雅、艺术于一体的，其中就有很多运用了不同的修辞手法，使人能更好地去接受标语的警示。如：“司机一滴酒，亲人两行泪（对偶）”“实线、虚线、斑马线，条条都是生命线（比喻）”“宁停三分，不争一秒（对比）”，这几个交通安全标语分别运用了不同的修辞手法，读起来朗朗上口，语言充满人性关怀，亲切自然。

社会标语还有很多，无法一一枚举。标语的创造艺术也涉及很多方面，我们单从修辞的角度来看，权当抛砖引玉，期待你们能自己去发现生活中的语言艺术美。

（二）广告用语与修辞

广告，简单来说，就是“广而告之”，在商品日益丰富的时代，广告对产品销售起着至关重要的作用。它可以有效地吸引消费者的注意，进而说服消费者购买某种商品。优秀的商品广告，不仅要注意其色彩、画面、音乐等因素，更重要的是对广告语的雕琢，它是广告的灵魂所在。而在广告语中恰当地运用修辞手法，将能创造出更优秀的广告作品。如：

咳不容缓（咳嗽药——仿词）

一箭如故，一箭钟情（口香糖——仿词）

活力新生，味你而来。（牛奶——仿词）

做女人挺好（丰胸产品——双关）

午夜加班补充维他命，旅途劳累补充维他命，有人感冒补充维他命，维他命水随时随地补充维他命。（维他命水——反复）

天天健力宝，年年有活力。（饮料——层递）

让汽车成为一个小家（汽车——比喻）

优越配置尽显豪华，流畅驾驭尽显从容，宽适空间尽显品位。（汽车——排比）

车到山前必有路，有路必有丰田车（汽车——反复）

以上广告语中运用了丰富的修辞手法，使得广告语言生动、形象，同时又富有语言艺术美。广告语中的修辞能较好地运用语言的魅力，实现消费者对产品的认同，达到推销商品的目的。

（三）新词新语与修辞

新词新语，一般指“1978 年以来通过各种途径产生的、具有现代汉语常用词汇所没有的新形式、新意义或新用法的词和语。”①新词新语的“新”只是个相对的概念，随着时间的推移，新词新语也会转化为普通词。新词新语产生的方式很多，有新外来词语的吸收、旧词语的复活、方言词语的吸收等等。

---

① 亢世勇，刘海润：《新词语大辞典》，上海辞书出版社 2003 年版，第 19 页。

新词新语包括“新词”和“新语”两个部分，首先我们先看看“新词”部分，例如，“龙头企业”这个词，因为它指的是像龙头一样能带动全局和其他企业前进或发展的企业，因而运用了比喻的修辞手法。网络上流行的“菜鸟”一词，因为北方方言中“菜”，指“次、差”，因而“菜鸟”被隐喻为“新手或操作不娴熟者”，同样运用的也是比喻的修辞手法。而网络上同样流行的“大虾”一词，既含有整日沉迷于网络的网虫弯腰驼背似虾米之意，又含有网络高手在网上乐于助人有大侠风范之意，因而属于双关的修辞手法。其他如“聂旋风”“铁榔头”“美眉”之类采用了借代的手法，而“钱程远大”“前腐后继”“十面霾伏”则运用了仿词的手法。

新词新语的“新语”部分，我们重点看看社会及网络上的流行语。如源于《神探狄仁杰》的“元芳，你怎么看?”风靡一时，成为当时媒体、大众口头新宠。流行语源于生活，但高于生活，其中很多运用了修辞手法。例如：“最近好累啊，感觉身体被掏空”，就形象地运用了夸张的手法，表达现代都市白领们忙碌而紧张的生活状态。其他如：

世界那么大我想去看看，钱包那么小哪都去不了。(对偶)

有钱，任性！没钱，认命！(对偶)

我爱你，你却爱着她。(顶真)

钱不是问题，问题是没钱。(顶真)

你不理财，财不理你！(回环)

一言不合就飙车，二话不说就劈腿，三天不到就退款。(层递)

别人唱歌要钱，你唱歌要命。(对比)

以上流行语均运用了修辞手法，语言生动幽默，广受人们喜爱。新词新语的产生是时代的产物，但是新词新语一经产生，便要经受社会和历史的检验。

修辞作为一种艺术，不仅在书面文字中得到广泛的运用，在日常生活中也随处可见，同样的话，有的人说出来，是那么的苍白、无趣，而有的人说出来却是这样的生动、新鲜。这是为什么呢？因为他掌握了语言这把变化万端、奇妙无比的金钥匙——修辞，希望你通过学习，也可以拥有这把金钥匙。

第二节　口才与演讲

一、口才——成就人生

人类社会发展到今天，理论家崇论宏议，情动四海；军事家运筹帷幄，言之凿凿；外交家侃侃而谈，淡定从容；企业家笑谈经营，桌上取胜。位置越高的人越懂得口才是成功的关键。由此可见，口才是智慧，是知识，是才干，是力量，是财富。要想有效地与人交往，受人尊敬，得人拥护，使自己事业有成，拥有一个成功的人生，就必须学习和训练口才，掌握好这门说话的艺术。

(一) 口才概述

口才，简言之，即口头表达的才能，是对口头语言的表达艺术和表达技巧的掌握和运用的一种才能。具体来说，就是指某种场合，面对众多听众，在准备不充分或完全没有准备的情况下，说话能做到表达正确，条理清楚，巧妙有趣。

衡量一个人是否具有良好的口才，主要看一个人在思维能力、表达能力、修辞能力、表演能力、交际能力、应变能力、记忆能力以及写作等方面的能力。因此口才需要长时间的积累，也需要艰苦的训练。

（二）口才的作用

在人的一生中，口才发挥了巨大的作用；拥有良好的口才，会让你在很多领域都能如鱼得水。

1. 事业中需要口才

我们在事业中需要口才。无论我们面对的是上级、同事还是下属，或是客户，有的人简单一句话能使之平步青云，而有的人一句话可能让自己前功尽弃，这就需要我们拥有良好的口才。

2. 生活中需要口才

我们在生活中也需要口才。也许我们在亲人、挚友面前会卸下外面的伪装，很轻松，但这种轻松不是放纵。有很多夫妻、朋友都是因为说话不当而分道扬镳，甚至反目成仇，所以为了生活幸福也需要拥有良好的口才。

3. 社交中需要口才

口才是人际交往的工具，是人们智慧的综合反映，良好的口才是卓越人才开拓前进的有力武器。当今社会，个人不仅要具有扎实的专业素养，同时也要学会如何与他人沟通，如何通过良好的口才来展现自己。如果我们拥有良好的口才并且懂得适时应用，那么就能更为顺利地走向未来；而如果我们缺乏口才，就可能埋没自己的才华。

（三）口才提升训练

口才并不是一种天赋的才能，它是靠刻苦训练得来的。古今中外历史上一切口若悬河、能言善辩的演讲家、雄辩家，他们无一不是靠刻苦训练而获得成功的。如何进行口才提升训练呢？我们可以从以下几个方面入手。

1. 发声训练

(1) 练气：俗话说练声先练气，气息是人体发声的动力，就像汽车上的发动机一样，它是发声的基础。我们练声，首先要学会用气。第一步，吸气，小腹收紧，深吸一口气，要尽量把整个胸部撑开，让更多的气吸入。我们可以想象自己在闻一朵馨香的百合。这里要注意的是吸气时不要提肩。第二步，呼气。要慢慢地呼出浊气，呼气时可以把牙齿基本合上，留一条小缝让气息慢慢地通过。这样可以使我们在公开讲话等场合，可以保持较长的气息，而不至于感觉气短。

(2) 练声：人类语言的声源在声带上，也就是我们的声音是通过气流振动声带而发出来的。在练发声以前先要做一些准备工作。先放松声带，用一些轻缓的气流振动它，让声带有点准备，发一些轻慢的声音，千万不要张口就大喊大叫，那只能对声带起破坏作用。声带活动开了，我们还要在口腔上做一些准备活动。口腔是人的一个重要的共鸣器，声音的洪亮、圆润与否与口腔有着直接的联系。

(3) 吐字：吐字看似与发声无关，其实二者息息相关。只有发音准确无误、清晰、圆润，吐字也才能字正腔圆。每个字都是由一个音节组成的，而一个音节又可以把它分成声母和韵母(韵腹、韵尾)两部分。吐字发声时一定要咬住声母。有句话叫“咬字千斤重，听者自动容”说的就是这个意思。所以我们在发音时，一定要紧紧咬住声母，这时嘴唇一定要有力，把发音的力量放在声母上，利用声母带响韵腹与韵尾。韵腹的发音一定要饱满、充实，口形要正确。如：我们发“tán”时，就应该把“t”音紧紧咬住，即舌尖抵着上齿龈，然后把韵腹“a”音发得饱满、充实，最后用韵尾“n”收音。如果我们能按照以上的练习要求去做，那么你的吐字一定圆润、响亮，你的声音也就会变得悦耳动听了。

发声的技巧掌握好以后，我们可以做一些练习：

第一，呼吸练习。

① 闻花香：想象面前有一盆花，香气袭人，我们深深地吸进其香气，控制一会儿后缓缓吐出。

② 吹蜡烛练习：模拟吹灭生日蜡烛，深吸一口气后均匀缓慢地吹，尽可能持续时间长一点，以 25—30 秒为合格。

③ 数数：从一数到十，往复循环，一口气能数多少遍就数多少遍，要数得清晰响亮。

第二，绕口令练习。

① 八百标兵奔北坡，炮兵并排北边跑。炮兵怕把标兵碰，标兵怕碰炮兵炮。

② 坡上立着一只鹅，坡下就是一条河。宽宽的河，肥肥的鹅，鹅要过河，河要渡鹅，不知是鹅过河，还是河渡鹅？

③ 出东门，过大桥，大桥前面一树枣，拿着竿子去打枣，青的多，红的少，一个枣，两个枣，三个枣，四个枣，五个枣，六个枣，七个枣，八个枣，九个枣，十个枣；十个枣，九个枣，八个枣，七个枣，六个枣，五个枣，四个枣，三个枣，两个枣，一个枣，这是一个绕口令，一口气说完才算好。

例③这个绕口令较长，开始做练习的时候，中间可以适当换气，练到气息有了控制能力时，逐渐减少换气次数，最后要争取一口气说完，甚至多说几个枣。

简单的事情重复做，重复的事情经常做，只要你坚持练习，方法正确，就一定可以练就好口才、好声音。

2. 朗诵训练

朗诵可以使我们逐渐掌握汉语语法规律，培养敏感的语感，还可以使声带、发音、语气、语调等得到全面地锻炼，向声情并茂的境界攀登。

在朗诵之前，要对汉语基础知识有一定的了解，尤其是在朗诵时，语言有一定的停顿、重音、语调。在这方面如果把握不好，可以采用模仿名人朗诵，体会其中的奥秘。一般来说，朗诵训练应按照循序渐进、由低到高的步骤进行。

第一，基础训练。选用百字左右的文章朗读。要求：发音准确，声音洪亮，吐字清楚，不添字、丢字，不读错字，按标点符号要求进行恰当的停顿。

第二，过渡训练。选用二三百字的文章朗读。要求：通顺、流畅，且能读出文章中的陈述、疑问、祈使、感叹等不同的语气、语调。

第三，巩固训练。选用五百字左右的文章朗读，重点练习朗读技巧，并结合听范文朗诵巩固前两步的成果。要求在前两步的基础上，能按照文章的思想内容，恰当而自然地带着感情去朗读。

第四，综合练习。选用八百字左右的文章朗读。要求语言流畅、语气连贯，具有较强的感染力。

第五，发挥练习。选用千字以上文章诵读。注意把握文章的感情基调，声情并茂地进行朗读。

3. 心理素质训练

心理素质是人的整体素质的组成部分，受先天和后天的综合影响。个人言语表达能力的高低很大程度上取决于表达者心理素质的好坏。

据调查，99%的人，包括著名的演说家，在登台时都会有一定程度的恐惧和紧张。紧张最直接的生理表现就是心跳加快、脸红、手心出汗、两腿发软，相信很多人在第一次进行公开场合讲话时，均会有类似感受。而紧张的另一个后果就是语言表达障碍，说话人声音发颤、表情呆滞、语言混乱，其结果可想而知。那么人们为什么会紧张呢？自卑、害羞、对场地和听众的不了解以及准备不充分，都会让人紧张。但是我们可以通过一系列的训练来消除自己的紧张情绪。

（1）自我暗示法

可以在公开说话前，用悄悄话或自己默念的方式表述，“我的声音很好听，很有个性！”“我今天很有魅力，很有状态！”“我准备得非常充分，一定能行。”“我很棒，我有信心。”等。

（2）临场熟悉法

可以提前到场地熟悉一下环境，或走上讲台，环视大厅，观察一下场地的布局、摆设，也可以想象自己走到听众中去进行交谈的场景，同时了解听众的特点，做到心中有数，就不会紧张了。

（3）练习放松法

可以运用深呼吸来调节放松，也可以运用想象来进行自我调节。可以想象自己浸泡在温暖浴缸里的舒适感，也可以回忆自己在花园、沙滩的情形，这样你的心情自然会平静下来。

（4）充分的准备

首先是平时的准备，要做生活的有心人。其次是在公开讲话前，要对自己表述的内容做充分的准备，熟悉自己讲话的全部内容，同时设置好每个环节，精心准备每一个问题，并提前构思问题的回答，记住决不打无准备之仗。

只要大家做到了以上几点，并经常练习，那么紧张于你而言，一定不是问题。

4. 态势语言训练

口语交流中，传递信息的方式有两种：有声语言和态势语言。态势语言是指通过面部表情、身势动作、服饰、空间距离等方式传递信息的一种辅助性交际方式。态势语言的正确运用，将会使个人形象增色不少。

面部表情，是态势语言中最基本的一种，眼睛是心灵的窗户，脸是人们心灵的另一面镜子。面部表情主要体现在眼神、微笑和面容三个方面。眼神主要关注三个方面，第一是注视的时间，长时间注视表示友好、重视；短时间注视表示不在意或漫不经心。第二是注视的角度，以视线水平较自然。第三是注视的部位，眼睛以上的部分，称之为公务凝视；眼睛以下，脖子以上，称之为社交凝视；脖子至胸部的部位，称之为亲密凝视。如果是在演讲，还要注意对听众的环视，以及对提问者的目视。一般人们在表述时，都会自然地微笑，但是微笑要注意真诚、得体。常见的练习微笑的方法是咬筷子，即把筷子横着含在嘴里咬住，嘴角斜着往两边走，发"一"的声音。

态势语言中的身势动作很多，比如手势、头部动作、站姿、坐姿等都属于此类。而服饰、空间距离的合适选用，均会使正常的口头语言表达更生动、更形象，也更有感染力。

总之，态势语言的运用要配合有声语言同步进行，要恰到好处，适可而止，并且要符合一定的语境及身份。

当今社会，科技进步日新月异，人际交往益发频繁，口才也越来越显现出它的重要性。可以说现在社会上处处都用得着口才，口才是一辈子要用的能力，它可以帮你成就一生。从现在开始练习，为时不晚。

二、演讲——走向卓越

（一）演讲的含义与作用

演讲，又称演说、讲演。它是一个人在公共场合向众多人就某一问题发表意见或阐明事理的传播活动，其基本模式为一个人讲、众人听。

演讲向来是人际沟通的重要手段，也是宣传鼓动的重要方式。哪一位出色的政治家、外交家、活动家不具有出色的演讲才能？拿破仑对出征前战士的演讲，激动得他们热血沸腾；林肯在葛底斯堡的两分十秒演讲奠定了几百年的治国纲领，其影响超越了国界；列宁的每场公开演讲都使工人欢欣鼓舞，让敌人闻风丧胆。

在现代社会，演讲也是传授文化知识，促进科学理论发展的重要手段。管理沟通也需要出色的演讲才能。演讲不仅是杰出人物应备的品质，也是普通人应具的才华。

（二）演讲的准备

一次成功的演讲，取决于充分的准备。在具体动手撰写讲稿以前，演讲者必须对两个问题做到心中有数：第一，是演讲的主题，即我为什么要来演讲，准备讲什么；第二是了解听众。听众由于职业、职务、年龄、性别、文化水平的差异，对演讲的内容和方式有不同的要求。只有把握住听众的这些要求，演讲者才能写出受听众欢迎的演讲稿。另外，演讲者对听众数量也要有一定的了解,数量不等的听众会在场上形成不同的气氛,因此演讲者事先要有所准备。

1. 演讲的题目

演讲的题目要做到:

第一,准确、直接、具体。和写作其他文章一样,演讲的题目也要起到画龙点睛的作用,使公众一眼就能看出演讲的主要内容。如毛泽东的《反对党八股》,演讲题目直接、具体。

第二,新颖、醒目、有吸引力。演讲最怕没有新意,新意则当自题目始。题目应不落俗套,给人以新鲜感,甚至使公众产生悬念。如鲁迅的《娜拉走后怎样》《未有天才之前》,这两个演讲,题目非常新颖,有吸引力。

第三,生动活泼。演讲是一种与公众直接交流的语言艺术,容不得反复琢磨,应当让人一听就懂。因此演讲应当避免咬文嚼字,故弄玄虚。

第四,富有时代气息。演讲题目要想吸引公众注意,必须紧密结合时代,使人产生亲近感。如扎克伯格在哈佛大学为2017届毕业生做的演讲《我们这代人的使命是什么》,就能结合时代,吸引听众注意。

2. 演讲的开场白

演讲开场白的主要任务有两个:一是吸引听众的注意力,激发听众兴趣,控制听众情绪;二是为整篇演讲确定范围,为导入正文做好铺垫。

作为演讲者,不管你准备了多少演讲内容,最初的30—60秒都是最重要的。不要小看这短短的开场白,它将决定此后你所说的每一句话的命运。听众将根据你给他们留下的第一印象来决定是否耐心聆听你的演讲。因此你必须把握好自己的开篇。

从演讲的风格方面看,常见的开场方式有:

第一,提问式。演讲一开场,就向听众提出一个或几个问题,请听众一起思考,吸引听众的注意。如:题为《讲真话》的演讲稿就采用了这种开场白:"同志们,首先请允许我冒昧地提个问题:在座的各位都讲真话吗……"此问让人为之一震,也切中正题。

第二,幽默式。即在演讲开篇的时候,演讲者故意讲一些与主题看似无关的、诙谐幽默的话,给听众一个惊喜。如2005年9月21日,李敖到北大演讲,他的开场白是这样的:"你们终于看到我了。我今天准备了一些'金刚怒目'的话,也有一些'菩萨低眉'的话,但你们这么热情,我应该说菩萨话多一些(掌声,笑声)。演讲最害怕四种人:一种是根本不来听演讲的;一种是听了一半去厕所的;一种是去厕所不回来的;一种是听演讲不鼓掌的。"李敖话音未落,场内已是一片掌声。"当年克林顿、连战等来北大演讲时,是走红地毯进入的,我在进门前也问道:'我是否有红地毯?'校方说:'没有,因为北大把你的演讲当作学术演讲,就不铺红地毯了。'如果我讲得好,就是学术演讲;若讲得不好,讲一半再铺红地毯也来得及。"听众席爆发出了雷鸣般的掌声,可以说如此妙趣横生的开场白,自然能激起听众的满堂彩了。

第三，讲述故事式。用形象的语言讲述一个故事作为开场白会引起听众的莫大兴趣。不过故事要遵循这样几个原则：要短小，有意味，与演讲内容有关。如1962年，82岁高龄的麦克阿瑟回到母校——西点军校。一草一木，令他眷恋不已，浮想联翩，仿佛又回到了青春时光。在授勋仪式上，他即席发表演讲，他这样开的头：“今天早上，我走出旅馆的时候，看门人问道：‘将军，你上哪儿去？’一听说我到西点时，他说：‘那可是个好地方，您从前去过吗？’”这个故事情节极为简单，叙述朴实无华，但饱含了深沉、丰富的感情。既说明了西点军校在人们心中非同寻常的地位，从而唤起听众强烈的自豪感，也表达了麦克阿瑟深深的眷恋之情。接着，麦克阿瑟不露痕迹地过渡到“责任——荣誉——国家”这个主题上来，水到渠成，自然妥帖。

第四，名言式。格言、谚语、诗词名句、名人名言等，具有思想深邃和语言优美的特点，具有广泛的群众基础。若能适当运用名言作为开头，也可以收到好的效果。如在一篇名为《走自己的路》的演讲中，开头是“路漫漫其修远兮，吾将上下而求索”，引用了屈原《离骚》中的名句，含义深邃而又很好地引出了下文。

演讲的开场白还有很多，究竟采用哪种方式，要因人、因事、因时、因地而异。最重要的是必须做到：开头新颖，不同凡响，给人以耳目一新的感觉。

3. 演讲的主体

演讲的主体指正文部分，是演讲的核心内容。主体部分必须内容丰富、信息量大，能够给听演讲的人以充实的知识、富有启发性的思想。写作演讲的主体部分时应做到：

第一，脉络清晰，紧扣主题。演讲需要才华横溢，幽默生动，但绝不能为了说笑话而说笑话，东拉西扯，不着边际。

第二，层次分明，结构严谨。演讲如同一篇文章，每个段落、每个小节的内容安排必须有着内在的联系，纲目分明，推理过程符合逻辑。

第三，内容充实，语言简练。演讲的内容要经过充分的选择，避免说一些假大空的套话，要实事求是地向听众说明问题。同时演讲者还要注意语言的简练，华而不实、过分修饰的文字都会引起公众的反感。

第四，节奏适度，张弛有致。演讲是说给听众听的，不同于文章可以自由选择阅读速度。所以演讲者在撰写演讲稿的时候，必须考虑听众的接受能力，方便问题的提出，有张有弛，便于听众理解要说明的问题，同时使听众在听演讲的过程中享受到一种乐趣。

4. 演讲的结尾

演讲的结尾要顺理成章，深刻精彩，压得住台。合理的结尾应当能够起到对演讲的主题进行强化和提升的作用，使整个演讲得以升华。

如果演讲在主题尚未充分展开之前就仓促收尾，会给人“虎头蛇尾”的印象，使听众不知所措。反之，演讲该结尾了，公众已经几次鼓掌致谢，演讲人还在那里“再强调几点”，就有“画蛇添足”之累。演讲结尾的方式很多，常见的有以下五种：

第一，总结式。在结尾部分总结全篇，突出重点，使公众加深认识。这种方式不仅可以使演讲的内容主体更加突出，而且有利于给公众留下长久的印象。

第二，激情式。利用感情激昂、动人心弦的语言、以及具有极强感染力的语言将演讲推向结束，引起听众激烈的掌声。

第三，深思式。当一些演讲不能立即得出明确的结论时，可以提出一些问题让公众去思考，使他们自己寻找问题的答案，促人深思，耐人寻味，强化公众对演讲的印象。

第四，幽默式。运用各种寓意深刻的反语、富有喜剧性的诙谐、充满学识的机智，生动地结尾，使听众在轻松的笑声中回味无穷。

第五，借用式。引用名人名言、名著的段落、著名的诗词来结尾，以强化自己的观点，并显得学识渊博。如：《我是演说家》中的演讲稿《乌云背后的幸福线》，在讲述完和母亲的点点滴滴后，这样结尾："最后我想跟你分享每一次看到妈妈给我送完饭，离开的背影，我就想到龙应台《目送》当中的那一句话：'所谓父子，母女一场，只不过意味着，你和他们的缘份就是今生今世不断地在目送他的背影渐行渐远。你站在小路的这一端，看着他逐渐消失在小路转弯的地方，他用背影默默的告诉你：不必追。'"这个结尾运用名言来表达母女情深。

总之，演讲的结尾很有学问，没有现成的模式可以照搬照抄，演讲者一定要充分运用自己的大脑认真思考，追求一种"语不惊人死不休"的境界。

在演讲稿写好以后，为达到预期的效果，演讲者可以在小范围内进行试讲，请一些有经验的朋友提提意见。这也可以使演讲者熟悉自己演讲的内容，对如何安排演讲的时间和节奏做到心中有数，删除一些不上口的语词。只有做好了充分的准备，演讲者才能从容不迫地完成整个演讲过程。

（三）演讲的心理准备

演讲者在做好了相关的准备时，还需要从心理上进行适当的调适，以减缓常见的紧张、畏难情绪。

1. 调整认识

用演讲成功有效的积极声明来取代消极声明。如果总是担心"会把准备好的内容忘得一干二净的……""我不适合做演讲……"那么担心可能会真的变成现实。可以这样进行调整：首先建立正确的认识，并承认这样一个事实：怯场是一种心理上的反应，只要能放开来讲，就可以改变，要相信自己的实力。其次要进行积极的自我鼓励："只要我不慌不忙地讲，就能获得演讲的成功""凭我的实力和充分的准备，我完全能行"等。最后，在专家指导下进行针对性地训练，有效减轻怯场心理。

2. 充分准备

怯场心理大多是对准备工作心中无数而产生的。要自信，演讲提出的论题能被有趣而具体的实例证明；演讲的结构已成竹在胸，并已在演讲前演练；有一篇条理清晰的稿子，演讲时能轻松自如，举止适度；准备记录资料的摘录卡片，记下演讲的思路、重要的词和短语，可帮助回忆论题。提前几分钟入场，熟悉环境氛围，调整自己的状态。

3. 做些设想

预先想一下将要做的事情，越具体越好。另外，牢牢记住自己的形象，这有利于演讲去完成这种形象。凭想象可以创造出任何一种意境。

4. 表现得信心十足

把身体站直，直视听众，然后开始信心十足地讲话。演说家们觉察到，自己能够轻易地克服别的恐惧和焦虑，并且从前可能会失败的事，现在却成功了。

（四）上台演讲技巧

演讲的各种准备，最终要通过走上演讲台发表演讲表现出来。

1. 面对听众

一般要面对听众站着。要站得稳，别扭的站立姿势会分散自己或听众的注意力；不要把桌、椅、讲台作为“拐杖”，把身体靠在上面；站稳也并不意味着纹丝不动，根据演讲的需要可来回走动，有时甚至可以走到听众中间的过道上去。

演讲者走上讲台，应该精神饱满，容光焕发，富有朝气，给听众留下深刻的印象；表情自然，镇定自信；用眼神与听众进行诚恳的交流，正视听众，不要超越听众的头顶或凝视远方。

2. 塑造形象

演讲者的仪表风度，听众是要进行严格审视和评判的。演讲者要保持良好的仪表风度，需要饱满的精神状态；衣着打扮得体、协调、适中、和谐，与演讲内容、环境氛围相吻合，讲求庄重、整洁、朴素；举止雍容大方，彬彬有礼、不卑不亢。

演讲过程应该稳健潇洒、干练英武，给人以胸有成竹、生气勃勃的印象；还应给听众诚实的印象，用轻松的姿势、熟练的手势、愉快的情绪等来赢得听众的信任与支持。美国1961年大选，呼声极高的尼克松以微弱的票数差额输给了肯尼迪，原因是在电视辩论中，出现了两个截然不同的形象：尼克松显得憔悴不堪、精疲力竭；肯尼迪却气宇轩昂、风度翩翩。无疑，仪表风度上的优势，帮了肯尼迪的大忙。

3. 强调重点

强调重点的办法，包括有节奏的停顿，音量和语气语调的变化，还有动作、手势等。

演讲的内容和时间是有限制的，但听众最容易记住演讲开头和结尾的话，听众的注意力在开头最高，中间逐渐低落，快结束又回升。这样，演讲者要费一番设计演讲的开场白和结尾，重点内容也最好放在开头几分钟。

4. 适当的提问

提问的题目可以是听众感兴趣的，也可以是演讲中易引起争论的部分。预先做好回答各类问题的准备，对各种问题和反对观点成竹在胸，让听众认为：你欢迎有这样的机会来阐明观点。充分的准备就不会惊慌失措。同时演讲者要关注整个会场情况，并照顾到大家的感受。

（五）选择演讲方式的技巧

在正式场合发表演讲，演讲方式的选择至关重要。

1. 照本宣科

政治家发表的演讲常用这种方式。这种照本宣科地念讲稿，提出的观点是经过推敲的，很少出现纰漏，演讲稿也可以直接传阅发表。但是，这种方式的不利方面是演讲者只顾念稿，与听众的沟通极少，会场气氛冷淡枯燥；听众也会怀疑演讲者的能力。

2. 背诵演讲

这种方式好像在背书，机械单调，缺乏新意，听众不乐于接收，也不利于演讲者与听众的沟通。如果演讲者突然忘了某句话，就会不知所措。况且演讲者要记住整篇演讲稿是有点困难的。

3. 脱稿演讲

演讲者运用写好的提纲帮助回忆，仔细设计和组织好要讲的话，要用的关键词。偶尔翻一下提纲卡片，就可以顺利地从一个论点转向另一个论点。脱稿演讲具备其他演讲方式的优点。

4. 即兴演讲

大型宴会常用这种方式。如果演讲者对某个题目没有什么观点和材料要说，最好不做即兴演讲，以免既丢面子又浪费别人的时间。在这种情况下，谦虚的退让要胜过勇敢的尝试。出色的即兴演讲，并非随兴而发，而是演讲者经过深思熟虑的成熟的见解；演讲者往往拥有雄厚的思想基础和丰富的信息材料，有着熟练的演讲技巧。

（六）培养演讲才能的方法

演讲的才能尽管受到天赋的影响，但更重要的是后天的培养。只要经过正确的训练，人人都可以成为一名出色的演讲者。让我们看看德摩斯梯尼的成功的事例。

在雄辩术高度发达的雅典，无论是法庭里、广场中还是公民大会上，经常有经验丰富的演说家的论辩。听众的要求很高，演说者的每一个不适当的用词，每一个难看的手势和动作，都会引来讥讽和嘲笑。

德摩斯梯尼天生口吃，嗓音微弱，还有耸肩的坏习惯。在常人看来，他似乎没有一点当演说家的天赋，因为在当时的雅典，一名出色的演说家必须声音洪亮，发音清晰，姿势优美，富有辩才。为了成为卓越的政治演说家，德摩斯梯尼付出了超过常人几倍的努力，进行了异常刻苦的学习和训练。

他最初的政治演说是很不成功的，由于发音不清，论证无力，多次被轰下讲坛。为此，他刻苦读书学习。他抄写了《伯罗奔尼撒战争史》8遍；他虚心向著名的演员请教发音的方法；为了改进发音，他把小石子含在嘴里朗读，迎着大风和波涛讲话；为了去掉气短的毛病，他一边在陡峭的山路上攀登，一边不停地吟诗；他在家里装了一面大镜子，每天起早贪黑地对着镜子练习演说；为了改掉说话耸肩的坏习惯，他在左右肩上各悬挂一柄剑；他把自己剃成阴阳头，以便能安心躲起来练习演说。

据说德摩斯梯尼以口含小石子等方法一直刻苦练习演说近50年，通过多年的刻苦努力，最终成为了雅典最具雄辩的演说家。随后他的刻苦努力练习演说的故事也成为了激励后人奋进的例子！

德摩斯梯尼的经历，让我们明白，优秀的口才不是天生的，是可以通过后天训练得来的。那么，如何培养演讲的才能呢？

第一，读。

要口才好，必须要见多识广，有丰富的知识。读书会使人的头脑开阔，思维敏捷，想到哪就可以讲到哪，看到哪就可以说到哪，问什么答什么。“读”又是“背”和“诵”的基础。读有默读、朗读、唱读。唱读更是有利于锻炼口才。

第二，背。

它是读的发展，是熟记的必要手段。背，是培养记忆的最好方法。要多背名篇、名段、名句，久而久之，印在脑海里的东西就丰富了、深刻了、巩固了，这样演讲起来就头头是道。

第三，诵。

它是背的艺术化，是要把演讲者的感情倾注到字里行间。要有抑扬顿挫、高低快慢和喜怒哀乐的色彩。

第四，讲。

就是使用，多讲、反复讲，不仅能熟记事物，而且能培养胆量、养成习惯，持之以恒可使口齿清晰，发音准确，表情丰富。到各种正式场合和非正式场合去讲，尤其是在讨论会、学习会上踊跃发言，久而久之胆子就大了。同时，应该对每次演讲，无论是成功还是失败，是好还是不好都要进行追踪记录，总结经验教训。

第五，练。

在练习表达时，设法想象面前有听众。面对着墙站着，巡视“听众”。记住与室内所有的人保持目光接触。核对演讲开始的时间。在演练期间，你要看演讲需要多少时间。要一次把所有的演讲内容讲完，不要停下来。在演讲时，要记住注视“听众”。演讲完后，看一下结束的时间。现在分析一下你的表演：是否演讲的某部分让你觉得很难？演讲的组织清楚吗？检查一下提纲。在演讲中遗漏了任何东西吗？提纲清晰和容易看清楚吗？时间怎样？需要增加或删除任何材料使其满足演讲的时间要求吗？做出必要的改变并且再练习一遍。

拥有一流的口才，获得演讲的成功，其实不需要采取德摩斯梯尼那些近乎苛刻残酷的方法，只要按照上面的技巧，循序渐进的训练，就能超越自我，实现目标。掌握演讲技巧，可以让你走向卓越。

第三节　拓展阅读

《摆脱恐惧——在北京卫视〈我是演说家〉中的演讲》·俞敏洪

俞敏洪，现任新东方教育科技集团董事长兼总裁，1980 年考入北京大学西语系，1985 年任北京大学外语教师，1993 年创办北京新东方学校，2003 年成立新东方教育科技集团。俞敏洪的创业之路可谓艰辛，他在《我是演说家》中演讲的《摆脱恐惧》，以同学们为对象，介绍了自己走上创业之路的艰辛和奋斗历程，其中既有对演讲技巧的精彩把握，又有对学生醍醐灌顶的启示："请同学们勇敢地对你们的恐惧和勇敢地对别人的眼神，说一声 No! Because I am myself!" 下面让我们一起来领略一下这精彩的演讲。

亲爱的同学们，大家晚上好！

当有人站在这么一个舞台上，我们很多同学都会羡慕。也会想，也许我去讲，会比他讲的更好。但是不管站在台上的同学是面对失败还是最后的成功，他已经站在这个舞台上了。而你，还只是一个旁观者，这里面的核心元素，不是你能不能演讲，不是你有没有演讲才能，而是你敢不敢站在这个舞台上来。我们一生有多少事情是因为我们不敢所以没有去做的。

曾经有这么一个男孩，在大学整整四年没有谈过一次恋爱，没有参加过一次学生会班级的干部竞选活动。这个男孩是谁呢？他就是我。

在大学的时候，难道我不想谈恋爱吗？那为什么没有呢？因为我首先就把自己看扁了。我在想，如果我去追一个女生，这个女生可能会说，你这头猪，居然敢追我，真是癞蛤蟆想吃天鹅肉。要真出现这种情况，我除了上吊和挖个地洞跳进去，我还能干什么呢？所以这种害怕阻挡了我所有本来应该在大学发生的各种感情上的美好。

其实现在想来，这是一件多么可笑的事情，你怎么知道就没有喜欢猪的女生呢？就算你被女生拒绝了，那又怎么样呢？这个世界会因为这件事情就改变了吗？那种把自己看得太高的人我们说他狂妄，但是一个自卑的人，一定比一个狂妄的人还要更加糟糕。因为狂妄的人也许还能抓到他生活中本来不是他的机会，但是自卑的人永远会失去本来就属于他的机会。因为自卑，所以你就会害怕，你害怕失败，你害怕别人的眼光，你会觉得周围的人全是抱着讽刺打击侮辱你的眼神在看你，因此你不敢去做。所以你用一个本来不应该贬低自己的元素贬低自己，使你失去了勇气，这个世界上的所有的门，都被关上了。

当我从北大辞职出来以后，作为一个北大的快要成为教授的老师，马上换成穿着破军大衣，拎着浆糊桶，专门到北大里面去贴小广告的人，我刚开始内心充满了恐惧，我想这可都是我的学生啊，果不其然学生就过来了。哎，俞老师，你在这贴广告啊。我说，是，我从北大出去自己办个培训班，自己贴广告。学生说，俞老师别着急，我来帮你贴，我突然发现，原来学生并没有用一种贬低的眼神在看我，学生只是说，俞老师我来帮你贴，而且说，我不光帮你贴，我还在这看着，不让别人给它盖上。逐渐我就意识到了，这个世界上，只有你克服了恐惧，不在乎别人的眼光，你才能成长。也正是有了这样慢慢不断增加的勇气，我有了自己的事业，有了自己的生活，有了自己的未来。

回过头来再想一想，最近这几天正在全世界非常火爆的我的朋友之一马云，他就比我伟大很多。马云跟我有很多相似之处，当然不是长相上相似，大家都知道，这个长相上还是有差距的，他长得比较有特色。

我们俩都高考考了三年，我考进了北大的本科，他考进了杭州师范学院的专科，大家马上发现，从这个意义上来说，无论如何，我应该显得比他更加的优秀。但是一个人的优秀并不是因为你考上了北大就优秀了，并不是因为你上了哈佛就优秀了，也并不会因为你长相好看而优秀。一个人真正优秀的特质来自于内心想要变得更加优秀的那种强烈的渴望，和对生命的追求那种火热的激情。马云身上这两条全部存在。

如果说在我们那个时候，马云能成功，李彦宏能成功，马化腾能成功，俞敏洪能成功，我们这些人都是来自普通家庭，今天的你拥有的资源和信息比我们那个时候要更加丰富一百倍，你没有理由不成功。

当我们要有勇气跨出第一步的时候，我们首先要克服内心的恐惧，因为这个世界上，只有你往前走的脚步你自己能够听见。

所以我希望同学们能够认真地想一下：我内心现在拥有什么样的恐惧，我内心现在拥有什么样的害怕，我是不是太在意别人的眼光，因为这些东西，我的生命质量是不是受到影响，因为这些东西，我不敢迈出我生命的第一步，以至于我生命之路再也走不远。如果是这样的话，请同学们勇敢地对你们的恐惧和勇敢地对别人的眼神，说一声 No！Because I am myself！谢谢大家。

实践训练：帮你面试

大学生走向社会的第一道关口，就是面试。其实，面试除了做好必要的准备工作，更重要的是平时的训练，让自己的口才表达能力突出，再做最详尽的准备，那么不管结果如何，你一定不会后悔。

一、面试前的准备

第一，你需要打扮自己。

第二，了解面试的基本步骤。

第三，准备好应对面试中可能出现的问题。

大家可以在面试前做以下工作，以帮助我们应对面试中的绝大多数问题。

1. 准备十分简洁的自我描述：以便在任何面试中都可以用。最好的技巧是提到自己与众不同甚至独一无二的地方，同时兼顾不突出或（最坏的话）中庸之处——保留自己的缺陷，除非它和一个重要的优点有关联。连续的三十秒陈述即可。

2. 研究公司：通过访问他们的网页了解他们究竟做些什么。最好阅读公司近些年的年度报告和它在百科上的描述（如果它足够大），或者用搜索公司名字和地点（如果是小公司）。如果它处于起步阶段，找尽可能多的资料；如果相关资料实在太少，就别再多花精力了。

3. 研究职位：认真阅读招聘启事，对任何不懂之处都要查阅。如果还不甚熟悉，你还必须让自己深入阅读招聘启事以让自己清楚这一领域的重要信息何在——从博客和新闻网页开始是不错的选择。你还应该在生活范围附近调查一下类似工作，以对这类工作的常规起步工资心中有数。

4. 了解自己适合这一职位的原因：收集你能找到的公司信息和招聘启事，将它们与自己的技能作对照。这样做五份，它们在面试中会有奇效。同时，找出至少一项自己对公司或职位的不满之处然后思考为什么这使你不满。

5. 不断努力提升工作技能：参与能使你提高相关领域关键技能的活动。任职人际关系领域吗？加入一个主持人协会。任职行政助理吗？加入为某个机构服务的志愿工作，以不同方式锻炼你的能力（同样适用于从事贸易者）。任职程序员吗？那就为一项开源项目作点贡献。

6. 在头脑中储备一些对应聘职位的问题：这能给人一个强烈的印象，说明你确实对那个职位感兴趣，这将大有益处。各类问题都可以，但最好涉及工作中的协作文化和特定技术。

7. 诚实：如果你在面试时编造了什么还出了错，面试官会把你的应聘书投进垃圾箱。你只要做的是，集中于自己本身具有的优点上，如果把它们都在面试中陈述出来，这已经就是那个机构喜欢你的那些因素。

二、案例分析

联合利华应聘之旅

今天想写写另一个非常棒的快消企业——联合利华（Unilever）。今年联合利华的申请分为 5 个环节：网申——笔试——一面——AC 面——Offer，接下来我还是逐一的为大家叙述各个环节的主要内容。

1. 网申

今年联合利华的网申人数据说有十多万，还是用的中华英才，内容还是基本信息、教育背景、实习之类的，但是最后有开放题三道。我当时一心全在咨询公司上，水水的就给填了，后来想起来还是有些后怕。后来证明，每份网申都是联合利华的 HR 或者各部门职员签字看的，不是中华英才网筛选的（我在一面的时候，面我的经理就说他看过我的网申，大致意思是对我的开放题回答挺满意的）所以背景出色但挂在网申的孩子们可以好好反思一下你们网申的诚意，未来申请的童鞋也可以引以为戒。

2. 笔试

联合利华的笔试是SHL性质的题目，三个部分：20分钟Number＋15分钟图推（貌似），而且今年联合利华的题和罗兰贝格的笔试一模一样（囧了）。所以做得非常轻松写意，完了蹦蹦跳跳的去赶了韬睿惠悦的笔试（这个巨难无比，错了至少一大半）。所有的环节里我最不害怕的就是笔试，因为这个环节只要你学过奥数并且没忘光的话，就肯定不会被淘汰。

但这对文科生是一个不小的挑战，因为时间紧内容多，对数字不敏感，一不小心就会被淘汰，那真的死的太委屈了。于是我的建议是：笔试前下载一些SHL的练习题，比较好的有渣打的经典题和KPMG的经典题。渣打的论坛上有很多往年的练习题，图形＋逻辑＋阅读，可以供大家练习。我觉得SHL题考察的其实是我们的反应能力和快速找信息的能力。不管你数学基础怎样，只要多做多练，一定能通过。

3. 一面

联合利华的一面是单面，面试官是各个品牌的经理，这个我觉得比较好，能够感觉到面试官和我的共鸣。然后每个面试官手上都有一本小册子，册子上有评分表，每一页上都有问题和相应打分栏、评语栏，内容非常流程化，但面试官会像聊天一样向你提问，有的和蔼可亲，有的比较严肃，到了最后就很随意了。

面试我的是一个从广告公司跳到联合利华的品牌经理Neal，非常有意思的一个大男孩。一进去的时候我就觉得我们看对眼了，只要别表现太烂肯定能过。和宝洁的面官不太一样，P&G的面官主要引导面试者去描述她所想要了解的事情，而联合利华的面官更多的是引导面试者去描述自己最想要拿出来炫耀的事情。

那时候我的咨询面试挂的七零八落，所以对Mkt开始变得非常重视。记得那段时间我把从6月到11月的成功营销杂志全都买来，天天我在床上看，并且把喜欢的营销方案剪下来贴在一个本子上（做完这件事之后巨有成就感！）记得非常清楚的是本子的第一页贴着凌仕的营销方案，最后几页贴着包括潘婷“我要闪亮”在内的二十多个经典长篇广告。因此在Neal问完我几个基本的结构化问题之后，我们就开始了长达半小时的关于品牌策略的交流。

那时候我真的开始觉得我的未来可能就在联合利华了、我的未来就要做Mkt了。可能正是这种对品牌的热忱打动了我的面官Neal。最后我问了他两个问题，一个是凌仕在成熟市场和中国市场的营销虽然都走的是Sexual路线，但区别很大，为什么？另一个是你觉得联合利华的企业文化中你不太喜欢的地方是什么？Neal非常开心的又跟我一顿讲，最后结束面试。

联合利华一面给我的感受是：你除了需要了解自己（宝洁八大问）之外，你还应该了解这家企业以及这个部门——特别是它最骄傲最希望与人分享的部分，这样交流起来会拉近你和面官之间的距离。除此之外，有爱和具备一定的分析能力也非常必要；我可以肯定，如果我当时不是在那样一种对联合利华的品牌的狂热中，我应该会遭遇和宝洁一面一样的悲惨下场。

4. AC 面

联合利华的终面也是 AC 面，有一整天 5 个环节：笔试（两大问题，每个大问题下有三个小问题）、第一轮小组讨论、presentation、单面、第二轮小组讨论。五个环节都有不同的 case 需要解决，但都有一条主线，就是产品的生产和上市。Case 是英文的，讨论时用中文，presentation 是英文，单面看遇到的面官不同语言有不同。一组 6 个人，我们组我一个男生和 5 个小姑娘。

笔试的第一个问题是分析材料的问题、提出解决方法（主要是应对产能不足的问题）。第二大问题是写一份采购谈判前的 note，根据数据选择最畅销的品类和制定价格。Case 大概二十多页，一个半小时阅读和完成。还是我在上篇面经中提到的，你要想对这类的 casestudy 环节无压力，你需要具备良好的思考习惯。这些思维的培养和训练可以参照 casebook（因为我的主要目标是咨询，所以看完的 casebook 有十本以上吧）。

我觉得 casebook 是即使你不去咨询公司也一定能为你未来的工作之路带来良好的思维习惯的训练，所以强烈推荐。然后第一轮小组讨论和第二轮小组讨论考察我们的团队协作能力，一个是新品上市，另一个是解决近期运营中的严峻问题。和其他群面一样，我提出分析框架，大家进行完善之后开始往里填东西，最后得出结论。唯一的问题出在女生们总是在细节处难以达成共识，这时我就果断出面。后面有一个 presentation，自己写白板纸，然后 10 分钟演讲，10 分钟提问。题目是关于一家印度的 localbank 的信用卡发行。这是在咨询实习的孩子们最有优势的地方，因为大家一般的思维习惯是写字，而我们是画图，个人觉得 PPT 上应该尽量少写字为好。

就在我特别高兴的带着我花花绿绿的纸进去之后，我遇到了想象之外的麻烦。本来应该先讲后问的 20 分钟变成了我讲一页 PPT 她 challenge 我几个问题的恐怖局面。问的问题非常的尖锐，而且我回答完问题之后还得找回原先的思路继续给她讲。不过还好我一直强装镇定，出来时衬衣背后湿透了。剩下的单面是和一面差不多的，我觉得发挥的非常好，依旧是用我对品牌的热情来感染面官，面官几乎一直在安静的听我讲，没问什么问题。最后我问了两个问题被她夸奖说很有见地。

5. offer

没什么意外的面完回来的第二天就收到了 0411 打头的电话，我当时激动地在宿舍里又蹦又跳。因为这真的是我当时的 dreamoffer，无比喜欢这份工作。联合利华的员工和文化给我留下了非常深刻而美好的印象，很喜欢他们。虽然最后还是为了咨询放弃了这一个让我激动万分的 offer，但这一段美好的经历让我难以忘怀。

最后总结一下，面试快消的四个最重要的准备：

1. 热爱：包括对公司的热爱以及对部门的热爱，你的热忱 marketer 们一眼就能看出来。

2. 故事：让你自己骄傲的故事才能打动别人。

3. 分析能力：这一点怎么强调都不为过。

4. 气质：有一个很资深的品牌经理跟我讲，你能不能做 Mkt 我一眼就能看出来。我不知道是不是真的有这样的一回事，但让自己变得开放、有创造力绝对是进入快消行业的法宝。

（资料来源：应届生求职网 http://www.yingjiesheng.com）

问题：以上案例中，主人公做了哪些面试准备工作？

思考与练习

1. 结合修辞各要素，谈谈你对修辞这一概念的理解。

2. 就下面两句进行比较，说明比喻和比拟的区别在哪里。

① 满天的阳光下，一川的翡翠雕刻似的大瓜，一个个大如斗。

② 沙家店一战，把敌人打得晕头转向，一败涂地，再也不敢恋战，只有夹着尾巴冒死南逃了。

3. 请分析下面一句话中运用了哪些辞格？

总理的轿车开动了，我们的心哪，跟着总理向前，向前，……忘记了卸装，忘记了时间，忘记了春寒。……许久许久，周总理的音容笑貌，在我脑际萦绕；周总理的谆谆教诲，在我心中回响。

4. 请搜集整理一些生活中的修辞案例。

5. 运用口才提升训练中的发声练习法，操练以下绕口令。

① 扁担长，板凳宽，扁担没有板凳宽，板凳没有扁担长。扁担绑在板凳上，板凳不让扁担绑在板凳上。

② 杨家养了一只羊，蒋家修了一道墙。杨家的羊撞倒了蒋家的墙，蒋家的墙压死了杨家的羊。杨家要蒋家赔杨家的羊，蒋家要杨家赔蒋家的墙。

③ 六十六岁的陆老头，盖了六十六间楼，买了六十六篓油，养了六十六头牛，栽了六十六棵垂杨柳。六十六篓油，堆在六十六间楼；六十六头牛，扣在六十六棵垂杨柳。忽然一阵狂风起，吹倒了六十六间楼，翻倒了六十六篓油，折断了六十六棵垂杨柳，砸死了六十六头牛，急煞了六十六岁的陆老头。

6. 准备一篇演讲稿，按照演讲准备的方法进行训练，并在课堂上进行公开演讲。

本章推荐书目

1. 王希杰：《汉语修辞学》，商务印书馆 2014 年版。

2. 李庆荣：《现代实用汉语修辞》，北京大学出版社 2010 年版。

3. 孙海燕，刘伯奎：《口才训练十五讲》，北京大学出版社 2015 年版。

4. 李真顺:《脱稿演讲与即兴发言》,北京大学出版社 2013 年版。
5. 胡伟,邹秋珍:《演讲与口才》,清华大学出版社 2013 年版。
6. 陈汝东:《当代汉语修辞学》,北京大学出版社 2004 年版。
7. 陈望道:《修辞学发凡》,复旦大学出版社 2017 年版。

第十八章 应用文写作

不知你是否听过这样的说法,“笔下有是非曲直,笔下有毁誉忠奸,笔下有财产万千,笔下有人命关天”。这支“笔”指的是应用写作之笔,写的是应用文。这些文章具有实用性、真实性、简明性、时效性和规范性的特点,和文约事丰、实事求是、注重实效的写作要求。按照应用范围,可以分为通用文书和专用文书两大类,通用文书里又包括法定公文和事务文书,专用文书则指经济、法律、科技、外交等专门领域的应用文章,将来同学们无论从事什么工作,或多或少都会用到。本章我们选取了这两大类中我们比较常见的文种进行介绍,希望通过学习,同学们能熟悉应用文的语言特点和结构要求,掌握常见应用文种的写作方法,在未来的学习和实践中获得帮助。

第一节 法定公文

2012 年《党政机关公文处理工作条例》规定 15 种法定公文文种,即决议、决定、命令(令)、公报、公告、通告、意见、通知、通报、报告、请示、批复、议案、函、纪要。这 15 个文种区别于其他文章的主要特点就是法定效力与规范格式,具体而言就是由法定作者制发,具有法定的现实执行效用,具有规范的体式,履行法定的程序。法定公文具有典型的应用文的特点,即以实用性为本,少文饰,求明晰,重程式,大学生要学习应用文写作,首先要了解法定公文,熟悉法定公文的格式和写法。

一、法定公文格式

按照 2012 年版的《党政机关公文格式》(GB/T 9704—2012),法定公文的一般格式有版头、主体和版记三部分。置于公文首页红色反线以上的各要素统称版头;置于红色反线(不含)以下至末页首条分隔线(不含)之间的各要素统称主体;置于末页首条分隔线以下的各要素统称版记。

版头的要素有份号、秘级和保密期限、紧急程度、发文机关标志、发文字号、签发人、首页分隔线等,基本要素是发文机关标志、发文字号、首页分隔线。

主体包括标题、主送机关、正文、附件说明、发文机关落款和印章、附注等要素。

版记要素是版记分隔线、抄送机关、印发机关和印发时间、页码。如图 18-1。

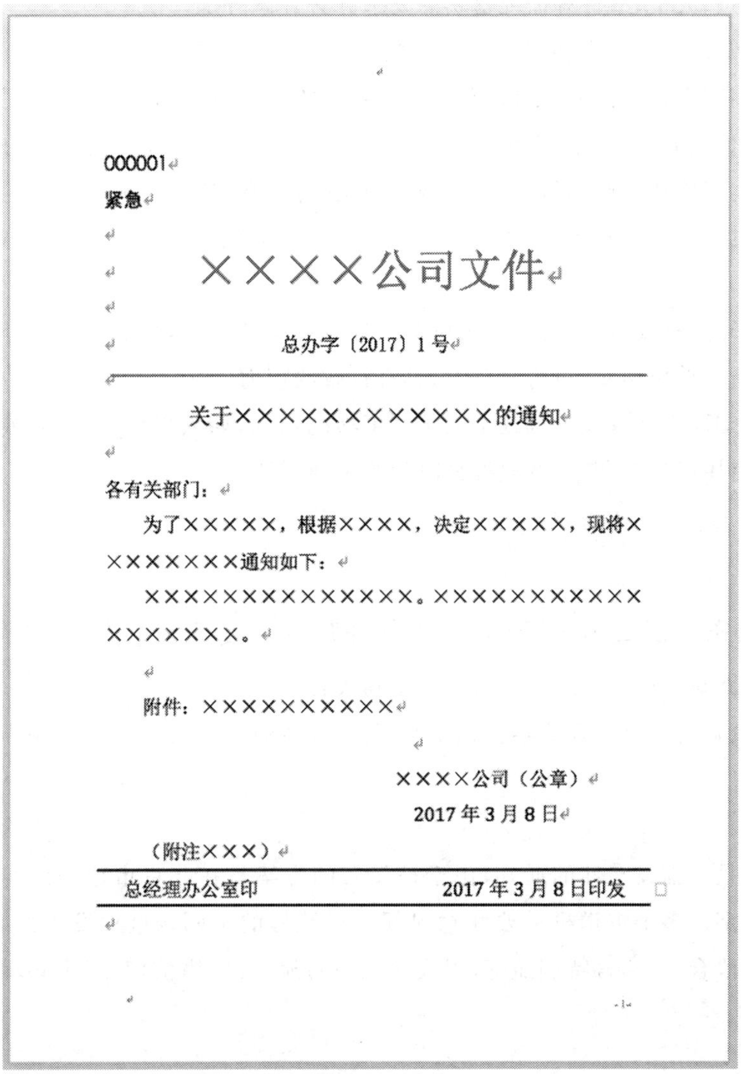

000001

紧急

××××公司文件

总办字〔2017〕1号

关于××××××××××××的通知

各有关部门：

为了×××××，根据××××，决定×××××，现将×××××××××通知如下：

×××××××××××××××。×××××××××××××××××××。

附件：××××××××××

××××公司（公章）

2017年3月8日

（附注×××）

总经理办公室印　　2017年3月8日印发

图 18-1　党政机关公文的一般格式

二、几种党政机关公文介绍

（一）通知

通知的起源应该是周代的“谕”。“谕”的本义是告之于人使之知晓，此后，又称“谕告”“告谕”。如今的通知适用于发布、传达要求下级机关执行和有关单位周知或者执行的事项，批转、转发公文，使用范围十分广泛，在国家党政机关、人民团体、企事业单位的公务活动中，起着承上启下、联系内外的传达和领导作用。通知分为指示性通知、发布性通知、事务性通知和知照性通知四种。

有关政策、法规和规章，在不成熟之前或未出台之前，可形成指示性通知行文，具有较强的强制性、指挥性和决策性。拟文要准确反映上级意旨，也要兼顾下级情况，政策说明要详细，时间、地点、人员、事件等需要落实的要求务必具体清楚。

发布性通知通常用来批转、转发有关文件和发布行政规章、管理规章。注意区分几个动词，上级“批转”下级的公文，下级“转发”上级或平级、不相隶属的公文，机关单位内部的法规规章和其他资料，用“发布”或者“印发”。为防止标题过长，多重转发的要注意简明。简明的原则是：直接转发最高级；两个发文单位原则上不省略；如果确实标题过长，可以承公文眉首省略第一个发文单位；两个事由引导词“关于”省略第一个；两个文种都不可以省略。

事务性通知具有安排性，要求下级机关办理某些具体事项，除交代任务外，通常还提出工作要求，让受文单位落实、执行并反馈，具有行政约束力。

知照性通知即告知有关单位或个人某些事项的通知，如人事任免、设立或撤销机构、迁移办公地点、启用或更换印章、调整办公时间等事项通知。

【范文】

范文一：

北京市人民政府关于印发《医药分开综合改革实施方案》的通知

各区人民政府，市政府各委、办、局，各市属机构：

现将《医药分开综合改革实施方案》印发给你们，请结合实际认真贯彻落实。

北京市人民政府

2017 年 3 月 22 日

【评析】这是一篇发布性的通知，由于被发布的方案是在北京市范围内实施，所以标题用了“印发”二字。多个主送机关要注意内部标点符号的不同。这种发布性的通知在结构上往往就是篇段合一，语言特别简练，程式化痕迹明显，可以模仿使用，不必增添词语，创新表达。

范文二：

国家安全生产监督管理总局

关于召开作业场所职业卫生监督检查工作会议的通知

各省、自治区、直辖市及新疆生产建设兵团安全生产监督管理局，各有关单位：

自 2003 年 10 月作业场所职业卫生监督检查职责划入安全监管部门以来，一些地区安全监管部门启动了作业场所职业卫生监督检查工作，特别是在人员编制、机构及技术支撑条件等面临很大困难的情况下，积极探索各种有效措施，开展职业卫生监督检查工作，取得了一些好的经验。但从全国情况来看，工作整体推进缓慢，地区间工作进展不平衡，一些地区尚未接转职能和启动相应工作。为提高认识、统一思想，尽快有效开展作业场所职业卫生监督检查工作，并交流部分省、市及企业开展职业卫生工作的经验和做法，经研究，国家安全生产监督管理总局定于10月20日至21日在四川省成都市召开作业场所职业卫生监督检查工作会议。现将有关事项通知如下：

一、会议主要内容

统一思想，提高认识，布置任务，提出要求，督促各省（区、市）尽快启动作业场所职业卫生监督检查工作；交流部分省市和企业开展职业卫生工作的经验和做法。

二、参加会议人员

各省、自治区、直辖市、计划单列市和新疆生产建设兵团安全生产监督管理局分管职业卫生工作的负责人和业务处长；部分市、县安全生产监督管理局分管职业卫生工作的负责人；部分企业、职业卫生技术服务机构的代表，有关新闻媒体单位记者。邀请国务院有关部门相关司局负责人参加。参加会议代表名额分配详见附件1。

三、报到时间及地点

10月19日在四川省成都市双流县棠湖宾馆报到

地点：四川省成都市双流县棠湖南路1段1号

宾馆总台电话：028-85823088

四、其他事宜

1. 请各参会单位于10月13日前将会议代表回执（见附件2）传真到承办单位。如需接站，请将接站回执（见附件3）于10月17日前传真到承办单位。

2. 联系方式：

主办单位：国家安全监管总局协调司

联系人、电话：略

承办单位：四川省安全生产监督管理局

联系人、电话：略

附件：1. 会议代表名额分配

2. 会议代表回执

3. 接站回执

二〇〇六年九月二十五日

【评析】这是一篇布置性的通知，召开会议往往要在标题写清楚会议的名称，在开头段里简要介绍召开会议的目的，如果会议的级别较高，则应在开头段适当增加会议的背景。一篇会议通知的主体内容包括会议内容、参会人、时间地点及其他事项，要考虑周详，不可有遗漏和逻辑错误，注意格式条理清楚，规范使用层次序号。本篇例文内容周全，语言简练，格式规范，不过二级标题序号应为（一），不是1；另外按新的公文格式规定，落款的时间应该写成阿拉伯数字。

（二）通报

通报的源头可以追溯到汉代的"玺书"，专用于奖赏大臣。现在的通报适用于表彰先进、批评错误、传达重要精神和告知重要情况。其使用范围很广，各级党政机关和单位都可以使用。它的作用是表扬好人好事，批评错误和歪风邪气，通报应引以为戒的恶性事故，传达重要情况以及需要各单位知道的事项，其目的是交流经验，吸取教训，教育干部职工群众，推动工作的进一步开展。分为表彰性通报、批评性通报和情况通报。

表彰性通报，就是表彰先进个人或先进单位的通报。这类通报，着重介绍人物或单位的先进事迹，点明实质，提出希望、要求，然后发出学习的号召。

批评性通报，就是批评典型人物或单位的错误行为、不良倾向、丑恶现象和违章事故等的通报。这类通报，通过摆情况，找根源，阐明处理决定，使人从中吸取教训，以免重蹈覆辙。这类通报应用面广，数量大，惩戒性突出。

情况通报，就是上级机关把现实社会生活中出现的重要情况告知所属单位和群众，让其了解全局，与上级协调一致，统一认识，统一步调，克服存在的问题，开创新的局面。这类通报具有沟通和知照的双重作用。

无论哪种通报的事实，都要准确无误，哪怕是一些细节问题也要认真核实材料的真伪，切忌无中生有，推理想象，或任意夸大或缩小事实。

【范文】

范文一：

关于表彰王××同志不畏强暴勇斗走私犯罪分子事迹的通报

全县各级党组织：

共产党员王××同志是我县工商管理局一名青年检查员。2010 年 2 月 21 日清晨，他在对一辆长途客车执行例行检查任务时，查获走私犯罪分子张××走私黄金×××克。在押送途中，张先以人民币×千元妄图贿赂王××同志，被王××同志严词拒绝后，就凶相毕露拔刀行凶，刺伤王××同志脸部、胸部。王××同志身负重伤，但临危不惧，英勇地与张犯搏斗，在群众协助下，终于将张犯扭获。

王××同志今年 26 岁，参加工作 4 年来，机智地战斗在缉私岗位上，先后破获各种走私案件 10 余起，连续四年被评为县先进工作者。

鉴于王××同志一贯表现突出，在关键时刻又经受住了严峻考验，特予以通报表扬。

希望各级党组织发动党团员和广大青年，学习王××同志为维护党和人民的利益，不畏强暴，坚决同违法犯罪分子作斗争的英勇事迹，学习他热爱本职工作，出色地完成党交给的艰巨任务的崇高品质，在党和政府的领导下，为我县的各项事业作出更大的贡献。

中共××县委员会

二〇一〇年三月二日

【评析】这是一篇表彰优秀个人的通报，标题对主旨概括到位，注意动词的搭配。该文主体内容包括三个方面：一是先进事迹，二是表彰意见，三是希望号召，本来应有的分析评价被巧妙地融入了表彰意见和希望号召里，用“鉴于”引导出“关键时刻经受住了严峻考验”，用“希望”表达发文者对受表彰者的高度评价和通报目的。学习模仿的时候要注意事迹概述的时候不能有文学化的叙述，不要情景再现，而是高度概括，有时间、地点、人物、事件简单经过和结果即可；再者，结尾语义要完整。

范文二：

关于表彰湖南省普通高校优秀学生党员的通报

各高校党委：

按照我委《关于评选表彰湖南省普通高校优秀学生党员的通知》(湘教工委通〔2012〕28号)要求，经各高校党委认真组织评选，我委审定，决定授予吴克等635名同学“湖南省普通高校优秀学生党员”光荣称号(名单附后)，特此通报表彰。

希望受表彰的学生党员珍惜荣誉，戒骄戒躁，继续不断努力，在学习和工作中争取更优异的成绩。希望全省普通高校广大学生尤其是学生党员，以先进为榜样，学习先进，超赶先进，奋发进取，努力成为社会主义事业的合格建设者和可靠接班人，为建设富民强省和社会主义现代化国家而奋斗。

附件：湖南省普通高校优秀学生党员名单

中共湖南省委教育工作委员会

二〇一二年五月十七日

【评析】这是一篇表彰先进群体的通报，在写法上与表彰个人的不同，往往忽略先进事迹的介绍，开头说明表彰的缘由，提出表彰的意见，提出希望号召。这里的希望号召往往分两个层次，一是受表彰的对象，一是其他群体，由点及面，发挥树立榜样、教育群众的作用。值得注意的是受表彰的对象不论是单位还是个人，具体名单不能出现在正文里，而应放附件里。

(三) 报告

现在的报告相当于战国时的“事书”“上书”、秦汉的“奏”，由人臣上书君主，陈述政事，呈献典章仪式，反映紧急事变，罪愆谬行等。当下的报告是党政公文中重要的上行文，适用于向上级机关汇报工作、反映情况，回复上级机关的询问。按照上级部署或工作计划，每完成一项任务，一般都要向上级写报告，反映工作中的基本情况、工作中取得的经验教训、存在的问题以及今后工作设想等，以取得上级领导部门的指导。所以报告能帮助上级及时了解情况，掌握下情，为领导决策提供依据，利于接受上级的监督和指导。在工作中发挥着重要作用。

根据报告内容的性质不同，报告可分为工作报告、情况报告、答复报告。工作报告向上级机关汇报工作的报告，情况报告反映工作中出现的新情况、新问题，特别是突发事件、特殊情况、意外事故及处理情况，答复报告则是答复上级机关询问的问题。

报告的写作要处理好“点”与“面”的关系、“详”与“略”的关系、“事”与“理”的关系，汇报工作、反映情况不能夹带请示事项。有时需要上级机关解决一些问题，应该另外用“请示”行文。

【范文】

关于××省鲜活农产品运输“绿色通道”运行阶段情况的报告

××省人民政府：

自今年7月1日我省开通鲜活农产品运输“绿色通道”以来，顺畅了农产品流通，提高了我省大宗鲜活农产品的市场竞争力，产地农产品销售价格大幅回升，为今年的农业增效、农民增收做出了巨大的贡献。据各地农业部门统计，自2004年7月1日至12月31日，共发放绿色通道通行证40.20万张，运销鲜活农产品305.94万吨，仅大宗农产品价格上涨就给农民增收16.39亿元。现将我省鲜活农产品运输“绿色通道”开通半年来的运行情况报告如下：

一、各部门同心协力，认真贯彻省人民政府《关于开通鲜活农产品运输绿色通道的通知》精神。

……（略）

二、农产品运输“绿色通道”的运行，顺畅了流通和降低了运输费用，流通客商骤增，盘活了省内鲜活农产品运销市场。

……（略）

三、农产品运输“绿色通道”的运行，诱发了产地农产品价格大幅度提高，构成了今年农民增收的强劲因素。

……（略）

四、“绿色通道”的开通体现了省党委和政府情系三农，执政为民的思想

……（略）

五、存在问题

我省鲜活农产品运输“绿色通道”运行几个月来，总体来说各部门配合不错，效果也较明显，但也存在下列问题：

（一）至今还没有统一的运行协调机构，交通、农业、公安各自为政，没有统一的投诉受理机构，运输户在路上遇到问题时不知找谁投诉。

（二）××省鲜活农产品运输“绿色通道”实施细则至今还没有公布实施，对“绿色通道”的管理造成了一定程度的被动。如鲜活农产品和运输车辆的界定问题、违规车辆的处理问题等都需要非常明确地公之于众。

（三）全省农业部门发放临时通行证每天需要动用700多人，在经费少、24小时工作的情况下，发证压力非常大，如果不改变发证方式，长此以往，将影响农业部门其他工作的正常开展。

六、建议

（一）由省交通厅牵头成立，由交通、农业和公安部门组成的××省鲜活农产品运输“绿色通道”联合协调小组，共同处理“绿色通道”运行过程中存在的问题。

（二）尽快出台××省鲜活农产品运输“绿色通道”实施细则，以便在“绿色通道”运行过程中有章可循。

（三）对本地运输车辆发放长期通行证，长期通行证分正本和副本，有效期为1年，司机只需在通行证副本上填写当次日期、产品种类、起运地和运输目的地，不需每次都跑农业部门领证，由交通部门在第一个收费站核实后盖章放行，以最大限度地提高工作效率，降低运行成本。对外省车辆运输本地鲜活农产品时仍使用一次性的临时通行证。

××省农业厅（盖章）

二〇〇五年×月×日

【评析】这是一篇反映某项工作情况的报告。“绿色通道”运行是一件由专门部门组织的新的工作，及时总结并报告给上级，能有效地为上级决策提供参考。该文从四个方面概括总结了运行中的成绩，有结论性的语言，也有典型事例和精准数字的说明性语言；成绩之外也有不足，提出三点不足，并在此基础上形成三点建议。全文提出问题、分析问题、解决问题的逻辑思路清晰，以此上报给上级能实事求是地反映情况，获得上级重视，积极稳妥地推进工作的开展。这种思路和总结是一致的，只不过总结不是法定公文，要上报必须改写成报告。

（四）请示

古代的“事书”“奏”“疏”“表”等都有向君主汇报事项、请示问题的作用。现在的请示适用于向上级机关请求指示、批准，对上级有关政策、法规不够明确或需要变通处理，对工作中出现的新情况、新问题无章可循、无法可依需要上级机关做出明确指示，对本地区、本单位的某一具体问题和实际困难需要请求上级机关解决，可以用请示行文。根据不同内容和写作意图，请示可分为求示性请示、求批性请示二类。

求示性请示一般是政策性请示，是下级机关需要上级机关作出明确解释或明确指示等；求批性请示是下级机关为了解决某些实际困难和具体问题向上级机关请求批准的请示。以前还有请求批转的请示，现在由意见取代。

请示事项一般时间性较强，在事前请示，应一事一请示，应按隶属关系逐级请示，一般情况不得越级请示，如确需越级请示，应同时抄报直接主管部门。请示一般主送一个机关，不多头主送，如需同时送其他机关，应当用抄送形式，但不得在请示的同时又抄送下级机关。

请示时应将理由陈述充分，提出的解决方案应具体、可行。请求拨款的应附预算表，请求批准规章制度的应附规章制度的内容，请示处理问题的本单位应先明确表态，正式印发请示送上级机关时，应在文头注明签发人姓名。

【范文】

关于解决重点水利工程建设资金的请示

高邮市水务局：

郭集镇位于高邮湖西，三面环湖，四面环水，58华里大堤保护着湖西郭集、送桥、天山等乡镇人民生命财产的安全，是一圩共性命。近年来，我镇加大了对圩堤的加固力度，2001年至2002年新建浆砌块石护坡2.9公里，今年11.65公里抢险公路正在紧锣密鼓地施工，三年累计配套资金达300余万元，另外，每年用于排涝设施维护费用就达20多万元。在农村实行税费改革后，此费用无法向农民负担，镇财政又难以承受。现具请示，请求贵局解决部分重点水利工程建设资金。

以上请示，请批准。

高邮市郭集镇人民政府

二〇〇三年六月二十五日

【评析】这是一篇请求批准的要钱的请示。标题动词“解决”用得好，一般习作者会写成“申请”“请拨”“调拨”“增加”等，语义上前二者与文种有重复之意，后二者则表意与原文不完全相符，“解决”既有调拨解决也有增加解决之意，又避开了与文种的重复，是最好的选择。该文正文只有一段，包括了请示缘由和请示事项，缘由要实事求是，还要典型有说服力，请示事项要明确说明。最后的结尾用语一般是惯用格式，分两部分，不能省。

（五）函

“函”起源于春秋时的“移书”，用于官吏通书函往来。现代的函适用于不相隶属机关之间商洽工作，询问和答复问题，请求批准和答复审批事项，具有沟通性、灵活性、单一性的特点，被称为公文中的“轻骑兵”。函的适用范围相当广泛，不仅可以在平行机关之间行文，而且可以在不相隶属的机关，包括上级机关或者下级机关之间行文；除了主要用于商洽工作、询问和答复问题外，函也可以向有关主管部门请求批准事项，向上级机关询问具体事项，还可以用于上级机关答复下级机关的询问或请求批准事项，以及上级机关催办下级机关有关事宜。

函可以从不同角度分类：按性质分可以分为公函和便函两种；按发文目的分函可以分为发函和复函两种；从内容和用途上，还可以分为商洽函、通知函、催办函、邀请函、请示答复函、转办函、催办函、报送材料函等。由于函的类别较多，从制作格式到内容表述均有一定灵活机动性。

写作注意行文简洁明确，用语把握分寸。无论是平行机关或者是不相隶属的行文，都要注意语气平和有礼，不要倚势压人或强人所难，也不必逢迎恭维、曲意客套。至于复函，则要注意行文的针对性，答复的明确性。函的结尾，一般常用“即请函复”“函复为要”“特此函达”“函复为荷”“此复”等惯用语，根据行文方向，选择合适的语气。

【范文】

关于提请关注北大方正集团有限公司紧急汇报的函

中国人民银行：

关于北大方正集团有限公司(以下简称“方正集团”)与北京政泉控股有限公司(以下简称“政泉控股”)纠纷事宜，我校于2014年12月14日致函贵行，请贵行予以支持，并得到了贵行的高度重视和大力支持。迄今为止，方正集团经营状况正常良好，但由于政泉控股及其实际控制人持续发布不实信息，特别是近日，政泉控股利用网络媒体冒用贵行名义大肆发布不实报道，可能导致方正集团与银行等金融机构的合作出现问题。为此，特恳请贵行对方正集团报告事项予以关注和重视。

现将方正集团函件上报，请贵行以适当方式对该报道涉及的不实内容予以澄清，以支持方正集团的正常运营及近4万名企业员工的稳定，维护北京大学声誉，保障国有资产安全，继续依法依规给予方正集团支持。

衷心感谢中国人民银行长期以来对我校和方正集团的支持和帮助。

附件：方正集团关于提请北京大学再次向中国人民银行紧急汇报的报告

北京大学

2014年12月20日

【评析】这份函是北京大学发给中国人民银行的，二者是平行不相隶属关系，内容上虽然有“恳请贵行对方正集团报告事项予以关注和重视”的要求，也不能用请示行文。文中针对方正集团和政泉控股纠纷，北京大学很好地控制了情绪，有理有据，不卑不亢，如“可能导致”“维护北京大学声誉”“保障国有资产安全”“继续依法依规”，体现了平行不相隶属单位之间行文的分寸。注意结尾不可用“此致敬礼”之类礼仪信函的写法。

第二节　校园常用文书

大学校园丰富多彩，相应的实用性的写作活动比较多，应该熟悉一些常用的校园文书，如便条、单据、启事、海报、介绍信、证明信、求职信、计划、总结、调查报告等，在这个突出个人能力的大学舞台上紧紧跟上时代的要求，在活动中展现写作水平，在写作中提升思维能力。

一、便条和单据

便条是在不能面谈的情况下有事告知或委托时信手写的简单留言，是非正式的书信或通知，没有正规格式，用第一人称，主要作用是联络、提醒。包括请假条、留言条、托事条、索要条等。

学生常用请假条，但是常常不能规范使用，就是因为它简单顺手，写作者经常忽略其内容和格式的完备。

【范文】	【评析】
请假条 我因身体不适，不能坚持上课，请假两天，请批准。 此致 敬礼 学生：李晓 2017 年 5 月 19 日	1. 应该有主送，写明向谁请假。 2. 缺少患病证明，要有医生的休假证明。 3. 请假两天时间不具体，没有起止时间。 4. 此致敬礼格式不对。

留言条也看似简单却容易误事。务必写明留言接收人、事由、重要的时间地点和人物、留言者、具体日期等要素。

常用的单据包括借条、收条、欠条。借条是借钱或借物时写给对方的一种凭证，所借之物归还时应收回或销毁借条。收条是收到对方送来的钱或物时写给对方的凭据。欠条是指所借钱物到期不能全部归还时另写的约定一定期限内归还剩余部分的单据。注意，写了欠条应收回原借条。

【范文】	【评析】
今借张顺一万元，借期半年，2017 年 11 月 11 日前归还。 李木 2017 年 6 月 19 日	1. 缺少标题“借条”。 2. 落款缺少身份说明，出借人还是借款人。 3. 为防止债权不清，措辞注意不要用“借”，用“借到”表明借款人身份，用“借出”表明出借人身份。 4. 还应有违约责任。

不论是哪一种单据，写作时要注意内容的准确性，尤其是物品名称、金额数目、单位名称、个人姓名不能出错，单据金额要大写并在前面写上币种。因为是手写，必须当面书写、亲眼所见。由于多义词“借”和多音词“还”的歧义，在书写单据时不要出现“借 10000 元”“还欠款 5000 元”，容易造成纠纷。

二、启事、海报

启事是为达成某一目的公开说明、陈述事实、希望协办的短文。各种寻物、招聘、征文都是用启事发布，生活中一些商户的降价、搬迁公告也是启事，还有一些单位就一些舆论、信息公开发表的声明也是启事。启事公开性很强，写作的随意性也较强，但是要写清楚事实和要求，不能出现“启事”与“启示”不分的现象。

【范文】	【评析】
启　示 由于本人不慎，在图书馆丢失一个黑色书包，内有钱包、一卡通等物，请拾到者与我联系，电话133××××××××。 李木 2017年6月19日	1. 标题应为“启事”。 2. 缺少丢失的时间，丢失的地点过于宽泛。 3. 黑色书包、钱包、一卡通等物的特征不明确，容易造成误领。 4. 结尾应表示感谢或酬谢。 5. 失主姓名视情况署名，注意隐私。

海报原是作为刊载剧目演出信息的宣传性张贴物，现在已经成为通过图片、文字、色彩、空间等视觉要素的组合向人们传达宣传信息的载体，有影视海报、球赛海报、演唱会海报、学术海报、广告海报、企业海报、文化宣传海报等，大学生在校园里接触的很多，除了视觉技巧以外，在文字上海报应该准确、全面、有活力，除了时间地点要素外，还要有针对性地突出个别内容，拿学术海报来说，应该突出报告主讲人的头衔和学术地位；拿活动海报来说，应该有个醒目而凝练的活动主题；拿广告海报来说，要突出商品的高性价比。

【范文】

可惜无声——以展览的方式探求齐白石艺术

主讲人：吴洪亮

北京画院副院长

北京画院美术馆馆长

齐白石纪念馆馆长

中国美术家协会策展委员会副主任兼秘书长

全国美术馆专业委员会副秘书长

齐白石艺术国际研究中心秘书长

主　办：清华大学美术学院绘画系，艺术史论系

时　间：10月15日(星期四)下午2点—4点

地　点：美术学院B301室

【评析】活动的主题明确，讲座名称有实有虚，语言魅力凸显，吸引人。主讲人时间地点要素齐备，有兴趣者可以直接按海报提示参加。主讲人头衔多，身份地位高，海报中作为重点突出强调，也凸显了讲座的学术价值。

三、介绍信和证明信

介绍信是机关单位、社会团体的人员与其他单位或个人联系工作、了解情况、洽谈业务、参加各种社会活动时使用的一种简明的信函文书，一般有固定的模板，甚至有有效期限制。

证明信是以机关单位、社会团体或者个人的名义证明某人的身份、经历或者证明有关事件的真实情况的一种简明信函文书。

二者必须加盖公章或者签名盖印才具有效力。

【范文】

介绍信

××学校：

兹介绍我院××老师，前往贵校洽谈2014级学生毕业实习的相关事宜，请予接待。

此致

敬礼

××学院(公章)

二〇一七年四月三日

【评析】此介绍信是规范例文。一般模板会有“介绍信”“兹介绍”“请予接待”“此致敬礼”字样，填空即可，不要多写，如为手写，注意格式。注意自称和对称为“我”和“贵”，要礼貌周全。人名要有一定的身份介绍，洽谈的事宜要准确精练概括。落款处一定要加盖公章，如是有存根的二联式介绍信，还要盖骑缝章。年份用汉字小写表示时，不能用“零”，而应用“〇”。

【范文】

证明信

××公司：

兹有我校文法学院××老师、××老师，前往贵公司，检查我校毕业生毕业实习情况，希望贵公司给予协助。

特此证明

××大学

2017年5月15日

【评析】此证明信是一篇学生习作，存在文种选择错误。从内容上看，证明信要证明的是身份、经历或其他事件，如果像此例文一样变成联系工作、了解情况，应该用介绍信行文。注意开端词“兹”用于介绍信，证明信证明身份往往用“系”表示判断和确认。希望协助的要求不是证明信的用法。落款处一定要加盖公章。

四、简历和求职信

求职信是求职者经过对自己的能力、素质、兴趣进行综合评估之后，写就的较有针对性的书面自我介绍。简历是对求职信的具体佐证。二者主要用途在于让招聘单位理解求职者的主要学历、经历、能力、业绩愿望，给招聘单位留下一个深刻的印象，从而获得面试机会。

求职信有针对性、展示性、求实性、独特性的特点，结构由标题、称呼、正文、致敬语、落款、联系地址、邮编、联系电话、电子邮箱、随信附上的相关材料等内容组成，正文主要由以下部分组成：介绍消息来源、表明求职心愿、介绍个人简历、摆出应聘优势、提出获职打算、请求答复联系、表明感激之情，要突出重点，语言简洁，有真情实感。

形式上现代求职信和简历要注意排版美观，讲究礼仪，求职信全文尽量打印在一张 A4 纸上，要有页眉设计；简历不要超过 2 页，最好是表格式设计。

【范文及评析】

求职信(居中，必写)

尊敬的先生/小姐：(还可以写“尊敬的领导”“人力资源部负责人”，但是不要写成“敬启者”)

您好！感谢您在百忙中阅读此信。(在这里应直接写明消息来源和应聘岗位，让招聘人员一目了然。)

我是河北省××大学 2016 届应届毕业生，主修给水与排水专业。(把学校专业等有用信息描成黑体更加醒目)进入大学以来，我深深地意识到：在当今竞争地社会，只有拥有真才实学才能立于不败之地，所以我把这里当作新的起点，勤奋学习，刻苦钻研，扎实地学习了各门基础学科和专业课程。在计算机方面(尽量简洁)，熟悉 Windows 8/IOS 等操作系统，能熟练使用 OFFICE 办公软件，能熟练使用 Internet 搜索引擎获取信息，更能熟练使用 auto CAD 平面立体设计、网页制作设计、图像编辑等方面的软件。(把技能等有用信息描成黑体更为醒目)

作为新世纪的学生，还要德、智、体全面发展，在校期间我在思想上积极追求上进，主动向党组织靠拢，参加了校业余党校的学习。学习的同时，我还积极参加了体育锻炼，保持强健的体魄。(这部分不够简练，不能吸引招聘人员的阅读兴趣。)

我在良好的家教和老师的严格的要求下，培养了我做事认真，勤于思考，积极向上的性格和作风(病句，小心)。长期的学习生活，造就了我谦虚、谨慎、诚实、守信，永不言败的性格(尽量突出自己特点，不要好词用尽，雪融无痕)。我相信这些做人的原则将在今后的工作中发挥作用。

我热爱贵单位所从事的事业，(前面没有消息来源和岗位说明，谈热爱有点虚。)殷切地期望能够成为这个精英团队中的一员，能在您的领导下，为这一光荣的事业添砖加瓦；并且在实践中不断学习、进步。我相信自己能在短期内适应环境，尽职尽责地把工作做好。(适当说点好听的是必要的，但不要太多了，容易适得其反。)

企盼您给我翱翔的天空，我将用我的汗水证明您英明的选择！（应届毕业生喜欢喊口号，其实这口号没什么用。）

诚祝贵单位事业欣欣向荣，蒸蒸日上！

此致

敬礼！

××谨呈（书法好的可以手写，但不要艺术签名）

2016年7月（时间要写全）

注：以上括号内为点评。

【范文】

简　历

基本信息

姓名：时光	性别：女
籍贯：江苏南通	学历：本科
专业：汉语言文学	政治面貌：中共党员
毕业院校：××学院	毕业时间：2016年7月

目标岗位

行政助理、销售助理

实习经历

1. 2014年11月1日至2015年4月30日在京东爱久煜传媒担任创意策划、少儿主持培训师，负责教授小朋友基本主持课程，并与同事合作策划文艺汇演，增强了自身执行力与思维的缜密性。

2. 2015年7月10日至2015年10月在北京原点合众科技有限公司实习，主要负责线上推广、摄影、会议主持工作，与前辈相处的过程中增加了自己对互联网知识的认知。

校园经历

1. 曾编导并参演3部语言类节目，如《幸福的蚁居生活》《俺们处对象吧》《新生驾到》。

2. 大学期间作为班长，曾3次以上策划各类院级活动，如八班联欢、团日大会、元旦晚会等，并担任主持工作，与伙伴合作的过程中增强了集体的团队精神与自身集体荣誉感。

3. 2014年9月至11月，在校内做家纺用品的推销，获得过“寝室全员购买”的成绩，并感悟：推销必须以客户的需求为前提，配之以人文关怀，且应与客户保持长线联系。

荣誉

个人：二等奖学金；获“优秀班干”“优秀团员”称号。

集体：获“优秀党员寝室”“优秀班级”荣誉。

证书

CET－4；普通话一乙；驾驶证；主持人大赛第四名证书。

个人评价

爱美食爱美景，也爱用文字记录下途中的美好；

喜欢交友、擅长交际、痴迷于播音主持，在舞台上绽放的青春让我更加自信；

也爱在闲暇时刻阅读抄写、沉淀自我，愿心能择高处立、向宽处行。

【评析】此份简历是一篇写得比较好的学生习作，格式清晰，内容简洁，重点突出。牢牢抓住了用人单位的心理，根据目标岗位，突出实践经历和能力凭证，很多应届毕业生喜欢根据自己的专业写所学课程，其实那样没用，招聘者一看所学的专业基本上就知道所学课程了，不要再浪费篇幅。个人评价画龙点睛，是招聘者了解求职者性格个性格局的所在，一定要深思熟虑，认真表达。例文中作者较好地展示了自己的修养。在排版上左对齐的方法不对，要先有规范，再讲美观。序号后面的标点应该是点号。

五、计划和总结

（一）计划

计划是党政机关、企事业单位、社会团体对今后一段时间的工作、活动作出预想和安排的一种事务性文书。计划是一个统称，包括：规划、设想、安排、打算、方案、要点、意见等。规划是具有全局性的、较长时期的长远设想；设想是粗线条的、初步的、预备性的、非正式草案性计划；方案是从目的、要求、工作方式方法到工作步骤做出全面部署与安排的计划；安排是对短期内工作进行具体布置的计划；打算是短期内工作的要点式计划；要点是列出工作主要目标的计划，内容比较简明、概括，只是原则性的安排，适用于时间相对较短的计划。现在流行的策划书其实就是策划方案。

计划具有预见性、针对性、约束性的特点，不论是学习计划、工作计划、生产计划、财务计划，还是教学计划、分配计划、销售计划，都要从实际出发，统筹兼顾，要突出重点，主次分明，还要目标明确，步骤具体。

计划的标题一般由制订单位、执行期限、内容和文种四个部分组成，任务目标、措施步骤、执行要求为计划内容的三要素。以策划书为例，题目是活动名称＋策划书，策划书的内容包括活动的名称、活动主题、活动目的、活动时间和地点、活动对象、活动内容、活动日程安排、各项工作负责人，最后是活动预算和预期能达到的效果。

现在计划的写作经常结合表格来完成，大学生还需要有制作表格辅助完成计划的技能。表格式计划仍然是文章，需要有标题和署名、写作日期。

【范文及评析】

范文一：

××学院文秘专业
第四届秘书职业技能大赛策划书

为适应市场对文秘人才的需求，帮助学生提高专业技能，塑造职业精神和职业意识，根据文秘专业人才培养目标的要求，决定举办××学院文秘专业第四届秘书职业技能大赛。为了做好大赛的组织筹备工作，特制订本策划书。（活动目的结合了市场、专业、职业，视野较开阔。）

一、指导思想

通过举办第四届秘书职业技能大赛，旨在培养学生秘书工作实践能力和理论应用能力，（典型的无主句病句）提高文秘专业学生的基本秘书素养，树立正确的秘书职业知识，（"树立"如何能和"知识"搭配？）养成良好的秘书习惯，全面发展自身，提升我院文秘专业人才培养水平和市场核心竞争力，打造我院文秘品牌。

二、组织策划

本次大赛的组织完全由文秘专业的学生组成的大赛委员会，（句式杂糅病句）具体的安排人员会负责各个项目的比赛，由专业老师指导本次大赛的各项工作。（此段学生腔，下面的活动内容与流程能说明这点，此段不必要出现，可以删掉。）

三、大赛主题

青春人文　秘书风采（主题不错，但作为口号，要讲求韵律美，改成"秘书风采　青春人文"）

四、活动组织机构

主办单位：××学院人文艺体分院

承办单位：德雅秘书协会（要注意主办单位和承办单位平行的关系。）

策划单位：德雅秘书协会

策划人：杜谦云

指导老师：周祥、刘超华（最好加上老师的职务或职称）

五、竞赛项目

（一）基础类(A)

文字录入大赛、公文写作制作大赛、现场作文大赛，硬笔书法大赛、企业报编辑制作大赛。（录入、写作、书法算基础，企业报纸编辑应该算技能。）

（二）技能类(B)

秘书职业形象设计大赛、演讲大赛、经典诗文朗诵大赛、辩论赛、企业产品推广策划大赛、中英文歌唱比赛、个人简历制作比赛。（演讲大赛可以放基础里面，不能基础都是书面的，也要有口头的。）

（三）综合类(C)

十佳秘书大赛(要说明是十个人还是十项比赛，是单独的还是在AB基础上评选)

六、参赛对象

一、二年级在校学生每人至少参加A类项目2项，B类项目一项。

三年级学生自主决定是否参加，鼓励参加，个人简历制作必须参加。

十佳秘书大赛参赛者必须参加技能大赛四项以上，其中A类中的文字录入、公文制作必须参加一项，B类中的辩论赛、企业报、企业产品推广团体赛也必须参加一项。

七、大赛进程(整个进程缺少具体时间)

制订方案阶段

报名阶段

开幕式阶段

竞赛阶段

闭幕式

大赛完毕总结阶段

八、奖励与表彰

（一）A、B类项目根据参赛人数的5%、10%、15%评选出一、二、三等奖。(获奖比例合适。)

（二）C类项目评选奖项另行定制方案。

（三）根据各班参赛的情况和获奖情况，评选出团体的一等奖1名，团体二等奖2名。

（四）团体奖项以班级为一个团体，实行积分制，按分数高低评选。具体评比的规则如下：

1. 总积分＝参赛积分＋获奖积分

2. 参赛积分：任务要求之外的参赛人次，每人次计一分。(“一分”应该写作“1分”。)

3. 获奖积分：一等奖积4分，二等奖积3分，三等奖积2分，团体奖积1分。(一人次)(未说清是累积的还是只算最高名次。)十佳秘书冠军积6分，亚军积5分，季军积4分。

（五）获奖选手和获奖团体颁发荣誉证书和奖品。

(缺少活动预算和预期效果，如社会推广、发表新闻稿件。)

××学院德雅秘书协会
二〇一六年十月三十一日
(日期写阿拉伯数字)
注：以上括号内为点评。

范文二：

2016年度公司集体旅游活动时间与安排的通知(9月17、18日)

第1天	9月17日	负责人
7:40	在公司后门集合	
	各部门负责统计人数，并向行政人力资源部汇总	孙媛丽
7:50	出发	
	按照部门分配的要求上相应的车辆	
	1号车：船务，供应链，浩微。	王帆、蔡玉芹
	2号车：国际销售，国际部分操作。	张智才、张佳俊
	行程中，每车设1个组长和副组长，负责清点人员和中途联系、协调等事宜	
11:00	到达杭州余杭	
11:30	开始午餐	
13:00	仙人谷漂流活动(两人一皮艇，要求一男一女，自行搭配)	
	由于漂流会打湿衣服，请另外多带一套衣服以及拖鞋。	
16:30	回宾馆，安排住宿，休息	王帆、蔡玉芹
17:00	集合，晚餐	
	去西湖景区人员名单在吃饭时候由各部门汇总，上报人力资源部	孙媛丽
	不去西湖景区的人员，晚餐后则由大巴直接送回宾馆。	
第2天	9月18日	
6:00—8:00	早餐(酒店自助餐)	
8:00	发车去白龙潭景区(车组长清点人员)	车组长
9:00	到达白龙潭，开始白龙潭之旅	
	游戏活动：沿途上山和游玩的景点区域寻找印有公司logo图样的卡片，数量最多者为“寻宝达人”。	

11:30—12:30	午餐	
13:00	返回	
备注： 1. 行程中请注意安全，如遇紧急事件请速联系 13901808550（王帆）。 2. 按照以上行程安排，遵守集合时间，不迟到，不随意离团。 3. 各负责人配合人力资源部，做好协调沟通工作。 4. 大家喝酒畅饮时，要适量，请注意身体健康。		

【评析】该文是一篇表格式计划。以时间为序对活动做了详细安排，考虑得很到位，有不同颜色区分，操作性很强。但是存在几个问题：一是标题写作不够简洁规范，应为“××公司 2016 年杭州之行安排表”；二是缺少落款，标题下方应有制作单位名称和制作时间；三是表格制作上，第一天第二天所在行应该有突出，左列应该有适当的合并，这样看起来比较分明。

（二）总结

总结是对已经完成的实践活动进行回顾检查、分析评价，从中找出经验教训和规律性的认识的一种事务性文书。总结具有客观性、回顾性、说理性、独特性的特点。不论是工作总结、学习总结、思想总结、活动总结，还是个人总结、班组总结、部门总结，写作上都要态度端正，实事求是，要如实、一分为二地分析、评价工作，对成绩，不要夸大，对问题，也不要轻描淡写；要总结经验，突出特色，在充分占有材料基础上，认真分析、比较，找到重点，突出个性特征。另外，总结要用第一人称。即要从本单位、本部门的角度来撰写。表达方式以叙述、议论为主，说明为辅，可以夹叙夹议说。条理清楚，语言简明朴素。

总结的标题一般由制订单位、完成的期限、内容和文种四个部分组成，成绩做法、经验体会、不足与打算是总结内容的三要素。总结的做法体会往往由小标题体现，有较高的制作要求。

在现实的学习、工作中，实验报告、实习报告、课程设计报告、调查报告、市场分析报告、大会报告这些名为“报告”的文种都具有总结性，都是对完成的工作进行回顾，整理材料，发现规律性的认识，提升工作的时效。在写作上需要我们融会贯通，举一反三，也多是围绕“做了什么”“怎么做的”“做到了什么程度”“未来思考”这些内容开展。可以说，总结是一种思维锻炼，对未来的工作极有帮助。

【范文】

范文一：

××学院第九届艺术节总结

××学院第九届艺术节于 2015 年 5 月 7 日至 18 日举行，历时 12 天。本届艺术节在全校师生的共同努力下取得了圆满成功。主要表现在以下几个方面：

一、思想统一，组织有力。为搞好本届艺术节，我院在3月12日即专门成立了以院长为组长、各系部负责人和学工处、团委骨干为组员的筹备小组。经过广泛深入的宣传，本届艺术节“高品位、高质量、高效益”的目标成了全院师生的共同追求，保证了各项工作都能及时落实到位。

二、内容丰富，推陈出新。本届艺术共设有六项内容，包括开幕式暨教师专场演出、校庆演讲比赛、话剧专场演出、学生“弹、唱、舞、画”四项技能综合比赛、师生书画作品展、闭幕式暨学生文艺汇演。这些内容涉及到音乐、舞蹈、书法、美术、演讲、表演、创编等很多方面。筹备小组成员积极发扬创新精神，注重内容的推陈出新，本届艺术节的内容有一半是新创作的。譬如，教师专场演出、学生“弹、唱、舞、画”四项技能综合比赛、话剧专场演出等三项活动在我院艺术节中均属首次举办。

三、参与面广，质量高。经初步统计，全院师生不仅人人参与，而且直接参加本届艺术节六项重大活动的就高达近两千人次，平均每人要直接参与三项活动。参与人数和人次在历届艺术节中均是最多的。节目质量高、精彩纷呈是本届艺术节的又一重要特点。例如，同学们自编自演的十个话剧经录音剪辑后在市人民广播电台《红蜻蜓》节目中逐一播出。童话剧《森木编辑部》还被市电视台选中参加了市青年节文艺晚会。这些固然与师生们思想重视，准备充分有关，同时也说明了我院艺术教育的质量上了一个新台阶。

四、宣传力度大，社会影响好。为了做好本届艺术节的对外宣传工作，筹备小组组织了艺术节宣传报道班子。市电视台、市人民广播电台、《××晚报》等新闻媒体也对艺术节给予了极大的关注和支持，进行了跟踪报道，使本届艺术节产生了前所未有的社会影响，得到了社会各界的一致赞誉，学校知名度也因此有了较大提高。

在本届艺术节取得圆满成功的同时，我们也清醒地看到了两个方面的不足。一是学生软笔书法水平还不尽如人意，书法教学有待进一步加强；二是设置的活动项目过多，师生承担的任务过重，对这期间的课堂教学略有影响。这些应在以后的艺术节中注意克服。

我们深信，本届艺术节的成功经验一定能成为把我院艺术节越办越好的重要基础，勇于创新的××人一定会在以后的艺术节中收获更多的成果！

2015年5月20日

【评析】该文是一篇有深度、较成功的学生活动总结。标题写作规范，四个要素齐全，开头简洁，过渡句子使用得当。总结的主体内容是重点，既是成绩展示，也是经验体会，概括成整齐的小标题置于段首，醒目，上口，体现了作者的语文能力。还值得学习的是作者运用了点面结合的方法，有虚有实，使得材料真实、厚重，能很好地为主旨服务。最后的两段是问题查找和未来展望，由于内容相对简单，不再使用小标题和层次序号。

范文二：

××科技学院信息部学年工作总结

（制订单位名称不准确，时间期限不清楚）

送走了又一批华科人流连的身影，我们又迎来新的学年。（抒情化的句子不适合出现在总结里。）在院党委和院团委的正确领导下，我部发扬学生会的优良工作传统，圆满完成了制定的各项计划并取得了可观的成果。（用词要谦虚。）此外我部以服务学生教师为宗旨，配合学生会其他部门举办了一些颇有趣味的特色活动，丰富了同学们的校园文化生活！（不要用叹号、问号这样表达强烈情绪的符号。）同时通过不断完善我部体制使得网络信息工作更加规范化、科学化。（前面三个句子应该改成一个句子，作为该学年的主要成绩。）（现将）2010—2011年的具体工作总结如下：

一、日常工作

1. 院网站的维护和更新（没有使用二级标题序号（一），且三级标题序号后面用点号。）

我院的每一个学生活动，都应该及时地反应到院网站，展现给我院的学子们，让他们及时了解我院的学生动态，参与到我们的活动中来，更好地服务于同学们。因此，我部在平日里做好网站新闻的更新，以及各部门活动宣传、工作策略、执行计划的上传工作。（“因为，所以”的学生腔往往缺少实际内容，不要强调原因，多总结做法，用优秀事迹适当展开。）

2. 做好院网站的宣传

回首上一学年，我们与院学生会宣传部、学生会办公室做好沟通，从他们那里得到帮助，让院网站走进了同学们的日常生活。具体工作是：通过各个班级宣传，让同学们了解院网站；举办各种活动，张贴宣传海报，让全校同学了解我们院网站的精彩；配合我院的办公室在学校首页定期发表文章，让更多精彩内容呈现在大家面前。（有总分的写法，但是缺少具体化展开。）

3. 学生会及教职员工的日常电脑维护

在全体成员的合作下，我部包揽了安全工程学院各教职员工及学生会的电脑维修工作，获得了广大教职员工和学生的好评。具体包含以下内容：主机组装与维修、系统升级等。（既然是包揽了，要统计说明一下次数，数字说明也能增加表达的丰富性。）

二、活动项目

1. 安全工程学院10级新生系列赛·2010年10月

2. 安全工程学院第七届“炫出你的YOUNG”才艺风采大赛·2010年11月

3. 欢乐和谐，共谱华章·2010年12月

4. 2011年班级篮球对抗赛落幕·2011年3月

5. ××科技学院“青春·超越”拓展培训(第四季)·2011年4月

6. ××科技学院第十七届运动会圆满落幕·2011年5月

7. 建立两个网站(两个网站语焉不详,应该放入第一部分。)

(这七个活动项目缺少概述,这些活动是横向的配合,应该有做法归纳,以此来展示总结的规律性认识。)

三、亟待改进

1. 与其他部门缺乏沟通,导致信息不能及时共享。

2. 所拍摄的照片质量不高。

3. 没有公共的网络交流平台,例如:人人、校内、微博等。

(缺少针对上面的不足改进的措施。)

四、总结回首(小标题不当,可以直接删除层次标识,当做结尾段。)

2010年,我们有付出也有收获,有经验也有教训。展望2011年,我相信下一届信息部将继续秉承着“自立立人,兴安安国”的华科校训,吸纳成功经验、改正错误、吸取教训,在院团委、院学生会主席团的指导下,本着“为广大教师学生服务”的宗旨,以“科学发展、与时俱进”为信念,把信息部办的更好,为共青团××科技学院委员会、××科技学院学生会的发展做出新的贡献!(单位总结不要用第一人称单数“我”,宗旨和信念可以在首段也出现,首尾呼应。)

注:以上括号内为点评。

实践训练:假如你是秘书

假如你是秘书,不论是社团办公室的秘书,还是将来领导身边的秘书,你得把应用写作能力当做看家本领。用好手中笔,练就火眼金睛,洞悉应用文章里的写作奥秘:一是不同的文种有不同的样式,多模仿多实践,培养语感,实践长真知。二是应用文旨在应用,写好应用文章的人能锻炼组织思维能力,就能办好事。三是写作主体身份要适时变化转移,关心时事,关心行业,了解不同层次的生活,才能既为自己发声,也能为单位、领导代言。下面,你试试吧!

一、分析下面证明信存在哪些不足。

证明信

上海市交运学校:

你校采购员章斌上周曾来我店购买过办公桌椅12套,共计12560元。章斌同志昨天乘车时不慎遗失了装有发票的挎包,为此他来我店要求证明,与人方便是我店的宗旨,故予证明。

此致

敬礼

上海市三佳家具商店

2016年3月17日

二、请静下心来用五个词描写自己，然后根据自己的实际情况制作简历和求职信，要求上机操作，完成排版打印。

三、假如你是光谷科技公司新入职的办公室文员，现在有一场趣味篮球赛要组织，请你写活动策划，你将如何完成？

思考与练习

1. 评改例文。

征稿启事

深秋，浓浓的凉意。我，一颗倔强的种子，怀着勃勃的雄心，盼望长成参天巨木。你，和煦的阳光，温暖的南风，是否可以重新带给我破芽的消息呢？

《商校青年》第十期的诞生期待你的顾盼青睐，现向全校师生征稿。要求：

1. 内容：内容健康，能反映当代青年的精神面貌和生活气息。

2. 体裁不限，作品字数限 2500 字以内，诗歌为 15 行内。

3. 来稿请用原稿纸誊写。来稿不退。请自留底稿。

4. 截稿日期：10 月 20 日。

来稿请投到学生会门前《商校青年》投稿箱。

执起笔杆，记录历史，憧憬未来，让生命再一次奏起激烈的进行曲！

学习部

《商校青年》编辑部

二零零四年十月十六日

2. 根据下面材料，改写会议通知。

各市电力局及局属各单位：

电力部于今年 7 月在北京召开了全国电力教育工作会议，这是对电力系统教育培训工作发展和改革产生重大影响的一次重要会议。会上，××部长作了重要讲话，××副部长就电力行业的教育改革与发展作了工作报告和总结讲话。会议通过了《电力部关于贯彻〈纲要〉创造一流电力教育培训体系的实施意见》等几个重要文件。为了传达贯彻这次全国会议的精神，我局决定在11月29日在××市召开我省电力教育工作会议，要求局属各单位厂长、局长、经理(正职)或主管本单位教育工作的厂、局级领导、各中专、技工学校、分校的校长依时参加，希望各单位的主要领导同志或主管教育的领导同志务必出席。各单位请将参加会议的领导同志名单按回执要求填写好，于11月19日前寄到省局教育处，以便安排食宿。会议的时间是11月29日至30日，要求28日报到。地点在省电力学校(地址在××市××路26号，食宿均在学校内)。会议所需资料，其中××部长、××副部长在电力部教育工作会议上的讲话，省局已以＊电教[94]17号问转发到各单位，请参加会议的领导同志复印自带。省局＊电教[94]17号问还要求各单位通过学习××部长及××副部长讲话，拟出本单位贯彻实施意见，并将意见带交大会秘书组。

3. 指出下面通报存在的问题。

关于对李友同学乐于助人先进事迹表彰的通报

近日，我校光学与电子信息工程学院信号与信息处理专业研究生李友同学，在观看世博期间热心帮助与家人走散的六岁儿童找到其家长，得到家长的称赞和好评，充分展现出当代大学生乐于助人的良好品德，希望广大研究生学习李友同学乐于助人的精神。特此通报。

研究生工作部

2010年9月27日

4. 你的家乡有丰富的旅游资源，可是你却不大了解。现在你打算和你的小伙伴进行一次家乡旅游资源或者旅游产业方面的调查，请制作调查时间安排表，并在此基础上申报学校社会实践课题。

本章推荐书目

1. 夏小鸣:《应用文写作》，复旦大学出版社2012年版。

2. 张晨，丁讯:《大学生论文写作指南》，高等教育出版社2016年版。

3. 刘锡庆:《公文写作》，北京师范大学出版社2007年版。

4. 王春:《应用文写作》，北京交通大学出版社2012年版。

5. 吴雨平:《秘书写作教程》，暨南大学出版社2016年版。